존재와 운동

KB079690

BEING AND MOTION

ⓒ Oxford University Press 2019

BEING AND MOTION was originally published in English in 2019. This translation is
published by arrangement with Oxford University Press. LP Publishing Co. is solely responsible
for this translation from the original work and Oxford University Press shall have no liability for
any errors, omissions or inaccuracies or ambiguities in such translation or for any losses caused
by reliance thereon.

Korean translation copyright ⓒ 2021 by LP Publishing Co.
Korean translation rights arranged with Oxford University Press
through EYA (Eric Yang Agency).

이 책의 한국어판 저작권은 EYA(에릭양 에이전시)를 통해
Oxford University Press 사와 독점계약한 도서출판 앨피에 있습니다.
저작권법에 의하여 한국 내에서 보호를 받는 저작물이므로
무단 전재 및 복제를 금합니다.

이 저서는 2018년 대한민국 교육부와 한국연구재단의 지원을 받아 수행된 연구임
(NRF-2018S1A6A3A03043497)

존재와 운동

움직임에 대한 철학의 역사

토머스 네일Thomas Nail 지음　최일만 옮김

BEING AND MOTION

앨피

모빌리티인문학 Mobility Humanities

모빌리티인문학은 기차, 자동차, 비행기, 인터넷, 모바일 기기 등 모빌리티 테크놀로지의 발전에 따른 인간, 사물, 관계의 실재적·가상적 이동을 인간과 테크놀로지의 공-진화co-evolution라는 관점에서 사유하고, 모빌리티가 고도화됨에 따라 발생하는 현재와 미래의 문제들에 대한 해법을 인문학적 관점에서 제안함으로써 생명, 사유, 문화가 생동하는 인문-모빌리티 사회 형성에 기여하는 학문이다.

모빌리티는 기차, 자동차, 비행기, 인터넷, 모바일 기기 같은 모빌리티 테크놀로지에 기초한 사람, 사물, 정보의 이동과 이를 가능하게 하는 테크놀로지를 의미한다. 그리고 이에 수반하는 것으로서 공간(도시) 구성과 인구 배치의 변화, 노동과 자본의 변형, 권력 또는 통치성의 변용 등을 통칭하는 사회적 관계의 이동까지도 포함한다.

오늘날 모빌리티 테크놀로지는 인간, 사물, 관계의 이동에 시간적·공간적 제약을 거의 남겨두지 않을 정도로 발전해 왔다. 개별 국가와 지역을 연결하는 항공로와 무선 통신망의 구축은 사람, 물류, 데이터의 무제약적 이동 가능성을 증명하는 물질적 지표들이다. 특히 전 세계에 무료 인터넷을 보급하겠다는 구글Google의 프로젝트 룬Project Loon이 현실화되고 우주 유영과 화성 식민지 건설이 본격화될 경우 모빌리티는 지구라는 행성의 경계까지도 초월하게 될 것이다. 이 점에서 오늘날은 모빌리티 테크놀로지가 인간의 삶을 위한 단순한 조건이나 수단이 아닌 인간의 또 다른 본성이 된 시대, 즉 고-모빌리티high-mobilities 시대라고 말할 수 있다. 말하자면, 인간과 테크놀로지의 상호보완적·상호구성적 공-진화가 고도화된 시대인 것이다.

고-모빌리티 시대를 사유하기 위해서는 우선 과거 '영토'와 '정주' 중심 사유의 극복이 필요하다. 지난 시기 글로컬화, 탈중심화, 혼종화, 탈영토화, 액체화에 대한 주장은 글로벌과 로컬, 중심과 주변, 동질성과 이질성, 질서와 혼돈 같은 이분법에 기초한 영토주의 또는 정주주의 패러다임을 극복하려는 중요한 시도였다. 하지만 그 역시 모빌리티 테크놀로지의 의의를 적극적으로 사유하지 못했다는 점에서, 그와 동시에 모빌리티 테크놀로지를 단순한 수단으로 간주했다는 점에서 고-모빌리티 시대를 사유하는 데 한계를 지니고 있었다. 말하자면, 글로컬화, 탈중심화, 혼종화, 탈영토화, 액체화를 추동하는 실재적·물질적 행위자agency로서의 모빌리티 테크놀로지를 인문학적 사유의 대상으로서 충분히 고려하지 못했던 것이다. 게다가 첨단 웨어러블 기기에 의한 인간의 능력 향상과 인간과 기계의 경계 소멸을 추구하는 포스트-휴먼 프로젝트, 또한 사물 인터넷과 사이버 물리 시스템 같은 첨단 모빌리티 테크놀로지에 기초한 스마트 도시 건설은 오늘날 모빌리티 테크놀로지를 인간과 사회, 심지어는 자연의 본질적 요소로 만들고 있다. 이를 사유하기 위해서는 인문학 패러다임의 근본적 전환이 필요하다.

이에 건국대학교 모빌리티인문학 연구원은 '모빌리티' 개념으로 '영토'와 '정주'를 대체하는 동시에, 인간과 모빌리티 테크놀로지의 공-진화라는 관점에서 미래 세계를 설계할 사유 패러다임을 정립하려고 한다.

움직임처럼 단순한 무엇이 어째서 철학자와 과학자들에게 이처럼 어마어마한 난점을 던졌던 것일까? 문명 시대의 가장 위대한 사유자들이 어째서 운동을 설명할 참으로 부동적인 것을 발견하는 데에 자기 삶을 바쳤던 것일까? 아리스토텔레스의 "움직여지지 않는 움직이는 자", 아르키메데스의 고정된 "점", 데카르트의 "움직일 수 없는" 확실성, 뉴턴의 신적 시계 제작자, 심지어 아인슈타인의 블록 우주*도 이러한 거대한 노력의 일부였다. 이러한 추구의 동기가 된 것은 무엇이며, 이 추구가 오늘날 우리에게 가져온 귀결은 무엇인가? 이것이 내가 이 작업으로 대답하고자 하는 결정적 물음 중 하나다. 이 책을 따라 운동철학의 첫 역사 속으로 걸어 들어가면 운동의 독특한 존재론을 만나게 될 것이다.

다섯 살 무렵의 어느 여름날 저녁, 할머니 집 앞뜰에 앉아서 밤나팔꽃이 피어나는 것을 지켜보던 일을 나는 생생하게 기억한다. 어떤 꽃은 빠르게, 2분 만에 피었다. 바로 그때, 다른 꽃들 사이에서 전형적으로 숨겨져 있던 어떤 과정이 내 눈에 처음으로 들어 왔다. 이 체험은 흥분되기도 하고 어리둥절한 것이기도 했다. 세계가 가속하고 있는 것인가, 내가

---

* block universe. 과거, 현재, 미래라는 모든 시간대가 사실은 이미 공존하는 것이며, 그렇기에 시간의 흐름은 실재적인 것이 아니라는 우주론 또는 시간론. 이를 '블록 우주'라고 부르는 것은, 우주를 불변하는 4차원 블록으로 보기 때문이다. 아인슈타인이 블록 우주 개념의 창시자는 아니지만, 그는 상대성이론이 시간에 대해 갖는 함축을 적절히 해석하면 블록 우주론이 된다고 보았다.

감속하고 있는 것인가, 아니면 둘 다인가? 그것은 이상한 종류의 현기증이었다. 흔히 정적인 또는 안정적인 꽃봉오리나 꽃으로 보였던 무엇이, 내가 충분히 오래 지켜보면 사실은 움직이는 과정이라는 점이 마술처럼 드러났다. 밤나팔꽃을 이전과 같은 방식으로 생각하기란 갑자기 어려운 일이 되었다. 모든 것이 이와 같다면, 다만 겉보기에 정적인 대상이라는 얇은 겉치장 뒤에 숨겨져 있을 뿐이라면 어쩔 것인가? 보일 때까지 내가 충분히 기다릴 수만 있다면, 어떤 새로운 실재들이 저기에 있는 것일까?

청소년기에도 비슷한 경험을 했다. 처음으로 타임랩스time lapse〔정상 속도보다 느린 속도로 촬영해서 정상 속도보다 빨리 돌려서 보여 주는 특수영상기법〕 영화를 보았을 때이다. 우리는 모두 타임랩스 영상을 보았다. 카메라가 1분이나 1시간당 한 장의 사진을 찍고, 이 이미지들을 연속해서 상영한다. 그 결과는 언제나 나를 짜릿하게 했다. 17살 때 거의 전적으로 타임랩스로만 촬영된 최초의 장편영화를 보았다. 내 눈은 스크린에 붙박였고, 상영 내내 나는 입을 떡 벌리고 있었다. 눈을 깜빡이거나 돌리면 몇 시간이나 며칠 간의 활동을 놓칠 수 있다는 두려움에 꼼짝도 하지 않았다. 배우도 없고, 대화도 없고, 움직임만 있었다. 대지는 강물처럼 물결치고 흘렀으며, 구름은 유령처럼 생겨났다가 없어졌고, 식물들은 온통 햇빛을 향했고, 그림자는 대지 위를 걸었고, 도시의 거리는 밤의 자동차 불빛에서 나오는 붉고 흰 혈액을 펌프질했고, 별들은 저 위에서 소용돌이쳤다.

그것은 내가 본 가장 이상하고 가장 아름다운 영화였다. 이 컬트적인 실험영화는《코야니스카시: 균형 깨진 삶Koyaanisqatsi: Life Out of Balance》

으로, 1982년에 필립 글래스의 음악에 맞춰 갓프리 레지오Godfrey Reggio
가 감독한 영화였다. 어떤 인터뷰에서 왜 이 영화에 대화가 없느냐는 질
문을 받자, 레지오는 우리의 언어는 "우리가 살고 있는 세계를 더 이상
기술하지 못한다"고 알 듯 모를 듯 대답했다. 이 응답은 나를 오랫동안
어리둥절하게 했지만, 이제는 이해한다고 생각한다. 어쩌면 우리가 지
금 필요로 하는 것은 새로운 언어일 것이다.

이 책은 현재를 위한 타임랩스 언어를 도입한다. 우리의 세계를 정의하
는 숨겨진 움직임, 패턴, 과정의 일부를 드러내는 21세기의 밤나팔꽃을
독자들에게 보여 주고 싶다. 갓프리 레지오가 지구의 시작에서부터 오
늘날의 콘크리트 정글에 이르는 여정으로 관객들을 데려갔듯이, 이 책
은 운동의 역사를 지나가는 여정으로 독자를 데려간다. 실재의 가장 작
은 규모에서부터 가장 큰 규모까지, 현대의 세계는 점점 더 움직임과 모
빌리티로 정의되어 가고 있다. 우리는 불가해할 만큼 길고 거의 부동적
인 지속 기간을 '빙하기'라고 부른다. 오늘날 우리는 기후변화로 빙하가
몇 분 만에 포효하는 강물처럼 움직이고 후퇴하는 것을 타임랩스 촬영
술의 도움을 받아서 보고 있다.

　의심할 여지가 없다. 세계의 과정들은 불안정한 속도로 움직이고 있
다. 그래서 이전에는 숨겨져 있던 자연의 과정을 발견할 기회가 있으며,
완전히 혼동할 위험도 있다. 이 책의 목표는, 위험은 피하고 과정은 드

러내는 움직임의 역사와 철학을 독자에게 제공하는 것이다.

내가 움직임의 철학을 본격적으로 연구하기 시작한 것은, 2009년 1년간 풀브라이트 장학금을 받아 학자 겸 활동가로서 토론토의 '아무도 불법적이지 않다No one is illegal'라는 이주정의운동과 협업했을 때이다. 당시 정치철학에 대한 박사논문을 완성하고 있던 나는 학계에 어떤 누락이 있음을 눈치챘다. 과거와 현재의 정치철학자들도 이주와 국경에 관해 거의 언급을 하지 않았다. 이주나 국경은 시민이라는 더 중심적인 형상 및 국가와 권리의 권위에 비해 이차적이고 덜 중요한 것으로 보였다. 그렇다면 국가도 없고 권리도 없는 사람들은 어떻게 되는 것인가? 독일 철학자 한나 아렌트Hannah Arendt는 참으로 온당하게도 국가 없는 이주자를 세계 국민국가들의 근본적 역설로 식별했다. 그래서 나는 짐을 싸서 토론토로 이사하여 세계에서 가장 급진적인 이주정의운동 중 하나와 협업했고, 정치이론에 무엇이 결여되어 있는지를 보려고 했다.

2009년부터 2015년까지는 매우 바빴다. 이주와 국경에 관해 읽을 수 있는 건 모두 읽었고,《이주의 형상》(2015)과《국경 이론》(2016)을 쓰기 시작했다. 내 목표는 이주자와 국경의 우선성을 진지하게 고려하는 것이었다. 나는 과거의 정치철학을 전도시키고자 했고, 이주자와 국경을 사회를 구성하는 행위자로서 함께 다시 고민해 보고자 했다.

그러나 이 책을 쓰면서 다른 문제가 생겼다. 내가 하고자 하는 작업에는 참고할 만한 철학적 선행자가 없었다. 이주의 정치철학을 상상하려면 새로운 개념적 틀이 필요했다. 기존의 국가중심적 또는 비판적 모델을 내 연구에 적용하고 싶지 않았다. 아예 전체 철학사에서 어떤 영감을 얻을 수 있지 않을까. 나의 연구 목적에 부합하는, 움직임에 우선성을 부여하고 사고를 전개한 철학자들이 분명히 있을 것이다.

내가 씹을 수 있는 것보다 더 많이 베어 물었다는 것을 깨닫는 데에는 그리 오래 걸리지 않았다. '운동이란 무엇인가?'라는 물음에는 거의 모든 철학자가 대답한 것으로 판명되었다. 그러나 안타깝게도 이 주제에 관해 단독으로 책을 쓴 사람이 없다는 것도 발견했다. 혼자 해야 했다. 그래서 나는 많은 교사들이 그러듯이, 이 주제에 관한 수업을 함으로써 나 자신을 가르치기 시작했다. 일명 '움직임의 철학 수업'이었다. 목표는, 가능한 한 많은 상이한 철학자들을 읽고, 움직임이 일차적이라고 생각한 사람이 누구인지를 알아내는 것이었다. 놀랍게도, 과정철학자처럼 그렇게 생각하리라고 기대했던 철학자들은 그렇게 생각하지 않았고, 오히려 기대하지 않았던 일부 철학자들에게서 바라던 내용을 발견했다. 이러한 방식으로 기존의 철학사에서 진정으로 놀라움을 얻는 경험은 짜릿했다. 마침내, 내 철학적 틀의 핵심 개념이 되어 줄 일차적 영감을 로마 시인 루크레티우스와 독일 철학자 카를 마르크스에게서 얻었다.

내 연구 대상은 정적 대상이 아닌 미규정적 흐름들, 그리고 이 흐름들이 어떻게 강에 생기는 소용돌이 같은 준안정적 상대로 접히는지였다. 이 아이디어는, 미규정적 일탈운동을 하는 유체적 실처럼 사물이 직조된다는 루크레티우스의 생각에서 나왔다. 나는 순환의 패턴을 연구하고 싶었다. 이 아이디어는, 상품의 순환이 어떻게 사회를 변용시키는지를 물은 마르크스의 기술에서 나왔다.

　진정한 "아하!"의 순간은, 내가 찾고 있던 운동의 사회적 패턴이 철학자들이 운동을 정의했던 방식과 충격적으로 유사함을 발견했을 때이다. 고대 철학자들이 존재를 정적 중심을 가진 움직이는 구球로 기술한 것, 그리고 고대사회가 자신들의 사회를 구형 우주 속에 있는 벽으로 둘러싸인 중심으로 상상한 것이 과연 우연일까. 고대의 예술과 과학을 더 들여다볼수록 더 많은 유사한 '원심적' 운동 패턴이 발견되었다. 어쩌면 이러한 운동 패턴이 물질적 역사의 일부이며, 모든 인식의 장에서 구성적 역할을 하는 것이 아닐까? 이것은 큰 물음이었다. 내가 필사적으로 대답하고 싶은 물음.

　이 책 《존재와 운동》은 이 물음에 대한 답이다. 여기에서 나는 처음으로, 움직임의 철학이 유래한 광범위한 역사적 동기와 기반에 관해 상술했다. 여기에서 처음으로 나의 철학을 위치시켰고, 나의 동적 가설을 명시적으로 제출했다. 나의 목표는, 존재론은 존재로서의 존재에 관한 학문이 아니고, 기입과 기술의 역사적·물질적 실천임을 보여 주는 것이다. 실재에 관한 인식은 표상적인 것이 아니라 수행적인 것이었다. 존재론적 실천은 언제나 역사적이었고, 그 형태는 사람들이 자기 사고를 기입하기 위해 사용했던 물질적 테크놀로지로 정해져 왔다. 정치, 예술, 과학처럼 존재론도 문자 그대로 당대의 동적 패턴을 형태 잡고 그것에 의해 형태 잡힌다.

　《존재와 운동》은 어마어마한 기획이었다. 그러나 이를 완성한 후에도 여전히 막대한 작업이 남아 있었다. 내가 이를 할 수 있을지, 이것이 내가 기대하는 결과를 생산할지조차 확신할 수 없었다. 그것은 심오하게 물질적이고 역사적인 가설이었기에, 나는 이를 풀기 위해 '역사의 회색 작업'을 해야 했다. 이를 하는 데에 10년이 걸렸고, 내가 쓰려고 계획했던 두 시리즈 저작을 이제 완성했다.

첫 번째 시리즈는 여섯 권의 '핵심'이 되는 저작이다. 각 저작은 비슷한 구조로 철학의 다섯 주요 권역―존재론, 정치, 미학, 과학, 자연― 을 다룬다. 각 저작은 동적 방법의 이론, 역사, 현대 사례 연구를 제공한다. 각 저작의 목적은 각 주제 권역을 동적 또는 과정 물질론적 관점에서 재정의하는 것이다. 《이주의 형상》(2015)과 《국경의 이론》(2016)은 사회적 운동 패턴에 대한 연구에 기반한, 내가 '동動정치'라고 부르는 것의 이론과 역사를 전개한다. 《이미지의 이론》(2019)은 예술에서 움직이는 이미지에 관한 '동動미학'을 전개한다. 《대상의 이론》(근간)은 과학에서 움직이는 대상에 관한 '동動측정학'을 창조한다. 《지구의 이론》(근간)은 운동 중의 자연에 관한 '지동학地動學'을 전개하며, 이 책 《존재와 운동》(2018)은 운동에 관한 독창적인 역사적 존재론을 전개한다.

두 번째 시리즈도 몇 권의 저작으로 되어 있는데, 각각은 운동철학의 중요한 역사적 선행자를 다룬다. 각 저작은 운동을 자신의 근본적 출발점으로 삼은 철학자들 중 한 명에 대한 동적 해석과 상세한 독해를 제공한다. 여기에는 《루크레티우스 I: 운동의 존재론》(2018), 《루크레티우스 II: 운동의 윤리학》(2020), 《루크레티우스 III: 운동의 역사》(논평 과정 중),

《운동 중의 마르크스: 신물질론적 마르크스주의》(2020), 《울프: 생성의 순간들》(논평 과정 중)이 있다.

이제 나는 세 번째 저작 시리즈 작업을 시작했다. 이 작업은 첫 두 시리즈의 통찰을 다양한 새로운 영역으로 확장하고 적용할 것이다. 이 작업이 철학 안팎에 있는 사람들에게 유용하기를 희망한다.

움직임의 철학

시리즈	권	동태
I. 운동의 이론	I. 《이주의 형상The Figure of the Migrant》	동정치
	II. 《국경의 이론Theory of the Border》	동정치
	III. 《존재와 운동Being and Motion》	동학
	IV. 《이미지의 이론Theory of the Image》	동미학
	V. 《대상의 이론Theory of the Object》	동측정학
	VI. 《지구의 이론Theory of the Earth》	지동학
II. 운동의 이론가	《루크레티우스 I: 운동의 존재론Lucretius I: An Ontology of Motion》	
	《루크레티우스 II: 운동의 윤리학Lucretius II: An Ethics of Motion》	
	《루크레티우스 III: 운동의 역사Lucretius III: A History of Motion》	
	《운동 중의 마르크스: 신물질론적 마르크스주의Marx in Motion: A New Materialist Marxism》	
	《울프: 생성의 순간들Woolf: Moments of Becoming》	

감사의 말

나는 이 기획을 지지해 주고 용기를 준 사람들에게 빚을 지고 있다.

2016년에 이 책의 초고를 완성한 후, 나는 수고手稿를 읽고 논평을 해 줄 동료 모임을 조직했다. 크리스 갬블, 조슈아 하난, 대린 힉스, 사라 페신, 대니얼 스미스, 로버트 우커트, 콜린 쿠프먼 등 이 학자 집단의 기여는 내게 너무나도 소중하다.

이 기획에서 다방면으로 나를 도와준 나의 연구 조교들, 라인 베다드, 닉 에스포시토, 티머시 스네디커, 코디 월라이저, 리즈 월드에게 감사한다. 또, 내가 이 책을 쓰는 몇 달 간 나의 '움직임의 철학 수업'에 참여했던 대학원생과 대학생들의 탁월한 기여에도 감사를 표한다.

이 거대한 집필 기획에 몹시 세심한 피드백을 준 익명의 동료 검토위원들에게, 그리고 최종본 교정을 도와준 댄 토머스와 애덤 로크에게 감사한다. 나는 옥스퍼드대학 출판사의 편집자 앤젤라 쉬납코에게 몹시 감사한다. 그녀는 이 기획을 믿고 이 길고 광범위하며 야심 찬 책의 출판을 시작부터 지지해 주었다. 나의 교열 담당자들에게도 감사하고 싶다. 신디 브라운과 페터 재스코비악은 자세한 교정과 제안을 해 주었으며, 제러미 게이츠는 이 책의 많은 도해들을 그려 주었다.

자금을 지원해 준 덴버대학 로젠베리 기금에도 감사한다.

마지막으로, 나의 가족에게, 특히 아내 캐티에게 감사한다. 그녀는 계속해서 지지해 주며, 이 기획의 여기저기에서 피드백을 주고 편집 방향을 제시해 주었다. 이러한 물질적 조건들이 없었더라면 이 작업은 불가능했을 것이다.

차례

일러두기 ───────────────────────────────────

• 인명이나 지명은 국립국어원의 외래어 표기용례를 따랐다. 단, 널리 알려진 이름
  이나 표기가 굳어진 명칭은 그대로 사용했다.

• 맞춤법과 띄어쓰기는 국립국어원의 《표준국어대사전》을 따랐다

• 미주는 원주는 각주는 역주이다.

• 각 장 도입부 혹은 중요한 개념이 등장할 때 각주에서 중요 개념과 번역어를 우리
  맥락에서 해설했다. 간단한 용어나 개념 등은 본문 〔 〕안에 설명했다.

운동의 존재론

운동의 시대

우리는 운동의 시대에 산다. 역사상의 다른 어떤 시대보다도 더, 사람과 사물이 이전 어느 때보다도 더 먼 거리를, 더 자주, 더 빠르게 움직인다. 고체였던 모든 것은 오래전에 공기 중으로 녹아들었으며, 마치 격동하는 바람을 탄 민들레 씨처럼, 이제는 세계 주위로 완전히 순환하고 있다. 21세기 초, 우리는 인간 활동의 모든 권역이 점점 더 운동에 의해 정의되는 세계에 있다.[1]

사회적으로, 삶은 점점 더 이주적이 되고 있다.[2]* 이번 세기 전환기에, 기록된 역사상 그 어느 때보다도 많은 지역적·국제적 이주자가 있었다.[3] 오늘날에는 10억 명 이상의 이주자가 있다.[4] 매 10년마다 총인구의 부분으로서 이주자가 차지하는 백분율은 계속해서 높아지고 있다. 다음 25년간의 이주 비율은 지난 25년간의 이주 비율보다 높을 것으로 예측된다.[5] 환경적·경험적·정치적 불안정성으로 인해 어느 때보다도 더 사람들에게는 이주할 필요가 생겼다. 특히 기후변화로 인해 다음 40

---

* 여기에서 '동적'이라고 옮긴 단어는 kinetic이다. 이는 그리스어 kinesis('운동', '움직임')에서 왔으며, 여기에서 파생된 용어들이 본 책 전체에 걸쳐 활용된다. 관련된 명사 kinetics를 저자는 움직임의 양상, 형태, 패턴 등을 표현하는 데에 사용한다. 본 번역본은 이 말을 '동태動態'로 옮긴다. 이는 정태停態·stasis와 대비된다. 'kino-'라는 접두어 형태로 사용될 때에는 일괄 '동動-'으로 옮긴다.

년 사이에 국제 이주는 두 배로 늘어날 것이다.[6] 2050년이 되면 10억 명이상의 사람들이 전 세계의 도시 중심 근처로 이주할 것으로 예상된다.[7] 지역적 또는 국제적 경계를 넘지 못하는 사람도 많겠지만, 사람들은 직업을 더 자주 바꾸고, 일을 하러 더 긴 거리를 더 오래 통근하고,[8] 거주지를 반복적으로 바꾸고, 해외여행을 어느 때보다도 많이 하게[9] 되었다. 이러한 전반적인 인간 모빌리티와 추방의 증가는 우리 모두에게 이러저러한 방식으로 영향을 끼친다. 이 증가는 우리 시대를 정의하는 요소로서 폭넓게 인지되고 있다.[10]

이러한 전 지구적 움직임은 또한 인간의 움직임을 관리하고 순환시킬 경계 설치 테크닉의 폭발을 낳았다. 1990년대 중반 이후, 특히 9/11 이후 전 세계적으로 수백 개의 새로운 경계가 출현했다. 수 마일씩 이어지는 철조망 울타리, 수십 톤에 달하는 콘크리트 보안벽, 수많은 연안 구금소, 생체측정 여권 데이터베이스, 학교·공항 등 전 세계 도로를 따라 설치된 온갖 보안 검문소. 이 모든 것은 사회적 운동의 통제와 관련한 사회적 불안의 증대를 증언한다.

이제 현대 정치는 정적 국가, 부동적 국경, 비유동적 시민의 패러다임으로는 더 이상 이해될 수 없다. 전 지구적 모빌리티, 변동하는 국경, 항상적 이주라는 실재는 과거의 이론적 틀을 벗어난다. 다양한 분과학문에 걸쳐 점점 더 많은 수의 학자들이 사회적 모빌리티와 움직임의 일차성을 인지하게 되었다.[11] 이동체들의 세계가 국가, 국경, 정치적 행태의 정적 모델에 순응하리라는 기대는 전 세계의 수백만 명의 사람들에게 엄청난 고통을 안겨 주었다. 현대의 사회적 실재를 이해하고자 한다면, 그리하여 거기에 적절하게 응답하고자 한다면, 운동의 일차성에 기초한 새로운 개념적 도구 집합이 있어야 한다.[12]

여기에 더해, 21세기의 과학적 지식은 우리가 연속적 운동의 세계에 살고 있음을 드러냈다. 21세기로 넘어오기 직전, 우주 연구자들은 우주가 모든 방향으로 팽창하고 있을 뿐 아니라, 그 팽창 속도가 급속히 증가하고 있음을 발견했다.[13] 거시적 규모에서, 우리는 물리학자들이 '가속팽창 우주accelerating universe'라고 부르는 것 속에 살고 있다. 아인슈타인이 부동적이고 유한하다고 생각했던 우주가 실제로는 모든 방향으로의 증대되는 움직임을 통해 정의된다.[14] 시공간의 조직 자체가 이제 연속적·팽창적 움직임의 일차성으로 정의된다.

중간 규모에서는, 20세기 말 즈음 비선형非線型 역학의 발달은 고전 물리학에서 말한 예측 가능한 입자들조차 에너지의 비가역적인 열역학적·동적 흐름의 영향력 하에 있음을 보여 주었다. 20세기의 '세 번째' 과학혁명이라고 치켜세우는 혼돈이론chaos theory은 에너지의 유동flux, 난류亂流, 움직임이 고전적 물질의 상대적 또는 준안정적 고정성보다 일차적임을 증명했다.[15]

미시 수준에서는, 시공간과 중력이 실재의 이미 실존하는 근본적 면모가 아니며, 실제로는 더 일차적인 양자quantum 운동의 산물임이 더 명확해졌다. 우리가 고체라고, 소립자라고 부르던 배경 매개변수들이 실제로는 진동하는 비국소적nonlocal 양자장의 산물이다. 중력적 시공간의 거시적 이론(일반 상대성)과 양자장의 미시적 이론의 통일은 오늘날 물리학자들이 짊어진 일차적 과제다. 20세기 말 즈음에 제출된 두 이론 체계가 이를 통일시킬 가장 대표적인 후보가 되었다. 바로 고리 양자 중력 이론loop quantum gravity(LQG)과 끈 이론string theory이다. 현대 물리학자들은 이제 중력의 양자이론을 열정적으로 탐색하고 있다. 이것은 장field의 동적 진동을 통해 근본 실재 전부를 설명할 것이다.

두 경쟁 이론을 두고 현재까지 과학적 의견 일치나 통일은 없지만,[16] 양자 중력 이론가들은 시간과 공간이 존재론적으로 근본적인 것이 아닌, 연속적으로 변동하는 장의 창발적 요소라는 데에 동의한다. 정적 우주, 선형 인과, 근본 입자, 고전적 시공간의 옛 패러다임은 우주 가속, 난류, 연속적으로 진동하는 장이라는 21세기 실재에 더 이상 들어맞지 않는다. 20세기 말에 정점에 이른 이 세 혁명은 오늘날 기초 물리학에서 일어난 가장 중요한 혁명으로 인정되고 있다.[17]

한 마디로, 우리가 운동을 생각할 때 그것을 주어진 존재가 점 A로부터 B로 움직일 때에만 일어나는 무엇이라고 생각한다면, 존재 자체와 저 점들을 근본적으로 구성하는 무엇으로 생각하지 않는다면, 우리는 비국소성, 얽힘, 터널효과, 양자 중력 같은 우리 시대의 가장 중요한 과학적 현상을 이해하지 못할 것이다.[18] 현대 과학의 이 같은 사건들과 기타 다른 것들을 이해하고자 한다면, 이러한 각각의 과학적 혁명이 갖는 의미에서 다시 철학을 시작해야 한다. 즉, 운동의 일차성과 함께 시작해야 한다.[19]

이미지들도 점점 더 이동화되고 있다. 오늘날, 이미지들은 과거 어느 때보다 폭넓게 순환하고 있다. 이는 부분적으로는 20세기 후반에 일어난 기계적 재생산 테크놀로지, 전 지구적 수송 방법, 분배 회로의 전 세계적 증가 때문이다. 과거에는 상상조차 할 수 없을 만큼 더 많은 쓰인, 말해진, 시각적인 이미지가 점점 더 빠르게 온 세계를 움직이고 있다. 아마도 이미지의 이러한 대량 순환을 가져온 최대의 단일 원천은 디지털 이미지의 도래일 것이다. 21세기 전환기 직전에 디지털 미디어 테크놀로지(컴퓨터, 인터넷, 비디오게임, 이동식 기기, 그 밖의 기기)는 유례없이 거대한 디지털적으로 재생산된 말과 이미지와 소리의 흐름을 야기했다. 이미지나 소리를 기계적으로 재생산하는 미적 매체나 방법 중에 그 규모 면에서 이 시기에 디지털 미디어가 생산한 이미지를 따라잡을 것은 없다. 디지털 이미지는 인류 역사상 목격된 적 없는 규모의 모빌리티를 이미지에 부여했다.

20세기 텔레비전과 라디오의 탄생은 이미지 혁명의 시작을 표시한다. 텔레비전과 라디오는 이 혁명의 첫 전자기적·이동적 형태를 낳았다. 그러나 텔레비전과 라디오는 이 혁명을 '프로그램 편성'이라는 상대적으로 중심화되고, 등질화되고, 일방적인 형태로 제약했다. 이와 대조적으로, 오늘날 디지털 미디어의 상호작용적이고 쌍방향적인 특성은 완전히 새로운 방식으로 이미지의 모빌리티와 변이가능성을 확장했다. 21세기 전환기에 일어난 인터넷과 이동식 기기(휴대폰, 스마트폰, 태블릿, 랩톱)의 대중화는 이미지의 편재뿐 아니라 휴대 가능성을 가져왔다. 2014년에는 우리 행성에 있는 사람 수보다 더 많은 활성화된 이동 기기가 집계되었다. 이동전화는 아마도 지금까지 만들어진, 가장 빠르게 성장하는 단일한 인간 감각 테크놀로지일 것이다. 이동전화는 단 30년 만에 0에서 72억으로 성장했다.[20] 디지털 이미지는 출판, 언론, 연예, 교육, 상업, 정치에 거대한 혁명을 자극했다. 이는 라디오나 텔레비전과는 비견할 수 없는 전 지구적 변용이었다. 디지털 이미지는 아날로그 미디어를 통합하기도 하고 전진시키기도 하여, 그 과정에서 완전히 새로운 디지털화된 산업을 만들어 냈다. 산업 공장과 노동자는 점점 더 인터넷 서버와 자동화된 계산 소프트웨어로 대체되고 있다. 우리는 이제 새로운 역사적·미적 체제로 진입했다. 우리는 이제 이미지의 시대에 있다.

누구나가 누구나와 음성이나 텍스트로 소통하는 것, 녹음된 적 있는 거의 무슨 소리든 듣는 것, 만들어진 적 있는 거의 모든 이미지를 보는 것, 쓰인 적 있는 거의 모든 텍스트를 읽는 것, 이 모든 것을 단일한 기기로 지구상의 거의 어느 장소에서든 할 수 있다. 이제는 이 모든 것을 이동하면서 할 수 있다. 그리고 이 모든 것은 그 자체로, 전기적 흐름의 형태로 운동 중에 있다. 이미지는 결코 같지 않을 것이다. 디지털 이미지의 도래와 지배로 가능해진 이미지의 현대적 모빌리티는 재생산된 이미지의 양적 증가만이 아니다. 디지털 미디어와 디지털 이미지는 이미지 자체의 질적 구조를 변용시켰다. 이제 무엇이든지 간에 단일한 휴대 기기를 통해 비선형적으로 디지털화되고, 이동화되고, 검색될 수 있다. 디지털 소프트웨어의 사용을 통해 그리고 전류의 연속적 흐름을 통해, 이제 어떤 것도 시청자에 응답하고 상호작용하도록 만들어질 수 있다. 디지털 이미지의 도래로 변화되지 않고 남아 있는 감각은 없다. 심지어 맛과 향기 이미지까지 컴퓨터 소프트웨어로 합성될 수 있다.[21] 물론, 전기 흐름의 연속성이 디지털적으로 단속적인 1과 0으로 변환되면서 전송 과정에서 언제나 무언가가 상실된다. 그러나 이미지는 그에 구애 받지 않고 움직이며, 우리 모두를 휩쓴다. 이 움직이는 이미지의 세계에서, 감각론은 더 이상 재현의 옛 패러다임으로는 이해될 수 없다. 최근의 예술과 미학 연구는 이러한 인식을 점점 더 증언하고 있다.[22] 이미지는 객체와 주체, 복제와 모델 **사이에서** 앞뒤로 옮겨 가면서 이것들을 연속적 피드백 루프 속에서 변용시키고 변조하는 점점 증가하는 모빌리티를 손에 넣었다. 옛 이론 틀은 상호작용적 전기적 순환 및 연속적으로 변조된 이미지의 21세기 실재에 더 이상 들어맞지 않는다.[23]

존재론

이 책의 1차적 주제인 존재론적 실천도 점점 더 이동적이 되었다. 부분적으로는 우리 시대의 사회적·과학적·미적 사건들의 본성이 점점 더 이동적이 되고 있기 때문이다. 존재론은 이 사건들의 존재를 기술하려 한다. 세계가 점점 더 이동적이 되면서, 세계에 대한 우리의 존재론적 기술description도 이 점을 반영하기 위해 고투했다. 더 나아가, 존재론 자체도 그것이 기술하는 현대의 정치적·과학적·미적 조건에 의해 능동적·실천적으로 형태 잡혔다. 예를 들어, 존재론적 기술에 참여하는 사람부터가 그 어느 때보다 더 먼 거리를 더 자주 옮겨 다니고, 그러면서 광대한 전 지구적 이주 체제에 어느 정도 동참한다.[24] 그리고 이들이 생산한 디지털 텍스트와 인쇄된 텍스트는 그 어느 때보다도 더 빨리, 더 많은 미디어 형태로, 더 널리 순환한다. 그 이미지와 분배 테크닉적 조건조차 이제는 더 할 수 없이 빠르고 역동적이다. 철학자들이 쓰는 컴퓨터를 구조 짓는 양자장론量子場論의 등식 때문이다. 한 마디로, 오늘날의 존재론은 그 어느 때보다 이동적이다. 이는 존재론이 우리 시대의 점점 더 증가하는 이동적 사건과 **실천적으로 얽혀 있기** 때문이다.

전통적으로 존재론은 그 자체로 있는 것으로서의 존재(즉, 존재로서의 존재)에 대한 보편적 기술로 정의되어 왔다. 이 정의는 오늘날에는 더 이상 유지될 수 없다.[25] 존재에 대한 우리의 감각과 독립적인 실재의 부재를 발견했기 때문이 아니다. 지금의 다중적이고 명시적으로 이동적인 물질적 조건들은 수행적 실천으로서의 존재론적 기술 자체를 형태 잡으며 그것에 의해 형태 지어지는데, 이 조건들을 무시하는 것이 이제 거의 불가능해졌기 때문이다.[26] 우리가 세계를 기술하는 방식은 우리가 사용하는 기술 장치로 형태 잡힌다. 그 다음에 세계가 어떤 방식으로, 세계에 대한 우리의 기술로써 실재적·물질적으로 형태 잡힌다.[27]

존재론은 물질적이다〔유의미하다〕. 존재론은 고유의 도구 집합 및 모빌리티 네트워크를 가진 물질화의 실재적 작용 또는 과정이다. 존재론은 중립적 재현이 아니다. 그렇기 때문에 존재론은 역사적이며, 실천적이며, 그것이 기술하는 현대적 조건과 얽혀 있다. 존재론은 같은 역사적 과정의 여러 면모들이다. 그래서 오늘날 옛 매체 테크놀로지와 새로운 매체 테크놀로지의 광대한 확산, 혼합, 전 지구적 순환은 우리로 하여금 점점 더 우리의 존재론적 실천이 얼마나 놀랄 만큼 매체화되었는지, 그래서 물질적·역사적이 되었는지를(그리고 얼마나 놀랄 만큼 매체화되어 있었는지를, 그래서 물질적·역사적이었는지를) 강제로 대면하게 한다.

이제 이론가들도 이러한 상황을 인정하게 되었다.[28] 프리드리히 키틀러Friedrich Kittler에 따르면, "존재론은 그 시작에서부터—물리적 매체든 테크닉적 매체든 간에—매체에 적대적이었다. 다른 어느 이론가보다도,

철학자들은 어떤 매체가 그들의 실천 자체를 지지하는지를 묻는 일을 망각했다."[29] 이 책의 목표는 그러므로 이중적이다. 첫째, 앞에서 기술한 대로, 점점 더 이동적이 되는 우리 시대의 조건에 더욱 적절하게 응답하는, 우리 현재를 위한 새로운 운동존재론을 제공하는 것이다. 둘째, 더 구체적으로, 이 새로운 존재론적 틀을 존재론적 실천 자체의 물질적 역사에 적용하는 것이다. 그리하여 이 책을 포함한 현대 존재론적 실천 자체의 동적 조건을 밝히는 것이다.

이에 따라 이 책은 적어도 세 가지 참신하며 서로 엮여 있는 개입을 실천한다. ① 운동에 관한 독창적이고 체계적인 존재론을 제공하고, ② 서구 전통에 존재하는 운동 철학의 역사를 처음으로 제공하되, ③ 이와 관계된, 이 철학이 갖는 물질적이고 실천적인 기입inscription 조건의 역사를 같이 제공한다.

21세기

앞서 기술한 주요 역사적 사건들은 21세기 초에 일어나고 있는 더 큰 변동, 즉 운동의 중요성이 점점 더 커지는 변동의 일부에 불과하다. 과거 정적 패러다임 규칙에 대한 예외가 이제는, 완전히 새로운 동적 패러다임의 규칙이 되었다.[30] 전 지구적 이주, 기후변화, 국경 정치는 주변적 문제에서 벗어나 국민국가 체계 자체를 불안하게 만드는 요인이 되었다.[31] 서구에서 이동적 장치와 이 장치들이 만들어 내는 이동적 이미지는 더 이상 특권적 소수를 위한 사치품이 아니다. 그것은 인간의 뇌를 포함하여 일상적 삶의 모든 면모를 변용시켰다.[32] 양자장 이론은 더 이상 고전 물리학 규칙의 미시적 예외—비국소성, 얽힘, 터널효과—에 속하는 과학적 사변의 불투명한 영역이 아니다. 이제는 물리학자가 '표준 모델'이라고 부르는 것[33]이 되어, 위성위치확인시스템부터 컴퓨터 처리 테크닉에 이루는 거의 모든 현대 테크놀로지를 뒷받침하고 있다.

20세기 말과 21세기 초의 간격은 **종의**in kind 차이가 아니라 **정도의**of degree 차이, 고체에서 액체로의 차이다. 이행은 극적이었지만, 또한 연속적이며 점증적이다. 이 사건들이 일탈이나 신종 유행이 아니게 된 것은 21세기 들어서다. 이 사건들은 이제 우리 시대의 토대적 사건이 되었다. 이 사건들은 운동으로써 정의된 새로운 패러다임의 시작이다.[34]

이 새로운 동적 패러다임이 가져올 정치적 · 과학적 · 미적 귀결은 어마어마하여 이 책에 다 담을 수 없다. 그렇더라도 이 귀결이 이 책에서 제기할 운동존재론에 상황을 부여하고 동기를 부여하는 중요한 현대적 조건임은 부인할 수 없다. 21세기 새로운 동적 패러다임이 정치, 과학, 예술, 존재론 등에 가져올 변화는 각 권역별로, 또 한데 합쳐서도 고찰해야 한다. 나의 책《이주의 형상》과《경계의 이론》으로 시작된 기획이 《존재와 운동》으로 이어지는 연유이다. 비록 각 권역은 다른 권역의 발전에 영향을 받고 그것이 다시 공동의 조건이 되지만, 이 책의 초점은 이 새로운 동적 패러다임의 엄격하게 존재론적인 면모이다.

본 서론의 요점은 다음과 같다. 우리는 대체로 운동과 모빌리티의 일차성으로 정의되는 새로운 역사적 시기에 들어섰으며, 이제 우리 시대에 맞는 새로운 존재론이 필요해졌다. 20세기 말과 21세기 초가 점점 더 '유체적', '이동적'이 되어 가는 근대성으로 표시되는 시기라는 관찰은 이제 학문적으로 폭넓게 인정 받고 있다.[35] 21세기도 20년이 지난 시점에서 우리는 이 공표된 이행의 **다른 면**에 위치해 있다. 오늘날 우리가 처한 상황은 1970년대에 시작된 탈근대성으로의 이행과 중요한 차이가 있다. 오늘날 우리가 대면하는 물음은 그때와 전혀 다르다. **녹아 버린 모든 것을 어떻게 새로운 무언가로 도로 접을**fold **것인가?** 이 물음에 대답하기 위해서는 다른 새로운 이론적 도구 집합이 필요하다.

오늘날 이론에 주어진 도전은, 우리의 새로운 역사적 공동결연부에 의해 열린 관점, 문제, 가능성을 새롭게 보는 것이다. 달리 말하자면, 존재가 오늘날 우리에 대해 존재하는 바대로의 존재 본성에 관해 우리 시대의 주요 사건들이 밝혀 주는 바는 무엇인가? 오늘날 역사상 그 어느 때보다도 이동적이 되었다면, 이 정도의 모빌리티 역량을 갖게 된 실재의 본성에 대해 21세기의 새로운 사건들은 무엇을 말해 주는가? 오늘날 존재가 운동의 역사적 일차성으로 정의되고 기존의 존재론은 그렇지 않다면, 새로운 역사적 존재론이 필요하지 않은가.[36] 이 책이 제시하려는 바가 바로 이것이다.

1부
존재론과 역사

1장

역사적 존재론

모든 것이 공기 중에 있고 움직이고 있다. 과거 어느 때보다 더. 이 때문에 우리가 진지하게 다시 고찰해야 할 것은 전 지구적 이주, 양자장론, 디지털 모빌리티 시대에 감응*과 이미지가 갖게 된 본성만이 아니다. 이러한 종류의 사건의 **존재** 자체를 기술하는 데에 사용하는 개념적·존재론적 틀도 다시 고찰해야 한다.《존재와 운동》은 운동의 존재와 존재의 운동을 기술할 존재론적이며 역사적인 틀을 제공하여 이에 기여하려 한다.

그러므로 이 책의 주된 기여점과 중요성은 이중적이다. 한편으로는, 운동의 존재를 기술할 새로운 개념적·존재론적 틀을 제공하는 것을 목표로 한다. 이 틀은 과학적·미학적·사회적 장을 가로지르는 폭넓은 동적 현상을 해석할 새롭고 적절한 렌즈를 제공한다. 서론에서 언급한 나의 다른 책들에서 체계적으로 운용되는 것이 바로 이 틀이다.

이 틀은 우리 시대의 현대적 사건, 더 넓게는 움직임이 다양한 패턴

---

* affect. 이 용어는 철학사에서 다양한 방식으로 사용되었다. 우선, 변용 또는 변용을 줌을 뜻한다. 나의 정신에 일어나는 변용으로서 정서, 감정 등도 뜻한다. 저자는 이를 동적으로, 흐름이 자신과 교차하면서 생기는 느낌으로 해석한다. 이 모든 것을 포괄하는 하나의 번역어를 찾기는 어렵다. 본 번역본은 affect를 기본적으로 '감응'으로 번역할 것이다. 저자가 affect를 정서보다 훨씬 원초적인, 감각과 비슷한 수준의 것으로 보기 때문이다. 단, affect가 '변용을 줌', '영향을 끼침'의 의미로 사용될 때는 '감응'이라 하지 않고 문맥에 맞는 단어로 번역한다.

또는 체제로 분배되고 조직화되어 온 역사적 방식 양쪽에 모두 적용된다. 존재가 운동 속에 있게 된 것은, 21세기 전환기에 일어난 몇 가지 사건 때문만이 아니다. 시대를 정의하는 극적인 모빌리티를 지닌 이 사건들은 과거부터 계속 있어 왔던 것의 중요성에 눈을 돌리도록 강제한 역사적 계기일 뿐이다. 그것은 숨겨져 있거나, 다른 것을 통해 설명되어 왔다. 그러므로 움직임의 관점에서 현재와 기존 존재의 완전히 새로운 차원 또는 면모를 기술하고 식별할 수 있게 할 개념적 틀을 발명하는 것이 이 작업의 관건이다. 이 방법론적 관점은 단지 참신하기만 해선 안 된다. 그것은 우리가 과거에 생각해 본 적 없는 방식으로 생각하도록 강제하는 우리 시대의 역사적 사건들에 대한 통찰을 담고 있어야 한다. 그러므로 이 관점은 현재의 사건에 대한 더 적절한 존재론적 기술만이 아니라, 서구 존재론의 숨겨진 차원을 들추는 독특한 통찰이기도 하다.

운동의 존재를 기술할 개념적·존재론적 틀을 제공하는 것 말고, 이 책의 두 번째 기여점은 이러한 동적 관점을 존재론의 실천 자체에 도로 돌려주는 것이다. 존재가 운동 중에 있다면, 존재론을 연구하는 행위 자체가 또한 운동으로 분석에 포함되어야 한다. 지금껏 어떤 물질적-동적 조건 또는 운동 체제 하에서 특정한 존재론적 기입 자체가 수행된 적이 있는가? 그것이 생성하는 존재에 대한 기술의 종류와 그 물질적-동적 조건 또는 체제의 관계는 어떠한가? 철학자들이 움직임을 진지하게 고려한, 또는 모빌리티 학자들이 존재론을 진지하게 고려한 드문 경우라도 존재론적 실천 자체를 동적으로 분석한 경우는 없다. 내가 아는 한, 움직임의 철학의 역사를 쓰려고 한 사람은 없었다. 시간, 공간, 영원성, 힘 등의 철학사를 탐구한 책은 넘쳐나는데 왜? 운동을 비철학적 범주로 다루고, 물리학 분야의 과제로 보았기 때문이다.

운동을 철학적이거나 존재론적인 범주로 다루려 했던 사람들조차 자신의 존재론적 실천은 **움직임 속에 있는** 것으로, 또는 더 큰 역사적 운동 패턴의 일부로서 다루지 않았다.[1] "존재로서의 존재"의 본성에 대한 탐구라는 전통적 방법을 따르는 운동의 존재론은 그것이 어떤 것이든지 간에, 예전의 정적 존재론 같은 비역사적이고 고정되고 부동적인 방법으로 돌아갈 위험이 있다. 존재의 보편적 본성이 영원히 그리고 언제나 '운동 중에' 있다고 역설적으로 말해진다고 하더라도, 그 주장은 바로 그 주장의 구조에 의해, 자신은 자신이 하는 역사적 기술의 움직임 외부에 있는 척한다. 마치 자신은 자기 주장이 기술하는 운동 속에 있지 않은 척한다.

이 책은 그렇지 않다. 이 책의 생산, 분배, 소비 자체가 이 책에 기술된 역사적이고 물질적인 조건의 수행이다. 존재론은 자신의 물질적 조건과 얽혀 있으며, 그 조건으로부터 출현한다. 2부에 기술된 말하기, 글쓰기, 책, 자판 등 기입의 역사적 테크닉은 전부 현대의 존재론적 실천의 혼종적 수행 안에서 결합되고 혼합된다. 이 책의 존재론적 실천은 동적 형태를 취했다. 이 책에 대해 동료들에게 말해지고, 교실 벽에 그려졌다. 문자언어로 기입되었다. 이 책은 총 7권의 공책에 손으로 씌었다. 그 다음, 자판으로 타이핑되고 디지털 형태로 변환되었다. 인쇄기를 통해 인쇄되었다. 책의 내용은 언어적으로, 디지털로, 인쇄본으로 다른 연구자들과 편집자들 사이에서 순환되었다. 그것으로 그들은 자신만의 언어적, 문자적, 디지털적 표시를 만들었다. 이 책은 세계에 걸쳐 순환되었고, 독자들의 손과 컴퓨터에 들어갔다. 아마도 그들은 이 책에 대해 이야기하고, 여백에 표시를 하고, 복사하고 붙여 넣는 등의 활동을 할 것이다. 이 모든 물질적 – 동적 활동이 이 책의 역사적 존재론적 실천의 일부다. 그런데 대부분의 철학적 존재론에서는 이 활동들이 가려져 있다. 존재론을 행하는 실천적 활동이 비철학적인 것으로 간주되고 있다. 존재로서의 존재에 대한 순수 추상적 기술과 연결시키에는 이런 활동이 너무 물질적이거나, 너무 동적이거나, 너무 역사적이거나, 너무 테크닉적이기 때문이다.

그래서 존재론 행하기라는 행위 자체가 역사적이고 물질적이고 동적인 행위임을 보여 주는 것이 이 책의 두 번째 기여이다. 존재론적 기술은 수동적 재현이 아니다. 그것은 실제적 물질적 공동생산coproduction이다. 운동의 상이한 패턴, 기입의 상이한 도구들도 존재의 본성에 대한 상이한 역사적 기술 자체와 연결되어 있다. 이 점은 2권에서 볼 것이다.

이처럼 이 책은 두 개의 테제를 던진다. 첫 테제는 특히 어렵다. 그것은 가장 일반적인 방식으로 개념적으로 정식화된 움직임의 철학에 관한 것이기 때문이다. 만만치 않은 일이다. 활동 중인 개념을 보여 주고자 정치, 과학, 예술 영역에서 예시가 주어지는데, 새로운 사고틀을 해당 영역에 충분히 적용하려면 각 영역마다 책 한 권씩이 필요하다. 존재론 1권에서는 상대적으로 독창적이며 내부적으로 일관된 자기지시적 개념, 어휘, 도해 집합을 발견하게 될 것이다. 이 집합은 질, 양, 관계, 양상, 자기동일성, 통일성, 인과성, 주체 등 존재론의 일차적 물음들을 관통하여 사고하는 새로운 방식을 제공할 것이다.

그러므로 1권에서는 관련된 정치, 예술, 과학 저작은 간혹 언급하더라도 다른 분과학문이나 영역에서 진행되고 있는 움직임과 모빌리티 연구는 끌어들이지 않을 것이다. 그런 작업은 나의 다른 저작에서 이미 했기 때문이다.[2] 존재론의 모든 요구에 응답하는 구체적 과학적 사고틀을 전개하는 것은 만만한 과업이 아니다. 그러한 사고틀을 전개**하면서**, 이 사고틀을 적용 가능한 모든 경험적 영역에 적용**하면서**, 존재론적 실천의 물질적 역사성에 관한 두 번째 주요 테제를 증명할 방도는 없다. 그렇기에,《존재와 운동》의 일차적 초점은 존재론에, 그리고 서구 존재론의 역사에 있다. 이 책의 주요 개념들이 존재론 밖의 영역에서 어떻게 적용되는지 궁금하다면 짝이 되는 저작을 보길 바란다.[3] 본 기획을 정의하는 다른 한계들에 대해 더 알고 싶은 독자는, 맨 뒤 결론으로 가서 본 기획의 네 가지 주요 한계와 향후 기획 목록을 볼 수 있다.

역사적 방법

운동의 일차성은 서구 철학에서 독특한 존재론적 관점이다. 역사 내내 존재는 여러 가지 방식으로 이해되어 왔지만, 그것이 무엇보다도 **운동 중에** 있다고 말해진 적은 드물다.[4] 그러나 현 시대는 사회적 · 과학적 · 미적 삶의 모든 주요 영역에 걸쳐 항상적인 움직임과 모빌리티에 의해 정의된다. 우리 시대는 "모든 것은 움직인다omnia moveri!"고 선포될 최초의 시대이다. 최초는 아니더라도, 가장 소리 높여 선포할 시대다.

내가 던질 중심 물음은 "항상적인 움직임과 모빌리티로 정의되는 현재를 생산할 수 있는 실재의 본성에 관해, 관련 사건들이 밝혀 주는 바는 무엇인가?"이다. 이제 그러한 현재가 출현했으므로, 이전에는 불가능했던 방식으로 이 출현을 가져온 조건들을 탐구할 수 있게 되었다. 현재는 존재의 역사적 본성에 관해 무언가 새로운 것을 밝혀 준다. 존재가 움직임과 모빌리티의 일차성으로 정의되려면 **최소한** 어떠해야 하는가? 존재가 오늘날 역사상 가장 이동적이 되었다는 사실은 우리의 실재 본성에 관해 무엇을 말하는가? 존재가 운동의 역사적 일차성으로 정의되는 시대에 실존하는 존재론들은 그렇지 않다면 새로운 존재론을, 즉 운동의 역사적 일차성에 근거한 개념적 틀을 만들어 내야 한다.[5]

현재

현재는 사물과 날짜의 등질적이며 폐쇄된 집합이 아니다. 현재는 하나의 현재가 아니라 열린 과정이다. '우리의 현재'라는 말은 "21세기 지금까지 흘러 온 사물과 날짜의 흐름"이다. 그러나 운동은 현재의 본질적 핵심이 아니다. 우리가 비판적으로 주목할 만한, 점점 더 지배적이고 강

력해지는 "정박점"이기는 하지만, 그것도 현재의 한 면모일 뿐이다.[6]

이러한 정의로부터 우리의 논의에 필요한 두 가지 귀결이 도출된다. 첫째, 현재는 논쟁적이고 다중적이므로 한때 중요한 사건으로 보이던 것(전 지구적 이주, 양자장 이론, 디지털 미디어)이 소급적으로는 중요하지 않은 것으로 드러날 수 있다. 그러나 더 멀리 가면, 소급적으로 다시 중요해질 수도 있다. 나는 우리 시대의 사건들에 대해 미래 세대가 이렇게 말하거나 저렇게 말하지 않으리라 선포하려는 것이 아니다. 오히려 우리 시대의 사건들이 **지금** 우리에게 무엇을 밝혀 주는지를 보여 주려 한다. 그러므로 이 책은 아무 곳도 아닌 곳에서 본 관점이 아니라, 앞서 기술한 조건 하 21세기 초에 바라본 특정한 관점이다.

이 책에 운동의 철학적 연역이 있다면, 그것은 칸트 같은 인식론적 연역이나 하이데거 같은 실존적 연역이 아닌 동적 연역이다. 1권에서 살펴볼 연역된 흐름, 접힘, 장 개념은 운동의 역사적 존재를 기술하는 데 필요한 최소한의 요소들이다. 이것들은 오늘날 존재가 운동 중에 있기 위해 있어야 할 요소들이다. 그렇기에 이 책과 또 이 책과 연결된 책들의 동기는, 21세기를 정의하는 사건이며 사건이 될 것이라고 우리 대부분이 믿는 현재적 사건과 필연적으로 묶여 있다. 따라서 이러한 사건들의 중요성은 토대적인 것이 아니라 역사적인 것이다. 즉, 이 사건들은 우리가 현재 아는 바와 관련지어 볼 때, 이전의 사회적·과학적·미적 패러다임에 도전하기에 충분할 만큼 그리고 새로운 동적 패러다임을 제시하기에 충분할 만큼 중요하다.

과거

과거도 고정된 사건들의 객관적 집합이 아니다. 현재의 조건들에 의거하여 과거의 상이한 면모나 차원들은 나타나고 사라질 것이다. 현재에 출현하는 새로운 사회적·과학적·미적 발견이나 사건에 기반하여, 과거와 현재를 잇는 새로운 선line이 제시될 수 있다. 예를 들어, 뉴턴이 발견한 중력의 역제곱법칙은 그의 현재에만 참이 아니라 그와 다른 사람들이 알았던 과거 전체에 대해서도 참으로 나타났다. 그 후 뉴턴 등은 이 진리의 발달에 관한 소급적 진화론을 말했다. 마찬가지로, 헤겔은 최고의 현재 형태, 즉 국민국가 형태에 이르기까지의 인간의 사회성 발달에 관해 비슷한 이야기를 했다. 그러나 두 경우 모두, 그들의 오류는 이 발달에 필연성, 인과성, 목적성을 부여한 것이었다. 그 결과, 현재의 관점에서 과거 전체가 소급적 선행물들의 단일한 또는 다수의 긴 선으로 나타났다.

그러나 현재가 변화함에 따라, 현재로 이끄는 과거의 선들도 변한다. 역사가 착각이고 오류라는 뜻이 아니다. 오히려 역사가 다중적이고 실재적인, 공존하며 다채로운 역사적 계열들로 이루어져 있다는 뜻이다. 현재 바깥에 있는 출발점은 없다. 다행히도, 현재는 많은 선들을 수용할 만큼 다채롭다. 이 책 역시 설명을 위해 필연성, 인과성, 목적성에 의존하지 않는다 해도 현재의 한계로부터 면제 받은 것이 아니다. 이 책은 다만 역사적 존재론으로서 역사적 궤적들에 숨겨져 있던 새로운 역사적 궤적 하나를 추가할 뿐이다. 우리가 우리 시대의 가장 중요한 사회적·과학적·미적 사건들의 핵심에서 운동을 발견한 이상, 우리는 그것이 거기에 항상 있어 왔음을 볼 수 있다.

미래

미래는 아직 없는 것이다. 그렇기에 현재나 과거와 닮아야 할 필연성이 없다. 이 점은 두 가지로 귀결된다. 첫째, 미래의 존재론은 있을 수 없다. 미래의 존재론이라는 말을 통해 뜻하는 바가 단지 기초 존재론의 불가능성을 제시할 뿐인 역설적 존재론이 아니라면 말이다. 이 책도 미래의 존재에 대해, 그리고 영원히 참으로 유지될 존재에 관한 어떤 기술에도 전적으로 불가지론적이다. 여기서 전개되는 운동의 존재론은 현재의 몇몇 주요 차원에만, 그리고 이 차원들이 존재론의 역사적 실천에 관해 밝혀 주는 바에만 귀속된다.

둘째, 이 책은 미래의 새로운 사건이 과거에 관한 또 다른 숨겨진 차원을 밝혀내어 그것이 21세기 초의 관점에서 운동 중에 있는 것으로 나타난 모든 것을 재기술할 가능성에 열려 있다. 그러나 그러지 않을 수도 있다. 그 점은 두고 봐야 한다.

어느 쪽이든 간에, 어떠한 역사적 존재론도, 그리고 본 역사적 존재론은 미래의 또 다른 역사적 존재론의 가능성을 미리 배제할 수 없다. 역사적 선line이 겉보기에 아무리 끊김이 없다 해도, 모든 목소리는 다른 목소리의 누락을 통해 말한다는 것도 참이다. 역사적 존재론을 규명하는 작업도 예전에는 가려졌던 존재의 영역(운동)에 목소리를 주면서, 동시에 다른 영역과 다른 역사를 생략하기도 한다. 이는 새로운 역사적 존재론을 하지 않을 이유가 아니라, 그러한 역사를 다수화해야 할 이유다. 이 역사적 존재론도 그러한 것들 중 하나에 불과하다.

그러므로 이 책의 일차적 탐구는 존재론적이지 토대론적이 아니다. 그것은 역사적이다. 달리 말하면, 나의 목표는 영원하고 언제나 있는 절대적이고 변이 불가능한 존재의 구조(존재로서의 존재)를 식별하려는 것이 아니다. 그보다는 특정한 역사적 출현을 고려하여 그 출현의 실제적 조건을, 그 존재론적 실천 자체를 **실제로** 구성하는 조건을 식별하고자 한다. 존재는 물론 운동 훨씬 이상의 것이다. 그러나 존재가 다른 무엇이든지 간에, **적어도** 그것은 우리의 현재 같은 현재를 가능케 하는 방식으로 운동 중에 있어야 한다.

운동의 새로운 역사적 존재론을 발견한다는 것은 무엇인가. 현재의 관점에서 볼 때, 언제나 과거의 숨겨진 차원이었던 것으로 보이는 최소한의 조건을 발견하는 것이다. 그렇기에 현재 실재(운동)의 가장 중요한 (유일하거나 본질적인 것이 아니라) 요소들 중 하나를 붙잡아 공간, 시간, 힘, 질, 양, 관계 등 존재론의 지배적 관념들을 재해석하는 데에 사용한다. 현재의 시야에서 미래를 배제하지 않는 방식으로, 과거를 새롭게 재해석하는 것이다.[7]

따라서 우리가 쓸 방법은 소박실재론素朴實在論Naive realism〔외적 세계가 우리가 지각하는 그대로 존재한다고 보는 상식적인 존재론적 입장〕일 수 없다. 소박실재론 내에 머무른다면, 운동의 현재적 일차성의 발견은 존재 그 자체에 순수하게 접근하도록 이끌 것이다. 그러나 내가 하려는 것은 현재 자체의 출현의 **최소한의 존재론적 조건**에 관한 일종의 역사적 실재론이다. 그러므로 그것은 **비판적** 실재론 또는 **최소한의** 실재론이다. 현재가 "가능할 수 있기 위해"(즉, 현실적이기 위해) 최소한 있어야 할, 이전의 존재 면모와 관련해서만 존재가 해석되어야 한다는 의미에서 그렇다. 그러므로 나의 방법은 전통적인 의미에서 실재론적이지도, 상대주의적이지도 않다. 오히려 **최소한으로, 비판적으로, 역사적으로** 실재론적이다.

문제는 현재가 현재 모습대로이기 위해 인간 정신의 조건이 어때야 하는지가 아니다. 오히려, 현재와 현재의 존재론적 탐구가 운동의 일차성으로 정의되도록 하려면 **이전의 실재 자체가 최소한** 어때해야 하느냐는 것이다. 현재가 **가능**하기 위한 언어, 무의식, 경제, 권력 등의 조건이 무엇이어야 하는지가 아니라, 이러한 인간적 구조를 애초에 현실적으로 만들기 위해 이전의 존재가 최소한 어때해야 하느냐는 것이다.[8] 의심의 여지없이, 현재의 실재는 다중적 인간적 구조로 형태 잡혀 있다. 그러나 이 구조들 자체도, 그것에 선행하며 그것을 구성하는 다른 실제적·비인간적 물질적 구조로 조건 지어져 있다. 이 구조들이 번갈아 서로에게 작용하며, **실재적으로 서로를 공동구성한다.**[9]

다시 말하거니와, 이 책은 운동이 오늘날에 일차적인 것으로 나타나는 대로의 모든 실재(과거, 현재, 미래)를 위한 최소한의 **토대적** 조건을 찾지 않는다. 우리는 현재를 위한 (과거의) 최소한의 **역사적** 조건을 찾는다. 마르크스는 이렇게 말했다. "이론을 신비주의로 이끄는 모든 신비는 인간 실천 속에서, 그리고 이러한 실천에 대한 이해 속에서 합리적으로 해결된다."[10] 그러나 인간 실천은 결코 인간중심적 구조로 엄격하게 환원될 수 없다. 우리가 하려는 바는 현재와 과거로만 제한된, 존재론적 실천 자체에 관한 엄격하게 역사적이고 영역적인 존재론이다. 미래의 존재에 관한 존재론은 다루지 않는다. 역사에 관한 마르크스의 역행적 독해를 따라, 이렇게 말할 수 있다. 현재 증대된 모빌리티가 우연히 나타난다는 바로 그 현상으로 인해, 이 사건의 관점에서 본 새로운(그리고 대등하게 실재적인) 역사가 가능해진다. 즉, 운동의 역사적 존재론이 가능해진다.

2장

존재론적 역사

앞서 우리 시대의 결정적 사건들이 이들 운동이 갖는 일차성으로 정의
된다면, 그에 적합한 새로운 개념 집합이 필요하다고 했다. 그러나 존재
가 운동 중에 있다면, 존재론적 실천도 마찬가지다. 존재론적 실천에 관
한 관찰, 기술, 기입 역시 그 자체로 **변용적**이고 **동적**인 행위다. 이 행위
들도 운동 중에 있다. 존재론적 기술記述 과정에 운동을 이미 도입하지
않는 중립적 재현, 숙고, 소통 활동은 없다. 그렇기에 자기의 동적 실천
구조에 관한 이론과 역사가 없는 운동의 존재론이란, 다른 부동적 존재
론만큼이나 문제적이고 형이상학적인, 존재로서의 존재에 관한 또 다른
보편적 주장에 머물 뿐이다. 존재론의 신비는 존재론 자체의 실천으로
만 해결될 수 있다.

　예를 들어, 철학자가 무엇을 기술할 때 그것은 언제나 기입의 물질적
과정—언어, 글쓰기, 책, 자모기록*—을 통한다. 물질적-동적 구조로 이
루어진 이 과정은 실재에 어떤 변화를 가져온다. 예를 들어 언어, 글쓰
기, 인쇄기의 발명은 모두 이 행위들에 기입된 존재론적 기술과 무관하

---

* typography. 개별적으로 분리된 글자들로 기록하는 방식. 저자는 이를 활자 인쇄술로부터 타
　자기를 지나 컴퓨터 자판을 이용한 입력 방식까지 포괄하는 의미로 사용한다. 이에 관한 상세
　한 내용은 35장 참조. graphy라는 용어와 그 번역어인 '기록'에 관한 논의는 2장 〈존재론적 기
　록 실천〉 절 참고.

지 않은 실재적 동적 변화를 도입했다. 존재론자가 실재를 기술하는 물질적 조건에는 모든 종류의 사회적 · 감각적 · 양적 요소들이 기여한다. 그렇기에 존재론적 기술記述은 기술記述의 기입이 일어나는 물질적 · 사회적 · 테크닉적 운동의 전체 네트워크와 결코 동떨어져 있지 있지 않다. 존재론적 실천이 세계를 어떻게 기술하고 기입하는지는 사람과 사물이 그 안에서 움직이는 방식에 구속되며, 그 역도 참이다. 이 중요한 동적 통찰의 귀결은, 기술과 기입의 존재론적 장치 자체가 존재의 운동의 한 면모 또는 차원이라는 것이다.

이 점은 전통 존재론에 실재적 문제를 제기한다. 전통 존재론은 순수 개념을 위해 자신의 물질적 · 역사적 행위자성과 조건을 괄호 치는 경향이 있다. 그런데 존재론적 실천이 실재의 일부이며, 그것이 기술하는 실재에 변화를 도입한다면, 이 실천의 기술記述은 재현이기를 멈추고 **실재의 동적 면모 또는 차원**이 된다. 존재론적 실천은 아무 곳도 아닌 곳에서의 관점이 아니다. 그것은 움직이는 현재 안에 다른 모든 것과 함께 어떤 상황에 처해 있다. 그렇기에, 운동의 존재론은 존재의 운동을 기술하기 위해 새로운 개념적 틀만 요구하는 것이 아니다. 그것은 존재론적 실천 자체 및 그것의 출현을 낳은 역사적 동적 조건에 대한 동적 재해석도 요구한다. 존재론적 실천 자체가 동적 행위라면, 그것은 어떻게 움직이는가? 저 실천의 존재론적 기술記述과 기입은 다양한 운동 패턴 내에서 어떻게 순환하는가?

따라서 존재론적 실천 자체가 역사적이고 동적인 활동이라는 두 번째 주요 테제는 더 넓은 범위에서의 존재론 연구에 개입한다. 운동의 존재론의 발달에서 결정적인 것은, 존재론의 두 주요 문제인 정태停態stasis와 환원주의에 대한 해법이다.

존재론적 정태

첫 번째 문제는, 존재론이 존재 **그 자체**의 불변하고 정적인 속성에 관해 말하거나 사고하는 것으로 이해되어 왔다는 것이다. 이런 식으로, 존재론은 이차적이거나 재현적인 기능에 봉사하는 것으로 강등되었다. 존재의 구조는, 우리 이동적이고 변화하는 인간이 인식론적 · 언어적 · 구조적 · 수학적 형식주의를 통해 일별하는 변이 가능한 형식적 구조에 따라 불변하고 고정된 것으로 머무른다. 달리 말하자면, **우리에 대해** 있는 대로의 사물과 **그 자체로** 있는 대로의 존재 사이의 존재론적 분할의 도입이 정적 존재의 문제, 그리고 그것에 대한 재현적 말하기 문제의 심부에 있다. 일단 이 분할이 도입되면, '자신에 대해 있는 존재'와 '그 자체로 있는 존재'를 다시 합칠 방법은 없다.

주관주의와 형이상학은 이 다루기 힘든 문제의 양측 면이다. 한편으로 주관주의 철학자가 논하는 것은, 인간으로서 우리는 다양한 인간적 · 언어적 · 경제적 · 무의식적 · 역사적 구조를 통해서만 자연에 관한 우리의 감각에 접근할 수 있다는 것이다. 그것이 **우리에 대해** 있는 대로의 자연이다. 우리는 **그 자체로 있는** 대로의 존재에는 접근할 수 없다. 자체로 있는 존재에 관한 기술은 그 본성상 전적으로 사변적이며, 우리는 그것에 대해 불가지론을 유지해야 한다. 사고, 사회, 언어 등의 유한한 인간적 구조로 인해 우리는 자체로 있는 존재에 대해 존재론적으로 접근할 수 없다는 것이 주관주의의 주장이지만, 그것은 또한 이러한 구조의 선행조건으로서 적어도 한 가지 최소한의 존재론적 조건은 받아들여야 한다. 바로 자체로 있는 존재가 인간적 주체의 자기감응을 생산할 수 있는 방식으로 구조 지어져 있어야 한다는 것이다. 이것이 인간의 감각, 경험, 철학적 실천 등의 조건이다.[1] 존재론적 자기감응 또는 분화 없이는 인간적 경험이 있을 수 없다. 이렇게 주관주의는 무비판적 형이상학

으로 빠진다.[2]

　다른 한편 형이상학적 입장이 논하는 것은, 자체로 존재하는 대로의 정신-독립적 실재에 대한 직접적이고 매개되지 않은 접근로를 인간이 가진다는 것이다. 이러한 정의에서 존재론은 존재로서의 존재를 재현하며 그것을 제대로 파악하는, 그것에 관한 말하기다. 이 소박하고 무비판적인 형이상학은 주관주의와는 정반대의 문제를 제기한다. 첫 번째 경우에 '자신에 대해 있는 존재'는 '자체로 있는 존재'로부터 단절되어 결국 형이상학적 입장을 받아들이게 된다. 두 번째 경우에 '자신에 대해 있는 존재'는 적절한 매개를 통해 '자체로 있는 존재'를 알게 될 수도 있지만, 결국은 '정신-독립적 실재'라 불리는 어떤 것의 실존을 받아들이게 된다. 그것은 정의상 정신으로부터 독립적으로 실존하며, 그렇기에 독립적인 것으로서 그것은 어떤 의미에서 정신과 별개의 것으로 머물러야 한다. '자체로 있는 존재' 자체가 정신에게 완전히 알려진다면, 그것은 더 이상 정신으로부터 독립적이지 않을 것이다. 그래서 소박한 형이상학은 주관주의와 관념론으로 도로 빠진다.

존재론의 역사적 존재론

존재론에 대한 정적이고 재현적인 관점이 안고 있는 문제에 대한 응답으로 내가 논하는 바는, 존재론적 실천이 무엇인지 이해하고자 한다면 존재에 관한 기술記述과 존재 사이에 형이상학적 분할을 도입할 필요가 없다는 것이다. 우리 자신이 존재이며 존재론적 기술도 존재이므로, 우리는 기술과 기입이라는 행위 속에서 존재가 무엇을 **행하는지**의 관점에서 존재론적 실천을 검토할 수 있다. 그러므로 존재론은 그 자체로 있는 존재에 관한 정적·중립적·총체적 기술로 이해될 필요가 없다. 그것은 **무언가를 실재적으로 行하는** 행위 또는 물질적 실천으로서 **동적으로** 이해되어야 한다.

달리 말하자면, 나는 자체에 대해 있는 존재나 자체로 있는 존재에 관한 존재론적으로 '옳지 않은' 어떤 주관적이고 형이상학적인 주장을 묵살할 수 있는 절대적 존재론적 입장을 채택하려는 것이 아니다. 이 책은 인간적 구성주의에 관한 비판도, 형이상학의 해체도 아니다. 이 책의 탐구 영역이 자체로 있는 존재의 본성이 아니라, 존재론적 기술 자체의 역사적 실천이기 때문이다. 그렇기에, 운동의 존재론의 철학적 핵심 전제는 엄격히 역사적이지(현재에 운동이 갖는 일차성), 형이상학적이거나 암묵적으로 주관주의적이지 않다.

나는 형이상학(토대적 존재론 또는 존재로서의-존재)과 주관주의(상관주의 또는 사고로서의-존재) 사이에서 미적거리지 않고 제3의 길을 전개하려 한다. 운동의 존재론은 미래에 관해 어떠한 긍정적이거나 부정적인 주장도 하지 않기 때문에 정의상 토대적 존재론일 수 없다. 그러나 운동의 존재에 관한 운동존재론의 주장은 인간 삶의 도래 이전으로까지 확장될 수 있고, 운동을 이전 존재의 최소한의 요소로 정립할 수 있기 때문에 정의상 상관주의적일 수 없다. 상관주의는 현재적 인간의 사고 너머, 또는 이전의 모든 인간 사고 너머에 접근할 경로가 없기 때문이다. 지금 우리가 논하는 바는 엄격하게, 정의상 운동에 관한 영역적 존재론이다. 이 존재론이 오직 미래만을 제외한 채로, 존재의 가장 큰 가능적 영역을 포함한다 해도 말이다.[3] 그러므로 이 책에서 '존재론' 또는 '존재'가 언급될 때는 이렇게 읽어야 한다. '미래 존재 이전까지의, 미래 존재는 포함하지 않는 존재에 관한 엄격히 역사적인 연구.'

존재로서의 존재에 관한 이론을 제시하기 전에, 심지어 사고로서의 존재에 관한 인식론적 이론을 제시하기도 전에, 나는 **존재론적 기술 자체의 바로 저 동적 실천으로** 수반되는 최소한의 존재론적 헌신commitment을 기술할 것이다. 존재론적 기술이 실재를 어떤 방식으로 변화시키는 **실**

재적 행위이고, 기입 행위가 기입의 역사적 매체의 물질적-동적 활동에 의존한다면, 이 둘은 모두 운동의 실재론적 이론을 전제한다.

그러므로 여기서 결정적인 것은 존재론적 실천을 내재적으로 비판하는 것이며, 또한 어떤 물질적인 조건이나 최소한의 조건 또는 영역적 조건이지만 존재론적으로는 동등하게 실재적인 조건을 발견하는 것이다. 그러므로 이 책이 제시하는 존재론적 실천 이론은 존재론에 관한 일종의 역사적 존재론이지, 엄격하게 말해 메타존재론이 아니다.[4] 메타존재론은 다른 존재론을 질서 잡고 평가할 수 있게 하는 존재로서의 존재의 이론을 전제한다. 그러나 이 책은 현재에 관한 엄격히 역사적인 존재론을 제시한다. 이 존재론으로 이전의 존재론적 실천을 해석할 수는 있지만, 나는 자체로 있는 존재의 절대적 본성에 관해 어떤 주장도 하지 않을 것이다.

이는 특이한 기획, '존재와 운동'이라는 거창한 제목에 걸맞지 않는 기획으로 보일 수 있다. 이 기획이 의도한 논증의 핵심은 전형적으로 존재론으로, 심지어 역사로 간주되는 것과도 몹시 다르기 때문이다. 그러나 결국 이 책은 '존재론적인' 것으로 머무른다. 이 책도 전통적 존재론적 탐구의 모든 주요 범주와 존재론적 실천을 다루기 때문이다.

존재론적 환원주의

이 책이 극복하려는 두 번째 문제는 존재론적 환원주의다. 구체적으로는, 두 종류의 존재론적 환원주의다. 첫째, 가장 흔한 것은 관념론적 환원주의다. 이것은 존재론적 기술의 내용들이, 기입의 물질적-동적 매체와 무관하게, 자체로 있는 존재에 관한 정확한 심적 재현이라고 주장한다. 관념론자에게 존재론적 실천은 존재에 관한 **사고하기**로 전적으로 환원 가능하다. 이러한 사고가 표면 위의 내용으로 기입되게끔 하는 물질적 · 역사적 조건은 존재의 본성에 관해 무엇이 사고될 수 있는지와 전적으로 무관하다. 달리 말하자면, 존재론적 기술과 기입의 내용은 물질성이 벗겨지고 존재에 관한 순수 사고로 환원된다.

앞서 기술한 소박한 형이상학의 이율배반에 더하여, 사고와 존재를 보편적으로 동일시하려는 움직임에는 적어도 하나의 중대한 문제, 그러한 활동에 임하는 존재론자의 사고는 어떠한 기입이나 소통 매체를 거치지 않고서는 누구에게도 직접적으로 표현될 수 없다는 문제가 존재한다. 죽은 철학자, 과학자, 신학자들의 **사고**를 바라봄으로써 존재론의 역사를 연구할 수는 없다. 오히려 그들이 생산한 **기록적 기입**을 연구하는 것이 우리의 목적에 맞다. 사고는 그 사고의 물질적 · 시각적 조건과 독립적으로 연구될 수 있는 것이 아니다.

이 책이 관심을 가지는 두 번째 종류의 환원은 테크놀로지적 · 물질적 · 매체 환원주의다. 이 환원은, 존재에 관한 존재론적 기술은 모두―사고나 여타 감각을 포함하여―존재론이 자신을 표현하는 테크놀로지적 · 매체적 조건의 산물에 불과하다고 주장한다. 이를 가장 극단적으로 정식화하면,[5] 모든 것은 매체가 되고, 존재론적 실천을 포함한 모든 인간 문화는 기입의 매체 형식으로 결정된다. 이 경우, 존재론적 실천이 존재에 관해 말하거나 사고할 때, 존재론적 실천이 그렇게 하는 것은 단지 그것을 기입할 때 사용한 매체의 형식적 구조 때문이다. 인간적 관념론과 대조적으로, 매체 물질론은 인간이 테크놀로지의 창조자가 아니며, 테크놀로지가 인간을 **자신의 매체로 이용하며** 자율적으로 발달한다고 주장한다. 이러한 종류의 환원주의는 첫 번째 환원주의와 다른 방향으로 너무 멀리 간다. 존재론적 내용이나 기술이 표현이나 기입의 형식을 치워 버리거나 중립화하는 것이 아니라, 결국 매체 형식이 기술의 내용을 치워 버리거나 중립화한다.

존재론적 기록실천

이러한 환원주의의 문제는, 이것이 인간과 자연 사이의 나눔을 형이상학적으로 전제한 채로 작동한다는 것이다. 기술(관념론)과 기입(물질론)의 관계는 일방향적 인과관계로 빈약하게 이해된다. 실재에 관한 인간의 기술記述이 기입의 새로운 테크놀로지를 만들게 하는가(도구주의)? 아니면 기술記述의 새로운 테크놀로지가 해당 기술記述을 애초에 미리 결정하는가(결정론)?

환원주의는 그것이 해결하고자 하는 분할 자체에 의존한다. 자연이 물질의 움직임이고 조직화라면, 그리고 테크놀로지가 물질의 엄격하게 인간적인 조직화라면, 문제는 명확해진다. 자연이 인간을 창조한다면, 인간 자체가 자연의 테크놀로지다. 인간 신체는 엔트로피의 증대를 위해 자연이 창조한 테크닉적 기계가 된다. 인간은 고유한 종류의 테크닉적 물건과 옷이나 도구 같은 것을 만든다. 그러나 자연에 의해 창조된 테크놀로지, 즉 인간 그리고 인간이 창조한 테크놀로지가 그 창조자(자연과 인류)에 어떤 변용 효과를 가한다는 것을 받아들인다면, 자연과 인류는 동등하게 테크놀로지의 테크놀로지가 된다. 달리 말하자면, 테크놀로지를 통한 자연과 인류 사이의 재귀적 규정을 인정하는 순간, 구별은 완전히 무너진다.[6] 자연, 인류, 테크놀로지 사이의 존재론적 차이는 지탱될 수 없다. 도구주의와 결정론 사이의 환원주의적 논쟁 전체는 결함 있는 가정에서 시작되는 것이다.

그래서 우리의 논의에는 집단적 변용, 조응, 동시화의 동적 체제만 있을 뿐 인과성(선적이든 아니든)은 없다. 기술적 내용과 기입적 형식은 역사 내내 변이하는 같은 동적 체제의 집단적으로 조응된 두 면모에 불과하다. 이 체제들은 엄격히 자연적인 것도, 인간적인 것도, 테크놀로지적인 것도 아니다. 다만, **동적**이다.

이에 따라 존재론적 실천이 이러한 상호적 동적 변용의 일부라면, 그것은 운동 중에 있으며, 그러므로 동적으로 재정의되어야 한다. '존재론 ontology'이라는 단어는 '존재하다'를 뜻하는 그리스어 ὄντος, ontos에 '연구, 논리, 말하기'를 뜻하는 그리스어 λογία, –logia가 더해진 것이다. 그러나 존재로서의 존재에 관한 연구 또는 말하기로 전통적으로 해석되어 온 존재론의 어원을 더 넓게 보면, '말'을 뜻하는 그리스어 logos는 '줍다, 모으다, 선택하다, 배치하다'를 뜻하는 어근 λέγω, légō에서 왔다.[7] 존재론을 정의하는 더 동적인 열쇠가 전통적 정의의 뿌리에 포함되어 있는 것이다. 그것은 존재를 줍고, 선택하고, 모으고, 합치고, 정돈하는 **물질적 활동**을 강조한다. '말하다'는 뜻의 그리스어 légō는 명시적으로 줍고 합치는 손의 동적 활동, 그러므로 몸짓의 동적 활동을 강조한다. 즉, 기록실천graphism이다.*

이 대안적 정의에 따라, 우리는 존재론적 실천을 두 개의 구별되지만 상호관계된 몸짓적 또는 '동動기록적kinographic' 행위—기술과 기입—로 이루어진 동적 활동으로 재해석할 수 있다. 어떤 것을 이전의 기록적 또는 물질적 배치로부터 다시–옮기는(de-) 고르기와 줍기라는 의미에서, 존재론은 '기술적de-scriptive'이다. 그리고 존재론이 기록의 새로운 함께 모임(in-)을 생산하는 한에서, 그것은 '기입적in-scriptive'이다. 이 정의에 의하면, 존재론적 기술은 그 자체로 있는 존재를 사고 속에서 재현하거나 반영하는 것을 넘어서는 것이다. 기술은 능동적이고 창조적이다. 그것은 세계로부터 어떤 것을 선택하고, 그것이 이미 기입되어 있던 또는

---

* graphsim은 사고, 감정, 정신의 내용을 물질적으로 표현한 것을 가리키는 말이다. 이 말은 '그리기, 글쓰기'를 뜻하는 그리스어 graphé에서 온다. 필자는 이를 이용하여, graphism을 물질적·동적으로 이해하려고 한다. 본 번역본은 이를 그림이나 글을 이용하여 신체적 활동을 통해 무언가를 남기는 실천으로 이해하여, '기록실천'이라고 옮긴다. 또한 필자는 이러한 기록실천의 전체적인 양상, 패턴, 동태를 가리키기 위해 graphy라는 용어를 사용한다. 이는 '기록'으로 옮긴다.

모여 있던 곳에서부터 그것을 옮긴다. 그것이 한 영역으로부터 옮겨지고 나면, 그것은 표면 위에 모인 새로운 형식의 '내용'으로 나타날 수 있다. 즉, 기입으로 나타날 수 있다. 예를 들어, 모닥불에서 숯조각을 옮겨서 글쓰기 도구로 사용하여, 새로운 기입의 표면—벽—위에 그것의 흔적을 남길 수 있다. 이러한 의미에서 그리스어 logos는, 모으고 표시하는 손의 더욱 일차적인 기록적이고 동적인 행위의 차원으로 이해되어야 한다. 존재론은 그래서 근본적으로 동^動기록적이다.

기술

'기술記述'은 기입 표면 위에 정돈된 표시와 기호의 체계다. 다양한 기호들은 그 자체로 있는 존재를 재현하지 않고, 그것과 전혀 닮지 않았다. 오히려 기호는 임의적 표시다. 이 임의적 표시들은 다른 곳으로부터 모인 것이며, 자연 속의 어떤 물질적 행위 또는 몸짓과 동적으로 조응된 기입 표면 위에서 어떤 관계 속에 놓인 것이다.[8] 오늘날 기술적 기호는 감각적·물질적 존재와 명백하고 필연적으로 연결된 것으로 보이지만, 이 모든 연결과 조응은 역사적으로 창조되어야 했다. 기호는 원래부터 거기 있었던 것이 아니다.

다시 말해, 존재론적 기술을 존재의 재현으로 이해하는 것은 역사적 인공물이지, 존재론적 실천의 본질적 요소가 아니다. 존재론적 기술이 역사적 인공물이므로, 우리는 '재현적인 것으로서의' 존재론 실천의 출현을 역사적·동적으로 분석할 수 있다. 이것이 2권에서 할 일이다.

기입

'기입記入'은 기술적 표시와 기호를 수록 표면recording surface 위에 모으는 과정이다. 기술記述을 기입과 분리하는 것은 불가능하다. 기술이나 기입에 관해 말하는 것은 같은 것의 두 면에 대해 말하는 것이지, 두 가지 다른 것 또는 전체의 다른 부분에 관해 말하는 것이 아니다. 기입의 표면이 존재의 본성에 관해 무언가를 재현한다고 이해되는 경우는 드물다. 기입의 표면은 흔히 정보의 소통을 위한 공리적 도구로 환원된다. 그러나 기술이 비재현적이듯이, 기입은 비도구적이다. 신체, 서판, 책 등 기입 표면은 모두 세계에 새로운 운동을 실제로 도입하는 고유의 물질적-동적 구조를 가진다. 기입의 테크놀로지는 인간의 필요를 재현하거나 촉진하는 것이 아니라, 해당 필요들이 **동시에** 출현하게 된 더 큰 동적 체제의 표출이다. 인간적 유용성과 테크놀로지적 혁신 사이의 단순한 인과 체계를 발견하는 것은 불가능하다. 사후에 인과적으로 연결된 것으로 나타나는 역사적 공동출현 및 항상적 공동결연* 또는 조응이 있을 뿐이다. 기입이 물질적 테크놀로지와 이어져 있는 한, 그것은 동적이고 또 역사적이며, 아무 곳도 아닌 곳에서의 관점은 결코 제공하지 않는다.

존재론을 다른 종류의 기록실천과 구별해 주는 것은, 존재론이 기술적 기호와 기입적 표면 자체 사이의 내재적 관계를 특권화한다는 것, 또는 거기에 초점을 맞춘다는 것이다. 하나가 다른 것의 원인이 아니다. 기술적 기호와 기입적 표면은 같은 동動기록적 과정의 두 면모다. 존재론적 기술과 기입은 쓰인 문서를 함께 생산한다. 둘의 동적 조응은 당대의 다른 주요 기록적 사건과 같은 지배적 운동 패턴을 따른다. 이는 모방에 의한 것이 아니라, 공명 또는 동시성을 통한 것이다.

예를 들어, 사회적 운동은 신체의 흐름으로 기술되고 경계에 의해 기입되며, 미적 운동은 감응에 의해 기술되고 이미지에 기입되며, 과학적 운동은 양에 의해 기술되고 대상에 기입된다. 그리고 존재론적 운동은

---

* conjunction. junction은 '결연', conjunction은 '공동결연'으로 번역한다. 관련된 용어들인 join, jointly, juncture, injunction 등도 모두 이를 변형하여 번역한다. 이 용어들은 저자가 존재의 운동을 정식화하기 위해 사용하는 독자적 개념군에 속한다. 자세한 내용은 8장과 10장 참조.

기록적 기호에 의해 기술되고 수록 표면에 기입된다.[9] 각 주요 역사적 시기에 각 권역에서, 그 고유의 기록적 요소에 따라 운동의 같은 지배적 패턴이 생산된다.

역사적 혼합

각 권역은 제 고유의 기술적 내용과 기입을 갖지만, 모두 역사 속에서 혼합된다. 그래서 각 권역은 다른 권역의 차원들을 가진다. 예를 들어, 문학은 책 같은 수록 표면에 기록적 기입을 만들지만, 미적 실천의 주요 목표는 이미지를 통한 감각의 동적 패턴을 생산하는 것이다. 대조적으로, 존재론이 우리의 신체 위에 감각을 생산하기는 하지만 그것은 존재론의 특권적 기능이 아니고, 표면 위에 표시의 동적 패턴을 생산하는 것이 특권적 기능이다.

　각각의 기록실천은 다른 기록의 면모를 포함하기 때문에 정치, 예술, 과학, 존재론 사이의 형이상학적 또는 절대적 분할은 지지될 수 없다(표 2.1). 모든 것은 한 번에 이 네 가지 차원 각각에서 검토될 수 있다.[10] 그렇다고 해서 실재의 각 차원을 정의하는 기록실천의 상이한 종류들을—이들이 실천과 역사 속에서 언제나 혼합되어 있다 하더라도—방법론적으로 분리할 수 없는 것은 아니다. 오히려 각 종류들을 분리했을 때에만 이것들을 존재의 별개 면모 또는 차원들의 혼합으로 볼 수 있다. 이러한 분석적 과제가 철학의 기여다.

표 2.1. 동기록Kinography

권역	기술	기입
정치 (동정치)	신체	경계
예술 (동미학)	감응	이미지
과학 (동측정)	양	대상
존재론 (동기록)	기호	표면

그러므로 존재론을 그 고유성에 따라 고찰하자면, 그것이 다른 권역과 철학적으로 다른 이유는 단지 그것이 수록 표면에 모인 동動기록적 기호들의 내적이고 내재적인 관계에 관한 연구를—그것과 관련된 감응에, 사회적 움직임에, 양에 모인 기호들에 관한 연구가 아니라—특권화하는 경향, 또는 그런 연구에 초점을 맞추는 경향이 있기 때문이다. 그렇다고 해서 존재론이 다른 권역에 비해 더 '순수'한 권역이 되는 것이 아니다. 존재론이 감응적인 것, 사회적인 것, 양적인 것에 비해 기록적인 것을 특권화한다는 이유만으로 그것에 특수한 일차성이 주어지는 것은 아니다. 그것은 탐구의 상이한 권역일 뿐이다.

존재론은 운동의 체제를 창조하는 기호와 표면의 기록적 움직임이다. 그것은 재현이 아니라 실재적 물질적 창조, 실재적 실천과 수행이다. 기술적 내용이 동적 관계의 내적으로 일관된 물질적 기호 체계를 창조한다면, 기입의 표면은 이러한 기호를 적어 두기 위해 동적 구조를 창조한다. 이 둘은 사회적·미적·과학적 실천이라는 다른 권역들과 나란히, 각 시대의 역사적 운동의 같은 지배적 체제와 공명한다. 또는 그 체제를 따른다. 이러한 과정을 통해서 존재론은 운동의 지배적 체제 내에 나타나는 존재 운동의 기입적 패턴에 기술적 이름을 부여한다. 그래서 존재의 거대한 이름 각각은 역사적 운동의 상이한 체제와 연결된다. 이 체제들은 이 존재론에 의해 기술된다.

이 체제들은 엄격하게 연대기적인 것도 아니고, 단순히 선험적인 보편적 '유형'인 것도 아니다. 역사의 실재적 움직임은 운동의 어떤 비보편적 유형 또는 패턴을 우연하게 생산한다. 일단 이러한 패턴 각각이 출현하면, 그것은 역사를 통해 재생산, 변경, 혼합, 파괴될 수 있다.

계획과 목표

이 책의 계획은 단순하면서도 야심 차다. 바로 운동의 존재론을 전개하는 것이다. 이 계획은 두 핵심 테제를 따르는 두 상이한, 그러나 상보적인 목표를 가진다. ① 존재의 운동을 기술하는 데에 유용한 초분과적 transdisciplinary 개념틀의 전개. ② 존재론적 실천 자체의 운동에 대한 역사적 존재론. 이 두 과제는 분리될 수 있다. 후자는 전자의 개념틀에 의존하며, 전자는 후자의 역사적 조건과 움직임에 의존한다. 이 두 종류의 탐구를 서로 분리하는 것은 무역사적 관념론(후자 없는 전자)이나 역사적 구성주의(전자 없는 후자)라는 결과를 낳는다. 그래서 이 책은 두 권으로 나뉘어 있다. 한 권은 '동학動學 kinology'이라고 부를 운동의 존재론에 초점을 맞춘다. 다른 한 권은 존재론적 실천 자체, 우리가 '동기록 kinography'라고 부르는 것의 기술적·기입적 운동에 초점을 맞춘다.[11]

동학

21세기로의 전환점에서 몇몇 주요 권역에 걸쳐 나타난 운동과 모빌리티의 일차성은 운동을 진지하게 고려하도록 강제했다. 물론 이는 단지 앞서 언급한 사건들만 이해하기 위함이 아니라, 이제 가시적이 된 이전의 모든 사건들이 가지고 있던 과거에는 종속적이던 차원을 이해하기 위함이다. 예를 들어, 근대적 시계의 도래와 산업자본주의의 발흥은 시간의 일차성과 관련하여 19세기와 20세기 존재론에 비슷한 역사적 효과를 발휘했다. 그러나 오늘날의 물음은 시간에서 운동으로 옮겨 갔다. 즉, 운동의 일차성의 새로운 출현을 고려할 때, **운동 중에 있을 역량을 있게 하**는, 존재가 가진 최소한의 실제적인 존재론적 요소들은 무엇인가? 이것이 1권의 근본적 물음이다. 짧게 말하자면, 이 물음에 대한 대답은 놀라우리 만치 단순하다. 그러나 거기에서 많은 귀결들이 따라 나온다. 현시대에서 운동의 일차성을 위한 역사적 조건은, 존재가 흘러야 한다는 것이다. 이러한 단초 테제로부터 움직임의 존재론이 가능해진다.

운동의 이론 —— 그래서 1권에서 제시된 존재론은 세 주요 개념을 중심으로 조직되어, 존재의 운동을 기술할 이론적 틀을 형성한다. 첫 번째 개념으로부터 다른 두 개념이 파생되는데, 첫 번째 개념은 존재가 **흐름**flow 또는 연속적 움직임으로 이루어져 있다는 것이다. 존재가 흐름에 따라, 이 흐름 또는 움직임들은 합류점confluence을 형성하며 서로 교차하고, 접힘을 형성하며 서로 위로 굽어진다. 그래서 두 번째 개념은 **접힘**fold이다. 이러한 연속적 교차와 접힘의 결과는 상대적 동적 안정성이다. 접힘이 일단 일어나면, 이 흐름은 순환적 체계로 함께 혼입될 수 있다. 이 체계는 흐름들 사이의 내부적 동적 동시성의 집합을 질서 잡고 유지한다. 그러므로 세 번째 개념은 순환의 **장**field이다. 흐름, 접힘, 장은 운동 중의 존재를 위한 **역사적** 필요조건이다.

이 세 개념, 이 개념들의 관계, 존재론적 탐구에서의 중요한 문제에 이것들 각각이 갖는 귀결에 대한 자세한 기술이 1권에서 전개된다. 이 것들은 운동의 일차성의 현대적 계시에 수반되는 최소한의 이론적 틀을 함께 형성한다. 그리고 과거와 현재 모두의 존재 운동을 더욱 폭넓게 재해석할 개념적 도구를 제공한다.[12]

동기록

1권에서 움직이는 존재의 동학적 조건을 엄격히 다룬 다음, 2권에서는 이러한 조건들이 기술과 기입의 특정한 동動기록적 체제 속으로 분배되는 방식을 다룬다. 1권은 움직이는 존재의 역사적 존재론적 헌신을 일반적으로 기술하기 때문에 개념적인 반면, 2권은 더 구체적 · 물질적 · 역사적이다. 2권은 존재론적 실천 자체를 구조 짓는 운동의 특정한 기록적 배치 또는 체제를 검토하기 때문이다.

논리적 · 개념적으로는 1권이 먼저 오지만, 역사적으로는 2권이 1권에서 말한 논리적 개념들의 물질적 · 기록적 생산 조건으로서 먼저 온다. 마르크스는 이렇게 말한다.

> 물론 제시 방법은 탐구 방법과 형식상 달라야 한다. 후자는 세세한 재료를 전유하고, 이 재료 발달의 상이한 형태들을 분석하고, 이것들의 내적 연결을 추적해야 한다. 이러한 작업이 행해진 후에만 실재적 움직임이 적절하게 제시될 수 있다. 이것이 성공적으로 행해진다면, 주제의 삶이 관념 속에 도로 반영되었다면, 그러면 우리 앞에 **선험적** 구성이 있는 것처럼 보일 수 있다.[13]

그러나 우리에게 선험적 구성은 없고, 물질적이고 역사적인 구성만이 있다. 이러한 긴 역사적 과정의 상대적 끝에 서 있다는 이유만으로, 우리는 이제 이 과정 자체에 적절한 개념을 발명할 수 있다. 이것이 철학의 작업이기 때문에, 그리고 미네르바의 올빼미는 황혼에 날기 때문에, 우리는 개념을 통해 무엇이 우리를 지금 모습으로 만들었는지 설명하는 일에 힘을 보탤 수 있다. 한 마디로, 2권의 물음은 이것이다. 존재론적 실천 자체가 실재를 기술하고 기입하는 동적 조건은 무엇인가?

존재론의 역사는 언제나 구체적인 형태를 취해 왔다. 공간, 영원, 힘, 시간 등 존재에는 몇 가지 주요 역사적 이름이 주어졌다. 이 이름 각각이, 존재로서의 존재의 근본적 본성을 기술하고자 역사적으로 사용되었다. 또한, 어떤 시점에서는 각각이 다른 모두를 설명하는 데에 사용되었고, 그럼으로써 존재론적 일차성에 대한 제 주장을 정당화했다. 역사상의 어떤 시점 또는 어떤 시대에, 이 이름들은 정치 · 예술 · 과학 권역에서의 다른 유관한 발명 및 발견과 공명하는, 더 널리 수용된 지위를 얻는다. 그리고 나서, 이전의 이름들을 설명하게 된 새로운 기술적 이름의 등장과 함께 이 이름들은 저문다. 이 점이 뜻하는 바는, 진리의 역사적 전투와 정치에 선행하는, 관념의 어떤 발달적 논리학이 작동하고 있다는 것이 아니다. 이 점이 가리키는 것은 변동하고 이동적인 전장, 그것뿐이다. 이러한 변동과 이동은 이 이름들이 재분배되고, 재활성화되고, 재이론화되고, 다른 다양한 역사적 운동 패턴과 나란한 새로운 관계 또는 기술적 일차성 속에서 혼합됨으로써 나타난다. 체제들 사이에서 발생하는 새로운 조합과 혼종은 우리가 현재에 도달할 때까지 일어난다. 이 현재는 가장 혼종적이고 가장 복잡한데, 권리적으로 그런 것이 아니라 사실적으로 그렇다.[14]

우리의 테제는 21세기의 사건들이 존재를 가리키는 또 다른 지배적인, 그러나 독점적이지는 않은 역사적 이름을 도입했다는 것이다. 그것이 운동이다. 다른 이름과 마찬가지로, 이 이름은 모든 다른 이름을 기술할 수 있으며, 그럼으로써 역사적 존재론적 일차성에 대한 제 주장을 정당화할 수 있다. 또는 적어도, 이것이 내가 논하고 싶은 바다. 사실 이전의 존재론에 대한 저러한 설명력을 정확히 보여 주어야만, 운동은 이 다른 이름들과 역사적으로 동격임을 증명했다고 말할 수 있다. 그러므로 존재가 운동 중에 있다고 주장하는 것은, 공간·영원성·힘·시간이 모든 운동에 의해 존재론적으로 기술 가능하다고 주장하는 것이다. 이는 야심 찬 주장이다. 이것이 2권의 핵심 테제다.

한 가지 의미에서, 나는 다른 존재론과 같은 게임을 하고 있지 않다. 궁극적으로는 존재를 위한 이전의 모든 이름이 틀렸으며, 나의 주장만이 영원히 언제나 옳고 일차적이라는 주장을 하려는 것이 아니기 때문이다. 존재론의 역사에 등장하는 다른 거대한 이름들과 달리, 운동은 존재로서의 존재를 가리키는 다른 이름이 아니다. 그것은 미래에 관한 주장을 하지 않기 때문에 전투하는 전장 자체가 다르다. 운동 존재론은 현재에 뿌리내린 역사적이고 영역적인 존재론이다. 그렇기에 기껏해야 현재라는 어떤 영역까지 이끄는 존재의 단일한 차원 또는 역사적 궤적에 대한 권리 주장만 할 수 있을 뿐이다. 그러한 '영역적 실재론적 존재론'은 '형이상학의 종말'에서 형이상학으로 돌아가기(사변적 실재론)도, 형이상학을 단순히 파괴하기(해체)도, 형이상학을 통째로 버리기(구성주의)도 하지 않고서 무엇을 할 수 있느냐는 물음에 대한 하나의 대답이다.

물론 다른 의미에서 운동 존재론은 다른 이름들과 같은 존재론적 전장에 있다. 존재를 가리키는 다른 거대한 역사적 이름들도 모두 그저 그 시대를 위한 역사적 영역적 존재론이었던 한에서 그렇다. 내가 논하고 싶은 바는, 궁극적으로 우리 시대의 존재론은 운동의 존재론이라는 것이다. 이것은 큰 주장이다. 이 주장이 성공적으로 입증되려면 2권 전체를 차지하는 적절한 역사적 깊이와 폭을 가지고 증명되어야 한다. 구체적으로, 2권의 테제는 세 가지 서로 맞물린 테제로 이루어져 있다.

첫 번째 테제 —— 존재론의 역사는 적어도 네 개의 주요 역사적 시대(선사시대, 고대, 중세, 근대)에 따라서 집합으로 묶일 수 있다. 그 안에서 단일한 이름들(각각 공간, 영원, 힘, 시간)이 그 시대의 존재론적 기술을 지배하게 된다. 그 이름만이 사용되었던 것은 아니라 해도 말이다.

두 번째 테제 —— 이 같은 역사적 시기 동안, 존재론적 기술을 쓰는 데에 사용되는 기입의 테크놀로지(말하기, 글쓰기, 책, 자모기록) 또한 지배권을 얻는다.

세 번째 테제 —— 기술과 기입은 서로로부터 파생되는 것이 아니다. 각 역사적 시기 동안, 지배적 존재론적 기술과 지배적 기입 테크놀로지는 운동의 같은 동적 패턴 또는 체제를 가진다. 이로 인해 우리는 공간, 영원, 힘, 시간에 관한 독창적 **동적 존재론**을 제시할 수 있다.

역사적 근거

그러므로 2권의 거대한 작업은 공간·영원·힘·시간이라는 **존재론적 이름들**을 선사시대 신화·고대 우주론·중세 신학·근대 현상학에서의 저 이름들에 대한 **역사적 기술**과 연결하는 것, 그리고 말하기·글쓰기·책·자모기록으로 이루어지는 저 이름들에 대한 **기록적 기입**과 연결하는 것, 그리고 구심적·원심적·장력적·탄력적 운동이라는 이름들 각각의 **동적 패턴**과 연결하는 것이다(표 2.2 참조).

이 세 테제는 2권의 핵심 테제, 즉 존재론적 실천 자체가 역사적이고 동적이라는 테제를 지지한다. 이 테제는 세 가지 귀결을 가진다. 이 귀결이 **2권에서 할 역사 작업의 근거이자 동기**다.

① 이 작업은 존재를 가리키는 모든 거대한 이름들이 역사적으로 발흥하고 몰락한다는 것, 그렇기에 운동의 영역적 존재론과 같은 역사적 발판을 딛고 있다는 것을 보여 준다. 달리 말하자면, 존재의 모든 이전 이름은 그것에 속한 기입의 역사적 테크닉과 이어져 있고, 그러므로 운동과 모빌리티의 어떤 동적 패턴과 이어져 있다. 그러므로 존재론의 역사는 또한 운동의 역사다.

② 따라서 우리는 존재 운동의 동적 구조의 현대적 혼합을 분석할 수 있다. 존재 운동이 현대 존재론 속에서 공간, 영원, 힘, 시간이라는 또 다른 이름으로 지금도 계속해서 순환하며 존속하는 한에서 말이다.

③ 2권에서 이루어질 네 주요 시기와 각 시기의 지배적 이름에 대한 역사적 분석을 통해 우리는—운동의 존재론 속에서 두 번째 주요

개념 집합을 이루는—공간, 영원, 존재론, 시간에 대한 독창적 동적
이론을 전개할 수 있다.

2권에서 할 역사적 작업을 통해서만 운동 존재론을 이루는 핵심 개념
의 나머지 절반을 전개할 수 있다. 바로 구심적 운동으로 정의되는 공간
의 동적 이론, 원심적 운동으로 정의되는 영원의 동적 이론, 장력적 운동
으로 정의되는 힘의 동적 이론, 탄성적 운동으로 정의되는 시간의 동적
이론이 그것이다. 그러므로 운동 존재론의 역사는 존재론의 역사에 대
한 내재적 비판을 생산하는 동시에, 공간, 영원, 힘, 시간에 관한 독창적
동적 기술을 드러낸다. 이는 **운동 자체의 존재론의 개념적 핵심**에 속한다.

한 마디로, 1권이 단순한 존재론이 아니듯, 2권도 단순한 역사가 아니
다. 1권은 현재의 조건에 제한되어 있는 역사적 존재론이며, 2권은 자신의
존재론적 실천의 역사적 조건으로부터 자신의 존재론적 개념을 도출하는
존재론적 역사다. 이 둘은 같은 존재론적 기획의 불가분한 두 면이다.

운동 이론의 더 정교한 세부를 제시하기 전에, 이 이론을 정식화하고
적용할 방법론을 세워야 한다. 이제부터 운동 존재론의 철학적 · 실재론
적 · 물질론적 방위부터 설정할 것이다.

표 2.2. 역사적 존재론

존재론	공간	영원성	힘	시간
키노스Kinos (운동의 유형)	구심적	원심적	장력적	탄성적
로고스Logos (기술의 유형)	신화	우주론	신학	현상학
그라포스Graphos (기입의 유형)	말하기	글쓰기	책	자판

3장

운동의 철학

존재는 운동 중에 있으며, 존재론적 실천 자체도 그렇다. 존재와 운동의
심부에 있는 이 정식 쌍은, 존재론이 이미 운동 중이라면 운동의 존재론
행하기를 어떻게 시작할 것인가에 관한 몇 가지 방법론적 문제를 제기한
다. 운동의 이론으로 옮겨 가기 전에 다루어야 할 세 가지 상호관련된 방
법론적 문제는 ① 운동철학의 정의 및 운동철학과 생성의 존재론의 차
이, ② 철학적 실재론의 의미, ③ 역사적 물질론의 본성에 관한 것이다.

문동의 철학

운동의 철학은 사회적 · 미적 · 과학적 · 존재론적 권역을 가로지르는
현상들을 운동의 관점에서 분석한 것이다. 운동의 존재론은 운동철학의
일부분에 불과하다. 더 중요하게, 운동의 철학은 연구의 권역과 관련된
운동의 방법론적 일차성으로 정의된다. 그러므로 단순히 사물의 운동
기술하기—이것은 거의 모든 철학자, 심지어 거의 모든 일반인이 행한
일이다—와 움직임의 철학의 차이는 그 기술에서 움직임이 얼마나 분석
적으로 일차적인 역할을 하는지에 달렸다. 예를 들어, 시간 (t) 동안 공간
(x, y, z)를 가로질러 움직이는 물체를 기술한다면, 우리는 운동을 기술하
는 것이다. 그러나 우리는 또한 이 운동이 일어나는 더 일차적이고, 동

적이 아니며, 부동적인 시공간을 가정한다. 그런데 운동의 관점에서 보자면 시간과 공간은 전혀 부동적이지 않다. 그것은 운동 중인 어떤 물질의 상대적으로만 부동적인 패턴, 그리고 그 위에서 다른 것에 의한 다른 패턴이나 궤적이 추적될 수 있는 패턴에 불과하다. 모든 것은 운동 중에 있지만, 모든 운동은 다른 운동에 상대적이다. 이것이 현대 물리학의 기본 신조다.[1] 그러나 운동에 분석적 일차성을 준다는 것이 우리가 공간이나 시간에 대해 말할 수 없다는 뜻은 아니다. 그것은, 운동이 공간이나 시간으로 환원할 수 없는 실재의 독특한 차원이라는 뜻일 뿐이다.

운동의 철학에 대한 이 단순하고 일반적인 정의를 보면, 우리는 이미 그것이 현대의 몇 가지 탐구 권역을 가로질러 다양한 정도로 이미 작동 중임을 볼 수 있다.

운동 연구

가장 기본적인 수준에서, 물체의 **움직임**이 권역 자체의 연구를 정의하는 권역과 하위 권역들이 상당수 있다. 몇 가지만 들어 보자면, 유체역학이나 비선형역학,[2] 상호작용적 예술이나 생성적 예술,[3] 이주 연구나 수송 연구가 그렇다.[4] 한 수준이나 다른 수준에서 모든 것이 운동 중이라면, 문자 그대로 모든 것이 운동을 다룬다. 차이점은, 연구가 이러한 운동을 이렇게 다루는지에 있다. 탐구의 권역을 네트워크 내의 정적 접속점처럼, 추상적 수처럼, 보존된 예술 작품처럼 다루는가? 아니면 거의 전적으로 모빌리티의 벡터, 진동, 순환적 패턴—이 안에서는 사람, 사물, 국가, 입자, 단백질 등등이 모두 더욱 일차적인 동적 과정의 준안정적 면모이다—에만 초점을 맞추는가?

대부분의 주요 권역에서 운동 연구는 지배적 연구가 아니다. 운동 연구는 종종, 그것의 탐구 권역 자체가 **움직임**으로서의 물체의 연구만을 다룬다는 사실 자체로만 정의된다. 이러한 의미에서, 운동 연구는 운동이 어떤 영역에서 사실적으로 갖는 종류의 일차성을 고수한다. 이 연구는 다른 권역에서의 운동의 일차성에 대한 더 폭넓은 입장은 취하지 않지만, 그 작업은 운동의 철학에 상대적이고 중요하게 기여한다. 그러나 이러한 연구의 한계는, 그 연구가—항상은 아니더라도 자주—단일한 권역, 하위 권역, 역사적 시기 또는 방법론에 제한된다는 점이다.

모빌리티 패러다임

2006년에 미미 셸러와 존 어리는 사회과학에서 "모빌리티 패러다임" 또는 "모빌리티 전환"의 출현을 선포했다.[5] 이 주제에 관하여 이들이 편집한 학술지는 여러 상이한 분과학문에 걸쳐 있는, 움직임을 연구하는 많은 연구자들이 이미 한동안 진행되고 있다고 느낀 바를 몹시 극적으로 보여 주었다. 그것은, 연구 권역이나 주제의 차이에도 불구하고, 이들이 사실상 같은 것, 즉 운동을 연구하고 있었다는 것, 다만 상이한 관점으로 그러했다는 것이다. 연구 영역에 경험적 차이가 있더라도 공통적으로 무언가가 연구되고 있다는 점을 인지한 것은 중요한 사건이었으며, 이어지는 시기 동안 이 패러다임을 인문학 내로 더욱 확장시키게 되었다.[6]

이 점은 운동의 철학의 전개에 적어도 두 가지 귀결을 가졌다. 첫째, 그것은 운동의 일차성이라는 사실적 방법론적 출발점을 인문학과 사회과학 연구의 다중적 영역과 주제로 확장함으로써, 운동 연구를 한 발짝 더 내딛도록 했다. 몇 가지만 열거해 보자면, 확장된 영역에는 인류학, 문화연구, 지리학, 과학 및 테크놀로지 연구, 관광 및 수송 연구, 사회학이 있다.

둘째, 더 중요한 것은, 이러한 확장이 운동 연구에 이론적 또는 방법론적 통일성의 가능성을 도입했으며, 또한 이러한 방법에 있을 수 있는 제한도 도입했다는 것이다. 이 방법이 적용되는 연구는 관광, 이주, 바이러스 전염병의 전파, 이동식 컴퓨터, 공항, 자동차 등등처럼 사물들이 명백하게, 극적으로, 경험적으로 움직여 다니는 연구뿐인가?[7] 아니면 국경, 국가, 감옥, 데스크톱, 도로 등등처럼 사물들이 더 부동적으로 보이는 경우에도 운동의 방법론적 일차성을 채택해야 하는가? 아니면 이들에 관해서는 1980년대의 공간적 전환으로 돌아가서 다른 방법과 개념 집합을 이용해야 하는가? 지그문트 바우만, 마르크 오제, 마누엘 카스텔스, 폴 비릴리오 등이 세기의 전환기에 모두 공표했던 우리의 '액체적'이고 '이동적'인 근대성의 현대적 사건보다[8] 더 오래된 사건을 다룰 때에도, 우리의 방법을 운동의 일차성에서 시작해야 하는가? 아니면 세계가 더 정적이었던 과거 사건의 경우, 우리 분과학문의 전통적 정적 방법에 그냥 의존해야 하는가? 이러한 물음에는 모빌리티 연구자들의 수만큼 다양한 대답이 있으나, 이것이 어디로 향하는지는 알기 쉽다. 모빌리티 패러다임은 학자들이 이를 받아들이기 원하는 만큼만 확장된다. 현재, 모빌리티 연구는—전적으로는 아닐지라도—대체로 더욱 명백하게 이동적인 물체들(자동차, 춤, 실향민, 공항 등등)에 초점을 맞추고 있으며, 거의 사회과학에서, 때로는 인문학에서 이루어지나, 자연과학에서는 거의 이루어지지 않는다.[9]

셸러와 어리는 이러한 모빌리티 패러다임을 기술하면서, 자신들이 "모빌리티, 유체성, 액체성의 새로운 '거대 서사'를 고수하는 것은 아니다"라고 명확히 한다. "새로운 모빌리티 패러다임은 현대 세계의 전체화하는, 또는 환원적인 하나의 기술이 아니라 일군의 물음, 이론, 방법론을 제안한다."[10] 저자들에 따르면, 모빌리티 패러다임은 영원히 언제나 모든 것을 기술하는 형이상학이 아니다. 그럼에도 불구하고, 그것은 또한 그 범위와 내용에서 자의적으로 제한되어 있는 것으로 보인다. 때로 이 제한은 운동의 방법론적 일차성을 통째로 약화시키려는 위협이 된다. 가령 한편으로는 시공간적 부동성, 고정성, 계류장, 다른 한편으로는 모빌리티 사이의 이원론적 분할이 도입될 때 그렇다. 이것은 부동성 자체가 모빌리티의 조건으로 이해될 때 특히 제한적이 된다. 이 점을 볼 수 있는 것은 "다중적 고정성 또는 계류장이 … 액체적 근대의 유체성을 가능케 한다"거나 모빌리티가 "중첩되고 다채로운 시공간 부동성을 가정한다"는 어리와 셸러의 주장이다.[11] 물론 운동과 정지의 상대적 관계는 있다. 그러나 물리적으로 말해서, 절대적으로 부동적인 것은 없다. 그렇다면 어째서 움직임의 패러다임을 이런 방식으로 제한하는가?[12]

모든 것이 운동 중에 있다는, 모든 현대 물리 과학자들이 수용하는 진부한 경험적 사실에도 불구하고, 어떤 모빌리티 연구자들은 이 점에서 완강하다. 이들은 "모든 것이 이동적이라면, 이 개념은 별로 도움이 되지 않는다"[13]라고 한다. "모든 것이 공간이나 시간 속에 있으므로, 이 개념은 별로 도움이 되지 않는다"라고 말하는 것을 상상해 보라! 이 비판은 터무니없다.[14] 모빌리티 패러다임에 흥미를 갖는 자연과학자들이 거의 없어 보이는 것은 놀랄 일이 아니다. "모든 것은 운동 중에 있다"거나 "운동은 좋다"[15]라고만 말하는 것이 최소한의 경우에는 분석적으로 쓸모없다는 점, 최대한의 경우 정치적으로 치명적이라는 점은 나도 동의한다. 그러나 이는 모든 것에 대해 참이다. 대조적으로, 운동철학의 방법론적 목표는 우리에게 실재에 대한 또 다른 탄탄한 관점을 주는 것이다 —이 관점은 모든 탐구 권역을 가로질러 시공간이 가지는 것과 같은 엄격함을 가진다.

확실히, 많이 움직이는 어떤 현대의 사물에 관해서만 연구하는 것과 운동의 형이상학 사이에 제3의 길이 있다. 확실히, 패러다임과 이론적 틀이 존재했던 모든 것에 대한 기술을 제공하면서도, 모든 것에 관한 유일하게 일관되거나 환원적인 기술이 되지 않는 것이 가능하다. 같은 사물에 관한 상이한 과정에서 본 다수의 공존하는 기술들이 있을 수 있으며, 확실히 있다. 그렇다면, 우리가 모든 것에 있는 공간적·시간적 차원에 관해 쉽게 이야기할 수 있는 것과 같은 방식으로, 모든 것에 관한 새로운 관점 또는 모든 것에 있는 새로운 차원을 모빌리티 패러다임이 우리에게 제공하는 것이 불가능할 이유가 있겠는가? 움직임은 시간이나 공간만큼이나 실재적인, 존재의 환원 불가능한 차원이다. 운동 중에 있지 않거나 있지 않았던 것은 없다. 다른 방식으로 생각하는 것은 정확히, 시간과 공간으로 운동을 환원하는 것이다.

그러므로 운동의 영역적 존재론은 미래를 침해하지 않고서도, 또는 '총체적', '절대적', '환원적'이 되지 않고서도 먼 길을 갈 수 있다. 달리 말하자면, 이론은 넓은 영역을 가지면서도 여전히 영역적일 수 있다. 확실히, 그러한 이론은 지난 50년 또는 100년 너머까지 확장될 수 있다. 그렇다면, 움직임-지향적 이론적 관점을 몇몇 권역에만, 또는 몇몇 역사적 시대에만, 또는 실존하지 않는 미래 자체 바깥에 있는 어떤 것에만 제한할 이유가 있는가? 어떤 것이 움직인다면, 그것을 이해하기 위해 움직임-지향적 관점을 사용할 수 없을 이유가 있는가?

그러니 모빌리티 패러다임이 운동의 철학에 어느 정도 훌륭한 기여를 해 왔고 계속 하고 있기는 하지만, 그것은 자신의 권역에, 역사적 시야에, 내용에 자의적인 사실적 제한을 가지고 있는 것으로 보인다. 모빌리티 패러다임은 운동에 관한, 비형이상학적이며 비환원주의적이면서 더욱 탄탄한 철학과 존재론이 출현할 여지를 충분히 남겨 두고 있다.

운동의 존재론

여기에서 제시된 움직임의 존재론에는 철학사에서 몇 명의 중요한 선구자가 있으며, 현대 철학에서도 몇 명의 관계된 경쟁자가 있다. 이 전통과 관련하여 본 연구의 연속성과 진정한 참신함을 명확히 하기 위해, 본 연구가 선구자들 및 동시대인들과 어디에서 비슷하고 어디에서 갈라지는지를 섬세하게 고찰하는 것은 가치가 있다.

역사적 선구자

여기에서 나는 운동에 관한 주요 철학자 세 명의 핵심 사고와 기여의 역사를 축약하여 전달하기만 하겠다. 이미 다른 곳에서 이들 각각에 대해 훨씬 더 섬세하게 책 한 권 분량으로 다루었기 때문이다.[16] 이 짧은 역사에서, 다른 철학자들은 이 목록에 실리지 않은 정확한 이유는 제시하지 않겠다. 이에 대한 논증 대부분은 본 책 2권 전체에 실려 있다.

루크레티우스 —— 역사적으로 운동의 존재론을 처음 주장한 선구자는 로마의 시인이자 철학자 루크레티우스Lucretius(대략 기원전 99년~기원전 55년)다. 루크레티우스는 레우키포스, 데모크리토스, 에피쿠로스 등 기원전 5세기경의 그리스 원자론 철학자 대열의 계보를 잇는다. 아리스토텔레스에 따르면, 데모크리토스와 레우키포스가 주장한 원자론의 일차적 존재론적 신조 중 하나는 '언제나 운동이 있다'라는 것이다. 사실, 파르메니데스를 제외하고 대부분의 소크라테스 이전 철학자들은 연속적 운동 테제를 수용했다. 그러나 이 운동이 존재론적으로 일차적이라는 것을 모두 수용한 것은 아니다. 레우키포스, 데모크리토스, 에피쿠로스만이 정적이거나 영원하거나 최초의 기원 없는 움직임의 존재론적 일차성을 긍정했다. 에피쿠로스는 이렇게 말했다. "원자는 언제나 연속적으로 움직인다."[17] 원자의 움직임에는 기원도 종말도 없으며, 신도 불멸의 영혼도 없다. 운동 중의 물질만이 있을 뿐이다. 안정적인 관찰자에게 나타나는 정적인 현상은 없으며, **동현상**kinomena 또는 운동 중인 물체가 있을 뿐이다. 존재 전체는 이러한 운동의 흐름 속 굽이로 생산된다. 이 굽이는 이어서 일련의 나선형 소용돌이를 생성하는데, 이것이 단단하고 불연속적인 물질로 나타난다. 그러므로 안정성과 정태는 더 일차적인 소용돌이형 움직임의 산물이다.

　루크레티우스와 이전 그리스 원자론자들 사이의 차이는 정확히 그것, 바로 원자다. 레우키포스, 데모크리토스, 에피쿠로스에게 원자는 언제나 운동 중에 있지만, 원자 자체는 언제나 근본적으로 변화 없고 불가분하고 그러므로 내적으로 정적인 것이다. 루크레티우스는 고대 그리스 이론이나 이후의 근대 이론처럼 불연속적인 원자를 존재론적으로 일차적인 것으로 정립하지 않고, **움직임 또는 물질의 흐름을 일차적인 것으로** 정립했다. 루크레티우스는 의도적으로 시 속에 라틴어 단어 atomus(가장 작은 입자)를 사용하지 않았다. 또한, 물질을 기술할 때 라틴어 단어 particula(입자)도 사용하지 않았다. '원자', '입자' 등의 번역어 전부는 일종의 그리스적·근대적 편견에 기초하여 텍스트에 더해졌다. 그러므로 루크레티우스가 '원자'라고 불리는 불연속적 입자의 세계에 동의했다는 사고는 그리스어 단어 atomos를 사용한 에피쿠로스주의를 투사한 것이자, 근대 과학적 기계론적 이론을 《사물의 본성에 관하여 De Rerum Natura》에 투사하여 소급 적용한 것이다. 루크레티우스는 휴식 없는, 그리고 시간이나 공간 없는 연속적이고 요동치는exiguum clinamen principiorum nec regione loci certa nec tempore certo 유동flux을 materies(물질)이라는 단어로 기술했다.[18] 루크레티우스 전에는 어느 누구도 이처럼 직접적이고 명확한 존재론적 일차성을 운동에 부여한 적이 없다. 그러므로 루크레티우스는 운동의 제후다. 이러한 존재론적 입장에 기초하여, 그는 물리학·인식론·미학·역사학·기상학에 놀랍도록 현대적으로 들리는 이론들을 제공한다. 그러나 불행히도, 우리에게 남아 있는 한 권의 짧은 책만으로는 이렇다 할 존재론을 세울 수 없다.

마르크스 —— 운동 존재론의 두 번째 역사적 선구자는 독일 철학자 카를 마르크스Karl Marx(1818~1883)다. 젊은 시절, 마르크스는 헤겔을 읽기도 전에 에피쿠로스와 루크레티우스를 읽었다. 물론 그는 헤겔의 철학에 깊은 영향을 받았지만, 헤겔 철학의 관념론적이고 역사적 결정론적인 성격에 비판적이었다. 헤겔을 극복하고 자신만의 철학적 · 물질론적 철학을 창조하려는 그의 첫 번째 시도는 박사학위논문《데모크리토스와 에피쿠로스의 자연철학 차이Über die Differenz der domokritischen und epikureishen Naturphilosophie》였다. 그의 수첩을 들여다보면, 이 논문이 포이어바흐와 헤겔의《자연철학philosophischen Wissenschaften》에 담긴 물질의 본성에 관한 숙고와 동시에 집필되었음을 볼 수 있다.

그리스 원자론과 씨름하면서, 마르크스는 다른 지대에 자기 철학의 철학적 · 존재론적 토대를 건설할 수 있었다. 그의 논문이 발견한 핵심 내용은, 에피쿠로스와 루크레티우스의 물질론은 데모크리토스와 대조적으로 물질 자체가 창조적이었고, 움직임 또는 방향 전환에 자유로웠다는 점이다. 이것은 존재가 관념이 아니라 물질이라는 것, 논리적으로 결정된 것이 아니라 물질적으로 자유롭다는 것을 뜻했다. 역사는 헤겔주의적 국가 너머의 혁명적 공산주의적 지평으로 열렸다. 마르크스의 독해를 보면, 그는 루크레티우스 이후 원자론에서 고체적이고 정적인 원자의 실존을 거부하고 원자의 고체성보다 고체의 움직임을 존재론적으로 더 일차적인 것으로 본 두 번째 철학자였다.

> 그러므로 이것〔물질 흐름의 일차성〕이 모나드monad에, 그리고 원자에 가지는 귀결은—이것들이 항상적 운동에 있으므로—**모나드도 원자도 실존하지 않는다**는 것, 오히려 직선 속에서 사라진다는 것이다. 원자가 직선 속에 들어오는 무언가로서만 고찰되는 한, 원자의 고체성은 저 상에 들어오지조차 않기 때문이다.[19]

운동의 일차성에 관한 이러한 초기 방법론적 신념에 기초하여, 마르크스의 작업은 결정적으로 역사적이고 물질적–동적인 성격을 획득하고, 노동의 모빌리티와 자본의 순환에 초점을 맞춘다. 그는 노동을(그러므로 사회를) 정적인 사물이 아니라 물질적인 '흐름' 또는 '운동'으로 다룬다.[20] 노동은 상품으로 '응결'[21] 또는 '결정화'되며,[22] 상품은 이어서 점점 더 큰 사회적 신진대사 구조 속으로 흘러들고, 순환되고, 응결된다. 마르크스는 운동 또는 다른 어떤 것의 형이상학 또는 순수 존재론은 제시하지 않는다. 마르크스를 《자연의 변증법Dialektik der Natur》에 담긴 엥겔스의 더 형이상학적인 발언과 융합시키면 안 된다. 그렇기에, 마르크스의 저작에서 운동의 역사적 존재론을 식별하는 유일한 방법은, 그것이 사용되는 이런저런 실천 속에서 그것을 알아보는 것뿐이다.

베르그송 —— 운동 존재론의 세 번째 역사적 선구자는 프랑스 철학자 앙리 베르그송Henri Bergson(1859~1941)이다. 베르그송은 1884년에 루크레티우스의 《사물의 본성에 관하여》에 대한 주석서를 첫 책으로 출간했다. 그가 원자론적 기계론적 물질론을 거부한 데에서, 그리고 운동의 존재론적 일차성을 긍정한 데에서 루크레티우스가 베르그송에게 끼친 영향은 이미 명백하다. 베르그송은 고정된 상태들이 아니라, "움직이는 구역" 내의 "유체적 덩어리"를 기술한다. "그렇게 정의된 상태는 구별되는 원소로 간주될 수 없다. 그것은 끝없는 흐름 속에서 서로를 계속한다."[23] 자연은 "물질 위로 흐르는 하나의 단일하고 막대한 물결이다."[24]

물질과 운동의 연속체에 관한 그 수많은 말에도 불구하고, 베르그송은 종종 '생기론적' 철학자 또는 시간과 지속durée의 철학자로 읽히지 움직임 자체의 철학자로 읽히지 않는다. 달리 말하자면, 운동에 관한 모든 구절이 더욱 일차적인 무언가—모든 생명 안에 있으면서 그것이 움직이게 하거나 그것의 운동을 설명하는 **생기적 힘** 또는 양화量化 불가능한 에너지—로부터 유래되는 것으로 읽힌다.

공정하게 말하자면, 베르그송 본인이 이러한 독해에 여지를 준다. 이 '생기적 충동' 또는 '힘'이 명확히 무엇인지 그 존재론적 지위를 늘 명확히 하지 않기 때문이다. 더욱이《물질과 기억Matière et mémoire》에 있는 다른 구절들은 존재론적으로 일차적인 것, 흐름과 움직임을 만드는 것이 시간 또는 '순수 지속'인 것처럼 들린다.[25] 그래서 베르그송의 존재론은 생기적 힘 또는 시간의 존재론으로 착각되기 쉽다.

그러나 베르그송이 마지막 저작이자 가장 결정적인 저작《사유와 운동자La Pensée et le mouvant》—이 책은 이상한 이유로 영어로는《창조적 정신: 형이상학 입문》으로 번역되었다—에서 마침내 이 모든 것을 명확히 했음은 잘 알려져 있지 않다. '생기적 힘'과 관련해서 그는 이렇게 논한다. 그것은 "그것이 공간 속에서 생산한다고 생각되는 움직임에 의해서만 알려지고 측정된다. … [그러나 그것의] 이러한 움직임과 하나다."[26] 그러므로 생기적 힘은 신비주의적이거나 영묘한 실체 또는 모호한 에너지의 일종이 아니다. 그것은 **움직임 자체**에 다름 아니다. 이 마지막 저작에서 베르그송은 시간/지속의 문제에 관해 "시간은 모빌리티"라고 아주 명확하게 쓴다.[27] "모빌리티 또는 같은 말인데, 지속"은[28] 생성이다. 그러나 생성은 사물이 거쳐 가는 "부동적 매체"로서의 "생성 일반"이 아니다.[29] 생성은 실재 자체의 연속적 모빌리티다.[30] "실재는 모빌리티 자체다." 이 마지막 저작에서 베르그송이 "움직임이 모든 것이 아니라면, 움직임은 아무것도 아니다"라고[31] 쓸 때, 이보다 더 일의적이고 명확할 수가 없다. 그가 소위 생기적 힘/충동이나 시간/지속에 어떤 겉보기 일차성을 주었든지 간에, 그것은 **운동 자체의 일차성에 다름 아닌 것**으로 이해되어야 한다.

이 경이로운 책은 시간, 정신, 생기적 힘에 관한 베르그송의 이전 저작들로 돌아가, 모빌리티의 절대적 일차성과 관련하여 그것을 재고할 길을 우리에게 준다. 그가 만년에 이르러서야 지속 및 생의 약동élan vital을 움직임 자체와 명확하고 체계적으로 동일시할 수 있게 되었다는 것이 불행할 따름이다.

한계: 역사적 선구자들도 모두 한계가 있다. 루크레티우스가 남긴 것은 짧은 책 한 권뿐이고, 마르크스는 역사적 존재론을 쓰지 않았으며, 베르그송은 말년에 되어서야 운동에 관한 명시적 존재론적 일차성에 이르렀다. 어떤 의미에서, 마르크스가 가장 제한되어 있다. 그는 체계적 역사적 존재론 같은 것은 어떤 것도 명시적으로 제시하지 않았기 때문이다. 그러나 다른 의미에서, 루크레티우스와 베르그송이 훨씬 더 제한적이다. 그들의 존재론은 충분히 역사적이지 않기 때문이다. 마르크스는 19세기 산업자본주의의 영역적 · 역사적 조건 하에서 명시적으로 일어나는 더 역사적인 방법론을 채택한다. 이와 달리 루크레티우스와 베르그송은 대체로 보편주의적으로 들리는 설명을 제공한다.

이 책은 운동에 관한 역사적 존재론 및 존재론적 역사를 제시함으로써 이러한 선구자들의 존재론적 제한과 역사적 제한을 모두 극복하려 노력할 것이다. 과거의 어느 누구도 하지 않았던 일이다. 이 책은 그렇게 과거의 인물들에게 큰 빚을 진 채, 이 책 고유의 방식으로 그들을 넘어서 움직인다.

과정 존재론과 생성

운동 존재론의 역사적 선구자들은 또한 여러 현대의 과정 존재론, 또는 생성의 존재론에 큰 영향을 끼쳤다. 움직임의 존재론처럼 과정 존재론도 유동과 생성을 강조하지만, 운동의 존재론과 동일하지는 않다. 시간의 유동, 공간의 유동, 힘의 유동 등 모든 종류의 유동들이 있을 수 있다. 운동의 존재론은 엄격하게, 물질의 유동이다. 시간, 공간, 힘은 운동 중의 물질을 초월하지 못한다. 시간과 공간은 실재의 차원이지만, 운동의 존재론 속에서 시간과 공간은 환원 불가능한 방식으로, 물질적–동적 차원이다.[32] 이 둘이 어떻게 연결되어 있는지를 보는 것은 쉽지만, 둘이 어디에서 갈라지는지를 보는 것도 중요하다.

화이트헤드 —— 체계적인 과정철학자로서 최초의 주요 인물 중 하나는 알프레드 노스 화이트헤드Alfred Whitehead(1861~1947)였다. 과정철학의 역사적 선구자로는 헤라클레이토스, 둔스 스코투스, 스피노자, 니체, 라이프니츠 등을 포함할 다른 전체 집합이 그려질 수 있을 테지만 말이다. 화이트헤드에게 과정은 실재적이었지만, 변화와 운동은 실재적이지 않았다. 예를 들어, 화이트헤드는 변화를 "어떤 결정된 사건으로 이루어진 현실적 기회들 사이의 차이"에 불과하며, 그렇기에 "어떤 현실적 존재자에게 '변화'를 부과하는 것은 불가능"하다고 보았다.[33] "그러므로 현실적 존재자는 결코 움직이지 않는다. 그것은 그것이 있는 곳에 그것 자신으로서 있다."[34] 그러므로 변화와 운동은 현실적 존재자들의 순차와 관계되어 있으며, 이들 간의 **차이**들로만 구성된다. 모든 존재자는 단순히 '그것 자신'이며, 그것은 실재 자체가 상이한 사태들의 순차 속으로 들어섬으로써 '생성'되지만, 엄밀히 따지면 어떤 존재자도 변화하거나 움직이지 않는다.

이것이 순수하게 논리적인 종류의 변화라는 점, 또는 화이트헤드가 함께 작업했던 논리학파에 따라 '케임브리지 변화'라고 알려지게 된 변화일 뿐 동적 변화는 아니라는 점을 적절하게 관찰한 학자가 적어도 한 명 있었다. 이 학자의 관찰에 따르면, 화이트헤드가 말하는 이행은 "실재적 이행이 아니고, 흐름도 유동도 아니다. 그렇게 이해된 변화는 변화 불가능하고 정적인 상이한 현실적 존재자들 계열의 순차적 실존에 따라 일어나는 사실에 불과하다. **변화라는 관념 자체가 치료 불가능하도록 정적인 것이 되었다.**"[35] 이 점에 관해 아직도 의심이 든다면, 화이트헤드는《자연의 개념The concept of nature》에서 명확히 이렇게 쓴다. "운동은 정지를 전제한다. 운동의 이론과 정지의 이론은 같은 것이나, 다른 강조점을 가지고 다른 면모에서 본 것일 뿐이다."[36] "생성의 연속성"은 없고 "연속성의 생성"만이 있다고 화이트헤드는 말한다.[37] 이것은 부동성이 모빌리티를 전제하며, 모든 것은 운동 중에 있다는 베르그송 주장의 직접적인 전도다. 여기에서 우리가 볼 수 있는 것은, 과정 존재론이 운동의 존재론과 상당히 다르다는 점, 그리고 심지어 운동을 전적으로 제거하고서도 생성의 과정 존재론으로 간주될 수 있다는 점이다.[38]

들뢰즈 —— 질 들뢰즈Gilles Deleuze(1925~1995)는 탁월한 과정과 생성의 철학자였다. 운동의 존재론자(루크레티우스, 마르크스, 베르그송) 및 더 넓은 생성의 위대한 철학자들(둔스 스코투스, 스피노자, 니체, 라이프니츠, 화이트헤드 등) 양쪽에서 영향을 받은 들뢰즈는 이 두 전통을 생성의 광대한 종합적·체계적 생성철학으로 통합시킨 첫 번째 철학자였다.

들뢰즈는 존재를 가리키는 단일한 이름(공간, 영원, 힘, 시간, 운동 등)에 제한되는 단일한 존재론을 전개하지 않고, 존재의 모든 거대한 이름들이 같은 존재에 대해 똑같이 그리고 일의적으로 말해지는 포괄적이며 복수주의적인 존재론을 전개한다. 이는 이 단일한 존재가 순수 생성 또는 차이적 과정의 존재로서 이해된다는 엄격한 조건 하에서만 그렇다. 그러므로 생성의 존재론은 다른 모든 존재론에 대한 소박하고 모순적인 긍정이 아니라, 모든 존재론 자체를 과정으로서 생성으로서 완전히 재해석하는 것이다. 그리하여 들뢰즈는 수많은 권역에 걸쳐 공간, 사고, 힘, 시간, 운동 등등에 관한 과정 이론을 전개하고 적용한다.

20세기 말에 던져진 이러한 놀라운 결정타는, 이로부터 영감을 얻어서 생성을 새로운 구역으로 확장하여 적용하려는 일군의 노력을 낳았다. 특히 관심을 가질 만한 사람은 마이클 하트, 안토니오 네그리, 마누엘 데란다, 브라이언 마수미, 에린 매닝, 제인 베넷, 윌리엄 코널리, 로지 브라이도티 등의 들뢰즈주의자들이다. 이들은 이 존재론을 물질성의 물음에 적용하려 노력했다.[39] 레비 브라이언트,[40] 스티븐 샤비로,[41] 디디에 드베즈[42] 같은 대상지향적 존재론자와 사변적 실재론자들조차 대상과 사물의 과정철학을 이론화하고자 화이트헤드와 들뢰즈에 명시적으로 의거한다. 한 마디로, 생성의 존재론은 형이상학의 종말에서 수많은 새로운 존재론을 위한 비옥한 출발점이 되었다.

그러므로 움직임의 철학에 대한 들뢰즈의 기여는, 존재에 대해 생성이 가지는 존재론적 일차성을 보여 준 것, 그리고 루크레티우스에서 화이트헤드에 이르는 역사적 전통의 일관성을 보여 준 것이다. 그러나 들뢰즈에게 생성은 연속적 유동, 물질, 운동을 뜻하기도 했지만, 이해, 사고, 정태를 뜻하기도 했다. 양쪽의 생성이 있다. 그렇기에 지금 '새로운 물질론'이라고 불리는 것과 '사변적 실재론'이라고 불리는 것, 들뢰즈 저작의 상이한 가닥에 의거하는 이 둘 사이에는 분할과 애매성이 있다. 그러나 이러한 분열이 증언하는 것은, 이쪽이나 저쪽으로 도로 빠져들지 않고서, 또는 들뢰즈가 결국 행하듯이 이 모든 것을 횡단하는 제3의 '순수 생성'—힘—을 도입하지 않고서, 양쪽의 생성을 동등하게 긍정하는 작업의 어려움 또는 어쩌면 불가능성이다.

들뢰즈에게 "사고의 힘"이[43] 있듯이, "물질의 힘"[44]도 있다. 모든 것이 생성하는 것은, 모든 것이 생성의 힘이기 때문이다. 니체에 대한 책에서 들뢰즈는 마르크스와 루크레티우스의 동적 물질론에 대해 힘이 가지는 존재론적 일차성을 꽤 명시적으로 드러낸다. "원자론은 막 시작된 역동론이 쓰는 가면일 것이다."[45] 들뢰즈의 입장은 적어도 세 가지 중요한 한계가 있다. 이 한계들은 우리 작업의 참신한 기여를 강조하는 데에 도움이 될 것이다.

운동: 첫 번째 한계는 그의 운동 이론이다. 다른 모든 유동과 마찬가지로 물질의 유동이 다른 모든 유동과 존재론적으로 동등하다면, 들뢰즈의 복수주의적 생성 존재론에서 우리가 발견하기를 기대해야 할 것은 정태·부동성·단절·휴지가 없는 운동의 연속적 생성이다. 그러나 그

의 주요 저작 거의 모두에서 우리가 발견하는 것은 그 반대다.[46] 그는 언제나 운동의 정의에 정태 또는 부동성을 재도입한다.

예를 들어,《차이와 반복Différence et répétition》에서 그는 명시적으로 움직임을 시간에 종속시킨다. "(세 번째) 종합은 필연적으로 정적이다. 시간이 더 이상 움직임에 종속되지 않기 때문이다. 시간은 변화의 가장 근본적인 형식이지만, 변화의 형식은 변화하지 않는다."[47]《의미의 논리 Logique Du Sens》에서 움직임과 물질이 시간에 종속된다는 점은 "모든 물질로부터 독립적인 시간의 공허한 형식"에 관한 그의 이론에서 명시적으로 드러난다.[48] 이에 따라, 16장 전체는 그가 "정적 존재론적 발생"이라고 부르는 것에, 17장 전체는 "정적 논리적 발생"이라고 부르는 것에 할애된다.《안티 오이디푸스L'anti-Oedipe》에서 그와 가타리는 사회를 종종 "부동적 모터"로 기술한다.[49] 이들은 심지어 마르크스로부터 가져온 '흐름'의 개념을 연속적으로 '끊기고', '중단되고', '단절되는' 것으로 정의한다. "모든 '대상'은 흐름의 연속성을 전제한다. 그러니까 모든 흐름, 대상의 파편화를."[50]《천 개의 고원Mille Plateaux》에서는 심지어 이렇게 쓴다. "그러므로, **속도**와 **움직임**을 구별하는 것은 필연적이다. 움직임은 아주 빠를 수 있지만, 그렇다고 그것에 속도가 주어지는 것은 아니다. 속도는 느릴 수 있고, 심지어 부동적이면서도, 여전히 속도일 수 있다."[51] 그렇기에 유목민의 "운동 없는 여정"이 있다.[52]

이러한 인용들은 그의 텍스트 내 희귀한 일탈이 아니다. 이를 인용함으로써 내가 어떤 영리한 해석을 도입하려는 것도 아니다. 들뢰즈는 명시적이고 일관되게 운동을 정태를 통해 기술한다. 이 점은 화이트헤드를 상기시킨다. 속도, 시간, 정태, 차이 각각에 운동에 대비되는 존재론적 일차성이 명시적으로 주어진다. 그러므로, 들뢰즈의 생성의 복수주의적 존재론에서 운동이 다른 종류의 유동과 나란히 있되 동등하지 않게 머무는 일이 아주 흔하다. 이는 들뢰즈가 모든 경우에 운동에 대해 부동성을 특권화한다는 뜻은 아니다. 다만, 그가 연속적 운동 및 생성의 '움직임'에 대해 하는 모든 말에도 불구하고, 그는 저 안에 운동의 존재론과 궁극적으로 양립 불가능한 실존을 가지는 정태, 휴지, 부동성을 포함시킨다는 뜻이다. 운동의 평면 위에서, 모든 것은 연속적으로 움직인다. 연속적 움직임을 나누지 않고서 정태가 도입될 수는 없다. 그러므로 적어도 들뢰즈의 운동 이론은 극히 울퉁불퉁하고 파편화되어 있다. 그리고 (운동 존재론의 시점에서) 최악의 경우, 그것은 정태, 시간, 부동적 속도, 생의 약동, 기타 그러한 속성들에 명시적으로 종속되어 있다. 비슷한 문제가 2차 문헌에서도, 특히 같은 스피노자주의 전통을 따르는 2차 문헌에서 나타난다.[53]

물질: 들뢰즈의 생성 존재론의 두 번째 한계는 그의 **물질 이론**이다. 운동이 물질의 유동이라면, 들뢰즈의 복수주의는 물질이 다른 유동들에 대해 가지는 존재론적 공동일차성 또는 내재성은 최소한 보여 줄 수 있어야 한다. 그는 이를 행하지 않는다. 《철학이란 무엇인가》에서 들뢰즈와 가타리는 철학을 물질의 움직임으로 정의하지 않고, "사유의 무한한 움직임"으로 정의한다. 철학적 "내재성의 평면"을 펼쳐 놓으며, "사유의 유한한 움직임"을 통해 개념들을 이 평면에 채운다.[54] 사유의 이러한 다채로운 움직임은 철학적 평면들을 펼쳐 놓는데, 이 철학적 평면들은 물질적 존재와 사물에 의해서가 아니라 "사물과 존재로부터 사건을 추출함"으로써, 존재를 "공간, 시간, 물질, 사고, 가능성"으로서 존재론적으로 기술함으로써 정의된다.[55] 한 마디로, 철학은 존재에 언제나 하나의 이름을 주었으며, 그렇기에 "내재성을 어떤 것 = x에 넘겨주었다." 그렇기에 어떤 초월적인 것의 발견을 모방했다.[56]

그러나 들뢰즈에 따르면 생성의 존재론은 "내재성의 **대표적**THE 평면이다. 그것은 사유되어야 할 것인 동시에 사유될 수 없는 것이다. 그것은 모든 평면의 기초로서, 그것을 사유하는 데에 성공하지 못하는 모든 사유 가능한 평면에 내재적이다."[57] 내재성의 **대표적** 평면은 사유될 수 없다. 그것은 모든 다른 평면을 사유하는 **사유 자체의 무한한 움직임**이기 때문이다. 들뢰즈와 가타리에 따르면, 이러한 평면은 "철학자들의 그리스도", 즉 스피노자에 의해 처음 발견되었다. 스피노자에게 실체는 하나다. 그러나 그것은 평행적이며 존재론적으로 공동일차적인 무한한 수의 속성들—사유와 물질이 여기에 포함된다—을 가진다. 그러나 스피노자는 사유만이 자기 자신의 평면 및 다른 모든 평면을 사유할 수 있는 유일한 속성임을 상당히 명시적으로 드러낸다. "속성을 통해 내가 이해하는 것은 **지성이 실체에 관해**, 실체의 본질을 구성하는 것으로서 **지각하는 것이다**quod intellectus de substantia percipit."[58]

그러므로, 사유와 물질을 존재론적으로 동등하게 만들고 그리하여 서로에게 환원 불가능하게 만들려는 스피노자의 시도가 근본적임에도 불구하고, 이 속성들 중 하나만이 다른 속성을 재생산할 수 있다면, 이들 사이에는 토대적 불균등성이 있다. 이것은 스피노자 연구에서 잘 알려진 문제다.[59] 그러나 들뢰즈는 스피노자에 관한 책에서 "지성은 그것이 파악하는 형식들의 본성을 객관적으로 **재생산**하기만 한다"라며 이 난처한 문제를 너무 빨리 넘어간다.[60] 그러므로 들뢰즈는 다른 주석가들과 달리, 사유가 물질 및 다른 속성들을 창조하지 않는다는 점을 명확히 한다. 그것은 다른 속성이 스스로는 할 수 없는 방식으로 그 모두를 객관적으로 재생산할 뿐이다. 그렇기에, 하나의 불균등성(주관적 관념론)을 떨쳐 버림으로써 다른 불균등성(사변적 관념론)을 드러냈을 뿐이다.

첫 번째 책부터 마지막 책까지, 들뢰즈는 그가 "사유의 이미지"라고 부르는 것에 비슷한 존재론적 일차성을 부여한다.[61] 스피노자를 따라, 들뢰즈에게 사유는 많은 생성의 평면 중 하나의 평면에 불과하지만, 더욱 중요한 것은, 그것이 또한 자기 자신의 평면을 사유할 수 있는 유일한 평면이며 "모든 평면의 기초"(물질, 공간, 시간, 가능성 등등)인 **대표적** 평면이라는 것이다.[62] 다시, 이것은 텍스트 안에 숨겨진 의미를 해석적으로 발견한 것이 아니다. 들뢰즈와 가타리는 이 점을 명확히 밝힌다. "스피노자는 내재성의 '최고의' 평면을—즉, 가장 순수한 평면을 **사유했다**."[63]

그렇다면 이상하게도, 철학적 실천을 정의하는 "사유의 무한한 움직임"에 대한 들뢰즈와 가타리의 기술은 물질 없는 일종의 순수 운동으로 이해되어야 한다. 이것은 기이하게도 추상적이고, 관념적이고, "순수하게 형식적인 운동"이라고 마르크스는 말할 것이다.[64] 존재론적 실천이 그것이 물질성의 미소한 한 조각만이라도 가지고 있었더라면, 존재론적 실천은 모든 평면을 자신의 사유되지 않은 전제로서 사유하는 **대표적** 내재성의 평면에 대한 무한하고 객관적인 조망 또는 재생산이 될 수 없었을 것이다.[65] 오히려 그것은 생산적, 정립적, 동⁁기록적이 되어야 했을 것이다.[66]

역사: 들뢰즈의 생성 존재론의 세 번째 한계는 그의 **역사 이론**이다. 존재가 생성이라는 들뢰즈의 테제는, 역설적으로 들리는 주장이라 하더라도, 명시적으로 형이상학적인 주장이다. 내재성의 **대표적** 평면이 모든 다른 평면의 기초라는 주장은 이전에 발명된 모든 평면들에 대한 영역적 또는 역사적 주장에 지나지 않는 것이 아니라, 과거·현재·미래의 **모든 평면**에 대한 주장이다. 스피노자와 마찬가지로 들뢰즈에게도, 사유는 자기 자신 및 다른 모든 평면에 걸쳐 한계 없이 무한하게 펼쳐지고 조망한다. 이것이 가능한 것은, 사유를 개입의 실천과, 그러므로 역사와 연결할 모든 물질성으로부터 사유가 해방되었기 때문이다. 그러나 들뢰즈에게 존재론적 실천 또는 '사유'는 역사 밖에 있는 것이 아니라, 모든 역사, 즉 과거·현재·미래에 내재적이다.

자체로 순수 변용인 내재성의 평면이 언제나 단수적이라는 것이 참이라면, 어떠한 무한한 움직임이 보존되고 선택되는지에 따라 역사 속에서 서로 뒤이어 나타나고 서로 경쟁하는 다채롭고 구별되는 내재성의 평면들이 왜 있는지를 설명하는 것은 더욱더 필요하다.[67]

달리 말하자면, 언제나 영원한 생성의 유일한 순수 평면이 있다. 그것은 사유만이 재생산할 수 있으나, 역사적·지리적 상황에 따라서 상이하게 **사유된다**. 그렇기에 들뢰즈와 가타리에게 '역사'는 "생성하기 위해, 즉, 무언가 새로운 것을 창조하기 위해서 우리가 외면하는 조건들의 집합"일 따름이다.[68] "철학은 생성이지 역사가 아니다. 그것은 평면들의 공존이지, 체계들의 순차가 아니다."[69]

들뢰즈와 가타리가 역사적 존재론의 단순한 순차, 변증법적 발전, 결정론적 진화를 거부한 것은 옳다. 그러나 이것이 모든 존재론적 기술이 언제나 공존함을 필연적으로 의미하는 것은 아니다. 예를 들어, 인간에 의해 역사적으로 발명되기 전에 이 기술들이 어떻게 공존할 수 있었겠는가? 4억 년 전에는 영원에 대한 플라톤적 기술은 없었다. 존재론적 실천은 역사 속에서 창조되지, 생성의 사변적 평면 위에서 발견되는 것이 아니다. 존재론적 실천들은 역사 속에서 창조된 후에야, 오늘날 그렇듯이 공존하며 다른 존재론적 기술과 혼합될 수 있다.

실천적으로, 미래 평면들의 공존을 요청하는 것이 철학적 분석에 더해 주는 것은 없다. 더욱이, 사유(생성)는 물질(역사)로부터의 탈출이라고 말하면서, 물질은 사유로부터의 또는 자기 자신으로부터의 탈출이라고 말하지 않는 이유는 무엇인가? 역사가 결정론적이지 않다는 점에서 들뢰즈와 가타리는 옳다. 그러나 그렇다면 왜 생성은 사유가 역사 아닌 다른 것이 될 것을 요구하는가? 유동들 간의 존재론적 동등성이 참으로 있다면, 역사와 물질도 자기 **자신의 유동**, 즉 운동에 따라 다른 것이 될 능력이 충분히 있다. 어쨌든, 인간은 새로운 존재론적 기술과 기입을 창조할 역량이 있는 물질이다. 이 요점에 대한 희미한 암시는 들뢰즈와 가타리의 가장 마르크스주의적인 책《안티 오이디푸스》에서 가장 명백하다. 여기에서 들뢰즈와 가타리는 기입의 역사적·물질적 조건을 기술한다. 그러나《안티 오이디푸스》에서 그것은 생성의 사고를 통해 '외면'되어야 할, **욕망**의 사회적 조건으로만 이해된다. 이 점은 이후《철학이란 무엇인가?》에서 명백해진다. 그러므로 물질의 평면 및 역사를 통한 이 평면의 움직임은 무한한 사유에 의해 가로질러지는 또 다른 평면에 불과하다.

한계: 그러므로 생성의 존재론의 역사적 선구자들은 몇 가지 한계를 가진다. 화이트헤드의 존재론은 전적으로 정적이며 비역사적이고, 들뢰즈의 존재론은 더욱 섬세하지만 정태, 사고, 생성의 이론에 의해 궁극적으로는 제한된다. 두 철학자는 생성의 탄탄한 이론을 제공하지만, **어느 쪽도 운동의 존재론을 제공하지는 않는다.** 들뢰즈는 모든 유동이 존재론적으로 동등하다고 말하지만, 운동은 계속적으로 조각나서 정태와 혼합된다.[70] 결합된다고 해서 모순을 제기하지는 않는 것 같은 공간, 힘, 시간의 평면들과 달리, 정태와 운동의 평면들은 들뢰즈 철학의 심부에서 명시적인 모순을 제기한다. 그는 철학이 사유의 '움직임'이라고 말하고 나서는, 생성의 **대표적** 순수 평면이라는 스피노자적 사고를 통해 그것으로부터 모든 물질을 정화함으로써 저 움직임을 말소한다. 그는 사고가 역사 밖에 있지 않다고 말하고 나서는, 과거·현재·미래의 모든 평면이 공존하며, 역사를 외면함으로써만 생성된다고 주장한다. 현대의 생기론적인 새로운 물질론도 이러한 비역사적 접근법을 선호했다.[71]

그러므로, 화이트헤드와 들뢰즈 주장의 존재론적 본성에도 불구하고, 이들의 철학은 허블이 반증할 때까지 대중적으로 만연했던 20세기의 아인슈타인적 패러다임과 아주 잘 들어맞는다. 이 패러다임에 따르면, 우주는 절대적으로 정적이지만 내재적·시공간적으로 역동적이며, 부동적이지만 창조적이고 생성적이며, 존재론적으로 '운동 없는 여정'이다. 오늘날 우주론·양자 중력·여타 분야에서의 새로운 발견 덕분에 이러한 주장이 지닌 낡은 역사적 본성이 눈에 보이게 되었다. 그러나 저 발견들은 또한 철학으로 하여금 21세기에 맞는 새로운 역사적 존재론의 창조를 강제하는 새로운 조건들을 설정한다.

이러한 관점에서 우리의 작업은 생성 존재론의 전적인 전도로 간주되어야 한다. 그러나 마르크스가 행한 헤겔의 전도나 루크레티우스가 행한 플라톤의 전도처럼, 이 전도는 또한 변용이기도 하다. 이 작업은 운동과 물질의 연속적 생성을 차이·정태·사고의 생성보다 더욱 일차적으로 정립할 뿐인 단순히 **존재론적인** 전도가 아니다. 운동의 일차성이 상대적 정태와 사유가 실존함을 거부하는 것도 아니다. 운동의 존재론은 과정철학이 땅 위에 이동적 발을 두고 똑바로 서도록 하며, 모든 생성이 전적으로 물질적이 되게끔 한다. 정태는 흐름들의 회오리 또는 소용돌이가 된다. 사고는 신체, 뇌, 도구, 모든 종류의 보철물 등 자기감응적 물질들의 조응된 리듬이 된다. 존재론은 그 시대의 물질적·동적 조건에 토대를 둔 역사적 존재론이 된다.

마르크스가 헤겔 사변철학의 "신비주의적 껍질"로부터 변증법의 "합리적 알맹이"를 추출하여 새로운 역사적 물질주의적 변증법을 낳았듯이, 운동의 존재론은 생성의 사변적 존재론으로부터 유동의 "합리적 알맹이"를 추출하여, 새로운 역사적 운동존재론을 낳는다.[72] 그러므로 운동의 방법론적 일차성은 존재로서의 존재에 관한, 심지어 생성으로서의 존재에 관한 엄격히 존재론적인 주장이 아니고, 역사로서의 생성에 관한 역사적 존재론적 주장이다. 우리가 지금 아는 것은, 모든 것이 운동 중이라는 것이다. 아인슈타인, 화이트헤드, 들뢰즈는 어떤 방식으로 틀렸는데, 이는 이들이 생성의 본성에 관한 비역사적 주장을 했기 때문이 아니다(그들이 이렇게 하기는 했지만 말이다). 이들이 틀린 이유는, 그들은 너머를 볼 수 없었고 이제야 우리에게 명백해진 어떤 방식으로 그들의 주장이 **역사적으로 제한되어** 있었기 때문이다. 이는 어떤 지점에서 이 책에 대해서도 참일 것이다. 그렇기 때문에 이 책은 적절하게 **역사적·영역적인 존재론**이 된다.

과거, 현재, 미래에 존재를 가리키는 모든 다른 거대한 이름들은 순수 생성 속에서 공존하지 않는다. 지금까지 역사적으로 발명된 이름만이, 현재 공동결연부의 물질적–동적 조건과 관련해서만, 공존하며 함께 섞인다. 초월에 대한 이전의 모든 주장이—들뢰즈가 주장하듯이—생성의 참된 평면과 대조해 볼 때 '착각'인 것은 아니다. 이 주장들은 모두 각 동적 현재의 실재적 차원이다.

이 존재론적 역사의 기초를 이루는 운동 이론으로 옮겨 가기 전에, 이 장에서 제기한 두 가지 최종적 방법론적 문제를 다음 장에서 다루어야 한다. 그것은 실재론과 물질론의 문제다.

4장

실재론과 물질론

초월론적 실재론

이 지점에서 더 상세한 설명이 필요한 주요 방법론적 움직임은 존재와 운동의 가장 일반적이고 지배적인 움직임, 초월론적* 실재론이다. 이것은 역사적 현재의 현실적 출현을 위한 최소한의 실재적 존재론적 조건의 연구다. 이 방법의 목적은, 존재가 지금 나타나는 것처럼 나타난다는 점―운동 중이라는 점―을 고려했을 때 이전의 존재가 **적어도** 어떠했어야 하는지에 대한 기술을 제공하는 것이다.[1]

이전 장에서 나는 이 방법을 일종의 **최소 실재론**minimal realism으로 기술했다. 우리 시대의 영역적 초월론적 구조―운동―의 시야에서 역사적 존재는 적어도, 이러한 운동을 **존재**하게 하는 식의 최소한의 동적 속성 ―흐름, 접힘, 장―을 가져야 한다. 존재가 동적 속성을 가지지 않는다

---

* transcendental. 이 용어가 현재 사용되는 방식은 칸트에 유래한다. 그는 무엇에 대한 탐구가 아닌, 무엇에 대한 인식의 가능조건에 대한 탐구를 특정 짓기 위해, 또는 인식을 가능하게 하는 무엇을 특정 짓기 위해 이 용어를 사용했다. 본 번역본은 이 용어를 '초월론적'으로 번역한다. 이 용어에 대한 조금 더 상세한 설명은 본 책의 다음 소절을 참조할 것. 이 용어는 우리가 통상 사용하는 '초월'의 의미를 그대로 가지고 있는 transcendent 및 transcendence와 구별된다. 이 단어들은 각각 '초월적', '초월'로 번역된다.

면, 우리는 운동의 기적적인 무로부터의 기원을 정립해야 할 위기에 처한다. 그렇기에, 초월론적인 것은 역사적 존재의 최소한의 실재적 존재론적 구조이되 그런 **유일한** 구조는 아니다. 다수의 공존하는 실재적이고 초월론적인 것들이 있다. 단지 운동이 오늘날에 상대적으로 지배적이며 이론화가 덜 된 초월론적인 것으로서 출현했고, 그리하여 이러한 관점에서 현재에 대한 새로운 존재론적 기술을 가능케 한 것이다.

이러한 운동의 새로운 초월론적 구조의 지배에 수반되는 최소한의 존재론적 헌신에 더하여, 어떤 역사적 귀결들도 있다. 현재가 역사적 실재의 본성에 관한 최소한으로 실재적인 어떤 것을 참으로 들추어냈다면, 그것은 여기 지금 있는 우리에게만 실재적인 것이 아니다. 달리 말하자면, 우리의 작업은 단순히 역사적이거나 인류학적인 구성주의가 아니다. 존재는 지금 우리에게만 운동 중에 있는 것이 아니다. 그것이 참으로 현재 존재의 최소한의 실재적 면모라면, 존재는 언제나 운동이 가능해야 했고, 그러므로 (무로부터의 운동의 창조를 정립하지 않는다면 운동이 정태로부터 올 수 없으므로) 모든 역사 내내 운동 중에 있었어야 한다. 다만 다른 이름으로, 지하에 있는 방식으로 순환하고 있었던 것이다.

존재론적 실천이 현재 우리에게 운동 중에 있을 뿐 아니라 언제나 운동 중에 있었다는 결론은 사소한 주장이 아니다. 이것이 뜻하는 바는, 운동을 체계적으로 주변화하고 억압하고 다른 더 토대적인 범주로 설명했던 존재론적 실천의 전체 역사는 운동이 무엇인지를 적절히 정의하는 데에 실패했을 뿐 아니라, 더욱 중요하게는 존재의 모빌리티 자체 및 존재 자신의 내재적 존재론적 실천을 정의하는 데에 실패했다는 것이다.

한 마디로, 동적 실천으로서 존재론적 실천 자체의 초월론적 조건은 아직 덜 이해되었다. 이 조건들은 이전의 시대에는 존재의 다른 면모들에 연속적으로 종속되어 있었기 때문이다. 이 점은 과거의 실천에 대해서도, 현재의 실천에 대해서도 참이다. 공간, 영원, 힘, 시간 같은 지배적 존재론적 기술어들의 역사적 출현은 사라지지 않았다. 이 기술어들은 현대 존재론 전반에 걸쳐 동원(이동화)되고 있다. 예를 들어, 페터 슬로터다이크Peter Sloterdijk는 그의 구球 기획을 **존재와 공간**으로서 기술한다.[2] 알랭 바디우는 사건을 "영원 진리"로서 정의하며,[3] 그의 책《존재와 사건L' être et l'Événement》은 쉽게 '존재와 영원'이라고 이름 붙일 수도 있었을 것이다. 생성의 기술이 언제나 "힘의 물음"이라고 들뢰즈가 논할 때,[4] 그의 존재론은 적절하게 '존재와 힘'이라고 불릴 수 있었을 것이다. 물론 하이데거의《존재와 시간Sein und Zeit》은 시간의 존재론적 일차성을 상당히 명시적으로 밝힌다.[5] 그러므로 존재에 관한 역사적 기술과 기입들은 여전히 현재 존재론적 실천의 일부이다.[6] 그렇다면, 오늘날의 존재론적 실천의 혼종적 본성을 이해하기 위해 우리는 **운동 중에 있는** 존재론적 실천의 물질적 · 역사적 조건을 이해해야 한다.

그러므로 현대 존재론적 실천을 이해하는 것은 현재에 존속하는 과거의 역사적 초월론적 구조들의 동적 재해석을 요구한다. 이러한 노력을 통해, 존재를 가리키는 이전의 지배적 이름들이 숨겨진 **동적** 차원과 구조를 가지고 있었음을 보여 주는 것이 우리의 목표다.[7] 존재론적 실천이 기술적 · 기입적 기록실천을 요구한다면, 그것은 필연적으로 운동을 요구한다. 그것이 운동을 요구한다면, 각 실천을 위해서는 운동의 특정한 배분이 있어야 한다. 이것은 직관적인 주장은 아닐 것이다. 그러나 2권에서는 이 점을 길게 증명하려 한다. 그러므로 초월론적 실재론의 방법은 이러한 목표를 가능케 하며 여기에 방위를 설정해 주는 것이다.

여기는 1권과 2권을 이어 주기 위해 방법론적 주석이 필요한 곳이다. 우리에게 현재의 초월론적 구조는 과거의 역사적–동적 초월들의 혼합물에 불과한 것으로 나타난다. 그 정확한 이유는, 현재의 초월론적 구조는 언제나 현재의 시야에서 본 **존재론적 구조로서** 나타나기 때문이다. 이것이 역사적 존재론의 의미다. 현재의 시야 또는 현재 존재의 영역으로부터, 우리는 과거의 모든 다채로운 초월론적 구조를 설명할 수 있다. 그러나 우리 자신이 속한 구조 자체는 겉보기에 보편적인, 모든 다른 구조에 질서를 주는 구조로서 나타난다. 다만, 미래까지만 그렇다.

그러나 현재를 통해 미래로 가는 유일한 길은 **현재의** 존재론적 실천을 통해서뿐이다.[8] 미래가 돌아볼 초월론적 구조가 있기 위해서는, 그러한 구조가 이전에 창조되었어야 한다. 그러므로 우리의 현재 영역을 넘어서 어떤 미래의 존재론을 향해 움직이는 것은, 현재의 존재론을 이해하려는 노력을 통해서만 가능하다. 그러면 저 미래의 존재론은 지금 현재적인 것의 초월론적 구조를 기술할 수 있을 것이다.

그러므로 현재와 과거는 같은 초월론적 뫼비우스 띠의 두 면과 같다. 띠의 한 면은, 순환의 이전 여러 장들에 의해 질서 잡혀 있는 한에서, 초월론적으로 역사적이다. 띠의 다른 한 면은, 순환의 이전 장들이 현재의 존재론적 틀의—이 경우에는 운동의—차원 또는 면모가 되는 한에서, **초월론적으로 실재적**이다. 달리 말하자면, 초월론적 실재론이 현재에 적용될 때 우리는 그것은 존재론이라고 부르지만, 그것이 과거에 적용되면 역사라고 부르는 경향이 있다. 그래서 초월론적 실재론은 '역사적 존재론', '존재론적 역사' 또는 '현재의 역사'라는 모순되게 들리는 명칭을 얻는다. 여기에서 중요한 점은, 두 차원이 같은 방법론의 일부라는 것이다.

초월론적 실재론에 대한 대안은 형이상학이나 구성주의다. 한편으로, 형이상학은 모든 존재를 존재로서 기술하되, 단일한 비역사적·비초월론적인 방식으로 기술하는 데로 환원하는 것을 목표로 한다. 이 경우 존재는 존재의 근본적 조건의 재기술이 필요한 방식으로는 결코 움직이거나 변화하지 않을 것이다. 다른 한편, 구성주의는 모든 존재를 언어, 정신, 사회, 무의식 등등의 인간중심적 초월론적 구조로 환원하는 것을 목표로 한다. 이 경우, 이러한 초월론적 기술은 사물의 실재 면모와 무관한 것으로 말해지거나(반실재론), 모든 존재가 저 초월론적 기술로 환원 가능하다고 말해진다(환원주의). 존재의 실재적 움직임은 이러한 인간적 구조들의 지위에 전혀 영향을 끼치지 않는다. 첫 번째 경우(형이상학), 초월론적 구조는 없다. 두 번째 경우, 칸트적·현상학적·구조주의적·탈구조주의적 변형태의 인간적 초월론적 구조만이 있다. 그러나 두 경우 모두, 존재는 정적이다. 그것은 불변의 본질이거나, 그러한 인간적 구조들이 접근할 수 없는 외부다.

그러나 동적 초월론적 실재론에는 다수의 변용하는 (인간적인, 또한 비인간적인) 초월적인 것들이 있다. 각각은 **존재의 실재적 차원 또는 면모**를 기술한다. 그러므로 초월론적 실재론의 방법이 가능케 하는 여러 가지 것들 중 하나는, 존재론적 실천을 이루는 역사적 초월에 대한 분석에 기초하는 존재론적 실천의 복수주의적 이론이다. 이 분석은 2권에서 전개된다. 존재론의 움직임은, 존재를 기술하고 기입하는 동動기록의 움직임이다.

초월론적인 것

초월론적 실재론은 초월론적인 것에 대한 새로운 정의를 제시한다. 이것은 2부에서 전개되는 동적 '장場' 개념과 대략 동일하다. 2권 전체가 동動기록적 장의 역사적 유형론을 길게 추적하기 때문에, 이 방법이 《순수이성비판Kritik der reinen Vernunft》(1781)에서 전개된 초월적인 것에 대한 칸트의 본래 이론과 어떻게 다른지를 언급할 가치가 있을 것이다. 칸트는 초월적인 것의 이론을 도입함으로써 형이상학과 경험주의 양쪽의 문제를 극복하는 데에 성공한다. 한편으로, "형이상학은 이성에 의한 사변적 인식인데, 이 인식은 완전히 고립되어 있으며, 경험에 의해 지도되는 존재 이상으로 전적으로 상승한다." 달리 말하자면, 세계가 **자체로** 어떤지에 관한 인식의 토대는 우리 경험 속에 있을 수 없으며, 그렇기에 적용도 검증도 될 수 없다.[9] 다른 한편, 경험주의는 "우리의 모든 인식이 대상에 순응해야 한다"고 가정한다. "그러나 이러한 전제에서, 우리의 인식을 확장시킬 수 있는 개념을 수단으로 하여 대상에 대한 어떤 것을 선험적으로 수립하려는 우리의 모든 시도는 허사로 끝났다."[10] 달리 말하자면, 경험과학은 우리를 구체적 정보들로 폭격하지만, 이러한 정보가 우리에게 그런 것으로서 드러날 수 있게 하는 더 일반적인(선험적인) 인식 조건에 대해서는 아무것도 알려 주지 않는다. 이 문제에 대한 칸트의 해법은, 코페르니쿠스가 천문학에서 했던 것처럼 이 문제를 전도시키는 것이다. 칸트는 코페르니쿠스에게 "관찰자가 공전하고 별들은 정지하고" 있음과 마찬가지 방식으로, 우리도 "대상이 우리의 인식에 순응해야 한다"고 가정하자고 말한다.[11] 달리 말하자면, 칸트는 "대상이 나에게 주어지기도 전에 내가 내 안에서 전제해야만 하는, 그러므로 선험적으로 전제해야 하는" 규칙을 식별하자고 제안한다. "저 규칙은 선험적 개념으로 표현된다"고 말이다. "경험의 모든 대상은 이 개념들에 필연적으로 순응해야 하고, 그것에 동의해야 하기 때문이다."[12] 칸트는 가능한 경험 조건에 관한 이러한 철학적 탐구를 "초월론적 관념론" 또는 "비판"이라고 부른다.

칸트가 형이상학과 경험론을 비판한 공로는 인정 받아야 한다. 그러나 그가 초월론적인 것을 의식으로만 자의적으로 제한하고, 그것을 존재·물질·운동의 실재에 대한 접근로로부터 단절시킨 것은 틀렸다. 이와 대조적으로, 초월론적 실재론은 초월의 지위에 대해 다음과 같은 여섯 테제를 제안한다.

첫째 —— 초월론적인 것은 **가능성의 조건이 아니다.** 애초에 장場의 내재적 관계를 정의하는 현실적 사물들이 이미 있지 않다면, 그저 가능하기만 한 어떤 것에 대한 조건 같은 것은 없다. 그러므로 초월론적 관계는 외재적이지 내재적인 아니다. 장 속에서 유동의 정도에 따라 접힘이 분배되기 전에는, 그것들을 질서 지을 **미리 존재하는 장**은 없다. 접힘 또는 사물 없는 장은 질서 없는 흐름일 뿐이다. 가능적 운동의 조건은 조건 지어지는 접힘 또는 사물 너머에 있는 조건들의 독립성 또는 초월성을 전제한다. 한 마디로, 가능적 조건은 관념론적 추상이다.

둘째 ── 초월론적인 것은 또한 **경험적 조건이 아니다.** 경험적 사물의 조건은 다른 경험적 사물일 수 없다. 그랬다면, 조건과 조건 지어지는 것 사이의 초월론적 차이가 없을 것이다. 모든 것은 단순히 저 아래까지 경험적일 것이며, 그것들을 질서 잡을 어떠한 관계 또는 순환의 장도 없을 것이다. 더욱이 논리적으로 볼 때, 경험적인 것을 위한 조건들도 경험적이라면, 우리는 **경험적인 것의 조건**을 설명하는 데에 실패한 셈이다. 우리는 우리가 설명하기로 한 바로 그것, 즉 경험적인 것 자체를 동어반복적으로 전제한 셈이다.

셋째 ── 초월론적인 것은 **보편적 조건이 아니다.** 초월론적 장이 동적이고 현실적이라면, 그것은 필연적으로 역사적이며, 그것이 역사적이라면, 그것은 보편적일 수 없다. 지금까지 모든 역사가 일어난 것은 아니기 때문이다. 미래는 아직 와야 한다. 더욱이, 과거에 초월론적 장들이 이미 있었고 현재는 그 장들에 속하는 것이 아니라면, 현재의 새로운 장들을 따라서 미래에 새로운 장들이 출현하는 것이 가능하다.

넷째 ── 초월론적인 것은 **관념론적 또는 주관적 조건이 아니다.** 칸트가 보기에는 단 한 가지 종류의 초월론적인 것밖에 없다. 그것은 의식이다. 그러나 저러한 인간중심적인 전제는 **초월론적 구조 자체의 출현의** 역사적·물질적 **조건**을 설명하는 데에 실패한다. 인간이 없었기에 초월론적 구조도 없었던 때가 있었다가 나중에 생겼다는 것을 칸트는 인정해야 한다. 칸트는 의식의 초월론적 구조를 생산하기 위해 일어나야만 했던 적절히 역사적이고 물질적인 변조에 대한 설명을 제공하지 않는다. 그러므로 칸트는 물질적이며 비인간적인 출현을 적절히 역사화하는 데에 실패함으로써, 인간중심적 초월론적 자아에 관한 무無로부터의 창조 신화, 이 비역사적인 신화에 빠지고 만다. 구조주의와 탈구조주의가 새로운 초월론적 장의 생산의 물질적 · 역사적 조건을 설명하는 데에 실패할 때, 저들도 같은 함정에 빠진다.

다섯째 —— 초월론적인 것은 **실재적 조건**이다. 자체로 있는 존재와 자신에 대해 있는 존재 사이의 존재론적 구분이 없다면, 각각의 초월론적인 것은 존재 자체의 실재적 단편, 차원 또는 국소적 지역이다. 초월론적인 것은 다중적이기 때문에, 다른 모두를 감쌀 수 있는, 다른 모두의 단일한 또는 총체적 초월론적인 것은 있을 수 없다. 초월론적인 것들은 분리된 또는 개별적인 구조가 아니고, 전체 속의 부분이 아니고, 물질화의 같은 동적 과정의 변경 가능하고 얽혀 있는 차원들이다.

여섯째 —— 초월론적인 것은 **동적**이다. 칸트가 말하듯이, 초월론적 조건은 경험 사물 사이의 '규칙' 또는 질서 잡는 관계를 기술한다. 그러므로 관계 또는 질서는 사물이 아니다. 그러나 칸트에 대항하여, 관계는 그저 관념적인 또는 심적인 능력, '통각의 통일*'이 아니다. 관계는 엄격하게 동적인 관계다. 움직임은 관념적이지도 경험적이지도 않기 때문이다. 그것은 사물이 아니다. 그것은 사물을 분배하는 **동적 과정**이다. 그렇기

---

* 통각은 apperception의 번역이다. 이 용어는 철학사에 걸쳐 여러 가지 의미로 사용되는데, 칸트의 경우 이 용어는 우리의 모든 사유에 동반되는 '나는 생각한다'를 뜻했다. 통각의 통일이란, 의식의 모든 사유 내용이 '나는 생각한다'를 통해 하나로 통일될 수 있다는 것이다.

에 사물의 움직임은 사물 자체에 내재적이지만, 그것을 사물로 환원하는 것, 또는 사물에 대한 우리의 지각으로 환원하는 것은 불가능하다.

그러므로 초월론적인 것은 엄격하게 인간적인 것도, 심지어 생물적인 것도 아니다. 그것은 단순히 변이 가능한 것도 아니고, 심지어 절대적으로 고정된 경계를 결여할 따름인 것도 아니다. 동적 장과 마찬가지로(11장, 12장을 보라), 그것은 질서 잡히고 질서 잡는 다른 지역들과―분리된 개별자로서가 아니라 연속적으로 변화하는 단일한 다중적 표면으로서―전반적으로 얽혀 있는 국소적 질서 지역이다. 그러므로 동적이며 초월론적인 것들은 선험적으로 실존하는 것이 아니고, 그것을 생산하는 동적 과정에 내재적인 창발적 물질적 구조, 순환의 패턴이다.

과정 물질론

다음으로 정교화가 필요한 방법론적 움직임은 《존재와 운동》의 물질론이다. 초월론적 실재론은 운동의 구조와 과정을 기술한다. 그러나 우리는 운동 중에 있는 것이 **무엇**이냐는 물음을 던질 수 있다. 운동 중에 있는 것에 대한 역사적 이름은 물질이지만, 물질이 무엇으로서 **존재**하는지는 **과정 속**에 있으며, 그렇기에 초월론적 실재론을 위해서는 존재론적으로 미규정적으로 남아 있어야 한다. 운동은 정의상 물질화의 동적 과정이기 때문이다.

달리 말하자면, 운동의 존재론적 일차성이 수반하는 것은, 물질의 존재가 또한 동적 **과정**이어야 한다는 것, 그러므로 엄격한 경험적 또는 형이상학적 실체로 환원될 수 없다는 것이다. 그러므로 이 책 전반에 걸쳐 사용되는 '운동'과 '물질'이라는 용어는 언제나 '운동-중의-물질'로 읽혀야 한다. 물질은 존재론적 재현의 수동적 대상이 아니라, 운동―이 운동은 존재론적 실천 자체의 운동도 포함하지만, 그것만 뜻하는 것은 아니다—을 통해 상호적으로 생산되고 생산하는, 또는 창출되는˙무엇이다. 또다시, 이론의 신비는 실천 자체의 과정 물질론에서 합리적 해법을 발견한다.[13]

경험주의

무엇보다도 우선, 과정 물질론은 물질을 어떤 불연속적, 결정론적, 또는 확률론적 실체로 보는 경험주의적 정의와 대조된다. 물질의—원자, 입자, 장 등등으로서의—실체적 존재가 역사적으로 열려 있고 상호작용적인 과정으로 머물러야 하는 이유는 바로 존재가 운동 중에 있기 **때문이다**. 예를 들어, 물리학은 정규적으로 새로운 물질을 조립하며, 심지어 물질이 어떻게 다루어지는지를 능동적으로 변화시키기도 한다. 아인슈타인의 물질-에너지 변환 정리 또는 $E = mc^2$이 도입되면서 그런 일이 일어났다. 현대 물리학에서 모든 '물질'을 현재 정의하는 것은 에너지와 운동량이다. 그러나 운동 존재론은 이러한 특정한 규정에 개념적으로 제한되어 있지 않다. 물질이 다른 방식으로 분배되는 것은—그것이 어떻게 보일지 역사적으로 아직 모른다 해도—가능하기 때문이다.[14] 요점은, 물질은 다양한 방식으로 분배될 수 있고 다양한 이름을 가질 수 있다는 것, 그러나 모든 경우에서 분배와 기술은 물질화의 모든 **실재적**이고 내재적인 면모이지, 물질에 **관한** 이름 또는 사고에 불과하지 않다는 것이다. 물질은 그것을 인식하는 또는 기술하는 **과정**에서 실재적으로 형태잡힌다.

˙ enact. 이 용어는 인지과학자 프란체스코 바렐라 등이 인간의 체화된 인지를 특징 짓기 위해 사용한 용어다. 이는 유기체가 이미 있는 세계에 관한 표상을 받아들이는 것이 아니라, 자신의 신체적 행위를 통해서 만들어 냄을 표현한다. 이 용어에 대한 합의된 번역어는 없으며, '발제', '제정', '행위화' 등 다양한 번역어가 제안되어 있다. 여기서는 만들어 낸다는 의미를 살리는 일상어인 '창출'로 번역한다.

그렇기에 여기서는 물질이 연속적이거나 단속적인 **실체**라는 본성을 가진다는 형이상학적 주장을 하지 않는다. 물질은 실체가 전혀 아니고, 미규정적 동적 과정이기 때문이다. 시공간과 마찬가지로, 물질은 항상적 움직임 속에서, 그것을 통해서 일어난다. 우리가 '물질'이라고 존재론적으로 지정할 수 있는 정적인 무엇, 질료, 실체는 없다. 이탈리아 물리학자 카를로 로벨리가 썼듯이, "한 장소에서 연속적이며 전적으로 정지되어 있는 무엇의 불가능성이 양자역학의 심부에 있다."[15]

이는 아이러니한 또는 탈구조주의적인 '실패 물질론 failed materialism'으로 정의되는 다른 현대 이론들과 상당히 다르다. 이 물질론에서 물질은, 그것을 인간적으로 기술하려는 또는 구성하려는 우리의 실패한 시도 속에서 나타나는 것에 불과하다.[16] 과정 물질론은 인간적 구조 분석의 굴레에 묶여 있으며 실재로부터 존재론적으로 단절된 채로 있는 탈구조주의 너머로 움직이려는 시도다.[17] 과정 물질론은 그러므로 '부정적 물질론' 또는 '물질 없는 물질론'과도 상당히 다르다. 여기에서 물질의 실재란, 그것에 대한 우리의 기술로부터 무한히 후퇴하는 무엇이다.[18] 이러한 두 종류의 현대적 물질론에 대항하여, 나는 실재론적 역사적 물질론을 채택한다. 여기에서 우리의 기술은 실패한 재현이나 부정적 재현이 아니고, 과정 중에 있는 물질의 실재적으로 실천적이고 수행적인 구성이다.[19] 바로 지금 우리는, 물질이 **적어도** 연속적 운동 중인 양자장이기는 하다는 점을 역사적·수행적으로 알고 있다.[20] 이것이 물질화의 연속적 과정에 주어진 역사적 이름이다. 변동하며 접히는 위상학적 표면처럼, 물질은 결코 결여되는 것도, 철회되는 것도 아니고, 접히고 펼쳐지는 동적 과정이 일어나는 상이한 지역들에서 재분배될 따름이다.

그러므로 운동의 존재론은 현대 물리학 이론과 양립 불가능하지 않다. 그러나 현대 물리학 이론으로, 또는 근본적 입자 또는 실체에 관한 어떤 이론으로 환원되는 것도 아니다. 과정 물질론은 고전적, '기계론적'

또는 '실체-기반적' 물질론이 아니다. 물질은 미규정적이고 관계적인 과정이다. 과정 물질론은 운동-중의-물체에 관한 17세기 기계론적 이론, 또는 마르크스가 옳게도 '조잡한 물질론'이라고 부른 이론의 재활성화가 아니다.[21] 물체는 과정이다. 내적으로 유동과 운동 속에 있지 않은 단속적이고 정적인 원자적 물체는 없다. 그리하여 과정 물질론은 고전적, 기계론적, 또는 조잡한 물질론과 적어도 세 가지 방식으로 다르다.

① 양자장과 마찬가지로, 물질은 보편적인 자연법칙 또는 신적 법칙을 따라서 당구공처럼 움직여 다니는 정적, 단속적, 수동적 질료로 환원되지 않는다. 물질은 근본적 실체 없이, 맨 아래까지 창조적이고, 불안정하며, 항상적으로 운동 중이다.

② 고전적 물질론과 달리, 물질은 완전히 관찰되거나 측정되거나 예측될 수 없다.[22] 그러므로 물질은 고전적인 의미에서 엄격하게 경험적 또는 '현실적'인 것이 아니다.

③ 물질은 또한 인과적이거나 결정론적이 아니라, 약동적이고 무작위적*이다. 그것은 항상적 공동결연의 예측 불가능하지만 창발적인 패턴으로 움직인다.

물질의 이 모든 특징은 현대 양자 과학의 기술과 **일관적**이지만 그것으로 **환원될 수는 없는 역사적 특징**이다. 이 특징들이 과정 물질론을 고전적 또는 기계론적 물질론과 명확하게 구별해 준다.[23]

---

* '약동적'은 pedetic, '무작위적'은 stochastic의 번역어다. pedetic은 브라운운동적인 무작위운동을 뜻하는 pedesis의 형용사형이며, pedesis는 '약동'으로 번역한다. 저자는 물질적 흐름의 미규정적이고 예측 불가능하지만 창조적이라는 특성을 표현하기 위해 이 용어들을 동원한다. pedesis에 관한 더 상세한 설명은 본 책 5장의 〈약동〉절을 참조할 것. stochastic에 대한 설명은 7장 〈합류〉를 참조할 것.

형이상학

둘째로, 물질은—아리스토텔레스에게 그랬던 것 같은—그저 모든 물질적 사물의 개념 또는 논리적 범주가 아니다. 물질은—존재론적 실천을 포함하는—물질화의 다채로운 역사적 과정과 독립적으로 존재하는, 또는 그것을 초월하는 관념론적·비물질적 추상이 아니다. 물질론의 개념적 또는 관념론적 판본을 마르크스는 "사변적 물질론"이라고 부른다.[24] "(포이어바흐의 물질론을 포함하여) 지금까지 존재하는 모든 물질론의 주요 결함은 사물, 실재, 감각성이 **대상**의 형식 또는 **사변**의 형식으로만 사고된다는 것이다."[25]

물질은 실재가 무엇인지를 가리키는 이름**이며**, 우리가 기술을 통해 행하고, 사고하고, 수행하는 중에 창출된 실재의 저 부분을 가리키는 이름이며—운동을 통해 무언가가 역사적으로 더 출현할 때까지는—그 이상이 아니다. 우리의 존재론적 기술은 물질과 분리된 것이 아니고, 자체로 물질적 창출이다. 운동처럼 물질도 역사적이다. 물질에 대한 모든 소위 보편적 기술(관념)은 자체로 물질적·역사적인 동적 과정이다. 모든 기술이 자기 고유의 배제를 도입하기는 하지만, 이 배제는 창조적인 것이지 결여적인 것이 아니다. 이 배제는 논리적 부정 없이 재순환시키고, 재분배하고, 이분화 한다.

그렇기에 물질에 대한 단일하고 최종적인 경험적 기술이 없음과 마찬가지로, 물질에 대한 단일하고 절대적인 관념 또는 정의는 없다. 같은

---

* bifurcate. bifurcation은 비선형적 체계에서 어떤 변수의 미세한 변화로 인해 체계에 갑작스럽고 거대한 질적 변화가 일어나는 것을 가리키는 용어로, 역동적 체계를 다루는 수학 이론에서 흔히 사용된다. 이러한 체계에서, 어떤 구간에서는 변수의 점진적 변화에 따라서 체계의 위상도 점진적으로 변화하지만, 어떤 지점에서 미세한 차이로 인해 체계의 위상이 크게 변화되기 때문에, 그 지점 이후로 체계는 두 가지 크게 상이한 위상을 가지게 된다. 즉, 체계의 변화 과정이 두 형태로 갈라지는 것이다. 본 번역본에서는 둘(bi-)로 나뉜다는 뜻을 따라서 bifurcation을 '이분화'로, bifurcate를 '이분화하다'로 번역한다.

이유로, 물질은 **운동의** 열린 **과정**이기 때문이다. 물질은 실천―이것은 존재론적 기술이라는 인간의 감각적 실천을 포함하지만, 그것만은 아니다―을 통해 자기 고유의 기술을 수행한다. 기입 자체의 물질적 테크닉도 수행에 참여한다. 인간의 실천은 상호적으로 매개하는 과정 중의 한 면모 또는 매개에 불과하다.

또한 과정 물질론은 '생기론적 물질론'과 구별된다. 여기에서 물질의 운동 또는 활동은 다른 것에 의거하여 설명된다. 저 다른 것은 (뉴턴에서처럼) 외부적 힘이거나, (스피노자, 들뢰즈, 다른 신생기론적neo-vitalist 새로운 물질론자들에서처럼) 내부적 내재적 힘이다.[26] 물질의 생성성generavity과 운동을 설명하기 위해 생기론적 힘에 존재론적으로 의거하는 것은, 형이상학의 역사에서 오래된 움직임이다. 그것은 물질에서 물질 고유의 자율적 움직임을 강탈하는 또 다른 방법에 불과하다.[27] 생기론적 물질론은 운동-중의-물질을 기계론적 물질론과 동의어인 양 다루며, 그렇기에 힘의 주입을 '새로운' 종류의 물질론으로 가는 유일한 경로로 본다. 2권 3부에서 자세히 보겠지만, 사실 '생기론적 힘'이라는 관념은 (외부적인 것이든 내재적인 것이든 간에) 전혀 새로운 것이 아니다.

비유기적 물질의 소위 내재적인 '삶' 또는 '생기'에 대한 기술은 또한, 현대 정치학 내의 더 일반적인 생명정치적·이데올로기적 편향의 징후다.[28] 생기 물질론은 물질의 일차성으로 시작하지 않고 생명적 삶의 일차성에서 시작하며(이것은 19세기에 생명과학의 발명과 함께 흔해졌던 또 다른 역사적 움직임이다), 이러한 살아 있는 생기를 소급적으로 비유기적 물질에 부과한다―역사적 존재론적 상황은 정확히 그 반대임에도 불구하고 말이다.[29] 유기적 물질이 비유기적 물질에서 출현했지, 그 반대가 아니다. 탈인간주의적post-humanist 새로운 물질론을 이론화하려는 생기 물질론자의 시도가 성공한 것은 단지, 새로운 생명중심주의를 도입했기 때문이고, 물질과 운동을 다른 것에 재종속시켰기 때문이다.[30]

그러므로, 물질에 대한 경험적-과학적 규정과 물질에 대한 형이상학적-개념적 규정은 둘 다 근본적으로 제한되어 있으며, 제한시킨다. 둘 다 물질의 동적 유동을 배제하거나, 고정시키거나, 정적으로 만들려고 하기 때문이다. 이 규정들은 물질을 다른 것을 통해 설명하려고 한다. 그러나 물질은 물질화 자체의 실재적 동적 **과정이다**—다른 무엇도 아니다. 그러므로, 물질이 고정되어 있거나 정적인 것이 아니라면, 그것은 고정된 경험적/구성주의적 정의도, 고정된 형이상학적/개념적 정의도 받아들이지 않는다. 그것이 무엇인지를 기술하는 최선의 방법은, 그것이 무엇을 하는지를 통해, 또는 그것이 어떻게 움직이는지를 통해 기술하는 것이다.

역사적 물질론

그러므로 운동의 존재론은 '물질'의 이름을 경험론적 방법이나 형이상학적인 방식으로 채택하지 않고, 엄격하게 **역사적인** 방식으로, 서구에서 운동이 **물질의** 운동과 존재론적으로 연결된 우리의 현재 관점 또는 카이로스에서* 채택한다.

아리스토텔레스로부터 헤겔까지, 운동은 언제나 **물질의** 운동이었다.[31] 운동과ᆞ물질은 함께 서구 존재론에서 같은 숙명을 겪었다. 이들은 다른 존재론적 범주에 종속되었다. 고대에 물질과 운동은 영원한 형태 및 움직여지지 않는 움직이는 자에게 종속되었다. 중세 세계에서, 운동과 물질은 둘의 운동을 지시하고 둘의 물질을 형성했던 생기적 힘 또는 관성력에 종속되었다. 근대에 이 둘은 기계론, 합리론, 자연법칙에 종속되었

---

* kairos. 그리스에서 시간을 가리키는 단어는 chronos와 kairos 두 가지가 있었다. 전자가 연대기적이고 순차적인 시간을 말한다면, 후자는 특정 행위를 위한 특정한 기회가 되는 구체적 시간을 가리킨다.

다. 서구의 이러한 종속쌍의 역사는 2권에서 추적한다.

그러나 한쪽의 역사적 종속이 거의 언제나 다른 한쪽의 종속을 수반했 듯이, 한쪽의 역사적 해방 또한 다른 한쪽의 해방을 수반한다. 운동이 존 재론적으로 일차적이고, 창조적이고, 약동적이라면, 움직이는 물질도 마 찬가지다. 그러므로 이 책에서 물질은 운동을 통해 비실체화되고, 운동 은 물질화를 통해 내재적으로 육화된다. 물질이 해방된다면, 그것을 움 직이는 운동도 마찬가지다. 물질 없이는 움직임 개념은 '형식적' 또는 관 념론적 범주로 머무른다.[32] 그러나 약동 없이는, 물질은 정적이고, 비연속 적이고, 법칙에 구속되고, 실체적이고, 그저 수동적인 것에 머무른다.

그래서 이 책에서는 새로운 동적 물질론과 물질적 동태 양쪽을 모두 제시한다. 이것들은 '조잡한', '사변적인', '실패한', '부정적인', '생기적인' 것이 아니다. 역사적 존재가 운동 중에 있고 모든 운동이 약동적이라면, 그리고 물질이 운동 중에 있는 무엇이라면, 물질은 더 이상 기계론이나 형이상학을 통해 정의될 수 없다. 실체로도, 주체로도 정의될 수 없다. 그러므로 과정 물질론은, 우리가 고정된 별 주위를 돌게 된 코페르니쿠 스적 혁명도 아니고, 별들이 우리 주위를 돌고 우리는 정지하고 있는 프 롤레마이오스적 반혁명도 아니다. 그것은 **모든 것이 운동 중에 있는** 허블 적 혁명이다.

이 혁명에 따르면, 존재를 가리키는 거대한 형이상학적 이름은 이제 운동 중의 물질의 어떤 경향 또는 면모에 대한 실재적 기술로서 우리에 게 나타난다. 저 이름들은 그것들이 기술하는 동적 과정으로부터 독립 적인 재현적 존재를 가지지 않는다. 물질은 부분적으로는, 기술이라는 존재론적 행위를 통해 실재로 구성되고 형태 잡는다. 그렇기에 형이상 학의 역사는 개념적 물신들의 역사—생산적 힘으로 가장한 산물들(원 자, 관념, 구조, 생명 등등)의 역사다. 그러므로 초월론적 실재론은, 이러 한 이름들의 역사적 조건으로서 기능하는 물질적 과정을 기술한다.

이러한 방법론적 정의들을 기반으로 이제부터 우리가 주장할 운동 이론으로 옮겨 가 보자.

2부
운동의 이론

I

흐름

5장

연속체

존재는 흐른다. 이것이 최초이자 중심적 테제이며, 이것으로부터 운동 이론 전체가 따라 나온다. 1권 2부는 운동 이론에, 특히 그것을 정의하는 세 가지 핵심 개념에 할애된다. 그것은 흐름, 접힘, 장이다. 이 개념들은 자의적으로 선택된 것이 아니다. 2부가 논하는 바는, 이것들이 존재의 가장 최소한이면서 내부적으로 일관된 요소이며, 그렇기에 존재를 운동하게 할 수 있다는 것이다.[1]

존재의 움직임이 오늘날 우리에게 이렇게 중심적이라면, 우리는 이제 저 정확한 역사적 시야로부터, 움직임의 최소한의 조건의 물음을 제기한다. 이러한 운동이 현실적으로 일어나게끔 하는 존재의 기초적 특성은 무엇이어야 하는가? 2부의 테제는 존재는 흘러야 한다는 것, 존재는 접혀야 한다는 것, 존재는 장을 통해 순환해야 한다는 것이다. 내가 여기에서 이 개념들이 서로의 위에 논리적으로 건설된 것처럼 제시하는 것은 분석적 명확성을 위해서다. 그러나 존재론적으로 말해서, 이 셋은 공동일차적이며, 서로와 분리할 수 없다. 저것 없는 이것은 결코 실재적으로 있지 않다. 그러므로 2부 장들의 목표는, 운동이 존재하기 위해서는 존재가 흐르고, 접히고, 순환해야 한다는 점을 보여 주는 것이다. 그렇지 않다면, 존재는 움직이지 않는다. 흐름, 접힘, 장은 움직임을 위한 **역사적으로** 필연적인 조건이다.

2부의 장들은 또한 이 책에서 가장 추상적인 장들이다. 이것들이 선험적 개념이기 때문이 아니라, 2권에서 기술된 역사적 조건으로부터 선별되어, 존재론적 기술의 역사와 실천 속에서 작동하는 숨겨진 전제들을 보여 주기 위해 고립화되었기 때문이다. 더욱이, 이 개념들을 더 구체적으로 만들기 위해, 그리고 이 개념들의 적용가능성의 역동적 범위를 보여 주기 위해, 2부는 정치·예술·과학 권역에서의 상이한 일련의 예들과 도해도 제공할 것이다. 이것들은 개념들을 더 구체적으로 해명하는 데에 도움을 주고자, 그리고 이를 통해 이루어질 수 있는 폭넓은 개념적 분석들을—또한 존재론적 실천의 더 넓은 비존재론적 조건들을—독자들이 일별할 수 있게끔 제시된다.[2]

이제 지체 없이, 운동 중인 존재의 최초이자 가장 기초적인 조건을 가지고 운동 이론을 시작해 보자. 그것은 흐름이다. 흐름은 세 가지 주요 특성, 즉 연속성, 다중성, 합류를 가진다. 본 장과 다음 두 장은 이 특성을 차례로 기술한다.

연속적 움직임

흐름은 연속적 움직임이다. **연속성**과 **운동**이라는 조건쌍이 만족**된다면, 그리고 오직 그때에만** 존재는 흐른다. 존재가 **연속적이기만** 했더라면(즉, 연속적 실체였다면), 그것은 등질적 총체였을 것이다. 존재는 자기 밖으로 나오는 변화 또는 운동의 가능성 없는 일자―^著―유한하거나 무한한 통일체―였을 것이다. 존재에는 바깥이 없었을 것이기 때문이다. 이 경우, 제논Zenon과 파르메니데스Permenides가 논증한 바 있듯이, 모든 움직임은 착각이었을 것이다. 더욱이, 존재가 모든 존재를 담고 있는 하나의 총체적 존재였더라면, 모든 존재를 담고 있는 존재는 그것에 담겨 있는 존재와 달라야 했을 것이다. 그렇다면 존재는 자신으로부터 분리되었을 것이다. 달리 말하자면, 총제적이지 않았을 것이다. 그래서 우리는 괴델 등이 오래전에 발견한 일자의 역설에 당도한다. 일자는 그것이 담고 있는 것에 포함될 수 없다는 것이다.[3] 그래서 운동 없는 존재론적 연속체 continuum는 자신을 자신의 총체성 안에 포함하지 못하는 총체성의 역설적 개념을 낳는다. 우주론에서, 아인슈타인이 처음에 고수했던 정적이고 총체적인 우주라는 환상은 1925년에 허블의 동적 발견, 즉 팽창하는 우주에 의해 파괴되었다.

그러나 존재가 연속성 없는 **움직임이기만** 했더라면, 역설적이게도 운동이 전혀 없었을 것이다. 엄격하게 말해서, 불연속적 움직임은 움직임이 아니다. 예를 들어, 점 A와 점 B 간 이행의 연속적 움직임이 없다면, 저 움직임은 **같은** 움직임이라고 말해질 수 없다. 연속성이 없었더라면, 점 A와 점 B는 매개되는 무한한 점들로 나뉜 전적으로 차이 나는 점들이었을 텐데, 저 무한한 점들 또한 매개하는 무한한 점들로 나뉘었을 것이고, 이렇게 무한히 계속되었을 것이다. 한 존재자가 지금은 점 A에 있고 지금은 점 B에 있기 때문에 우리는 '변화'가 일어난다고 말할 수 있다—그것은 점 A로부터 점 B로 '변화'한다. 그러나 A와 B 사이에 아무 연속성도 없다면, 이 점들은 같은 움직임의 다른 면모들이 아니고, 이들 사이의 어떤 움직임도 없는 근본적으로 상이한 점들일 것이다. 연속성 없는 움직임은 그렇기에 움직임이 아닌 불연속적, 형식적, 기회원인론적, 논리적 **변화**에 불과하다. 그것은 섬광등적 존재strobe being다.[4]

그리스 철학자 제논에 따르면, '불연속적 움직임'은 문제가 있다. 그것은, 공간이 무한하게 불연속적 또는 무한하게 가분적이라면, 우리는 다른 어딘가에 도달하기 위해 무한한 거리의 간격을 횡단해야 하리라는 것이다. 그러므로 움직임은 불가능할 것이다. 제논에 따르면, 우리가 움직임을 일련의 시간적 현재점들 또는 순간들로 이해한다면 같은 결과가 나온다. 시간의 각 단위가 무한히 가분적이라면, 한 점에서 다른 점으로 움직이는 데에 무한한 시간이 걸릴 것이다. 두 경우, 문제는 같다. 움직임을 나누면 움직임은 파괴된다는 것이다. 움직임을 고정된, 부동적 단계들로 나눌 수 있다고 생각함으로써, 우리는 움직임을 공간화, 시간화하며, 그리하여 부동화한다. '불연속적 움직임'은 시공간의 가분적 점들 사이의 **차이**에 불과하며, 움직임과 전혀 무관하다.

다른 방식으로, 움직임이 공간을 통과하는 불연속적 단위들의 움직임이라면(원자론), 단위들 자체는 내적으로 정적일 것이며, 그것이 움직여가는 배경 시공간도 마찬가지일 것이다. 또다시, 실재적 근본적 움직임은 없을 것이다. 그러므로 존재가 현실적으로 움직인다고 말하고자 한다면, 그러한 움직임은 불연속적 변화로부터 출현할 수는 없고, 연속성과 운동이라는 조건쌍으로부터 출현해야 한다. 그것이 흐름이다.

연속성과 불연속성

실재적 움직임은 정태로부터 파생될 수 없으며, 연속은 불연속으로부터 파생될 수 없다. 그러나 그 역은 다르다. 상대적 정태와 불연속성이 움직임과 연속성으로부터 파생될 수는 있다.[5] 존재가 근본적으로 흐름(연속적 움직임)이라면, 단속성은 흐름의 상대적 또는 지역적 안정성일 뿐이다. 예를 들어, 점 A와 점 B는 무한한 일련의 중간점으로 나뉘어 근본적으로 서로 분리되어 있는 것이 아닐 것이다. 두 점은 연속적 선 AB 자체**의** 지역적 안정화, 접힘, 또는 주기일 것이다. 같은 방식으로, 점 A와 점 B는 그것이 점으로 올라 있는 선 AB의 연속성을 전제한다. 단속적이고 정적인 존재는 존재의 흐름을 전제하며, 전자는 후자의 지역적 접힘, 해파海波의 물거품 같은 것이다.[6]

여기에 움직임의 존재론적 문제의 중점이 있다. 우리는 움직임으로 시작하거나, 결코 움직임을 얻지 못하거나 해야 한다. 이것은 존재론의 근본적 물음이다. 단속적이고 정적인 존재로 시작하여 실재적 운동이 착각이라고 말해야 하거나, 흐름으로 시작하여 정태가 움직임의 상대적 또는 접힌 형태라고 설명할 수 있거나이다. 세계의 모든 단속적 대상들은 결코 단 하나의 움직임도 낳지 않을 것이다. 저 대상들은, 베르그송이 쓰듯이, "정신이 움직임을 죽여 있고 인위적인 방식으로 재조직화한 것"에 지나지 않는다.[7] 이 대상들의 시체가 해변의 묘지를 채우고 있다. 발레리는 이렇게 쓴다.

제논, 제논, 잔인한 철학자 제논,
그러고서 당신은 깃털 달린 화살로 나를 뚫었다,
휙 소리 내며 날지만 그럼에도 날지 않는 화살로! 소리 나는
화살대가 나에게 생명을 주고, 화살은 죽인다. 오, 태양이여!
오, 무슨 거북이 그림자가 나의 영혼보다
더 빨리 달리는가, 아킬레우스의 거대한 걸음걸이는 가만히 서 있는데!

아니다, 아니다! 일어나라! 미래가 펼쳐진다.
성찰의 거푸집을, 오 신체여, 산산조각내라!
오 나의 가슴이며, 바람의 되살림 속에서 마셔라!
바다의 신선함, 날숨이,
나의 영혼을 회복시킨다 … 소금을 숨쉬는 잠재력을!
파도에서 달리자, 생명으로 도로 내던져지자![8]

움직이는 존재의 흐름만이 죽은 대상들이 묻혀 있는 제논의 해변 묘지로부터 우리를 구해 낼 수 있다.

내포적 움직임과 외연적 움직임

움직임과 정태, 연속성과 단속성은 대립하는 것이 아니다. 각각은 같은 과정 또는 흐름을 기술하는 한가지 방법이다. 그러므로, 같은 움직임의 두 차원 또는 축을 구별하는 것이 더 적절하겠다. 그것은 내포적intensive 축과 외연적extensive 축이다. 첫 번째 축을 따라서, 외연적 움직임은 제 논에 따른 시공간 단위들로 이루어져 있다. 그것은 양적이고 측정 가능하다. 외연적 움직임은 장소 이동, 위치 이동, 이행으로서의 움직임이다. 그것은 장소 변화를 통해 한 단속적 점으로부터 다른 단속적 점으로 움직인다. 그것은 점들 사이의 차이 또는 변화에 지나지 않는다.

두 번째 축을 따라서, 움직임은 내포적이고 질적이다. 그것은 전체 속에서의 변화, 변용이다. 선 AB의 예에서, 그것은 "이미 선을 그린 운동"이고,[9] 이후 거기에 A와 B가 끝점으로서 더해진 것이다. A와 B는 이들이 점으로 있는 선의 연속적 운동을 전제한다. A와 B로 분할하는 것은 언제나 **어떤 동적 과정**의 분할 또는 정지 화상이며, 연속적 움직임에 자의적 분할을 부과하려는 시도다. 내포적 움직임은 이미 일차적이다. 그렇지 않다고 우리가 상상하는 것은, 내포적 움직임을 다른 무엇으로부터 파생된 것으로서 설명하기 위함이다. 그러나 베르그송에 따르면, "움직임이 부동성에 선행한다."[10] 그렇기에, 외연적 움직임은 더 큰 내포적 움직임 내의 지역적 또는 상대적 움직임일 뿐이다. 외연적 움직임이 A에서 B로 일어날 때, 전체 선 AB는 파동처럼, 질적 또는 내포적 변용을 겪는다.[11] 외연적 점은 내포적 흐름 내의 어떤 안정화 또는 접힘에 지나지 않는다.

예를 들어, 외연적 운동과 내포적 운동의 차이를 볼 수 있는 곳은— 다른 곳도 있지만[12]—양자 상보성 이론에서다. 이에 따르면, 모든 물질은 외연적 입자와 내포적 장 양쪽에 의해 기술된다. 전자현미경 아래에서 가시적 단속적 입자는 점 A에서 점 B로 움직이는 것으로 나타난다. 그러나 이러한 단속적 입자는 또한 양자장의 연속적 떨림에 지나지 않는다. '텅 빈 공간' 속에서 A에서 B로 움직이는 고립된 자기동일적 입자로 보이는 것이 실은, 계속적으로 관찰되는 일련의 패턴 속에 있는 같은 양자장의 변조다. 이것은 한 점에서, 다음으로 다른 점에서, 연속적으로 변용한다. 그렇기에 어떤 입자의 외연적 운동은 그것을 수송하는 내포적 파동의 한 가지 제한된 면모일 뿐이다.

가시적 입자의 수준에서, A와 B 사이에 '공간'이 있는 것으로 보이며, 심지어 입자 내부에 입자의 구성 요소 사이의 공간들이 있는 것으로 보인다. 그러나 점점 더 자세히 볼수록, 공간은 연속적으로 떨리는 양자장으로 점점 더 채워져 있다.[13] 그러므로 입자와 파동은 물질의 같은 연속적 흐름의 두 면모다. 이것이 양자 얽힘—거리를 두고 있는 전자들의 스핀의 동시적 변화—이 외연적 입자물리학의 세계에서는 "으스스하게" 보이기만 하는 이유다. 우리는 같은 전반적으로 얽혀 있는 장의 두 다른 차원 또는 국소적 지역을 보고 있을 따름이다.[14] 거리를 두고 일어나는 작용은 없다. 애초에 단속적 입자 사이의 거리는 없으며, 외적 작용도 없기 때문이다. 전체 장의 동시적이고 내포적인 변화가 있을 따름이다.

모든 움직임은 그러므로 외연적인 동시에 내포적이기도 하다. 둘은 사물의 질과 양 양쪽을 생산하는 같은 연속적 과정의 차원들로서 일어난다. 입자는 움직이는 장의 면모 또는 차원이지만, 장은 정적 입자의 산물이 아니다.[15] 그러나 입자가 존재론적으로 정적이지 않으므로, 이들의 외연적인 또는 양적인 전이는 또한 그것이 영역적 점으로 속하는 전체 흐름의 동시적이고 내포적인 변용의 일부다. 동적 지도 기록 cartography의 위도 및 경도처럼, 이 둘은 언제나 함께 현전한다.

약동

지금까지 우리는 존재가 연속적 운동 속에서 흐른다고, 그리고 흐름들이 외연적 및 내연적 면모 또는 차원을 가진다고 했다. 그러나 흐름이 상호교차 및 합성적* 창조를 할 수 있으려면, 흐름은 또한 **굽을** 역량이 있어야 한다. 이것은 약동ₚₑdₑₛᵢₛ을 통해서만 가능하다. 약동(이 말은 '발'을 뜻하는 원시 인도유럽어의 어근 ped-에서 왔다)는 반쯤 자율적인 자기수송의 운동이다. 그것은 예측 불가능하게 걷고, 달리고, 도약하고, 춤추는 발의 운동이다. 자연이 직선을 갖지 않는 것은, 그것이 움직이기 때문이다.

약동 개념은 20세기 물리학의 두 가장 중요한 동적 발견에서 유래한다. 그것은 아인슈타인의 물질의 동적 이론(1915), 그리고 하이젠베르크의 양자 불확정성 원리(1927)다. 첫 번째 이론에서 아인슈타인은 모든 물질이 수없이 많은 더 작은 요소들—분자, 원자 등등—의 무작위적stochastic 운동 또는 약동 운동의 산물이라고 논했다. 예를 들어, 기체의 원자는 빠르고 멀리 움직이지만, 액체의 원자는 덜 그렇고, 고체의 원자는 훨씬 덜 그렇다. 아인슈타인이 보여 준 것은 모든 물질이 운동 중이라는 것뿐 아니라, 약동적 운동 또는 브라운운동〔액체나 기체 안에서 떠서 움직이는 미소微小 입자 또는 미소 물체의 불규칙한 운동〕 중이라는 것이다. 각 움직임은 이전 위치와 연속적이지만, 그것이 그 후로 어디로 갈지는 미결정적이다. 거시적 결론은, 물질의 형식은 근본적으로 동적이거나 동형상적kinomorphic이라는 것뿐 아니라, 또한 근본적으로 환원 불가능하게 약동 운동적이라는 것이다.

---

* composite. 이 책에서 이 용어는 서로 합쳐져서 새로운 것이 생산되는 사태를 의미하고자 사용된다. 문맥이 허락하는 한, 본 번역본에서 compose는 '합성하다', composite는 '합성적', composition은 '합성'으로 옮긴다.

그러나 모든 물질이 난류亂流 운동 또는 약동적 운동 중에 있다는 것을 보여 줌으로써, 아인슈타인은 존재의 심부에 근본적 동적 불확실성과 예측불가능성을 도입했다. 이를 처음 시사한 것은 루트비히 볼츠만이었다. 이 발견 이후, 난류운동에 대한, 최소한으로 확률론적인 모델 이상의 성공적인 결정론적 이론을 과학이 생산하는 것은 전적으로 불가능해졌다. 동적 난류의 기술은 로마 시인 루크레티우스로까지 거슬러 가지만, 그것은 정확한 동적 구조는 고전 물리학의 최후 최대의 미해결 문제 중 하나다.[16] 고전적 난류의 미해결 문제를 아인슈타인의 물질의 동적 이론과 결합하면, 엄청난 존재론적 귀결이 있다. 그것은, 모든 물질은 운동 중에 있다는 것, 그리고 모든 운동은 근본적으로 비결정적이라는 것이다. 이 점, 그리고 이 점과 관계된 엔트로피 이론은 카오스 이론과 비선형 역학의 전체 장이 생겨나게 했다.[17] 하이젠베르크는 신에게 두 가지 질문을 하고 싶다고 했다고 한다. 그것은 "왜 일반적 상대성은 이렇게 이상합니까?"와 "당신은 난류를 어떻게 설명하겠습니까?"였다. 그 후 그는, 신이 첫 번째 질문에 대한 답은 알 것이라고 확신한다고 말했다.[18]

두 번째 동적 이론에서, 하이젠베르크는 한 입자의 위치와 운동량이 동시에 알려질 수 있는 정확도에는 근본적인 한계가 있음을 보여 주었다. 한 양자장의 위치가 더 정확히 알려질수록, 그것은 더욱 안정적인 입자로 보이며, 그 운동량에 대해서는 덜 알게 된다. 한 장의 위치가 덜 정확할수록, 그것은 파동처럼 보이며, 회절回折 패턴 또는 파형을 통해 그것의 운동량에 대해 더 알게 된다. 달리 말하자면, 하이젠베르크가 가르쳐 준 것은, 운동을 파괴하지 않고서는 운동을 위치로 환원할 수 없다는 것, 운동의 근본적 불확정성 없이 위치의 궤적을 예측할 수는 없다는 것이었다.

물질의 운동의 근본적 불확정성은 단지 관찰의 인식론적 효과가 아니다.[19] 이 예측 불가능한 또는 약동 운동적 효과는 모든 양자 대상의 물질파의 운동에 본질적이라는 점이 실험적으로 증명되었다.[20] 불확정성 원리와 미규정성은 모든 양자 체계의 근본적 속성이다. 그러나 미규정성은 랜덤*한 것도, 확률론적인 것도 아니다. 위치는 운동량과의 연속적 관계 속에서만 일어나기 때문이다. 그러므로 하이젠베르크가 보여 준 것은, 양자 수준에서조차 운동 중의 물질은 관계적이면서 불확정적이라는 또는 약동적이라는 것이다.

약동은 불규칙적이고 예측 불가능할 수 있지만, 그것은 **랜덤이 아니다.** 움직임에서 흥미로운 것은 움직임이 약동적이라는 점뿐 아니라, 준안정적 형성체 및 창발적 질서가 가능한 것이 약동과 난류를 통해서라는 점이다. 이와 대조적으로, 랜덤의 존재론은 황량하다. 순수하게 랜덤한 존재론에서 모든 물질은 언제나 랜덤하게 움직이며, 그러므로 비관계적일 것이다. 무질서로부터 질서로의 랜덤 요동은 물리적으로 희귀하기 때문에 태양, 심지어 은하 같은 것이 그저 갑자기 존재하게 되었을 가능성은 상상하기 힘들도록 낮다. 더 그럴듯한 것은, 그것이 추가적인 랜덤 운동으로 즉각 분해되어 버렸으리라는 것이다. 심지어 인간의 뇌가 한 가지 사고를 하기에 충분할 정도로 길게 존재했다가 사라져 버리는 것도 통계적으로 가능하다.[21] 순수하게 랜덤한 운동 관념 자체가, 그것이 앞선 어떤 것에도 영향 받지 않았다는 것, 또는 어떤 것과도 관계되지 않았다는 것을 전제하며, 이 점은 그것이 최초의 것이고 그것 이전에는 아무것도 없었음을 전제한다. 이것은 어떤 것이 아무것도 아닌 것으로부터 생겨난다는, 무로부터의 창조의 내부적으로 모순된 가설의 한 판본이다.

---

* 저자는 미규정적이지만 생산적인 운동과 미규정적이면서 생산적이지 못한 운동을 구별한다. 저자는 전자를 가리키기 위해 pedetic, stochastic이라는 용어를, 후자를 가리키기 위해 random이라는 용어를 사용한다. random을 옮길 또 다른 적절한 번역어를 찾지 못했기에, 본 번역본에서는 random을 '랜덤'으로 놓아 둔다.

랜덤 운동의 존재론이 주장하는 바는, 단속적 비관계적 입자의 순수 무질서로부터 고수준의 합성적 질서가 생겨난다는 것이다. 우리 시대의 질서와 복잡성의 수준을 고려할 때, 랜덤이 옳지 않다는 것은 거의 증명이 가능할 정도다.

다른 한편, 약동 운동은 전혀 랜덤하지 않다. 그것은 오히려 다른 운동으로부터 출현하며 다른 운동에 영향을 받는다. 다만, 완전히 결정된 방식으로 그러지 않을 뿐이다. 랜덤과 다르게, 약동 운동이 예측 불가능한 것은, 그것이 다른 운동에 **영향을 받지 않기** 때문이 아니다. 오히려, 운동이 약동적인 것은 **바로** 그것이 다른 운동과 관계하여 일어나기 **때문이다**. 그것에 예측 불가능한 성격을 부여하는 것은 물질과 물질 간의 상호관계 및 상호 영향이다. 긴 시간에 걸쳐서, 물질의 약동 운동은 어떤 패턴, 동시성, 관계로 결합되고 안정화된다. 이것은 안정성과 고체성의 외견을 주지만, 다시 난류적이 되며, 새로이 공동결연된 관계로 들어선다.

이러한 속성의 보충은, 존재가 현재 운동 중이라면, 그것은 언제나 운동 중이었어야 한다는 것이다. 그렇지 않다면, 운동이 없는 시간이 있었을 것이며, 운동은 어떤 부동적인 것으로부터 출현했을 것이다. 이는 '무로부터'라는 모순이다. 존재가 언제나 운동 중에 있었고 모든 운동이 근본적으로 약동적이라면, 존재의 운동이 언제나 약동적이었다는 점이 따라 나온다.

랜덤과 달리, 약동은 엄격하게 무질서에 의해 정의되지 않는다. 난류는 무질서한 운동이기는 하지만, 자기 자신에게 그리고 다른 것에 응답하기 때문에 질서를 생산할 능력이 있는 무질서 운동이다. 랜덤하지 않은 무질서 운동—이것은 달리 약동 운동, 브라운운동, 또는 무작위적 운동이라 불릴 수 있다—은 창발적 준안정적 상태를 생산할 능력이 있다. 이는 바로, 그것이 그것 즉각 앞에 온 것에 응답하며 그것과 연속적이기는 하지만, 그것에 의해 또는 그것의 긴 역사로 **결정되지는 않기** 때문이다. 달리 말하자면, 약동은 랜덤하지도, 결정론적이지도, 확률론적이지도 않지만 엄격하게 미규정적이고 관계적이다.

이러한 관계적 미규정성은 질서 있는 준안정적 패턴을 생산한다. 루크레티우스가 아주 아름답게 기술했듯이,[22] 방 안의 약동적 공기 흐름이 어떤 비가시적 나선 패턴을 만들고, 그것에 따라 가시적인 흙먼지가 햇빛 속에서 떠다님과 마찬가지다. "양자 거품"의 패턴으로부터 시공간 자체의 창발, 담배 연기의 난류적·나선·고리 패턴, 전반적 공기 흐름의 난류로부터 창발하는 나선형 폭풍 체계는 모두 약동에 기원하는 준안정적 상태다.[23] 이러한 "약동으로부터의 질서"의 예는 끝없이 들 수 있다.[24]

파波

흐름이 완전히 연속적이고 비분할되어 있지만 또한 약동적이라면, 그 운동은 또한 전체의 상호연결된 운동 또는 파波다. 흐름 자체는 이미, 끊어지지 않고서 무한히 자신을 늘이고 구부리고 변조할 능력이 있는 위상학적 분배와 미시적 굽이micro-curvature를 가지고 있는 단일체simplex다. 그러한 한에서만 흐름은 연속적이다. 그러므로 흐름은 상이한 굽이들과 위상학적 지역들로 합성되어 있다. 또는, 흐름은 파다.

파는 단일체, 또는 단일접힘이다. 그것은 구부러지고, 꺾이고, 기복을 이룬다. 그러나 그것은 자기 위로 고리를 만들어 이중체duplex가 되지는 않는다. 모든 운동은 약동적이므로, 흐름은 직선이거나 정적인 선이 아니라, 구부러지거나, 꺾이거나, 물결친다. 프랙탈fractal적 해안이나 망델브로 집합Mandelbrot Set처럼,* 한 수준에서 직선으로 보이는 것은 낮은 수

---

* 프랙탈은 부분이 전체와 유사한 형태를 띠는, 즉 자기유사성self-similarity을 가지는 기하학적 형태를 가리키는 용어다. 고전적 기하학적 도형은 확대하면 점차 단순한 형태가 되다가 결국

준에서의 수없이 많은 기복과 굽이curve로 되어 있다. 꺾인 또는 구부러진 선들(파)의 연속적 순서 계열sequence로부터, 일차원적 단일체는 n차원적 다중체를 생산할 역량이 있다.

예를 들어, 수학적 위상학에서 단일체는 순수하게 연속적이고, 일차원적이고, 단일면을 가지는 흐름이다. 그것은 구부러지고 형태 변이함으로써, 다수의 더 높은 차원의 단일체를 생산할 역량이 있다. 이를 위상학자들은 "단체單體적 복합체simplicial complex"라고 부른다(도판 5.1). 달리 말하자면, 모든 상위 차원성은—끈 이론에서처럼—단일한 n차원 단일체의 접힘과 형태 변이morphing의 산물일 **따름이다**. 다른 한편, 0-단일체 또는 비단일체는 점이다. 그것은 접히지 않고 접힐 수 없는 단속적 입자를 뜻한다. 1-단일체는 선분, 2-단일체는 삼각형, 3-단일체는 사면체이며, 계속해서 상위 차원의 위상학적 도형으로 간다.

그러나 단일체에 대한 수학적 정의와 여기에서 제시되는 동적 정의의 차이는, 운동 이론에는 '선분' 같은 것이 없다는 점이다. 그것은 수학적 추상이다. '선분'은 그것이 불연속적, 단속적 양을 다루고 있다고 문제적으로 전제한다. 사실 그런 것은 흐름과 독립적으로 존재할 수 없다. 그러므로 도판 5.1의 모든 이미지는 그 모든 선을 무한히 연장함으로써 교정해야 한다. 더욱이, 각 선은 또한 무한한 수의 굽이와 파로 이루어져 있는데, 각각이 각 n차원에 무한한 차원성을 준다.

달리 말하자면, 단일체는 또한 흐름이다. 동적으로, 단속적이거나 정적인 것은 없다. 자연의 모든 것은 흐른다. 단일체 흐름 또는 파는 모든 상위 차원을 이루는 가장 기초적인 위상학적 차원일 따름이다. 각 단일체 흐름 또는 파는 또한 고유의 동위상학적kinotopological 지역을 가진다.

직선이 되고 말지만, 프랙탈 도형은 확대할수록 계속해서 복잡한 형태가 나타난다. 대표적 프랙탈 도형으로는 코흐 곡선, 멩거 스펀지, 망델브로 집합 등이 있다.

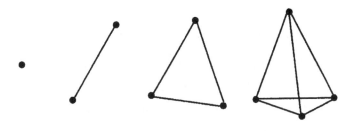

어떤 장소에서 흐름은 더욱 구부러지고, 어떤 장소에서는 덜 구부러지며, 어떤 파는 그 형태론morphology으로 인해 다른 파와 더 가깝다(이것을 위상학자들은 "근방neighborhoods"이라고 부른다).[25] 단일체 내의 이러한 위상학적 사상寫像morphism은 n차원 파형의 꼭짓점들을 생산할 능력이 있는 파, 굽이, 꺾이다.

그러나 이러한 파는 전체의 부분이 아니다. 부분은 전체와의 관계 하에서 서로 단속적일 필요가 있기 때문이다. 파는 이런 방식으로 전체로부터 자신을 분리할 능력을 가질 수 없을 것이다. 흐름 자체와 다른 것, 흐름 너머에 있는 것, 흐름 위에 있는 것은 없다. 파는 흐름 속의 동위상학적 변조 또는 사상이며, 그렇기에 흐름 자체의 일차적 특성을 구성한다.

물의 파가 바다로부터 분리되지 않듯이, 굽이는 흐름으로부터 분리되지 않는다. 우리는 바다의 움직임에 불연속성을 도입하지 않고서도 파의 상이한 차원들(마루와 골)을 기술할 수 있다. 전체 파를 파괴하지 않고서 마루를 골과 분리하는 것은 불가능하다. 그러므로 파 수송은 내포적이다. 그것은 전체의 변용을 통해 움직이기 때문이다. 파의 위상학적 변조는 흐름이 자기 자신으로부터 내적으로 자기차이화하는 것이다. 그러므로 흐름이 자기 자신으로부터 차이 나는 것은, 불연속성이 아니라 굽이로 인해서다. 한 흐름의 파들은 전체 흐름을 창조하기 위해 어떤 지점에서 합쳐진 부분들이 아니다. 그것은 그것에 차원성과 자기관계를 주는 흐름 자체의 위상동적topokinetic 변조일 뿐, 그 외에 아무것도 아니다.

그러나 흐름의 연속성은 연속적 단일체이기만 한 것이 아니고, 연속적 다중체이기도 하다. 우리는 이를 다음 장에서 볼 것이다.

6장

다중체

존재는 흐른다. 그런데 하나의 흐름이 있는가, 많은 흐름이 있는가? 하나의 흐름만이 있다면, 존재는 총체성―움직임 없는 순수 실체적 연속체―일 것이나, 이는 불가능하다. 많은 흐름이 있다면, 각각은 존재론적으로 불연속적일 것이며, 이는 움직이는 흐름들 사이에 정적 차이를 도입함으로써 움직임을 파괴한다. 그러나 제3의 길이 있다. 흐름들은 하나도 다수도 아니고, 다중적이다. '하나의' 흐름을 측정하기 어려운 이유가 바로 여기에 있다. 모든 흐름은 적어도 다른 하나의 흐름을 합성하기도 하고, 그에 의해 합성되기도 하며, 그렇게 무한히 계속된다. 얽히고 접힌 흐름들의 포회된* 동적 연속체로서, 유일한 흐름이나 흐름들의 어떤 단순한 총체성은 결코 없다. 다만 연속적 흐름, 흐름들의 열린 다중체가 있을 뿐이다. 그렇기에, 흐름은 비통일성과 비총체성에 의해 정의된다.

---

* nested. nesting은 어떤 것이 다른 것에 완전히 감싸임이며, nest는 다른 것을 완전히 감싸는 더 큰 것을 뜻한다. nesting은 때로 '중첩'으로 번역되나, 중첩은 1) 하나가 다른 것에 완전히 감싸인다는 뜻을 명확히 하지 않으며, 2) nesting을 중첩으로 번역하면 nest의 번역어를 찾기가 곤란해진다. 본 번역본에서는 '중첩'은 overlapping의 번역어로 남겨 두고, nesting과 nest는 '포회包懷'로 옮긴다. 전자는 동사적 의미에서, 후자는 명사적 의미에서 사용된 것이다. 포회에 관한 자세한 설명은 12장의 '포회' 소절을 참조할 것.

무한성

연속적 움직임으로서 흐름은 정의상 무한하다. 즉, 흐름은 단속적 시작점도 단속적 끝점도 가지지 않는다. 그런 점이 있다면 흐름의 연속성이 그 점에서 불연속적이 될 것이기 때문이다. 무無에서 무無가 나오지 않으므로, 존재는 동적인 시초인도 최종인(목적인)도 가지지 않는다. 그러므로 흐름은 창조되지도 않고 파괴되지도 않으며, 재배치되기만 한다. 흐름이 운동 중에 무한하다면, 그리고 존재가 흐름들로 합성된다면, 존재의 움직임은 무한해야 한다. 존재가 끝이 있어서 그것을 지나면 파괴된다면, 우리는 이미 그 점에 도달했을 것이다. 존재가 시작하기 전에 아무것도 없었다면, 존재가 무로부터 시작할 수는 없었을 것이다. 그러므로, 존재는 시작도 끝도 없다. 존재의 흐름과 마찬가지로.

현대 우주론자는 시작과 끝의 이러한 결여를 '빅바운스Big Bounce' 이론이라고 부른다. 우리가 우주에 대해 현재 알고 있는 모든 것에 따르면, 궁극적으로 우주는 모든 방향으로 점점 더 빨리 펼쳐질 것이다. 그리하여 모든 원자는 애초에 그것을 이루었던 진동하는 구성적 양자장으로 도로 풀어질 것이다. 이 장場은 종종 '진공 에너지' 또는 '우주론적 상수'라고 일컬어진다.

천문학자들의 추산에 따르면, 지금으로부터 1천조(10^{15})년쯤 후에 마지막 희미한 별이 빛을 잃을 것이다. 그때쯤이면 다른 은하들은 멀리 이동했을 것이며, 우리의 국소 은하단은 행성, 죽은 별, 블랙홀로 가득 찼을 것이다. 하나하나, 이 행성과 별들은 블랙홀로 빠져들 것이며, 이어서 블랙홀들은 하나의 초질량 블랙홀로 합쳐질 것이다. 스티븐 호킹이 가르쳐 주었듯이, 궁극적으로는 이 블랙홀들조차 증발할 것이다. 약 1구골(10^{100})년 후, 관측 가능한 우주의 모든 블랙홀은 입자들의 옅은 안개로 증발할 것이며, 우주가 계속해서 팽창함에 따라 이 안개는 점점 더 희박해질 것이다. 이러한 과정의 최종 결과, 우주의 미래에 대한 가장 그럼직한 시나리오는, 문자 그대로 영원히 계속될 차갑고 텅 빈 공간뿐일 것이다.[1]

그러나 우주론자들의 추산에 따르면, 대략 $10^{10^{10^{56}}}$ 년 후에는 약동적 양자 요동 또는 양자 터널효과로 또 다른 우주가 창조될 수도 있다.[2] 푸앵카레 회귀정리, 열적 요동, 요동 정리에 따르면,[3] 무한한 시간에 걸쳐서 자발적인 엔트로피 감소가 있을 것이다. 우주의 열적 죽음의 지점에서, 아주 적은 양의 중력만으로도, 모든 양자 흐름을 도로 자발적 인플레이션 속으로 모을 수 있을 것이다.

빅바운스 우주론자들은, 우리 우주가 첫 번째 우주가 아니며, 아주 작기는 하지만 특이하지는 않은 지역으로 압축되었다가 도로 외향적으로 폭발한, 이전의 수축하는 우주의 효과라고 논한다. 이러한 과정은 무한히 반복되었을 것이다. 자연은 아무 움직임 없던 시작 특이점도, 움직임이 멈출 종말도 가지지 않는다. 연속적으로 모든 방향으로 팽창했다가 도로 반대로 뛰는 흐름들의 무한한 다중체만을 가진다.[4]

존재는 결코 흐르기를 멈추지 않는다. 물리학에서 요동치는 장은 물질적 운동의 내재적 생산자다. 빅뱅, 열적 죽음, 빅크런치big crunch〔대붕괴, 대함몰〕, 그리고 이들의 합성과 재합성의 끝없는 주기는 바로 저 장들의 멈출 수 없는 동적 에너지 탓이다. 그러므로 우주가 지금 존재한다는 사실은 이미, 모든 다른 존재를 합성할 부동화 불가능한 흐름들이 있어야 한다는 증명이다.

이러한 발견의 중요한 귀결 하나는, 본질적 존재론적 계서제階序制(수직성)도, 사물의 존재론적 민주제(수평성)도 없다는 것이다.[5] 아드리아나 카바레로가 논하듯이, 평면 존재론은 그저 "가부장적 권위의 수직성을 우애적 평등의 수평적 평면에 재설치"할 뿐이다.[6] 둘은 같은 근대적 정치적 도식의 두 면이다. 존재는 오히려 뒤틀려 있고, 구부러져 있고, 기울어져 있고, 엮여 있고, 접혀 있다. 수직성(권위)과 수평성(평등)의 지역들은 존재의 더욱 일차적이고 구성적인 동적 기울음 또는 굽이의 창발적 지역적 속성 또는 산물이다.

존재가 항상적이고 연속적으로 운동 중이라면, 흐름은 유한한 총체성을, 심지어 무한한 총체성도 형성하지 않으며 형성하지 못한다. 오히려, 연속적으로 확장되는 무한한 합계 또는 계열을 형성한다. 그것은 열린 또는 확장되는 다면적 전체다.[7] 그러므로 존재가 운동 중에 있다면, 그것은 일원론일 수도, 다원론일 수도 없고, 무한한 다중체여야 한다.

한계 짓기

존재는 무한할 것이지만, 동적 무한성은 '무제한'을 뜻하지 않는다.[8] 사실, 바로 존재가 존재의 흐름에 의해 능동적으로 **한계 지어진다**delimited는 이유로 존재는 구체적 무한이다. 한계 짓기는 흐름이 어떤 점에서 연속적으로 한계를 표시하면서도 그러한 행위 자체 속에서 또한 이 한계를 넘어가는 과정이다. 그렇기에, 제한은 하나의 동일한 연속적 동적 행위 속에서 한계를 표시함이면서 이 한계를 제거함이다. 이러한 일이 일어나는 것은, 모든 한계가 자신의 어느 한쪽 면에서 분할을 전제하기 때문이다. 한계의 한쪽 면에서 사물은 포함된다. 다른 면에서 사물은 배제된다. 그러므로 각 제한은 **제한되는** 무엇과, **그것을 제한시키는** 무엇을 전제한다. 사물이 제한되어 있기만 하고 **다른 것에 의해 제한되어** 있지는 않다면, 그것은 제한되어 있지 않을 것이다. 그리고 모든 제한은 제한을 행하는 무엇을 전제한다. 그것은 흐름이다.

그러나 제한을 행하는 것 자체는 그것이 생산하는 한계에 담길 수 없다. 그렇다면 그것은 제한되는 것과 차이가 없을 것이며, 그렇기에 한계가 없을 것이다. 그러므로, 모든 한계는 제한되는 무엇 및 제한시키는 무엇을 전제하기 때문에, 제한의 본성에 의해, 자연은 총체, 통일체, '일자'일 수 없다. 절대적 또는 최종적 한계가 없다는 이유만으로, 연속적으로 서로 교대하는 제한들의 무한한 다중체가 없다는 것이 따라 나오지는 않는다.

존재가 흐르고 흐름들이 무한하다면, 흐름은 한 방향으로만 무한하지 않고 모든 방향으로 무한할 것이다. 존재가 모든 방향으로 흐른다면, 그것은 모든 방향으로 한계 지어져 있다. 그러므로 존재는 무한히 큰 동시에 무한히 작다. 존재는 이전의 한계를 연속적으로 능가함으로써 커지지만, 그와 동시에 미래의 한계와 관계하여 또한 작아진다. 존재는 미래의 한계보다는 점점 더 무한히 작아진다. 무한히 큰 것에 적용되는 논리가 또한 무한히 작은 것에도 적용된다. 그러므로 우주는 팽창하며 바깥쪽으로 제 한계를 능가하고 있을 뿐 아니라, 동시에 안쪽으로도 그렇게 한다. 달리 말하자면, 물질은 더 크고 더 작은 제한을 만드는 운동 중의 흐름에 지나지 않으며 이 제한은 근본적으로 모든 방향으로 한계 지어져 있기 때문에, 어떤 방향에서도 절대적 한계는 없다.

흐름 자체의 순수하게 연속적인 운동보다 더 작은 것은 없다. 그러나 이러한 흐름은 또한 분할 불가능하거나 더 작은 것으로 이루어지지 않은 동위상학적 잔물결과 파를 자기 안에 가지고 있다. 그렇기에, 더 크고 더 작은 무한들이 있고, 각각은 한 접힌 흐름이 다른 접힌 흐름에 의해 제한됨을 통해 정의되지만, 가장 작은 무한성은 없다. 이 점이 가능한 것은 여기에서 무한이 동적 무한이지, 실체적 무한이 아니기 때문이다. 움직임의 흐름은 무한히 연속적이며 어떤 수준에서도 분할되어 있거나 정적이지 않다. 이에 따라, 접힘에서는 더 작은 내부적 제한의 무한성이 가능하다. 모든 파는, 운동 중의 연속적 프랙탈 접힘처럼, 더 작은 파로 이루어져 있을 수 있다. 그러므로 한계 짓기의 **과정**에는 절대적 한계가 없다. 흐름의 움직임은 절대적으로 연속적이기 때문이다. 흐름이 더 이상은 움직이거나 접힐 수 없는 점은 없다. 그렇지 않으면 흐름은 그 **점**에서 더 이상 연속적이지 않고, 사실은 단속적이며 정적이 될 것이다. 이는 흐름의 운동을 파괴할 것이다.[9]

합성

흐름이 무한히 한계 지어져 있다면, 그것은 또한 무한히 합성체라는 점이 따라 나온다. 즉, 우리는 이미 더 작은 흐름 또는 파의 합성 다중체가 아닌 '단일한' 또는 '순수한' 흐름을 결코 찾지 못할 것이다. 한 흐름은 언제나 이미 흐름들의 흐름, 굽이들로 합성된 굽이, 미궁들의 미궁이다. 그렇기에 존재가 흐름들의 다중체이므로, 운동의 존재론은 근본 입자의 이론일 수 없다. 《존재와 운동》은 물질의 가장 작은 구성 요소에 관해 아무 주장도 하지 않는다. 물질이 무엇이든 간에 그것은 흐르고, 모든 흐름은 다른 흐름들로 합성될 수 있다. 에피쿠로스적 원자의 운동에 대해 마르크스가 썼듯이, "이들은 항상적으로 운동 중이기에 … 원자의 고체성은 전체 상 속으로 들어가지도 않는다."[10] 모든 것은 사물들의 흐름 속에 잡혀 있으며, 그렇기에 합성composition의 과정에 잡혀 있다.

그러므로 존재는 무한하기만 한 것이 아니다. 그것은 크고 작은 연속적이고 합성적인 무한들의 무한이다.[11] 이 점은, 한계 짓기가 그렇듯이 합성 자체가 무한하기 때문이다. 언제나 한 흐름은 하나의 외부와 내부를 제한하며, 내부 접힘들의 합성체를 생산한다. 그리고 모든 내부 합성체와 외부 합성체는 자체로, 자기 안에 무한한 하위 접힘을 함께 붙들고 있을 역량이 있다.

그러므로 합성이 얼마나 많은 흐름들을 합성할 수 있는지에 내적 한계도 외적 한계도 없는 한, 합성은 무한히 클 뿐 아니라 무한히 작기도

하다. 주어진 모든 합성체는 그 안의 더 작은 합성체들의 무한을 가능케한다. 앞서 언급했듯이, 이 무한이 가능한 것은 흐름 자체의 무한한 연속성 때문이지만, 또한 이 무한한 연속성이 합성을 통해서 한계 지어진 크고 작은 합성체들의 무한을 열어 주기 때문이기도 하다. 그러므로 합성이 더 작은 합성체의 무한을 담고 있는 한에서, 한계 지어진 합성 각각은 자기 고유의 **현실적 무한**이다. 각 합성체는 현실적으로 무한하지, 잠재적으로만 무한한 것이 아니다. 무한은 실체가 아니라, 창조적 흐름 또는 물질화 자체의 과정이다.

가시성

흐름이 무한한 합성체라면, 어떤 흐름도 전적으로 경험적이 되거나 완전히 현전하게 될 수 없다. 경험적인 것 자체가 흐른다. 흐름은 경험적인 것이 운동 중에 감각될 수 있게 하는 물질의 움직임이다. 달리 말하자면, 가시성의 근본적 동적 조건은 그 자체로 완전히 가시적인 실체가 아니라 **가시성의 과정**이다. 그 조건들이 단순히 가시적이라면, 그것들은 더 이상 가시적인 것의 조건일 수 없을 것이고, 가시적 사물들과의 동일성으로 도로 빠져, 우리는 사물의 실재적 조건을 전혀 얻지 못했을 것이다.

경험주의는 직접 감각되지 않는 것의 실재를 부정한다. 엄격한 경험주의자는 예를 들어 양자장의 존재와 실재에 관한 현재의 과학적 의견 일치를 거부해야 한다. 양자장 등은 직접적으로 또는 그것이 생산하는 입자들과 독립적으로 관찰될 수 없기 때문이다.[12] 양자장은 에너지와 운동량을 가지고 있으나, 그것은 최근에 발견된 힉스 장higgs field〔입자물리학 핵심 이론의 기반〕에서처럼,[13] 양자장의 거시적 가시적 효과에 의해 간접적으로만 관찰될 수 있다. 대중매체가 '신의 입자'를 물신화했음에도 불구하고, 물리학자들에게 가장 중한 발견은 실은 힉스 **장**의 비경험주의적 발견이지, 경험주의적 입자의 발견이 아니다. 가시적 입자는 더 중요하고 더 근본적인 구성적 비가시적 동적 장의 실재를 증명했을 뿐이다.[14]

흐름은 능동적이고 창조적인 과정이다. 그것은 상태가 전혀 아니고 **과정**이기 때문에, 순수한 또는 합성되지 않은 상태로는 결코 볼 수 없다. 흐름은 흐르는 사물들의 존재론적 조건으로서만 내재적으로 인식될 수 있는 무엇이다. 가시적인 것은 언제나 자신의 조건으로, 그것을 관찰을 위해 분배하는—상대적으로, 또는 완전하지 않게—고립 가능한 동적 기체基體를 가질 것이다. 사물은 결코 독자적으로 또는 완전히 현전하여 나타나지 않고, 관계 속과 운동 속에서만 나타난다. 우리의 작업은 소박한 경험주의나 소박한 물질론과 대조적으로, 초월론적 경험주의 또는 초월론적 물질론을 채택하는데, 이것의 목표는 경험적이고 물질적인 것의 창발을 위한 실재적 조건을 **관계적 운동 속에서** 발견하는 것이다.

운동은 사물이 아니라 과정이므로, 동적 관계는 엄격하게 경험적이지 않다. 우리는 과정 '그 자체'를 직접 감각할 수 없고, 이러한 관계적 과정 내의 단편적 감각 지각만을 감각할 수 있기 때문이다.[15] 그러나 동적 관계는 형이상학적 관계도 아니다. 그것은 물질적 과정이지 실체가 아니기 때문이다. 경험적인 것의 조건은 자체로 경험적인 무엇일 수 없다. 그러나 이는 동적 조건이 철저하게 실재적인 것이 아니라는 뜻은 아니다. 흐름 자체는 필연적으로 그리고 완전히 경험적으로 현전하는 또는 감각적인 단속적 '사물'이 아니라는 뜻이다.

양자장 이론에서 또 다른 예를 가져오자. 첫째, 양자장은 미규정성의 상태에 있다. 측정 행위가 장 자체와 상호작용하여, 미규정적 장에 규정을 준다. 이러한 상호작용 또는 측정 이전에는 객관적 단속적 상태나 상태들은 없다. 연속적이고 미규정적인 유동이 있을 뿐이다. 그러나 인간은 상호작용하고 '관찰'하는 유일한 자가 아니다. 장들은 모든 수준에서 서로 상호작용한다. 장들은 제 자신의 실재적 구성이다. 그렇기에 경험적 관찰은 일련의 얽혀 있고 창조적인 관찰로서만 일어날 수 있지, 수동적 상태 또는 실천에 대한 총체적 관찰로서 일어날 수 없다.[16] 그렇기에 다른 모든 것과 독립적인 '대표 흐름the flow'인 하나의 단일한 객관적 '흐름'은 없다. 미규정적 요동이 있을 뿐이고, 그것이 다른 흐름과의 상호작용으로 규정되게 되는 것이다. 그러므로 물질의 양자 미규정성은 전적으로 경험적으로 현실적이거나 감각적이지 않고서도 동적으로 실재적이다.[17]

시간과 공간

존재가 운동 중에 있고 운동이 무한하다면, 운동의 기원은 운동 이외의 어느 것에서도 올 수 없다. 달리 말하자면, 흐름은 환원 가능하게 시간적이지도, 공간적이지도 않다. 흐름들은 시간이나 공간의 고정된 배경 속에서 일어나지 않는다. 루크레티우스가 노래하듯이, "운동은 고정된 시간도 없고 고정된 위치 지역도 없다motus nec tempore certo nec regione loci certa."[18] 오히려, 시간과 공간이 흐름들을 통해 창발한다. 흐름 전에 시간이 있었다면, 흐름은 더 이상은 연속적이고 무한하지 않으며, 시간 속의 어떤 사건에서 시작했을 것이다. 흐름 전에 공간이 있었다면, 흐름들은 아직 흐름이 없는 이 공간에 의해 비슷하게 제한되고 불연속적이 되었을 것이다.

그렇기에 움직임 및 흐름으로부터 독립적인 것으로서의 시간과 공간의 존재론적 우선성 또는 근본성은 흐름의 이론 및 양자중력 이론과 양립 불가능하다.[19] 시간 또는 공간으로부터 흐름의 창발을 설명하는 것은 불가능하다. 그러나 또다시, 그 반대는 가능하다. 현재의 과학 작업이 가리키는 생각은, 양자장들의 적어도 한 번의 우주적으로 폭발하는 **운동** 속에서, 그리고 이 운동을 통해서 시공간이 창발했다는 생각이다. 이 폭발―빅뱅―속에서 시간과 공간은 알려져 있는 우주로 펼쳐졌다.[20] 현재 알려진 모든 양자장들은 단일한 연속적 장으로부터 창발했다. 이 단일한 장의 대칭성은 다양한 방식으로 이분화하여, 알려진 우주를 합성하는 입자들을 생산했다. 이것이 물리학자들이 "자발적 대칭성 붕괴"라고 지칭하는 것이다.[21]

예를 들어 '시간의 화살'은, 우리의 초기 우주의 시초 조건이 상대적으로 낮은 엔트로피의 조건―초고밀도 양자 상태―이었다는 우연적 사실의 역사적 산물이다. 물리학자 션 캐럴이 표현하듯이,[22] 우리가 '시간'이라고 부르는 것은 증가하는 엔트로피의 열역학적 과정에 지나지 않는다. 우리는 거시 수준의 엔트로피를 경험하기 때문에, 시간의 화살은 역행하지 않는 것으로 보인다. 우리는 미래를 기억하지 않는다. 그러나 극히 높은 엔트로피를 가진 열적 죽음의 우주에서 이 과정은 순서가 뒤집혀서, 높은 엔트로피에서 마침내 낮은 엔트로피가 창발할 수 있다.[23] 시간의 화살은 엔트로피의 효과다. 그러나 열역학 제2법칙은 모든 경우에서 엔트로피를 **보장**하는 것은 아니다. 엔트로피는 보편적 법칙이 아니고, 우리의 관찰 수준에서 아주 그럼직한 것에 불과하다. 예를 들어, 양자중력의 수준(플랑크 규모)에서 시간은 앞뒤로 연속적으로 요동한다.[24] 그렇기에 시간은 존재론적으로 근본적인 것이 아니다. 공간처럼, 그것은 열동적thermokinetic 과정의 창발적 산물이다. 루크레티우스는 옳았다.

물질의 흐름이 정적 배경 공간을 통해 흐르는 것이 아니라, 공간이 흐름에 의해 생산된다. 공간은 운동 중의 물질보다 먼저 존재하는 것이 아니다. 그것은 운동 중의 물질이 흐름과 동시에 그것에 의해 창조된다. 이 점이 현대 물리학의 거시 수준과 미시 수준―우주론과 양자중력―에서 메아리친다. 예를 들어 현대 우주론에서, 빅뱅 이론은 시간과 공간이 초고밀도 양자 물질의 인플레이션 과정을 통해 생산되었다는 상대적 기원이 있음을 보여 주었다. 뿐만 아니라, 우주의 초기 본성에 관한 최근의 발견이 밝혀 주는 것은, 우주의 시초에 시공간은 완벽하게 매끈하게 미리 형성된 배경 직물이 아니었다는 것이다. 오히려, **그것이 운동 중의 물질에 의해 생산되고 펼쳐질 때** 시공간에는 극히 난류적인 펼쳐짐이 있었다는 것이다. 이것은 점진적으로 잦아들어서, 우리가 지금 실재의 상대적으로 매끈한 배경 시공간이라고 지각하는 것이 되었다.[25] 한 마디로, 동적 난류가 시공간의 우주적 기원의 심부에 있다.

양자장 이론의 미시 수준에서, 공간의 근본성은 이론물리학의 최근 모델들에 의해 이제 점점 더 의문시되고 있다. 물리학자 카를로 로벨리와 리 스몰린에 따르면, 공간 자체가 경험적 관찰의 수준 아래에서(가령, 플랑크 수준에서) 흐르고 고리 짓는 양자장의 산물이다.[26] 공간 자체가 양자장의 접힘과 거품일기라는 더욱 일차적인 과정의 산물이라는 것이 수학적으로 가능하다는(그리고 아직 검증되지는 않았지만, 실험적으로 검증 가능하다는) 점을 고리 양자 중력 이론은 증명한다.

이 이론은 공간의 '회전 거품' 이론이라고 불린다. 양자장의 흐름들이 작은 거품들로 접히고, 이 거품들이 더 큰 거품 구조를 합성하기 때문이다. 이 구조는 겉보기에 매끈하지만 사실은 상당히 접혀 있고 거품 있는 공간 위상학을 제공한다.[27] 중력의 양자 동적 이론에서 가장 먼저 일어나는 것은 움직임이다.[28]

이분화

흐름은 연속적 움직임이지만, 이것이 흐림이 분할될 수 없음을 뜻하는 것은 아니다. 흐름을 분할한다는 생각이 정의상 모순으로 남는 것은, 분할이 흐름에 근본적 불연속성, 결여, 단절을 도입한다고 우리가 생각할 때만이다. 그러나 내가 이 짧은 절에서 보여 주고자 하는 것은, 꼭 그럴 필요가 없다는 것이다. **이분화**bifurcation로 분할은 빼기가 아니라 더하기가 된다. 분할에 의해 다중화된다.

분할을 통한 다중화

이 요점을 논하기 위해 중요한 것은, 앞서 구별되었던 운동의 두 유형—외연적과 내포적—에 따라서 분할의 두 종류를 구별하는 것이다. 분할의 첫 번째 종류, 외연적 분할은 절대적 단절을 도입한다. 양적으로 분리되어 있는 두 **불연속적인** 존재자들을 생산한다. 분할의 두 번째 종류, 내포적 분할은 포크나 이분화처럼, 기존의 경로에 새로운 경로를 더한다. 전체 **연속적** 흐름에 질적 변화를 생산한다. 이분화는 '같은' 연속적 움직임을 여전히 따르면서도 자신으로부터 갈라진다.

분할에 대한 전형적 이해는 외연적 정의에 따르는 것이지만, 이것은 내포적 종류의 분할에 상대적인 것, 또는 그것의 부수 효과에 불과하다. 연속적 과정이 이분화점에 도달할 때 분할이 일어난다. 정의상, 흐름은 시작하지도 멈추지도 않는다. 오히려 그것은 이분화하고 재유도된다. 그러므로 모든 이분화는 이분화의 이분화이며, 이는 무한히 계속된다. 이때, 모든 이분화된 흐름들의 이분화되지 않은 뿌리 또는 최종적 축적은 없다. 그것은 끝이 열려 있는 과정이다. 이분화의 공존하는 수준들의 다중체다. 흐름 속의 이분화 지점 이후, 질적 갈라짐이 일어나고 두 별개의 경로가 식별될 수 있다. 이러한 이분화의 결과는, 흐름 속에서 우리가 어디에 있는지에 따라 분할이 연속으로도, 불연속으로도 체험된다는 것이다.

그러나 두 경우 모두, **일차적인** 것은 연속적 흐름이다. 이것은 한 흐름이 계속해서 전진하고 다른 흐름은 다른 곳으로 재유도되는 것을 가능하게 한다. 달리 말하자면, 분할은 이분화의 능동적 과정인데, 이것은 단순히 한 번 분할되고 끝나는 것이 아니라, 흐름들이 자신을 가로질러 가도록, 또는 자신으로부터 멀어지도록 연속적으로 재유도한다(도판

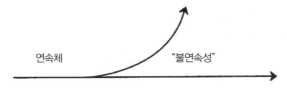

| 도판 6. 1 | 이분화

6.1을 보라). 분할된 지역의 이분법적 관점에서만 분할은 결여 또는 불연속성으로 나타난다. 연속체의 관점에서, 분할은 개념적으로 이차적 또는 파생적 현상으로서 나타난다.

그러나 분할의 외연적 정의에 있는 문제는, 그것이 설명하려고 제시하는 바로 그것을 전제한다는 것이다. 우리가 분할된 단속적 대상들에서 시작한다면, 우리는 어떻게 이 대상들이 애초에 한계 지어졌는지 또는 분할되었는지를 설명하지 못한다. 제논의 무한히 분할되는 고체적 매체와 대조적으로, 우리가 제안하는 것은 무한히 이분화된 유체적 매체다. 전자는 부동성이라는 결과를 낳지만, 후자는 움직임이라는 결과를 낳는다. 움직임은 기계론적이 아니라 무작위적이어서, 흐름들이 서로 합류하고 상호교차되는 것을 가능케 한다.[29]

이는 이어서, 어떻게 그러한 다중적이고 이분화된 흐름들이 서로 상호작용하느냐는 후속 물음을 제기한다. 이것이 우리가 흐름들의 '합류'라고 부르는 것이며, 다음 장의 주제다.

7장

합류

존재의 흐름이 약동적이고 이분화의 역량이 있다면, 그것이 함께 합류 confulence로 흐르는 것도 가능하다. 합류는 한 번이나 그 이상 상호교차 하는 둘 이상의 흐름들의 상호교차 또는 연결이다. 이러한 연결 유형에 서는 다중적 흐름들이, 자기 위로 도로 직접 접히지는 않은 채로 함께 움직이며 상호교차한다.

그러므로 합류는 흐름들을 분할하지 않고, 흐름들을 함께 모으며, 분 할 없이 분배한다. 이러한 집합적 연결 유형이 가능한 것은, 흐름들이 필 연적으로 직선이고 기계론적인 경로를 따라 움직이지 않기 때문이다. 그 런 경로는 이질적 흐름들 사이의 상호교차 가능성을 제거할 것이다. 존재 가 연결되는 것은, 그것이 약동적 궤적들의 다중체를 따라서 움직이기 때 문이다. 이러한 약동의 집합적 효과로 인해, 주어진 흐름의 무작위적 궤 적에 단일한 기원적 인과적 운동을 할당하는 것이 불가능해진다.

무작위stochasticism(이것은 '조준한다' 또는 '추측한다'는 뜻의 그리스 단 어 στόχος, stókhos에서, '걷는다, 행진한다, 간다, 온다'는 뜻의 그리스 단어 στείχω, steíkhō에서, '걷는다'는 뜻의 원시 인도유럽어 어근 *steyg-에서 왔다) 란 방랑하는 발, 또는 약동의 실험적 목표다. 프랑스 시인 폴 발레리는 어떻게 바다의 순수 무작위적 노역이 그 포착하기 힘든 거품들의 다면 적 합류를 생산하는지를 아름답게 기술했다.

얼마만 한 빛의 은총이, 얼마만 한 순수 노역이
포착하기 힘든 거품의 다면적 다이아몬드를 이루게 되는가![1]

난류 '문제'의 해결이 불가능한 것은 이 때문이다. 시초인도 최종인〔목적인〕도 없고, 비선형적인 운동—중의—변수들의 무한한 다중체만이 있다. 어떠한 고전적 계열이든 간에, 이것을 충분히 추적하면 이러한 무작위적 불확정성이 노출된다. 존재의 궤적을 결정하는 변수들은 존재 전체 자체를 포함하기 때문에, 단일한 인과적 원천을 할당하는 것은 불가능하다. 모든 존재는 자기원인적이다. 합류의 동적 가능성을 고려하면, 몇 가지 귀결이 따라 나온다.

사건

첫 번째 귀결은 **사건**이다. 둘이나 그 이상의 흐름 운동이 상호교차하거나 서로 연결되면, 그것은 사건을 창조한다. 그것은 둘이나 그 이상의 흐름들이 교차하는 특이점이다(도판 7.1을 보라).
사건은 아직 사물이나 대상이 아니고, 상호교차하는 흐름들이 지나가는 동적 경첩 또는 역驛이다. 흐름들 사이의 상호교차는 상호교차하는

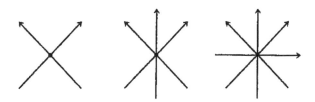

| 도판 7.1 |

흐름들과 동일하지 않지만, 그것으로부터 분리된 것도 아니다. 이 흐름들의 합성으로 무언가 새로운 것이 생산된다. 그러므로 사건은 둘이나 그 이상의 상호교차하는 흐름들이 공유하는 특이점으로, 이것에 의해 저들의 가능적 궤적이 변화한다. 이것이 운동의 새로운 세계를 연다.

특이 상호교차점으로서, 사건은 또한 발레리의 "포착하기 힘든 거품"처럼 일시적이다. 이 상호교차점에서 운동의 새로운 미래 또는 궤적이 열린다. 그러나 상호교차점으로서 흐름은 또한 계속되며, 사건이 창조되자마자 해체되도록 한다. 그러면 사건은 한 번 일어났을 수 있는 무언가의 흔적 또는 섬광으로서만 소급적으로 나타난다. 그러나 사건은 또한 움직임을 위한, 잠재적으로 무한한, 새로운 실천적 궤적을 가능케 하는 것이기도 하다. 그러므로 동적 사건에는 이중적 본성이 있다. 한편으로, 우리가 고속도로 출구를 지날 때처럼, 그것은 언제나 일어나고 즉시 해체되는 평범한 사태다. 다른 한편으로, 우리가 출구를 선택할 때처럼, 그것은 주어진 상호교차점이 새로운 궤적이 되는 희귀한 사태다.

흐름이 다른 흐름과 교차할 때 새로움이 일어난다. 이러한 방식으로 사건은 근본적으로 집합적이다. 그것은 언제나 하나 이상을 요구하기 때문이다. 그것은 어떤 타자 또는 어떤 외부와의 예측 불가능한 마주침을 통해 일어난다. 그러나 이러한 마주침의 귀결은 추가적 운동을 통해서만, 이러한 상호교차점에 의해 열린 새로운 벡터를 따라감을 통해서만 실현된다. 사건이 일시적 불꽃 이상이 되려면,[2] 그것이 가지는 동적 가능성의 새로운 지역이 접힘에 의해 더욱 발달해야 한다. 접힘 없이는, 사건은 대상 없는 감응으로 머무를 뿐이다.[3]

사건은 흐름의 원인이 아니고, 원인에 앞서 존재하는 것도 아니다. 사건은 상호교차하여 사건을 구성하는 흐름들에 어떠한 독립적인 성격도 갖지 않는다. 그러나 일단 흐름들이 제 약동 운동을 따라 상호교차하면, 소급적으로 사건은 선행했던 흐름의 목적지로서 나타난다. 그러므로 사건은 일종의 동적 '관점'을 가능케 한다. 이것은 하나의 특이점으로서, 이로부터 새로운 세계가 분배될 수 있다. 그것은 동적 또는 벡터적 방향 설정, 또는 니체가 쓰듯이 "모든 생명의 근본적 조건"이다.[4] 동적 관점은 한낱 의견이나 가시성이 아니다. 그것은 더욱 일반적인 것이다. 그것은 가시성의 새로운 세계를 여는 운동 중의 물질의 궤적을 따르는 한 벡터 점이다. 관점을 가능하게 하는 것은 상호교차의 동적 조건이다. 관점은 언제나 어딘가로부터의 관점이다. 그러나 어딘가 또는 국지화가 가능한 것은 오직, 두 흐름이 잠깐 상호교차하여 하나 이상의 궤적 사이의 시점 視點을 형성한다는 최소한의 조건 위에서만이다. 저 점으로부터 최소한 두 개의 무한한 궤적들이 뻗어 나간다. 동적으로 볼 때, 사건은 **회전 중심 점**pivot, **결연점**joint, 궤적을 따라가는 **중계점**relay이다. 이것은 상대적으로 안정적인 위치를 가능케 하며, 상호교차하는 흐름들은 저 위치로부터 해석되고 횡단될 수 있다. 그렇기에 사건은 흐름들의 산물, 새로운 세계를 가능케 하는 안정성의 첫 번째 조각이다.

모든 것이 운동 중에 있기 때문에, 모든 종류의 동적 사건이 있다. 2부에서 나는 다양한 정치적·미적·과학적 사례를 들어 흐름, 접힘, 장의 개념을 보여 주려 한다. 이 짧은 공간에 가장 폭넓은 사례들을 보여 주고자, 2부 다른 곳에서는 예화되지 않는 두 권역에서 두 가지 사례를 선택했다. 우리와 함께 갈 두 사례 중 하나는 비인간적 사례(식물)이고, 하나는 인간적 정치적 사례(사파티스모)다. 다른 사례를 사용할 수도 있고, 실로 다른 곳에서는 많은 다른 사례를 사용했다. 다른 자연적이거나 정치적인 동현상에 대한 더 상세한 동적 분석을 찾는 독자가 있다면, 이 책과 짝이 되는 저작들을 보기 바란다. 그러나 이 책의 초점은 존재론적인 것이기 때문에, 여기에서는 이 권역들을 기저의 동적 개념을 예시하는 사례로만 다룬다. 다른 책에서 이미 전개한 운동의 더욱 탄탄한 이론들을 재생산하지는 않을 것이다.[5]

사례 1: 식물

첫 번째 식물의 역사적 창발은 하나의 동적 **사건**이다. 식물은, 단일한 점 또는 사건에서 합쳐졌다가 이 새로운 관점으로부터 따라 나오는 이질적 물질적 흐름들의 교차점이다. 식물의 생명 또는 사건은 처음에 두 이질적 흐름의 상호교차로 처음 구성되었다. 그것은 조류藻類 흐름과 박테리아 흐름이다. 7억 년쯤 전, 단일한 청록색 조류(회조류glaucophyte)가 단일한 시아노박테리아cyanophora paradoxa를 삼켰고, 후자의 광합성 과정으로부터 에너지를 추출하기 시작했다. 이 사건은 단독적인 것이었고, 단 한 번 일어났다. 이 점의 증거는, 이 사건 이후로 모든 다음 식물들이 같은 유전적 구조를 공유했고, 그전에는 그렇지 않았다는 것이다.[6] 모든 식물은 이러한 단독적 조류-박테리아 사건에 실존을 빚지고 있다.

이러한 상호교차에 필연성은 없었다. 액체 매체 속에서의 합류의 약동적 우연성만이 있었다. 먹잇감의 흐름이 줄어들고 빛의 흐름이 늘어남에 따라, 이러한 생명의 새로운 형식은 자신을 발달시킬 수 있었다. 그리고 조류가 시아노박테리아와 처음 상호교차함에 따라 열린 새로운 궤적을 따라서 더욱 강력해질 수 있었다. 사건 자체는 단 한 번 일어났지만, 이러한 독특한 생명 형태는 유전적으로 내부화하고 자기생성할 수 있었다. 또는, 자기 안에 새로운 세포 구성 요소—엽록체—를 재생산할 수 있었다. 이 변화는 조류의 태양을 향한 새로운 운동, 궤적 또는 '관점'을 가능케 해 주었다.

그러므로 식물 생명의 관점은 식물의 벡터적 존재를 합성하는 새로운 상호교차점들에 의해 정의된다. 그것은 물, 공기, 태양, 영양이다. 이 네 흐름의 연속적 공급 중 하나라도 없다면, 대부분의 식물은 죽을 것이다. 이러한 흐름들의 연속적 상호교차를 가지고, 상이한 식물들은 이러한 흐름을 따르는 상이한 궤적을 따라서 발달하고 진화한다. 어떤 식물은 더 물을 향해 움직이고(해초), 어떤 식물은 태양을 향하고(나무), 어떤 식물은 땅속을 향하고(덩이줄기), 어떤 식물은 공기 중을 향한다(착생식물). 식물들은 자신의 합류 벡터들 중 이것이 아니라 저것을 따르기 위해서, 말 그대로 땅속으로, 하늘 위로, 바닷속으로 움직인다.

시아노박테리아를 붙잡았던 일처럼, 사건은 생명이 따라갈 수 있는 새로운 관점 또는 궤적을 가능케 한다. 동적 생명-세계는 생명이 사는 벡터 상호교차점들로 이루어진다.[7] 흐름들이 더 합류적으로 상호교차하고 지탱 가능해지는 만큼, 생명의 형식도 더 복잡해진다.[8] 단순한 존재부터 가장 복잡한 존재까지, 존재는 사건의 변용적 힘에 처할 잠재성이 있다.

사건은 상호교차의 '점'이지만, 이는 사건이 부동적이라는 뜻은 아니다. 사실, 전혀 아니다. 사건은 흐름이 끊임없이 지나가고, 지나가면서 변화하는 터미널 같은 것이다. 흐름의 운동은 사건 속에 요동을 생산하지만, 사건은─지탱된다면─흐름들 사이의 연결점 또는 상호교차점에서 존속한다. 사건은 최소한 두 합류하는 흐름 사이의 역동적 비평형적 상태 또는 항류성*이다. 그것은 흐름을 반드시 막거나 재유도하는 것은 아니지만, 어떤 상호교차점에서 흐름이 이분화하는 것을 가능케 한다. 사건은 흐름이 지속하는 만큼만 지속한다. 그렇기에 사건이 흐름들의 사건이지 그 반대가 아니다. 흐름들이 방향을 바꾸고 더 이상 교차하지 않자마자, 사건은 소멸한다. 그러므로 사건은 본성상 덧없으며, 그것이 생산하는 새로운 궤적 또는 그것을 보존하는 접힘 속에서만 실존한다.

흐름은 연속적 운동 속에 있으며, 그래서 각 순간마다 다르기 때문에, 그 상호교차는 단독적이다. 사건은 단 한 번만 일어나지만, 귀결들은 한

---

* homeorhesis. 이 말은 그리스어 homeo('같다')와 rhesis('흐름')의 결합으로, 같은 흐름, 궤적으로 돌아오는 것을 가리킨다. 이는 같은 상태로 돌아오는 것, 즉 항상성homeostasis─이 말은 정태stasis를 함축한다─과 대립한다. 본 번역본에서는 항상성의 '상常'을 흐름을 뜻하는 '류流'로 대체하여 항류성으로 옮긴다.

정 없이 지탱될 수 있다. 수백만 년 전에 조류 하나가 광합성할 수 있는 박테리아 하나를 삼켰다. 그 후 유전적 변조에 의해, 수백만 년 동안 자신의 엽록체를 만들 수 있는 식물이 생산되었다. 식물 생명의 창발은 저 조류-박테리아 사건 속의 단독적인 것이지만, 식물이 자신을 재생산하기 위해서는 물, 공기, 태양, 영양의 합류가 연속적으로 보충되어야 한다. 태양, 영양, 공기 또는 물의 결여로 인해 저 합류하는 흐름들 중 하나 이상이 말라 버린다면, 식물은 죽는다. 식물의 관점은 더 이상 유지될 수 없다. 이것은 식물의 분자적 흐름이 멈춘다는 뜻이 아니다. 그 흐름들은 다른 곳으로 재유도될 따름이다. 원자 수준에서, 원자의 흐름은 다른 형식으로 계속된다. 에너지는 창조되지도 파괴되지도 않고, 재배치될 뿐이기 때문이다.[9]

식물은 한 가지 예에 불과하다. 상호교차할 수 있는 흐름의 종류만큼 많은 종류의 사건이 있다. 동물 사건, 정치 사건, 예술 사건 등등. 더 많은 흐름들이 한 특이점에서 합류함에 따라, 한 사건이 발달을 위한 새로운 관점 또는 새로운 조건을 얻는다. 생명은 더욱 복잡해지고 강력해진다. 사건과 교차하는 흐름들의 수가 줄어듦에 따라, 사건은 덜 복잡해지고 덜 강력해진다. 예를 들어, 일단 조류가 시아노박테리아와 교차하면, 그것은 더욱 복잡해진다. 광합성 능력을 잃는다면, 그것은 덜 복잡해진다. 각각의 새로운 상호교차하는 또는 연결되는 흐름은 사건에 새로운 입구점과 출구점을 더한다. 달리 말하자면, 각각의 새로운 합류하는 흐름은 전체 사건의 변용을 생산하며, 그것이 잠재적으로 활용하고 반복할 수 있을 흐름들의 변용을 생산한다. 하나의 흐름이 더해질 때마다 사건은 본성상 변화한다. 그것은 발달을 위한 또 다른 독특한 궤적을 얻기 때문이다. 그러면서 이전에 연결되어 있던 모든 흐름에 새로운 가능성을 열어 주기 때문이다.

동적 사건은 수송역terminal, 원격통신 터미널, 뇌의 축색 말단terminal

과 비슷하다. 그것은 새로운 흐름들이 들어와서, 그 후 이 새로운 점을 통해서 다른 흐름으로 재유도되거나 다른 흐름과 연결될 수 있게 한다. 더 많은 흐름들이 상호교차하는 만큼, 목적지가 가지는 동적 자유의 정도는 커지고, 거기에 도달하는 흐름들의 집합적 변용도 커진다. 이러한 의미에서, 동적 사건은 본질이 없다. 사건이라는 것이, 그 사건과 교차하며 새로운 흐름이 더해질 때마다 변화하는 어떤 흐름의 상호교차의 산물에 지나지 않는다면, 사건은 불변의 본질 또는 근본적 성질을 가질 수 없다. 사건의 성질은 흐름 속의 주어진 점에서 사건과 상호교차하는 그 성질일 뿐이다. 사건이 소멸하면, 같은 흐름들이 계속되지만 다른 곳으로 유도될 따름이다. 본질과 달리, 사건은 흐름들의 합류에 앞서 존재하거나 합류 이후에 존속하지 않는다.

마지막으로, 사건은 시간 속에서 일어나지 않고, 시간이 사건을 통해서 일어난다. 사건은 흐름들의 상호교차로서 처음 일어난다. 오직 그 후에만 흐름들이 자신의 궤적으로부터 이분화하기를 시작하여 사건으로 도로 구부러질 수 있고, 그리하여 사건을 감응적 접힘을 통해 지탱하고 지지할 수 있다. 이어서 이러한 접힘은 접힘의 계속으로서의 시간성 감각을 가능케 한다. 그러나 사건 자체는 시간적이 아니다. 오히려 사건이 시간성을 생산한다.[10]

합동배열

동적 합류의 두 번째 귀결은 사건들의 합동배열*의 창발이다. 존재의 흐

---

* constellation. 성좌를 뜻하는 이 단어는 발터 벤야민에 의해 새로운 철학적 의미를 가지게 된다. 성좌는 실제로 존재하지는 않지만, 별들 사이의 관계를 지각하게 한다. 그러나 성좌는 순전히 자의적인 것은 아니며, 별들의 위치라는 객관적 조건에 의지한다. 또한 성좌는 별들을 전체로서 지각되게 하지만, 별들을 자기에게 종속시키지는 않는다. 말하자면, 성좌는 별들이 자

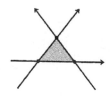

| 도판 7. 2 | 합동배열

름들은 다중적이기 때문에, 하나의 사건만 있지 않고 다중체가 있다. 둘이나 그 이상의 흐름들이 둘이나 그 이상의 사건에서 상호교차하면, 그흐름들은 합동배열을 이룬다. 그것은 흐름들의 상호교차로써 생산된 자리, 지역 또는 표면이다(도판 7.2을 보라). 합동배열은 다섯 가지 특징이 있다.

첫째, 합동배열은 본질이 없다. 합동배열은 사건으로만 합성되어 있고, 사건은 흐름으로만 합성되어 있으므로, 합동배열은 그것을 합성하는 흐름과 독립적인, 미리 있거나 존속하는 본질, 성질, 실존을 가지지 않는다. 사건처럼, 흐름의 합동배열은 흐름의 움직임을 막거나 붙잡는 것이 아니라, 흐름이 상호교차하는 지역을 정의하고 그 지역에 일관성을 줄 따름이다. 흐름이 다른 곳으로 재유도되면, 사건이 그렇듯이 합동배열도 그러한 형태로 존속하기를 그만둔다. 합동배열은 감응들의 결합체인데, 단, 감응들이 지칭하는 고정된 사물이나 대상 없는 결합체다. 그것은 통일이나 실체 없이, 버지니아 울프가 "줄무늬"와 "감각의 화살"

신의 자율성을 유지하면서도 특정한 방식으로 함께 배열됨으로써 만들어지는, 주관적이면서도 객관적인 효과다. 벤야민은 관념과 대상의 관계도 이러한 성좌와 별의 관계와 비슷하다고 논했다. 이러한 철학사적 맥락이 우리에게는 낯설고, 성좌라는 표현이 너무 구체적이기 때문에, 본 번역본에서는 이를 '합동배열'이라는 새로운 용어로 번역한다.

이라고 부른 것으로부터 합성된다.[11]

둘째, 합동배열은 동적 표면이다. 합동배열이 여러 사건들의 교차점에서 일단 등장하면, 준안정적인 운동 권역 같은 것이 식별될 수 있다. 이로 인해 저 합동배열의 매개변수 내에서 새로운 사건들을 무한하게 다중화할 가능성이 생겨난다. 합동배열의 외곽선을 따라 일어나는 각각의 새 사건은 전체로서의 합동배열에 추가적 정의를 부여한다. 사건들이 더 복잡해지고 더 강력해질수록 더 많은 흐름들이 사건들과 상호교차하듯이, 합동배열들이 더 정의됨에 따라 더 많은 흐름들이 저 합동배열의 윤곽을 정의하는 사건들을 통과하여 지나간다. 더 나아가, 사건들이 무한한 수의 흐름들의 교차점일 수 있듯이, 합동배열은 무제한적으로 많은 사건들에 의해 외곽선이 그려질 수 있다(그렇다고 해서 합동배열이 완전히 총체화되는 것은 아니다). 저 합동배열의 외곽선을 그리는 흐름들이 연속적이므로, 이 흐름들은 무한한 수의 유한한 점에서 상호교차할 수 있다. 연속으로서, 두 사건 사이에 또 다른 사건이 있을 수 있는 여지가 언제나 있을 것이다.

셋째, 합동배열은 추상적인 것이지만, 착각, 환상, 순수 심적 존재자라는 의미에서 그런 것은 아니다. 동적 합동배열은 천문학적 합동배열[성좌]처럼 **실제로 저기** 있는 것이다. 다만, 이질적 별들의 합성 또는 합류로서만 있는 것이다. 예를 들어, 큰곰자리의 도해는 하늘에 있는 별들 사이의 선들로 문자적으로 나타나지 않고, 오히려 어떤 동적 관점에서 본 시공간의 상대적으로 '추상적'인 관계로서 나타난다. 합동배열은 추상적이지만, 그것의 외곽선과 운동을 채우며 정의하는 흐름들은 구체적이다. 그래서 합동배열은 초월적이 아니다. 천문학적 합동배열은 그것의 별에 의해 가시적이 되지만, 동적 합동배열은 그것의 사건에 의해 가시적이 된다. 그것을 합성하는 구체적 흐름이 변화함에 따라, 추상적 합동배열은 자신의 배치와 관계를 바꾸게 된다.

넷째, 합동배열은 다중적 관점을 가진다. 합동배열 내의 각 사건은 어떤 흐름의 동적 벡터를 따르는 관점, 역, 중계점이다. 흐름과 사건의 합류로서, 합동배열은 다중적인 이질적 관점들을 담고 있지만 이 관점들을 단일한 관점 또는 총체성으로 통합하지 않는 동적 권역을 배열한다. 합동배열 내의 움직임은 단독적 사건들에 걸쳐서 분배되는데, 이 단독적 사건들은 자기 고유의 관점, 그리고 연결되는 흐름들의 자기 고유의 집합을 가진다. 합동배열은 이러한 흐름들의 총체가 아니고, 오히려 단편적이며 열려 있는 전체다. 이 전체를 가로질러 움직임이 도착하고 출발한다. 새로운 흐름이나 사건이 더해질 때마다, 합동배열은 자신의 발달 조건을 변화시키고 증대시킨다. 더 많은 흐름과 사건이 합동배열을 채울수록, 합동배열은 더 강해진다.

다섯째, 합동배열은 첨가적이다. 즉, 합동배열은 그것의 구체적 신체를 합성하는 움직임들의 집합이기 때문에, 더해지는 각각의 새로운 흐름은 합동배열의 구조를 변화시킨다. 저 합동배열의 정적 존재란 없다. 운동에 의해 정의된, 첨가적이고 합성적인 생성becoming만이 있다. 합성의 한 마디와 다른 마디 사이의 불연속성은 없고, 이분화만 있을 뿐이다.

사례 2: 사파티스모

이번에는 정치적 사례, 정치적 사건의 합동배열을 고찰해 보자. 멕시코 치아파스주州의 사파티스타Zapatista 반군은 최소한 두 이질적 흐름의 합동배열로 정의될 수 있다. 하나는 부사령관 마르코스의 지휘에 따라 도시에서 나와 산으로 들어간 마르크스주의 전위 혁명가들의 흐름이고, 다른 하나는 자신의 땅에서 추방되어 같은 산으로 강제로 들어가게 된 토착 농민들의 흐름이다. 10년간 저항을 위해 문자 그대로 약동적인 방랑과 조응되지 못한 노력을 한 후에, 나프타NAFTA〔미국·캐나다·멕시코 3국의 자유무역 협정〕의 시행으로 두 흐름은 결정적으로 상호교차하게 되었다. 1994년 혁명적 사건이 일어났다. 마르크스주의 혁명가들과 함께 조직화된 토착민 공동체의 무장한 남녀가 치아파스주의 일곱 마을 및 사적 소유지였던 500군데 이상의 목장을 탈취했다. 아주 다른 정치적 궤적을 가진 두 집단(개량주의자와 혁명가)이 교차하여, 새로운 정치체의 창조를 통해 정의되는 정치적 사건을 생산했다. 그것이 사파티스타 민족해방군Ejército Zapatista de Liberación Nacional: EZLN, 차아파스주에서 멕시코와 전쟁을 벌일 준비를 마친 혁명적인 군사 구조다.

1994년의 이 짧은 사건은, 합류 운동의 상호적 변용으로 이전에는 불가능했던 것이 이제 가능해졌음을 보여 줌으로써, 전적으로 새로운 궤적들의 세계와 집합을 가능케 했다. 토착 난민들의 절연된disjoined 흐름과 전위 혁명가들의 절연된 흐름이 이 혁명적 마주침 또는 사건을 통해 상호적으로 변용되었고, 이는 재산을 빼앗는 자로부터 재산을 빼앗을 역량이 있는, 정치적 힘의 자기조직화된 자율적 공동결연EZLN을 가능하게 했다.

사파티스모 사건(도판 7.3을 보라)은 적어도 두 새로운 주요 궤적 또는 스토코스stókhos를 가능하게 했다. 그것은 ① 지역적 자율성을 탈취하는 것, ② 멕시코 국민을 국가에 대항하는 혁명적 행위로 동원〔이동화〕하는

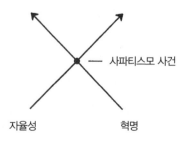

| 도판 7. 3 | 사파티스모 사건

것이다. 또다시, 이러한 움직임은 은유적인 것이 아니다. 실제로 전위 행동가들은 멕시코시티로 행군하고자 했고, 실제로 토착민들은 빼앗긴 땅을 통과하여 자유롭게 움직이고자 했다. 어느 쪽의 움직임도 저 사건 전에는 불가능해 보였다. 이제는 가능했다.

그러나 사건 이후, 어느 궤적도 오래 지탱될 수 없었다. 대부분의 멕시코 국민은 사파티스타를 지지했지만, 정부를 무장 타도하는 것을 지지한 것은 아니었다. 산크리스토발시市를 함락시켰지만, 군대 및 준군사조직이 도시를 곧 탈환했다. 단일한 사건은 혁명을 지탱하지 못한다.

거의 10년간을 더 투쟁한 후, 새로운 궤적들이 또다시 서로를 향해 구부러졌고, 2003년에 상호교차하여 좋은정부위원회Juntas de Buen Gobierno를 창조했다. 이 두 번째 사건은 사파티스모의 벡터에 일어난 큰 변동을 표시한다. 그것은 멕시코 정부 및 준군사조직과의 직접적 대치로부터, 지역적 자율성과 자치 획득으로의 변동이었다. 이 시기에 사파티스타는 EZLN의 군사적 구조, 여성의 불평등한 지위, 환경파괴, 다섯 카라콜레(사파티스타의 영토 지역 명칭으로, 문자적으로는 '달팽이 껍데기'를 뜻한다)의 불균등한 발전을 공개적으로 비판했다. 이 위원회는 이러한 사정을 고칠 혁명을 기다리지 않고, 이 일들이 일어나는 곳에 혁명이 일어나게 하겠다는 결정의 결과였다. 그들 자신의 학교를 건설하고, 그들 자신의 경제적 협동조합을 관리하고, 그들 자신의 정치적 평등주의적 의사결정 과정을 계발하고, 여성에게 힘을 주고, 그들의 환경을 보호하는 등의 노력으로 이루어질 것이었다.

이 두 번째 사건에서 지역적 자율성을 다시 쟁취하는 데에 본래 실패한 것에 실망했던 토착민들의 흐름이 새로운 혁명적 체계를 생산하는 데에 실패한 전위주의와 계급투쟁에 실망했던 마르크스주의자들의 흐름과 다시 상호교차하여, 자율적 자치정부를 창조했다. 그것이 저 위원회다.

- 2003 위원회

- 1994 봉기

| 도판 7. 4 | 사파티스모의 합동배열

사파티스모는 합동배열의 다섯 특징 각각을 중시한다(도판 7.4를 보라). 첫째, 그것은 본질을 가지지 않고, 대신 두 개의 사건—봉기와 위원회—을 가진다. 이 사건들은 정치적 운동을 가로막거나 붙잡은 것이 아니고, 두 주요 교차점에서 연결되었다. 이 교차점은 1994년과 2003년 사이에 일어났던 이질적인 정치적 행위들이 가지는 일관성을 소급적으로 밝혀 준다. 흐름이 흩어질 수 있는 것이었다면, 움직임은 해소되었을 것이다. 이 사건들은 이 사건들의 특이 교차점 너머의 운명이나 본질적 요소를 가지지 않는다. 세계 모든 곳의 모든 혁명적 행위가 치아파스주에서 일어난 일과 비슷할 것으로 생각되거나, 비슷하게 될 것이 아니다. 또한 그렇게 되는 것이 사파티스타의 의도인 것도 아니다.

둘째, 두 사건은 어떤 동精치적 표면을 창조했다. 이 표면은 합동배열의 형성 중에 그리고 이후에 일어났던 다중적 새로운 사건들과 마침내 연결된다. 이 사건들에는 대안세계화운동, 점거하라 운동Occupy movement, 신자유주의에 대항하는 전 지구적 마주침, 온 세계의 수많은 연대 운동들이 있다. 사람들이 말하듯이, "누구나 사파티스타가 될 수 있다." 어떤 흐름이든 이 합동배열과 연결될 수 있으며, 연결점의 수에는 제한이 없다. 본질이 없기 때문에, 어떤 것도 전 지구적 연대 속에서 연결될 수 있는 잠재성이 있다.

셋째, 사파티스모는 추상적이다. 천문학적 합동배열과 비슷하게, 사파티스모는 사물이나 대상이 아니다. 그것은 흐름들 사이의 동적 관계, 운동의 패턴 또는 과정이다. 어떤 사람은 사파티스타 합동배열을 보고 그것과 연결될 수 있다. 어떤 사람은 연결되지 않는 별들의 무리 및 귀결 없는 즉흥적 행위들의 무리—"분노한 농부 무리"—를 본다. 사파티스모는 또한 초월적이 아니다. 또는, 그것의 윤곽을 형태 잡는 사건적 연결과 독립되어 있지 않다.

넷째, 사파티스모는 다중적 관점을 가진다. 환경 행동가로부터 혁명적 무정부주의자에 이르는 수많은 상이한 진보 집단이 사파티스모와 연결된다. 사파티스모는 교리도 기획도 국가도 아니다. 그것은 합동배열이다. 또는, 단일한 총체적 관점을 창조하지 않고서 사람들이 들어 왔다가 나갈 수 있는 일련의 터미널이다. 팔레스타인, 쿠르드 반군, 공정무역 조직 등등과의 연대 속에서 각 역 또는 연결은 새로운 관점, 동맹, 사파티스타가 움직일 수 있는 길을 추가한다. 누구나 사파티스타가 될 수 있다.

다섯째, 사파티스모는 첨가적이다. 사파티스모가 1994년에서 2003년 사이에 생산한 동적 합동배열로 연결되는 새로운 관점 또는 궤적 각각은 이 합동배열의 변이에 기여한다. 사파티스모는 인터넷 연결을 따라, 그리고 자금을 대며 차아파스주에서 사파티스모에 방문하는 전 지구적 연대 기획과의 연결을 따라 변이한다. 사파티스모는 정적이 아니다. 항상 다중적 방향으로 동시에 움직인다.

결론

2부 1편에서 전개된 흐름 개념은 우리에게 약동적 과정의 동적 이론을 제공하며, 그리하여 연속적 운동의 과정 내 합류의 실재적 가능성을 제공한다. 그러나 그것은, 그러한 합류가 사건 후에 일종의 안정성을 유지할 방도에 관한 이론은 아직 제공하지 않는다. 합류는 새로운 것이 어떻게 가능한지를 우리에게 보여 주지만, 새로운 것이 어떻게 세계 내의 다른 구체적 사물 또는 대상과 연결된 운동의 안정화된 패턴으로서 실존하게 될 수 있는지는 보여 주지 않는다. 이를 위해서는 접힘의 이론이 필요하다. 이것이 다음 편에서 전개될 것이다.

접힘

8장

결연점

존재는 흐른다. 또한 접힌다fold. 모든 기체는 공기로 응결된다. 이것이 운동 이론의 두 번째 개념적 구성 요소다. 존재는 흐른다. 그러나 존재는 또한 역동적 평형의 습성적 주기와 패턴 속에서 자기 위로 접혀서, 지역적인 운동-중의-안정성들을 창조한다. 우리가 철학을 불연속과 정태로부터 시작한다면, 움직임을 이론화하는 것은 도전 과제다. 그러나 우리가 움직임의 일차성으로부터 철학을 시작한다면, 안정성을 이론화하는 것이 도전 과제다. 본 편은 어떻게 접힘이 결연점junction을 통해 흐름으로부터 창발되고, 서로 함께 이어져 더 큰 합성체 또는 공동결연부conjunction를 생산하는지에 관한 동적 이론을 제공한다.

　접힘은 흐름의 **자기 자신과의** 결연점 또는 상호교차점에 의해 생산된다.[1] 모든 실재가 연속적 흐름으로부터 만들어졌다면, 이러한 과정으로부터 창발하는 상대적 정태 또는 안정성의 동적 구조를 설명하는 것이 접힘이다. 접힘은 존재 흐름 속의 회오리 또는 소용돌이와 비슷하다. 그것은 그것을 합성하는 흐름과 사건의 일차성에 비해 언제나 이차적인 상대적 정태다. 그런 것으로서, 접힘은 흐름에 지나지 않는다. 접힘은 흐름을 초월하거나 흐름에 앞서 실존하지 않는다. 그것은 흐름이 고리 또는 결연점에서 자기 자신으로 되돌아오는 재유도일 따름이다. 그렇기에, 접힘과 흐름이 존재론적으로 분리되어 있는 양 접힘을 흐름의 산물에 불과한 것으로 생각하는 것은 잘못이다. 움직이는 접힘은 그것을 합성하고 그것을 지나 움직이는 더욱 일차적인 구성적 흐름을, 흐름 자체의 창조적 움직임을 이미 전제한다. 그러므로 흐름과 접힘은 같은 내재적 동적 과정 속에서 공동구성된다.

이런 방식으로, 접힘은 합류와 구별된다. 합류는 상호교차하며 이질적인 둘 이상의 흐름들의 열린 전체이나, 접힘이 나타나는 것은 단일한 흐름이 자기 위로 고리 지을 때다. 합류는 새롭지만 일시적인 상호교차점이나, 접힘은 상호교차의 독특한 순간을 안정화 또는 반복하려는 시도로서 사후에 일어나는 것이다. 접힘은 동적 차분differential의 반복, 즉 주기cycle다. 접힘은 동적 과정으로 머무르지만, 그것은 대략 같은 고리 패턴으로 계속하여 반복되는 소용돌이 같은 것이다. 이것이 일종의 동적 안정성 또는 항류성을 창조한다.[2] 흐름이 자신으로 돌아가는 점은, 궤적이 지나간 사건적 점일 수도 있고, 사건적 또는 비사건적 궤적 속의 접힘일 수도 있다. 이러한 방식으로 결연점은 물질 속에 자기참조 또는 촉각적 순환의 점을 구성한다. 이 점은 흐름이 자기 자신을 향하도록 굴레를 씌운다(도판 8.1).[3]

그러면 접힘은 여과기나 체처럼 작용하여, 물질의 어떤 흐름은 주기의 회귀적 끝개를 지나가고 어떤 흐름은 반복되는 접힘 속에 붙잡히도

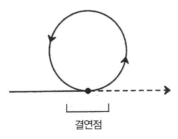

결연점

| 도판 8. 1 | 접힘과 결연점

록 한다. 그러면 붙잡힌 흐름의 움직임은 다른 붙잡힘 흐름의 움직임과 연결되고, 모든 방식의 이동적 합성체 또는 공동결연부가 될 수 있다. 그러나 흐름을 접힘으로 굴레 씌우는 것 또는 결연하는 것은 또한 흐름을 증강시킨다. 증강은 반드시 흐름을 더 빠르게 또는 더 느리게 움직이게 함으로써 일어나는 것이 아니고, 같은 촉각적 점에서 시작되고 끝나는 주기에 흐름을 종속시킴으로써 일어난다.

마침점

흐름이 자신과 상호교차하는 이 점을 이 흐름의 '마침점'*이라고 부르자. 흐름은 고리 주위로 연속적으로 변화하고 움직이지만, 이 촉각적 점은 같은 자리에 머무른다. 이러한 의미에서, 이 점은 자체적으로는 상대적으로 부동적으로 머무르면서, 굴레 씌워진 흐름의 모든 모빌리티를 흡수하고 규제하는 것으로 보인다. 그것은 다른 것의 움직임에 의해 움직이는 상대적 부동성이다.

접힘의 개념은, 움직임의 지리학 내의 다채로운 네트워크 이론과 공간적 위치 이론에서 전개된 접속점node 개념과 대조된다. 예를 들어, 존 로우와 모리야다스는 움직임을 선행하는 단속적 접속점 사이의 경로로 정의한다. 움직임은 목표가 있으며, "움직임의 각 조각은 특정한 기원과 목적지가 있다. … 우리의 도식은 네트워크와 움직임의 발달에 선행하는 접속점의 실존에 의거한다. … 접속점이 없다면, 움직임이 왜 있으며, 움직임이 어디로 보내지겠는가?"[4]

-----

* period. 이 용어는 한편으로는 일정한 간격, 기간을 뜻하지만, 한편으로는 그러한 간격을 끝맺는 점을 뜻한다. 여기에서는 후자로 사용되며, 이에 따라 '마침점'으로 번역한다. periodity는 통상적인 의미 그대로 일정 기간마다 주기적으로 돌아오는 속성을 뜻하며, cycle과 구별하기 위해 '정기성'으로 번역한다.

동학은 운동의 이러한 정적이고 공간화된 이론을 전도시킨다.[5] 사실, 우리는 로우와 모리야다스의 물음을 뒤집어서 이렇게 물어야 한다. "움직임이 없었다면, 어떻게 애초에 접속점이나 안정적 점이 창발했겠는가?" 고정된 접속점을 먼저 놓는 것은, 움직임이 언제나 이미 기원 및 목적지에 묶여 있음을 뜻한다. 이러한 공간적 정의에서 흐름은 없고, 그러므로 합류나 결연점도 없다. 그러나 앞 장에서 논했듯이, 부동적 접속점에서 시작해서는 결코 움직임을 이해하지 못한다. 움직임은 전제된 기원과 목적지 사이의 경로로 이해될 수 없고, 결연점은 움직임보다 먼저 주어진 고정된 접속점이 아니다.[6] 흐름의 자신과의 결연으로서, 접힘은 이 흐름의 연속적 움직임에 이차적이다.

접힘은 연속적인 것 속에서만 일어난다. 접힘은 **다른 무엇 위로가 아니라**, 자기 위로의 꺾임 또는 구부러짐에 의해 정의되기 때문이다. 흐름의 다른 흐름과의 상호교차 또는 결연은 접힘이 아니고, 마주침 또는 사건이다. 접힘의 구조는 동적으로 다르다. 접힘은 되풀이되는 주기와 마침점을 생산하는 역량이 있는 반면, 사건은 일시적이고 단독적이다. 존재가 연속적 움직임 속에 있지 않았다면, 접힘도 심지어 사건도 없었을 것이다. 접힘은 연속적 움직임을 전제하며, 연속적 움직임은 존재의 접힘을 가능케 한다.

주기

존재는 흐르고 자기 위로 접힌다. 그러나 일단 그것이 다시 자신으로 돌아오고 자신과 연결되면, 그것은 주기cycle를 창조한다. **주기**는 흐름이 이분화 점에서 출발하여 같은 점으로 돌아오는 또는 도착하는 사이의 움직임이다. 이 점은 주기의 자기 자신으로의 정기적 끝개다. 자기동일성 개념이 순수 논리적 또는 형식적 개념으로서 역사적으로 개념화되고

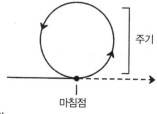

| 도판 8. 2 | 주기와 마침점

종종 본질과 관계되었던 반면, **마침점**과 **주기**라는 용어는 운동의 일차성을 더 정확히 반영한다(도판 8.2를 보라).

그러므로 자기동일성은 여기에서 주기적 또는 습성적 운동이라는 일차적 과정의 산물 또는 효과로 다시 생각된다. 단순히 정의하자면 마침점이란, 어느 정도의 반복적 빈도 또는 밀도를 가지고서 흐름이 회귀적으로 자신과 상호교차하는 주기 내의 한 점이다. 주기의 마침점이 언제나 완벽한 규칙성, 평형, 고전적 '자기동일성'을 창조하는 것은 아니다. 불규칙하지만 빈번하며 무한히 차이 나는 대략적 간격으로 자꾸 자신과 중첩되는 경향이 있는 '끌개' 주위로, 주기의 마침점은 준안정적인 비정기성을 창조하기도 한다.

그러므로 동적 마침점은 끌개 주위의 어떤 상호교차 지역을 향하는 경향일 따름이지, 언제나 그저 반복 또는 규칙성인 것은 아니다. 그렇기에 마침점과 주기는 국소적 수준에서는 불안정하고 차이적이며, 전반적 수준에서는 안정적이고 대략적으로만 자기동일적이다. 각 주기는 완벽한 정기성과 이상한 또는 불규칙한 정기성 사이 어딘가로 되돌아온다.

주기는 흐름의 자기 자신과의 자기교차의 전체 과정이다. 그러나 이는, 흐름이 연금되었다거나 완전히 단속적이 되었다는 뜻은 아니다. 마침점이란 전체적 연속적 주기의 한 단면 또는 선별된 부분일 따름이다. 마침점 끌개를 단순한 정적인 또는 고정된 점으로 착각한다면, 우리는 흐름을 전적으로 잃게 되어 그것을 합성한 운동 없이 추상적 산물만을 보게 된다. 그것은 우리가 잭슨 폴록의 회화를 보면서, 페인트 튄 모양을 어떻게 이처럼 세세하게 복제하여 그렸을지를 궁금해하는 것과 같다. 이 경우 우리는 회화의 동■미학에 관한 모든 것을 오해한 것이다. 우리는 산물을 과정으로부터 추상한 것이다.

주기는 자기동일성을 생산하지만, 운동을 통해서만 생산한다. 흐름은 연속적 움직임이기 때문에, 접힘은 외부로부터 새로운 운동의 항상적 원천을 연속적으로 받지만, 그뿐 아니라 결연점을 지나가는 운동 일부를 잃기도 한다. 그렇기에 접힘은 어떤 마침점에서만 운동을 지역적으로 붙잡는다. 흐름이 자신과 교차할 때, 실제로 그것은 매번 흐름의 다른 점에서 자신과 교차하는 것이기 때문이다. 흐름은 또한 연속적으로 움직이고 자기차이화하는 과정이므로, 엄격한 의미에서 그것이 자신과 같아지는 일은 불가능하다.

그러나 흐름이 운동의 반복적 패턴으로 재유도된다면, 운동의 패턴은 되돌아오며, 우리는 그것이 '자기동일적'이라고 말한다. 그렇기에, 우리는 같은 강에 두 번 발을 담글 **수 있다**. 단, 지역적 회오리와 소용돌이로 강이 자기 위로 되돌아온다는 조건 하에서만 그렇다.[7] 접힘은 **같은 것**으로 머무르나, **다른 것**이 그 접힘을 지나 흐른다는 조건 하에서만 그렇다. 헤라클레이토스는 이렇게 쓴다.

강물에 발을 담그는 자는 똑같이 머무르지만, 그 위로 계속 다른 물이 흐른다. ποταμοῖς τοῖς αὐτοῖς ἐμβαίνομέν τε καὶ οὐκ ἐμβαίνομέν, εἶμέν τε καὶ οὐκ εἶμεν.[8]

헤라클레이토스가 보기에, 강의 각 회오리 또는 접힘은 강 속의 다른 강과 비슷하다. 강의 표면 아래의 각 흐름은 이미 다중적이지만, 강 자체를 합성하는 것은 이 다중성이다. 버지니아 울프는 《파도The Waves》에서 이렇게 쓴 바 있다. "강물의 표면 아래에서 물살에 휩쓸리는 무엇처럼, 즉흥적이고 무관한 감각에 의해 방해 받고, 찢겨지고, 찔리고 뜯긴다."[9]

강의 회오리 속의 각 마침점은 전적으로 상이한 물 분자로 합성되지만, 소용돌이의 주기는 존속한다. 나르키소스를 비추는 연못에 대한 발레리의 묘사처럼, 주기는 "같은 것"으로 머무른다.

> 자신의 사랑에 바쳐진 자신의 이미지가
> 자신의 아름다움에 대한 자신의 완전한 인식을 주는
> 물을 향한 나르키소스의 영원 회귀에 경탄하라:
> 　나의 모든 숙명은 나의 사랑의 힘에
> 　복종함에 다름 아니다. [10]

존재의 연속적 흐름이 느려져서 주기적 접힘으로 고임에 따라, 이 흐름은 매끄럽고 안정적인 표면을 가능케 한다. 이 위에 감각적 형태가 창발할 수 있다. 지드는 이렇게 쓴다.

> 아, 시간은 언제 비행을 멈추고 이 흐름을 쉬게 할 것인가? 형상들이여, 그저 휴식을 기다렸다가 다시 나타나고 마는 신성하고 영속하는 형상들이여! 아, 언제, 어느 밤에, 그대는 다시 결정화할 것인가?[11]

그러므로, 마침점에서 마침점'으로의 흐름(P-F-P')을 하나의 전체 과정으로 생각하면, 이 흐름이 저 접힘의 극한 주기 궤도limit cycle다. 주기는 정적 통일체가 아니라, 유체적 또는 동적 통일체다. 이것은 비와 강물이 새어 나오는 흐름으로부터 나르키소스의 연못을 재창조하는 것과 비슷하다. 항상적으로 접힘에 들어 왔다가 나가며 매번 접힘을 갱신하는 연속적 흐름 속에서만 접힘이 접힘이라면, 그것의 주기는 관념적 자기동일성의 통일체가 아니라, 동적 과정의 통일체라고 말해져야 한다. 강의 소용돌이처럼, 주기는 매번 새로운 물로 갱신되는 차이적 과정의 통일체일 뿐이다. 지드가 쓰듯이, "외견 속에 재-창조된 낙원"이다. 그래서 운동의 이론은 자기동일성과 통일성 개념을 마침점과 주기의 개념으로 대체한다.

실존

정기적 자기동일성과 주기적 통일성의 공동창발은 접힘의 실존을 구성한다. 실존이란, 어떤 것이 자기와 함께 집요하게, 그러나 차이화되어 자기회귀하는 것이다. 동적 실존은 차이적 유동과 과정의 세계 속 습성적 안정성과 자기감응의 항류적 점일 따름이다. 존재가 순수 연속적 흐름이라면, 그것이 자기동일성의 일관적 주기를 재생산할 수 있을 바로 그때에 무언가가 구체적 실존으로 들어선다. 달리 말하자면, 존재 자신의 움직임이 자신의 움직임 아닌 다른 움직임이 아닌 방식으로, 존재는 연속적으로 움직인다.

  이러한 의미에서, 일종의 존속하고, 안정적이고, 비단독적인 구조로 접히지 않은 흐름은 '실존'하지 않는다. 그리고 실존은 자기 감각에 묶여 있다. 인간 관찰자만의 감각이 아니라, 최소적이고 동적인 자기 감각에 묶여 있다. 사물이 자신에 대한 감각을 가지지 않는다면, 그것은 사물로서 실존하지 않는다. 예를 들어, 일각수가 실존하지 않는 것은 그것을 합성할 재료가 존재론적으로 세계에 부재하기 때문이 아니다. 이 재료의 흐름들이, 일각수에게 자기 감각—실존—을 줄 적절한 정기적·주기적 구조로 아직 접히지 않았기 때문이다.

  그러므로 실존은 정적이거나 형식적인 것이 아니고, 동적이고 실천적이다. 실존은 과정 또는 운동이다. 존재는 실존하기 위해 존속해야 한다. 플라톤이 문제를 "본질이 실존에 선행한다"라고 정식화했고, 사르트르가 이것을 "실존이 본질에 선행한다"라고 재정식화했다면, 우리는 이것을 다시 "과정이 실존에 선행한다"라고 재정식화한다.

필연성

존재는 운동 중에 있고 운동은 약동적 또는 무작위적이므로, 존재론적 필연성이나 보편적 결정론은 없다. 흐름은 필연성을 가지지 않는다. 그러나 이는, 외견적 필연성이 지역적으로 생산되거나 항상적으로 공동결연될 수 없다는 뜻은 아니다.[12] 그러므로 필연적 실존의 구조는 여전히 동적 설명을 필요로 한다. 주기의 구조는 또한 필연성의 지역적 효과를 생산한다. 일단 흐름이 이분화되고, 자기 위로 도로 접혀서 주기를 이루고, 마침점에서 자기 자신과 연결된다면, 그것의 출발점과 도착점은 같은 점이 된다. 이 점이 연속적으로 재생산되어야 하기는 하지만 말이다. 달리 말하자면, 독창적 벡터로 보이는 무엇이 있다 해도, 그것은 이미, 그것인/그것이었던 존재로 이끈 경로였을 것이다. 접힘은 반복적이다. 그것이 차이적 반복이라 해도 그렇다.

필연성은 끝이 나는 시작과 시작하는 끝의 동적 효과일 따름이다. 그러므로 필연성은 통일성의 자기동일성의 순환적 기능 또는 주기의 마침점이다. 정의에 따라, 주기적 움직임은 언제나 이미 시작했던 곳으로 돌아가는 움직임이며, 이러한 의미에서 그것은 일종의 동적 필연성이다. 시작과 끝이 같다면, 둘은 함께 융합되고 통일성으로 사라지며, 그렇기에 필연성의 외견을 주며, 하나가 다른 하나의 필연적 원인이었다는 생각을 준다. 그러나 사실, 둘은 동적 근접성과 둘의 주기적 운동 때문에 서로의 원인으로 보이는 것뿐이다. 동적으로 말하자면, 필연성은 시작이 또한 끝이 되는 주기적이고 반복적인 패턴으로 움직이려는, 흐름의 버릇 또는 강박이다. 절대적 필연성과 대조적으로, 흐름은 일종의 지역적 또는 동적 필연성을, 즉 항상적 동적 공동결연부를 생산한다.

흐름이 이처럼 습성적으로 자기 자신과 자기교차함은 또한 감응 또는 감각을 생산한다. 그것이 접힘의 두 번째 주요 특성이자 다음 장의 주제이다.

9장

감각

접힘은 하나 이상의 주기를 담고 있을 수 있다. 각 주기는 같은 마침점에서 출발하여 크고 작은 삽입된 고리를 지나 같은 마침점으로 돌아온다. 각 주기가 같은 마침점으로 돌아옴에 따라, 그것은 주기의 자기 자신과의 동적 동일성을 재생산하며, 또한 모든 삽입된 주기와 정기성과의 통일성을 재생산한다(도판 9.1을 보라). 이 구조는 또한 중요한 동動미학적 효과를 가능케 한다. 그것은 감각이다.

감각은 흐름이 자기 위로 접혀서 자신을 건드리는 마침점에서 일어난다. 감각은 마침점 자체의 모호한 동적 구조, 정기성의 이중적 또는 분열적 감응이다. 이것은 단일한 같은 마침점이지만, 또한 같은 흐름의 두 다른 점의 상호교차이기도 하다. 감각은 감수성sensibility과 감각된 것sensed 사이의 **동적 차이**다. 둘은 감각의 마침점(감각된 것)에서 자기동일적이지만, 주기를 가로지르는 흐름의 연속적 움직임 속에서 차이화된다(감수성). 감각은 자기감응 또는 자기 감각을 가능케 하는 실존에 내적인 동적 차이화다. 한 마디로, 감각은 동적으로 다른 것들의 동적 자기동일성으로서 감각된 것의 감感이다.

감각은 흐름이 자신을 감응할 때 일어나는 것이다. 그것은 나르키소스가 발견한 감각과 아름다움을 가능하게 하는, 잔잔한 연못 또는 흐름 속의 회오리다. 보들레르가 쓰듯이,

여기, 질서와 아름다움,

사치, 고요, 관능뿐이다.[1]

흐름 내의 한 점과 다른 점 사이의 차이 없이는 감각이 없을 것이며, 논리적 정적 자기동일성만 있을 것이다. 다른 한편, 감수성과 감각된 것이 근본적으로 불연속적인 존재자들이었다면, 이것들은 감각된 것에 대한 같은 감각을 생산하지 못했을 것이고, 감각 없는 차이 나는 감수성만을 생산했을 것이다.

불연속적 감각의 반동적 관념은 소위 일차 성질과 이차 성질 사이의 철학적 분할을 일으켰다. 이것은 적어도 로크부터 계속되었다. 일차 성질은 자체로 있는 사물에 내존한다. 그것은 **감각된 것** 속에 객관적으로 있기 때문이다. 이차 성질은 인간의 **감수성**에 의해 주관적으로 감각된 것으로서만 사물 속에서 나타난다. 그래서 감수성은 '자체로 있는 것'과 '자신에 대해 있는 것'의 선을 따라서 분할되었다.

이러한 조건 하에서, **실재적** 감각은 불가능하다. 실재적 감각은 무언가가 **자신**을 타자로서 감각할 때에만 일어난다. 랭보가 말하듯이, "나는 타자다."[2] **자신에 대해 있는 것**과 **자체로 있는 것**이 **같은** 존재의 두 면모가

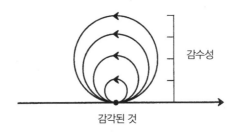

| 도판 9. 1 | 삽입과 감각

아니라면, 이것들은 **자신**을 타자로서 감각할 역량이 없다. 이것들은 존재론적으로, 단순히, 또는 그저 타자일 뿐이다. 이것들이 연속적이고 분할되지 않았을 때에만, 적절한 '자기감응'이 가능하다.

그러므로 감각은 **자기수용성**의 동적 구조, 감응되는 동시에 감응할 수 있는 역량이어야 한다. 간단히 말하자면, 흐름은 **같은** 흐름 속의 **다른** 점을 수용할 역량을 가진다. 같은 연속적 유동의 두 상이한 지역은 같은 마침점에서 감각되는 다른 점으로서 서로를 건드리고, 서로와 교차하고, 서로에게 응답할 역량이 있다. 감각이란, 흐름이 자기 자신에게 작용하고 도로 반작용하는 연속적 주기 속의 한 마침점에서 자기 자신으로 돌아오는 결연점이다. 흐름의 **두** 점이 **하나**의 마침점이 되지만, 그러면서 각 점은 이중적 또는 이중체가 된다. 하나가 둘로 접히지만, 둘이 또한 하나로 접힌다.

달리 말하자면, 감각 속에서 각 점은 **자신**에 대한 **타자**로서의 **자신**이 된다. 이 점은 여전히 흐름 속의 특이점이지만, 다른 특이점과 이어짐으로써 그것은 자신이면서 동시에 타자다. 그러므로 감각의 모든 주기적 **반복은 동적 차이의 반복** 또는 다중manifold이다.

감각된 것이란, 두 상이한 점이 **감각됨** 속에서 하나의 마침점이 되는 상호교차의 정확한 점이다. 그러므로 감각된 존재는 감각 자체의 과정에 선행하지 않는다. 모든 흐름은 엄청나게 많은 가능한 역량 또는 결연점을 담고 있지만, 모든 감각이 언제나 행위 속에서 표현되는 것은 아니고, 또는 같은 마침점에서 상호교차되는 것은 아니다. 예를 들어, 물고기는 맛을 볼 역량이 있지만, 이들이 언제나 맛을 보고 있는 것은 아니다. 맛의 감각은 물의 흐름이 입속 미뢰味蕾(척추동물의 미각기관)에서 접힐 것을 요구한다. 먹을 것이 물고기의 미뢰와 상호교차하는 올바른 마침점에서 접히지 않는다면, 감각은 일어나지 않는다. 흐름이 상호교차하면, 감각이 일어난다. 결연점이 펼쳐지면, 감각은 일어나지 않는다. 감각은 실천적이며 본질적이지(미리 결정되어 있거나 고정되어 있지) 않기 때문에, 감각이 어떤 역량이 있는지 우리는 결코 절대적으로 확실하게 알지 못한다.

수용성과 재유도

그러므로 감각의 동적 과정은 수용성receptivity과 재유도redirection라는 두 가지 별개의 작동을 가지고 있다. 감각은 흐름이 자신을 지나가게 허락하거나, 재유도를 통해 지연시킨다. 마침점은 자신이 수용하는 것에 아무것도 더하지 않는다. 감각은 그러므로 재현과 대비되어야 한다. 재현은 하나의 단속적 사물을 다른 단속적 사물을 통해 복제하는 것 또는 모방하는 것이다. 그래서 재현은, 흐름 속의 한 점이 다른 점의 복제일 따름이며 접힘이나 마침점이 아닌 양, 복제물에 선행하는 별개의 원본의 실존을 전제한다.

다른 한편, 감각은 같은 흐름의 두 차이화된 지역 사이의 독특한 교차점에서만 생산된다. 감각은 **차이의 반복적 상호교차**이지, **이전의 점의 복제**가 아니다. 감각이란, 단일한 점에서 수용과 재유도의 작용을 결합하는 교차 또는 십자로다. 만지는 손도 그것에 의해 만져지는 손에 의해도로 만져진다.[3] 감각의 십자로에서, 자기 위로 능동적으로 구부러지고 돌아오는 흐름은 또한, 이 접힌 흐름을 수용하는 흐름이다. 교차점에서 흐름은 자신을 가로질러 지나가서 다른 곳에서 계속되거나, 정기적 주기로 도로 받아들여져서 나중에 올 지연된 풀려남을 기다린다.

수용성과 재유도의 작동은 사건의 존속에 결정적이다. 사건은 흐름에 새로운 교차점을 생산하는데, 이 흐름은 또한 새로운 주기의 자리가 될 수 있다. 한편으로, 사건적 상호교차는 최소한의 또는 모호한 존속만을 가지는 일시적이고 단독적인 순간으로 남아 있을 공산이 크다.[4] 그런 것으로서, 사건적 상호교차는 새로운 궤적 또는 관점을 열 수 있지만, 그것을 반드시 지탱하는 것은 아니다.

다른 한편, 사건적 점을 지나가는 하나 이상의 상호교차하는 흐름은 저 점에서 자기 위로 돌아오고 접힐 수 있고, 그리하여 저 사건적 점을 지탱할 수 있다. 이는 흐름의 수용성, 그리고 흐름의 궤적을 안정화하는 접힘으로의 재유도 양쪽 모두를 요구한다. 본래의 사건은 단독적인 반면, 접힘은 주기적이고 정기적이다. 사건은 접힘의 자기생성적 귀결 속에서 계속 살아간다.

예시 1: 식물

앞에서 사용했던 예를 계속 사용하자면, 식물은 박테리아의 포획이라는 단일하고 희귀한 사건으로부터 처음 창발했다. 그러나 이 사건적 변이 이후로 유기체는 태양을 에너지로 사용하기 위해 광합성을 하는 시초의 작동을 유전적으로 '반복'하기 시작했다. 이것은 비유가 아니다. 유기체는 실제로 같은 운동을 거듭 반복했다.

저 사건 이후, 식물세포는 새로운 박테리아를 매번 연속적으로 흡수할 필요 없이, 태양에너지의 흐름을 자기에게로 수용하기도 하고 재유도하기 시작했다. 그 후 식물은 새로운 방식으로 자신을 감응하는 고유의 역량을 광합성할 수 있는 엽록체의 형태로 가졌다. 사이노박테리아의 새로운 흐름과 매번 상호교차하는 대신, 레지오넬라균의 세포 운송 체계는 이제 전적으로 **식물세포 자체 내에서** 주기적으로 움직이게 되었다. 박테리아의 흐름은 세포 속에 받아들여지고 반복되었다. 광합성 주기는 이제 전적으로 식물세포의 촉각적 감각 체계 내에서 완료될 수 있게 되었다. 식물은 고유의 정기적 연료 원천을 창조한다. 그것은 빛의 흐름을 수용하여 그것을 사용 가능한 에너지로 재유도하는 것이다. 그래서 식물의 감응적 주기는 세포의 **실존** 속에서 **통합**되었고, 새로운 유기체의 생존을 위해 소급적으로 **필수적**이 되었다.

　이러한 동적 정의로부터 또한 따라 나오는 것은, 감각은 인간적 감각만을 지칭하지 않는다는 것, 심지어 유기적 생명체의 감각만을 지칭하지도 않는다는 것이다. 흐름의 수용성과 재유도가 있으면 항상 감각이 일어난다. 심지어 무기물도 감응될 수용적 역량, 그리고 온도와 압력의 동적 흐름을 재유도할 역량을 가진다. 예를 들어, 아인슈타인의 동적 물질 이론에 따르면, 현무암 조각은 극히 느리게 움직이고 고밀도 패턴으로 떨리는 수없이 많은 원자적 흐름으로 합성되어 있다. 이러한 흐름 중 일부는 침식을 통해 이 고밀도 합성체로부터 재유도되어 멀어진다. 그러나 대부분의 흐름은 어떤 한계에 도달할 때까지만 움직였다가, 어떤 정기적 한계 내에서 서로 튕겨 나와, 떨리고 주기화하는 나머지 수용적 원자들로 도로 접힌다. 예를 들어, 현무암 내의 이산화규소와 산소원자의 흐름은 느린 외향적 · 내향적 일반적 주기로 움직이며, 어떤 결연점에서 접히고 다시 접혀서 이온 합성체를 형성한다. 그러나 더욱 **빠**르게 움직이는 원자들 또는 광자의 흐름(열)이 이 현무암 바위와 충돌하면, 이산화규소와 산소는 이 움직임에 수용적이 되고, 자신의 흐름을 다른 곳으로 재유도함으로써 그에 응답하여, 섭씨 984~1260도 사이에서 액체로 용해된다. 비슷한 수용성 및 재유도의 역량이 물리학에서부터 생물학에서 주어질 수 있다. 일반적 수준에서, 모든 물질은 동적 감각의 역량이 있다.

　그러므로, 감각은 동적 관점과 다른 것이다. 관점은 사건이 생산하는 것이고, 감각은 주기가 생산하는 것이다. 관점은 둘이나 그 이상의 이질적 흐름 또는 벡터의 상호교차다. 관점은 새로운 궤적을 열어 준다. 또는, 어떤 사건적 상호교차, 변이, 동적 공동배열이 있다면 새로운 방식으로 움직일 가능성을 열어 준다. 다른 한편, 감각은 같은 흐름의 자기와의 상호교차다. 그것은 자기와 차이 나는 것이 주기적으로 돌아와서, 항류적 자기동일성, 통일성, 안정성, 실존을 생성하는 것이다. 그것이 꼭 새로운 행위 가능성을 열어 주는 방위설정인 것은 아니다. 일련의 주기적 반복을 실존의 안정적 형태로 포획하고 재유도하는 축적이기도 하다. 사건은 흐른다. 감각은 주기화한다. 관점은 행위의 새로운 벡터를 더한다. 감각은 벡터를 포획하고 반복한다. 그것은 능동적 운동과 반응적 운동 **양쪽**의 주기다.

질

정기적 주기는 감각을 생산하는데, 이러한 감각으로부터 또한 감각의 차이 나는 질들이 온다. 흐름이 도로 접혀서 자신과 상호교차할 때, 그것은 **무언가에 대한** 감각을 생각한다. 이 무언가는 감각되는 것이다. 사건은 감각의 번쩍임 또는 줄무늬를 생산하는데, 이것은 어떤 특정한 **사물**과 연결되지 않은 채로 즉시 사라진다. 그것은 명확한 원천 없는 빛 또는 색의 번쩍임이고, 행위의 계획이나 프로그램 없는 위급함의 느낌이고, 식별 가능한 악기 없이 공간을 감싸는 소리 등등이다. 감응이 이러한 감각을 지탱하지만, 이 감각들이 다른 감각들과 공동결연되지 않는다면, 이 감각들은 여전히 꼭 사물인 것이 아니다. 예를 들어 《파도》에서 버지니아 울프는, 개별 사물을 합성하는 감응들을 어떻게 운동을 드러내는지를 기술한다.

내가 걸어감에 따라 어떻게 점과 가운데 줄이 달려서 연속적 선이 되는지 관찰하라, 내가 이 계단을 걸어 오름에 따라 어떻게 사물들이 헐벗은, 분리된 자기동일성을 잃는지를 관찰하라. 거대한 빨간 냄비가 이제는 노르스름한 푸름의 파도 속의 붉은 줄무늬다. 열차가 출발할 때의 생목 울타리의 사면처럼, 증기선이 움직일 때의 바다의 파도처럼, 세계가 나를 지나 움직이기 시작하고 있다. 나 자신도 움직이고 있다, 나도 저 일반적 순서 계열에 연루되고 있다.[5]

운동 속에는 냄비가 없고, 빨간 줄무늬, 노란 파도만이 있다. 울타리가 없고, 푸른 줄무늬만이 있다. 파도가 없고, 파란 줄무늬만이 있다. 그리고 궁극적으로, 주체는 없고, 감응적 일반적 순서 계열 또는 감각의 흐름만이 있다. 사물은 자신의 단속적 자기동일성을 잃고, 존속 속의, 또는 자신의 감응 흐름 속의 동적 자기동일성을 획득한다. 이러한 감응적 동적 감수성을 벗어나 있는 사물의 초월적 본질은 없다. 사물이 감응들에 의해 만들어지지, 그 역이 아니다.

흐름이 생산하는 이러한 감응적 동적 질은 질에 관한 전통적 사고와 몇 가지 방식으로 차이 난다. 첫째, 동적 흐름과 독립적으로 실존하는 동적 질은 없다. 그것은 정기적 감각을 통해서만 실존한다. 플라톤의 주장과 대조적으로, 질은 물질 속에서 자신의 구체적 현시를 초월하지 않는다.[6] 이 질이 접힘과 독립적인 불변하는 초월적 형상을 가지지 않더라도, 같은 질이 상이한 사물들에서 나타날 수 있다. 흐름은 한 번에 하나 이상의 장소에서 비슷한 **패턴** 또는 **동시성**을 띠고, 움직여지고 감응될 역량이 있기 때문이다.[7] 더 나아가, 하나 이상의 흐름이 같은 감응적 점 주위로 수렴하고 주기화함에 따라, 이 흐름들은 같은 때에 같은 결연점을 공유할 수 있다. 이러한 움직임은 어떠한 비물질적 형상 또는 이데아를 필요로 하지 않는다.

둘째, 동적 질은 미리 실존하는 실체의 속성이 아니다. 아리스토텔레스의 주장과 대조적으로, 질은 "자신의 자기동일성을 유지하면서도, 대조적인 질들을 허용할 역량이 있는" "자기와 동일한 하나의 실체"의 속성에 불과한 것이 아니다.[8] 사실에 따라서 동적 질이 미리 실존하는 사물에 부과되고 이때 저 질이 저 사물과 구별되는 다른 것으로서 부착되는 것이 아니다. 질과 사물은 접힘 속에서 동시에 생산된다. 사물은 사물의 동적 감응의 공동결연부에 지나지 않기 때문이다.

셋째, 질은 본질이 아니다. 본질적 질은 사물이 그것에 대한 어떤 관찰과도 독립되어 가지는 질이며, 사물이 무엇이든 간에 같은 것으로 머물러야 한다. 예를 들어, 책의 일차적 또는 본질적 성질은 페이지를 가진다는 것이다. 우리가 책의 한 페이지만 남기고 다 없애 버린다면, 단일한 종잇조각은 정의상 더 이상 책이 아니다. 그러나 책의 색은 그 책의 우유적accidental 성질 또는 속성이다. 책이 우선은 흰색이었다가 검정으로 칠해진다 해도, 그것은 색과 무관하게 책으로 남아 있다.

동적 질은 객관적 본질적 질과 주관적 우유적 질 사이의 이러한 대립을 따르지 않는다. 모든 질은 같은 유동적 과정의 감응적 기능이기 때문이다. "질은 물질에 속하는 만큼 우리에게도 속한다. 질에 내적으로 구두점을 찍는 떨림과 수 덕택에 질은 물질에 속하며, 물질 속에 있다."⁹ 달리 말하자면, 사물이 무엇'인지'는 그것의 질 중 하나가 변화할 때마다 변화한다. 예를 들어, 한 페이지짜리 책은 읽힐 역량은 감소했지만 휴대할 역량은 증가했다. 검은 책은 광파를 반사할 역량은 감소했지만, 흡수할 역량은 증가했다. 본질적 질이나 우유적 질은 없다. 특정한 동적 감각을 위한 역량의 증감만이 있다.

성질의 파형 이론

흐름의 자기교차점은 감각의 마침점이다. 그런데 이것은 또한 감각된 것의 동적 질을 정의하기도 한다. 정기성이란, 한 흐름의 두 다른 면모가 같은 마침점에서 하나가 되는 과정이다. 이 마침점은 추상적이거나 논리적인 자기동일성(A = A)으로서 나타나지 않고, 동적으로 **질화된 자기동일성**으로서—**어떤** 굳기, 크기, 속도, 색, 온도 등등으로서 나타난다. 서로 위로 접히는 방식에 의존하여, 흐름들은 상이한 질을 생산한다.

예를 들어 물리학에서 동적 이론은, 모든 입자가 연속적 주파수 또는 주기와 파형을 가지고 항상적으로 움직이고 떨린다는 테제에 기반하여 질에 관한 상당히 탄탄한 설명을 정교화했다. 물리학에서 모든 감각 가능한 물질(즉, 플랑크 규모 이상의 물질)은 동위상학적 파형에 따라 이해될 수 있다. 아원자 입자, 원자, 분자 모두가 움직이며, 그렇기에 일종의 주파수를 가진다. 모든 물질이 움직인다면, 모든 물질은 창발의 상이한 수준 —원자적 · 분자적 · 세포적 · 유기체적 · 사회적 · 행성적 수준—에서 그 물질의 질을 정의하는, 움직임의 주파수 또는 파형을 또한 가진다.

예를 들어, 흐름의 동적 **밀도**는 사물의 고체적 · 액체적 · 기체적 질을 결정하는 반면, 동적 **주파수**는 사물의 가시적 질 · 청각적 질 · 미각적 질 · 후각적 질 · 온도를 결정한다. 전자기파 스펙트럼과 압력 스펙트럼에 걸쳐 있는 파장이 색 질과 소리 질을 생산하고, 원자와 분자의 상이한 진동 주파수가 물질의 맛과 냄새를 결정하는 반면, 접힘의 동적 속도는 그 온도 질을 결정한다. 한 마디로 물질의 파형 이론이란, 물질의 질이 순전히 이들 운동의 파형에 의해 정의된다는 것이다.[10]

그러므로 질은 동적 감응의 결과, 즉 수용적이고 유도적인 밀도, 형태, 속도, 주파수를 가지는 흐름들의 결과다. 접힘은 파형이고 주파수다. 접힘은 더 빠르거나 느리게, 크고 작은 주기로, 흐름이 나갔다가 자신으로 돌아오는 마침점을 가지기 때문이다. 물질이 실존하는 한, 원자 · 분자 · 세포 등 물질의 구성 부분의 움직임은 그것의 형태와 질을 정의하는 마침점 또는 한계에서 외향적으로 움직이고 안으로 도로 움직인다.

질의 정도 —— 동적 질은 또한 정도를 허용한다. 더 또는 덜 단단하고, 더 또는 덜 크고, 더 또는 덜 뜨겁고, 더 또는 덜 어둡고 등등. 감각의 같은 마침점으로 모두 돌아오면서도 크거나 작은 삽입된 주기들이 있을 수 있기 때문이다. 질의 정도(더 또는 덜)는 그러므로 모든 삽입된 주기가 지나가는 마침점 또는 감각의 점과 언제나 관계되어 있다. 어떤 주기는, 공유되는 상호교차의 마침점—감각—과 관련하여 그것이 감싸고 있는 더 작은 주기에 비하여 '더'이다. 감각의 마침점은 모든 삽입된 흐름들의 도착(수용)과 출발(재유도)의 점이다.

수학에서 무한들 사이의 정확한 수적 차이를 알지 못하면서도 크고 작은 무한을 구별할 수 있음과 마찬가지로, 질들 사이의 정확한 양적 차이를 고려하지 않고서도 질의 더와 덜을 구별할 수 있다.[11] 두 질 사이의 차이의 정확한 크기를 고려하지 않고서도, 어떤 것은 감각의 점과 관계하여 더 또는 덜 뜨겁게 느껴질 수 있다. 니체Friedrich Wilhelm Nietzsche는 이렇게 썼다. "우리는 양적일 뿐인 차이들을 양과 근본적으로 별개의 무언가로 느끼는 것, 말하자면 저들이 더 이상은 서로로 환원되지 않는 질이라고 느끼는 것을 막을 수가 없다."[12] 그러므로 감각의 두 주기 사이의 차이는 양적 차이가 아니라 질적 차이다.

반복의 이러한 정기적 구조가 없을 경우, 예를 들어, 흐름이 어떤 밀도로 서로에게로 돌아오지 않는다면 굳기 같은 질은 금방 소멸될 것이다. 예를 들어, 마그마 흐름이 현무암 속의 이산화규소 흐름을 모두 끊어 버리고 다른 곳에서 다른 변성적 흐름과 섞는다면, 바위는 자신의 굳기의 질적 정도를 잃을 것이다. 저 흐름은 같은 주기 또는 질적 정도로 돌아오지 않을 것이다. 이 경우 바위는 파괴될 것이고(질적 변용) 더 이상 실존하지 않을 것이다. 질이 실존하기 위해서는 정기성의 자기동일성 기능이 필요하기 때문이다.

양

그러나 질적 접힘의 연속적 주기들이 수적으로 단속적인 통일체들로 다루어지는 한에서, 질적 접힘은 양적 접힘이기도 하다. 그러므로 질과 양 사이의 근본적 또는 존재론적 분할은 없다. 흐름과 접힘이 있을 뿐이다. 접힘의 동적 이론은 그러므로 우리가 이질적 질과 등질적 양 사이의 단순한 대립을 넘어설 수 있게 해 준다. 질과 양은 저 접힘의 같은 연속적 움직임의 두 차원일 따름이다.[13] 질이 마침점 또는 접힘의 감각의 점을 기술한다면, 양은 자신의 정기성을 전체적·자기동일적·통일화된 폐쇄된 주기로서 기술한다(도판 9.2). 크고 작은 양은 그것이 담고 있는 더 작은 하위 주기를 셈으로서 결정된다.

예를 들어, 온도 10도는 적어도 9개의 다른 측정 가능한 질적 하위 주기 또는 정도보다 뜨겁다. 이런 방식으로, 접힘의 마침점과 주기 사이의 존재론적 분할을 전제하지 않고서도 주기를 질적 다중성으로서 셀 수 있다. 예를 들어, 현대 물리학은 양자장으로서의 물질의 움직임의 질적 연속성을 받아들이지만, 또한 이러한 장이 상이한 창발적 수준—입자, 원자, 분자, 세포, 동물, 식물, 은하계 등등—에서 양화됨도 받아들인다.[14] 이것이 가능한 것은, 양이란 통일체 또는 '하나'로서 생각된, 운동

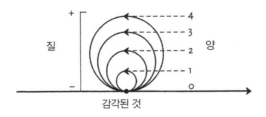

| 도판 9. 2 | 질과 양

의 질적 접힘의 주기에 지나지 않기 때문이다. 양은 확장의 움직임 또는 동적 마침점을 주기의 전체 통일체와 동일화함이다. 반면에 질은 주기 통일체가 자기 감각 또는 감응의 단일한 점으로서 도로 수축하는 움직임이다. 그러므로 양과 질은 같은 동적 과정의 두 차원이다.[15]

세공

접힘은 접힘의 질 및 양과 관계하여 마침점과 주기만을 생산하는 것이 아니다. 그것은 또한 접힘의 가운데를 차지하는 세공細孔pore, 또는 구멍을 생산한다.

접힌 세공

정의상, 모든 접힘은 그러한 세공 또는 구멍을 필요로 한다. 그렇지 않다면 접힘은 완전히 꽉 차 있고 차이화되지 않을 것이며, 그러므로 접힘이 아닐 것이다. 접힘의 세공은 접힘을 자신과 차이 나게 해 주는 것, 그것을 같은 흐름의 단일한 꽉 찬 점이 아니라, 두 별개의 점의 결연점으로 만들어 주는 것이다. 같은 마침점으로 돌아오기 위해서(P-F-P') 흐름이 주기 속에서, 세공 주위로, 한 점에서 다른 점으로 움직인다는 사실에 의해, 같은 흐름의 두 점은 차이화되면서 또한 통일된다. 접힘이 세공을 결여한다면, 그것은 전적으로 등질적이고, 자기동일적이고, 정적일 것이다. 그것은 아무 운동이 필요 없이, 이전의 자신과 **이미** 자기동일적일 것이기 때문이다(P). 접힘은 자신과 자신 사이의 차이를 유지할 때에만 접힘으로 머무른다. 세공이 그 차이다. 이 차이 없이, 동적 질 또는 양은 전혀 불가능할 것이다.

정기적 세공

접힘의 질적·양적 정도를 정의하는 삽입된 주기에 대해서도 같은 말을 해야 한다. 하나의 정도 또는 주기와 다른 정도 또는 주기 사이에는 이것들을 떼어 놓고 별개로 유지하는 세공 또는 차이가 있어야 한다. 이러한 차이가 없다면, 접힘의 고리와 마찬가지로, 주기들은 서로와의 단순한 정적 동일성으로 붕괴할 것이다.

질과 관계하여, 세공은 접힘 내부에 차이를 창조한다. 이 차이는 흐름이 주기 주위를 돌도록 강제하여, P와 P' 사이의 감각적 차이를 도입하고, 운동의 질적 파형을 정의한다. 양과 관계하여, 세공은 한 주기와 다른 주기 사이의 차이를 창조한다. 한 접힘의 모든 주기가 완전히 꽉 채워져 있다면, 수를 셀 기반이 없을 것이다. 수가 동적으로 조응되기 위해서, 수는 셈과 세어지는 것 사이의 최소한의 차이를 필요로 하기 때문이다. 흐름이 접힘 주위를 주기에 따라 움직이도록 강제함으로써, 세공은 자기 고유의 주기를 필요로 하는 셈의 동적 행위와, 그것에 의해 세어지는 다른 주기 사이의 차이를 도입한다.[16]

그러므로 모든 접힘은 주기들 사이에서 일어나는 감각의 세공과 구멍에 의해 얽은 자국이 나 있다. 이 세공은, 자기 구멍을 통해 흐름을 저수지로 끌어들이고 동적 차이를 통해 같은 것의 감각을 가능케 하는 수많은 눈, 귀, 입, 코, 다른 구멍과 비슷하다. 세공은, 물체의 내부를 외부로 노출시키고 외부를 내부로 노출시켜 질과 양 양쪽에서의 차이를 가능케 하는, 물체에 나 있는 상처나 옹이 구멍과 비슷하다.

다중적 세공

세공은 접힘 가운데 있는 부정적 또는 텅 빈 공간으로 생각되어서는 결코 안 된다. 세공은 접힘의 핵심 또는 코라*와 더 비슷하다.[17] 세공은 자신의 운동을 통해 공간을 만드는 또는 여는 흐름 자체의 긍정적·창조적 과정에 다름 아니다. 세공은 흐름에 앞서 실존하는 것이 아니고, 접힘에 의해 결연점의 결과로서 만들어지는 것이다. 흐름은 문자 그대로 세공 주위로 감겨 있다. 그러나 애초에 세공을 생산하는 것이 이 감기 또는 둘러싸기이다. 그래서 세공은 접힘을 통해 창발하지만, 접힘 자체에 다름 아니다. 흐름과 세공은 같은 **이중체** 운동의 양면이다.

모든 흐름은 다른 흐름들의 무한한 다중체로부터 합성되어 있으므로, 모든 접힘 또한 다른 접힘의 무한한 다중체로부터 합성되어 있다. 접힘의 자기와의 차이가 세공이지만, 이 세공과 이 접힘 사이에는 또 다른 접힘이 있고, 그러므로 이 접힘을 자기 자신과 구별해 주는 또 다른 세공이 있으며, 이렇게 계속된다. 이런 방식으로, 무한한 다중체들의 무한한 다중체가 있다. 접힘의 다중체는 이들이 열어 준 세공의 다중체와 번갈아 나타난다. 이런 방식으로 존재는 동적으로 자기차이화되어 있으며, 무한히 자기감응적이다.

한 수준에서 불연속성으로 나타나는 것이 다른 수준에서는 동적 연속성이다. 그러나, 한 접힘에서 자기동일성으로 나타나는 것은 또한 다른 접힘의 차이로 나타난다. 맨눈에는 피부가 평평하고 매끈하게 나타나지만 현미경 아래에서는 세공이 많은 것으로 나타나듯이, 접힘은 한 수준에서는 단순한 통일체로 나타나지만, 다른 수준에서는 세공이 많은 하위 접힘으로 가득 차 있다. 한 수준에서 접힘은 매끈하게 나타나고 다음 수준에서는 거칠게 나타나지만, 피부와 마찬가지로, 모든 층 사이에는

---

* chora, khôra. 이 용어는 그리스어로, 본래는 폴리스 바깥 지역을 뜻했다. 플라톤은 형상의 세계와 감각의 세계를 매개해 주는 어떤 빈 공간, 간격을 코라라고 불렀다. 이에 관한 더 상세한 설명은 27장 〈페리코레오시스〉 절 참고.

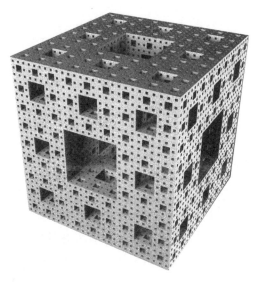

| 도판 9. 3 | 멩거 육면체

출처: Niabot/Wikimedia Commons.

동적 연속성이 있다. 이 동적 과정은 세공의 무한한 다중체를 통해 내부를 외부와 통일시킨다. 이는 부피는 거의 0이면서 무한한 표면적을 가지는 위상학적 형태인 멩거 스펀지와 비슷하다(도판 9.3을 보라).

흐름들은 합류를 통해 함께 관계되고 연결된다. 그러나 접힘들은 어떻게 함께 연결되는가? 이 물음은 우리를 접힘의 마지막 정의적 특성, 즉 공동결연으로 데려간다. 이것이 다음 장의 주제다.

10장

공동결연부

접힘은 하나나 그 이상의 공동결연부를 통해 함께 연결된다. **공동결연부** conjunction는 둘 또는 그 이상의 결연점 또는 교차점 사이의 연결이다. 그런 것으로서, 그것은 또한 각각 자기 고유의 감응과 수를 가진 상이한 질과 양 사이의 연결이기도 하다.

접힘들의 공동결연부는 '사물'이다. 그러나 모든 접힘은 질적이면서 양적이므로, 모든 사물도 그렇다. 그러므로, 접힘의 마침점들, 감각적 질들, 감응들의 연결과 관련될 때는 공동결연된 사물을 '이미지'라고 부르자. 주기들 또는 수적 양들의 연결과 관련될 때 공동결연된 사물을 '대상'이라고 부르자. 질과 양, 이미지와 대상은 한 사물의 동적으로 별개지만 불가분한 두 차원이다(도판 10.1를 보라).

예를 들어, 의자는 의자의 감각적 이미지를 정의하는 어떤 굴기, 온도, 질감, 색 등의 동적 파형 질의 공동결연부다. 그러나 의자는 또한 그 것의 수적 대상성을 정의하는 어떤 규범적 양—다리 넷, 앉는 부분 하나, 팔걸이 둘, 어떤 길이·폭·높이 전부—의 공동결연부이기도 하다. 함께, 이 질과 양의 결합과 배치는 '의자'라고 불리는 사물을 정의하는, 상대적으로 응집적인 집단화를 생산한다.

사물은 접힘의 공동결연이지만, 또한 다른 접힘의 절연disjunction이기도 하다. 그리하여 접힘들에게 환경과 관계하여 외견상의 단속성을 준

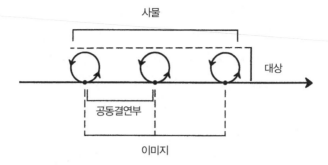

| 도판 10. 1 | 공동결연부, 사물, 대상, 이미지

다. 세공은 흐름들 사이의 차이지만, 사물은 그 속에서 공동결연된 것과 그렇지 않은 것 사이의 차이다. 이것들은 사물의 실존을 정의하는, 사물의 두 면이다. 사물을 이루는 접힘과 마찬가지로, 사물은 일련의 상호적 자기제한 속에서 무한히 교대한다. 이때 사물은 자신의 공동결연과 절연 사이의 상대적 차이의 정확한 동적 외곽선일 뿐이다. 흐름들 또한 이러한 다중체로서의 규정들로부터 물러나기도, 이 규정들을 초과하기도 함에도 불구하고 그렇다.

예를 들어, 의자의 '사물성'은 그것의 모든 공동결연된 질과 양, 그리고 그것이 가지지 않는, 그것과 절연된 모든 질과 양 사이의 차이다. 그것은 절대적이거나 불연속적인 차이가 아니고, 위상학적 표면 위의 접힌 근방 같은 지역적 차이다. 나무 의자는 굳기의 공동결연된 질을 가질 수 있지만, 타는-듯이-뜨거운 온도 질이나 아홉 다리 양 등등은 가지지 않을 수 있다. 절연된 질과 양의 목록이 단일한 의자의 질과 양보다 훨씬 크다는 것은 명백하다.

사물이 더 많은 질을 가질수록, 그것은 더 많은 세공을 가진다. 더 많은 세공을 가질수록, 다른 흐름과 접힘에 의해 분할되거나 관통되어 그것을 안으로부터 또 밖으로부터 변용시킬 가능성이 더 크다.[1] 그러나 일단 사물이 자신의 질 중 하나 이하를 가지게 된다면, 그것은 사물이기를 멈춘다. 질이 **어떤 사물의** 질로 나타나기 위해서, 그것은 적어도 하나의 다른 질**의** 질로서 나타나야 하기 때문이다. 이러한 '~의'라는 동적 구조는 한 접힘을 다른 접힘과 연결하는 공동결연 과정에 의해 가능해진다. 질이 하나의 질에 불과하고 다른 무언가의 질이 아니라면, 그것은 사물이 아니다. 그것은 공동결연을 가지지 않는다.

접힘의 모든 공동결연부는 또한 전체 계열을 통과하여 움직이는 흐름들에 의해서만 지지된다. 예를 들어, 생명체는 에너지의 소모와 변용의 연속적 흐름 속의, 상대적으로만 안정적인 저수지 또는 접힘이다. 저 에너지는 태양으로부터 움직이고, 유기체에 의해 공동결연되고, 후손들에게서 재생산되고, 죽음을 통해 절연된다. 생명의 접힘은 동적 물줄기 속의 회오리에 불과하다.

무기물의 비유기체적 신체조차 동적 에너지의 연속적 변용 속 접힘의 상대적으로 안정적인 결합에 지나지 않는다. 화성암, 수성암, 변성암은 지구의 고체 몸체의 연속적 변이와 공동결연의 세 상대적 단계일 따름이다—바위 주기다. 고체, 액체, 기체 또는 얼음, 물, 공기—이것들은 지구의 유체 몸체의 연속적 공동결연의 세 상대적 단계일 따름이다—물 주기다.

미시적 수준에서, 모든 유기적 몸체와 비유기적 몸체는 더 작은 몸체들의 공동결연부이고, 더욱더 작은 몸체들의 공동결연부이고, 이런 식으로 계속된다. 이 모든 것은 모든 수준에서 항상적으로 운동 중이다. 분자, 입자, 아원자 입자의 흐름은 연속적으로 움직이고 다른 흐름과 공동결연된다. 양자장은 썰물이 되고, 흐르고, 공동결연되고, 절연되고, 회절하고, 광대한 "디랙의 바다"의 빛나는 해안에서 입자로 붕괴된다.[2] 이탈리아 물리학자 카를로 로벨리가 쓰듯이, "세계는 원소적 사건들의 무리다. 이것은 바닷물처럼 일렁이는 광대한 역동적 공간의 바다에 흠

뼉 빠져들어 있다."[3] 거시적 수준에서조차, 이 모든 몸체들은 최종적 안정성을 생산하지 않는다. 모든 것은 놀라운 속도로 가속하는 우주를 지나 움직이고 있다. 모든 사물이 동적 공동결연의 산물이므로, 이들은 준안정적이다. 사물은 언제나 더 작은 수준의 흐름에 의해 지지된다.[4]

연장, 용적, 형태 등등 같은 '본질적' 질과 양은 연속적 항상적 공동결연 과정의 산물에 지나지 않는다. 정기적 주기의 공동결연된 구조 속으로 일련의 질과 양이 함께 더해진 후에야, 사물이 창발한다. 그러므로 이들이 필연적 또는 본질적으로 이러한 질과 양을 가지는 것으로 나타나는 것은 오직 소급에 의해서만이다. 필연성과 본질은 또한 약동에 의해 생산된 동적 효과일 뿐이다. 이것들은 동적 한계 주기에 근거한다.

공동결연 없이는 사물이 없고, 파편화된 감각들—어느 정도의 열, 색의 번쩍임, 펑 하는 소리—만 있을 뿐이다. 흐름은 계속해서 움직이고, 접힘은 계속해서 주기화하지만, 공동결연 없이는 아무것도 합쳐지지 않는다. 아무것도 다른 아무것에 부착되거나 다른 아무것의 일부로 보이지 않는다. 모든 것은 흐르지만, 운동은 사물이 아니고, 과정이다. 흐름은 사물 속의 벡터와 텐서tensor이며 사물로 환원될 수 없다. 예를 들어, 주어진 시간에 물 한 무리가 얼어 있지 않을 수 있다. 이 순간에는 얼음이라고 불리는 **사물**은 없다. 그러나 물의 동적 파형이 변화하고, 느려지고, 식고, 접히고, 응결됨에 따라, 얼음이 사물로서 실존하게 된다. 일단 수소와 산소가 충분히 느려져서 낮은 속도에서 함께 공동결연된다면, 얼음이 있다. 사물은 동적 과정을 통해 창발한다. 그러나 흐름은 사물로부터 분리되어 있거나 독립적인 것이 아니다. 흐름은 사물이 실존으로 들어오고 실존에서 나가는 과정이다. 이들은 실존이 엮이고, 접히고, 펼쳐지는 부두, 씨실, 벡터다.

공동결연 과정은 첨가적이다. '하나씩 하나씩' 일어나는 것이지, 무언가가 한 번에 부과되고 끝나는 것이 아니다. 공동결연 과정이 부과되는 단일한 실체가 없기 때문에 그렇다. 물질은 실체가 아니라 물질화의 과정이다. 흐름은 다중체이고 존재는 총체적이 아니므로, 공동결연은 지역적일 수밖에 없다. 동적 사물의 합성하는 공동결연은 흐름들 자체처럼 항상적으로 운동 중이며, 언제나 변화 또는 재합성을 겪을 수 있다. 사물의 질의 결정은 그러므로 결코 총체적이거나, 완결적이거나, 최종적일 수 있다. 사물을 이루는 흐름은 언제나 사물 밖의 무엇으로 새어 나가거나 그것과 이어지기 때문이다. 흐름의 과정으로써 동적 사물은 그러므로 주어진 자신에 공동결연되어 있는 질과 양의 어떤 고정된 집합으로 환원될 수 없다.

내포결연

공동결연의 첫 번째 유형은 내포결연injunction이다(도판 10.2을 보라). 이것은 둘이나 그 이상의 결연점이, 하나의 주기가 다른 하나의 주기와 같아지는 방식으로 내포적으로 이어지는 것이다. 달리 말하자면, 내포결연은 둘 이상의 접힘이 정확히 같은 주기와 정기성을 공유할 때 일어난다. 내포결연은 그러므로 둘 이상의 접힘의 내포적 동일성 또는 통일성이다. 그러므로 내포결연은 둘 이상의 접힘이 정확히 같은 감응적 능력을 가짐을 수반한다(이것은 동일한 질과 양으로 표현된다).

사례 2: 사파티스모

사파티스모라는 정치적 사례를 이어 가자. 2014년 5월 2일, 지역정부와 중앙정부로부터 자금을 받고 이들에 의해 조직된 준군사조직 '역사적 농업 노동자와 농민 독립 연맹Central Independiente de Obreros Agrícolas y Campesinas Histórica' 구성원들이 라레알리다드의 사파티스타 자율 공동체

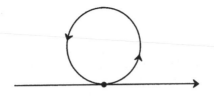

| 도판 10. 2 | 내포결연

를 공격했다. 이들은 자율 학교와 병원을 파괴하고 사파티스타 15명에게 부상을 입혔다. 이 중 한 명, 사파티스타 작은 학교Escuelita Zapatista의 교사였던 호세 루이스 솔리스 로페스(일명 갈레아노)는 잔혹하게 살해당했다. 2014년 5월 25일, 사파티스타 봉기의 대변인인 부사령관 마르코스는 이전에 죽었던 마리오 마르코스라는 이름의 동지를 따서 붙였던 가명 '마르코스'를 바꾸어 '부사령관 갈레아노'가 되었다.

'부사령관 갈레아노'라는 내포결연은 부사령관 마르코스과 똑같은 모든 감응들로 합성되어 있다. 검은 마스크와 담배 파이프를 가지고 있음, 붐비는 거리를 말을 타고 지나감, 헤드셋 마이크를 쓰고 있음 등등. 이런 식으로, 이 세 감응적 결연점 중 하나도 공유하지 않았던 본래의 갈레아노가 계속 살아가지만, 이는 부사령관 마르코스의 감응 각각 전부를 공유하며 사실상 동적으로 그와 동일한 자인 부사령관 갈레아노의 동적 내포결연을 통해서만 살아간다. 이 둘은 하나로 공동결연된다. 마르코스/갈레아노가 말하듯이, "우리의 생각은, 갈레아노가 살아갈 수 있도록 우리 중 하나가 죽어야 한다는 것, 그리하여 죽음은 이름만을 가져갈 뿐, 생명은 가져가지 못한다는 것이다."

회로

공동결연의 두 번째 유형은 회로다(도판 10.3을 보라). 회로는 하나 이상
의 접힘이 세 번째 더 큰 접힘 속에서 공동결연되는 것이다. 세 번째 접
힘은 다른 접힘을 위한 공통적 배경으로 기능하며, 다른 접힘을 함께 모
은다. 이런 방식으로, 한 흐름은 다른 한 흐름을 이용하여 다중적 흐름
들을 함께 공동결연한다. 그러므로 회로 내의 모든 흐름은 적어도 하나
의 공유되는 마침점을 통해 주기화한다. 더 큰 회로를 합성하는 하위 결
연들은 서로와 공유하는 질이나 역량이 없을 수 있다. 그러나 이들 모두
의 주기는 이들의 공동운동을 제약하는 또는 공동운동 기저에 있는 세
번째 주기에 의해 제한된다. 동적 회로는 전자회로판과 대략 같은 방식
으로 작동한다. 그것은 다중적 구성 요소—콘덴서, 트랜지스터, 다이오
드 등—를 통하여 전류가 지나갈 통로 또는 물질적 기반을 제공한다.

　각 구성 요소 접힘은 고유의 역량을 가진다. 그러나 회로는 이것들을
함께 묶고, 이것들이 끊어지지 않게 하는 다른 구성 요소에 이것들을 구
속한다. 함께, 회로 내의 접힘은 단일한 양의 상이한 질이다. 이것들은
그 사물의 부분이기 때문이다. 공동결연은 흐름에 지나지 않으므로, 회
로는 그것을 합성하는 흐름들로부터 독립적인 지지대는 가지지 않는다.
모든 큰 회로는 그것을 합성하는 모든 더 작은 하위 회로와 결연의 지지

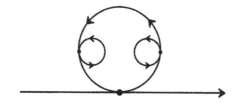

| 도판 10. 3 | 회로

에 의존한다. 맨 아래까지도 그렇고, 맨 위까지도 그렇다.

인과성

이러한 의존관계는 또한 인과성의 효과, 또는 동적으로 말하자면 항상적 공동결연을 생산한다.[5] 동적으로, 우리는 작은 하위 결연이 큰 회로의 '원인이 된다'고 말할 수 있다. 우리가 '인과성'이라는 용어를 사용할 때, 우리는 설명을 제공하는 것처럼 보이지만, 그렇지 않다. 인과의 개념은 그 상황의 동적 구성 요소에 대한 훨씬 더 긴 기술을 가리키는 줄임말로 기능할 따름이다.

예를 들어, 열이 고체가 액체가 되는 **원인**이라고 우리가 말할 때 우리가 실로 말하고 있는 것은, 고체 내의 분자가 상대적으로 빠르게 움직이고 있다는 것이다. 내 책상 위에 쌓인 책들이 내 지저분한 책상의 **원인**이라고 말할 때 우리가 행하고 있는 것은, 내 책상 위에 책들이 있다는 사실에 대한 기술이다. 설명으로 보이는 것이 실제로는 다른 수준에서의 기술에 불과하다.[6]

더 나아가, 회로는 다른 흐름을 담고 있는 접힘에 불과하므로, 어떤 흐름이 접힘인지 회로인지는 동적 분석의 수준에 의존할 따름이다. 한 수준에서 이산화규소와 산소는 현무암 회로 내의 이온 접힘이다, 다른 수준에서 현무암 자체는 산비탈 회로 내의 접힘이다 등등.

앞선 정치적 사례를 이어 가자면, 사파티스타의 군사 전위EZLN는 남성성과 여성성의 감응적 접힘이 상대적 평등성 속에서 지나가는 공통적 회로로 기능한다. 1994년에 EZLN은 여성 혁명법을 제정하기로 합의하여 투표했다. 그것은 여성에게 정당한 급료를 받고, 교육을 받고, 가족을 계획하고, 사랑의 상대를 선택하고, EZLN에서 지도적 지위를 가질 권리를 주는 법이었다. 이 모든 것은 EZLN 밖에서는 여성에게 주어지지 않던 것이었다. 그렇기에 남성과 여성 사이의 완벽한 평등을 획득하는 것과는 거리가 멀다고 해도, EZLN은 모든 사람의 움직임이 저 군사 조직이라는 큰 접힘을 통해 중요해지고 흘러가도록 하는 공통적 회로로서 점점 더 기능하기 시작했다.

회로로서 EZLN은 그것의 하위 결연들이 하나의 응집력 있는 동적 몸체로서, 하나의 **사물**로서 함께 움직일 수 있게 했다. 남성 하위 몸체와 여성 하위 몸체 사이의 차이에도 불구하고, 모두는 요리 임무와 청소 임무를 공유했다. 각 접힘은 고유의 역량을 가지지만, 회로는 차이들을 공통 배경 내에서 합친다. 저 공통 배경을 통해서 저들은 수용되고 재유도되며, 저 공통 배경이 없다면 저들은 끊어질 것이다. 함께, EZLN의 군인들은 수적으로 통일된 같은 군사체의 상이한 질들이다. 회로 또는 사물로서의 EZLN은 그러므로 그것을 구성하는 군인 접힘들의 공동운동에 의존한다.

절연

공동결연의 세 번째 유형은 절연disjunction이다(도판 10.4). 절연은 하나 이상의 흐름이 접힘, 정기적 궤도, 공동결연을 떠나는 동적 과정이다. 절연은 흐름의 엔트로피다. 모든 결연과 공동결연은 새어 나간다. 즉,

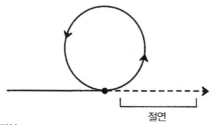

| 도판 10. 4 | 절연

보기에 안정적인 모든 객체 또는 이미지는 동적인 것으로서, 또한 쇠락과 감퇴를 겪는다. 물이 새는 배처럼 가라앉지 않게 하기 위해, 접힘은 연속적으로 만들어지고 다시 만들어져야 한다. 접힘의 배치와 질서는 그것의 구체적 공동결연에 앞서 실존하는 영원한 형상이나 본질을 가지지 않는다. 사물은 지어져야 하며, 항상적으로 공동결연되어야 한다.

엔트로피

모든 동적 공동결연은 그러므로 어느 정도의 절연 또는 엔트로피를 가진다. 접힘 안에 더 많은 절연이 있을수록, 흐름이 더 빠르게 접힘을 떠날수록, 결연과 이들의 공동결연은 덜 안정적이다. 절연이 적을수록 접힘 또는 공동결연은 더 안정적이고, 예측 가능하고, 질서 잡혀 있다. 예를 들어, 냉장고에 있는 배는 태양 아래에 둔 배에 비교해 볼 때 흐름들의 상대적으로 안정적인 공동결연이다. 태양이 배에 열을 가함에 따라, 배의 공동결연된 접힘들이 산화, 세포 파열, 박테리아, 배고픈 벌레들에 의해 점점 더 절연된다. 마침내 배는 분해되고 배의 흐름들은 전적으로 절연될 것이다. 탄수화물 분자, 섬유질 등등 새로운 접힘은 더 이상 배와 공통적인 질(즙이 많다, 달다, 푸르다)을 공유하지 않을 것이다. 그러나 이러한 절연된 접힘은 이어서, 그것의 탄소·섬유질·물의 동적 에너지를 흡수하는 다른 공동결연(흙, 박테리아, 벌레, 풀 등등) 속으로 재공동결연될 수 있다.

태양은 태양계 내의 공동결연된 접힘 중 가장 큰 질량이다. 그러나 그것은 또한 열의 형태로, 가장 절연된 접힘을, 즉 광자를 생산하기도 한다. 궁극적으로, 열역학 법칙에 따르면, 우주가 완전한 절연을 향해 팽창함에 따라 에너지 흐름은 절연의 증대를 향하는 경향이 있다. 열은 **운동을 통해** 질서 잡히고 질서 잃는다. 운동 없이는 열역학이 없고 엔트로피도 없다. 열과 에너지는 물질의 운동을 기술하는 이름에 불과하며, 운동과 독립적인 실존을 가지지 않는다.[7] 그러므로, 1905년에 아인슈타인이 발견했듯이, 열역학이 동적 이론에서 파생된 것이지 그 역이 아니다.[8]

태양에너지는 지구에 식물을 키우고, 식물은 이어서 산소 형태로 에너지를 방출하며, 산소는 이어서 동물들이 숨을 쉬는 에너지로 사용되고, 노폐물로서 방출되고, 이렇게 계속된다. 스스로 연속적으로 도망침으로써, 자연은 우주 내의 엔트로피 총량을 증가시키고 있다. 그러나 열역학 제2법칙이 말하는 것은 운동이 무질서를 증가시키는 경향이 있다는 것일 뿐, 모든 경우에 필연적으로 그런다는 것은 아니다. 운동은 무작위적이기 때문에, 질서 또는 음의 엔트로피도 창발될 가능성이—작기는 하지만—있다. 지구와 같은 개방된 체계 내의 지역적 엔트로피는 확실히 질서와 공동결연을 생산할 역량이 있다. 그러나 이는 태양의 파괴를 비용으로 한다.[9]

우리는 사파티스모 사례에서 동적 절연을 보여 줌으로써 본 장을 끝맺는다. 치아파스주의 사파티스타는 준군사조직과 멕시코 정부의 국가적 폭력 위협 아래에 있었으며, 계속해서 그렇다. 부분적으로는 나프타의 결과였던 치아파스의 지역적·경제적 위기의 결과는, 수십만 명의 원주민이 자기 땅으로부터 대량 추방된 것이었다. 이들은 수력발전 댐, 소 목장, 외국 채굴회사에 자리를 내주고 추방되었다. 지역 전체 및 사파티스타는 항상적 동ᴮ정치적 절연 상태에 처해 있다. 이주자들이 도망친 후 채굴회사와 댐이 환경을 파괴하고 사파티스타 공동체를 지탱하는 물의 흐름을 포획함에 따라, 접힘 및 공동결연은 이들을 저 지역에, 그리고 저 지역 사람들에게 구속시킬 공유되는 감응점을 상실했다. 사파티스모의 수많은 공동결연된 감응과 직접 연결되었던 이주자들이 이제는 소수의 감응과만 연결되거나, 어쩌면 어떤 감응과도 연결되지 않을 수 있다. 그들이 여기에 살지 않기 때문이다. 이들은 더 이상은 단독적 투쟁을 경험하지 않는다. 같은 감응을 공유하지 않는 이들은 사파티스모로부터 전적으로 절연된다. 사파티스타는 이를 "전 지구적 이주의 악몽"이라고 부른다. "멕시코인들이, 지금은 그들에게 거부되는 것을 그들 자신의 땅에서 찾을 수 있다면, 그들은 다른 나라에서 일을 찾도록 강제되지 않을 것이다."[10] 동정치적 관점에서, 멕시코인들이 서로와, 그리고 멕시코 내의 땅과 충분한 공동결연을 창조할 수 있었더라면, 그들은 이주에 의해 사파티스모 국소 회로로부터 절연되지 않았을 것이다.

본 편에서 전개된 접힘 개념이 우리에게 제공하는 것은, 주기 속에서 지역적 항류적 안정성을 획득하는 역량 및 공동결연으로 서로 결합되어 더 큰 준안정정 합성체 또는 사물을 생산하는 역량을, 합류하는 흐름들에게 주는 과정들에 관한 동적 이론이다.

그러나 지금까지 전개된 흐름과 접힘의 이론은 아직, 공동결연의 과정 속에서 이러한 합성체들이 어떻게 **질서 잡히거나 분배되는지**를 결정할 수 있게 해 주지는 않는다. 접힘의 이론이 우리에게 보여 주는 것은, 어떻게 흐름의 안정성이 가능하냐는 것이지, 어떻게 저러한 이질적 안정성들이 동적으로 질서 잡힌 더 큰 체계 속에서 배치되고 서로 관계되느냐는 것은 아니다. 이를 위해서 우리는 순환의 장의 동적 이론이 필요하다.

III

장

11장

순환

존재는 흐르고 접히나, 또한 장field를 통해 분배되기도 한다. 흐름은 안정정 접힘으로 결연되고, 접힘은 사물로 공동결연되지만, 사물은 또한 순환의 장을 통해 함께 배치되거나 질서 잡힌다. 이것이 운동 이론의 세 번째 개념이다. 흐름이 상호교차하고 접힘이 정기적으로 주기화한다면, 장은 이 흐름들 모두를 연속적 피드백 고리 속에서 조직화한다. 본 장은 공동결연된 흐름들이 운동의 별개의 체제 또는 장에 따라 어떻게 조직화되는지에 대한 동적 이론을 제공한다.

순환의 장

장은 자기 표면 위의 각 마침점을 위한 동적 벡터를 가지는 단일한 연속적 흐름이다. 장은 접힘의 지역적 배치를 함께 구속하고 질서 잡는 순환circulation의 경로를 제공하는 연속적 흐름이다. 장은 공동결연과 다르다. 공동결연은 접힘들을 질과 양의 크고 작은 합성체로 함께 더한다. 공동결연은 크고 작은 접힘들로만 합성된다. 그러나 장은 접힘의 공동결연된 집단을 함께 구속하기는 하지만, 자체로는 또 다른 접힘이 아니다. 장은 모든 접힘과 하위 접힘을 통해 움직이고, 다음으로는 이 과정을 반복하는, 구속하고 질서 잡는 흐름이다. 접힘은 흐름이 존속하게 하지만, 장은 공동결연이 분배되게distributed 한다.

순환의 장은 운동의 질서 잡힌 분배를 위한 동적 조건이다. 그것은 모든 상이한 공동결연을 지나 움직이는 흐름이다. 그러나 어떤 한계결연에서 그것은 자기 위로 접혀서, 적어도 하나의 다른 접힘으로 되돌아가, 저 과정을 다시 시작한다. 장을 가로지르는 순환의 움직임은 그러므로, 둘 이상의 접힘 사이의 관계 또는 질서가 반복을 통해 존속할 수 있게 하는 조건을 보장한다. 장이 없다면, 공동결연된 접힘들은 무질서한 부분적 객체—고양이 없는 웃음, 신체 없는 걷는 손—로서만 실존할 것이다. 순환을 통해서만 접힘들은 동적으로 질서 잡히고, 관계 속으로 들어간다.

이것은 순환의 장이 흐름 아닌 다른 것이라는 뜻이 결코 아니다. 접힘과 마찬가지로, 장은 장을 구성하는 흐름과 독립적인 초월적 실재를 가지지 않는다. 흐름의 질서 잡기는 흐름 자체에 앞서 실존하지 않는다. 질서 잡기는 흐름에 의해 생산된다. 장의 순환은 그러므로 또한 내재적이며, 그것을 구성하는 접힘과 연속적이다. 달리 말하자면, 동적 조건은 그것이 조건 짓는 것에 내재적이다. 이는 바로, 한 접힘을 다른 접힘과 연결하는 흐름과, 다른 접힘을 첫 번째 접힘과 연결하는 흐름 사이에 완전한 연속성이 있기 때문이다. 이러한 순환의 장은 접힘들에게 서로와의 일관적이고 반복 가능한 관계를 주어, 가령 웃음이 고양이로부터 떨어져 떠다니지 않게 한다(도판 11.1을 보라). 이 관계의 차이적 반복가능성이 없다면, 접힘들은 존속하는 배치 또는 구조를 가지지 않는다. 접힘들은 접힘들로서 실존하지만, 함께 움직이지는 않는다.

사례 1: 식물

앞 장들에서 살펴본 생물학적 사례를 이어 가자면, 나는 두 이질적 흐름, 회조류(조류)와 시아노박테리아의 상호교차가 사건이었다고 언급한

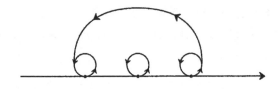

| 도판 11. 1 | 순환의 장

바 있다. 두 흐름 사이의 새로운 공통적 점을 표시함으로써 이 사건적 상호교차는 순환의 새로운 전체 체제를 가능케 했다. 이 새로운 체제는 조류와 다른 박테리아 사이의 추가적 관계의 특정 집합도 질서 잡았다. 회조류와 시아노박테리아 사이의 사건적 상호교차는 혼자서는 식물세포를 안정화하고 재생산하기에 충분하지 않다. 이 최초의 관계는 유전적으로 내부화되고 재생산을 통해, 또는 접힘을 통해 반복되어야 했다. 그러나 또한, 조류가 시아노박테리아를 재생산하는 것만으로도 충분하지 않다. 시아노박테리아는 **엽록체로서**, 또는 **조류의 새로운 질서 내의 기관으로서** 재생산되어야 했다.

달리 말하자면, 엽록체의 재생산은 세포적 순환 장場에 새로운 질서를 도입한다. 섭취 경로에서부터 식포食胞, 핵, 노폐물에 이르는 흐름의 이전의 순환에 더하여, 전체 질서의 변용을 도입하는 엽록체가 이제 더해진다. 이 질서는 광자로부터 엽록체, 핵, 산소라는 노폐물에 이른다. 유기체의 같은 접힌 구성 요소들이 다르게 질서 잡혀서는 작동하지 않는다. 엽록체는 먹이나 노폐물을 저장하는 액포液胞로서 사용될 수 없다. 그리고 모든 구성 요소는 세포벽 내에 있어야 한다. 그렇지 않으면 구성 요소들은 무너질 것이다. 초기 식물의 동적 순환의 장은 그러므로, 재생산된 엽록체를 사용할 수 있는 특수한 동적 패턴에 따라 질서 잡혀야 한다.

무역량

장은 사물이 아니다. 그래서 장은 장을 합성하는 감가 가능한 접힘과 독립적인 감각 가능한 질은 가지지 않는다. 장 자체는 접힘이 아니므로, 그것은 감응적 역량이 없고, 질이 없으며, 사물일 수 없고, **장의 접힘과 관계된** 사물의 일부일 수조차 없다. 대신에, 순환의 장은 사물들을 가로지르고, 함께 묶고, 질서 잡고, 관계시키고, 사물들의 공동운동 및 서로와의 관계를 조건 짓는 연속적 흐름이다. 장은 사물들이 서로와 관계하여 함께 움직이는 방식이다. 장은, 둘 이상의 관계된 접힘을 통해 간접적으로만 자기 자신과 연결되는 접힌 흐름에 지나지 않는다. 순환의 경로는 그러므로 접힘으로 채워지기를 기다리는 선험적 질서가 아니다. 그것은 접힘을 질서 잡는 것처럼 보이는 후험적 허구도 아니다. 순환의 장은 접힘들을 가로지르는 흐름들에 의한 질서의 실재적·내재적·관계적 구성이다.

이어서, 접힘은 이 접힘들로 자신을 결연시키는 구성적 흐름에 다름 아니다. 전체 과정—흐름, 접힘, 장—은 하나의 연속적 운동이다. 이것이 장의 **무역량**incapacity이다. 장은 흐름과 접힘에 다름 아니므로, 그것은 저 접힘의 주기와 마침점에 의해 창조된 역량과 감응만을 가진다. 그러므로 순환은 이중적인 의미에서 무역량이다. 그것은 자기 고유의 감응적 역량 또는 질을 가지지 않는다. **그리고** 그것의 구성적 접힘 속에서만 또는 접힘을 통해서만 역량을 가진다.

그러나 장이 사물이 아니라고 해서 그것이 부재이거나 부정성이라는 뜻은 아니다. 장은 그것이 질서 잡는 것과 전적으로 연속적인 실정적·내재적 질서 잡기다. 장은 접힘의 대립항이 아니라 접힘의 지지대 또는 구조화된 조응이기 때문에, 부정성이 아니다. 순환의 장은 접힘과 독립적인 실정적 또는 부정적 존재를 가지지 않으므로, 접힘의 대립항일 수 없다. 이 언어는 속임수처럼 들리지만, 이 언어가 기술하는 것은 상당히 단순하고 직관적이다. 그것은, 운동은 사물이 아니고, 사물들이 관계되는 과정 또는 방식이라는 것이다. 그러므로 장은 사물들의 집합적 역량이며, 자체로는 역량도 사물도 아니다. 장은 무역량 또는 비-사물이다.

장의 특정한 분배, 장의 접힘의 실존, 접힘의 회로의 공동결연은 보편적이거나 필연적인 관계가 아니다. 이것들에게 본질적인 것은 없다. 오히려, 주어진 일련의 접힘은 주어진 순환 장의 질서 잡는 관계와 관련해서만 실존한다. 질서 잡는 순환적 흐름 없이, 사물은 절연되고, 파편화되고, 비일관된 채로 머무른다. 달리 말하자면, 고양이 없는 웃음이나 신체 없이 손가락으로 걷는 손은 없다. 주어진 순환 밖에 있는 모든 접힘은, 그것을 구성하는 관계 하에서 지역적으로 질서 잡혀 있지 않다. 그러나 존재론적으로, 각 국소적 얽힘 또는 질서 잡기는 그것이 연결된 더 큰 전반적 얽힘과 연속적이다. 이 문제에 대한 더 완전한 논의는 매듭에 대한 다음 장에서 전개된다.

식물 사례의 맥락에서, 장의 무역량은 세포 내의 사물들—포획된 다채로운 박테리아와 세포 구성 요소—을 질서 잡는 유전적 변이의 **동적** 과정이다. 이러한 질서 잡기와 재생산은, 유전적 추출과 재생산의 일차적 과정이라는 조건 하에서만 가능했다. 과정으로서의 질서 잡기와 재생산은 사물이 아니지만, 그렇다고 세포 구성 요소의 대립항인 것도 아니다. 식물세포는 특정 박테리아, 세포벽, 미토콘드리아가 표현하는 역량 외의 역량은 가지지 않는다. 이것들이 자기 작동을 수행하여 세포가 에너지를 생산하고, 자신을 방어하고, RNA를 운반하는 등을 할 수 있게 한다. 질서 잡힌 존재 생산의 과정 자체는 그러므로 사물들의 동적 패턴이지, 사물이 아니다.

유율의 이론

모든 것은 움직이는데, 총체로서가 아니라 무한한 총합으로서 움직인다.[1] 그러므로 어떤 흐름의 객관적이고 절대적인 운동을 측정할 수 있는, 바깥으로부터의 단독적 부동적 점은 없다. 그런 점이 있다면, 이 점을 측정하기 위한 또 다른 점도 있을 것이고, 확장적 동적 무한 속에서 이런 식으로 계속되었을 것이다. 그러므로 사물의 엄격히 **상대적**이지만 엄연히 **실재적**인 운동을 측정할 수 있는 무한한 점들이 있을 뿐이라는 점이 따라 나온다. 유율流率fluxion[*] 이론은 운동의 상대적인 또는 존재론적으로 지역적인 질서 잡기를 이해할 논리를 제공한다.

접힘들은 순환의 장에서 상이하게 움직인다. 유율은 그것이 있는 장의 운동에 상대적인, 그리고 이웃하는 운동에 상대적인 운동의 정도다. 접힘의 유동 정도에 의존하여, 접힘은 이웃하는 다른 접힘과 관련하여 더 움직이거나 덜 움직인다. 그리고 이 모든 접힘들은 이들 모두를 측정하는 또는 질서 잡는 운동의 장과 관련하여 움직인다.

하나의 몸체와 관계하여, 다른 하나의 몸체가 움직이는 것으로 보인다. 다른 몸체와 관계하면, 저 같은 몸체는 멈추어 있는 것으로 보인다. 데카르트는《철학의 원리Principia philosophiae》에서 배의 운동 사례를 든다. 강변과 관계하여, 배 위의 승객은 강 아래쪽으로 **움직이는** 것으로 보인다. 배와 관계하여, 같은 승객이 배에 탄 이웃 몸체들과의 관련 속에서 **움직이지 않는** 것으로 보인다. 그러나 강의 흐름이 배를 강 아래쪽으로 당기는 것과 같은 속도로 바람이 배를 강 위쪽으로 당기고 있었다면, 배는 강변과 관계하여서는 **움직이지 않고** 있을 것이나, 배를 둘러싼 변화하는 바람 및 물과 관계하여서는 **움직이고 있을** 것이다.[2] 요점은 다음과 같다. 모든 것은 움직이고 있지만, 다른 운동과 관계해서만 그렇다. 유

---

[*] 유동을 뜻하는 flux를 어근으로 하는 fluxion은 뉴턴이 미분법을 개발할 때 사용한 단어이다. 그는 변화하는 양을 fluent라고 부르고, 순간적 변화의 속도를 fluxion이라고 불렀다. 이는 통상 각각 '유량'과 '유율'로 번역된다. 현재의 미분 표기법에서 유량은 변화하는 변수로 표시되며, 유율은 미분계수derivative라고 불린다.

율은 접힘들 사이의 상대적 동적 차이다. 장은 흐름 또는 연속 함수의 배경이며—미분에서와 마찬가지로—유율은 저 배경 속에서 관계되거나 도출된다.[3]

각 접힘은 고유의 정기적 운동을 가지지만, 또한 같은 동적 장 내의 다른 접힘들과 관계되어 있다. 운동의 모든 장은 그러므로 합성체다. 예를 들어, 데카르트는 다음과 같이 계속한다. 우리가 회중시계를 가지고 배 갑판을 따라 걷고 있을 때, 시계의 바퀴들은 자기 고유의 운동을 하고 있을 것이다. 그러나 이 운동에 갑판을 따라가는 우리 신체의 운동이 더해지고, 우리 신체의 운동에는 파도에 따라 흔들리는 배의 운동이 더해지며, 이 운동에는 또 바다 전체의 운동이 더해지고, 이 운동에는 자전하는 지구 전체의 운동이 더해지며, 이렇게 계속된다.[4] 이 모든 운동들은 운동의 같은 장의 부분이다. 그러나 각각은 또한 다른 운동에 다소간 상대적으로 움직인다. 시계에 상대적으로 우리의 걷는 신체는 덜 이동적이다. 우리의 걷는 신체에 상대적으로, 우리가 배를 가로지를 때 배는 덜 이동적이다. 그러나 배에 상대적으로, 배가 파도의 표면을 가로질러 항해할 때 파도는 덜 이동적이다. 모빌리티 또는 유율의 정도가 상대적으로 **감소하면서** 이렇게 계속된다. 반대 관점에서, 파도는 바다의 표면을 가로질러 움직이고, 배는 파도의 표면을 가로질러 움직이며, 모빌리티 또는 유율의 정도가 상대적으로 **증가하면서** 이렇게 계속된다.

아인슈타인의 특수상대성이론이 동적 이론에 크게 기여한 바는, 시간과 공간 자체가 **운동과 관련하여** 서로에 대해 상대적임을 보여 주었다는 것이다. 운동은 시간과 공간을 상대화한다. 유율의 정도가 증가함에 따라, 움직이는 몸체 또는 접힘에 상대적으로 시간은 느려지거나 '팽창'하고, 공간은 '수축'한다. 흐름의 모든 정도가 그러므로 또한 시공간의 정도를 결정한다. 그 반대가 아니다.

특수상대성을 따라, 유율의 이론은 그러므로 운동에 토대 놓인 시공

간의 기술을 제공한다. 유율은 주어진 동적 장과 상대적인 운동 정도의
차이일 따름이다(도판 11.2를 보라). 다른 한편 동적 장은 차이 나는 유율
이 측정될 수 있는 상대적으로 부동적인 배경 또는 표면이다. 장은 그 위
에 있는 나머지 운동의 정도에 상대적으로 0의 운동을 가지는 것이다.

이 정의로부터 세 가지 보충이 따라 나온다. 첫째, 순환의 장은 적어
도 두 개의 접힘과 이 접힘들 사이의 관계를 필요로 한다. 그리하여 하
나의 흐름이 다른 흐름에 동적으로 상대적이 된다. 그렇다면, 한 접힘의
주기를 다른 접힘의 주기와 직접 비교하는 것이 가능하다. 이로 인해,
이 주기들의 함께 구속하고 떼어 놓는 단일한 연속적 흐름, 즉 장을 기
반으로 하여, 또는 장의 지지를 바탕으로, 이것들의 유율―또는 운동의
'더 또는 덜'이라는 동적 정도―을 측정하는 것이 가능해진다.

달리 말하자면, 접힘들 사이로 흐르는 운동의 0도^{度} 또는 상대적으로
부동적인 배경을 통해서만, 그리고 그 배경에 상대적으로만, 접힘들은
서로와 관련하여 차이 난다. 그렇기에 한 접힘의 유동이 다른 접힘에 상
대적인 것은, 후자가 전자와 가지는 관계에 기반해서만이며, **또한** 이 접
힘들이 장과 가지는 공유된 그리고 삼자화된 관계에 기반해서만이다.
그러므로 접힘들은 공유하는 순환의 장에 상대적으로만, 다양한 정도로
서로 차이 나거나 서로 같은 것은 것으로 나타난다. 장의 이론은 적어도

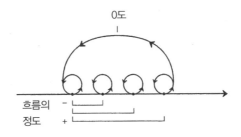

| 도판 11. 2 | 유율

두 관계된 접힘을, 그리고 그 접힘들 사이의 적어도 하나의 유율 또는 동적 차이를 전제한다. 모든 동적 배경은 배경 위의 모양을, 그리고 모든 모양은 그것의 동적 배경을 전제한다. 이 둘은 상대적으로 정의된다.

접힘 없는 장은 흐름일 따름이다. 하나의 접힘만 있는 장은 접힘일 따름이다. 유율 또는 관계가 없는 질이다. 하나의 접힘만 있는 흐름은 같은 마침점에서 상호교차하는 크고 작은 삽입 접힘들만을 가질 수 있다(이 점은 앞 장들에서 기술했다). 그러나 차이 나는 다중적 접힘들이 어떤 질서 잡힌 방식 속에서 **차이 나는 것으로서**, 유율로서 서로 관계되기 위해서는, 이 접힘들을 함께 구속시키면서도 떼어 놓는 순환의 장이 필요하다.

이 정의의 두 번째 보충은, 어떤 것이 고유의 개별적 운동을 가지기 위해서는 그것의 모든 낮은 정도보다 높은 정도의 유동을 가져야 한다는 것이다. 예를 들어, 강변에 상대적으로, 앉아 있는 승객의 운동은 배의 운동과 동일하다. 배 위에서 승객이 움직일 때만 그 승객은 자기 고유의 운동을 가지는 것으로 나타난다. 그러나 그가 정확히 배와 같은 속도로 배의 운동의 반대 방향으로 움직인다면, 강변에서 볼 때 그는 움직이지 않는 것으로 나타날 것이다. 이 경우, 그의 유동의 정도는 강변의 유동의 정도와 동일하다. 그의 유동의 정도가 장 내의 모든 다른 관계된 정도보다 클 때에만, 그는 장 속에서 고유의 실정적 운동을 가지는 것으로 나타난다.

세 번째 보충은, 두 접힘이 주어진 장의 유율 0에 상대적으로 같은 유율의 정도를 가진다면, 이 접힘들은 그 장의 다른 정도에 상대적으로 다소간 동일한 것으로, 또는 내포결연된 것으로 나타난다는 것이다. 두 접힘이 같은 유율을 가진다면, 이 접힘들은 운동 속에서 내포결연된 것으로 함께 나타날 것이다. 이 접힘들의 유율이 제3의 접힘과 관련해서만 차이 난다면, 이 접힘들은 제3의 접힘 또는 회로의 부분이다. 어떤 접힘이 유동의 정도를 가지지 않는다면, 그것은 나타나지 않을 것이다. 그것은 절연될 것이다. 상대적으로 부동적인 배경의 부분이 될 것이다.

사례 1: 식물

생물학에서 가져온 사례를 계속해 보자. 식물세포(세포기관)의 상이한 구성 요소들은 세포 장을 지나면서 다소간의 유동 정도에 따라서 움직인다. 일단 시아노박테리아가 완전히 길들여져서 세포에 의해 유전적으로 재생산되게 되면, 그것은 엽록체라고 불린다. 엽록체는 식물세포의 가장 오래된 요소, 그리고 식물세포를 가장 강하게 정의하는 요소 중 하나다. 엽록체 없이는 식물세포가 없을 것이다. 엽록체는 엽록소, 햇빛을 흡수하는 녹색 색소를 이용하는데, 이는 식물이 광합성을 통해 고유의 식량을 만들 수 있게 할 뿐 아니라, 많은 식물들이 세포 속에 엽록소를 많이 가지고 있어서 거시적으로 녹색으로 나타나도록 결정한다.

세포는 영양분이 외부로부터 들어오고 노폐물이 배출되어 나가는 순환의 장이다. 동적 장 내에서 세포의 세포질은 유동의 상대적으로 작은 정도를 가진다. 그것은 모든 세포기관, 핵, 엽록체가 움직여 지나가는 상대적으로 부동적인 유체 매체를 제공하기 때문이다. 세포질의 하위 접힘들은 또한 회로로 상대적으로 공동결연된다. 세포질의 운동은 상대적으로 덜 차이화되어 있고 등질적이기 때문이다. 그러나 세포에 상대적으로, 핵은 더욱 차이화되어 있고 더 높은 정도의 유동을 가진다. 유전적 재생산의 순환 과정과 관련하여, 핵의 유율은 세포질보다 더 큰 정도의 유동을 가진다. 핵의 유적진 재생산 운동은 세포질 속에서 일어나며, 그것을 통해 새로운 차이화된 운동들을 도입하기 때문이다. 엽록체는 세포 속에서 더욱더 높은 정도의 유동을 가진다. 엽록체의 운동은 이어서 핵의 상대적으로 안정적이고 예측 가능한 운동에 기반하기 때문이다. 엽록체는 세포 속의 고도로 이동적이고 능동적인 접힘이다. 그것은 항상적으로 광자를 에너지로 변환하며, 에너지를 사용하며, 에너지를 저장고로 유도한다. 세포에 가장 최근에 첨가된 것으로서 엽록체의 운동은 이전의 유율의 배경 모빌리티에 의존하는 동시에, 또한 모빌리티에서 그것을 능가한다.

파도

문학 사례를 통해 이론을 명확히 하고 폭넓게 해 보자. 버지니아 울프의 《파도》에서, 여섯 명의 인물은 인도로 떠나는 오랜 동창생 퍼시벌에게 작별을 고하고자 식당에서 만난다. '퍼시벌의 고별 만찬'의 미적 순환 장을 고찰해 보자. 무엇보다도 먼저, 소설에서 모두 일인칭으로 말하는 다른 인물에 대비되어, 퍼시벌은 목소리가 없다. 더욱이, 작가는 퍼시벌, 식당, 또는 배경의 다른 무엇에 대한 재현적 서사도 주지 않는다. 우리가 읽는 것은 오직 각 인물들이 돌아가면서 말하는 것뿐이다. 이들은 동적·감응적인 배경에 대해 **장 내에서의 자기의 유동 정도에 따라서** 말한다. 미적 장은 전지적 작가에 의해 객관적으로 감각되거나 기술될 수 있는 사물이 아니고, 퍼시벌을 만나는 여섯 인물의 감응적 접힘 속에서만 체험될 수 있다. 미적 장은 인물들의 상대적 감응적 움직임이 벌어지는 0도의 운동이다.

네빌은 가장 먼저 식당에 도착한다. 누구도 그가 도착하는 것을 보지 못하기 때문에, 그의 움직임은 식당 자체에 상대적으로, 가능한 최소의 유동 정도로 나타난다. 다른 모든 인물은 그가 이미 거기 있는 것을 발견한다. 그는 하나의 가구처럼 앉아서 움직이지 않고, 다른 이들의 도착에 상대적으로 덜 감응된다. 장 속의 첫 번째이자 유일한 접힘으로서, 식당에 대한 그의 감각은 완전한 무관심과 예측의 감각이다. 그는 이렇게 말한다. "모든 것이 아직 존재하지 않는 양 떨린다. 흰 탁자보의 공백이 눈부시게 빛난다. 여기에서 식사하는 다른 사람들의 적대성, 무관심은 억압적이다." 퍼시벌의 고별 만찬 장은 식당을 변용시켰다. 그러나 네빌의 관찰에 따르면, 다른 사람들이 없기 때문에 "사물들은 정상적인 용도를 상실했다—이 나이프의 날은 빛의 번쩍임일 뿐, 자르는 물건이 아니다. 정상성은 폐기되었다." 감응적 번쩍임 또는 사건만이 있고, 이들을 합칠 사물들 또는 질서는 없다.

루이스가 다음에 도착한다. 그러나 그는 즉시 탁자로 오지 않는다. 그가 거울로 자기 머리를 고정시킬 때 그의 운동은 망설임과 자기 반영의 첫 번째 운동이다. 그는 다음 정도의 유율을 가진다. 움직이지 않고 감응되지 않는 네빌보다는 크지만, 더 큰 감응을 가질 움직임을 행할 다른 사람들보다는 작다. 그는 도착한다. 그는 식당을 지나 눈에 띄지 않게 움직인다. 그의 운동은 완곡하며, 누군가에게 또는 무엇에 영향을 끼치지 않는다. 이제 루이스가 다음에 온 수잔의 도착을 기술한다. 수잔은 "등불 빛에 눈이 부신 피조물"처럼 들어온다. "이제 그녀가 움직인다. 그녀는 야생 짐승의, (식탁과 의자 사이에서조차) 살그머니 움직이지만 확신에 찬 움직임을 한다." 수잔은 루이스 직후에 오며, 비슷하지만 동일하지는 않은 정도의 감응적 유율을 가진다. 네빌과 루이스는 앉아 있지만 그녀는 움직이기 때문이다. 그러나 그녀는 본능에 의해, 눈이 부신 방식으로 탁자를 향해 움직이며, "누구에게도 손대지 않는다." 루이스는 이렇게 말한다. "이제 로다가 온다. 하지만 아무 곳도 아닌 곳에서 온다. 우리가 보지 않고 있는 동안 슬쩍 들어 왔다." 나중에 들어 왔지만, 로다는 결코 움직인 적이 없고, 이미 네빌 옆의 탁자에 있었던 것처럼, 감응되지 않은 것처럼 보인다. 그러므로 네빌과 로다의 동적 쌍은 감응적 장에 상대적으로 또한 비슷하지만 동일하지는 않은 정도의 유동을 가진다.

이제 수잔은 지니가 들어오는 것을 기술한다. "지니다. 그녀는 문에서 있다. 모든 것이 머무르는 것처럼 보인다. 웨이터가 멈춘다. 문 옆의 탁자 위의 식사가 보인다. … 그녀가 모든 것을 한 점으로, 질서로 데려간다. … 이제 그녀가 우리를 본다, 움직인다. 모든 빛이 우리 위로 잔물결을 일으키고 흐르고 떨리며, 감각의 새로운 밀물을 가져온다. 우리는 변화한다." 지니는 장에서 최대의 유율을 가진다. 그녀의 움직임은 빛을 방사할 정도로 감응적이다. 그녀의 움직임에 의해, 다른 모든 것은 그녀의 움직임 아래에 있는 상대적으로 부동적인 배경처럼 보인다. 모든 사람이 그녀에 의해 감응된다. 그녀의 유율의 최대 정도는 삼각측량에 의해, 다른 모두의 유율의 상대적인 정도를 보여 준다. 유율의 계열 또는 연쇄가 완결된다. 이제 최대, 최소, 중간값이 측정되고 감응적 장을 가로질러 질서 잡힐 수 있다.

마지막으로, 버나드가 문도 밀지 않고 들어온다. 그는 거울을 들여다보지 않는다. 네빌은 말한다. "그는 우리가 차이 난다는 것, 또는 이 탁자가 그의 목표라는 것을 지각하지 않는다." 버나드는 모르는 사람들이 있는 방으로 들어가고 있는 것처럼 느끼지 않는다. 그는 아주 높은 정도의 유동을 가지지만, 최대는 아니다. 그는 움직이면서 모두에게 말을 거는데, 그들을 감응하기도 하고 그들에 의해 감응되기도 한다. "그는 모두를 반쯤 안다. 그는 아무도 모른다." 그의 상대적 최대 감응과 관련하여, 탁자에서 누군가가 딱히 더 중요하거나 덜 중요한 정도의 차이 또는 유동 정도를 가지지 않는 것으로는 보이지 않는다.

"이제 우리의 축제다. 이제 우리는 함께다. 그러나 퍼시벌 없이는 고체성이 없다. 우리는 실루엣, 배경 없이 안개처럼 움직이는 텅 빈 환영이다. … 누구도 안정될 수 없다"고 네빌이 말한다. 일단 퍼시벌이 도착하자, "혼돈의 통치가 끝났다. 그는 질서를 부과했다. 나이프가 다시 자른다." "그는 웅덩이에 떨어진 돌과 같다… 피라미처럼… 우리는 진동한다"라고 로다가 관찰한다. 이제 "사슬이 빙글, 빙글, 아래에서 강청색 원을 그리며 돈다"라고 루이스는 표현한다. 수잔은 이렇게 말한다. "그것은 내려다보면 우리를 현기증 나게 하는 칠흑같은 격정적인 물줄기다." "그래도, 우리가 우리의 미친 플랫폼을 건설한 이 포효하는 물은, … 나는 이것이다, 나는 저것이다!'라고 말하려고 할 때 우리가 내뱉는 야생의, 약한, 부조리한 울음보다는 안정적이다"라고 네빌은 진술한다. 퍼시벌은 친구들을 함께 모으고 저들의 "공통적 감정"(사랑)이 순환할 수 있게 하는, 시적詩的으로 감각 불가능한 장이다. 그러므로 이 장은 인격체 퍼시벌로 환원될 수 없으며, 공동운동의 동적 기회가 된다. 버나드는 말한다. "아니다, 그것은 너무 작다, 너무 특수한 이름이다. 우리는 우리의 감정의 폭과 넓이를 저렇게 작은 표시에 붙일 수 없다."[5]

시적 인물들 각각은 바다의 파도처럼, 상이한 감응적 운동 속에서 식당을 가로질러 들어오고 흐른다. 이 모든 운동은 퍼시벌의 감응되지 않고 기술되지 않은 도착의 배경 장 위에 분배된다.

동動현상

어떤 장의 모든 접힘과 회로가 유동의 정도를 가진다면, 한 접힘의 나타남은 또한 같은 장의 다른 접힘의 동시적 나타남과 관계되어 있고 그것을 수반한다. 동현상Kinomena이란 질서 잡힌 순환 장 속에서 접힘들의 공동 나타남이다.[6] 동현상은 둘 이상의 유율 사이의 내재적·집합적 관계다. 동현상은 그러므로 현상과 다르다. 현상은 **의식**에 나타나는 것이고 엄격히 의식을 통해 서로와 관계하는 것이다. 현상은 움직임의—칸트에 따르면, 자체로는 운동 중에 있지 않은—**의식을 통해서만** 나타남이기 때문에, 현상은 운동의 정적 표상으로 머무른다. 그것은 인간 주체의 지향성*에 의해 얼어붙고, 고정되고, 배열된다. 운동이 의식에 **대한** 것으

---

* intentionality. 사물은 무엇에 관한 것이 아니지만, 의식은 언제나 무엇에 관한 것이다. 이러한 '~에 관함'이라는 의식의 특성을 가리키는 용어가 intentionality, '지향성'이다. 이 용어 자체의 역사는 길지만, 이것이 의식을 특징짓는 개념으로 철학 내에서 폭넓게 사용되게 된 것은 에드문트 후설이 이를 현상학의 중심 개념으로 삼으면서부터다.

로 머무르고, 물질적 의식 **자체**의 어떤 특징이 아닌 한, 현상학은 언제나 부동적 형태들의 묘지일 것이다.[7]

동현상은 그것이 가지는 관계에 의해 정의되지만, 그 관계는 언제나 구성적이다. 달리 말하자면, 연속적 장에 의해 관계된 접힘들은 자체로 **이 장 내의** 접힘들에 다름 아니다. 관계될 접힘이 있기 전에는 접힘들 사이의 관계적 흐름은 없으며, 역도 마찬가지다. 둘은 동시에 창발한다. 동적 관계는 접힘의 일차적 과정을 통해 만들어져야 하며, 그것에 선행하지 않는다. 그러므로 동적 관계는 엄격히 외존적이지도 내존적이지도 않다. 외부적 관계와 내부적 관계는 접힘의 같은 연속적 과정의 두 면이다.

그러므로 접힘은 접힘들 간의 관계에 의해 망라되지 않는다. 접힘들을 연결하고 합성하는 흐름 자체도 같은 동적 과정의 두 면모이기 때문이다. 접힘과 관계는 운동 속에서 함께 나타난다. 물질이 자신의 관계들을 언제나 상이하게 재분배할 수 있는 것은, 흐름과 접힘이 서로 연속적이지, 존재론적으로 단속적인 존재자들이 아니기 때문이다.

동적 관계의 이론은 그러므로 관계된 사물에 선행하는 내존적 또는 본질적 관계의 이론에 대조된다. 내존적 관계는 어떤 것이 구체적 사물로 나타나기도 전에 그 사물을 정의하는 고정된 관계 또는 속성이다. 예를 들어, 의자의 내존적 관계는 다리 넷, 앉을 곳 하나, 등받이 하나 등등을 함께 구속한다. 이러한 감응들 사이의 내존적 관계는, 이러한 사물이 실제로 실존하든 하지 않든 간에, 또는 하나의 사물로 나타나든 나타나지 않든 간에, 이 감응들을 하나의 의자로 정의한다. 어떤 사물이 이러한 관계를 충족시키는 데에 실패하면, 그것은 의자가 아니다.

이에 대조적으로, 동현상적 관계는 내재적으로, 하나씩 하나씩, 접힘에 의해 생산되는 감응을 통해 구성된다. 접힘은 감응적 역량을 창조하나, 또한 자신이 무엇을 할 수 있는지에 기반하여 다른 접힘과의 새로운 관계를 가능하게 하기도 한다. 예를 들어, 의자의 동현상적 나타남은 의

자가 의자의 장 내의 내재적 관계 속에서 무엇을 할 수 있는지에 의존한다. 바위가 야외 소풍에서는 의자가 될 수 있고, 작은 탁자가 의자로 쓰일 수도 있다. 지면으로부터 높은 곳에 있으면서 그 위에 앉을 수 있는 그 무엇이든 간에, 의자의 공통적인 감응을 적어도 하나 가진다면, 그것은 **의자로서** 기능할 수 있다. 그러나 소풍에서 바위는 의자와 '비슷'하지 않고, 의자는 바위와 '비슷'하지 않다. 의자와 바위의 감응은 재현적이거나 유사한 것이 아니다. 실재적인 것이다. 바위는 실제로 그 위에 앉을 수 있는 것이고, 의자도 그렇다. 의자는 또한 그것의 사전적 정의 이상을 '행할' 수 있다. 그것은 앉는 것만이 아니라 다른 모든 종류의 일을 위해 사용될 수 있다. 그것은 거리 바리케이드의 일부가 될 수 있다. 또는 위에 담요를 씌우면 아이의 요새가 될 수 있다. 이 모든 것이, 그리고 더 많은 것들이, 의자가 들어갈 역량이 있는 외적 관계를 구성한다. 그것은 형식적 요소들의 한 집합에 의해 꼼짝 못하게 되거나 고정된 것이 아니다. 의자가 (내부적으로) 무엇인지와 의자가 (외부적으로) 무엇을 행하는지는 같은 연속적 동적 과정의 두 차원이다. 궁극적으로, 우리는 의자가 어떤 감응의 역량을 가지는지를 모두 알지 못한다. 의자는 언제나 하나 더 할 수 있다. 흐름은 연속적이고 무한하기 때문에, 장은 언제나 자기 흐름에 접힘을 하나 더할 역량이 있다. 순환은 그러므로 무한한 감응적 점들을 현상적 관계의 같은 장에 함께 붙들 역량이 있는 과정 또는 흐름이다.

사물은 공동결연의 산물이다. 예를 들어, 의자는 갈색의 질, 평평함의 지역, 어떤 높이 또는 고도의 공동결연으로 합성된다. 그러나 이 접힘과 공동결연들이 그 동적 기능 안에서 공동질서 잡힐 때에만, 이 접힘과 결연들은 '위에 앉을 수 있는 무엇'이라는 집단적 나타남을 획득할 수 있다. 그러므로 의자는 일련의 질에 불과하지 않다. 이러한 질들이 함께 작업하여 또는 기능하여, 의자를 위에 앉을 수 있는 무엇, 또는 바리케이드로 쓰일 수 있는 무엇, 또는 무엇이든 간에 어떤 것으로서 형성할 때, 이러한 방식으로 저 질들이 특수하게 질서 잡히고 실제적으로 함께 나타남이 의자다. 이것이 동현상이다.

삼자화 —— 그러므로 동현상은 이것이 유율로서 나타나는 순환 장과의 관계에 의해서만 정의되는 것이 아니다. 그것은 장 내의 다른 모든 동현상에 의해서도 정의된다. 달리 말하자면, 행위하는 동적 역량은 그것을 지지하는 다른 접힘들의 공동운동에 의존한다. 하나의 장에는 적어도 두 개의 접힘이 있으므로, 모든 각각의 접힘은 적어도 하나의 다른 접힘에서 온 흐름에 지지된다. 두 번째 접힘은 첫 번째 접힘의 직접적 지지를 통해 관계를 확실히 한다. 이러한 첫 번째 관계의 안전성이 있을 때, 이제 이 첫 번째 관계는 다른 두 접힘과 직접적으로 관계된 세 번째 접힘을 지지할 수 있다. 그리하여 삼자화triangulation가 생산된다. 이어서 또한 네 번째 접힘이 첫 두 접힘과 연결되어, 세 번째와는 상이한 또 다른 관계를 생산할 수 있으며, 관계의 더 높은 수준에서 이렇게 계속될 수 있다. 동현상들 사이의 삼자화된 관계의 더 높은 수준 각각에서, 다른 관계들의 역량을 변조하고 지지하는 새로운 시차parallax 관계가 가능하다.

예를 들어, 식물세포 순환은 사물 가운데에서in media res 발달해야 했던 초기 동현상들 사이의 내적 관계들의 완전히 새로운 집합을 발달시켰다. 회조류와 시아노박테리아 사이의 첫 번째 사건적 관계에, 세 번째 동현상을 가진 두 번째 관계가 더해졌다. 그것은 레지오넬라균이라고 불리는 박테리아 기생체였다. 이것으로부터 유전적 재료가 추출되어, 식량을 시아노박테리아로부터 숙주세포로 운반하게 되었다. 이후 이 관계는 세 번째 동현상, 즉 또 다른 박테리아 기생체에 의해 보강되었다. 그것은 다른 박테리아 기생체와 기능이 달랐으며, 저것의 유전적 재료는 세포로 수평적으로 전달되어, 세 번째 기능을 보강하고 촉진하는 다른 세포 기능을 수행했다. 즉, 에너지(ATP)를 생성하는 미토콘드리아를 창조했다. 이 세 번째 동현상적 세포기관은 다음으로 다섯 번째 동현상적 세포기관, 즉 **단단한** 세포벽의 발달에 의해 보강되었다. 이런 식으로 계속되었다. 유전적 변용 또는 관계적 삼자화의 과정은 수천 년 동안 계속되고 있다. 그것은 계속해서 나머지에다 하나의 현상을 더하여, 새로운 첨가와의 관계 하에서 다른 동현상들의 내적 장을 변조하는 새로운 시차 감응을 창조한다.

한계결연

순환의 장 내에는 두 가지 유형의 결연이 있다. 한계결연limit junction과 비한계결연nonlimit junction이다(도판 11.3). 한계결연은 장 내의 마지막 결연이다. 이것 이후로 흐름은 장으로부터 절연된다. 그리고/또는 순환의 다른 장으로 들어간다. 한계결연은 그러므로 흐름의 일종의 여과기 또는 재유도기다. 일단 흐름이 일련의 공동결연을 지나가서 한계결연 또는 이분화점에 닿으면, 그것은 추방되거나, 앞선 공동결연을 지나 도로 재순환된다.

한계결연에는 두 종류가 있다. 출구결연과 입구결연이다. 출구결연의 임무는 흐름을 능동적으로 추방하기, 파괴하기, 또는 구속 풀기다.

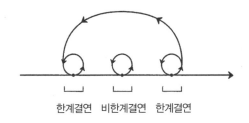

한계결연   비한계결연   한계결연

| **도판 11. 3** | 한계결연과 비한계결연

그것은 흐름을 순환으로부터 제거한다. 흐름을 떼어 낸다. 또는 절연한다. 그러나 한계결연은 또한 순환을 앞선 접힘과 회로로 도로 재유도하기도 한다. 입구결연은 어떤 흐름은 순환으로 들어오도록, 다른 흐름은 가로막히거나 재유도되도록 하는 여과기다. 한계결연은 그러므로 순환을 애초에 정의하는 흐름들에 책임이 있다. 흐름들은 질서 잡힌 내부성과 상대적으로 무질서한 외부성을 위한 동적 조건이다. 그러나 한계결연 또는 접힘은 한계결연으로서 미리 규정되지는 않는다. 이분화의 점 또는 한계로서의 이것들의 역할은 장 내에서 이것들이 행하는 작동에, 그리고 유동의 다른 상대적 정도에 상대적일 뿐이다. 흐름 내의 어떤 결연이나 마침점이든 간에, 그 점이 절연하고, 공동결연하고, 장을 재순환시키는 한에서, 제한하는 기능을 가질 수 있다. 그러므로 어떤 장이든 간에 그 한계결연의 확장과 추방에 따라서 쪼그라들 수도 있고, 자라날 수도 있다.

비한계결연은 순환의 장 내의 접힘일 따름이다. 각 회로 또는 접힘의 끝에서, 흐름은 다시 시작하거나, 다른 회로로 옮겨 가서 장의 한계결연에 닿을 때까지 움직일 수 있다. 비한계결연은 그러므로 순환 체계에 들어오고 나가는 것을 여과하지 않으며, 장 자체의 감응적 역량을 지탱하고 구성할 따름이다.[8]

추방을 통한 확장 —— 모든 한계결연 또는 경계는 바깥을 향한 확장, 안을 향한 보강, 재순환의 세 작동으로 합성된다(도판 11.4). 첫 번째 운동은 바깥을 향해 밀고, 장의 한계 및 범위를 확장하면서, 흐름을 추방하거나 절연할 수도 있다. 두 번째 운동은 첫 번째 운동을 따라가며, 순환의 확장을 통해 이 첫 번째 운동을 확실히 하고, 지지하고, 추적한다. 세 번째 운동은 새로이 통합된 흐름을 장을 통과하여 도로 운반하고 재순환시킨다.[9]

흐름처럼 장도, 배제와 포함의 개념을 통해서는 잘 이해되지 않는다.

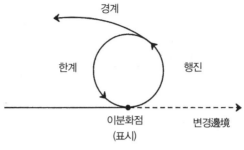

경계

한계

행진

이분화점
(표시)

변경邊境

| 도판 11. 4 | 경계

순환의 개념적 기반은, 어떤 것이 나갔다가 도로 들어오며, 이것이 계속 되풀이된다는 것이다. 이러한 의미에서, 순환은 안인 동시에 밖이다. 그것은 다중적 과정 또는 복잡한 과정이며, 절대적 포함 또는 배제 없이 상대적 내부와 외부의 접힘 체계를 창조한다. 내부와 외부는 모두 같은 연속적 과정 또는 순환하는 흐름의 접힘들이다. 순환이 접힘 또는 주름을 포획할 때마다, 새로운 포함과 새로운 배제 양쪽이 창조된다.

순환하는 장은 절연을 먹고 산다. 새로운 절연된 흐름 각각의 계열은 포획되고, 재유도되고, 계열의 시작으로 도로 고리 지어질 수 있다. 순환은 노폐물을 상대적으로 안정적인 질서의 장으로 도로 재주기화〔재활용〕하고 재분배하려는 시도다. 이것은 동적 엔트로피를 멈추지 않고, 사물을 다소간에 재배치할 따름이다(도판 11.5을 보라).

예를 들어, 생태적 체계는 동적으로 더 또는 덜 효율적일 수 있다. 어떤 식물은 어떤 화학물질을 방출하거나 햇빛을 막음으로써 다른 식물의 성장을 방해한다. 그러나, 이어서 다른 식물이 이 화학물질을 먹고 살고, 그늘 속에서 번성할 수 있다. 생태적 · 경험적 또는 사회적 체계는 어떤 항류적 네트워크—역동적 안정성 또는 집단적 궤적—를 유지하는 다중적 접힘을 가로지르는 흐름들의 순환이다.[10] 순환은 일련의 공동결

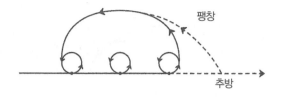

| 도판 11. 5 | 추방을 통해 팽창

연된 접힘일 따름이 아니고, 공동결연된 접힘 계열을 특수한 질서 속에
서 자신으로 도로 연결하는 포괄적 접힘 같은 것이다.

　이는 유율의 동적 질서의 존속성의 가능성만을 일으키는 것이 아니
다. 그것은 질서 자체가 확장되거나 수축될 수 있게 하기도 한다. 접힘
은 별개의 것으로 머무르지만, 장은 순환에 접힘을 더하거나 뺀다. 한계
결연의 행위에 의해, 더 많은 접힘이 함께 행위할수록 장은 더욱 강해지
고 더욱 복잡해진다. 반면에 더 많은 접힘이 절연을 통해 분리될수록,
장은 더욱 약해지고 덜 복잡해진다. 제한을 통해 순환은 몇몇 접힘을 풀
어 주며, 확장되는 네트워크 속에서 다른 접힘들을 함께 융합한다. 순환
의 또는 신진대사의 장이 자신의 접힘을 증가시킴에 따라, 그것은 장의
질적 · 양적 차원을 증가시킨다. 그것은 더욱 복잡해지고 더욱 강력해진
다. 그러므로 순환은 무질서한 움직임보다, 또는 심지어 활용되는 움직
임(접힘)보다도 복합적이다. 그것은 통제되는 방식으로 집단적 움직임
을 어떤 제한된 장을 가로질러 재생산하고 재유도하는 것이다.

　그러나 장의 확장은 언제나 어떤 종류의 추방을 대가로 일어난다. 장
은 상대적으로 더 많은 접힘을 다른 곳으로부터 가져오기 위해, 자기 장
의 몇몇 접힘을 추방한다. 아니면, 자기 자신을 더 키우기 위해, 다른 장
에서 오는 접힘 또는 흐름을 추방한다. 열역학에서 존재론적으로 '자유

로운' 에너지가 없듯이, 어떤 다른 동적 과정으로부터의 추방 없이는 주어진 장의 확장이란 없다. 흐름은 창조되지도 파괴되지도 않는다. 그것은 순환의 장의 다채로운 확장과 추방에 따라 재분배될 뿐이다.

사례 1: 식물

예를 들어, 식물세포의 단단한 세포벽은 세포 순환의 확장을 촉진하는 한계결연이다. 그것은 마지막 결연이며, 그것을 지나면 흐름은 더 이상 세포의 장에 공동결연되어 있지 않다. 식물세포벽은 세공이 있으며, 어떤 영양분과 물이 안을 향해 흐를 수 있게 하며(여기에는 특정한 크기 제한이 있다), 또한 어떤 폐기물이 세포로부터 추방될 수 있게 한다.

그러므로 한계 또는 경계의 세 동적 작동에 상응하는 세포벽의 세 층이 있다(도판 11.6). 첫 번째 층은 **중간 박막층**middle lamella이라고 불리는데, 이것은 세포가 다른 세포 및 세포 바깥의 존재자들에 직접 닿게 되는 세포의 바깥쪽 층이다. 이것은 마지막 층이며, 흐름은 이것을 지나 추방되어 세포를 떠난다. 두 번째 층은 **내부 박막층**inner lamella라고 불리는데, 이것은 일단 세포가 충분히 자라나면 형성되고 단단해지는 세포의 안쪽 층이다. 이것은 세포의 확장된 상태를 확실히 하고 지지한다. 세 번째 층은 **일차 세포벽**primary cell wall이라고 불리는데, 이 유연한 얇은 막은 세포가 성장하면서 발달하며, 모든 영양분과 물이 그것을 지나갈 수 있게 한다. 이것들이 세포체의 순환적 유체가 될 것이다. 그러므로 세포가 확장하는 것은 내부에서 노폐물을 추방함으로써, 그리고 또한 환경으로부터 영양분을 추방하여 그것이 저장과 포획의 내적 체계 속에서 세포를 지나서 순환하게끔 함으로써다.

생명 체계의 열역학을 이해하는 열쇠는 (프리고기네, 모로비츠, 울라노비쉬 같은 많은 주석가들이 강조한 것처럼) 에너지 흐름이라기보다는, 에너지 흐름 아래의 에너지 포획과 저장이다. 에너지는 체계 내에서 붙잡히고

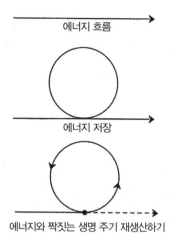

에너지 흐름

에너지 저장

에너지와 짝짓는 생명 주기 재생산하기

| 도판 11. 6 | 식물세포

출처: Mae-Wan Ho, "Circular Thermodynamics of Organisms and Sustainable Systems," *Systems Review* 1.3 (2013): 30–49, http://www.mdpi.com/2079-8954/1/3/30/htm.

저장되고, 체계 속에서 에너지는 이동화(동원)되어 에너지 흐름과 짝지어진 자기보존적·자기재생산적 생명 주기를 제공하게 된다. 그러지 않는다면, 에너지 흐름은 아무 귀결도 가지지 않는다(나는 에너지라는 것에, 에너지가 저장되고 이동화될 수 있게 하는 물질 흐름도 포함시킨다).[11]

그러나 이러한 순환 이론은 또한 다른 문제를 제기한다. 그것은 어떻게 저러한 순환 장이 서로 상호작용하고 관계할 수 있느냐는 것이다. 이것이 다음 장의 주제다.

12장

매듭

우리가 보았듯이, 장은 유동의 정도로서 접힘을 순환시키고 질서 잡는다. 그러나 장은 또한 공유된 순환들과 접힘들에 기반하여 크고 작은 매듭망knotwork으로 결합될 수도 있다. 그러므로 매듭은 둘 이상의 같은 접힘 또는 결연에서 둘 이상 장의 상호교차다(도판 12.1을 보라).

매듭짓기는 순환의 **합성적** 장들의 연속적 상호교차를 가능케 한다. 동적 매듭에서 각 장은 별개의 것으로 머무르지만, 또한 특정한 결연에서 다른 장과 연결되어 일련의 공유된 또는 집단적인 질과 양을 가능케 한다. 접힘이 매듭들을 함께 묶는다. 동적으로 하나의 순환이 다른 순환이 되는 것, 또는 다른 순환으로 흐르는 것은 모방·유비·재현에 의해서가 아니다. 다른 장과 같은 감응적 역량 또는 접힘을 실제로 공유하고 연속적으로 재생산함에 의해서다. 두 장은 공유되는 감응에 의해 함께

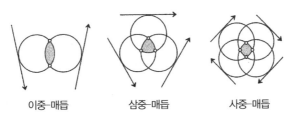

이중-매듭   삼중-매듭   사중-매듭

| 도판 12. 1 | 매듭

매듭지어지나, 이어서 두 장이 공유하는 감응은 또한 각각 자신의 장─매듭─을 생산할 수 있다.

매듭은 흐름들의 합동배열과도, 접힘들은 공동결연과도 다르다. 합동배열은 접힘을 필요로 하지 않는다. 그것은 흐름들의 상호교차일 따름이기 때문이다. 그러나 접힘이 상호교차점에서 일어난다면, 합동배열 내의 상호교차 또는 사건은 둘 이상의 접힘 또는 공동결연의 자리가 될 수 있다. 그러나 이어서 장은 이 두 접힘을, 본래의 사건적 마주침과 비슷한 질서 잡힌 패턴으로 연결할 수 있다.

달리 말하자면, 사건은 그것의 **궤적**과 **상호교차점**을 반복함으로써 안정화될 수 있다. 합동배열은 장이 될 수 있으나, 합동배열은 장과 다르다. 합동배열은 접힘을 가지지 않으나, 장은 접힘을 필요로 하기 때문이다. 이에 따라, 합동배열은 매듭을 가질 수 없다. 매듭은 접힘에 의해 함께 구속되어야 하기 때문이다.[1]

포획

매듭은 또한 포획^{包懷}nest와도 다르다. 세공은 접힘 내에 있다. 세공은 큰 접힘과 작은 접힘 사이의 차이다. 이 접힘들은 불연속적이 아니지만, 그 지역적 질서에 의존하여, 단순히 세공 있는 것으로 나타난다. 그러나 각각이 앞선 접힘을 포함하지만 위나 아래에 최종적 접힘을 갖지는 않는 방식으로 크고 작은 접힘이 있음과 마찬가지로, 순환의 크고 작은 포획된 장들도 있다.

이러한 포획된 장들 사이의 차이도 비슷하게 세공을 가진다. 어느 주어진 장 내에서는 동**動**현상만이 나타나지, 장 자체는 나타나지 않는다. 그러나 다음 더 큰 수준 또는 포획에서는 하위 장이 그것을 담고 있는 더 큰 장에 상대적으로 **사물로서** 나타나지, **또 다른 장**으로서 나타나지 않는다. 다른 말로 하자면, 더 큰 장과 관련하여, 또는 더 큰 장의 관점에서, 더 작은 포회된 장은 접힘의 특수한 공동결연으로 다루어지지, 장으로 다루어지지 않는다. 각 장은 그러므로 각 수준의 모든 구성 요소의 실재적 종합이다. 그러나 가장 큰 장도, 가장 작은 장도 없으며, 매듭지어지고 포회된 장들만이 있다. 그러므로 포회와 매듭의 차이는, 매듭은 한 장이 다른 장과 최소한 두 접힘을 공유하는 방식으로 **비총체화적**으로 중첩됨으로써 창조되지, 한 장이 완전히 다른 장에 **포회되는 관계가 아니라는** 데에 있다.

매듭짓기

매듭짓기는 겹치는 두 장 사이에서 제3의 장 또는 매듭이 창발됨을 수반한다. 두 장 사이의 이러한 공유되는 순환은 질서 잡힌 관계를 위한 세 번째 조건을 가능케 한다. 그것은 두 차이 나는 장에 의해 공유되지만 이 두 장과는 별개인 장들의 세 번째 분배다. 매듭은 그러므로 중첩되나 별개인 장들의 산물이다. 모든 공유되는 감응이 용해되거나 재유도되어야 한다면, 매듭은 파괴된다. 매듭의 순환은 그것을 지지하는 다른 장들의 조건 하에서만 실존한다. 그것은 본질적이거나 우유적인 속성과는 무관하다. 매듭은 동적 중첩에 의해 생산되는 실천적 감응일 따름이다. 접힘이 펼쳐진다면, 매듭은 느슨해진다. 새로운 접힘이 더해진다면, 매듭은 강화된다. 매듭을 창조하는 동적 질이 사라진다면, 매듭도 사라진다. 그러므로 흐름이 접히고 펼쳐짐에 따라 매듭은 나타나고 사라질 수 있다.

동현상학의 근본적 물음은 'x란 무엇인가?' 같은 언어적·개념적·지시사적 물음이 아니다. 이러한 종류의 물음은 사물이 이러한 관계를 접기 전에 사물의 내존적 관계를 결정하려고 한다. 오히려 물음은 물질적·실천적·동적이어야 한다. 그것은 무엇을 **行할** 수 있는가? 그것은 어떻게 **움직일** 수 있는가? 존재는 움직임에 지나지 않는다. 흐름, 접힘, 공유되는 접힘을 가로지르는 상이한 장들을 함께 매듭지음에 지나지 않는다. 사물을 기술한다는 것은, 사물의 역량 및 그것을 질서 잡는 순환의 장을 식별하는 것일 따름이다. 그것이 다른 순환과 더 많은 접힘을 공유할수록, 저들 사이의 연결 또는 얽힘의 정도는 커진다.

순환의 장들은 함께 매듭지어지지만, 또한 장 사이의 내부-행위로서만 나타나는 매듭 또는 새로운 장을 생산하기도 한다.[2] 매듭은 몇몇 공유된 역량 주위로 두 장이 운동을 직접 조응시키는 춤 같은 것이다. 매듭은 두 분리된 개별 장들 사이의 상호작용이 아니고, 오히려 저들의 상호적 변용이다—저들 운동의 얽힌 춤이다. 그러므로 자신의 운동을 조응시킴으로써 두 장 모두 상호적 변용을 겪는다. 둘 이상의 장 대신에, 매듭은 둘 이상의 **차원** 또는 경로를 가진 단일한 장이 된다.

매듭은 또한 순환의 장들이, 공유되는 결연 또는 교차의 수를 변화시키지 않고서도, 자신의 운동 패턴을 변용 또는 변화시킬 수 있게끔 한다. 순환의 사상寫像 또는 운동이 공유된 결연으로부터 절연되지 않는한, 두 장은 매듭지어진 채로 머무른다. 그러나 순환적 장들이 변화하고 움직임에 따라, 이 장들의 흐름과 접힘은 서로에게 더 가까워지거나 서로로부터 더 멀어질 수 있다. 그러면 동動위상학적 '근방' 또는 근접을 형성한다. 동위상학적 근방은 변화할 수 있지만, 공유되는 접힘의 수는 매듭 속에서 계속 똑같다. 달리 말하자면, 매듭은 합성된 감각과 사물이, 움직여지거나 변형될 때조차 소멸하지 않고 합성 속에서 존속할 수 있게 한다. 예를 들어 신체 기관들이 DNA, 신경계를 지나가는 전기화학적 연결, 혈류, 산소의 같은 동적 역량을 많이 공유하는 한에서, 이 기관들은 팽팽히 매듭지어진 순환 장이다. 그러나 기관들은 중요한 방식으로는 별개의 것으로 머문다. 또한, 신체로부터 매듭 풀리지 않은 채로도 어느 정도 움직여 다니고 변화될 수 있다.

매듭지어진 순환 속의 공유되는 결연은 공유되는 감각이며, 또한 우리 순환 체계의 한 흐름이 다른 순환 체계로 넘어가는 이분화의 점이기도 하다. 이로 인해 한 순환 체계가 다른 순환 체계의 모든 흐름을 방류시키는 것이 가능하다. 그러므로 순환의 장은 다른 장을 소비하고 다른 장에 소비될 역량이 있다. 모든 흐름, 접힘, 마침내 장 사이의 매듭이 없어질 때, 소비가 일어난다. 둘 이상의 매듭지어진 장이 안정적으로 머무를 때, 순환의 동적 균등성이 있다. 한 장이 다른 장을 대가로 하여 확장할 경우, 생산과 소비의 불균등이 있다.

예를 들어, 생태는 또한 팽팽하게 매듭지어져 엮인 매듭망이다(도판 12.2를 보라). 모든 생태에는 운동의 일반적 경제―소비, 생산, 균등성의 운동―가 있다. 포식자, 피식자, 대등한 자가 있다. 침략적 종은 한 생태 체계에서 개체 과잉됨으로써 해당 체계의 큰 부분을 소비할 수 있다. 그러나 개체 과잉은 개체 과잉된 종의 불균형을, 심지어 자기파괴를 일으킬 수도 있다. 이런 방식으로, 비선형 확장과 추방의, 매듭짓기와 매듭 풀기의 정치적 생태가 있다.[3] 매듭망은 그러므로 상당히 복합적이다.

사례 2: 사파티스모

둘 이상의 순환이 더 많은 공유된 역량을 가질수록, 이것들이 상호작용하고 함께 기능하는 것이 가능한 더 많은 방식이 있다. 달리 말하자면, 저들의 매듭은 더 강하다. 앞의 장들에서 쓴 정치적 사례를 이어 가자면, 사파티스모는 전 지구적이고 상호적인 연대 운동의 형식으로, 동정치적 매듭을 창조했다. 치아파스주에서 사파티스타는 '사파티스모'라고 불리는, 정치적 순환의 자기 고유의 지역적 장을 창조했다. 이 장은 앞의 장들에서 기술했던 다채로운 접힘들과 결연들으로 정의된다. 그러나 이 장의 지역적 순환에 더하여, 사파티스타는 또한 이 순환을 많은 다른

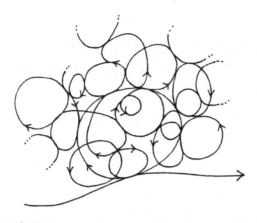

| 도판 12. 2 | 매듭망

출처: Mae-Wan Ho, "Circular Thermodynamics of Organisms and Sustainable Systems," Systems Review 1.3 (2013R: 30–49, http://www.mdpi.com/2079-8954/1/3/30/htm

장과 매듭지었다. 이는 '인류를 위한, 신자유주의에 대항하는 초대륙적 회합Encuentro' 같은 전 지구적 모임을 통해 이루어졌다.

첫 번째 회합의 목표는 "세계의 소수자들ㅡ원주민, 청년, 여성, 게이, 레즈비언, 유색인종, 이주민, 노동자, 농민 등등"을[4] 모으고, 이들이 투쟁을 공유하고 상호적 전 지구적 연대의 다리 또는 공유되는 결연을 창조할 공간을 창조하는 것이었다. 여기에서 "사파티스타 봉기와의 연대 위원회" 같은 첫 번째 매듭 중 몇몇이 창조되었으며, 이어지는 시기에 다섯 대륙ㅡ유럽, 아시아, 아메리카, 아프리카, 오세아니아ㅡ에서 더 많은 회합의 추가적 조직화라는 임무를 받았다. 첫 번째 회합의 폐회사(라레알리다드의 제2선언)은 이 새로운 매듭망의 두 중심 목표를 정의했다. 첫 번째는, 모든 단독적 투쟁과 저항의 집합적 네트워크를 만드는 것이었다.

차이를 인지하고 유사성을 인정하는 저항의 초대륙적 네트워크는 온 세계의 다른 저항들과 함께 하기를 추구할 것이다. 이 저항의 초대륙적 네트워크는 별개의 저항들이 서로를 지지할 수 있는 매개가 될 것이다. 이 초대륙적 저항 네트워크는 조직화하는 구조가 아니다. 그것은 수뇌부나 결정자를 가지지 않는다. 그것은 중앙 사령부나 위계를 가지지 않는다. 우리는 네트워크이며, 저항하는 우리 모두이다.[5]

두 번째 목표는 모든 투쟁과 저항 사이의 대안적 소통의 초대륙적 네트워크를 창조하는 것이었다. 그것은 "경로를 엮어서tejer los canales 저항하는 모든 길을 따라 말들이 움직이기를camine todos los caminos 추구할 것이다. … [그것은] 별개의 저항들이 서로 소통하는 매체가 될 것이다."[6]

1997년에 남부 스페인에서 두 번째 회합이 열렸다. 50개 이상의 나라에서 3천 명 이상의 활동가들이 모였다. 분파집단 '지구적 민중행동 Peoples' Global Action: PGA' 창조 계획은 여기에서 유래했다. 이는 "토론 너머로 움직이고, 전 세계에서 신자유주의에 대항하는 행동을 교환하고 제안"하기 위한 것이었다.[7] 1998년에 시작되어, PGA는 다양한 전 지구적 지도층 정상회담(G7, WTO 등등)에 행동하고 직접 개입하는 일련의 활동을 조직했다. 이들은 이제 '대안세계화운동'이라고 식별되고 있다. 수년에 걸쳐 이와 비슷한 전 지구적 저항 포럼들—세계사회포럼World Social Forum(2001~현재), 지역사회포럼 등등—모두가 첫 번째 회합에서 핵심적으로 제안한 바를 강조했다. 그것은 수평적(비위계적) 조직, 그리고 중앙집중화 없는 전 지구적 대안 소통이었다.

동❜정치적으로 볼 때 회합은, 정치적 투쟁의 상이한 장들이 자기 접힘들 중 어떤 것이 실제로 같은 접힘이고 어떤 것이 다른 접힘인지를 결정하고, 소통을 통해 자신의 움직임을 조응할 수 있는 모임 장소였다. 그들이 말하듯이, 이 대륙간 매듭망은 자체로 '조직화하는 구조'가 아니었다. 그것은 위계적 장들의 **포획된** 관계가 아니라, 수평적 매듭들의 **중첩되는 관계**였기 때문이다. 이것이 '차이를 인지하고 유사성을 인정'한다는 것의 의미다.

이러한 중요한 정치적 유사성 중 하나는, 숙고의 과정으로 만장일치적 의사결정을 사용한다는 것이었다. 회합에서 모든 집단이 만장일치를 사용했기 때문에, 이들은 이와 같은 방법을 자기 고유의 순환 장에서도 사용하기 시작했다. 비슷한 실천들이 또한 함께 매듭지어졌다. 거기에는 대변인회의spokescouncil의 사용, 스키 마스크 착용, 비폭력 저항, 직접 민주주의, 혁명적 실천 내에서 생태적 · 페미니즘적 · 퀴어적 · 인종적 · 경제적 문제의 동등성 등이었다. 존엄, 정의, 착취, 억압의 사회적 감응 또한 다채로운 정도로 공유되었다. 상이한 전 지구적 정의 단체가 회합에서 공유하거나 공유하기 시작했던 모든 사회적 실천과 감응이 이들 사이의 공통 접힘이며, 이 공통 접힘들이 매듭을 이룬다.

사파티스타와 공유되는 감응 또는 매듭의 결과로 나온 동정치적 구조를 '사파티스모'라고 불린다. 그래서 사파티스타는 "누구나 사파티스타가 될 수 있다"라고 말하는 것이다. 정치적 순환의 모든 장은 이 전 지구적 모임에 참여하고 거기의 집단들과 동적 실천 또는 매듭을 공유할 수 있다. 수많은 전 지구적 정의 단체justice group의 공유되는 접힘으로부터 자라나 그 결과로 생기는 순환의 새로운 장 또는 매듭은 마침내 대안세계화운동이라고 불리게 되었다.

매듭짓기란 별개이지만 엮여 있는 장 내에서 운동의 같은 접힘의 조응된 작동일 따름이다. 예를 들어 데이비드 그레이버 같은 PGA의 본래 조직자는 사파티스타와 직접 작업했으며, 같은 만장일치 과정을 '점유하라' 운동의 다른 장에 도입했다. 그러므로 직접적이고 동적으로 조응된 역사적 연결이 있다. 퀘이커 교도 또한 만장일치를 사용하지만, 자본주의에 대항하는 매듭지어진 투쟁 안에서 공유되는 결연은 없다. 직접적 동적 연결 또는 조응이 없기 때문이다.

모든 접힘은 독특하고 실천적으로 정의되기 때문에, 공유되는 결연은 양쪽 장에서 같은 동적 기능에 이바지해야 한다. 이 경우에는, 정치적 억압과 전 지구적 자본주의에 대항하는 투쟁 속에서 조응된 방식으로 사고하는 것이다. 예를 들어, 대안세계화운동에 속하는 단체들은 그들의 맞물린 억압이 **실제로 같은** 공유되는 억압인 것처럼 **행동**하여, 자본에 대항하는 공동의 전투를 **벌일** 수 있게 하는데, 그러한 한에서만 대안세계화운동은 동적 매듭이다. 달리 말하자면, 매듭짓기는 명목적 유사성이나 그저 형식적인 유사성이 아니고, 동적·실천적 유사성이다. 대안세계화운동이 창발한 것은, 사람들이 실제로 같은 구조에 억압받았고, 몇몇 같은 행동을 통해 해방을 목표로 한 것이다.

　사파티스타가 기술하는 대로 보자면, 매듭짓기는 매듭 위에서 행위하고 매듭을 재생산하는 자들에 의해서만 가능해진 수평적 활동이다. 사파티스타가 "경로를 엮어서tejer los canales 저항하는 모든 길을 따라 말이 움직이기를camine todos los caminos 추구할 것이다"라고 말할 때, 이들은 매듭이 순환의 흐름으로 엮임을 기술하고 있다. 이것은 실재적 길이다. 정치적 운동은 실천적 움직임을 필요로 한다. 투쟁의 장들이 행위 또는 운동의 공유되는 접힘을 조응시켜 같은 동적 경로(실천과 감응)를 따라 움직이거나 옮겨 갈 수 있는 방식의 소통 매듭망이 수립되어야 한다. 연대의 동적 매듭은 소비에트나 식민지 연대처럼 일방적이 아니고 다각적이다. 다중적 장들이 순환하며 같은 길을 앞뒤로 옮겨 가고 각자의 행위를 조응시키기 때문이다. "많은 세계들이 들어맞는 하나의 세계"를 창조하려 한다고 사파티스타가 말할 때, 이들이 지칭하는 것은 단일한 혁명적 기획이 아니다. 그것은 조응된 현대의 매듭지어진 전 지구적 네트워크, 즉 매듭들의 수평성이다. 더 많은 매듭이 형성될수록, 움직임은 더욱 강해진다. 이것이 회합이라는 공유된 집단 사건 또는 행위의 반복적 사용에 기반하는, 또한 매듭들이 직접 조응되어 집단적 투쟁을 위한 계획이 세워질 수 있었던 이후의 전 지구적 모임들에도 기반하는, 실천적 동적 매듭이다.

매듭의 과학

그러나 동적 매듭짓기 개념은 위상학에서 전개된 매듭의 수학적 개념과 엄격히 동일시될 수는 없다. 유사성이 있기는 하지만, 중요한 차이점이 있다. 첫째, 두 개념은 연속적 체계 내의 질서와 사상寫像의 창조를 목표로 하지만, 수학적 매듭은 개념적으로 '닫힌 고리loop'로 정의된다는 차이가 있다.

각 닫힌 고리는 일련의 자기 아래로 또는 자기 위로의 교차점에 의해 정의된다. 교차점의 수를 변화시키지 않고 연속적으로 변형될 수 있는 고리가 매듭이다. 그러므로 수학적 매듭은 닫혀 있고, 추상적이고, 부동적인 개념이다. 이것은 앞에서 기술한 동적 매듭 이론과 상당히 다르다. 동적 매듭은 시작도 끝도 없이 확장되는 흐름 가운데에서 일어나는 열린 고리다. 그것은 흐름이 결연되거나 절연될 수 있는 입구와 출구를 적어도 하나씩 가진다. 그러나 수학적 매듭은 추상이다. 동적 매듭과 달리, 수학적 매듭은 엔트로피나 소멸이 아니다. 동적 매듭은 맞물린 원들인 수학적 '연쇄link' 또는 끝이 열려 있는 '땋음braid'에 더 가깝지만, 여기서도 동일하지는 않다(도판 12.3).

둘째, 동적 매듭은 위나 아래로의 교차에 의해 정의되는 것이 아니라, 상호교차와 이분화의 점을 통해 정의된다. 수학적 매듭에는 상호교차가 없다. 이 점이 수학적 매듭을 **매듭으로** 정의한다. 그렇기 때문에 겹침과 회절을 통해 정의된 역동적 체계 내의 실천적 흐름과 순수 추상적이고 닫혀 있으며 상호교차하지 않는 수학적 매듭 사이에서 피상적 유사성 이상을 수립하기는 힘들다. 이는 물리적 흐름 내의 매듭이 다른 매듭 위나 아래로 교차할 수 없다거나, 그래서 많은 수학적 매듭 도해와 유사하게 범주화될 수 없다는 뜻은 아니다. 그러나 상호교차·이분화·운동을 이론화할 능력이 없기에, 수학적 매듭은 상호교차하고, 결연하고, 이

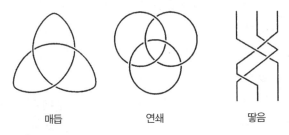

매듭   연쇄   땋음

| 도판 12. 3 | 매듭, 연쇄, 땋음

분화하고, 회절할 수 있는 실재적 유체 체계를 이론화하는 데에는 도움을 주지 못하는 상태에 머무른다.[8]

셋째, 동적 매듭 이론은 19세기 물리학자 윌리엄 톰슨(그리고 켈빈 경)이 제안했던 매듭지어진 원자의 소용돌이 이론과 다르다. 매듭 이론의 발명자 켈빈은 변이 불가능한 구조로 매듭지어진 소용돌이치는 에테르로부터 원자가 창발한다고 논했다. 나는 존재로서의 존재가 순수한 에테르나 다른 여타 실체라고 주장하지 않는다. 다만 "존재는 흐른다"라고 주장한다. 더 나아가, 켈빈은 이러한 매듭지어진 흐름을 고전적으로 안정적 유체로 다루었다. 지금 우리는 이 유체가 양자 수준에서 근본적으로 불안정하다는 것을 안다. 이로 인해 불변하는 매듭 패턴에 관한 그의 원자 모델은 유지될 수 없다. 켈빈은 그의 원자적 순환이 영원하기를 바랐으나, 흐름은 끝이 열려 있고 언제나 절연과 약동이 일어날 수 있기 때문에 그의 모델은 실패한다.[9]

매듭 풀기

매듭 풀기unknot는 두 장 사이의 매듭이 없어질 때 일어난다. 매듭 풀기는 그러므로 동動순환적 변용의 과정이다. 그러나 모든 매듭 풀기 과정이

동적 순환 속에 같은 종류의 변용을 생산하는 것은 아니다. 매듭 풀기에는 네 종류가 있다.

파괴적 매듭 풀기

첫 번째 종류의 매듭 풀기는 파괴적이다. 매듭 풀기가 매듭에 지탱되던 모든 결연을 풀 때, 그것은 파괴적이다. 이 경우 동적 생성을 지탱하던 역량들은 더 이상 능동적으로 표현되지 않는다. 더 나아가, 순환으로부터 절연된 흐름이 다른 흐름과 상호교차하지도 않고 새로운 합류나 접힘을 생산하지도 않는 경우에도, 매듭 풀기는 파괴적일 수 있다.

확장적 매듭 풀기

두 번째 종류의 매듭 풀기는 확장적이다. 이 경우 둘 이상의 순환 사이의 매듭은 단순히 펼쳐지고 순환 내의 다른 점에서 재빨리 다시 접혀서 새로운 순환을 확장하거나 더한다. 매듭은 변화하지만, 이는 자기의 순환 체제를 확장하기 위해서일 뿐이다. 추방을 통한 확장 과정 속에서 어떤 흐름이나 접힘을 더 계속해서 포괄하기 위해서, 매듭은 심지어 흐름이나 접힘을 전적으로 절연할 수도 있다.

사건적 매듭 풀기

세 번째 종류의 매듭 풀기는 사건적이다. 이 경우 매듭을 지탱한 모든 접힘이 펼쳐지는 것이 아니고, 공동 순환으로부터 하나 이상의 흐름이 전적으로 절연하여 둘 이상의 흐름 사이 다른 곳에서 상호교차하거나 합류점을 창조할 수 있다. 이 경우 매듭 풀기 과정으로부터 새로운 사건이 생산되어, 전적으로 새로운 운동 질서의 가능성을 열어 준다. 그러나 새로운 사건은, 또는 심지어 새로운 합동배열도, 새로운 운동 체제를 혼자서 지탱하기는 버겁다.

구축적 매듭 풀기

매듭 풀기의 네 번째 종류는 구축적이다. 매듭 풀기가 매듭을 지탱하는 결연을 풀어서 절연된 흐름들의 합류점을 창조했을 뿐 아니라, 또한 이 합류점이 새로운 운동 분배의 기반이 되고 이 합류점의 감응들이 새로운 일련의 접힘과 순환을 통해 안정화될 때, 매듭 풀기는 구축적이다. 구축적 매듭 풀기가 일어나는 것은, 다른 두 매듭지어진 순환 사이에 있는 이전의 다른 접힘들과 함께 움직이지 않았던 흐름이 이 순환들로부터 절연되어, 새로운 운동 분배의 조건 또는 장으로서 최대의 유율을 가지고 움직일 때다.

사례 2: 사파티스모

매듭 풀기의 동적 작동은 사파티스모의 네 궤적을 통해 해명할 수 있다. 연대의 매듭이 있듯이, 억압의 매듭도 있다. 사파티스타는 치아파스주의 동™정치적 억압의 매듭에 맞섰다. 이 매듭은 적어도 두 순환의 상호교차의 산물이었다. 그것은 멕시코 정부와 치아파스의 준군사조직이었다. 이 두 장은 적어도 두 공유되는 접힘에 의해 함께 매듭지어졌다. 그것은 치아파스에서의 원주민의 저항을 진압하는 능동적 역량, 그리고 그곳의 원주민의 땅을 차지하고 있는 목장주들의 소위 사적 소유권의 방어였다. 억압의 이러한 매듭을 푸는 것은 여러 방식으로 성취되었다.

첫째, 치아파스주의 동™정치적 억압의 매듭은 **파괴**되었다. 1994년 사파티스타 봉기의 최초 목표는 멕시코 정부와 지역 준군사조직을 묶는 동™권력의 두 주요 역량을 파괴하는 것 또는 그 접힘을 도로 펴는 것이었다. 사파티스타는 저들에게 속했던 땅을 되찾았고, 그들의 저항을 진압했던 자들을 추방했다. 그들은 성공했지만, 짧게만 그랬다. 추가적으로, 사파티스타의 첫 번째 성명은 멕시코 국가를 군사적으로 포획함으로써 이 단체가 정치적 매듭으로부터 완전히 절연할 것이라고 공표했다. 불행히도, 멕시코 사람들은 이를 지지하지 않았다. 사파티스타가 어쨌든 이러한 혁명적 노선을 추구했더라면, 이들은 치아파스주에서 이뤄지던 억압의 지역적 매듭을 파괴하는 데에는 성공했을지 모른다. 그러나 대중적 지지 없이 이들이 국가의 수도를 공격하는 것은 자기를 파괴하는 일이었을 수도 있다.

둘째, 치아파스주에서의 1994년 봉기는 치아파스주에서의 멕시코 권력과 준군사 권력의 순환을 일시적으로 매듭 풀 수 있었을지는 모르나, 의도치 않게도 이는 또한 새로운 결연에서 자신을 다시 함께 매듭지으려는 국가 동권력과 준군사 동권력의 **확장** 기회를 창조하기도 했다. 예를 들어, 사파티스모를 직간접적으로 지지했던 원주민 집단은 멕시코 정부가 간접적으로 지지했던 준군사단체의 조응된 공격의 표적이 되었다. 가장 극적인 사례는 1997년 12월 22일의 악테알 학살이다. 준군사단체 '붉은 마스크Mascara Roja'가 원주민 평화주의 단체 '꿀벌들Las Abejas'을 살해했다. 여자와 아이를 포함한 사파티스타 지지자 45명이 죽었다. 멕시코 군인은 알고서도 이 학살이 일어나도록 허용했으며, 심지어 교회 벽에 묻은 피를 씻어 냄으로써 증거를 은폐하려 하기도 했다. 한 장소에서의 억압을 매듭 풂으로써 다른 곳에서 억압은 증대되고 다시 매듭지어졌다. 이것이 이 지역에서의 (준)군사적 통제력의 증대된 확장이었다.

셋째, 절연된 마르크스주의 전위 활동가와 원주인 농민의 합류 또한 새로운 사건, 즉 1994년 EZLN 봉기를 창조했다. 이 사건적 상호교차는 치아파스주의 지역 통치를 합쳐 주고 있던 매듭을 펼쳤을 뿐 아니라, 동권력의 새로운 상호교차점, 즉 사파티스모를 창조했다. 이 새로운 사건은 매듭 풀기 과정을 통해 생산되었고, 새로운 운동 질서의 가능성을 열어 주었다. 그러나 이 사건적 매듭 풀기 혼자서는 이 지역의 새로운 운동 체제를 지탱하기에 충분하지 않았다. 사실, 1994년 봉기의 초기 수확 및 산안드레스 합의는 정부가 천천히 도로 빼앗아 갔다. 추가적 구축이 없었더라면, 사파티스모는 이 단일한 사건 하나만을 근거로 한 지역적 권력으로서 지탱될 수 없었을 것이다.

넷째, 수년의 투쟁 후에 사파티스타는 1994년 사건으로부터 새로운 순환의 장을 건설할 수 있었다. 이 장은 첫 번째 사건을 두 번째 사건, 2003년 '좋은 정부 위원회'의 창조와 연결한다. 그리하여 1994년과 2003년의 사건들의 합동배치열은 매듭지어진 동권력의 지역적 접힘을 펼쳤을 뿐 아니라, 이것들로부터 절연하여, 혁명적 감응의 새로운 장을 통해 지탱될 수 있는 새로운 합동배열을 생산했다. 사파티스모의 구성적 매듭 풀기는 치아파스주의 상황 이전에는 비가시적이었던 흐름들, 원주민과 전위 활동가들을 붙잡았고, 이들을 억압의 매듭지어진 장으로부터 절연하여 감응의 새로운 혁명적 장을 창조했다.

장의 역사적 유형론

순환의 모든 장이 운동의 같은 동위상학적 패턴을 따르는 것은 아니다. 지금까지 역사의 상이한 시기에 지배권을 획득했던 주요한 동위상학적 장 유형은 적어도 네 가지 있었다.[10] 구심적·원심적·장력적·탄성적 장이다. 이 장 유형들 각각은 그 시기의 사회적·미적·과학적·존재론적 권역에 걸쳐 운동의 동위상학을 기술한다.[11] 이러한 사회적·미적·과학적 권역의 유형론을 역사적으로 제시하는 과제는 다른 저작을 위해 보류되어 있다. 본 책은 존재론의 역사적 실천에 엄격하게 초점을 맞출 것이기 때문이다. 본 책(과 다른 책)에서 다룰 동적 장의 주요 유형에 관한 표지판을 독자들에게 제공하려는 바람에 따라, 각 유형에 대한 일반적 기술을 제공하겠다.

구심적 장

첫 번째 장 유형은 구심적 운동에 의해 정의된다. 구심적 장은 주변으로부터 다소간에 중심으로 움직이는 운동에 의해 정의되는데, 이것이 필연적으로 중심을 창조하는 것은 아니다(도판 12.4를 보라). 둘 이상의 결연 사이를 순환하는 장이 있으며 저 결연들이 장의 주변부에 대체로 머물러 있는 경우, 이 결연 속에서 한 흐름이 자기 위로 접힐 때 구심적 순환이 생산된다. 장의 주변에서 일련의 결연과 회로 움직임을 통해 구심적 순환은 모든 접힘이 포함되고 점점 더 농축되는 하나의 큰 장을 창조한다. 이러한 방식으로, 약동적 흐름들의 혼돈이 단일하고 비차이화된 내부 표면으로 포획되고 질서 잡힌다. 이 표면을 가능케 하는 것은, 주변으로부터 포획되어 구심적 끌개 분지를 향해 안으로 방향 전환되는 곡선 운동이다.

원심적 장

두 번째 장 유형은 원심적 운동에 의해 정의된다. 원심적 장은 지배적으

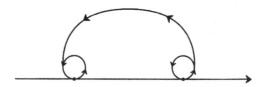

| 도판 12. 4 | 구심적 장

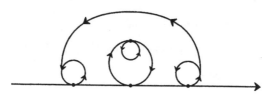

| 도판 12. 5 | 원심적 장

로 장의 중심으로부터 주변으로 움직인다(도판 12.5를 보라). 장의 중심에서 단일한 거대 결연megajenction이 창발되고 이 거대 결연이 모든 운동을 이 중심 접힘을 통해 재유도하기 시작할 때, 원심적 순환이 생산된다. 이 거대 결연은 장의 모든 내적 운동을 규제하고 유도하는 방사의 중심점radial point이 된다. 그러면 운동은 중심으로부터 주변으로 바깥쪽으로 재유도된다. 흐름이 중심으로부터 주변으로 재유도됨에 따라, 이 주변은 중심 주위를 회전하는 공동결연된 움직임을 가능케 한다.

장력적 장

세 번째 장 유형은 장력 운동에 의해 정의된다. 장력적 장은 강체 연계rigid link*(도판 12.6를 보라)를 통해 접힘과 회로를 공동결연한다. 이 강체 공동결연은 접힘을 함께 합쳐 두면서 서로 떼어 놓는다. 이러한 방식으로 강체 공동결연은 원심적 순환 운동을 탈중심화시키면서, 이들의 연결을 강화한다. 동적으로 볼 때, 장들은 상대적으로 자율적인 질서이며

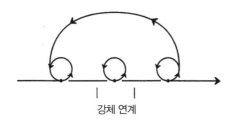

강체 연계

| 도판 12. 6 | 장력적 장

---

* rigid link. 강체rigid body란 형태가 고정되어 있어서 외력이 가해져도 변화하지 않는 물체를 가리킨다. 이는 유연체flexible body에 대비된다. 접속점들이 강체를 통해 이어질 때, 이 것은 강체 연결이라고 불린다. 본 번역에서는 connection 등 다른 유사어와 구별을 위해 이를 '강체 연계'라고 번역한다. 강체 연계 및 장력적 운동에 관한 자세한 설명은 23장을 참조할 것.

고유의 운동 분배를 가진다. 그러나 장들의 움직임은 강체 공동절연의 장력으로 합쳐져 있기 때문에, 한 접힘의 운동은 다른 접힘의 운동에 제한되게 된다. 장력적 운동이 일어나는 것은, 다른 접힘이나 순환에 의해 비탄력적으로 상대화된 움직임을 하는 둘 이상의 접힘이나 순환이 있을 때다. 이는 인간의 팔의 움직임과 비슷하다. 인간의 팔은 몇 개의 뼈 연결선으로 연결된 몇 개의 방사상 관절로 합성되어 있다. 각각의 구체 관절은 고유의 자유 정도를 가진 채 고유의 궤도를 회전하며, 이때 관절들 사이의 강체 연계는 관절들의 운동을 탈중심화시키면서 강화한다. 이러한 운동으로 같은 장 또는 다중적 장 자체 내의 다중적 접힘 사이에서 **연결된 회전**이 가능해진다.

탄성적 장

네 번째 장 유형은 탄성적 운동의 장 유형이다. 탄성적 순환은 탄성적 연결선 체계를 통해 한 장의 접힘들과 회로들을 공동결연한다(도판 12.7를 보라). 이 탄성적 공동결연은 그 접힘들이 함께 움직일 수 있게 해 주지만, 또한 이 접힘들의 운동의 수축이나 확장 후에 이전의 위치 또는 이전의 유동 정도로 되돌아올 수 있게도 해 준다. 장력적 장의 운동을 제약하는 강체 공동결연과 대조적으로, 탄성적 공동결연은 유연하며, 장들이 절연되지 않고서 확장하고 수축하면서 앞뒤로 진동하는 것을 허

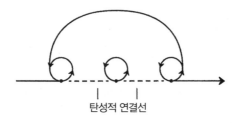

탄성적 연결선

| 도판 12. 7 | 탄성적 장

용한다.

맺음말

여기까지가 운동 중의 존재에 필요한 최소한의 요소들에 대한 동적 해설이다. 오늘날 존재가 이전 어느 때보다도 더 운동 중에 있다고 참으로 말해질 수 있다면, 그것은 적어도 장을 가로질러 흐르고, 접히고, 순환할 역량이 있어야 한다. 운동 이론은 운동존재론에 고유한 적절한 개념들을 제공한다. 이 이론이 없다면, 운동은 더욱 근본적이거나, 공간적이거나, 영원하거나, 역동적이거나, 시간적인 과정의 파생물로서만, 심지어 착각적 구축물로서만 나타난다. 그러므로 운동 이론은—짝이 되는 저작에서 다루어지는—사회적 · 미적 · 과학적 권역을 가로지르는 운동의 역사적 존재론적 일차성을 이해할 독창적 개념틀을 제공한다.

그러나 1권 2부에서 제시된 운동 이론은 중요한 방식으로 존재론적 불충분성에 머문다. 전적으로 **개념적**인 것으로 머문다. 지금까지 나는 흐름, 접힘, 장이라는 동적 **개념들**을 세부적 역사적 · 물질적 창발로부터 대체로 추상한 채로 제시했다. 이러한 이유로, 이 수준에서 동적 작동에 대해 말해질 수 있는 것은 극히 최소한이며 일반적이다. 운동 이론은 이러한 개념들이 존재론적 실천의 움직임 속에서 실제로 어떻게 활용되는지는 전혀 말해 주지 않는다. 존재는 운동이지만, 존재론적 기술 속에서 언제나 운동으로서 나타나는 것은 아니다. 그렇기에 존재의 운동의 역사적 분배 내에서 동動기록 자체가 어떤 역할을 행하는지를 설명하는 과제가 남아 있다. 이것이 2권의 목표다.

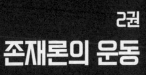

2권

존재론의 운동

키노스, 로고스, 그라포스

2권은 존재론적 실천을 정의하는 네 지배적 역사적 체제에 상응하여 네 부분으로 나뉘어 있다. 각 역사적 체제는 서구 존재론적 실천에서 존재를 가리키는 어떤 기술적 이름이 출현하고 지배적이 됨을 표시한다. 선사시대에 존재는 지배적으로 공간에 의해, 고대에는 영원성에 의해, 중세에는 힘에 의해, 근대에는 사건에 의해 특징 지어진다. 이것들이 이 시대 동안 존재를 가리키는 유일한 이름이라는 뜻은 아니고, 존재로서의 존재의 기술적 발달 과정 속에 있는 전진적 실천이라는 뜻도 아니다. 이것들은 **그 시대에** 존재에 붙여진 우세한 기술적 이름일 따름이다. 그리고 오늘날에도 계속해서 존재에 대한 주요한 이름이다. 마찬가지로, 이것들의 기입적 테크닉도 현대 존재론적 실천의 주요한 형태로 남아 있다.

독자에게 상기시키고 싶은 것은, 이러한 역사적 시대구분의 목적이 이중적이라는 것이다. 첫 번째 목표는 서구 존재론을 동적 · 물질적으로 탈신화화하는 것이다. 존재의 거대한 이름들은 모두 절대적인 이름이 아니며, 이것들이 고유하게 갖는 기입의 물질적 실천의 지배적 동적 패턴과 직접 조응되어 있는 역사적 이름임을 보여 주는 것이다. 네 역사적 시대가 선별된 것은, 이 시대들이 이러한 기술이 주어진 유일한 시대이기 때문이 아니라, 각 이름이 존재의 존재론적으로 가장 근본적인 구조로서 가장 폭넓게 기술되고 기입되던 시대이기 때문이다.

두 번째 목표는 존재를 가리키는 지배적 이름에 관한 적절하게 동적인 이론을 각 시대로부터 추출하는 것이다. 이를 통해 운동이 존재의 모든 이전 이름을 기술할 역량이 있다는, 운동의 명확한 역사적·존재론적 1차성을 증명할 수 있다. 이를 통해 이러한 전통 내에서 체계적으로 가장 종속되어 온 개념들 중 하나, 즉 운동을 이용하여 서구 존재론의 지배적 역사를 재해석할 수 있다. 그러므로 이를 통해, 서구 존재론의 역사를 일련의 거대한 이름—공간, 영원성, 힘, 시간—으로서만이 아니라, 현재까지 다채로운 정도로 존속하는 물질적–동적 패턴의 혼합물으로서 재해석할 수 있다.

달리 말하자면, 이 책 자체도 임하고 있는 현대 존재론적 실천 조건은 존재론의 역사 전체에 걸쳐 발견되는 기술적 이름과 기입적 테크닉의 혼합물 속에서 발견되어야 한다. 현재의 존재론, 또는 우리 자신의 존재론적 실천에 대한 내재적 비판을 제공하고자 한다면, 이러한 역사는 절대적으로 결정적이다. 역사 없이는, 존재론은 신비화되며 신비화하는 것으로서 머무른다.

그러나 가장 중요한 것은, 이 네 주요 시대와 이 시대들의 주요 이름에 대한 이어질 역사적 분석을 통해 우리가 공간, 영원성, 힘, 시간에 대한 독창적 동적 이론들을 전개할 수 있다는 것이다. 이 이론들은 운동에 대한 더 포괄적인 철학에서 이용될 수 있다. 달리 말하자면, 2권은 역사에 **불과**하지 않다. 비록 역사이긴 하며, 아마도 지금까지 운동의 철학에 대한 유일한, 아니면 적어도 가장 체계적인 역사이긴 하지만 말이다. 더 근본적으로, 이어질 논의는 서구 존재론의 가장 지배적인 네 가지 범주—공간, 영원성, 힘, 시간—에 관한 존재론적·동적 재해석이다. 전통적 존재론은 공간, 영원성, 힘, 시간에 관한 대체로 형식적이고 비역사적인 정의를 제공하지만, 이어질 논의는 존재론적 실천 자체에 관한 독특하게 동적인 연구에 토대를 둔 탄탄하게 역사적이고 물질론적인 접근법을 채택한다. 그래서 공간, 영원성, 힘, 시간에 대한 새로운 정의들을 제공한다. 이러한 역사적 방법을 통하지 않는다면, 존재론은 순수하게 형식적인 것, 소득 없는 것, 관념론적인 것으로 머무를 것이다. 그러므로 참된 물질론적·동적 존재론은 생성 또는 과정 **그 자체**로서의 존재에 대한 사색적 정신에서 출현하는 것이 아니고, 현대 존재론적 실천 자체를 공동-조건 짓는 구체적 물질적 실천에서 출현한다. 이 조건은 단호히 역사적인 조건이기 때문에, 존재론 또한 역사적 존재론이어야 한다.

2권의 중심 논증은, 이 역사적 시대들 각각은, 또한 존재에 관한 각 시대의 지배적 기술 및 기입은, 어떤 동적 패턴을 따른다는 것이다. 이 패턴을 통해 우리는 공간, 영원성, 힘, 시간에 대한 독창적 동적 존재론을 제시할 수 있다. 2권의 구조는 이에 따라 질서 잡혀 있다. 역사적 시대 내 각 주요 존재론적 실천이 각 부를 이루며, 각 부는 다시 세 편으로 나뉘는데, 각 편은 그 존재론적 실천의 동적 차원—키노스, 로고스, 그라포스—에 상응한다.

키노스kinos

2권 각 부의 첫 편은 1권에서 전개된 개념적 틀에 의거하여, 존재에 관한 각 역사적 이름에 대한 순수하게 **동⬛현상학적인 정의**를 제공한다. 달리 말하자면, 각 편은 존재에 관한 각 역사적 이름을 운동의 존재론적 시야로 해석한다. 각 편은 각 이름을 형이상학적 존재자로 해석하지 않고, 운동의 질서 잡힌 공동 나타남 또는 동⬛현상으로 다룬다. 동현상학 kinomenology은 운동의 존재가 나타나는 초월론적 동적 조건의 분석이다. 존재가 우리에게 제공하는 것이 운동 중에 있기 위해서 만족되어야 할 최소한의 역사적-존재론적 작동을 이해하는 데 필요한 일반적 개념 틀이 1권의 동학 또는 운동의 이론라면, 2권의 동현상학이 우리에게 제공하는 것은 존재론적 실천의 공동-나타남을 질서 잡고 분배하는 순환의 특정 체제를 이해하는 데 필요한 장들의 역사적 유형론이다.

존재는 흐르고, 접히고, 장 속에서 순환한다. 그러나 존재가 언제나 존재로서 나타났던 것은 아니다. 존재는 다양한 방식으로 기술되어 왔다. 그러나 존재가 운동 중에 있고 운동이 어떤 더 일차적인 규정(공간, 영원성, 힘, 시간)으로부터 파생된 것이 아니라면, 어째서 존재가 일차적으로 **운동이 아닌** 다른 것으로 일관되게 나타났는지를 먼저 이해할 필요가 있다. 더 나아가, 존재가 운동이라면, 어째서 운동—흐름, 접힘, 장—이 서구 역사에서 존재에 대한 적어도 네 가지 상이한 지배적 존재론적 규정이라는 외양을 생산하는 방식으로 움직일 수 있었는지를 이해할 필요가 있다.

2권 각 부의 첫 편은 이 물음에 대한 순수하게 동현상학적인 대답에 할애되어 있다. 각 편은 각 부의 맨 처음에 배치되어 있기는 하지만, 실제로는 체계적인 존재론 역사의 순수하게 개념적인 종합으로서, 뒤따르는 역사적 장들로부터 파생된 것이다. 다만, 독자가 동적 패턴의 기술과 기입의 복잡한 역사적 세부 사항 가운데에서 더 단순한 동적 패턴의 실존을 식별하는 데에 도움을 주고자 역사적 장들에 앞서 배치하였다. 이 운동 패턴들은 역사에 적용된 선험적 형태들이 아니라, 역사로부터 파생된 것이다.

동◆현상학은 운동이 **운동 아닌 다른 것으로서** 공동-나타남을 조건 짓고 질서 잡는 운동의 상이한 장들에 대한 분석이다. 존재는 언제나 운동 중에 있어 왔으나, 지금에야 어떻게 그렇게 되었는지를 이해할 수 있게 되었다. 이러한 테제는 개념적으로 일관된 사실로서 단순히 단언될 수 없다. 그렇지 않았더라면 이 책도 훨씬 더 짧아졌을 것이다. 그것은 우리 현재의 역사로써 증명되어야 한다. 그 역사는 과거로부터 비롯되어 현재에 존속하는 운동의 합성된 장들을 밝혀 주기만 하는 것이 아니고,

존재의 역사적 운동을 불투명하게 만든 동현상학적 체제들을 소급적으로 발견한다.

서구 존재론의 역사가 '착각'의 역사였다거나 '존재의 망각'의 역사였다는 뜻이 아니다.[1] 플라톤이 영원성을 존재론적으로 일차적인 것으로 기술/기입했을 때, 그는 '틀리지' 않았다. 오히려 그의 철학적 실천 자체는 순환의 실재적 장의 능동적 공동구성에, '영원성'으로서 실제로 나타난 운동의 어떤 동현상학적 질서 또는 패턴에 참여했다. 이것은 명목론이 아니다. '영원성'이라는 이름은 그 시대의 다른 정치적·과학적·미적 실천과 묶여 있던 기록적 순환의 실재적 패턴의 실재적이고 물질적인 일부였다. 명목론 자체조차도 수행적 동적 행위이며, 그렇기에 실재적 존재론적 실천 체제의 일부다.

운동 개념과 마찬가지로, 영원성 개념도 존재로서의 존재의 본성에 관한 엄격하게 존재론적인 테제로서 해석되어서는 안 된다. 오히려 영원성은, 고대 세계에서 영원한 운동으로 나타나게 되었던 운동—원형이고 원심적인 운동—의 어떤 역사적으로 지배적인 장 또는 체제의 출현과 관련된 동현상학적 테제로서 해석해야 한다. 이러한 방식으로, 동현상학은 존재의 개념적 재현의 역사가 아니고, 존재가 어떻게 생각되었는지 또는 잊혀졌는지의 역사도 아니며, 오히려 어떻게 존재가 운동의 어떤 역사적 패턴 내에서 실제로 순환되었는지의 역사다.

이러한 의미에서 2권은 역사적 구성주의가 아니고 **역사적 실재론**이다. 존재를 가리키는 새로운 이름들이 지배권을 획득하는 것은 단지 인간을 위한 또 다른 순환의 장이거나, 존재에 대해 사람들이 사고하거나 말하는 방식이 아니다. 실재는 각 시대에 실제로 상이하게 움직였다. '긴 인류세人類世*'에 일어나고 있는 실재의 인간적 변용은 자연 자체의 변용과

---

* 인류세anthropocene는 인류가 지구에 영향을 미치게 된 시기를 독자적으로 명명하고자 유진

불가분하다. 인간 문화의 움직임의 변화는 자연의 움직임을 실제로 변화시켰다.

그러나 이는 존재론적 실천으로 인해 나머지 실재가 다르게 움직이게 되었기 때문도 그 역도 아니다. 오히려 동적 철학의 가장 흥미로운 테제 중 하나는, 서구에서의 사회적 · 미적 · 과학적 · 존재론적 운동의 다중적 권역에 걸친 순환의 장 **모두** 대략 역사상의 같은 시대에 **운동의 같은 패턴 또는 체제를 따르기 시작했다는 것이다.** 그러므로 동적 철학은 왜 이런 일이 일어났는지에 대한 형이상학적 논증을 제시하지 않으며, 어떻게 한 장이 다른 장이 다르게 움직이게 하는 원인이 되었는지에 관한 환원주의적 논증을 제출하지도 않는다. 동적 철학은 이 장들 사이에 환원론적 또는 형이상학적 인과성의 특수한 집합은 부과하지 않으면서, 이들 **실재적 동적 공명 또는 동시성**synchrony을 기술하는 역사적 존재론을 제공할 따름이다. 서구 존재론적 실천의 각 역사적 시기마다, 상이한 운동 패턴이 **실재적으로** 작동하고 있다.

각 부의 첫 편에 펼쳐져 있는 존재론적 실천의 각 역사적 장의 동현상학적 구조가 기저에 놓여 있고, 여기에 기반하여 두 번째와 세 번째 편은 역사적 장의 동動기록적 구조를 해석하는 데로, 즉 역사적 장의 기술과 기입으로 옮겨 간다. 두 번째 편은 존재론적 **기술**의 역사, 존재의 로고스에 초점을 맞추는 반면, 세 번째 편은 존재론적 **기입**의 역사, 존재의 그라포스에 초점을 맞춘다. 존재의 로고스와 그라포스는 존재론의 역사적 실천을 함께 정의한다. 실천으로서, 존재론은 동적이며, 움직임의 존재론(동학)의 이면, 즉 존재론의 움직임(동動기록)을 구성한다. '존재론의

스토머, 파울 크뤼천 등이 제안한 지질시대 명칭이다. 정식 공인된 것은 아니며, 이에 관한 논의가 진행 중이다. 인류세의 시작점에 관해서는 다양한 제안이 있다. '긴 인류세'라는 용어는 인류세가 산업혁명기부터 시작된다는 초기 제안과 달리, 농경의 시작처럼 훨씬 이전 시기부터 인류세로 간주해야 한다는 견해를 담고 있다.

움직임'은 존재론적 실천을 정의하는 기술과 기입의 동적 행위다.

로고스logos

각 부의 두 번째 편은 존재에 대한 역사적-존재론적 기술記述 또는 로고스를 이론화한다. 그리고 일차적으로 신화적·우주론적·신학적·현상학적 글의 정전正典적 텍스트를 다루되, 독창적인 방식을 적용한다. 존재로서의 존재의 재현으로서의 존재론적 기술의 역사를 연구하지 않고, 각 두 번째 편은 각 역사적 시대에 존재에 대한 지배적 로고스 또는 기술에 의해 운용된 **암묵적·명시적 동적 구조**를 식별하려고 한다.

각 두 번째 편은 존재론적 실천의 역사를 어떤 사유자의 **사유**를 재현하는 일련의 텍스트로서 연구하고, 이어서 이 사유를 **존재로서의 존재**의 본성을 재현하는 것으로서 보지 않는다. 오히려 존재에 대한 역사적 기술을 어떤 내재적 기호 체계로서, 다만 존재론적 실천의 어떤 운동 패턴을 명시적·암묵적으로 기술하거나 전제하는 내적 관계를 가지는 내재적 기호 체계로서 다룬다. 달리 말하자면, 2권에서 존재론적 텍스트는 텍스트 자체 바깥의 무엇을 재현하는 것이 아니라, 암묵적·명시적 동적 체제에 의존하는 텍스트적·기호론적 패턴의 내적으로 일관적인 집합을 창출하는 또는 수행하는 것으로서 다루어진다.

예를 들어, 존재론적 기술에서 어떤 단어 또는 기호는 운동에 의해 다른 단어 또는 기호와 필연적으로 관계된다고 말해진다. 고대 우주론에서 존재의 '구球'는 구의 원형 운동의 완벽성과 필연적으로 관계된다고 말해진다. 2권의 물음은, 존재가 실제로 구형이냐는 물음이 아니라, 존재론적 기술 자체에 명시적으로 기술되고 암묵적으로 전제되어 있는 운동 패턴이 어떤 것이냐는 물음, 그리고 그것이 이어지는 편이 보여 주는 기입의 테크놀로지와 어떤 역사적 공명 또는 동시성을 갖느냐는 물음이다.

그러므로 동적 철학은 이러한 기술의 기호적 또는 재현적 면모에는, 또는 그것을 발명한 사람이나 오늘날의 사람에게 그것이 무엇을 뜻하는지에는 관심이 없다. 동적 철학은 이러한 기술의 인과적 기원을 설명하려는, 또는 이러한 기술이 인간의 의식과 상상 등에 대해 무엇을 말해주는지를 설명하려는 형이상학적·심리학적·진화론적 이론과는 관계가 없다.

동적 철학은 단지 어떻게 이러한 존재론들이 지금까지 눈에 띄지 않았던 상이한 운동 패턴을 기술하는지에만 관심이 있다. 여기에서 존재론적 기술은 신화학자 조셉 캠벨 등의 주장처럼[2] 실재를 재현하는 심리적 또는 인류학적 구조로서 연구되지 않는다. 이 책에서 그러한 구조는 실재적 역사적·물질적 움직임의 조건 하에서만 가능하다. 달리 말하면, 존재론의 로고스에 관한 편은 존재론에 의해 암묵적으로 기술된 동적 구조에 대한 내재적 비판을 수행하는 것이지, 그 구조를—인간 정신·정신분석적 구조·진화생물학 같은—다른 무엇을 지칭하거나 상징하는 것으로서 **해석**하는 것이 아니다. 물음은 경험론적인 것이 아니고—"그때 실제로 영원한 신들이 있었는가 없었는가, 이들은 어떤 존재였는가, 인간은 왜 이들을 발명했는가?"—동적인 것이다—"존재가 존재론적 실천에 영원한 신들로서 나타날 수 있기 위해 사물은 어떻게 움직였어야 하는가?"

2권에서 더욱 일반적으로 제시되는 테제는, 각 주요 역사적 시대의 동 현상학적 구조, 기술적 구조, 기입적 구조가 같은 운동 패턴을 따른다는 것이다. 이런 방식으로, 존재론적 기술은 임의적 기호 체계로 연구되는 것이 아니라, 그것의 물질적 기입 테크놀로지와 공명하는 또는 동기화된 특정한 동적 기호의 역사적 기호 체계로 연구될 수 있다. 동기록은 동적 기호를 특수한 질서에 따라 순환의 기입된 표면에 결부시키기 위해 사용되었던 내재적 관계에 관한 연구 및 분류다. 달리 말하자면, 동기록은 존재론적 실천의 역사에서 사용된 숨겨진 동적 구조에 체계성을 부여한다.

불행히도, 존재론적 기술은 자신이 사용하는 동적 어휘를 단순한 은유로서 치워 버리는 경향이 있다. 존재론적 실천 내의 소위 기술적 '은유'의 지위로 운동을 격하하는 것은 물질과 운동에 대한 진지한 고려에 대항하는 무기로 사용되어 왔다. 존재론은 운동 패턴을 기술하는데, 동시에 이 기술을 너무 문자적으로 받아들이지 말라고 경고한다. 예를 들어, 헤겔은 변증법의 논리적 움직임을 기술하고자 '움직임Bewegung'이라는 단어를 사용했다. 그러나 변증법의 형식적 논리는 어떠한 물질성도 지니지 않으며, 그렇기에—마르크스가 올바로 논평하듯이[3]—그 논리가 **운동 중에** 있다고 말하는 것은 사리에 맞지 않다.

존재론자들은 동적·물질적 기술어를 빌려서 부동적이고 비물질적인 개념에 적용하는 경향이 있었다. 이는 공간, 영원성, 힘, 시간이라는 형이상학적 관념들이 마치 실제로 움직이는 사물인 양 **보이게** 하는 동시에, 이 관념들을 운동에 대한 부동적 사고 및 인과적 설명으로서 고수하려는 방도로 이용되었다. 은유의 이용을 통해, 동적 기술은 존재론적 기술 속에서 존재의 기호론적 관계를 정의하는 데에 사용된 동시에, 운동을 '그저 은유적인 것'으로서 부인하거나 억압하고 존재로서의 존재가 가지는—어떤 특수한 동적 또는 물질적 관계로 오염되지 않은—순수하고, 관념론적이고, 논리적이고, 비물질적인 성격을 유지하기 위해 사용되었다.[4] 그래서 존재론자들은 흡혈귀가 희생자의 피를 마시듯이 은유를 사용했다. 흡혈귀의 불멸하는 살아 있는 죽음은, 살아 있는 신체의 순환하는 피로부터 한밤중에 비밀리에 움직임을 뽑아 냄으로써만 지탱된다. 저들은 은유를 아리스토텔레스처럼, "다른 사물에 속하는 이름을 어떤 사물에 주는" 과정으로 다룬다.

그러나 존재론자가 갈망하는 은유적임과 문자 그대로임 사이의 이원론은 지탱될 수 없다. 부분적으로는, 은유 **자체가 운동이기** 때문이다. 사실, '은유metaphor'라는 단어 자체가, '전송하다 또는 옮기다'를 뜻하는 그리스 단어 μταφορά, metaphorá에서 왔다. 이 정의에 기초하여, 은유〔옮김〕는 필연적으로 문자 그대로의 운동 중에 있으며, 문자 그대로의 운동은 운동으로서 또한 은유적〔옮김〕이다. 그러므로, 애초에 은유를 생산하기 위해서 운동의 문자 그대로의 관계가 필요하다는 점을 함축하지 않고서는, 비물질적 개념의 움직임이 어떤 방식으로 은유적이라고는 말할 수 없다. 은유를 사용하는 행위 자체가, 이 연결을 수행하는 사람의 모빌리티를 전제한다. 그러므로 동적 은유란, 존재로서의 존재의 재현으로서의 텍스트가 가지는 '실재적' 기술적 내용을 우선시하기 위해 무시되어야 할, 존재론적 기술의 수사적 구조가 아니다. 존재론자들이 사용하는 동적 은유는 기술(로고스) 자체의 문자적 내용과 결부되어 있다. 그러므로 존재론적 기술의 전체 과정은 이 책이 밝히기를 희망하는 억압된 동적 구조로 가득 차 있다.[5]

그라포스graphos

2권 각 부의 세 번째 편은 존재의 우세한 역사적 이름을, 존재론적 기술을 **기입**하고자 사용되는 물질적 테크닉에 따라서 해석한다. 이 편에서 존재를 가리키는 각 지배적 이름은 앞의 두 편에서 다룬 존재론적 기술과 조응하는 네 가지 지배적 기록적 체제의 동태 관점에서 검토된다. 역사적 순서로, 이 주요 기록적 체제는 존재에 대해 말하기(음성기록), 존재에 대해 글쓰기(필기기록), 존재에 대해 필사하기(서책기록), 존재에 대해 타이핑하기(자모기록)이다.

이 편들의 목표와 방법은 이중적이다. 첫 번째는, 존재론적 기입의 지배적 수록 표면의 동적 구조에 대한 기술을 제공하는 것이다. 존재가 운동 중의 물질에 지나지 않는다면, 모든 존재론은 연구될 수 있는 물질적-동적 기입 구조를 가져야 한다. 이는, 출현하고 지배하는 시대 동안 각 기입 테크놀로지의 동적 관계에 대한 상세한 역사적·물질론적 분석을 통해 이루어진다. 분석되는 것은, 그것의 구성 부분, 그것이 어떻게 기능한지, 그것이 무엇으로 만들어져 있는지, 그것이 인간 신체의 모빌리티와 어떻게 결합하는지 등등이다. 이러한 분석이 가능한 것은, 존재론자의 신체가 존재론적 기입의 동적 과정과 불연속적이거나 저 과정 바깥에 있지 않기 때문이다. 존재로서의 존재에 대해 사유하되 기입의 동적 과정은 없이 사유하기 같은 것은 없다. 인간의 사고는 그것을 구성하는 모든 물질적-동적 흐름을 초월하지 않는다. 인간의 사고는 이 흐름들 안에 내장되어 있다.

기입의 표면은 뇌를 지지하는 생물학적 신체에 제한되지 않는다. 그것은 또한 신체와 동적으로 공동결연되는 테크닉적 객체도 포함한다. 예를 들어, 인간의 직립 자세와 구강 근육계는 언어적 사고의 테크닉적 대상이며, 내구성 있는 표면 위에 시각적으로 표시하는 체계는 글로 쓰인 사고의 테크닉적 대상이다. 그러므로 사유가 그것을 지지하는 대상으로부터 독립적인 무엇인 양, 사유가 외적 물질적-동적 대상에 의해 '지지될' 따름인 것이 아니다. 테크닉적 대상이 앞서 실존하는 정신의 '연장'에 불과한 것도 아니다.[6] 뇌, 신체, 그리고 이것들의 무기물 도구는 모두 **같은 동적 과정**의 일부다.[7] 2권에서 제공하는 존재론적 기입에 관한 연구는 존재론적 실천이 필요로 하는 수록의 전체 동기록적 과정에 대한 연구다.

이들 편의 두 번째 목표와 방법은, 같은 시대의 존재론적 기입 테크놀로지와 존재론적 기술이 가지는 역사적 동시성synchrony을 보여 주는 것이다. 여기에서의 테제는, 표시(기술)와 수록 표면(기입)의 동적 기호 체계가 서로 아무런 형식적 유사성을 가지지 않음에도 불구하고, 양자 모두가 같은 역사적 시대 동안 같은 동적 패턴을 따른다는 것이다. 이것은 독립적 부분들 간의 직접적 인과성 때문이 아니고, 심지어 상호적 인과성 때문도 아니다. 역사적 실재의 전체 장에서의 공동발생적 동적 변화 때문이다.[8] 이들 운동 체제는 그러므로 엄격하게 일반적인 것도 특수한 것도 아니고, 인간적인 것도 비인간적인 것도 아니며, 오히려 혼종적 체제다. 이 체제 속에서 개별 인간 존재론자의 역사적 기입은 이것들의 매체와 얽혀 있으며 이로부터 불가분하다. 기입자와 기입은 서로를 위한 매체다. 둘은 같은 동적 과정의 양면이다.

세 번째 편의 방법은, 어떻게 기입 테크놀로지가 존재를 사고하는 방식 또는 존재를 기술하는 방식의 원인이 되었는지, 이들을 결정했는지, 또는 이들을 형태 잡았는지를 보여 주는 것이 아니다. 전진적으로 새로운 테크놀로지를 향하는 인간의 욕구가 어떻게 새로운 테크놀로지 발명을 가능케 했는지를 보여 주는 것도 아니다. 예를 들어, 문자언어의 발명이 영원성 개념을 낳았느냐, 또는 영원성의 기술이 사회적 위계에 의해 창조되었느냐, 또는 조직화된 군대가 글쓰기를 낳았고 이어서 글쓰기가 영원한 아버지 하늘-신들의 우주론을 낳았느냐 하는 물음들은 잘못 제기된 것이다. 역사에서 직접적이고 단선적인 인과를 탐색하는 것은 형이상학적 탐색이다.[9]

그러므로 이 책이 좇는 방법은, 존재론적 기술과 존재론적 기입의 동적 구조를 기술하고, 다음으로 어떻게 양자가—각 부의 첫 번째 편에서 독자를 위해 개념적으로 종합되는—운동의 같은 패턴을 따르는지를 비교하여 증명하는 것뿐이다. 이러한 동적 패턴의 실존은 공간, 영원성, 힘, 시간의 동적 존재론을 위한 역사적 토대를 제공한다.

2권의 계획

2권이 제공하는 것은, 존재론적 실천이 공간·영원성·힘·시간이라는 역사적 이름을 부여한 네 가지 지배적 운동 체제에 대한 동현상학적 분석과 동기록적 분석이다. 그러나 이 네 체제와 그 상응 개념들이 꼭 유일한 체제들인 것은 아니다. 특정 시기에 이것들이 운동의 독점적 체제였다고 주장하는 것도 아니다. 이 개념들 중 어느 것도 다른 개념보다 더 진보했거나 더 발달하지 않았다. 여기에 연대기, 발달, 목적론은 없다. 이 교차하는 세 실천들의 역사는 현대 존재론의 물질적 조건을 함께 정의할 뿐 아니라, 공간·영원성·힘·시간의 동적 존재론을 위한 기술적 토대를 제공한다.

이 책의 나머지 부분은 네 부로 조직되어 있다. 각각은 네 주요 역사적 시대의 존재론적 실천 속에 있는 질서 잡힌 운동의 지배적 패턴 또는 장을 분석한다. 그리고 이를 통해 각각 고유의 독창적 존재론적 개념을 전개한다. 1부는 신석기시대(기원전 10000~기원전 5000)에 시작하여, 어떤 구심적인, 내향적으로 유도되는 운동 체제가 지배권을 획득하는 것을 분석한다. 이 체제는 존재론적으로는 공간으로서, 기록적으로는 말하기의 물질적 발명 속에서 나타난다. 2부는 고대(기원전 5000~500)로 나아가, 어떤 원심적인, 외향적으로 유도되는 운동 체제가 지배권을 획득하는 것을 분석한다. 이 체제는 존재론적으로는 영원성으로서, 기록적으로는 글쓰기의 물질적 발명에서 나타난다. 3부는 긴 중세와 근대 초기(500~1700)에 어떤 장력적이고, 강체 연계되었으며, 회전적인 운동 체제가 지배권을 획득함을 보여 준다. 이 체제는 존재론적으로는 힘으로서, 기록적으로는 서책codex 또는 책의 물질적 발명 속에서 나타난다. 4부는 근대(1800~2000)로 끝맺으며, 어떤 탄력적 또는 진동적oscillating 운동 체제가 지배권을 획득하는 것을 분석한다. 이 체제는 존재론적으로는 시간으로서, 기록적으로는 자모기록의 물질적 발명 속에서 나타난다.

　각 부는 동현상학(키노스), 존재론(로고스), 동기록(그라포스)의 세 편으로 다시 분할된다. 이 편들의 상이한 차원을 강조하기 위해 분석적으로 이들을 분리하기는 했지만, 이들 셋은 같은 과정의 불가분한 일부다. 이 같은 과정으로부터 운동존재론이 공간 · 영원성 · 힘 · 시간의 이론을 도출한다. 이것이 가능한 것은, 이 사고들의 발명의 물질적–동적 조건이 이러한 존재론적 기술어들의 구조에 관해 무언가를 말해 주기 때문이다. 존재론자들이 이 패턴을 알아차리지 못한다 해도 말이다. 예를 들어, '영원성'이라는 이름 하에서 나타나는 한에서의 기술적 구조의 동태와, 문자언어의 발명 속에서 진흙병, 토큰, 서판, 두루마리로 나타나는 한에서의 기록적 구조의 동태를 구별할 수는 있지만, 양자는 모두 동현상학적 용어를 통해서 원심적 운동으로 개념적으로 기술되는 같은 운동장을 공유한다.

　존재론적 실천의 키노스, 로고스, 그라포스에 대한 초월론적이며 물질론적–역사적인 연구는 어쩌면 철학 역사상 가장 기이한 탐구 중 하나일지 모른다. 그것은 존재에 대한 **사유**가 더 이상 중심을 차지하지 않는 존재론의 역사다. 이는 인간의 사유가 동ᵇ기록적 과정의 일부가 아니기 때문이 아니고, 인간의 사유가 비물질적이기 때문도 아니다. 동적 존재론은 기술과 기입 실천의 연구지, 존재에 관한 사유의 연구가 아니기 때문이다.[10] 물론 이 둘은 물질적으로 역사적으로 불가분하다. 그러나 로고스와 그라포스 사이에 직접적이거나 단순한 인과성이 있지 않다는 것을 받아들인다면, 이것들을 같은 연속적 동현상학적 과정의 상이한 차원으로 분석할 수 있다. 이 점을 이어지는 장들에서 보게 될 것이다.

1부

존재와 공간

I

키노스

13장

구심적 운동

존재는 운동 중에 있다. 그러나 운동은 무엇보다도 우선 역사적으로 공간으로서 나타난다. 대략 신석기시대로 정의되는 시기(기원전 10000~기원전 5000)에 움직임은 분배 또는 순환의 어떤 지배적 양상을 보이기 시작했다. 이 양상은 주변으로부터 중심을 향하는 내향적 궤적으로 정의된다. 이 구심적 운동은 존재의 운동을 근본적으로 공간적인 것으로서 지배적으로 기술할 조건이 된다. 이 운동이 이 시기의 유일한 움직임 유형이라거나 유일한 순환 체제 유형이라는 것은 아니다. 다만, 가장 지배적인 것으로서 다른 유형을 정의하고 질서 잡았다는 것이다.[1] 지구 역사상 이러한 유형의 운동이 이때 처음 등장한 것도 아니다. 다만, 초기 인류세에 지구상에서 이러한 운동 유형이 점점 더 지배적인 기능을 맡기 시작한 시기다.[2]

본 장의 목표는 구심적 운동으로서 공간의 동적 이론을 제시하는 것이다. 그러나 동현상학적 분석은 인류학적 분석이 아니다. 공간의 **개념** 또는 **체험**이란 **인간**에게 운동이 어떻게 나타나는지를 순수하게 인류학적으로 규정한 것이다. 그러나 '공간'이라고 기술된 장場으로 물질이 흐르는 것을 통제하고 조직화하는 구심적 운동의 물질적-동적 체제 또는 장은 실재적 물질적 조건이다. 이러한 조건 하에서 신석기 인류와 그들의 테크닉적 부속장치는 역사적으로 지배적인 한 운동의 분배의 일부로서 함께 나타나게 된다. 존재의 구심적 운동은 존재를 공간으로서, 그리고 말하기를 통한 공간의 기입으로서 존재론적으로 기술하기 위한 조건이다. 구심적 운동은 전적으로 실재적이고 동적인 조건이지, 형이상학적인 개념이 아니다. 공간과 말은 그저, 구심적 운동이라는 한 체제의 두 가지 물질적 · 운동적 표현에 불과하다.[3]

1부 '존재와 공간'은 세 부분으로 나뉘어 있다. 첫 부분은 구심적 운동으로서 공간에 대한 엄격히 **동현상학적인** 이론을 제공한다. 두 번째 부분은 이 시기의 지배적 신화가 제공하는, 공간의 역사적으로 **기술적인** 요소들에 대한 동적 분석을 제공한다. 세 번째 부분은 이러한 기술이 기입되는 기입(말하기)의 역사적 테크놀로지에 대한 동적 분석을 제공한다.

공간의 동현상학

동현상학적으로 볼 때, 존재는 구심적 운동의 구성적 체제를 통해 공간적인 것으로서 등장한다. 다음은 공간에 대한 물질주의적이고 동적인 기술이다. 이 기술은 공간이라는 어떤 독립적 배경 존재자나 이념에 대한 형이상학적 요청에 의존하지 않는다.

구심적 운동

존재는 흐른다. 그러나 1권에서 보았듯이, 존재는 약동 운동을 하기 때문에 흐르는 와중에 궤적을 바꾸어 고리나 접힘을 창조할 수도 있다. 흐름이 구부러지고 접히면서 다중의 흐름을 점점 더 중심 영역을 향해 함께 모을 때, 구심적 순환이 생겨난다. 흐름들이 주변으로부터 중심으로 점점 더 내향적으로 모이고 움직임에 따라, 흐름들은 나선 패턴을 형성하기 시작한다. 이 나선 패턴에 의해, 연속적 흐름들이 나선의 팔들 사이에서 이분화하고 상호교차할 수 있게 된다. 접힘이 추가됨으로써, 이 상호교차점들은 나선 패턴 내의 고리를 자신에게로 구속시키는 결연점을 창조할 수 있다. 일단 적어도 두 결연점이 형성되면, 순환의 기본적인 장이 수립된 것이다. 이제 순환은 다른 곳으로부터 들어오는 흐름들의 점점 증가하는 구심적 축적만 지지하는 것을 넘어, 하위 결연점과 공동결연부가 점점 더 구심적으로 모여 중심을 차지하는 것도 지지할 수 있다.

고리나 순환적 축적이 등장하기 위해서는, 어떤 것이 자신을 향해 도로 당겨져서 두 개의 한계결연점을 형성해야 한다. 하나는 그것이 자신으로부터 분리해 나가는 이분화의 점에, 하나는 자신으로 돌아오는 상호교차점에 형성해야 한다. 구심적 운동은 흐름을 주변으로부터 중심을 향해 모으고, 이어서 이 흐름을 중심에서 순환시킨다. 적어도 어떤 구심적 운동이 있지 않다면, 순환의 장 일반이 있을 수 없게 된다. 순환의 모든 다른 체제는 흐름들의 축적과 반복이라는 이 기본적 움직임을 포함하며 변조한다. 장 자신의 동적 정의에 따라, 장은 이러한 자신으로의 귀환을 요구한다. 그것은 연속적으로 밖으로 나감으로부터 중심성으로 일반적으로 귀환하는 것으로의 전환이다. 이 귀환이 일어나면, 이로 인해 무한한 수의 크고 작은 순환이 가능해진다. 이 순환들은 연속적 나선팔을 통해 모두 연결되어 있다. 이로 인해 모임과 축적의 안정적 현장이 가능해진다. 달리 말하자면, 구심적 운동은 공간화의 과정이다. 운동은 미리 존재하는 공간 속이나 위에서 일어나는 것이 아니다. 공간은 오히려 더 일차적인, 구심적 운동의 동적 물질적 패턴으로부터 등장하는 것이다(도판 13.1을 보라).[4]

내부화

구심적 운동은 공간을 정의하는 요소 중 하나인 내부화internalization를 생산한다. 내부화 과정은 절대적 내부나 외부를 가지는 것과는 다르다. 공간은 안과 밖을 가진 완전히 완결적이고 폐쇄된 원처럼 이미 만들어진 채로 주어지는 것이 아니다. 순수하고 완결된 선험적 공간성이라는 개

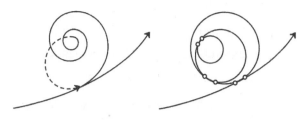

| 도판 13. 1 | 나선 공간

념은 형이상학적 관념론적이거나 초월론적 관념론적이다.

이 이론들 중 어느 쪽도 공간이 어떻게 만들어지는지를 우리에게 알려 주지 않는다. 이 이론들은 공간을 역사나 물질성 없는 절대적이고 필연적인 개념으로 정립할 뿐이다. 칸트에서처럼 인간 이성의 무역사적 순수 직관으로 드러나는 경우도 있고, 헤겔에서처럼 존재의 비역사적 자연적 규정으로 드러나는 경우도 있다. 두 경우 모두에서, 존재 내의 공간적 분할이 어떻게 생산되는지는 설명되지 않은 채로 분할이 전제된다. 그래서 장 이폴리트는 공간을 "안과 밖의 첫 번째 신화"라고[5] 했던 것이다. 이는 가장 심오한 형이상학의 심부에 있는 기하학적 중핵이다.[6] 존재와 비존재의 구분, 정신과 신체의 구분, 존재와 현존재의 구분 모두가 이 첫 번째 공간적 분할—"우리가 원하든 원치 않든 간에 사유에 공간성을 부여하는" 이 "암묵적 기하학"—에[7] 의존하며 이를 변양變樣한다.

그러나 동현상학으로 인해, 우리는 공간을 물질적-동적 접힘이라는 더 일차적인 과정의 산물로 여김으로써 공간의 이론화로 한 발짝 더 나아갈 수 있게 된다.[8] 공간은 운동 중의 물질의 산물이다. 운동 중의 존재는 존재론적 내부도 외부도 없다. 이 존재를 이루는 흐름들은 외부 껍질의 총체성도, 내부 중핵의 목적성도 없는 다중체이기 때문이다. 아무리 아래로 내려가 보아도, 흐름들의 흐름들, 접힘들의 접힘들, 장들의 장들이 있을 뿐이다. 그렇기에 **내부화 과정**이 일어나는 것은 이 흐름들이 자기 주위로 구부러지고 접힘으로써 주어진 고리의 내부와 외부 사이의 분할을 창조할 때뿐이다.[9] 흐름들이 창조한 이러한 폐쇄 고리 원은 그렇기에 구부러진 흐름들의 산물이지 미리 존재하는 형식이 아니다. 베르그송이 쓰다시피, "이 형식의 항구성 자체가 움직임의 윤곽일 따름이다."[10] 형식〔형상〕은 운동의 산물이다. 운동형상론kinomorphism.[11]

존재에서 안과 밖의 구분은 그래도 착각이 아니다. 공간은 허구가 아니다. 운동 중의 존재 자체는 근본적으로 분할 없고 연속적인 것으로 머문다 하더라도, 자기 위로 접히고 고리 지어서, 각각이 자신의 상대적 안과 밖을 가진 원들을 만드는 역량은 존재가 실재적으로 가지는 역량이다. 이러한 일이 가능한 것은 정확히, 나선 패턴 속에서 안을 향해 모이고 접히는 흐름의 구심적 운동으로 인해서다. 나선의 운동형상론적 모양에는 중심이 없다. 각 접힘이 중심에 도달하지는 못하면서도 중심을 향해 점점 더 깊이 귀환하는 내부화의 무한한 과정이 있을 뿐이다. 그렇기에 구심적 운동은 중심 없지만 중심을 가진다. 또한, 나선에는 절대적 주변부가 없다. 무한한 내향적 모임이 있을 뿐이다. 나선의 안은 나선의 밖이다. 이것들은 내부화 또는 접힘이라는 한 움직임의 두 측면이다. 나선 운동의 산물로서 공간은 그렇기에 절대적 중심, 주변, 안, 밖, 꼭대기, 바닥이 없다.[12]

그러나 이것이 뜻하는 바는, 나선 내의 고리가 폐쇄됨에 따라 형성되는 국소적 또는 지역적 안과 밖의 가능성을 공간이 가지지 못한다는 것이 아니다. 달리 말하자면, 공간은 연속적이면서 단속적斷續的이다.[13] 공간이 다채로운 흐름들을 함께 모으는 축적의 연속적이고 분할되지 않은 구심적 움직임의 산물인 한에서, 공간은 매끈하다. 상대적 만족가능성으로, 끌개 분지로, 반복에 흐름들을 종속시키는 지역적 접힘들과 장들로 공간이 흐름들을 이끄는 한에서, 공간에는 홈이 나 있다.[14] 이것은 절대적 이분법, 대립이나 규범적 구별이 아니다. 한 운동의 두 면모 또는 지역에 대한 기술일 뿐이다. 한 움직임에서, 연속적 구심적 운동이 자신을 나누지 않고서 흐름들을 중심을 향해 축적시킨다. 다른 움직임에서, 이 흐름들은 자기 위로 접히고, 이 흐름들을 안정화·갱신·확장할 수 있는 순환의 장에 구속된다. 각 움직임은 다른 움직임을 총체화하거나 종합하지 않으면서도 그 움직임 위에 구축된다. 연속적 흐름들은 포획되고, 안정화되고, 순환된다. 그러나 순환은 또한 절연되고 매듭 풀리는데, 이는 오직 어디선가 순환되기 위해서일 뿐이다. 여기에는 부정이 없다. 이 두 유형의 움직임은 한 내부화 과정의 부분이기 때문이다. 한 유형이 다른 유형으로 필연적으로 이끌거나, 다른 유형을 종합하거나, 다른 유형을 부정하는 것이 아니다. 움직임들은 그저 자기 궤적을 바꿀 뿐이다.

장소

장소는 흐름들의 지역적 순환이다. 장소는 흐름들의 연속적 구심적 축적과 접힘으로 만들어진다. 장소는 공간의 거대한 나선형 흐름들 속의 지역적 회오리 같은 것이다. 장소 개념은 '추상적 공간' 개념과 대비될 수 있다. 후자는 등질적 연속체 내의 단속적 위치로 정의된다. 그러나 단속적 위치와 등질성은 이미 흐름들의 구심적 축적과 순환의 안정화된 장을 전제한다. 이 속에서 단속적 위치와 등질성은 접힘 또는 대상으로 나타난다. 그렇기에 공간을 추상적 좌표로 사고하는 모든 사고틀은 동현상학적 공간에서 파생된 것, 또는 동현상학적 공간의 변양이다. 다른 한편, 장소는 바로, 공간의 동적 장 위에서 저러한 단속적 위치들이 애초에 나타나게끔 하는 지역적 안정성 또는 조건이다.

　메를로 퐁티는 이를 실감되는* 신체의 장소라고 부른다. 그는 '외적 공

---

* lived. 이 표현은 무엇에 지성적·추상적이 아니라 체험적·구체적인 방식으로 접근했음을,

간', '객관적 공간', '지적 공간'을 '신체적 공간', '방향설정된 공간', '실감되는 공간'과 대비시킨다.[15] 메를로 퐁티에게 실감되는 공간은 사물들이 배치되는 용기容器나, 에테르나, x·y·z축으로 이루어진 데카르트의 좌표 체계가 아니다.

공간은 공간의 부분이라고 간주되는 것들에 선행하기 때문이다. 이것들은 언제나 공간으로부터 오려 내어진다. … 〔그것은〕 사물의 위치를 가능케 하는 수단이다. 즉, 우리는 공간을 모든 사물이 잠기어 있는 일종의 에테르로 사고하거나, 모든 사물에 공통된 어떤 성격으로 추상적으로 사고하기보다는, 사물들의 연결의 보편적 힘으로 생각해야 한다.[16]

메를로 퐁티에게 원초적 살아 있는 신체 장소는 추상적 공간, 데카르트적 공간, 또는 객관적 공간 아래에 있다. 그에 따르면 신체는 "마침내 자기 **장소**를 발견한다. 그 장소는 원초적 공간이며, 그중 첫 번째 공간은 신체를 감싸는 것에 지나지 않고, 신체의 존재 자체와 혼동된다. 우리가 보았듯이, 신체로 존재한다는 것은 어떤 세계와 이어져 있다는 것이며, 우리의 신체는 본래 공간 속에 있는 것이 아니다. 우리 신체는 공간에 관한 것이다."[17] 실감되는 신체의 장소는 등질적 평면 위의 좌표가 아니다. 그것은 인간 신체의 세계-내-존재의 지역적 방향정립이다. 그런 것이므로 실감된 신체의 장소와 의식은 근본적으로, 운동을 위한 신체의 물질적이고 동적 감응적 조건에 따라서, 신체의 '운동 지향성' 또는 '운동성motricity'에 따라서 구조 지어져 있다.[18]

거리를 두고 보는 것이 아니라 직접 '사는live' 방식으로 어떤 것을 대했음을 가리킨다. '살아지는'이라는 표현은 한국어로 어색하고, '체험된' 같은 다른 번역어는 '체험'이라는 주요 용어와 겹치기 때문에, 본 번역본에서는 이를 약간의 의미 변이를 감수하고서 '실감되는' 또는 '실감된'으로 옮긴다.

그렇기에 장소는 방위설정의 가능성(안, 밖, 위, 아래, 왼쪽, 오른쪽)을 위한 근본적으로 동적이고 감응적이고 순환적인 조건이다. 그러나 인간 신체는 동현상학적으로 분석되는 첫 번째 몸체가 아니고, 심지어 유일한 몸체도 아니다. 인간 신체의 감응적 역량과 운동성을 합성하는 테크닉적 보철물로부터 인간 신체의 순환 유형을 추출할 수 있는 것도 아니다. 본 장의 뒤에서 볼 것이지만, 인간 신체는 공간 자체의 더 큰 구심적 운동에 의해 분포되고 정돈된 장들 중 그저 한 장일 뿐이다. 공간은 구심적으로 신체 속으로 접혀 들어가고, 그러면 신체는 자신을 다른 접힘과 관련하여 방위설정한다.

공간은 절대적 안이나 밖을 가지지 않지만, 장소는 다른 장소와 관련하여 지역적 안과 밖을 가진다. 장소는 그저 공간의 구심적 나선 내의 지역적 순환일 뿐이기 때문에, 장소 역시 절대적 안이나 밖을 가지지 않는다. 그렇다고 해서 장소의 지역적 순환이 내부화 과정의 부분으로서의 상대적 안을 생산할 수 없다는 뜻은 아니다. 그러므로 용기처럼 장소 '안에' 무언가가 있는 것이 아니다. 장소를 **통해서** 흐름들이 순환하는 것이다.[19] 팀 인골드가 쓰듯이, "인간 존재와 여타 유기체가 장소로 · 장소로부터, 그리고 다른 장소로 · 다른 장소로부터 오고 가지 않는다면, 장소는 있을 수 없을 것이다. 그렇다면 장소는 존재한다기보다는 일어나는 것이다―장소는 대상이라기보다는 주제, 삶의 길을 따라 있는 정거장이다."[20] 공간을 구성하는 것은 흐름들 내의 접힘이므로, 장소는 장소를 구성하는 흐름 및 공동결연부로부터 분리된 무엇일 수 없다. 이러한 의미에서, 장소 또는 순환의 국지화된 공간은 상대적으로 포회되어nested 있을 수 있다. 이 포회들도 같은 구심적 나선 운동의 부분이라는 조건 하에서만 그렇다. 장소들은 용기 속에 있는 양 공간 속에 있지 않다. 공간에는 장소가 담길 절대적 안이나 밖이 없기 때문이다. 장소는 공간과 완전히 연속적이다. 장소는 물질의 지역적 순환 또는 구심적 운동이다.

모임

공간성은 흐름들을 함께 모아서 공동결연부 또는 사물로 접는 구심적 운동의 과정이다. 장소가 안과 밖의 상대적 질서 또는 방향정립을 창조하는 흐름들의 지역적 순환이라면, 모임gathering은 순환 장소 내에서 일어나는 공동결연부 또는 사물의 지역적 접힘이다. 사물은 접힌 흐름들, 함께 모이고 장과 장소를 통해 질서 잡힌 운동에 다름 아니다.

그러나 사물은 공간 내의 연장延長으로 환원될 수 없다. 우선, 추상적 공간이 먼저 있고 그것이 그 공간 내의 3차원 대상에 의해 채워지는 것이 아니다. 사물은 우선 공간 내의 연장(길이, 폭, 깊이)이 아니고, 오히려 공간이 우선 방위정립된 순환 경로 내의 상대적 안과 밖으로 접힌 물질적 모임의 구심적 운동이다. 그것은 **장소 내에서 지역적 내부화가 일어난 후에야 비로소**, 연장된 차원들로 분할될 수 있다. 달리 말하자면, 움직임이 연장에 선행한다. 연속적으로 움직이는 궤적 내에서 사물은 결정結晶이 아니라 접힘이다. 사물은 흐름이지만, 또한 연장이라는 효과를 생산할 수 있는 접힘이기도 하다. 그렇기에 공간은 흐름의 구심적 모임이지만, 내부성interiority이라는 효과를 생각할 수 있다. 그렇기에 연장된 사물은 구심적 모임의 산물이지, 이 모임에 선행하는 것이 아니다. 사물은 순환의 장소 또는 현장 내에 있는 감응들의 공동결연부다.

하이데거도 비슷한 방식으로 사물을 모임과 접힘으로 정의한다. 하이데거는 thing이라는 단어가 고대 게르만어의 thingam에서 왔음을 상기시킨다. 이 단어는 모임 또는 회합이라는 뜻이다. '사물'이라는 단어가 연장이나 속성을 지니기 전에, 그것은 근원적으로 함께-모임이었다. 하이데거는 이렇게 쓴다. "서구의 사유 과정에서 우리는 사물을 지각 가능한 성질이 부착된 미지의 X로 표상하게 되었다. 그렇게 본다면, **이 사물의 모이는 본질에 이미 속하는** 모든 것이 우리에게는, 당연하게도, 사후에 해석하여 집어넣은 첨가물로 나타난다."[21]

역사적으로, 사물은 일차 성질과 이차 성질의 집합으로 다루어졌다. 그러나 이 성질들은 빛, 소리, 공기, 여타 물질의 이질적 흐름의 구심적 모임이 이미 하나의 사물로 축적되어, 이 사물의 소위 지각 가능한 성질이 우선 규정되고 부과될 수 있게 된 후에야 비로소 가지적intelligible이 된다. 사물의 성질을 규정한 후에, 우리는 소급적으로 이 성질을 사물의 본질에—마치 성질이 거기에 계속 있었고 거기에서 유출되는 양—부과한다. 그렇기에 우리는 사물을, 사물 속으로 모이는 흐름들의 구심적 운동의 구성적 과정으로서가 아니라, 이미 수립되었고 이미 완성된 끝으로만 다루어 왔다.

하이데거에 따르면, 그러면서 우리는 또한 사물이 땅, 하늘, 필멸자, 신성의 흐름이 공간으로 모이고 접히는 연속적 과정이 되는 과정을 간과한다. 하이데거가 보기에, 공간은 이러한 모임 이전에는 주어지지 않는다. 공간은 모임과 접힘의 더욱 일차적인 과정으로 생산되는 것이다. 사물은 순환의 한 지역 속으로 함께 모이는데, 이 지역을 하이데거는 현장˙이라고 불렀다. 현장이란, 흐름들이 일련의 접힘 속으로 지역적으로 모임이다. 또한, 장소를 통한 흐름들의 연속적 공동결연과 순환이다. 장소 또는 현장을 통한 사물의 순환은 지역적으로 제한되어 있으면서 동시에 공간적으로 제한이 없다. 그것은 모임으로서의 공간을 구성하는 더 큰 구심적 운동과 연결되기 때문이다. 하이데거는 이를 사물의 경계라고 부른다. "경계란 무엇이 멈추는 곳이 아니다. 그리스인들이 인식했듯이, 경계는 어떤 것이 **자신의 펼침**〔본질〕**을 시작하는** 곳이다."[22]˙˙ 사물의

˙ locale. 하이데거의 〈존재함, 건축함, 거주함〉의 영역본에서 locale은 Ort의 번역어다. 독일어 Ort는 장소를 뜻하는 일반적인 단어이나, 저자는 영어 번역을 따라 locale과 place를 구별하기 때문에, 본 번역본도 둘을 구별하여 각각 '현장'과 '장소'로 번역한다.

˙˙ 영역본에서 펼침unfolding으로 번역된 말은 독일어로 Wesen이다. 이 말은 본래 '본질'을 뜻하나, 하이데거는 이 용어의 동적 의미를 살려서 정적인 본질로부터 의미를 변양시켰다.

지역적 순환의 한계에서 사물의 움직임은 멈추는 것이 아니고, 그저 자신의 공동결연으로부터 펼쳐지거나 분리될 뿐이다.

공간의 구심적 운동은, 현존재(**거기**-존재)가 움직여 가는 경로 또는 순환을 문자 그대로 열어 준다. **거기**-존재란 정확히, 존재가 국지적 거기-존재로 구심적으로 모이는 것이다. 공간을 통한 거기-존재의 순환을 하이데거는 '거주하기'라고 부른다[168].

인간의 거주함 속으로 들여보내졌음을 통해서 공간은 열린다. 필멸자가 존재한다는 것, 그것은 필멸자가 사물과 장소에 머무름을 근거로 하여, 거주하면서 공간을 지나 서durchstehen 있다는 말이다. 그리고 오직 필멸자가 자기 본질에 의해서 공간을 지나 서 있기 때문에, 인간은 공간을 지나 갈durchgehen 수 있다. 그러나 가면서도 우리는 서 있음을 포기하지 않는다. 오히려 가깝고 먼 현장과 사물에서 계속해서 머무름으로써, 우리는 공간을 이미 견뎌 내는ausstehen 식으로 계속 공간을 지나간다.[23]

동현상학적으로 말하자면, 거주하기는 공간을 통과하여 움직이고 순환하는 거기-존재의 존속이다. 흐름으로서, 공간을 지나가는 거기-존재의 움직임은 정확히 이 움직임의 지역적 순환을 통해, 그리고 다른 가깝고 먼 접힘들과의 공동결연을 통해, 분리되지 않고 오히려 **지속**된다. 순환의 공간은 운동의 공동결연을 지나가며, 이 공동결연은 하이데거가 '건축함'이라고 부르는 것을 통해 지속된다. "건축함이 본질적으로 실행하는 바는 자기 공간들을 결연함을 통해 장소들을 수립함이다. 우리가

---

* 흔히 '현존재'로 번역되는 하이데거의 Dasein이라는 용어는 da와 Sein의 결합어다. Sein은 영어의 being에 해당하는 단어로 '존재' 또는 '존재함'을 의미한다. da는 '거기'나 '여기' 등 공간적 현장성, 때로는 '지금'이라는 시간적 현장성도 뜻한다.

거주함의 역량이 있을 때에만, 우리는 건축할 수 있다."[24]

동적으로, 우리는 연속적 흐름과 움직임이 있는 곳에서만 공간을 통한 공동결연과 순환이 있을 수 있다고 말할 수 있다. 그렇기에 건축함은 거기-존재가 자기 현장을 지나며 동현상적으로kinomenal 거주함, 또는 순환함의 '보호소'가 되고 '집'이 되는 '자리를 만드는' 과정이다. 집이 하늘의 흐름들(바람, 물, 빛) 아래에서 땅의 흐름들(바위, 흙, 나무)을 함께 모으고, 거기-존재가 동적으로 거주하는 순환의 장소로 이 흐름들을 공동결연하는 한에서, 집은 그러한 건축, 첫 번째 건축이다. 집은 거기-존재가 자기 경로와 궤적을 따라 돌아오는 터다. 집은 순환의 접힌 공간이다. 이 점을 이어지는 두 편에서 더 역사적 · 테크놀로지적으로 보게 될 것이다.

여기에서 전개된 공간 이론에 더하여, 이동적 신체와 집 자체의 선사적이고 물질적인 조건과의 연관을 보는 것도 중요하다.[25] 또한, 두 기술 모두에서, 애초에 공간화를 가능케 하는 것은 물질의 일차성만이 아니라, 더욱 중요하게는 움직임의 일차성이라는 것을 보는 것도 중요하다. 이것이 메를로 퐁티와 하이데거가 제공한 공간에 관한 현대적 기술에 운동의 존재론이 명시적으로 더해 주는 바다.

본 장에서는 공간의 구심적 운동 이론만을 제공했다. 그러나 공간 개념이 어떻게 존재를 위한 지배적인 이름으로서 등장하게 되었는지, 그리고 어떤 의미에서 저 개념 자체가 구심적 운동을 **기술하는지**는 더 보아야 한다. 그러므로 우리는 이제 공간에 대한 역사적 기술로 넘어간다. 그런데 이것은, 공간이 사람에게 나타남에 따라서만이 아니라, 물질의 운동을 분배함에 따라서도 기술된다. 사람이 움직이는 것은 이러한 물질의 운동을 지나면서이고, 사람이 존재를 공간으로서 기술하고 기입하는 것도 이러한 물질의 운동을 지나면서다.

로고스

14장

선사시대 신화: 비너스, 알, 나선

신화

존재를 공간으로서 기술하는 것이 지배적이었던 시기는 신석기시대라고
불리는 역사적 시기와 대략 일치한다. 지중해의 어떤 지역에서는 신석기
시대 이후에도 남아 있기는 하지만, 이러한 기술의 흔적은 더 일찍 구석
기시대에 시작된 것이 확실하다.[1] 이러한 존재론적 기술은 문자언어나
알파벳으로 표출되지 않았다. 이런 문자는 수천 년이 지나서야 발명되었
다. 이 기술은 완전히 다른 언어, 이미지의 언어를 통해 표출되었다.

상부 구석기시대 말경, 인간은 엄청난 양의 기록적 기호를 생산하기
시작했다. 이 시기는 농업의 도래와 대략 일치한다.[2] 이 기호들은 존재
를 그림으로 재현하거나 복사한 것이 아니라,[3] 그 자체로 존재의 한 영
역을 수행하며 창조한 신화적 이미지다.[4] 이 기호들은 단지 세계에 있는
지시 대상을 다소간 추상적이거나 실재적 그림으로 기술한 것이 아니
다. 이 기호들은 물질적 창조 행위에 내재적인 종교적·신화적 중요성
을 갖는다.

이것이 고인류학자 앙드레 르루아 구랑이 "신화도상mythogram"이라

----

* mythogram의 번역어로는 '신화문자'가 있으나, 본 책에서 mythogram은 문자 및 글의 발생과

고 부른 것이다.[5] 신화도상은 존재론적 중요성, 신화적 중요성, 또는 종교적 중요성을 가시는 그림 이미지다. 내적으로 일관된 신화적 기술과 직접 연결된 기록적 기호다.[6] 신화도상은 그것이 연결된 구술 설명과 나란한, 그리고 그와 얽혀 있는 시각적 이야기를 해 준다.[7] 신화mythology는 '입'을 뜻하는 고대 그리스 단어 μῦθος, mûthos에서 온 것으로, 실재에 관한 말로 된 또는 구술적 기술이다. 신화와 신화도상은 함께, 신석기시대 존재론적 실천의 지배적 동기록을 형성하며, 구심적 운동으로서의 공간에 관한 동적 이론에 물질적·역사적 기반을 제공한다. 선사시대에 가장 지배적이고 우세한 방식으로 존재를 공간으로 기술한 것 속에서 우리는 구심적 운동에 관한 기술을 발견한다.

문자언어에 구문론과 문법이 있듯이, 신화도상에도 구문론과 문법이 있다.[8] 그러므로 우리는 문자 텍스트를 실재에 관한 단순한 기술 이상으로, 서로 내적인 기술적 관계를 갖는 것으로 보듯이, 선사시대 신화도상도 비슷한 방식으로 볼 수 있다. 고고신화학자 마리야 김부타스가 쓰듯이, 기록적 기호는 "의미들의 전체 합동배열이 전송되는 일종의 메타언어의 문법과 구문론을 재현"하기 때문이다.[9]

신석기인의 신화와 창조 이야기에 관한 언어적 수록은 존재하지 않기 때문에, 본 장은 이들의 신화기록적 기호가 제공하는 비언어적이지만 그럼에도 구조적인 기술에 의지한다. 선사시대 인간은 다중적인 상이한 기록적 기호를 생산했다. 이 기호들 중 일부만이, 어떻게 다른 모든 존재가 존재하게 되었는지를 계시하는 한에서 신화적으로 일차적이다. 존재가 어떻게 공간을 생산하는 방식으로 움직이는지만이 아니라, 어떻게 그러한 운동이 공간적인 것으로서 기술될 수 있는지를 이해하고자 한다

대비되기에 이를 피하고, mythogram의 시각적·도상적 특성을 살려서 '신화도상'이라고 번역한다.

면, 이러한 신화적 기호 중 가장 일차적인 것에 눈을 돌려야 한다. 그것은 존재의 창조와 구조의 일차적 과정을 기술하거나 설명하는 신화적 기호다.[10]

이 시기의 거의 모든 유럽 신석기 집단을 지배하게 된, 저러한 존재발생적ontogenetic 지위를 지닌 세 가지 상호연결된 기호 집합이 있다. 그것은 비너스, 알, 나선이다. 이 기록적 기호들은 개, 양, 빗, 도구, 달 이미지 등 다른 기호들과 다르다. 이 기호들이 특권적 지위를 가지는 것은, 이 시기에 신석기 유럽에 걸쳐 이 기호들이 많은 수 창조되고 지리학적으로 편재했다는 점 때문만이 아니다. 어떻게 존재가 지금 같은 상태가 되었는지를 설명하는 존재발생적 기능의 일차성 때문이기도 하다.

비너스

비너스는 상부 구석기시대와 신석기시대에 발견된 수천 개의 여성상에 소급적으로 주어진 이름이다. 비너스는 수만 년에 걸쳐 가장 흔했던 단일 도상적 기록실천이다. 뿐만 아니라, 처음으로 생산된 인간 형상이기도 하다.[11] 가장 오래된 것은 홀레 펠스의 비너스로, 기원전 3만 5천 년경의 것이다.[12] 선사시대 인간의 정확한 신화 체계가 무엇이었든지 간에, "(3만 년이 넘는) 고고학적 기록에서 이 기호가 얼마나 자주, 얼마나 오래 등장하는지는" 이 체계에서 "이 상징이 가지는 본질적 역할을 대변한다."[13]

그렇기에 비너스는 존재에 대한 선사시대의 신화적 기술에 대해 뭔가를, 즉 그것이 어떻게 존재하게 되었는지, 또는 나타나게 되었는지를 말해 준다. 여기서 문제는 비너스가 무엇을 표현하느냐(생식력 등등)나 비너스에 대해 사람들이 어떻게 생각했느냐보다는, 비너스의 동적 구조가 선사시대 신화 속에서 존재의 본성을 어떻게 기술하느냐, 또는 물질적으로 그려 내느냐는 것이다. 비너스는 단지 추상적 기호가 아니다. 그것은, 신석기시대 여신 숭배 및 대모太母 신화와 공명하는 운동의 구체적 장을 표현하는, 신체화된 동적 구조를 가진다.

그러나 신화적 여성성에 대한 신석기시대의 기술이 그 중핵상 소박한 본질주의와 자연주의에 머물러 있는 한, 이 기술은 또한 상당히 문제적이기도 하다. 그것은 여성성을 어떤 공간적 존재론으로 둘러싸는데, 이 존재론은 여성성을 모든 존재자가 흘러나오는 일차적 용기容器 또는 그릇으로 다룬다. 그러면 물질의 흐름은 일차적인 것이 아니라, 대모의 자궁으로부터 나오는 이차적 효과로 다루어진다. 달리 말하자면, 이러한 선사시대의 기술에서 여성적 공간성은 물질적·역사적으로 구성된 것이 아니고, 오히려 신화적으로 선험적인 것 또는 자연적이고 본질적인 것이다. 그럼에도 불구하고 신석기시대에 이 여성적 용기는 부정성, 수동성, 결여로 기술되지 않는다. 2부에서 보겠지만, 여성적인 것을 결여로 기술하는 일은 이후 고대 가부장적 종교의 발흥과 함께 비로소 일어난다. 물질적–동적이고 페미니즘적인 관점에서 볼 때 여성적/공간적인 것으로서의 존재에 대한 선사시대의 기술에 있는 문제는 저것이 아니라, 과정이 애초에 산물(성별화된 신체)을 창조하는 것인데(성별화의 물질적 실천과 수행), 산물을 이 과정 전에 놓는다는 점이다.

그러므로 여기서 보여 주고자 하는 것은 다음과 같다. 여성적 공간적 존재의 선험적 본성에 대한 저러한 선사시대의 기술은 이미, 공간적이고 여성적인 신체 자체를 생산하는 물질적–동적 흐름의 생산적 수행을 전제한다는 점이다. 성별화된 신체는 더욱 일차적인 **성별화 과정**으로부터 창발하는 현상이다. 주디스 버틀러가 쓰듯이, 성별적 분화의 과정은 물질적이고 수행적인 것이지, 선험적이거나 본질적인 것이 아니다.[14]

비너스 신화도상은 선사시대 존재발생에 관한 첫 번째 주요 기록적 이미지를 준다(도판 14.1을 보라). 마리야 김부타스가 보여 주었듯이, 선사 신화에서 비너스는 무엇보다도 우선, 어떻게 존재가 지금과 같은 모

| 도판 14. 1 | 레스퓌그의 비너스,
기원전 23000년경
출처: Marija Gimbutas, The Language
of the Goddess (San Francisce:
Harper & Row, 1989)의 도판 5에서 가
져온 이미지.

습이 되는지에 관한 기술이다. 그
것은, 출산의 내부화와 외부화를
통해서다. 그러므로 비너스는 어
떻게 운동 중의 물질이 **공간** 속으
로 내부화되고 조직화되고 생성되
는지에 관한 역사적 기술이다. 더
구체적으로, 비너스의 선사 신화는
존재가 **공간으로서** 나타나도록 질서
잡는 **구심적** 운동을 기술한다. 이
점에 대한 역사적 증언에는 두 가
지 주요한 방식이 있다. 첫째는 비
너스 신화도상 자체의 물질적 동태
를 통한 것이고, 둘째는 신석기시
대의 지각적 · 사회적 · 자연적 운
동의 신화적 의의와 비너스 신화도
상의 공명함을 통한 것이다.

비너스상의 물질적 동태는 일련
의 둥근 또는 구부러진 계란형으로—머리, 가슴, 배, 허벅지, 외음부, 둔
부—이루어져 있고, 이 점은 거의 보편적이다. 이 계란형은 연속적 순환
속에서 자신 주위로 구부러지고 자신과 상호교차하는 물질 흐름들 속
의 구부러짐, 접힘, 주름이다. 이 동적 관계는 흐름들(모유, 양수, 혈액)이
여성적 신체에 저장되는 일련의 장소 또는 방과 연결되어 있다. 이 장소
또는 방들은 비너스-공간의 장소 또는 지역이다.

비슷하게, 둥근 비너스상은 흙 · 진흙 · 돌 · 상아의 지상적 흐름의 축
적의 산물이며, 이것들이 구심적으로 압축되어 일련의 웅덩이 · 구근 ·
주머니로 저장되는 운동의 산물이다. 흐름의 이러한 수축은 비너스상에

서 흔히 찾을 수 있는 평행하는 일련의 직선이나 물결선—'물줄기'로 기술된다.[15] 때로는 외음부로 들어가고 나오는 선 하나, 또는 직선들의 흐름만이 새겨져 있는 비너스상도 있다. 이러한 물줄기 또는 선에는 이중적 동적 기능이 있다. 이 선들은 둥근 계란형 또는 구근형 공간으로 접힌 흐름들의 구심적 축적이며, 그와 동시에 바로 그 흐름들의 외음부를 통한—여기에서 흐름들은 해방된다—절연이다. 비너스의 신체에 걸친 선들의 흐름은 내부와 외부 사이의 연속적 순환을 그려 내는 열린 흐름이다. 흐름을 담는 용기로서, 비너스는 물질의 흐름들이 접히고, 내부화되고, 존속하고, 순환하는 공간 또는 일련의 장소(구근)다.

둘째로, 비너스 신화도상은 공간화의 다른 세 과정과의 공명을 기술한다. 전형적인 고고학적 해석과 달리, 우리는 이 비너스상을 여성적 신체의 재현으로, 또는 동물의 출산, 종자의 발아, 삭망 주기의 유비물로 생각해서는 안 된다. 이 모든 과정은 **현실적으로** 또는 **환유적으로**, 모인 흐름들의 구심적 운동의 같은 동적 패턴을 공유한다. 비너스 신화도상은 그렇기에 이 모든 운동이, 실재 전체를 정의하는 하나의 공간적 형상으로 시각적으로 수축된 것 또는 공명하는 것이다.

지각적·사회적·자연적 운동은 모두 같은 지배적 운동 체제로 분배된 상호교차하는 순환들이 된다. 비너스상은 그저, 이 순환들이 공간으로서 가지는 동적 유사성을 명시화하는, 그리고 이 순환들을 형성시킨 정확한 운동 장을 기술하는 기록적 공명에 불과하다. 동적으로 볼 때, 비너스상의 성별화된 신체적 공간은 물질적 흐름들의 구심적 축적의 동적 과정을 통해 생산된다. 공간은 선험적인 것이 아니다. 공간은 비너스의 신체에 분배된 가슴, 배, 둔부, 허벅지 같은 유체로 차 있는 그릇과도 같은, 다수의 공간 또는 장소의 물질적 분배와 연결을 통해 구성된 것 또는 생산된 것이다. 물질적으로 중요한 이 과정들은 그렇기에 대모신 자신의 존재—여창조신, 양육자, 파괴자—와 신화적으로 묶여 있고 기술된다. 달리 말하자면, 비너스 신화도상은 신석기 사회가 숭배했던 대모신의 일차적이고 창조적인 힘에 대한—마찬가지로 실감된 실재의 구조를 기술했던—구술 신화와 나란히 놓여야 한다.[16] 비너스는 또한 일련의 지각적 · 사회적 · 자연적 운동을 기술한다.

지각적 운동 —— 첫째, 비너스는 공간으로서의 존재가 지면 위의 지역적이고 이동적인 존재에게 지각적으로 나타나는 모습을 기록적으로 기술한다. 지면 위의 이동적 존재의 지각장은 지평선이라는 구부러진 한계에 둘러싸여 있다. 우리는 360도를 돌아볼 수 있지만, 여전히 둘러싼 지평선에 제한되어 있다. 지상적 움직임은 그렇기에 모든 면에서 제한되어 있고, 공간의 지각적 '둥긂'과 제한성에 의해 둘러싸이고 에워싸여 있다. 지상적 운동의 가능한 최대 틀(지평선)과 관련된 이 근본적 지각적 방위설정과 관련하여, 지면에서 존재는 구부러지고 **공간적으로 구속된** 것으로서 나타난다. 물론 추상적 공간이 아니라 실감되는 공간으로서, 즉, 이동적 존재를 위한 방위설정, 지각, 행위의 공간으로 나타난다.

그래서 모든 지각된 사물은 구부러진 어머니의 근본적 공간화처럼 보이거나, 그런 모습을 획득하기 시작한다. 실감되는 공간의 구부러짐 속에서는 심지어 시간 자체조차도 주기적인 것으로 기술된다. 실감되는 시간에 대한 가장 이른 경험 중 어떤 것은, 되돌아오는 패턴 또는 계절 속에서 하늘을 가로지르는 태양의 나선형 움직임과 연결되어 있다. 이러한 나선형 움직임은 이어서 지각적 지평선의 공간적 울타리에 의해 제한된다. 시간적 존재의 이러한 공간화는 라코타, 나바호, 호피 같은 일부 아메리카 원주민들 사이에서는 오늘날에도 존재론적으로 지배적이다.[17] 비너스의 둥근 계란형 기호들은 지각 및 신체적 방위설정과 연결된 구부러지고 둥근 존재를 기술한다. 그렇기에 존재는, 비너스가 둥근 기호-신체를 통해 기술하는 저 둥근 공간으로서 나타난다.

사회적 운동 ── 둘째, 비너스는 또한 공간 속에서 일어나는 인간의 사회적 운동의 첫 번째 지배적 분배와 공명하는 구심적 운동의 체제를 기술한다. 구석기시대 수렵채집자들의 궤적은 어떤 지점에서, 자기의 방랑의 경로를 구부려서 사회적 축적의 첫 번째 터로, 즉 봉분으로 돌아오기 시작했다. 마을, 신전, 도자기보다 전에, 봉분은 첫 번째 영구적 사회 테크닉적 울타리였다. 무덤은 땅의 자궁—거듭남을 가능케 하는 쉼의 공간—으로의 귀환이다. 삶은 공간(자궁)에서 태어나고 공간(무덤)으로 돌아간다.

루이스 멈포드가 관찰하듯이, 죽은 자는 "영구적 거주지—굴, 돌무더기로 표시된 흙더미, 공동 무덤—를 가지는 첫 번째 사람이었다. 산 자는 이러한 표지물로 아마도 때때로 돌아가, 선조의 영혼과 소통하거나 그들을 달랬을 것이다."[18] 무덤은 감쌈과 내부화의 둥근 공간을 파내고, 여기에 조상들의 신체가 구심적으로 축적된다. 이들의 가족은 무덤에서 이루어지는 사회적 구심적 모임을 창조하면서, 자기 경로를 기념적 내부화의 같은 장소로 자꾸자꾸 되-**돌린다**. 그러므로 무덤은 최종점이나 밀봉된 안과 밖이 아니고, 죽음 너머의 삶, 거듭남이다. 이 거듭남은 존재가 공간 안에 국지화됨으로써 가능해진 기억 또는 영혼의 형식으로 이루어진다. 비너스의 둥근 외음부와 배는 단일한 공간 내에 있는 삶과 죽음의 저 같은 동적 이미지를 기술한다. 삶과 죽음의 사회적 주기가 둥근 배의 기호학적 이미지에서 시각화된다.

더 나아가, 멈포드에 따르면, 초기 인간 사회가 형성된 것은 감싸고 담는 단일한 공간 속으로 신체들을 구심적으로 축적하는 무덤으로 정기적으로 되돌아옴을 통해서만이 아니었다. 특별히 성스러운 지상의 다른 구역으로 되돌아옴을 통해서이기도 했다. "그렇다면 도시의 첫 번째 싹은 순례의 목적지 기능을 하는, 의례를 통한 만남의 장소에 있다. 계절에 따라 간격을 두고 가족이나 부족 집단은 저 터로 이끌린다. 이 터가 가질 수 있는 어떤 자연적 축일에 더하여, 저 터는 어떤 '영적' 또는 초자연적 능력을 집중시킨다. 그것은 삶의 평범한 과정에 비해 높은 잠재력과 더 긴 지속, 더 넓은 우주적 의의를 가진 능력이다."[19]

그렇기에 어떤 자연적·사회적 능력의 구심적 모임은 근본적으로 공간적이다. 비너스의 부푼 가슴과 배에서의 유체 모임처럼 흐름들이 서로 교차하고 고리를 만드는 잠재력의 터가 있어야 한다. 공간은 땅의 부푼 신체다. 그것은 형상을 잉태한 질료다. 인간은 모든 종류의 공간─동굴 같은 자연적 구덩이 또는 지상의 접힘, 호수·웅덩이·샘 같은 물의 자연적 축적─으로 돌아와 모였다. 자연은 모이고 공간 속으로 고인다.

인간의 운동은 이러한 흐름들을 따르고, 접힘 속에서 머무르며, 마침내 사회적 공간으로서의 거주지를 차지한다. "그렇기에 도시는, 고정된 거주지 장소가 되기 전에조차, 사람들이 주기적으로 되돌아오는 만남의 장소로서 시작한다. **용기容器보다 자석이 먼저다.** 이러한 장소는 성관계와 영적 자극을 통해, 교역 못지않게 비거주자들을 끌어들일 수 있다. 이러한 능력은 도시의 본질적 기준 중 하나로 남아 있으며, 도시의 내존적 역동을 증언하고 있다."[20] 구심적 운동과 사회적 모임이 집 및 건설된 사회적 기반 시설에 담기기 전에, 그러한 운동과 모임의 자석이 있다.

더욱이, 기원전 1만 년경 식물과 동물의 길들이기 또한 자연적 흐름들이 사회적 장소로 더욱더 극적으로 축적되게끔 했다. 정착의 과정은 "어떤 풀로부터 체계적으로 씨를 모으기와 심기, 호박과 콩 같은 다른 종자 식물을 길들이기, 무리 동물, 소, 양, 마지막으로 나귀와 말의 이용"과 함께 왔다.[21] 길들이기 과정은 식물, 물, 동물의 야생적 흐름들을 구심적으로 모아, 사회적으로 관리되는 재생산의 주어진 공간에 저들을 담았다.

이는 인간의 재생산에 관해서도 참이다. 인간의 재생산은 신석기 인류의 일차적 활동이자 관심사가 되었다. 포식捕食을 하지 않고서, 사회적 삶의 초점은 느려지고, 안정되었으며, 아이, 어린 동물, 씨와 싹을 울타리 친 공간에 담고 보호하는 데에 집중되었다. 안전, 수용성, 울타리 치기, 양육—이러한 것들이 초기 마을의 일차적 기능이다. 초기 마을은 그 자체로 담는 공간이다. 가스통 바슐라르는 하이데거의 메아리를 시적으로 울리면서 이렇게 쓴다. "그들은 우리에게 존재의 구역들, 인간의 존재 확실성이 집중되는 집을 준다. 이들의 이미지 속에서, 이들만큼이나 안정을 주는 이미지들 속에서 삶을 통하여, 우리는 새로운 삶을 시작할 수 있다는 인상을 가진다. 그것은 우리 자신의 것일 삶, 바로 우리의 심층에 속할 삶이다."[22]

집, 난로, 축사와 밧줄, 저수조, 저장구덩이, 곡창—이것들은 모두 내부화와 공간화이고, 존재의 집중을 위한 장소다. "이에 맞추어, 더욱 원초적인 구조물—집, 방, 무덤—은 흔히 둥근 형태다. 아프로디테의 가슴을 모델로 했던, 그리스 신화에 기술된 기원적 그릇과 마찬가지다."[23] 그러나 이 그리스 신화는 이미 비너스상이 기술했던 신석기 대모 신화를 모델로 하고 있다. 비너스는 이러한 모든 용기에 관한 신화기록적 기술이다. 이들의 둥근 용기 모양은 그녀의 가슴만이 아니라 배, 둔부, 허벅지를 모델로 한다. 각각은 또한 서로를 모델로 한다. 이들은 동시에, 근본적으로 공간적인 창조로서의 창조 체험을 통해 존재하게 되기 때문이다.

비너스는 이러한 공간의 신화기록적 역사적 원형, 존재와 모든 실재의 기호다. 그녀의 팔과 다리는 작고, 몸 가까이에 붙어 있다. 팔과 다리는 움직임을 위해서라기보다 감싸기 위해 사용된다. 감싸이는 것은 "애인일 수도, 아이일 수도" 있다. "그리고 그녀의 성적으로 개인화된 활동은 구멍과 주머니에서, 즉 입, 외음부, 질, 가슴, 자궁에서 일어난다."[24] 이러한 공간화가 바로 사회적 삶과 재생산의 조건이다. 존재함은 공간 속에 존재함이고 그것은 대모 속에 존재함이다.

그렇기에 신석기시대는 용기의 시대다. 구석기 인류는 흐름들을 저장할 필요가 별로 없었다. 용기는 그들의 사냥하는 움직임을 저해할 따름이었다. 같은 장소에 머무름으로써, 장소를 창조함으로써, 신석기 농업혁명은 또한 수많은 종류의 용기를 발명했다. 여기에는 돌 식기와 도자기 식기, 꽃병, 병, 통, 물통, 상자, 곳간, 곡창, 집이 있었고, 또한 관개수로와 마을 같은 거대한 집단적 용기도 있었다. 농업은 식량의 잉여를 가져왔고, 용기로 인해 이 잉여를 겨울 동안 저장해 두고, 이 시기에 같은 장소에 머무는 것이 가능해졌다. 용기의 둥근 형태는 같은 장소로의 둥근 되돌아옴을 가능케 했고, 이러한 동적 순환을 통해 그 장소 자체의 재생산을 가능케 했다. 비너스는 다용기적 용기의 신화적 이미지다. 이 신체 용기의 부푼 부분들은 지역적 용기를 형성하며, 여기에 유체가 저장되고, 삶이 만들어지고 다시 만들어진다. 비너스는 다른 용기들을 담고, 창조하고, 배가시키는 기호학적 용기다. 원-용기arche-vessel 또는 근원-용기ur-vessel다.

자연적 운동 —— 셋째, 비너스는 공간으로서 나타나게 되는 자연적 운동의 패턴을 기술한다. 태양, 달, 별은 빛의 둥근 용기 또는 몸체다. 지상 자체도 비슷한 몸체로서, 살아 있는 몸체 또는 살아 있는 용기로서 나타난다. 지상을 살아 있는 몸체로 기술하는 것은 수없이 많은 신화에서 증언된다.[25] 그러나 태양, 달, 행성, 지상이 몸체 또는 공간으로서 나타나게 되는 것은, 이것들이 인류의 몸체를 모델로 하기 때문이 아니다. 오히려 인간적 몸체와 비인간적 몸체 모두, 이질적 흐름들을 울타리 속으로 함께 모으는 구심적 운동의 같은 동적 조건의 일부이기 때문이다.

천체의 운동조차도 구부러져 있다. 태양, 달, 별의 움직임은 직선으로 나타나지 않는다. 이것들은 지평선을 가로지르는 구부러진 운동 속에서 나타난다. 이는 지상 자체가 이미 구부러져 있기 때문이다. 저것들의 구부러짐, 회전함, 돌아옴은 완벽한 원형으로 이루어지지 않고, 매번 다른 타원형 또는 나선형으로 이루어진다. 이 차이는 계절의 변화와 상관적인데, 계절의 변화 자체도 주기적으로 되돌아온다. 이러한 구부러짐과 계란형은 공간적 장을 경계짓고, 내부화하고, 감싼다. 이는 비너스의 신체의 둥근 구체들이 자기 고유의 장을 감싸는 것과 마찬가지다.

비너스는 또한 공간을 창조하는 동식물의 운동을 기술하는 신화도상이다. 동식물의 운동은 인간의 운동을 모델로 하지 않는다. 오히려 정확히 반대다. 정착하기 전에 인간은 동물과 파충류가 둥근 알을 낳기 위해 둥근 둥지로 순환적 동적으로 돌아오는 것을 관찰했다. 인간은 갑각류가 자기 주위에 껍질을 형성하는 것과 어류가 둥근 알을 낳는 것을 보았다. 인간은 식물이 뿌리를 통해 자신을 한 장소에 묶고, 겨울을 나기 위해 살진 덩이줄기에 잉여 에너지를 저장하는 것을 관찰했다. 인간은 식물이 자신의 흐름을 씨앗으로 에워쌈으로써 자신을 재생산하고, 거기에서 전체 식물이 다시 생겨나는 것을 눈치챘다.

공간은 인류의 구축물이 아니다. 그것은—처음에는 자연에서, 다음에는 인간의 행위 속에서—공간 내의 물질이 생산한 실재하는 운동적 분배다. 구부러진 비너스의 동적 기호를 포함해서, 인간의 움직임은 운동의 이러한 더 큰 체제의 부분에 불과하다. 알, 갑각류, 덩이줄기, 알이 농업 정착 사회에 가장 중요한 식량이 된 것, 그리고 여신 신화 전통에서 기술적인 이미지가 된 것은 우연이 아니다.

농업에서 초승달, 굽은 달, 둥근 달의 삭망 주기를 숭배하고 거기에 초점을 맞춘 것 역시 비너스의 둥근 곡선에서 동적으로 기술된다. 인간의 운동이 이러한 자연적 운동과 유사해진 것, 그리고 이들의 가장 일차적인 신화도상이 이 모든 지각적·사회적·자연적 공간 이미지를 비너스라는 하나의 동적 기호에 집중시킨 것은 우연이 아니다.

이에 따라, 우리는 이제 비너스 형상 및 그것에 수반되는 여신 신화에 대한 신화기록적 기술이 선험적으로 여성적인 공간적 구조가 아니라는 것, 오히려 더 일차적인 성별화되지 않고 인간적이지도 않은, 구심적 축적이라는 물질적 동적 과정의 산물이라는 것을 명확히 알 수 있다. 물질이 운동 패턴을 통해 성적으로 분화되는 것이지, 그 반대가 아니다. 유기체의 성별화라는 역사적 사건 이후에야, 선사시대 여성 신체가 다른 모든 존재의 회귀적 기원으로―모든 것이 생겨난 공간의 또는 자궁으로―신화적으로 기술될 수 있다.

알

알은 공간으로서의 존재의 창조적 본성을 시각적으로 기술하는 신석기시대의 지배적 존재발생적 신화도상 중 두 번째 것이다. 알의 둥근 타원 형태는 동적으로 비너스의 타원형 둥근 부분과 연결되어 있다. 그러나 그것은 역사적으로 훨씬 후에, 적어도 기원전 1만 2천 년은 되어야 나타난다.[26] 둘이 관계되어 있고 한쪽이 다른 쪽 이후에 오기는 하지만, 하나가 다른 것을 모델로 한 것은 아니다. 이중적-알-형태의 둔부와 가슴을 가진 비너스 형상과 단일한 알 형태는 내재화된 창조의 같은 구심적 운동, 즉 공간의 신화도상이다.[27]

상부 구석기시대와 신석기시대 문화에서 알 신화도상은 주로 새와 연관되었다. 적어도 기원전 1만 8천 년부터 있는 초기 새 신화도상은 알의 창조의 동적 기원에 관한 통찰을 제공한다. 특히, 새 기록실천과 이 새를 꾸미는 'V' 기호 또는 셰브런(V를 뒤집어 놓은 형태의 무늬) 사이의 상관관계, 그리고 새의 과장되게 불룩한 알 모양 신체라는 상부 구석기시대까지 이르는 오래된 유산이 있다(도판 14.2를 보라). 새, V, 알은 하나의 신화동적mythokinetic 구조의 부분으로서 함께 나타난다.[28]

이러한 신화기록적 삼중성의 동적 의미는 다음과 같다. 액체로 차 있는 둥근 부위에 흐름이 응축되는 것을 나타내고자 비너스의 신체에 흔히 직선이나 물결선이 표시된 것과 마찬가지로, 새의 신체에는 V가 표

시되어 있다. V 이미지는 비너
스를 채우는 물의 직선이나 물결
선과 다르다. V는 물의 두 흐름
이 구심적으로 모이거나 함께 몰
리는funneled 곳이다. V는 새에서
만 나타나는 것이 아니다. 그것
은 비너스에서도 음부의 삼각형
이나 V 형태로 흔히 나타난다.
새에게나 비너스에게나 V는 구
심적 집합과 응축의 이미지 또는
기호를 그린다. 일단 자연의 흐
름이 함께 모였다면, 새의 신체
는 알과 함께 부풀 수 있다. 흐름
의 응축은 내부화의 공간을 생산
한다.

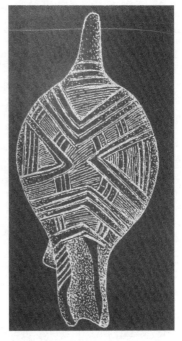

| 도판 14. 2 | 셰브런이 그려진 새

출처: Marija Gimbutas, The Language of the
Goddess (San Francisco: Harper Collins, 1991)
2쪽에서 가져온 이미지.

선사시대 신화적 기술에서 알
은 근본적으로 창조적 공간이다.
알은 혼돈의 순수 흐름으로부터
조직화의 공간을 모은다. 자연의 혼돈스럽고 역동적인 과정들을 붙잡아
일관된 형태로 함께 묶는다. 이 형태가 계란형 타원이다. 태생학자 알베
르 달크는 이렇게 쓴다. "형태는 운동학적kinematic 역동에 달려 있다. 인
체의 구멍이 배아 속에서 형성되는지 아닌지는 이차적이다. 중요한 것
은 이주의 과정 자체다."[29] 연속적인 흐름은 동형상적kinomorphic 안정성
을 낳는다.

공기 및 물과 연관된 새는 자신의 흐름을 V로 모으고, 역동적 알을 낳
는다. 이 알로부터 존재가 창조된다. 알은 에워쌈의 공간, 내부와 외부

의 공간이다. 그렇지만 또한 침투가능한 공간 또는 막이다. 이 막을 통해 내부와 외부 사이의 습기와 통풍의 선택적 교환이 규제된다. 알은 절대적 용기가 아니라, 열린 용기 또는 순환적 과정이다. 알은 창조적 내재화를 생산하며, 또한 이를 통해 흐름이 결연되거나 절연되게끔 한다. 알은 탄생의 공간이라기보다 재탄생 및 반복적 창조의 공간이다.

알은 거듭해서 반복되는 역동적 사이클 또는 과정의 신화도상이다. 그것은 완벽한 원처럼 비차이화되어 있지 않다. 그것은 절대 운동을 끝내는 법 없이 새로운 내부층과 외부층을 연속적으로 창조하는 나선 운동처럼 차이화를 연속적으로 생산한다. 들뢰즈와 가타리는 이렇게 쓴다. "알은 축과 벡터, 변화 정도와 문턱을 통해, 에너지 변용을 수반하는 역동적 경향을 통해, 그리고 집단적 전이를 수반하는 동적 운동을 통해, 이주를 통해 정의된다. 이 모든 것은 부수적인 형태로부터 독립적이다. 기관은 여기에서 오직 순수 강도強度로만 나타나고 가능하기 때문이다."[30] 알은 공간적 신체를 창조한다. 그러나 이 신체는 미리 존재하는 기관이나 조직화를 갖지 않는다. 기관과 조직화는 알 자체의 더 일차적인 순환 공간을 통해 일어나는 동적 변용의 산물이다.

신석기시대에 알은 태어남과 죽음의 존재발생적 의미와 관계하여 지배적인 신화도상적 역할을 맡는다. 예를 들어, 대략 기원전 11000년 상부 구석기시대에서 유래하는 레펜스키 비르Lepenski Vir 성지는 이후의 신석기시대 농업 종사자들에 의해 계속해서 사용되었다. 그들은 같은 새와 알 신화기록을 따랐다. 다뉴브 강둑 근처에 건설된 이 성지는 음문이 새겨진 새 이미지와 알 형태 조각 모두로 장식되었다. 마리야 김부타스가 보고하듯이,

새나 물고기의 알이 새로운 삶의 원천을 품고 있다는 명백한 함축 외에도, 알은 또한 자궁을 상징했다. 이러한 많은 조상彫像은 피와 삶의 정수를

함의하는 붉은 황토로 덮여 있다. 이 성지의 삼각형 윤곽은 여신의 재생산의 삼각형을 상징하고, 제단은 산도産道를 그리며, 알(또는 자궁) 형태의 돌은 산도의 꼭대기에서 자궁을 상징한다. 이것들은 함께, 새생산 기관을 명확하게 상징한다.[31]

사람의 신체를 무덤에 놓는 것은 그를 재생산적 알 자궁에 되돌리는 행위다. 저기에서 삶은 다시 새로워진다. 이탈리아, 몰타, 사르디니아, 서유럽의 다른 무덤도 비슷한 새, 알, 나선 신화기록을 보여 준다. 이 기록들은 일차적이며 존재를 생산하는 것으로서의 공간에 관한 유사한 기술을 가리킨다.

여러 시대에 걸친 수많은 문화에서 알은 신화적 의의를 가진다. "세계에 관한 신석기시대의 사고틀 이후로 알은 마술적 대칭성과 본질적 형태를 통해 혼돈의 질서화cosmization를 가리키는 일차적 기호 역할을 했다." 페터 슬로터다이크는 공간에 관한 현대적 존재론에서 이렇게 쓴다.[32] 알은 가장 오래된 기록 신화 유형의 일부, 또는 데이비드 리밍이 "원초적 물"이라고 부르는 것의 일부다. 이는 혼돈이 신화적으로 일차적이지만 알로 응축되고, 알이 질서 있는 세계 또는 일차적 신―종종 새―을 낳는 신화다.[33]

예를 들어, "아프리카의 샹가안Shangaan 부족의 창조 설화에서 새는 인간의 기원에 책임이 있다. 새의 신 느와리N'wari가 갈대에 알을 낳았다. 최초의 인간은 이 알에서 태어났다."[34] 아프리카의 팡Fang 부족의 창조설화에서는 거미신이 매끈한 어머니돌 또는 알을 바다로 내려놓는다. 알이 깨지자, 세 사람이 거기에서 나왔다.[35] 발트해 신화에서는 우주적 알이 폭발하여, 노른자가 땅이 되고, 흰자가 물이 되며, 껍질 조각은 천체가 있는 하늘이 된다.[36]

브라만다 푸라나Brahmanda Purana라고 불리는 고대 인도 신화는 "우주

| 도판 14. 3 | 오르페우스교의 알
출처: Jacob Bryant/Wikimedia Comons.

적 물에서 우주적 알이 등장"한다고 이야기한다. 또 하나는 사모아의 폴리네시아 신화다. "여기에서 창조자는 우주적 알 속에서 살다가 깨고 나왔다. 그래서 껍질 파편이 원초적 물을 수정시키고, 사모아 제도가 형성되게 했다."[37]

이집트 신화에서 세계는 원초적 물로부터 흙더미로 등장한다. 하늘의 새가 이 더미에 알을 낳았고, 태양신 라는 이 안에 들어 있었다. 고대 그리스 오르페우스교 신화에서 우주는 우주적 알로부터 등장했다. 이 알은 금빛 날개를 가진 자웅동체의 새의 신 파네스Phanes를 낳았고, 그가 다른 모든 신을 창조했다(도판 14.3을 보라). 핀란드 민족 서사시 칼레발라Kalevala에서 신성한 오리가 공기의 여신 일마타르Ilmatar의 무릎에 낳은 알의 파편에서 창조된다.

기록된 가장 자세한 알 신화 중 하나는 아프리카 도곤Dogon 부족의 우주적 알 신화다. 프랑스 인류학자 마르셀 그리올Marcel Griaule은 눈먼 사냥꾼 오고테멜리Ogotemmeli와의 대화를 기록한 책 《창백한 여우Le Renard Pâle》에 이 신화를 모아 놓았다.[38] "태초에, 모든 것 이전에, 신 암마Amma가 있었다. 그는 무無 위에서 쉬었다. '공 속의 암마의 알'은 닫혀 있었지만, '쇄골'이라고 불리는 네 부분으로 이루어져 있었다. 쇄골 각각도 알 모양이었고, 이것들은 마치 서로 용접한 양 붙어 있었다."[39] 이 일차적 알이 창조를 위한 첫 번째 공간을 창조했다. "암마라는 단어가 뜻하는 것은 '꼭 붙잡다', '강하게 안아서 같은 장소에 유지하다'이다. … 암마의 이름을 발음하는 것은 모든 공간을 보존하는 것이다."[40]

이 신화에 따르면, 우주의 근본적 물질은 물의 흐름이었다. 이 흐름을 통해, 아마는 공간 속에서 세계의 설계를 추적했다. "암마는 전체를 보존했다. 그는 자기 안에서 세계 및 세계의 외연의 설계를 따라 그렸기 때문이다. 암마는 창조하기 전에 우주를 설계했기 때문이다. 이 설계를 위한 재료는 물이었다. 암마는 이 물을 가지고, 공간 속에서 형상들을 따라 그렸다."[41] 알이 깨어 열

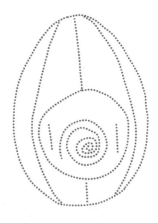

| 도판 14. 4 | 도곤 부족의 알

리자 세계가 나선 속에서(도판 14.4를 보라) 등장했다. "암마가 세계의 알을 깨고 나왔을 때, 회오리바람이 불었다. 포po, 즉 가장 작은 (것)이 중심에서 보이지 않는 채로 만들어졌다. 바람은 암마 자신이었다."[42]

모든 알 창조 신화에서 공통된 것은 혼돈의 일차성, 그리고 세계와 신을 생산할 수 있게 존재가 일차적으로 공간화되어야 할 필연성이다. 그러나 결국, 신석기인들이 보기에 이 신들은 이들을 등장시킨 우주적 공간-자궁의 어두운 어머니 같은 물보다 거의 언제나 덜 강력했다는 점에 주의해야 한다.[43]

나선

나선은 공간으로서의 존재의 본성을 기술하는 신석기시대의 세 번째 존재론적 신화도상이다. 나선 신화도상은 회화에서는 기원전 13000년, 도자기에서는 기원전 6000년에 나타난다.[44] 그러나 이 시기 전에도 인간은 복족류腹足類 껍질 화석 같은 독특한 나선형 물건을 관찰 수집했다. 르루

아 구렁이 쓰듯이, 이 물건들은 "이상한 형태의 신비"를 증언하는 것이었다.[45] 나선 신화 기호는 또한 뱀과 관련되어 있다. 뱀은 물, 운동, 알과의 연관을 통해 또한 비너스와도 연결된다. 알이 공간으로서의 존재의 기록적 형태라면, 나선형 뱀은 세계의 공간을 존재하게끔 하는 신화적 운동의 기록적 형태다.

흥미롭게도, 인도-유럽 문명의 발흥과 함께, 나선형 뱀은 점차 원형 뱀 또는 우로보로스로 대체된다. 신화기록에서 나타나는 이러한 변화는 동적으로 중요하다. 이 점은 다음 장에서 볼 것이다. 더욱이 "나선은 종종, 가슴이나 자궁 같은 조각상의 독특하게 여성적인 신체 부위에 위치한다. 낚싯바늘 형태는 나선의 축약판이며, 서유럽의 거석 무덤에서 찾아볼 수 있다."[46] 이러한 형태는 달과 태음 주기 이미지와 나란히 있다. 나선은 신석기시대 유럽 전역에서 거의 보편적이어서 인장, 명판, 제단, 접시, 정교하게 장식된 토대, 인간 형태의 꽃병, 조각상에서 마주칠 수 있다.

이 모든 선사적 표현에서 나선은 접힘의 연속적이고 신화적인 주기의 기록적 기술이다. 접힘은 일차적 공간을 창조하고, 이 공간 위에서 그리고 이 공간을 통해 존재가 움직인다. 공간의 존재는 나선형이다. 나선은 공간화된 운동의 신화 기호적 기술이다. 여기에서 물질은 자기 위로 접혀서 순환의 공간이 된다. 이것은 역동적 운동의 기호—소용돌이치고 꼬이는 나선, 꼬이고 휘감기는 뱀, 원, 초승달, 뿔, 움트는 씨앗과 싹—를 통해 현시되는, 순환적 과정의 신화 기호다.[47]

이것은 반대되는 것들의 통합이다. 내부와 외부, 빛과 어둠, 남성과 여성은 이것들의 공간적 차이화 및 통일성 방식을 통해, 나선의 접힌 팔 내에 함께 현전한다. 나선을 지나갈 때, 내부는 서서히 외부가 되고 외부는 내부가 된다. 둘은 운동의 단일한 연속적 흐름 속에서 연결되어 있다. 이 점은 신석기시대 도자기와 그릇의 수많은 나선형 디자인에서 목격된다. 신석기시대의 아름다운 뚜껑 있는 꽃병 주위로 그려진 서로 반정립적인 두 나선은 중앙의 알의 생산적 힘을 모의수행simulate한다.[48] 아마의 알은 비너스의 음부처럼 나선 속에서 움직인다. 공간적 존재는 영원하지 않다. 그것은 구심적이기 때문이다. 그것은 창조되지도 않고 파괴되지도 않지만, **영구적**semiternal이다. 그것은 항상적으로 창조**되고** 파괴되는 존재이기 때문이다. 그것은 일종의 반-영원성, 뱀의 나선 속에서 접히고 펼쳐지는 연속적 과정이다.

삼중의, 세 다리를 가진, 또는 '트리스켈리온triskelion' 나선은 기원전 4400년에서 기원전 3600년 사이 몰타에서, 그리고 기원전 3200년경에 지어진 노스Knowth, 도스Dowth, 뉴그레인지Newgrange의 아일랜드 신석기 거석에서 중요한 역할을 한다. 신석기 유럽과 켈트족의 세 다리를 가진 나선 및 삼중으로 얽힌 나선은 수많은 거석 유적과 매장 장소에서 나타난다. 얽힌 나선은 단일한 운동의 연속 및 단일한 운동이 단속적인 공간 또는 접힘으로 얽혀드는 것을 기록적으로 그려 준다. 얽힌 나선은 달의 연속적인 운동이나 탄생 및 잉태와 연관된 다른 운동의 단속적 형태와 위상을 가리킬 수 있다. 얽힌 나선은 흐름이 공간으로 접히는 것뿐 아니라, 공간들 자체 사이의 얽힘과 연속 또한 보여 주었다.

존재발생적 뱀과 나선 신화는 오스트레일리아의 많은 애보리진 Aborigine 부족 사이에서 오늘날에도 볼 수 있다. 바로 '무지개뱀' 신화이다. 이러한 신화에서 가장 공통적인 것은 무지개뱀이 태곳적 창조자 어머니신이라는 것이다. 이 뱀은 형태 없고, 평평하고, 헐벗은 땅(알)으로부터 등장한다. 어느 날 무지개뱀이 몽환시夢幻時〔실재 세계의 기원이 되는, 시간도 공간도 없는 시원적 세계〕 알로부터 등장하고, 표면으로 치솟아, 모든 동물을 낳고, 산을 새기고, 땅 위에 물을 부어 강과 호수를 만든다. 뱀은 태양, 불, 모든 색을 만든다. 무지개뱀은 오스트레일리아의 중요한 호수와 강 사이에서 살고 움직이며, 생명을 유지하거나 홍수로 생명을 익사시킨다.[49] 무지개뱀은 생명을 위한 공간을 만든다. 이 위에서 실재 모든 지역적 경로나 노랫길songline이 따라 그려진다. 그래서 오스트레일리아 중부 사막의 애보리진 부족인 왈비리Walbiri 부족에게 "사람의 삶은 그의 경로의 총합, 그의 운동의 총체적 기입이다. 이는 땅을 따라 추적될 수 있다."[50]

신석기시대의 이 모든 구체적 역사적 방식에서 존재는 비너스, 알, 나선이라는 지배적 이미지를 이용하여 신화적으로 공간적인 것으로 기술되었다. 그러나 이 신화적 기술은 또한 말하기 또는 음성기호를 통해 동시에 화자 자신의 신체에도 기입되었다. 이것이 다음 장의 주제다.

III
그라포스

15장

말하기: 신체

존재에 대한 공간적 기술이 역사적으로 지배적으로 처음 출현한 것은 선사시대와 신석기시대 사람들의 신화와 신화도상에서였지만, 동시에 이 기술은 같은 신화를 말하는 사람의 신체에도 말하기를 통해 기입되었다. 그러므로 공간으로서의 존재에 관한 신화적 기술은 또한 인간의 신체가 말하는 신체로 동적 · 역사적으로 변용됨을 전제한다. 이 새로운 기입 표면의 동적 구조가 본 장의 주제다. 여기에서 따라 나오는 테제는, 이 시기에 이 공간적 신화들의 역사적 공동 등장과 말하기의 새로운 운동 기호적 테크놀로지 운동이 지배적으로 구심적인 같은 장을 따른다는 것이다.

말하기의 기원

인간의 말하기의 기원은 말하기가 지배적으로 동적 분배되기 수십만 년 전에 있다. 호모사피엔스가 소리 흐름을 신화적 기술의 지배적 장 속으로 점점 더 모으고 순환시키기 훨씬 전에, 유인원과 그들의 조상, 그리고 다른 많은 동물들이 음파를 만들고 거기에 응답할 수 있었다. 그러므로 동적인 수준에서, 동물의 말하기와 인간의 말하기 사이에 있는 것은 종적 차이가 아니라 정도의 차이 또는 운동 분배의 차이다.

사실, 소리의 축적에서 인간적 증가가 일어날 수 있게 한 것은 **동물 신체 자체**의 동적 변용, 즉 사족보행에서 이족보행으로의 변용이었다. 인류의 초기 조상이 네 다리가 아니라 두 다리로 움직이기 시작했을 때, 이들의 신체는 동적 역량의 극적 강화를 겪었다. 이족보행으로 앞발은 거의 전적으로 위치운동에만 초점을 맞춘 엄격한 걷기 도구였던 데에서 해방되어, 모든 새로운 종류의 운동 패턴을 행할 역량이 있는 자유로이 움직이는 부속물이 되었다. 이족보행은 이러한 해방으로 가능해진 두 가지 상호연관된 동적 과정을 낳았다. 그렇기에 손의 모빌리티는 발의 약동의 동적 연장이다.

첫째, 손의 해방은 손가락 움직임과 붙잡기의 방대한 다양화를 가능케 했다. 이는 이어서 손으로 조작할 수 있는 도구의 다양성과 기능의 폭발을 가져왔다. 그 도구에는 손짓이나 기록실천도 포함되었다. 이것도 손으로 물질을 조작하는 것이다. 몸짓과 기록실천은 팔과 손의 리드미컬한 운동의 극히 폭넓은 다양성의 모임 또는 구심적 수축을 점점 더 가능케 했다. 손의 자유는 사물을 붙잡고 신체의 중심을 향해 축적하는 동적 능력—음식을 입으로 넣는 것을 포함한—의 증대를 가져왔을 뿐 아니라, 팔과 손 자체에 자연적 운동이 리듬 있게 축적되는 것도 허용했다.

달리 말하자면, 앞 장에서 논했던 기술적 패턴 또는 신화도상에서 구체적으로 표현된 어떤 자연적 운동—물결, 바람, 물 등등—을 손이 모방하기 시작했다. 그렇기에 손의 해방은 붙잡기의 구심적 운동, 그리고 기록적 패턴으로 구체적으로 수록된 자연적 운동—나선, 타원 등등—의 축적 양쪽을 모두 낳았다.

둘째, 손의 절연으로 입과 손도 일차적으로 붙잡는 메커니즘으로만 거의 전적으로 기능하던 데에서 절연되었다. 거의 전적으로 입과 입술만으로 식량을 채집하고 조작하지 않고, 자유로워진 손으로 간단히 식량을 붙잡고 채집하고 직접 입으로 옮기게 되었다.

손과 팔의 자유 운동은 또한 입, 입술, 혀의 자유 움직임을 가능케 했다. 입술 등은 이제 독립적인 동적 기능, 즉 음성실천phonism을 발달시킬 수 있었다. 혀의 진화는 혀 운동의 다양화였다. 혀가 진화하면서, 혀의 자유와 모틸리티motility* 정도가 증가했다. 이는 손가락과 손의 진화로 인해, 그것이 만들 수 있는 도구와 기록실천의 종류가 점점 더 다양화된 것과 마찬가지다. 기록실천처럼 음성실천도, 혀가 공기 흐름을 조절하는 새로운 자유를 얻음으로써 가능해진 자연적 소리의 레퍼토리를 모방하고 축적하기 시작했다.[1]

말하기와 몸짓의 역사적 기원에서 비롯된 요점은, 이족보행이 가능케한 손과 입의 동적 분리가, 한쪽이 다른 쪽을 모델로 하지도 않으면서, 밀접하게 평행하면서 함께 생겨나고 전개되었다는 것이다. 말하기는 기록실천의 재현이 아니고, 기록실천은 말하기의 재현이 아니다. 한쪽이 먼저 출현하고, 그것이 다른 쪽으로 하여금 그것에 적응하거나 그것을 보충하도록 만든 것이 아니다. 둘은 같은 동적 분포 속에서 공동출현했다. 르루아 구랑은 이렇게 쓴다. "선사시대가 도구를 개시한 그 순간에서 출발하여, 선사시대 언어의 가능성이 있다. 도구와 언어는 뇌신경학적으로 연결되어 있어서, 이 둘은 인류의 사회적 구조 속에서 단절될 수 없기 때문이다."[2]

그러므로 기록실천과 음성실천은 같은 물질적–동적 장의 차원들이지, 본질이나 재현, 초월적 형식이 아니다. 둘 다 창조적이다. 둘 다 "같은 인간적 재능에 속한다. 그것은 음성기호나 몸짓 기호로, 또는 도상을 통해 물질적 기호로 실재를 반영하는 재능이다."[3] 두 동動기록적 작동—소리가 기술로 수축하는 것, 리듬이 기록적 기입으로 수축하는 것—은

---

* motility. 생물학에서 온 용어로, 유기체가 스스로 움직일 수 있는 능력을 가리킨다. 수동적으로 움직여질 수 있는 능력에 대비되는 자율적 운동 능력을 뜻한다.

소리와 몸짓의 점점 더 다양한 집합을 **인간의 신체 속에** 축적하는 같은 구심적 과정의 두 부분이다.

신체 표면에 기입하기

신화적 말하기가 어떻게 인간 신체의 표면에 동적으로 기입되었는지, 그리고 앞 장에서 연구한 신화도상과 나란히 생겨났는지를 이해하려면, 음파가 신체 속에 구심적으로 축적된 데에서 시작해야 한다.

기록적 공간이 물질의 어떤 특권적 리듬 운동을 비너스, 알, 나선 같은 형상으로 함께 모으고, 이 형상들은 또 태양, 달, 새, 뱀, 혈관, 무덤, 자궁 등의 같은 동적 패턴을 따른다. 이와 마찬가지로, 음성 공간은 어떤 특권적 소리 흐름을 중심의 신체로 함께 모으고, 이 신체는 또 진동과 공명을 통해 저 소리들을 재생산한다.[4] 신체가 어떠한 신화도상을 만들 능력을 가지기 전에, 그것은 이족보행으로의 동적 변용을 겪어야 했다. 이 변용은 입과 손의 동적 분리를 통해 구심적 음성실천과 기록실천을 가능케 했다.

달리 말해, 인간의 말하기는, 그렇기에 구심적 신화 자체의 조건은, 물질적 운동의 연속적 과정과 별개의 것이 아니다. 신화가 가능한 것은 오직, 신체의 동형상성kinomorphology 때문이다. 귀는 폭넓은 범위의 음파를 축적의 중심점으로 모으는 소용돌이치는 나선 모양이다. 이는 고막에 진동을 생산하고, 이는 이어서 중이中耳의 작은 뼈에 진동을 생산하고, 이는 이어서 내이內耳의 유체를 진동시키고, 이는 작은 털을 움직이고, 이것이 뇌에 전기신호를 보낸다. 소리는 동적이다. 그것은 물질의 떨림이다. 인간 신체에 수용되면, 그것은 또한 신체 내에서 일련의 동적 움직임을 생산한다. 이 떨림은 신체를 변화시키고 움직이는 구심적 소리 기입이다.

신체는 또한 말하기를 통해 자신의 동적 음성실천을 생성하는 능력이 있다. 좁게 열린 입을 통해 공기를 밀어내고 입술과 혀의 움직임을 통해 이를 조절함으로써, 공기 흐름은 귀 속에, 신체 전체 속에, 근처의 타자의 신체에 내적 진동을 생산한다. 신체는 공기를 외부로부터 폐로 구심적으로 모으고, 피의 흐름을 통해 신체 전체에 걸쳐 배분한다. 동적 배분은 네 가지 주요 리듬 주기를 생산한다. ① 공기가 폐에 들어오고 나감, ② 콧구멍의 요동, ③ 입의 열림과 닫힘, ④ 흉부의 상승과 하강이다. 각 주기는 다른 주기와 동적으로 조응되어 있다. 말하기가 있기 전에, 이미 신체의 동기화된 일련의 동적 주기가 있다. 말하기는 이 속에서 이러한 동기화됨을 활동시키고 재분배한다. 이는 손짓 문제 이상이다. 말하기 자체가 완전히 물질적이고 몸짓 같은 수행이다. 말하기는 신체적 몸짓이다. 둘은 동적으로 떼어 낼 수 없다.

듣기와 말하기는 압력파의 같은 순환의 두 면모를 이룬다. 그러나 이 순환은 그것이 구심적일 때에만, 다양한 소리를 공명하는 텅 빈 신체를 향해 내향적으로, 이 신체를 통해 모일 때에만 작동한다. 달리 말하자면, 신체 전체가 악기가, 텅 빈 공간이 되어, 이를 통해 떨림이 모이고 순환한다. 말하기가 외향적으로 움직일 수도 있지만, 말하기의 근접성은 극히 제한되어 있으며, 다른 신체 속에 구심적으로 모인 진동의 전달을 통해서만 작동한다. 이러한 방식으로, 말하기는 주변부 소리의 다양한 흐름을 국지적 공간의 중심으로 모은다. 여기에서 이 흐름들은 신체에서의 떨림을 통해 기입된다.

동적 소리는 무無로부터 나오는 양 말하는 신체에서 출현한 것이 아니었다. 동적 소리는 **다른 곳으로부터 모인 것이다.** 인간의 모든 음소는 인간의 귀가 그것을 듣기 전에, 인간의 혀가 그것을 말하기 전에, 이미 자연적 소리와 동물적 소리에 존재했다. 인간의 언어는 이러한 공명하는 소리를 구심적으로 모으고 모방하는 인간에 의해 시작되었다.

18~19세기에 이러한 테제의 한 판본을 논증한 철학자들이 있었다. 18세기 이탈리아 철학자 잠바티스타 비코는 인간 최초의 단어가 극적인 자연적 소리에 응답하는 욕설이나, 벼락 떨어지는 소리나 천둥의 우르릉거리는 소리 같은 사건을 모방하는 데에서 왔음이 틀림없다고 논했다.[5] 프랑스에서 장 자크 루소는 감정을 소리로 표현한 것이 가장 이른 언어 형태라고 논했다. 독일에서 요한 고트프리트 헤르더는 인간의 언어가 자연 세계의 소리와 형태에서 유래한다고 주장했다.[6] 가장 유명한 것은 찰스 다윈의 주장이다. "다양한 자연의 소리, 다른 동물의 목소리, 인간 자신의 본능적 울부짖음을 기호와 몸짓의 도움을 받아 모방하고 변형한 데에 언어의 기원이 있다는 것을 나는 의심할 수가 없다."[7] 다윈은 인간과 동물이 공유하는 몸짓 움직임과 음성 움직임을 최초로, 가장 포괄적으로 경험적으로 목록을 만든 사람이었다.

이러한 사상가들의 직관에는 진리가 있다. 많은 단어의 소리는 여전히 사물의 자연적 소리와 원초적 관련이 있다. 바람은 울부짖는다. 시내는 재잘거린다. 폭포는 포효한다. 귀뚜라미는 현을 뜯는다. 강은 내달리고, 물을 튀기고, 씻어 낸다. 이것들은 은유가 아니다.[8] 이러한 자연적 운동이 말하기에 속하는 만큼, 말하기도 자연적 운동에 속한다. 둘은 같은 소리 패턴의 표현이다.[9]

이러한 공유되는 운동, **그리고** 공유되는 의미 중 많은 것이 존속하고 있다. 그러나 존속하지 않는 것도 많다. 자연적 소리와 동물의 소리는 소리와 행위 사이의 연결을 참되게, 또는 총체적으로는 설명해 내지 못한다. 여기에는 많은 이유가 있다. 관념론적 언어 이론으로서 '자연의 모방'은 좋은 설명이 되지 못한다. 그러나 동적 이론으로서는 물질주의적 언어학의 시작을 제공한다. 특히, 자연적 소리와 인간적 소리 사이의 모방이 들추어 내는 것은, 인간의 말하기가 소리를 신체라는 공간 또는 현장으로 구심적으로 모으기 시작했다는 것이다. 소리는 심오하게도 내적이고, 동적이고, 떨림의 현상이며, 소리가 일어나는 공간에 독특하다. 즉, 어떤 목소리나 어떤 음향적 또는 사회적 환경은 독특성을 가진다. 공간은 외부와 내부를 떨림의 단독적 현장으로 내부화한다. 또는 접는다. 소리는 자연적 세계에 침투하지만, 말하는 자의 텅 빈 신체 속에 접히고 모인다. 그 안에서 소리는 내적으로 공명한다. 인간이 말을 하지만, 이 말하기를 통해서 음향적 세계가 인간의 공명하며 기입된 신체 속에서 말을 한다.

프랑스 철학자 모리스 메를로 퐁티가 쓰듯이, "사물이 우리를 가지고 있다─우리가 사물을 가지고 있는 것이 아니다. … 우리 안에서 존재가 말을 한다. 우리가 존재를 말하는 것이 아니다."[10] 언어는 "나무, 물결, 숲의 목소리 자체다."[11]

음성기록실천

그렇기에 말하기는 두 유형의 물질적–동적 흐름, 즉 소리 흐름과 몸짓 흐름의 합류와 순환이다. 소리의 흐름(자연적 잡음과 동물의 잡음)은 동기화와 공명을 통해 신체 속에 구심적으로 모이며, 리듬 있는 물질과 신체의 몸짓 흐름은 신체의 기록적 몸짓적 표현을 통해 구심적으로 모이고 재생산된다.

알의 둥긂 또는 물의 물결침을 구성하는 운동은 신체의 팔과 손가락에서 실제로, 또 환유적으로 동시화된다. 이는 재현적 은유가 아니다. 기록적 형상이나 조각상은 이 운동의 산물이며, 수많은 운동이 단일한 시각적 행위로 모인 것이다. 태양, 달, 배, 가슴 모두 하나의 그릇, 알, 비너스로 시각적으로 수축한다. 예술의 기원은 근본적으로 추상적이며 비재현적이다. 예술은 물질적 리듬의 **수행적** 수축이나 집중에 정확히 근거하기 때문이다.

천 개의 상이한 곡선과 알 형태가 단일한 곡선이나 더미에서 표현될 수 있다면, 이는 한 곡선이 다른 곡선을 재현하기 때문이 아니라 **같은 동적 패턴 또는 동적 장 속에서** 각각이 다른 것에 환유적으로 전송되기 때문이다. 이러한 관점에서 인간 신체는 다른 어떤 단일한 자연적 신체보다 더 많은 기록적 운동을 수집하고, 재생산하고, 기입할 수 있는 전문화된 이족보행 신체로 해석될 수 있다. 그러므로 인간 신체는 단일한 음성기록적 체제 속의 음성적 흐름과 기록적 흐름이 구심적으로 함께 모이는 공간 또는 장소다.

동動기호

이러한 두 종류의 흐름이 같은 신체라는 공간에 구심적으로 모이면서, 이 흐름들은 서로 합류하고 상호교차하기 시작한다. 이러한 상호교차 또는 발화發話의 순간에 소리 흐름은 주어진 운동의 분배 또는 몸짓과 동시발생적이 되거나, 조응되거나, 동시화된다. 일시적으로 두 흐름은 같은 것의 두 차원으로 나타난다.

소리의 흐름과 리듬 있는 몸짓의 흐름은 서로 구별된다. 그러나 둘이 평행하거나, 한편이 다른 편의 재현인 것은 아니다. 두 흐름은 단순히 함께 흘러서 상호적 전제, 동시성, 동적 조응을 이룬다. 들린 것과 보이거나 행해진 것은 특정한 접힘에서 수렴한다. 그러나 이 수렴은 정적 동일성을 형성하지 않는다. 그것은 이질적 흐름 사이의 상호교차, 사건, 합류, 또는 동시성이다. 각 소리는 한 행위를 완수하며, 그 행위는 그 소리 속에서 완수된다. 우리는 이러한 합류 또는 상호교차를 물질적-동적 기호, 또는 **동기호**kinosign이라고 부른다. 동기호는 음소나 형태소가 아니고, 몸짓이나 행위를 지칭하는 단순한 소리도 아니다. 운동 기호는 소리와 상황 또는 행위 사이에 형성된 구체적 연결이나 연계. 이 연결이 소리-행위 또는 **음성기록실천**phonographism이다. 소리와 행위는 같은 순간 또는 같은 기호에서 동시에 일어난다.

행위 또는 몸짓은 소리를 일으키거나 생산하는 것이 아니다. 소리가 행위를 일으키거나 생산하는 것도 아니다. 둘은 서로에 대해 이질적이며, 단순히 이족보행의 도래 속에서 서로 삽입되거나 서로 얽힌 것이다. 동기호는 순수하게 의미화하는 음성적 구조 또는 '심층 구문론적 구조'가 아니다. 언어 구조 속에서 아무런 역할도 하지 않는 그저 외부적 비언어적 요인인 몸짓도 아니다. 둘 사이의 관계는 이 둘이 생산되는 사회적 조건으로 완전히 설명될 수도 없다. 이 모든 선택지들은 음성실천 또는 기록실천을 단속적 상수들의 구조로 환원 가능한 양 다루지만, 실제로 이 둘은 총체성 또는 미리 규정된 구조 없는 연속적 변이의 흐름이다.

달리 말하자면, 소리는 그것이 일어나는 몸짓과 상황 밖에서는 아무것도 의미하지 않는다. 예를 들어, "가져 와!"라는 말은 주어진 시점에서 이 말과 상호교차하는 특정한 화자, 청자, 집합적 사회적 몸짓 밖에서는 아무것도 의미하지 않는다. 이 음성 몸짓이 작동하기 위해서, 그것은 어떤 사람이 어떤 시점에 권위를 가지고 있으며, 어떤 다른 사람이 '그것'을 가져오라는 명령에 반응할 수 있는 장소에서, 이 권위를 가진 사람이 저 말을 해야만 한다. 이러한 동적 맥락에서 하나라도 벗어나면, 이 동기호는 실패한다.

소리와 몸짓은 그러므로 상호 전제 또는 상호 조응이다. 소리와 몸짓은 서로를 기술하거나 서로를 재현하는 것이 아니고, 서로를 결합시키고, 질서 잡고, 한계 짓는 것이다. 소리와 몸짓은 연속적이고 이질적인 흐름으로서 시작한다. 그러나 일련의 상호교차와 중첩을 통해 소리-행위의 합동배열을 형성한다. 소리가 상황에 묶이고, 상황이 어떤 소리에 묶여서, 한쪽이 나타날 때 그것은 다른 쪽을 예기하거나, 결합시키거나, 한계 짓는다. 한쪽이 다른 쪽을 일으키는 것이 아니다. 인과성은 이들 서로의 상호교차 후에 소급적으로 부과되는 것이다. 한 동기호 내의 변화에 다른 동기호 내의 변화가 선행한다. 그러나 이것이 반드시 인과성을 함축하는 것은 아니다. 오히려 항상적 결연과 동적 조응을 함축한다.

예를 들어 혼인서약, 법적 판결, 명령은 몸짓 상황을 다시 질서 잡거나 변용시키는 말하기 행위다. 이는, 상황 내의 어떤 변화로 인해 "사랑해" 같은 구절을 의미 있게 발화할 수 있게 되는 것과 같은 방식이다. 이 구절 없이 저 변화는 다른 실천적 상호교차를 가질 수 없었을 것이다. 첫 번째 데이트에서 말해진다면 이 구절은 자신이 사랑을 부과하고 있는 상황과 연결되는 데에 실패할 수 있다. 그러나 6개월간의 데이트 후에 말해진다면, "사랑해"라는 구절은 이 상황에 사랑을 성공적으로 상호적으로 부과할 수도 있다. 이 경우, 상황이 바뀌어서 이 구절이 상황에 부과될 수 있거나, 말해진 구절이 상황의 변용을 일으킬 수도 있다. 이 구절이 상황을 사랑하는 상황으로 바꾼 것이냐, 상황이 저 구절이 말해지게 한 것이냐는 물음은 결정할 수 없다. 동적 발화의 순간에 두 흐름은 상호교차하며, 질서 및 소급적 인과의 상호 전제 또는 상호 조응이라는 결과를 낳기 때문이다.

소리 흐름과 몸짓 흐름 사이의 교차가 일단 일어나면, 동적 사건이나 합동배열처럼, 그것은 차이 나게 반복될 수 있다. 이 반복은 흐름을 원환이나 주기로 되접음으로써 이루어진다. 달리 말하자면, 동적 습관을 통해 신체는 같은 소리를 만듦과 동시에, 같은 몸짓 또는 기록실천을 반복할 수 있다. 소리와 행위는 계속해서 거듭하여 재연결될 수 있다. 이는 다른 회전하는 물을 가지고 같은 소용돌이 운동을 하고 있는 강물의 회오리침과 마찬가지다.

그러나 물질적-동적 상호교차로서 동기호는 어떤 의미에서 자의적이다(그러나 랜덤하지는 않다). 말해진 것과 행해진 것은 다르게 그리고 연속적으로 함께 연결될 수 있다. 어떤 것이 단 한 번만 행해지고 끝나는 일은 없다. 연결의 습관은 존속하기 때문에, 이 동적 주기가 마치 늘 그래 왔던 양 자연스럽게 보일 때까지 그것은 거듭해서 다시 접혀야 한다. 그러나 연속적 흐름 속의 모든 동적 접힘과 마찬가지로, 이 동기호들도 만들어져야 한다. 산물은 언제나 어떤 과정의 산물이다. 의미 있는 단속적 단어의 산물은, 소리와 몸짓의 두 연속적 흐름 사이의 상호교차의 동적 과정의 산물이다.

일련의 동기호가 접힌 후에, 이 동기호들은 순환의 장을 통해 분배되거나 함께 질서 잡힐 수 있다. 순환으로 인해 동기호들은 주어진 질서를 가지고 존속할 수 있게 된다. 그러므로 순환은 점점 더 복잡한 패턴 또는 '문법' 속에서 재생산될 수 있는 소리 운동과 기록 운동의 비교적 큰 레퍼토리를 전제한다. 예를 들어 '나'라는 소리는 그것이 말해지는 상이한 신체, 목소리, 음색에 의존하고, 그것이 발화되는 몸짓 상황 또는 실천적 상황이 무엇인지에 의존하여, 상이한 동기호를 창조한다. 동기호는 흐름들로부터 합성되어 있기 때문에, 말하기는 말해진 것과 행해진 것 사이의 연속적 변동으로 기능한다. 각 소리와 상황은 독특하거나 특이하기 때문에, '나'라는 발화는 매번 상이한 무언가다. 상황은 매번, 아무리 조금일지라도 변화한다. 지금 나는 아버지로서, 지금 나는 아들로서, 지금 나는 교수로서 등등으로 말한다. 기호 결연 사이의 질서 잡기 또는 연속적 순환 덕분에 이 동적 작동이 모든 상이한 몸짓 상황 속에서 모든 상이한 몸짓 상황에 걸쳐 존속할 수 있다. 예를 들어, "나는 맹세한다!"라는 문장은 고정된 진술이 아니다. "아이가 아버지에게 말하는지, 사랑에 빠진 사람이 사랑받는 사람에게 말하는지, 법정에서 증인이 말하는지에 따라 이는 다른 진술이 된다."[12]

소리의 발화는 언제나 소리와 실천적 몸짓의 더 큰 순환의 맥락 속에서 일어난다. 음성기록적 습관의 연속적 순환 때문에, 이들의 관계는 모든 종류의 안정적으로 보이는 상호 전제와 상호 부과(결연이든, 절연이든, 의존이든)를 귀속시킨다. 예를 들어 법정이나 교실에서 판사나 교사의 소리는 이미, 다른 사람들이 말을 하기도 전에 이들과의 관계에서 권위 있는 소리로서 분배된다.[13] 이들이 실제로 말을 할 때, 이들의 모든 말은 이들이 권위 있는 것으로 들리는 상황과의 연결을 전제한다. 이들의 말은 이들의 권위를 확증하고, 이 상황에서 이들의 권위는 이들의 말을 확증하며 지지한다. 신체가 구심적 기입의 공간이라면, 언어 공동체(법정, 교실 등)는 순환의 지역적 공간이 된다. 여기에서는 동기호의 더 큰 질서가 수축되며, 그 바깥에서 어떤 운동 기호는 아무것도 행하지 않는다.

이에 따라, 모든 소리 흐름과 몸짓 흐름이 순환 속에서 질서 잡히는 것은 아니다. 모든 순환이 흐름들을 결연시키듯이, 모든 흐름은 또한 흐름들을 연속적으로 분리시키기도 한다. 습관적이고 질서 잡힌 운동 기호들로 접혀 들어간 그 흐름이 운동 기호들의 합류, 접힘, 장으로부터 분리될 수 있다. 언어의 놀라운 다양성, 소수언어, 어원의 역사는 음성 시각적 교차의 연속적 변동가능성, 그 음향적 변이, 그 지정학적 변용을 명백하게 증언한다.

역사의 어떤 지점에서 어떤 소리 흐름은 자신의 습관적 몸짓과 더 이상 상호교차하지 않고, 다른 곳에서 상호교차하기 시작한다. 이는 먼저 표준 언어 구조 또는 순환이 있고, 이후로 그로부터의 파생이 있기 때문이 아니다. 오히려 소위 표준 언어 규칙, 구문론, 문법 등등이 이미 이질적 소리 흐름과 몸짓 흐름의 연속적 교차가 만들어 낸 산물이기 때문이다. 신체나 공동체 속에서의 구심적 집적과 합류의 움직임이 일차적이기 때문에, 새로운 상호교차 또는 동기호적 습관이 계속해서 형성되고 있는 것이다.

예를 들어, 미국 언어학자 윌리엄 라보프는 흑인 영어가 영어의 표준 규칙의 파생 구조가 아님을 보여 주었다. 무엇보다도, 흑인 언어는 고정된 구조를 따르지 않는다. 라보프의 연구는, 흑인 영어에서 두 번째 자음은 이어지는 단어가 모음이 아니라 자음으로 시작하는 경우에 더 자주 생략됨을 보여 준다. 이 운동 기호에 대한 고정된 규칙은 없어 보이고, 오히려 언어 자체가 시간에 걸쳐 연속적으로 변동되는 것으로 보인다. 둘째, 그 귀결로, 흑인 영어는 영어에서 파생된 구조일 수가 없다. 그것이 같은 기본 구조를 일관되게 따르지 않기 때문이다. 그렇기에 라보프는 이렇게 논한다. "사회적 압력이 계속적으로 언어에 〔그것이 변화하게끔〕 작용한다. 그것은 과거 어떤 먼 시점에서 그랬던 것이 아니고, 살아 있는 현재에 있는 임박한 사회적 힘으로서 그렇게 한다."[14] 흑인 영어의 소리 흐름과 몸짓 흐름은 이 흐름들의 이전의 질서 잡힌 순환에서 분리되어, 새롭고 연속적으로 변동 가능한 순환을 창조한다. 이는 이차적 파생이 아니라, 모든 언어가 애초에 등장하고 변이할 수 있게 했던 일차적 동적 과정의 표현이다.

동현상학적 귀결

말하기라는 것이, 음성기록적으로 기입된 신체의 집중된 공간 속으로, 그리고 이러한 흐름의 접힌 순환 속으로 소리 흐름과 몸짓 흐름이 구심적으로 모이는 것이라면, 몇 가지 동현상학적 귀결이 따라 나온다.

소통 —— 말하기의 동적 이론의 첫 번째 귀결은 말하기가 정보의 소통이 아님을 들추어 낸다. 이러한 다양한 음향도상audiogram들이 모이는 첫 번째 공간적 신체, 즉 인간 신체는 그 안에 구심적으로 모인 소리와 몸짓보다 먼저 존재하지 않기 때문이다. 달리 말하자면, 말하는 주체는 주체 안에 모인 구심적 합류의 산물이지, 모인 흐름에 선행하여 주체로서 주어지지 않는다. 산물이 과정과 혼동되어서는 안 된다.

　이족보행을 통해 운동을 분배하고, 움직이고, 질서 잡는 주체는 운동의 동현상학적 체제보다 먼저, 소리와 몸짓을 모으고 기입 가능한 텅 빈 공간으로서 존재하는 것이 아니다. 소통이 보내는 주체와 받는 주체 사이에서 일어나는 무엇이라면, 동기호는 소통일 수 없다. 동기호는 애초에 말하는 주체의 조건이기 때문이다.

말하기는 '소통하는' 주체들 사이에서, 그리고 이 주체들과 별개로 옮겨지는 정보가 아니다. 주체와 주체의 동기호는, 몸짓을 어떤 소리와 연계시킨 어떤 순환 체제 속에서 이미 질서 잡혀 있거나 분배되기 때문이다. 정보란 동기호의 중복, 또는 주체가 구성되고 흐름이 묶이는 동적 조건으로서 이미 분배되어 있는 습관의 중복일 따름이다. 예를 들어, 법정에서 판사가 말하는 "유죄!"라는 문장은 정보적이 아니다. "유죄!"라는 소리가 즉각적으로 이 상황의 속성을 유죄 상황으로 바꾸는 행위가 될 수 있게 해 주는 방식으로, 주체 및 주체와 어떤 소리의 연결의 사회적 분배가 미리 준비되어 있었기 때문이다. 행위와 소리는 '정보'라는 중재물을 필요로 하지 않고서 **같은 음성기록적 순간에** 완수된다. 달리 말하자면, 소리와 몸짓 사이에 흐름의 상호교차만 있다면, 이것들의 연결 또는 연계는 이미 수립되며, 소리와 행위 사이를 지나가는 정보 같은 제3의 것은 없다.

지칭 —— 말하기의 동적 이론의 두 번째 귀결은, 말하기가 지칭적이 아니라는 것이다. 소리는 몸짓을 지칭하지 않고, 마찬가지로 몸짓도 몸짓에 외부적인 것으로서의 단어를 지칭하지 않는다. 반대로, 둘은 합류 또는 사건을 형성한다. 여기에서 이들은 같은 지점, 즉 음성 도상 또는 동기호에서 즉각 상호교차한다. 지칭이나 재현은 필요 없다. 둘이 행하는 일 사이에 실천적 차이가 없기 때문이다. 지칭과 재현은 같은 것의 두 측면이다. 상응이나 상관관계는 없고, 합류, 조응, 상호전제만이 있다.

언어학 —— 세 번째 귀결은, 동기호에 관한 학문 또는 동기호의 언어학은 없다는 것이다. 언어학 및 언어 연구는 일관된 총체성 속의 상수 및 단속적 요소들을 담고 있는 고정된 언어적 구축물 집합을 상정하기 때문이다. 소쉬르가 보기에, 이는 "개인이 이해하고 이해될 수 있게" 하는 자의적이지만 항상적인 언어적 습관 또는 음소의 논리적 구조 형태를 취한다. "이를 위해서는 말하는 자의 공동체가 필요하다."[15] 촘스키가 보기에, 이는 모든 언어의 "심적 실재"와 "인간의 본질" 기저에 있는 고정된 구문론 또는 질서 잡기의 규칙 형태를 취한다.[16]

두 경우 모두에서 언어에 관한 학문은 일차적으로 항상적이며 단속적인 소리–몸짓 산물들로 합성되어 있다고 가정된다. 반면에 사실 그러한 음소와 규칙은 애초에 소리와 몸짓 사이의 교차를 생산하는 물질적–동적 흐름의 일차적 과정에 **이차적**이다. 예를 들어 라보프의 연구가 보여 주는 것은, 흐름을 애초에 연결시키는 전체 동현상학 또는 사회적 분배를 구성하는 소리 흐름과 몸짓 흐름의 연속적 변동으로부터 언어가 분리될 수 없다는 점이다. 이 지점에서 우리의 동적 이론은 다음과 같이 쓰는 들뢰즈 및 가타리의 견해와 일치한다. "언어학이 상수—이것이 구문론적이건, 형태론적이건, 음성론적이건 간에—에 제한되는 한, 언어학은 진술을 기표에, 발화를 주체에 묶는다. … 그것은 상황을 외부에 위탁 보내고, 언어를 자체로 닫아 버린다."[17]

더욱이, 언어학은 언어를 의미 있는 심적 존재자 또는 순수 음성적 존재자(음소)의 순수 관념적 영토로 해석함으로써, 동기호를 구성하는 몸짓 흐름 또는 물질적 흐름을 무시하는 경향이 있다. 그러나 동기호는 의미의 관념적 구조가 아니고, 최우선적으로 기입된 신체의 구심적 공간 속에서 일어나는 물질적–동적 전개이기 때문에, 말하는 신체는 신화를 의미의 초월적 영토의 재현이라고 생각하지 않았을 것이다. 이러한 종류의 사고는 글쓰기의 발명까지는 등장하지 않았다. 이는 2부에서 볼 것이다.

언어를 자의적이지만 내적으로 자기지칭적인 의미의 영토로 다룸으로써, 최우선적으로 음성적 모임과 몸짓 모임의 공간 또는 역사적 장소인 물질적–동적 생산 조건을 언어학은 망각한다.[18] 존재의 어떤 역사적 동적 분배의 형이상학적 신물을 고대 세계에서 발명된 초월적 의미로 여기고, 이를 모든 언어 자체에 도로 투사하는 실수를 언어학이 범했다. 언어에 관한 학문은 그러므로 니체식으로 말하자면 "오류의 역사"다.[19]

들뢰즈와 가타리는 여기에서 다시 옳은 관찰을 한다. "언어의 상수는 항구성을 가리키지 않으며, 본질의 탐색을 함축하는 중심으로서 기능하지 않는다. 언어를 연구 대상으로 삼는 학문적 모델은 언어가 동질화, 중심화, 표준화되며 권력의 언어, 중심 언어 또는 지배적 언어가 되는 정치적 모델을 가지고 있다."[20] 이러한 학문적 모델은 고대 세계에서 전개된 정치 모델과 같은 동적 패턴을 따른다. 그러나 이것들은 선사시대나 신석기시대 세계에는 아직 존재하지 않았다. 그렇기에 역사를 충분히 멀리 되돌아가지 않는다면, 언어학은 언어의 본래적 동적 구조를 이해하지 못한다.

그러나 동기호에 관한 학문이 없다는 것이 동기호에 관한 연구가 없다는 뜻은 아니다. 기호의 동적 이론은 보편적이고 항상적인 요소에 관한 학문이 아니고, 지역적 공간—인간 신체, 동물 신체, 사회체, 천체 등등—에 축적되고 기입된 대로의 흐름의 결연, 절연, 순환, 매듭망에 의해 창조된 계속적 변이와 이질적 상호교차를 분석할 것이다. 이러한 연구는 분석적일 것이다. 그러나 그것이 상호 전제와 귀속의 새로운 말하기 습관 및 새로운 순환의 창조로 이끄는 소리 절연과 몸짓 절연의 지점을 검토하는 한, 진단적이기도 하다.

말하기와 신화

소리와 몸짓 사이의 동적 교차 또는 음성기록실천은 또한 구술 신화 자체의 동적 패턴과도 조응되어 있다. 예를 들어, 고대 구술 신화는 단순히 한 번 말해지고 끝이 아니다. 그것은 거듭하여 이야기된다. 소리와 몸짓 사이의 상호교차가 한 번만 일어나는 것이 아니고, 주기적·순환적·차이적 반복 속에서 다시 이야기되어야 하기 때문이다. 이 반복은 저 이야기의 말하기 행위 자체를 통해 공동체를 구속하고 재구속한다.

존재는 근본적으로 공간적이고, 공간은 근본적으로 나선형이고 구심적이기 때문에, 음성기록적 신화는 한 번 모이고 끝이 아니다. 그것은 사냥과 수확에 관한 의례적 창출enactment, 시발적 의식, 기념적 노래와 춤에서 차이적으로 반복되어야 한다. 각각의 의례적 창출 속에서 공동체는 특정 장소와 묶여 있는 특정 말하기 행위의 반복의 특정한 연속을 통해 자신의 리듬과 음향 도상을 우주 속으로 다시 짜 넣는다.

구술 문화에서 공간은 일련의 상호 연결되어 있지만 분절되어 있는 장소들로 체험된다. 각각은 자기 고유의 힘과 애니미즘을 가진다. 의례적 신화는 그렇기에 소리와 몸짓을 신체와 장소에 구속시키는데, 이때 신체와 장소는 다른 것의 재현이 아니고, 구심적 모임이며 공간의 존재 자체 속의 음성기록적 기입이다.

많은 구술문화에서 신화적 창조 이야기는 먼 옛날 한 번 일어났던 사건을 기술하는 것이 아니라, 다시 말하기에 참여한 사람들의 말하기 행위를 통해 거듭하여 일어나는 사건을 기술하는 것이다. 구술 신화는 과거 사건을 단순히 말하는 것이 아니고, 이야기를 다시 말함으로써 바로 이 사건을 존재로 되돌린다.

더 나아가, 신화적 우주의 재창조 또는 존속은 바로 이 다시 이야기하기에 의존한다. 인간과 우주는 성스러운 음성 도상의 접힌 결연점에서 상호교차한다. "신화는 인간이 참여하는 모든 책임 있는 활동을 위한 패러다임, 범례적 모델을 보존하고 전송한다. 이 패러다임 모델에 힘입어 신화 시대의 사람에게 계시된 것은, 우주와 사회가 정기적으로 재생성된다는 것이었다"라고 미르체아 엘리아데는 쓴다.[21] 조상들과 같은 소리와 몸짓을 수행함으로써, 우리는 실제로 조상들과 같은 존재가 되며, 같은 소리 능력과 몸짓 능력을 사용하여 창소 행위를 다시 처음으로 완수한다.

구술 신화의 공간적이고 반복적인 구조가 정확히 보여 주는 것은, 신화는 말하기가 존재를 재현하는 것이 아니고, 모인 말하기 행위의 의례적 공간 속에서 존재를 창출한다는 것이다. 우주가 공간 내 존재의 가능한 최고 수준에서 소리와 몸짓을 함께 모으는 것과 마찬가지로, 의례는 공간 내 기입된 신체의 수준에서 소리와 몸짓의 이러한 구심적 응결을 반복한다. 공간의 우주적 바다는 장소의 조수 웅덩이들 속에서 소용돌이치고, 회오리치고, 잠잠해진다. 이 웅덩이는 바다에 의해 연속적으로 보충되고 상호연결된다. 그렇기에 구술 신화의 구조는 공간으로서의 존재가 말하기를 통해 지배적으로 동적으로 기술되는 바를 직접 증언한다.

고대 구술 창조 신화의 내용의 많은 부분이 이 점을 증언한다. 예를 들어, 오스트레일리아 원주민의 창조 신화에서 세계가 창조되고 세계에 형태가 주어진 것은, 무지개뱀이 땅의 형태 없는 질료(알)로부터 깨어나서이지만, 더 나아가 형성되고 국지화된 것은, 땅 표면을 지나 걸어가고 지구의 장소들을 존재하도록 노래한 '창조자 존재'에 의해서다. 이들이 경로에 남긴 자취는 '노랫길songline'이라고 불린다. 노랫길은 세계가 소리를 통해 존재하게 하는, 그리고 소리가 걸음의 몸짓 리듬을 통해 존재하게 하는 음향기록적audiographic 흐름 또는 말하기 행위다.

소리와 행위는 서로의 재현이 아니다. 소리와 행위는 공간의 더 큰 접힌 뱀 나선 속에서 지역적 장소들을 창조하는 같은 존재발생적 과정의 상호적으로 수식하는 차원이다. 애보리진 사람들이 의례적인 걷기를 수행할 때, 그들은 세계를 실존하게 했던 같은 노래와 몸짓을 다시 수행함으로써 창조 존재의 노랫길을 실재적으로 수행하는 것이지, 재현하는 것이 아니다. 그들은 노래하여 세계를 실존으로 되돌리는 것이다. 소리와 몸짓이 재현적인 것이 아니고, 수행적·창조적·동적 그리고 근본적으로 공간적이어야만 존재의 신화적 사고틀이 된다.

말리의 도곤 부족의 장로 오고테멜리에 따르면, 세계를 창조한 우주적 알은 나선형 '자취들'로 차 있다. 그것은 "땅을 지나가는 뱀이나 벌레가 남긴 것과 비슷하다."[22] 그것은 마침내 존재를 실존하게 하는 "연속적 움직임의 변용"을 창조하는 움직임 또는 붐모bummo다. 이러한 동적 자취를 오고테멜리는 '기호'라고 부른다. 도곤 부족의 기호는 단순히 소리나 몸짓이나 운동인 것이 아니다. 그것은 알 속의 나선형 운동으로 생산되는 셋 모두의 동적 상호교차다.[23] "암마가 세계로 보낸 암마의 기호는 (그때에) 생성된 사물로 갔다, 들어갔다."[24] 기호, 소리, 몸짓은 서로를 재현하지 않는다. 이것들은 교차하여, 존재가 나선형 공간 내에서 국지화되도록 한다. 도곤의 기호는 공간화된 거기-존재의 소리와 몸짓의 동적 교차다. 동기호다. "'삶이 증대될 때, 그것은 나선운동에 의해 증대된다' 라는 말이 있다. 이것은 암마의 최초의 행위의 반복이다. '그것은 어떻게 암마가 세계의 알로부터 나왔는지를 가리키기' 때문이다."[25] 각각의 창조는 최초의 창조의 나선형 반복이다. 각각 개별적 음성 도상은, 애초에 세계를 실존하게 한 최초의 신성한 말하기 행위의 반복으로서, 존재를 실존으로 다시 되돌린다. 말하기와 공간은 존재의 동적 나선을 통해 통일된다.

랍스Lapps 부족, 오스티야크Ostyak 부족, 축치Chukchee 부족, 야쿠트Yakut 부족, 퉁구스Tungus 부족 등의 다른 고대 창조 신화는 "자신의 비밀 언어"를 가리키는데, 이 말은 이들 각각의 경우에서 동물의 말하기 또는 노래와 동음이의어다.[26] 소리와 몸짓의 동적 교차로서, 동물의 말하기는 또한 창조적이며, 심지어 인간의 말하기보다 더욱 원초적이다. 인간이 언어를 가지고 있다면, 그것은 자연적 말하기와 동물의 말하기의 창조적 힘으로부터 축적되고 수축된 것이다. 다른 고대 구술 창조 신화는 말하기 행위의 존재발생적 힘을 증언한다. 예를 들어 호피Hopi, 포모Pomo, 아코마Acoma 아메리카 원주민 창조 신화는 "생명의 노래"를 포함한다.[27]

말하기가 가진 창조하는 능력은 또한 주술 영창incantation 또는 마법 주문의 거의 보편적인 문화사를 증언한다. 특정 소리를 크게 말함으로써, 마법 주문의 목표는 세계에 관해 말하거나 세계를 재현하는 것이 아니고, 세계를 실존하게 하거나 변용하는 것이다. 마법 주문의 문화적 신화의 출현은 소리와 몸짓이 근본적으로 얽혀 있되, 기호와 기표로서가 아니라 동적 교차, 상호 전제, 동적 조응으로서 근본적으로 얽혀 있는 고대적 실천의 바깥에서 말이 되지 않는다. 소리 또는 몸짓을 사용하거나 모음으로써, 다른 쪽이 지역적 신체 속에, 또는 특정 말하기 공동체의 공간 속에 존재하게 된다. 그렇기에 라틴어로 '노래하기'를 뜻하는 cantare에서 온 'incantation', 그리고 옛날 프랑스어 단어 '마법 걸기enchantment'는 노랫길과 창조 노래에 기반하는 저 가장 오래된 창조 신화에 마법의 역사를 도로 연결한다.

이는 말하기, 노래, 구술 신화, 시, 공간을 신석기시대를 넘어, 어느 정도는 고대 그리스의 호메로스, 헤시오도스, 오르페우스의 시詩까지(기원전 800~기원전 480) 연결하는 그 유산이다.[28] 호메로스, 헤시오도스, 오르페우스는 노래의 신적 인물이다. 이들은 음향 언어로 실재를 생산하고 변용시켰다. 그러므로 이들의 구술 신화 전부가 공간에 존재발생적 일차성을 부여한다는 것은 우연이 아니다. 존재는 근본적으로 혼돈스러울 수 있다. 그리고 이 음유시인들에게 창조는 집중된 창조적 공간이라는 중재자 없이는 불가능하다.

호메로스의 노래에서 그것은 세계를 감싸고 있는 나선으로 도는 혼돈스러운 물인 오케아노스, 그리고 둥글고 제한된 어머니 바다여신 테티스다.[29] 모든 창조와 다른 신들은 여기에서 기원한다γένεσιν.[30] 헤시오도스에서는 혼돈Chaos—그리스어로 '공간'을 뜻한다—이 존재론적으로 일차적이다. 그러나 혼돈적 공간의 구심적 존재발생적 집중을 통해 가이아의 넓은 가슴Γαῖ' εὐρύστερνος, 어머니 대지, 다른 모든 신이 태어날 "굳은 토대"가 생겨난다. 대지의 둥글고, 알 형태이고, 우주적인 가슴은 자궁, 알, 그릇, 용기처럼 창조를 보호하고 양육한다. 그것은 혼돈의 흐름 전체를 '넓은 길εὐρνόδεια' 또는 '경로track'로 모으며, 이 경로를 통해 가슴은 존재발생의 내부화된 장소로서 순환한다.[31]

오르페우스 노래/송가의 집합적 단편 중에서 어떤 것은, 나선으로 똬리를 튼 뱀에 싸여 있는 알에서 나오는 것으로 창조를 기술한다.[32] 다른 단편은 알을 창조한 것이 혼돈이라고 한다.[33] 또 다른 단편은 세계를 낳은 은빛 알을 생산한 것이 밤Nyx과 에테르Ether였다고 주장한다.[34] 이 단편들 사이의 차이에도 불구하고, 대체로 오르페우스 창조설화cosmogony는 혼돈스러운 또는 형태 없는 운동이 창조적인 세계-알로 구심적으로 함께 모이는 창조설화로서 기술된다.[35] 독일 시인 릴케는 《오르페우스에게 바치는 소네트Die Sonette an Orpheus》에서 이렇게 쓴다.

모든 것은 그녀의 잠 속에 있었다.
내가 경탄했던 나무, 가장 먼 곳에서의
주술의 주문, 깊은 초원,
나 자신에게 닥친 모든 마법.
그녀 안에서 세계가 잠들어 있었다.[36]

지상의 나무와 초지, 노래와 말하기 주술의 주문, 공간과 꿈의 깊이, 음성기록실천의 마법, 알의 근본적 존재론적 내부성은 모두 음성기록적이고 신화적인 공간의 동動기록적 구조의 일부다.

선사시대와 신석기시대에 존재는 주로 공간적인 것으로 기술되며 말하기를 통해 기입된다. 이 기록적 수행은 모두, 암묵적으로도 명시적으로도, 운동의 구심적 체제에 의존한다. 그러나 고대 시기에 도시의 발흥, 글쓰기의 발명, 그리고 존재를 영원한 것으로 기술하는 일이 일어났다. 이는 운동의 전적으로 다른 원심적 체제에 따라 일어났다. 이 점은 2부에서 보게 될 것이다.

2부
존재와 영원성

I

키노스

16장

구심적 운동

기원전 5천 년경, 도시와 문자언어의 발흥에 따라, 운동의 새로운 체제가 서구의 존재론적 실천을 지배하게 되었다. 바로 원심적 운동이다. 존재론적 실천의 새로이 강력해진 동적 패턴이 청동기(기원전 3500)에 명확히 나타나고, 기원전 500년 고대 그리스에서 정점에 이른다. 이 패턴은 중심에서 가장자리로의 원심적 운동에 기술적·기입적으로 의존했다. 이는 신석기시대의 주로 구심적이던 운동이 사라졌다거나 지양되었다는 뜻은 아니다. 다만, 이 운동들이 변용되었고 다른 운동이 이 운동들을 이어받았다는 뜻이다.

동적 시대들 사이에 절대적 순차란 없다. 다만 다른 운동과의 혼합에 정도 차가 있을 뿐이다. 그렇기에 고대는 원심적 운동 체제가 처음으로 지배적이 되거나, 다른 시대에 비해 강력해진 시기일 따름이다. 운동의 존재론에서 논리적 모순이나 부정은 없다. 다만 벡터, 합동배열, 순환이 있을 뿐이다. 움직임들은 서로 모순되지 않는다. 움직임들은 그저 궤적을 결합하고 변화시킬 뿐이다.

2부의 과제는 이러한 존재론적 실천의 운동이 어떻게 구체적으로 지탱되었는지, 그리고 그것이 어떤 종류의 기술과 기입을 생산했는지를 분석하는 것이다. 존재를 영원한 것으로 존재론적으로 기술하는 것이 역사적으로 지배적이었으며, 이것이 문자언어로 기입되었다. 이 기술들이 고대 서구에서 역사적으로 두드러지게 된, 또한 운동의 존재론에서 영원성의 동적 개념을 정의하는 동적 장의 두 가지 표현이라는 것이 2부의 논증이다.

공간 개념 이상으로 영원성 개념은 운동, 변화, 시간, 공간의 초월로 기술된다. 탄생, 죽음, 재탄생의 나선형 주기와 연결된 공간에 대한 원시적 기술과 대조적으로, 영원성은 결코 죽지 않는다. 영원성 개념과 쓰기의 발명이 역사적으로 힘을 얻게 된 것은, 이 둘이 존재의 성장에 관한 어떤 형이상학적 진리를 발견했기 때문이 아니다. 당시의 실재 움직임 속에 있었던 실재적 변화와 공명하거나 조응하는 새로운 동動기록적 기술을 생산했기 때문이다.

2부도 1부처럼 세 편으로 나뉘어 있다. 1편은 원심적 운동으로서의 영원에 관한 엄격하게 동현상학적인 이론을 제공한다. 2편은 시간에 대한 우주론적 글이 제공하는, 영원성의 역사적으로 기술적인 특성들을 동적으로 분석한다. 3편은 이러한 기술이 기입된 기입(글쓰기)의 역사적 테크놀로지를 동적으로 분석한다.

영원성의 동현상학

본 장은 원심적 운동 패턴으로서 영원의 순수 동현상학적 이론을 제공한다. 본 장의 테제는, 영원한 존재를 정의하는 물질적·동적 기술을 제시하는 것이 가능하다는 것이다. 영원성 개념은 형이상학적 허구일 수 있지만, 영원성의 동현상은 그렇지 않다.

원심적 운동

원심적 운동은 광대한 주변으로부터 중심으로 존재의 무작위적 흐름을 모으는 구심적 운동을 전제한다. 그러나 구심적 운동이 필연적으로 중심을 생산하는 것은 아니다. 1부에서 보았듯이, 나선형 굽이로서 구심적 운동은 끝이 열려 있는 접힘 또는 내부화를 생산한다. 그러나 구심적 운동이 일단 몇몇 흐름을 순환의 내부화된 지역적 장소로 모으고 접고 나면, 새로운 중심적 움직임이 가능해진다.

내부화된 순환 패턴이 지탱되면, 이 순환 내에서 하나의 중심을 생산하는 또는 국지화하는 것이 가능해진다. 존재론적으로 말하자면, 존재는 중심이 없다. 그러나 운동적으로 말하자면, 지역적 순환은 중심적 운동을 생산할 수 있다. 구심적 나선은 절대적 중심이나 변두리를 갖지 않지만, 어떤 점에서 나선의 고리를 폐쇄함으로써 중심과 주변의 경계를 그릴 수 있다. 이는 실상, 존재 속에서 지역적 중심 접힘과 지역적 변두리 접힘을 창조하는 것이다. 이것이 원심적 운동의 최초 작동이다.

구심적 나선 운동이 중심 접힘으로 축적되고 나면, 이어서 이 중심 접힘이 흐름을 외향적으로, 중심에서 변두리로 재인도하는 것이 가능해진다. 그러나 원심적 운동은 구심적 운동을 부정하거나 폐기하는 것이 아니다. 운동을 단순히 한 번 축적하는 것으로는 충분하지 않다. 원심적 운동은 그 집중된 중심 접힘을 항상적으로 보충하는 것에, 또는 다른 곳에서 끌어들여진 새로운 접힘을 가진 거대 결연점에 의존한다. 구심적 흐름들은 중심의 재생산을 위한 지지와 지원을 제공한다. 그러나 이 흐름들은 더욱 강력한 원심적 운동에 따라서 점점 더 조직화되고, 계층화되고, 재유도된다. 저 원심적 운동은 움직임의 새로운 체제에 따라 이 흐름들을 붙잡으면서, 밀쳐 내기도 한다.

원심적 운동의 체제는 그렇기에 일방향적 외향적 운동에 의해서 단순히 정의되지 않는다. 그것은 또한 애초에 중심을 창조하는 구성적 운동에 의해서도 정의된다. 그렇기에 그것은 내향 유동inflx의 합류와 외향 흐름outflow의 재유도 양쪽에 의해 정의된다. 어떤 체제를 원심적으로 만드는 것은, 내향 유동과 외향 흐름이 모두 중심의 거대 결연점을 향해 인도되고, 이것을 통해 순환되고, 외향적으로 재유도된다는 점이다.

중심화

중심화는 중심이 제 존속 조건을 재생산하고, 운동을 중심으로부터 변두리로 재유도하고 다시 내부로 재유도하는 과정이다. 중심은 구심적 축적의 산물이지만, 그것은 내부화 경향의 필연적 목표는 아니다.

그러나 중심화는 원심적 방사의 출발점이자 전제다. 중심화는 구심적 운동을 엄격하게 정의하지는 않지만, 원심적 운동은 정의한다. 한 마디로, 중심화는 모든 흐름이 시작하기도 하고 향하기도 하는 중심 접힘의 창조되지도 끝나지도 않는 실존을 전제한다.

원 —— 이러한 운동 체제로부터 따라 나오는 동현상학적 형태가 몇 가지 있다. 첫 번째 것이 원, 영원성의 기하학적 도형이다. 구심적 운동은 중심으로 모으지만, 원심적 운동은 중심 접힘에서 나선을 폐쇄하고, 이 접힘으로부터 주변을 향해 외향적으로 방사한다. 폐쇄된 나선의 또 다른 이름이 원이다. 그러나 원은 중심에 의해서만 정의되지 않는다. 유클리드가 말하듯이, 중심을 폐쇄하는 것은 첫 단계에 불과하다. "원은 〔원주라고 불리는〕 단일한 선에 의해 담겨 있는 평면도형인데, 이 도형 안에 있는 점들 중 **한 점에서부터** 〔원주를〕 **향해 방사되는** 모든 선이 서로 동일한 도형이다."[1] 외향적으로 방사하는 모든 이질적 선은 원주라는 한계와 단일한 공통적 점이라는 거푸집 덕분에 서로 동일해진다. 이 공통적 점이 중심이며, 여기에서 이 선들이 기원한다.

달리 말하자면, 원의 창조는 중심만을 요구하는 것이 아니라, 중심으로부터 등거리에 있는 주변으로의 방사도 요구한다. "원을 그리기 위해서" 필요한 것은 "어떤 중심과 반경"뿐이라고 유클리드는 관찰한다.[2] 유클리드에 따르면, 원을 그리기 위해 우리는 변두리에서 시작하지 않는다. 컴퍼스가 중심 주위로 선을 그림에 따라 중심이 될 단일한 점에서 시작한다. 이것이 원의 이데올로기 또는 형이상학이다.

그러나 동현상학적·역사적으로 말하자면, 우리는 변두리에서 시작한다. 우리는 공간에서, 둥근 그릇, 알 형태, 타원, 알, 가슴, 자궁 등에서 시작한다. 순환이 반드시 원형인circular 것은 아니지만, 주기적cyclical이기는 하다. 이 둘은 같지 않다. 구심적 순환의 생산적 공간이 성취되었을 때에야 거대 결연점이 등장할 수 있다.

이 거대 결연점이 창조되면 그것은 외향적으로 반응하여, 운동을 모든 방향으로 방사하고 재유도한다. 달리 말하자면, 중심화는 자신의 운동을 중심으로부터 시작시키고 모든 방향으로 방사하여, 이미 존재하는 중심으로부터 등거리에 있는 변두리의 새로운 조직을 생산한다. 동적으로, 유클리드는 거꾸로 파악했다. 그는 운동을 영원한 기하학적 형태에 종속시켰다. 그러나 역사적으로, 그는 정확히 고대의 지배적인 동적 시작점, 즉 중심으로부터 시작했다. 그러므로 원은 **중심의** 원심적 효과로 기술되지, **변두리의** 구심적 효과로 기술되지 않는다.

회전 —— 무에서 창조된 중심과 완벽하게 등거리의 반경을 가진 원이 영원성의 기하학적 이미지라면, 원형 회전은 영원의 '운동'이다. 원의 중심 자체는 동형상적으로 불변적이지만, 주변부는 완벽하고 불변하는 중심 주위로 순환하거나 회전한다. 그렇기에 원형 회전은 총체적 운동, 모빌리티, 순환을 가능케 하는 반면, 그 자신은 모든 다른 것이 주위를 돌아가는 상대적으로 부동의 중심을 모델로 한다. 중심은 변두리를 붙잡아 두고 밀어내는 유일한 좌표점이다. 변두리는 차이적으로 나타나지만 중심은 자신과 동일하게 나타난다.

회전이라는 과정으로 상이한 이질적 접힘들이 움직이고, 돌고, 변화한다. 그러나 이들 운동에 방위를 설정하는 중심과 관계해서만 그렇다.

순환은 나가지만, 나가면서도 중심 주위로 귀환하는 정확히 같은 호弧를 따른다. 그렇기에 회전 운동은 중심화를 전제한다. 회전적 순환을 통해, 상이한 흐름과 접힘들이 자신의 순환의 완벽한 호와 관계하여, 그리고 중심으로부터의 같은 거리와 관계하여 상대적으로 동질화된다. 그렇기에 중심화는 운동의 동질성을 생산하는데, 또한 상대적으로 부동적인 중심의 통일성 속에서 전체로서의 운동의 근본적 통일화도 생산한다.

달리 말하자면, 순환적 회전을 통해 시간적(과거, 현재, 미래)·공간적(여기와 저기) 차이들이 운동을 통해 화해된다. 상이한 점 사이의 운동은 또한 원의 통일성 속에서 화해된다. 방사와 순환을 통해 중심은 모든 곳이자 아무 곳도 아닌 곳이 된다. 그것은 영원한 이념이 된다. 헤겔이 쓰듯이, "이념, 정신은 시간 이상이다. 그것은 자체로 시간 개념이기 때문이다. 그것은 영원하며, 자기에 즉해 있으면서 자기에 대해 있다. 그것은 시간 속으로 끌려들어가지 않는다. 그것은 과정의 일면 속에서 자신을 잃지 않기 때문이다."[3] "영원은 존재하게 될 것이 아니며, 존재했던 것도 아니고, 존재한다. … 그러므로 참된 현재는 영원성이다."[4] 이 점에 대한 헤겔의 놀라운 통찰은 길게 인용할 가치가 있다.

선의 이러한 귀환이 원주다. 그것은 자신과 함께 폐쇄된 지금·이전·이후, 이 차이들의 비차이성이다. 그래서 이전은 동등하게 이후이며, 마찬가지로 이후도 이전이다. 처음에 이것은 이러한 차원들의, 공간 속에 정립된 필연적 마비다. 원형 운동은 시간적 차원들의 공간적 또는 존립적 통일체다. 점은 자신의 미래인 장소를 향해 전진하며, 과거인 장소를 떠난다. 그러나 그것이 남겨 둔 것은 동시에, 그것이 애초에 이르러야 할 무엇이다. 그리고 그것이 도달하는 '이전'에 그것은 이미 있었다. 그것의 목표는 자신의 과거인 점이다. 미래가 아니라 과거가 목표라는 것, 이것이 시간의 진리다. 자신을 중심과 관계시키는 운동은 자체로 평면, 종합적 전체로서의 운동이다. 이 운동 안에 이 전체의 계기들―중심 속에서 이 운동의 소멸, 운동 자체, 운동과 소멸과의 관계, 원의 반경―이 존립한다. 그러나 이 평면 자체가 움직이고 자신의 타자존재, 완전한 공간이 된다. 또는 자신으로-귀환함, 정지한〔평화로운〕중심이 일반적 점이 된다. 이 점 안에서 전체는 정지〔평화〕속으로 가라앉는다. 말하자면, 그것은 본질에 있어서의 운동, 지금 · 이전 · 이후의 구별, 이들의 차원 또는 이들의 개념 을 지양한 운동이다. 원 안에서 이들은 하나가 되어 있다. 원은 지속의 회 복된 개념이고, 자기 안에서 소멸한 운동이다. … 운동은 과정이고, 시간 의 공간으로의 이행, 그리고 그 반대의 이행이다. 이에 반해 물질은 정지 한〔평화로운〕자기동일성으로서의 공간과 시간의 관계다.[5]•

이 밀도 높은 구절에는 우리의 영원에 관한 동현상학적 이론과 유관 한 세 가지 중요한 요점이 있다.

첫째, 시간적 차이(과거, 현재, 미래)는 순환의 원의 변두리에 있는 세 상이한 접힘과 같다. 순환적 운동을 통해 이 차이 각각이 전체로서의 원 으로 통일된다. 시간 자체는 영원하지 않지만, 그것은 그것이 주위를 도 는 부동적 중심과의 관계 속에서의 순환적 통일성을 통해 영원해진다.

둘째, 원형 움직임은 동질적이고, 평화롭고, 부동화된 통일성의 순환 적이고 폐쇄된 공간을 생산한다.

셋째, 공간적 · 시간적 차이들을 통일시키는 순환적 · 회전적 움직임 자체는 원의 반경들 속에서 통일되어 있으며, 부동적이고 영원한 중심 속에서 소멸한다. 헤겔이 시간과 공간에 논리적 일차성을 주기는 하지 만, 동현상학적 관점에서는 영원성 개념 또는 관념이 원형 운동에 의해

• 저자가 참조한 영역본은 '정지해 있는'을 뜻하는 독일어 ruhend를 '평화로운'으로 번역했다. 저 자가 이 번역을 해석에 이용하고 있기에 병기했다.

최초로 구성되는 것이라는 점을 쉽게 볼 수 있다.

정태停態 —— 영원 개념은 운동에 의해 구성되지만, 그것은 운동의 특별한 유형이다. '부동적' 중심을 생산할 수 있는 원형 운동이다. 중심화는 중심과, 이 중심 주위의 주변의 순환 운동을 생산한다. 중심 주위의 원의 회전 운동을 통해 모든 것이 움직이나, 여기서 이 모든 것이 주위를 움직이는 중심은 제외된다. 불멸의 부동성은 그렇기에 이중적 동적 운동을 통해 성취된다.

한편으로, 이는 더 일차적인 구심적 운동으로 성취된다. 구심적 운동은 공통 지역을 향해 흐름들을 모은다. 다른 한편, 바로 자기 주위 자신의 원심적 반경들의 회전 때문에 중심은 계속해서 존속한다. 달리 말하자면, 그 수직성과 부동성은 운동의 자이로스코프적 산물이다. 영원은 꼭대기의 물질의 구심적으로 모인 구조에 힘입어, 그리고 꼭대기의 회전적이고 원심적인 운동으로 똑바로 유지되는, 돌아가는 꼭대기 같은 것이다. 그렇기에 중심은 이중적 동적 구성의 산물이다. 이 구성은 계속적 원심적 운동으로 생산된, 영원히 움직이지 않는 부동성이 나타날 수 있게 한다. 이러한 동현상학적 기능이, 종종 영원불변하는 본질이라고 기술되는 상대적 부동성의 나타남을 생겨나게 한다.

이 점은 순환운동에 대한 헤겔의 분석에서 명백하다. 운동이 시작했던 곳으로 귀환함으로써 궁극적으로 '소멸'되는 한에서 그렇다. 원에서, 기원은 이미 종착점이다. 떠나기 전에 우리는 이미 도착했고, 그렇기에 어디에도 가지 않는다. 그러나 폐쇄된 원에서 운동은 또한 자신을 질식시키며, 부동적 통일성 속의 순수하고 영원한 개념이 된다.

그러나 이러한 테제를 긍정하면서, 헤겔은 영원 개념이 사실은 운동 자체의 **산물**임을 인정해야만 한다. 영원은 운동의 겉보기 또는 개념적 소진에 불과하다. 중심의 존속을 위해서는 구심적 운동의 물질성과 중심화 과정이 여전히 필요하다.

달리 말하자면, 이념성은 물질적–동적 과정의 산물이지, 그 소진이 아니다. 유클리드가 이미 가정했던 것을 헤겔에게 주어야만, 헤겔의 테제는 이류할 수 있다. 그것은, 한 중심, 한 아르케메데스적 고정점 Punctum Archimedis이 전제된다는 것이다. 무無로부터 중심이 주변보다 먼저 존재한다면, 운동은 언제나 이미 부동적이고 소멸된다. 그러나 정의상, 정태는 운동을 낳을 수 없다. 운동이 일차적이거나, 아니면 무無다.

그러므로 중심화의 기원 자체가 중심적인 것이 아니라면(즉, 중심화가 구심적이고, 나선적이고, 동적인 것이며, 열린 흐름들로 이루어져 있다면), 우리는 중심과 폐쇄된 원으로 시작하지 않으며, 시작할 수 없다―그리고 헤겔은 틀렸다. 모든 원은 이미 외부를 향해 열려 있다. 외부는 계속해서 원에 운동을 공급하며, 원에서 운동을 엔트로피적으로 감소시킨다. 달리 말하자면, 중심과 원은 약동과 구심적 운동이라는 더 일차적인 동적 과정의 산물이기 때문에, 영원성은 운동의 개념적 효과 또는 산물이지, 그 반대가 아니다.

원심적 운동을 통해 이 부동적 점은 죽지 않고 생겨나지 않은 것으로 나타날 뿐 아니라, 불변적인 것으로도 나타난다. 변두리가 돌고 회전하고 변화하는 동안, 중심은 제 반경들을 통해 모든 곳에 퍼져 있으며 어느 곳에도 퍼져 있지 않은 불변적 본질로 머무른다. 변두리의 운동이 중심의 결과로 나타남과 마찬가지로, 변두리의 접힘은 불변적 중심으로부터 발산되는 외견에 불과한 것으로 보인다. 그러므로 중심화는 원심적 운동의 성삼위聖三位, 즉 정태·본질·영원성을 생산한다. 이것들은, 존재가 동현상학적으로 분배됨 속에서 존재가 나타나는 방식에 실재적 귀결을 가지는, 운동의 실재적 분배다. 영원이라는 말로 우리가 '운동의 구심적 체제로 생산된 동적 효과'를 가리키는 존재론적으로 기술적인 이름을 뜻한다면, 존재는 실재적으로 '영원'해진다.

구 —— 중심화는 원형 운동을 생산하지만, 원형 운동은 2차원적이 아니라 3차원적, 또는 구형琣形이다. 구는 주변을 향해 외향적으로 모든 방향으로 방사되는 중심화된 운동의 동적 산물이다. 구는 공간을 알 형태이고, 나선형이고, 열려 있고, 둥근 데에서부터 구형이고, 원형이고, 폐쇄되어 있고, 완벽하게 둥근 데로의 동적 변용을 생산한다.

동적으로, 공간은 중심이 축적되는 구심적 조건이지만, 이 중심점이 일단 나타나고 나면, 그것은 나선의 열린 변두리 공간에 도로 반응하고 그것을 폐쇄시켜, 한계 지어진 장소의 모든 점들이 중심에 모델을 둔 동질적인 반경들이 되도록 한다.

달리 말하자면, 구는 공간을 중심과 관계된 일련의 동질적 점들로 변용시킨다. 점 각각은 중심의 고정된 부동적 점의 가능적 연장이거나 그것과의 직접적 연결로서 위치성을 가진다. 공간에 존재론적 일차성이 주어지면, 그것은 방위설정과 상호작용의 실감된 공간이다. 그것은 호메로스의 오케아노스의 둘러싸는 나선형 지평과 비슷하다. 그러면 시간은 순서 계열이 아니고 주기다. 그러나 영원에 존재론적 일차성이 주어지면, 공간은 공허한 것, 비어 있는 것, 틈새, 결여, 어둠, 부정성이 된다. 그러면 시간은 더 이상은 주기적이 되지 않고, 절대적 현재의 통일성 속에서 폐지된다. 미래와 과거, 여기와 저기는 더 이상 이질적인 실재가 아니라, 일자一子, 전체, 피안, 영원의 영광 속에서 통일된, 교환 가능한 동질적 단편들이 된다. 구는 순환적 운동 중의 시간의 직접적 통일성의, 그리고 중심으로부터의 반경들에 의해 횡단되기를 기다리는 텅 빈 공허로서의 공간의 동질적 통일성의 완벽한 이미지다. 구 속에서 시간과 공간은 영원한 현재 속에서 동시적이 된다.

동심성同心性 —— 중심화는 원형 운동을 생산하지만, 원형 운동은 이어서 동심적 운동을 가능케 한다. 구심적 운동의 나선은 수많은 접힘을 가지고 있다. 일단 중심점이 확보되고 접힘을 통해 반복되면, 그것은 반경을, 그러므로 원을 생산할 수 있다. 이 과정은 또한 점점 더 큰 규모로 외향적으로 재생산될 수 있고, 나선 '고리' 각각을 차례차례 폐쇄한다.

각 나선 고리가 폐쇄되어 중심 주위로 재방위설정됨에 따라, 크고 작은 원들의 동심성이 생산된다. 각 원은 최초의 중심원에 모델을 둔다. 원심적 순환은 더 이상 지역적으로 상호연결된 장소들을 가진 나선형 공간의 순환이 아니다. 원심적 순환은 이 공간들의 상호연결의 폐쇄이며, 이로 인해 단일한 중심 비-장소로 모든 영역적 접힘이 단일하게 연결되는 데에 우위가 주어진다. 지역적 장소들의 비중심화된 집합을 형성하지 않고, 원은 모든 장소를 단일한 장소 또는 재유도의 현장에 종속시킨다.

원형 순환의 중심은 공간 '속의' 장소가 아니고, 오히려 공간 '위의 그리고 너머의' 비-장소와 비슷하다. 이것은 영원성의 존재론적 기술 속에서 나타나는 수직성 언어의 기원이다. 중심이 그 모든 반경들을 통하여 변두리의 조직화 모델이 되는 한에서, 중심은 원 전반에 걸쳐 모든 곳이다. 그러나 그것이 원 전반에 걸쳐 모든 곳인 한, 그것은 어떤 특정 장소도 아니다. 그것이 어떤 특정 장소도 아닌 한, 그것은 구 너머의 그리고 구 이상의 특별한 동적 장소로 나타난다. 여기에서 운동은 언제나 이미 다른 곳으로부터, 즉 겉보기에 초월적인 중심 거대 결연점으로부터 재분배되어 있다.

크고 작은 모든 순환은 단일한 거대 결연점 주변으로 중심화되어, 중심으로부터 더 멀거나 덜 먼 원들의 동심성을 생산한다. 이러한 동기하학적 구조는 또한 동심원들 사이에서 위계를 가능케 한다. 모든 움직임이 중심을 통해서 직접 연결되고 재유도되기 때문에, 중심은 최고 수준의 동적 힘을 가진다. 그것은 순환을 통제하는 힘이다. 중심으로부터 더 멀리 있는 동심원들이 주변의 원들로 전송하는 원심적 운동은 가장 가까운 원들이 전송하는 것에 비해 적다. 외측의 원들은 모두, 이 원들이 주위 궤도를 도는 중심의 영원한 정초에 의해 자리잡히고 확보된다. 모든 궤도는 이 중심으로 인해 확보된다. 이것은 자체로는 부동적이고 불변적인 영원하고 신성한 힘에 의해 각각 유지되는, 완벽한 행성구 planetary sphere들의 기하학적 우주와 같다.[*]

다음 장들에서 보겠지만, 동심적 위계는 고대 우주론에서 역사적으로 무수히 현시된다. 이는 동심적 도시계획, 건축형식, 위계적 숫자, 영원한 형상들의 중심 또는 천국으로서부터 더 가깝고 더 먼 계급적 · 사회적 동심성에서 현시된다.

대립 —— 중심화는 또한 대립이라는 새로운 동적 구조를 가능케 한다. 존재가 공간으로서 구심적으로 지배적으로 배분되어 있을 때, 대립은 영역적 차이라는 형식만을 취할 수 있지, 존재론적 이분법을 취하지는 못한다. 동적으로, 대립의 물질적 조건은 나선형의 열린 공간에서는 성취될 수 없다. 나선, 알, 알 형태에서 차이들은 함께 묶이거나, 서로 엮이거나, 함께 접한다. 빛과 어둠, 선과 악, 내부와 외부는 나눔을 통해 이 차이들을 연결하는 같은 나선 운동의 두 면에 불과하다. 존재가 무엇보다도 공간적이라면, 내부와 외부라는 존재론적 분할은 있을 수 없다. 접힘의 내부는 자기 위에 접힌 외부에 불과하며, 외부는 다시 접힌 내부에 불과하다—나선이다.

그러나 원심적 운동의 발흥과 함께, 동적 공간의 나선 팔은 큰 것과

---

[*] 고대의 동심원적 우주 모델은 지구를 중심으로 둔, 포회包懷된 구들로 이루어져 있었다. 맨 바깥에는 항성들이 달린 구가 있었고, 그 안으로는 태양의 구, 달의 구, 그리고 행성들을 각각의 구가 있었다. 행성구란 이러한 모델에서 행성들이 이루는 구를 뜻한다. 고대 그리스에 기원을 두고, 프톨레마이오스에 의해 정착되어, 코페르니쿠스 이후까지도 이어진 이러한 모델이 여기에서 저자가 논하는 동심성 모델이다.

작은 것, 내부와 외부 사이에서 상대적으로 분할된 일련의 동심적 원들 또는 구들로 폐쇄되고 절단된다. 동적으로, 흐름에는 분할이 없고, 갈라짐만 있다. 그래서 모든 원은 나선 위에 지어진 것이다. 그러나 원형 운동과 구형 운동이 중심 거대 결연점 주위로 제 궤도를 군건하게 반복하는 한, 이 운동들은 나선의 이분화 경로들을 폐쇄하려고 한다. 원은 운동의 산물이지만, 원의 운동 체제가 중심 거대 결연점에 구속된 채로 머무르는 한, 그것은 원의 내부—거대 결연점이 거주하는 곳—와 원의 외부—종속적 미시결연부들이 거주하는 곳— 사이의 구별을 재생산한다.

다시 이것은 형이상학적 대립이 아니고, 중심화 과정으로 가능해진 원심적이고 동적인 이분화이며, 중심 거대 결연점의 산물이다. 남과 여, 하늘과 땅, 성聖과 속俗, 안과 밖은 형이상학적 규정이 아니라, 역사적이고 동현상학적인 규정이다. 그래서 영원성의 동적 구조는 한편으로는 영원한 것, 신성한 것, 움직이지 않는 것과 다른 한편으로는 필멸하는 것, 지상적인 것, 움직이는 것 사이의 근본적 분할 또는 대립 위에서 진술된다.

이제 남은 것은, 이러한 원심적 운동의 동적 체제가 고대 문명의 우주론적 글에서 어떻게 역사적으로 존재의 영원으로 기술되었는지를 살펴보는 일이다. 다음 장들에서는 영원의 존재론적 기술이 자신의 역사적 지배의 첫 시대를 출현시키는, 영원한 존재의 우주론으로 시선을 돌린다.

II

로고스

17장

고대 우주론 1: 성스러운 산

앞 장에서는 원심적 운동 패턴으로서 영원의 동현상학적 이론을 제시했다. 본 장과 이어지는 세 장에서는, 영원에 대한 동적 기술, 또는 로고스가 어떻게 존재를 위한 지배적 이름으로서 역사적으로 등장했는지를 볼수 있다. 이 세 장의 테제는, 존재에 대한 고대의 지배적 존재론적 기술은 암묵적 그리고 명시적으로 원심적 운동의 기술에 의존한다는 것이다.

우주론

존재를 영원성으로 지배적으로 규정하는 일은 기원전 5000년경에 시작하여 기원전 500년경까지 이르는 메소포타미아인·이집트인·셈족·그리스인의 글에서 발견되는데, 이는 고대 우주론의 역사적 시기와 대략 일치한다. 물론 그 규정의 흔적이 어떤 지역에서는 더 일찍 시작되고, 다른 지역은 더 이후까지 지속되지만 말이다. 1부에서는, 존재의 지배적 존재론적 기술로서 공간 개념의 해설이 구석기시대와 신석기시대 인류가 만든 신화기록적 이미지의 발흥과 연결되어 있음을 보았다. 그러나 2부가 보여 줄 것은, 문자언어의 발흥 덕분에 자신이 기술하는 존재와 자신이 구별되어야 한다고 주장하는 존재론적 기술이 발명될 수 있었다는 것이다.

신화와 우주론은 여러 방식으로 구별되지만, 한 가지 중요한 점에서 유사하다. 둘 다, 존재의 근본적 기원의 기술을 제공한다는 것이다. 달리 말하자면, 둘 다 존재론적 기술을 제공한다. 이 책의 목표 중 하나가, 존재에 대한 지배적 역사적 기술의 동적 이론을 제시하는 것이라면, 존재론적 기술은 고대를 분석할 일차적 재료를 우리에게 제공한다.

우주론cosmology은 고대 그리스어로 '세계 또는 우주'를 뜻하는 kosmos 에서 왔다. 고대 우주론은 선사시대 신화와 다르다. 부분적으로는, 둘의 기술적 · 기입적 존재론의 물질적 영역이 상당히 다르다. 신화는 동**動**기록적으로, 소리와 행위를 말하는 또는 **신화적** 신체에 기입하는 것과 연결되어 있는 반면, 우주론은 소리 없는 보편적 또는 **우주적** 로고스를 침묵의 서판 또는 두루마리의 표면에 글로 기입하는 것과 연결되어 있다. 신화는 말하기의 주위에, 그렇기에 공명하는 살아 있는 신체 주위에 구조지어지는 반면, 우주론은 글의 주위에, 그렇기에 서판과 두루마리의 소리 없고 죽은 신체의 주위에 구조지어져 있다. 이는 존재론적 실천의 동태에 중요한 함축을 가진다.

그러므로 본 장과 이후 세 장의 목표는, 고대 서구 우주론에서 영원의 이름으로 정의되는 존재론적 기술의 새로운 원심적 체제의 지배가 역사적으로 어떻게 발흥했는지를 검토하는 것이다. 이 기술적 지배의 발흥은 세 가지 구별되는 역사적–동적 작동 속에서 일어난다. ① 중심과 주변의 분할, ② 중심의 부동성, ③ 원심적 운동의 소급적 규정, ④ 절대적 중심의 도입. 이 네 가지 동적 작동은 고대 메소포타미아인, 이집트인, 셈족, 그리스인의 우주론에서 발견되고 서구 전체에 걸쳐 채택된 네 가지 주요 기술, 즉 ① 하늘과 땅의 분리, ② 왕의 신격화, ③ 신들의 전투, ④ 무로부터의 창조(표 17.1을 보라)에서 발견된다. 이 네 작동이 영원에 대한 로고스(기술)를 다루는 네 장의 주제다.[1]

| 표 17.1 | 영원의 네 가지 동적 작동

동적 작동	우주론적 사건	신
분할 (중심/변두리)	분리 (하늘/땅)	엔릴
부동적 중심	왕의 신격화	두무지
소급적 원심성	신들의 전투	마르두크
절대적 중심	무無로부터의 창조	야훼

하늘과 땅의 분리

존재를 일차적으로 영원성으로서 기술하는 것은 고대 수메르인의 최초의 우주론과 함께, 청동기시대(기원전 3500~기원전 2400)라는 이른 시기에 시작됐다. 그리고 마침내 이 기술이 지배권을 획득한 것은 철기시대(기원전 1200~기원전 500년경) 단일한 영원한 하늘신의 등장으로 정점에 이른다.

그러므로 영원성으로서의 존재가 지배하게 된 일은 수천 년에 걸쳐 일어났으며, 네 주요 신 ① 엔릴Enlil, ② 두무지Dumuzi, ③ 마르두크Marduk, ④ 야훼Yaweh에 상응하는 우주론적 기술의 네 주요 동적 작동을 포함한다. 이 신들 각각의 등장은, 영원을 어떤 방식으로든 원심적인 것으로 기술하는 것을 향한 존재의 추가적 동적 변용을 표시한다.

첫 번째 동적 작동은 수메르 신 엔릴Enlil과 이집트 신 아툼Atum에 의해 도입된다. 그것은 하늘과 땅의 존재론적 분리의 시작을 기술한다.

엔릴

첫 번째 기술적 우주론적 작동은 수메르의 신 엔릴의 탄생으로 시작한다. 그러나 수메르 신화의 가장 오래된 기록 문서는 남무Nammu로 시작한다. 그녀는 바다의 여신, "하늘과 땅을 낳은 어머니"다.[2] 하늘과 땅은 원래는 창조적 원초적 바닷속에서 통일되어 있었는데, 남무를 통해 이들이 태어났다. 남무 본인은 이전에 다른 신에게서 태어난 것이 아니라, 언제나 존재했다. 그녀 속에서 하늘과 땅은 신 안An(하늘)과 키Ki(땅)로서 통일되어 있었다. '소와 곡물' 신화는 하늘과 땅의 이러한 본래적 통일을, 우주와 땅의 선사시대 여신과 관련하여 '산'으로 기술한다.[3]

산은 땅바닥에서 시작하여 하늘의 봉우리까지 이른다. 수메르의 '팽이Pickax 창조' 신화에 따르면, 안과 키의 통일이 엔릴을 생산했다. '공기'를 뜻하는 엔릴은 이제 하늘과 땅을 갈라 놓는다.

> 적절한 것이 참되게 나타나게끔 하시는 주主,
> 변경될 수 없는 결단을 내리시는 주,
> 땅으로부터 대지의 씨를 자라게 하시는 엔릴이,
> 하늘을 땅으로부터 떼어 놓으셨고,
> 땅을 하늘로부터 떼어 놓으셨다.[4]

엔릴은 단지 하늘을 땅으로부터 분리한 것을 넘어, 산의 외부를 산의 내부로부터 분리시켰다. 내부는 '지저地底' 또는 '지하 세계'가 되었다.

> 안이 하늘을 가져간 후,
> 엔릴이 땅을 가져간 후,
> 에레시키갈Ereshkigal이 그 보상으로서 쿠르Kur〔산 아래〕로 옮겨진 후.[5]

엔릴은 땅을 둘로, 표면(키)과 그녀의 여동생, 지저의 심연(에레시키갈)로 나눴다. 남무는 지저의 원초적 뱀 여신이었기 때문에, 하늘과 땅의 분리는 또한 공기에 노출된 대로의 땅(키)과 심연 같고 숨겨져 있는 대로의 땅(에레시키갈)의 분리를 생산한다. 원초적 물(남무)을 하늘, 땅, 지하 세계로 삼중으로 나눔으로써, 엔릴은 창조의 능력 그리고 땅으로부터 씨가 자라게 하는 능력을 획득한다. 이는 이전에는 물과 땅의 여신들만의 능력이었다. 땅 여신 키를 신부로 데려감으로써, 엔릴은 최고 창조자가 되고, 우주 산의 꼭대기를, 땅 신체의 꼭대기에 있는 신전을 거주지로 삼는다.

아툼

엔릴에 대한 기술이 수메리아에 출현하는 것과 거의 같은 시기에, 태양신 아툼-라가 이집트에서 기술되며, 하늘과 땅 사이의 비슷한 분할을 도입했다. 이집트 우주론에는 시대와 지역에 따라서 헤르모폴리스, 헬리오폴리스, 멤피스, 테베스에서 이야기된 여러 판본이 있다. 그 차이에도 불구하고, 이들은 모두 한 가지 공통된 우주적-동적 작동을 공유한다. 모두 하늘과 땅의 분리를 수행하는 것이다.

창조에 관한 네 주요 판본에 따르면, 모두 태초에 태곳적 물 또는 눈Nun이 있었다. 이것으로부터 모든 생명과 존재가 등장했다. 그러나 헬리오폴리스에서 신 아툼 '완전한 자'는 물에서부터 '최초의' 우주발생적 '언덕'으로서 출현했다. 이 신화의 다른 판본에서 언덕은 소용돌이치는 물에 둘러싸인 알이다. 아툼은 몇 가지 형태를 가진다. 보이는 신성으로서는 케프리Khepri, 신성한 제작자로서는 프타Ptah, 태양으로서는 라Ra이다. 아툼은 처음에 슈Shu(남자, 공기, 생명)와 테프누트Tefnut(여자, 습기, 질서)를 창조하는데, 속으로 자위해 내거나 뱉어 냄으로써 창조된다. 그의 침이나 정액은 생명의 숨결을 액체 유동에 섞는다. 혼돈적 물(거품 이는 침/정액)의 공간적 국지화(언덕, 알)를 통해 질서 잡힌 세계가 왔다.

엔릴처럼 슈가 존재를 둘로, 하늘과 땅으로 나누자, 살아 있는 흐름의 내부로서의 존재의 액체 통일체는 산산이 찢어진다. 슈는 아툼에게 말한다.

나는 물속에서 나타난 공간이다.

나는 물속에서 존재하게 되었고, 물속에서 자라났다.

그러나 나는 어둠의 거주지로 위탁되지 않았다.[6]

슈와 테프누트는 누트Nut, 하늘(여자)과 게브Geb, 땅(남자)을 낳는다. 공기로서, 슈는 하늘과 땅을 분리한다. 슈는 누트를 위로 당겨 늘이고 떠받쳐서, 그녀가 별을 낳고 별이 그녀의 물로 된 신체를 지나 순환할 수 있게 한다. 이 사건의 시각적 묘사에서, 게브는 누트 아래에 엎드려서 그녀의 생명을-주는 물을 기다린다. 그렇기에 모든 창조와 생명은 공기를 통해 매개되고, 하늘과 땅의 존재론적 분할에 의해 정의된다.

이 창조설화의 멤피스 판본에서 아툼-프타는 존재의 본성을 사유하고, 사유함으로써 그것을 창조하는 지성적 제작자다. 이는 물리적 창조가 아니고, 프타의 심장―고대 그리스인들이 인간의 사유가 있는 자리로 생각했던 곳―속에서 발달하는 심적 창조다. 숨과 공기를 통해 그는 이들의 메시지를 자기 심장으로 끌어 모은다. 심장은 사유하며, 그 후 물리적 혀로서 물질 속에 창조를 현시한다.

눈의 봄과 코의 숨 쉼이 메시지를 심장으로 보낸다. … 모든 결정이 내려지도록 하는 것이 심장이다. 그러나 심장이 생각해 낸 것을 보고하는 것은 혀다. … 모든 것은 심장이 고안하고 혀 위에 나타난 명령과 조화를 이룬다. 그렇게 모든 것의 특수한 본성이 결정된다.[7]

동적 분석

수메르와 이집트에 있던 이 두 우주론적 설명은 '영원한' 원심적 운동의 새로운 체제의 네 가지 동적 작동 중 첫 번째 것, 즉 중심과 주변 사이의 분할을 기술한다.

엔릴 —— 신들의 아버지, 사람의 창조자 엔릴의 우주론은 이전에 지배적이었던 신석기시대의 신화와 아주 비슷하게 시작된다. 즉, 혼돈적 흐름들이 보호적이고 신성한 통일체로 구심적으로 축적되는 것이 가지는 일차성에서 시작된다. 흐르는 물과 대양의 여신 남무가 자신의 혼돈적 흐름을 폐쇄된 지역, 원초적 성산聖山으로 구심적으로 축적시키기 시작한다.

축적이 증가하고 산의 중심을 향해 쌓이면서, 산은 하늘을 향해 점점 높이 자라나, 마침내 산을 하늘과 통일시킨다. 남무에게서 하늘과 땅은 같은 공간적 모임의 양면이다. 땅바닥이 하늘을 향해 나선을 그리며 올라간다. 극단적 구심적 축적은 상대적으로 산포된 수평성으로부터 성장하는 수직성과 중심성을 생산한다. 이 운동이 이미, 이전 동적 시대의 순수하게 공간적이고 지상적인 모임과 구별되기는 하지만, 이 운동은 여전히 선사시대 신화와 같은 지배적으로 공간적이고 나선적인 규정을 여전히 대략적으로 따른다.

그러나 엔릴의 탄생과 함께 모든 것이 변화한다. 나선형 '하나'(남무)가 두 접힌 신체(안과 키)로 갈라진다. 그러나 이 둘은 제3자(엔릴)를 생산한다. 그는 이 둘을 나누고, 그리하여 하나(남무)의 통일성을 파괴한다. 공간은 역동적으로 접힌 통일체이나, 그것은 또한 축적의 구심적 운동에 의해 구성되기도 한다. 그러나 엔릴은 이러한 무한히 좁아지는 축적에 절단을 도입하여, 산의 '꼭대기'를 생산한다. 산꼭대기는 더 이상은 하늘과 직접 연결되지 않고, 다만 구형 우주의 중심에 있는 공기와만 연결된다. 산꼭대기가 배꼽omphalos, 또는 엔릴이 남무의 신체로부터 분리된 분할의 점을 표시하는 중심 배꼽이 된다. 이러한 단절이 일어나면, 운동은 산꼭대기를 향해 상향적으로 계속해서 축적하기는 해도, 하늘과 연결되지 않고 꼭대기에서 멈춘다. 반대로, 이제 하늘의 운동은 하늘이 땅에 닿는 가장 가까운 지역, 즉 바람 부는 산꼭대기에서, 하향적으로 모이고 집중된다.

엔릴이 남무의 신체를 분할한 것은 그러므로 구심적 운동에서 원심적 운동으로의 동적 역전을 도입한다. 엔릴과 함께, 하늘과 땅의 두 구심적 운동은 이제 산꼭대기의 공기에 의해 분할된다. 이들의 상호적 매개로 서 그리고 상호교차의 지역으로서, 공기는 이제 자기 고유의 힘을 엔릴이 태어났던 이 중심 위치, 또는 배꼽으로부터 양방향으로 도로 행사한다. 엔릴은 신과 인간 모두의 아버지, 하늘과 땅의 왕이 된다.[8] 그의 능력은 이제 양방향으로, 위로(신의 창조에서) 그리고 아래로(사람의 창조에서), 원심적으로 외향적으로 방사된다. 엔릴은 단일한 하늘-아버지로부터 상향적 그리고 하향적으로 이제 운동이 기술적으로 유출시키는 영원한 중심이 된다. 중심은 변두리 위로 상승하나, 이어서 환상적 동적 비틂을 통해 외향적으로 모든 방향으로 방출됨으로써, 우주적 구의 중심이 된다. 더욱이 엔릴을 통해, 말해진 언어는 소리와 몸짓이 신체에 구심적으로 축적되는 데에서, 땅 위로부터, 땅 아래로부터, 공기로부터 오는 탈신체화된 신성한 목소리가 된다.

아툼 —— 비슷하게 중심화된 존재의 분할이 아툼에게서 일어난다. 창조는 혼돈적 물에서 시작하며, 알에 집중되지만, 이어서 둔덕에 수직적으로 축적되기 시작한다. 우주의 형태는 더 이상 알 형태가 아니고, 원형 또는 구형이다. 아툼이 가시적으로 태양으로 현시된 것인 라$_{Ra}$는 원으로 그려진다. 태양의 원은 영원성의 완벽한 이미지 속에서 우주적 물의 원을 가로질러 움직인다. 태양은 움직이지만, 이 움직임 속에서 불변한다. 이는 요동하는 달의 주기와 다르다. 태양은 모든 것을 보는 방사적 눈으로서 하늘 높은 곳에서 존속한다. 자신의 원 안에 홀로 있으면서, 아툼은 사정射精을 통해, 그의 '원초적 언덕' 꼭대기에 있는 화구火口 같은 그의 '눈' 또는 '구멍'의 중심 구멍으로부터 원심적으로 창조한다. 조르주 바타유는 〈태양의 항문〉에서 이렇게 쓴다.

두 일차적 운동은 회전과 성적 움직임이다. …

사실, 땅의 성애적 움직임은 물의 성애적 움직임

처럼 생식력이 있지는 않지만, 훨씬 더 재빠르다.

땅은 가끔 미친 듯이 사정하며, 모든 것이 땅의 표면 위에 무너진다.[9]

아툼은 자신의 자기성애적 창조를 통해 세계에 분할을 도입한다. 구심적 물의 회전이, 공기를 통해 땅과 하늘을 궁극적으로 갈라 놓는 사정射精의 성적 움직임과 결합된다.

원으로서 아툼은 《피라미드 텍스트Pyramid Text》에서 "완전한 자"로 기술된다. 그의 움직임은 원의 완전성 속에서 통일되어 있고 자기통제되어 있기 때문이다. 나가는 움직임과 돌아오는 움직임은 같은 움직임이다. "첫 시대의 둔덕"은 또한 영원한 "모든 시대의 둔덕"이기도 하다. 이 때문에 영원성을 나타내는 이집트의 기호 '셴shen'은 원으로 그려지며, '원으로 둘러싸다'를 뜻하는 'shenu'라는 단어에서 온다. 셴을 길게 늘린 형태는 또한 카르투슈*이기도 했다. 셴 고리 또는 셴 기호는 영원성의 동적 운동을 원의 형태로 명시화한다. 원 형태는 이집트 예술에서 거의 무소부재하게 나타난다. 모자, 옷, 건축에 사용되고, 보호의 몸짓을 하며 날개를 펼친 새들이 파라오의 머리 위로 돌기도 한다(도판 17.1을 보라).

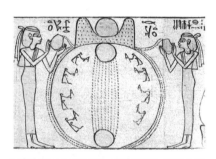

| 도판 17. 1 | 물이 있는 이집트의 구. 여신이 창조의 원형 둔덕 위로 원초적 물을 붓는 동안, 태양이 그 위로 떠오른다 출처: Wikipedia Commons

---

* cartouche. 고대 이집트에서 파라오의 이름을 둘러싸는 데에 사용되었던 곡선 기호.

그러나 셴의 가장 중요한 내용은 아툼-라의 태양 원반이다(도판 17.2를 보라). 아툼의 영원성의 원은 가운데에 있고, 자신이 가진 태양의 능력을 밖으로, 그리고 아래 지상으로 방사하고 있다. 이것은 고대 이집트의 완벽한

| 도판 17. 2 | 셴, 그리고 뱀 태양 원반을 이고 있는 라 출처: 라의 이미지를 만든 사람은 Jeff Dahl/ Wikimedia Commons.

우주발생적 이미지다. 태양의 영원성의 원은 결코 지지대 없는 순수 원이 아니지만, 눈Nun의 원초적 물의 우주적 순환과 연결된 흐름의 더 큰 접힘 또는 원환 내에서, 마치 화산 봉우리처럼, 가운데에서만 나타난다. 그렇기에 셴은 한정 없이 원으로부터 멀어지며 연장되는 두 끝을 가진 밧줄 내의 접힘으로 그려지는 것이다.

아툼-라가 눈Nun의 물의 원초적 흐름으로부터 등장했듯이, 그의 태양 원반의 원은 그의 구심적 흐름의 중심에 나타난다. 이 흐름이 그의 중심 원으로 접히거나 원환화된 것이다. 이 점은 뱀으로 감싸인 태양 원반을 머리 위에 이고 있는 매 호루스의 이미지에서 가장 명백하다. 이 우주동 태는 인상적이다. 여신 눈의 나선형 뱀이 그녀 위로 접혀서 공간적 원을 창조하며, 영원한 아툼-라의 태양 원반이 저 원의 중심을 차지한다. 접힘의 구심적 공간은 영원성의 중심성의 동적 조건을 창조한다. 이 이미지는 호루스와 이시스 같은 다양한 신들의 중심에 그리고 그들 위에 서서, 그들의 영원성을 표현한다.

이집트의 영원성 이미지(셴)과 함께 우리가 또한 우로보로스, 자기 꼬리를 먹는 뱀의 발명을 발견하게 되는 것은 놀라운 일이 아니다(도판 17.3을 보라).

| 도판 17. 3 | 우로보로스
출처: AnonMoos/Wikimedia Commons.

우로보로스 전의 수천 년 동안 뱀이라는 신화 기호는 공간의 나선형 운동과 구심적 운동을 표현했고, 센 신화 기호에서도 마찬가지다. 그러나 우로보로스의 출현은 영원성 개념에 일어난, 원 및 태양 원반과 시기상 일치하는 심원한 동적 전환을 표시한다. 뱀 센이 연속적 흐름 속의 원환 또는 접힘인 반면, 우로보로스는 한 발 더 나아가, 자신을 우주적 운동의 원천으로부터 통째로 분리한다. 우로보로스는 뱀을 열린 원으로 접지 않고, 같은 뱀 이미지를 취하되 닫힌 원 속에서 그것을 도로 자신과 연결시킨다.

그러므로 우리는 두 종류의 원형 운동, 열린 운동과 닫힌 운동을 구별해야 한다. 열린 움직임은 원 또는 중심이 운동의 더 일차적인 구심적 흐름의 산물임을 보여 준다. 반면에 닫힌 움직임은 원이 그 자체로, 완벽한 균형 속에서 '완전한 자' 역할을 함을 보여 준다. 우로보로스는 원을 생산한 흐름과 접힘으로부터 그 원을 시각적으로 해방시키려 한다. 이에 따라, 고대 이집트에서의 발명 후에 우로보로스 우주 도상은 인도, 그리스, 로마, 아일랜드, 그리고 영원성에 대한 형이상학적 기술이 있는 거의 모든 곳에서 나타난다. 이 모든 것은 두 양극―영원과 필멸성, 중심과 주변―으로 존재를 나누려는 같은 동적 시도에서 유래한다.

우로보로스는 흔히 칼 융 등에 의해 미분화된 선자아pre-ego 상태를 '표상'한다고 해석된다. 그러나 우로보로스는 인간적 의식을 전혀 표상하지 않는다. 오히려 그것은 사물의 질서에 대한 동적 기술이다. 더 중요한 것은, 우로보로스의 동태는 미분화되어 있지 않으며, 정확히 그 반대라는 것이다. 우로보로스의 동태는 내부와 외부 사이에 절대적으로 분화되어 있다. 우로보로스는 내부와 외부, 중심과 주변, 영원성과 필멸성 사이의 존재론적 이분법적 분화를 나타내는 청동기와 철기의 많은 이미지들 중 하나다. 아툼이 눈의 **통일성을 파괴하고** 하늘을 땅으로부터 존재론적으로 나눈 자기성애적 우주론 속에서 우로보로스가 발명되었다는 사실을 무시할 수 있는 것은 오직 비역사적 상상뿐이다. 태양 원반, 원, 우로보로스는 모두 존재론적 나눔의 이미지이지 통일성의 이미지가 아니다. 운동의 존재론은 원을 원에 대한 적절한 역사적·동적 정의로 회복시켜야한다. 그러나 이는 고대 서구에서 점점 더 지배적이 되어 가던, 존재를 영원성으로 기술하던 것에 일어난 최초의 우주동적 조작에 불과하다.

몸의 신격화

두 번째 기술적 우주론적 작동(중심의 불멸성)이 일어난 것은, 창조의 신적힘이 지상의 불멸의 사제-왕의 단일한 신체에서 신격화되었을 때이다.

두무지-탐무즈

수메르의 우주론에서 이것은 아카드* 우주론의 신-왕 두무지Dumuzi 또는 탐무즈Tammuzu 창조에 대한 기술에서 일어난다. 엔릴이 공기의 여신 닌릴Ninlil을 겁탈한 후, 그녀는 달의 신 나나Nanna를 낳는다. 엔릴은 이어서 달의 여신 닌갈Ningal과 결혼한다. 이들에게는 두 자식, 달의 여왕 인

----

* Akkad. 수메르 북부의 도시. 이 도시를 중심으로 아카드 제국(기원전 2334~2154)이 형성되었다. 아카드 제국은 '아카디아Akkadia'라고도 불린다.

안나Inanna와 태양 신 우투Utu가 있다. 기원전 3500년, 인안나—아카디아에서는 그녀를 이슈타르Ishtar라고 부른다—는 "하늘과 땅의 처녀 여왕"이라는 이름 하에 수메르의 위대한 여신의 지위로 격상되었다.[10]

하늘과 땅 양쪽의 여왕으로서 인안나는 남무와 비슷했다. 단, 인안나는 내부 산 깊은 곳에 추방된 그녀의 심연의 자매 에레시키갈과 여전히 분리되어 있었다. 달 신화를 의식용으로 극화한 가장 오래된 기록인 〈인안나가 지하 세계로 내려감〉에서,[11] 인안나는 깊은 곳에 있는 자매를 방문한다. 내려가는 과정에서 그녀는 지하 세계의 일곱 문 각각마다에서 장신구와 예복을 벗는다. 그녀가 깊은 곳에 도달하자, 에레시키갈은 그녀에게 '죽음의 눈'을 묶고, 인안나는 갈고리에 달린 시체처럼 매달린다. 사흘 후 인안나는 풀려나지만, 반년 동안 그녀의 자리를 대신할 다른 사람을 희생시켜야만 한다. 그녀는 남편 두무지를 선택한다. 매해 그는 죽고 부활한다. 이를 통해 인안나는 "두무지를 영원의 손에 놓았다."[12]

바빌론의 이야기에서 이슈타르의 아들-연인은 멧돼지에게 치명상을 입는다. 이슈타르는 지하로 내려가 그를 어둠 속 잠에서 깨운다. 이슈타르 또한 일곱 문(하현달)을 통과하고 사흘(그믐달)을 기다린다. 그녀가 지하 세계에 있는 동안 지상의 생식력은 정지한다. 그리고 그의 아들-연인과 돌아오자 지상엔 다시 꽃이 핀다.

두무지와 탐무즈는 둘 다 인안나와 이슈타르의 아들이자 남편이다. 이들은 또한 음식과 초목의 양치기-신, "생명의 주인"[13]이다. "새로이 일어난 초목의 신 두무지-탐무즈의 역할을 연기한 것은 도시의 대사제 또는 왕이었다. 이들은 가장 이른 시기에는 같은 사람이었으며, 이전의 희생된 왕을 실제로 대체했을 수도 있다."[14]

그렇기에 사제-왕을 희생시키는 수메르의 실천은 그의 영원한 재생을 위해서만이 아니라, 지상의 곡물과 생명의 영원한 재생을 확실히 하기 위해서도 중요하다.[15] 지상의 왕이 땅과 하늘의 아들로 해석되고, 그래서 재생을 통해 신적이 되고 불멸이 되는 수많은 우주론들은 바로 이 첫 번째 우주론에 기반한다. 예를 들어, 가장 강력한 수메르 왕 중 하나인 '아가데Agade의 군주' 사르곤Sargon의 경우가 그랬다. 전설에 따르면, 사르곤은 사원의 여사제가 잉태하여, 비밀리에 태어나, 강으로 떠내려 보내져, 이슈타르 손에서 자라, 땅의 왕이 된다.[16] 위대한 후기 수메르 왕 중 하나인 우르-남무Ur-Nammu(기원전 2100)는 자신을 "여신 남무의 하인"[17]이라고 부르며 그녀로부터 힘을 얻는다.

동적 분석

이러한 우주론적 설명은 '영원한' 운동의 새로운 체제의 네 가지 동적 작동의 두 번째 작동, 중심점의 부동적 움직임을 기술한다. 첫 번째 동적 작동에서 구심적 움직임은 수직의 산으로 축적되지만, 꼭대기에서 하늘을 땅에서 분할하고 자신의 원심적 힘을 도로 방출한다. 이 두 번째 우주동적 작동에서 하늘, 땅, 지하 세계는 재통일되지만, 남무의 원초적 통일성에서처럼 단번에 재통일되지는 않는다. 대신에 하늘, 땅, 지하 세계는 **이 셋 사이의 연속적 순환적 움직임**을 통해서만 통일된다. 연속적 오르내림을 통해서만 세 영역은 합쳐진다.

이것은 우연적 연속적 운동이 아니고, 운동의 단일한 중심축 주위로 집중되거나 초점이 맞추어진 운동이다. 그 축이 아들-연인, 두무지-탐무즈다. 인안나-이슈타르는 꼭대기에서 바닥으로 갔다가 돌아오며, 하늘과 땅을 통일시킨다. 하늘에서 내려오는 길에 그녀는 산꼭대기의 사원에서 그와 결혼한다. 올라가는 길에는 그를 지하 세계로 희생시킨다. 이러한 연속적 운동을 통해 그녀는 하늘, 땅, 지하 세계의 모든 신적 힘을 그에게, 산꼭대기의 사제-왕의 단일한 신체 속에 전이시킨다.

이는 우주구球 속 운동의 두 동적 축을 생산한다. 하나는 인안나-이슈타르의 순환적이고 통일시키는 움직임의 수직축이다. 이 움직임의 중심은 산꼭대기다. 다른 하나는 신격화된 아들-연인-왕의 수평축이다. 그의 창조적 힘은 산꼭대기로부터 밖으로, 아래로, 원심적으로 방사된다. 첫 번째 운동에서 중심은 태어남-죽음-결혼의 운동 효과로서 생산된다. 두 번째 운동에서 중심점의 운동은 사제-왕의 물질적 신체에 통합될 뿐 아니라, 이 통합의 중심점으로부터 사제-왕은 운동의 힘의 방향을 바꾸어 외향적으로, 하향적으로 땅을 향하게 한다. 인안나-이슈타르의 순환적 운동을 통해서만 왕이 신격화되고 불멸이 되며, 그의 희생적 죽음을 통해서만 그는 영원히 산다. 개인들은 죽겠지만, 중심 산꼭대기의 신격화된 왕은 이제 인안나-이슈타르의 원형 회전 덕분에 영원히 살수 있다. 왕은 죽었다—왕이여 영원하라!

이것은 하늘, 땅, 지하 세계를 분리시키는 엔릴의 운동과 구별된다. 공기로서 엔릴은 이미 불멸이다. 그는 여신 남무의 역동적 통일성을 정의하는 삶과 죽음과 재탄생의 끝없는 주기를 탈출했기 때문이다. 그러나 이러한 불멸성은 지역적이며, 신격화를 통해 특정한 인간 사제-왕으로 직접 전이될 수 없다. 왕은 지상에 묶여 있기 때문이다. 명시적으로, 사제-왕의 반복적 희생을 통해서만 그는 **같은 존재**로서 살고, 죽고, 다시 사는 유일한 인간 존재로서 신격화될 수 있다. 다른 모든 존재는 다른 것 또는 다른 자로 변용되고 재탄생한다. 인안나-이슈타르의 원형 움직임을 통해서만 안정적이고 불멸의 중심이 지상에 창조될 수 있다.

엔릴과 달리, 사제-왕은 삶과 죽음의 주기 외부에 있지 않고, 실제로 이 과정의 중심에 있다. 그런 자이기에 그는 운동에 의해 정의되나, 죽을 때마다 움직이거나 변화하는 것으로 나타나지 않는다. 그의 신체는 변화하지만, 그는 지상의 같은 삶의 주인으로 머무른다. 신격화된 희생적 사제-왕은 그리하여 인안나-이슈타르를 통해서 일종의 상대적 불멸성을 처음으로 획득한다. 그의 불멸성은 자기원인적인 것이 아니고, 자신의 아들-연인 주위로 회전하는 여신에 의해 인공적으로 지탱된다. 그는 거듭하여 살고 죽지만, 매번 같은 왕으로서 다시 태어나며, 두무지-툼무즈로서 같은 중심 산꼭대기 신전으로 귀환한다. 사제-왕은 불변하는 중심이 재생산되는 부동적이고 불멸적인 현장이 된다. 그러나 이는, 하늘, 땅, 지하 세계의 움직임으로 직조된 삶과 죽음의 움직이는 원을 통해서만 일어난다.

그렇기에 인안나-이슈타르는 삶과 죽음의 닫힌 원 속에서 자신으로 돌아가는 전체의 운동이지, 더 이상 남무의 열린 나선형 통일성이 아니다. 나선은 엔릴에 의해 분할되고 중심화되었으며, 하늘과 땅이라는 한계에 의해 경계 지어졌다. 인안나-이슈타르의 성상기록적iconographic 기호, 즉 팔망성eight-pointed star 또는 장미 속에서 외향적으로 방사되는 중심 원에서 이를 목격할 수 있다.

그녀의 원형 전체는 또한 주기 내에서 다른 존재로부터 차이 나는 중심 부분 또는 중심점을 생산한다. 이를 통해 그녀의 원형 전체는 삶의 방사적이며 창조적인 원심적인 능력으로 직접 표현되었다. 그것이 지상의 신격화된 사제-왕 두무지-탐무즈다. 엔릴은 공기의 원심적 능력의 중심 영역을 창조했지만, 두무지-탐무즈는 더 나아가 하늘과 땅의 능력을 **능력의** 단일한 **구체적 점으로**—사제-왕의 신격화된 신체로 집중시켰다.

중심의 이러한 불멸성은 신들의 전투theomachy에 대한 역사적 기술에서 발견되는, 우주론적 영원성의 세 번째 동적 작동을 가능케 한다. 이 점은 다음 장에서 살펴보자.

18장

고대 우주론 2: 신들의 전투

세 번째 우주론적 기술은 하늘아버지가 어머니와 그녀의 아들-연인을 죽이고 유일한 창조자, 즉 원심적 운동의 기원이 될 때 일어난다. 이는 신들의 전투에 대한 역사적 기술에서 보인다.

마르두크

《에누마 엘리시Enûma Eliš(높은 곳에서)》에서 발견되는 바빌론의 우주론은 메소포타미아에서 철기시대로의 전환이 일어날 때쯤(기원전 1200) 기록되었다. 그것은 이전의 청동기시대 우주론적 기술에 또 다른 차원을 더한다. 마르두크Marduk의 서사시는 원초적 어머니와 아버지, 티아마트Tiamat와 압수Apsû로부터 신들이 창조된 이야기를 전한다.

> 높은 하늘과 아래 땅에 이름이 붙여지지 않았을 때, 그들의 아버지 압수(하늘로부터 떨어진 물과 달콤한 강물), 그리고 그들의 어머니 티아마트(바다의 짠물)가 여전히 그들의 물을 섞고 있을 때였다. 들판도 습지도 형성되지 않았고 어느 신도 존재로 불러 오지 않았을 때였다. 그때 원초적 한 쌍 안에서 위대한 신들이 창조되었다. 처음의 신들은 라무Lahmu와 라하무Lahamu였고, 다음으로 안샤르Ansahr와 키샤르Kishar가 창조되었다(아마도

수메르의 안과 키, 하늘과 땅일 것이다). 그리고 아누Anu와 에아Ea가 창조되었다. 그러나 이 새로운 신들의 세대가 아우성으로 압수를 동요시켰기에, 압수는 재상宰相 뭄무Mummu에게 문의했다. 그들은 신들을 멸절시켜서 다시 한 번 평화와 고요를 깃들게 하기로 결정하고, 이를 티아마트에게 이야기하러 갔다. 티아마트는 그들의 결정에 저항했다. "우리 스스로가 존재하게 한 자들을 왜 멸절시키는가?"라고 그녀는 소리쳤다. 그러나 뭄무는 압수에게 진행하도록 했고, 그들은 함께 젊은 신들의 몰락을 꾀했다.[1]

태초에는 혼돈의 물이 일차적이었다. 존재는 흘렀다. 혼돈의 물은 그 구심적 모임으로부터 하늘(안샤르)과 땅(키샤르)의 우주적 통일체 및 여타 신들을 생산했다. 그러나 압수가 신들의 살해를 꾀하자, 에아는 자기 주변에 보호용 마법의 원을 그리고는 잠든 압수를 죽였다. 그러고서 에아와 그의 아내 담키나Damkina는 티아마트를 죽이고자 뛰어난 신-왕 마르두크를 낳았다. 아누는 바람의 난류亂流로 티아마트를 부추겨 전투에 나서게 했다.

> 아누는 네 개의 바람을 만들어 태어나게 했다.
> 그는 이 바람들을 마르두크에게 보냈다.
> "내 아들아, 바람이 소용돌이치게 하라!"
> 그는 흙먼지를 만들고 태풍이 그것을 몰고 가게 했다.
> 그는 물결을 만들어 티아-마트에게 경악을 주었다.
> 티아-마트는 당황했다. 낮밤으로 그녀는 제정신이 아니었다.[2]

이 바람의 난류는 티아마트의 물을 동요시켰다. 그녀는 전투를 위해 바다 생물 무리를 모았다. 그중에는 날개 달린 바다 생물로 그려지는 그녀의 아들-연인 킨구Kingu도 있었다. 젊은 신들은 마르두크를 전 세계의 왕으로 만들었다. 그는 밤하늘이 나타났다 사라지게 함으로써 자기 힘을 증명했다. 신들은 그에게 전투용 무기를 쥐어 주었다.

> 우리는 그대에게 전 세계에 대한 주권을 수여한다.
> 그대의 무기는 결코 힘을 잃지 않고, 그대의 적을 으깰 것이다.[3]

신들은 그에게 홀, 왕좌, 반지, 벼락을 주었다. 마르두크는 "번개를 자기 앞에 두었고 / 자기 몸을 불의 혀로 채웠다."[4]

> 군주는 그물을 펼쳐 그녀를 감싸고,
> 뒤따라 온 사악한 바람을 그녀의 얼굴에 풀었다.
> 티아마트가 입을 열어 그를 삼키려 했을 때,
> 그는 사악한 바람을 밀어 넣어 그녀가 입을 다물지 못하게 했다.
> 맹렬한 바람이 그녀의 배로 돌진하자,
> 그녀의 몸은 팽창하고 입은 크게 벌어졌다.
> 그는 화살을 날렸고, 화살은 그녀의 배를 찢었고,
> 화살은 그녀의 속으로 파고들어, 심장을 갈랐다.
> 이처럼 그녀를 제압하고, 그는 그녀의 생명을 껐고,
> 그는 그녀의 시체를 넘어뜨리고 그 위에 섰다.[5]

> 군주는 티아마트의 다리를 밟고 서서,
> 가차 없는 철퇴로 그녀의 두개골을 으깼다.
> 그가 그녀의 핏줄을 끊자,
> 북쪽 바람이 그것을 알려지지 않은 곳으로 실어 갔다.
> 이를 보고 그의 아버지들은 기뻐하며 환호했고,
> 경의의 선물을 그에게 가져왔다.

그리고 군주는 멈추어 그녀의 시체를 보았고,

그가 괴물을 분할하고 솜씨 좋은 작품을 만들 수 있음을 보았다.

그는 그녀를 조개처럼 두 부분으로 나누었고,

그녀의 절반을 올려 하늘로서 천장으로 만들었다.[6]

이 바빌론의 이야기는 여러 이야기 중 하나로만 중요한 것이 아니다. 이 이야기는 또한 재창조된 존재를 독특하게 우주론적으로 기술하기 때문에 중요하다. 물-뱀 여왕 티아마트를 죽이고 나서, 마르두크는 그녀의 시체로 우주를 다시 만들었다. 그는 열두 달로 된 한 해와 별자리를 만들고, 태양과 달을 하늘에 놓았다.

그는 티아마트의 머리 위로 산을 쌓았고,

그녀의 눈을 뚫어 티그리스와 유프라테스의 원천을 만들었다.

그녀의 젖가슴 위에도 비슷한 산맥을 쌓아,

젖꼭지를 뚫어서 강을 만들었다.

동쪽 산맥에서 티그리스로 흘러드는 강을.

그녀의 꼬리를 하늘로 구부려 올려 은하수를 만들고,

그녀의 사타구니로 하늘을 지탱했다.[7]

이후 마르두크는 "신들이 편안해지도록" 그들을 위한 종들을 창조하기로 했다. 그리고 티아마트의 편을 들어 희생된 킨구의 피와 뼈로 인간을 빚어냈다.

그들은 킨구를 묶었고, 킨구를 에아 앞에 붙잡았다.

그들은 그에게 죄를 씌웠고 그의 핏줄을 끊었다.

그의 피로 그들은 인류를 빚어냈다.[8]

마르두크는 이처럼 희생자 티아마트(인안나-이슈타르)와 그녀의 아들-연인 킨구(두무지-탐무즈)를 희생시켰다. 아버지-하늘-바람-태양 신 마르두크는 땅과 물의 여신들 및 그들의 사제-왕 아들들을 죽이고 세계를 재건했다. 이것은 존재의 기술에 몇 가지 동적 귀결을 가진다. 신들이 벌인 전투의 두 번째 주요 인물, 제우스를 고찰한 후 이 점을 더 자세히 살펴보겠다.

제우스

고대 그리스 후기, 기원전 800년에서 기원전 480년 사이에 비슷한 우주론적 신들의 전투가 벌어졌다. 헤시오도스의 《신들의 계보Θεογονία》는 우리에게 고대 그리스의 우주론과 신들의 전투에 관한 가장 오래되고 가장 명확한 설명을 제공한다. 이전의 많은 구술 신화처럼 헤시오도스의 우주론도 공간의 존재발생적 일차성으로 시작한다. 존재는 혼돈에서 시작하지만, 공간의 구심적 압축을 통해 안정되고 창조적이 된다. "바로 처음에 혼돈이 생겨났다. 그러나 다음으로 가슴 넓은 땅, 눈 쌓인 올림포스의 봉우리를 차지하는 모든 죽지 않는 자들의 영원히 확실한 지반이 생겨났다. 그리고 길 넓은 지상의 깊은 곳에 있는 어둑한 타르타로스가 생겨났다."[9]

혼돈의 공간의 나선은 증대되는 축적을 향해 구심적으로 내향적·상향적 움직였다. 저 축적은 중심 봉우리가 하늘 꼭대기에 닿는 거대한 산을 낳았다. 가이아는 단일한 원초적 산속에서의 하늘, 땅, 지하 세계의 통일이었다. 그러나 헤시오도스에 따르면, 혼돈은 또한 에레부스와 어두운 밤을 낳았고, 이것은 아이테르(공기)와 낮을 낳았다. 그 후 가이아가 하늘을 낳았다. 그것은 "그녀와 같은 크기로, 모든 면에서 그녀를 덮는다."[10] 그리고는 가이아는 아이테르와 함께 자신의 아들-연인 우라노스, 공기-하늘-아버지를 낳는다. 그와 함께 가이아는 첫 여덟 티탄을 잉태한다. "그들 후에 교활한 크로노스가 태어났다. 그녀의 자식들 중 가장 어렸고 가장 끔찍했다. 크로노스는 그 정욕에 찬 종마를 미워했다."[11]

가이아와 우라노스에게서 많은 아이들이 태어났다.
가장 무서운 아이들이 태어났고, 그들은 아버지를
처음부터 미워했다. 그들 중 하나가 태어나자마자,
우라노스는 그들 모두를 가이아 속의 은신처에 숨기려 했고
그들은 빛으로 돌려보내지 않았으며, 그는 자신의
악행에 기뻐했다. 괴물 같은 가이아는 안으로 신음했다.[12]

자식 전부를 가이아 안에 숨김으로써 그들은 하늘(우라노스)과 땅(가이아)의 주기적 통일성의 일부로 머물렀다. 그러나 복수를 위해 가이아는 자식 중 하나에게 우라노스를 거세하라고 간청했다. 크로노스만이 승낙했다. 그러자 가이아는 그에게 다이아몬드 낫 또는 구부러진 칼을 주었고, 크로노스는 아버지를 거세했다. 다음으로 그는 산의 수직적 중심에 있는 왕좌를 계승했다. 그러나 우라노스와 가이아는 그 역시 아들에게 타도될 것이라고 말했다. 그래서 크로노스는 레아가 낳은 그의 아이 전부를 삼켰다. 단, 제우스만은 레아가 가이아에게 주었다.

괴물 같은 가이아는 그를 받아서
넓은 크레타섬에서 먹이고 키웠다. 그녀는 거기에 도착해,
재빠른 어둔 밤을 지나 그를
처음에는 뤽토스로 데려갔다. 그를 품에 안고, 그녀는
그를 높은 동굴에, 신성한 가이아의 길 아래에,
빽빽하게 숲이 자란 아이기아온 산에 숨겼다.[13]

아기 제우스 대신에 레아는 크로노스에게 포대기로 감싼 바위를 주었고 그는 그것을 삼켰다. 가이아의 신성한 길에 따라 키워진 제우스는 충분히 강해져서, 크로노스가 아이 전부를 토하게끔 했다. 토한 것에는 바위도 있었는데, 제우스는 이것을 새로운 시작의 기호로서, 배꼽으로서, "필멸의 인간을 위한 불가사의"로서, 땅의 중심에 놓았다. 그리고서 크로노스의 모든 형제들, 기간테스, 헤카톤키레스, 퀴클롭스를 타르타로스에서 풀어 주었다. 그 대가로 그들은 제우스에게 "천둥과 빛나는 번개와 섬광"을 주었다.

그러나 가이아의 바람에 반해서 그리고 자신이 해방시킨 자들의 도움을 받아서, 제우스는 그 새로 수립된 힘을 이용하여 가이아, 그의 아들—연인 크로노스, 그리고 다른 티탄들을 타도하여 타르타로스로 보내 버렸다. 헤시오도스에 따르면, "생명을 지고 있는 가이아는 불타면서 비명을 질렀고, 온 땅이, 우라노스의 물줄기와 개간하지 않은 바다가 끓었다." 가이아는 상향적으로 불탔고, 우라노스(하늘)는 위로부터 그녀에게로 떨어졌다. 불을 써서, 제우스는 파괴를 통해 하늘과 땅을 재통일시켰다. 그리고 올림포스 산 중심 꼭대기의 왕좌를 차지하고 아버지, 지배자, 모든 불멸자와 필멸자의 신이 되었다.

제우스는 우주론적 운동의 본래 창조자는 아니었지만, 본래 저 운동을 낳은 자들을 타도함으로써 그 질서를 근본적으로 바꾸고, 자신을 모든 신들의 소급적 아버지로 선언했다. 자신이 그들을 아버지의 위장에서 해방시키고 티탄들을 타도했기 때문이다. 호메로스가 쓰듯이, "제우스의 자연적 자식이 아닌 신들도 그를 아버지라고 칭했고, 그가 있으면 모든 신들은 일어났다."[14] 그렇기에 제우스의 우주 창조는 전도된 창조다. 가이아가 그랬던 것처럼 자신의 후손과 하나로 머무름으로써 창조하는 출생이 아니고, 제우스의 창조는 산물을 생산자로부터 떼어 놓는 폭력적인 창조다.

이 타도로 가이아는 화가 났고, 백 개의 머리가 달린 불을 뿜는 뱀 튀포이오스를 낳았다. 제우스의 번개는 튀포이오스를 "제작자의 기량 하에 달아오른 양철처럼" 녹여 버렸다. "이런 식으로, 가이아는 타오르는 화염으로 녹고 있었다."[15] 제우스는 튀포이오스를 타르타로스로 던져 버렸지만, 튀포이오스의 바람은 바다 위를 불어, 배들을 흩어 놓고 선원들을 파멸시켰다. 헤시오도스에 따르면, 튀포이오스의 배우자 에키드나는 반은 아름다운 처녀, "반은 괴물 뱀이었다. 그녀는 두렵고 거대했고, 성스러운 가이아의 길 아래에서 날고기를 재빨리 먹는 자였다."[16]

동적 분석

이 세 번째 우주론적 설명은 '영원한' 운동의 세 번째 동적 작동을 기술한다. 그것은 원심적 운동의 소급적 결정이다. 《에누마 엘리시》의 우주론에 대한 동적 분석으로 시작하자.

마르두크 —— 고대 메소포타미아의 창세 서사시 《에누마 엘리시》는 가장 오래된 메소포타미아 신화와 비슷하게, 존재의 약동적 거친 흐름으로 시작한다. 마침내 비, 강, 바다의 흐름이 구심적 축적 속에서 서로의 주위로 구부러지고 접히기 시작하여, 열린 공간적 통일체, 즉 하늘, 땅, 다른 신들을 생산한다. 《에누마 엘리시》에서 이러한 구심적 축적이 계속되는 것은, 너무 많은 신들이 생산되어 그들의 운동으로 공간의 에워싸고 보호하는 나선에 난류亂流 또는 동요가 도입되기 시작할 때까지다. 구심적 공간의 안정성과 평화를 보존하기 위해 압수는 신들을 죽이고 균형 회복을 획책한다. 그러나 에아가 보호용 마법의 **원**을 그리고서 아버지를 죽인다.

그는 그것을 빚어내고 그것이 모든 것을 감싸 안게 (원형으로) 만들었다.

그는 그것을 최고로 솜씨 좋게 실행했다—그의 순수한 주문 영창을.
그는 그것을 읊고 물 위에 두었다.[17]

그는 압수를 구속하고 죽였다.[18]

   여기에서 원의 운동은 중요하다. 1부에서 보았듯이, 물의 신의 신화
적 공간은 나선이다. 그것은 시작도 끝도 없이 자기 위로 접힌다. 모든
것을 감싸 안는 마법적인 무적의 원을 그림으로써, 그리고 그것을 압수
의 나선형 물 위에 둠으로써, 에아는 그를 구속하고 죽인다—그를 구속
함이 그를 죽임이다. 열린 나선이 닫히자, 그것은 모든 것을 감싸 안는,
최고의, 영원한 원, 즉 죽음이 된다. 운동을 자기 위로 닫음으로써, 에아
는 운동을 소멸시키려고 한다.
   아버지 압수가 죽자, 에아는 압수의 신체 꼭대기에 거주 장소를 놓
고 그것을 압수라고 이름 붙인다. 원을 그리고 그 중심에 주거를 정함으
로써, 에아는 압수를 파멸시킨다. 그리고 그의 원의 중심으로부터 외향
적·원심적으로, 그의 꼭대기에 건설을 시작한다. 이 새로운 중심에서
신들의 왕 마르두크가 태어난다.

   압수 안에서 마르두크가 태어났다.
   순수한 압수 안에서 마르두크가 태어났다.
   아버지 에아가 그를 잉태시키고,
   어머니 담키나가 그를 낳았다.[19]

   마르두크는 원의 중심에서, 압수의 죽은 신체에서 태어난다. 한때는
구심적 운동(에아)에서 태어났던 것이 이제는 그 운동을 파괴하고, 외향
적으로 유도되고(마르두크) 변두리를 향하는(티아마트) 새로운 원심적

운동을 시작했다. 그러나 이 원심적 운동은 아직 단일한 최고의 우주론적 운동이 아니었다. 중심은 안정되고 구속되었지만, 변두리는—아직 그 주위로 제한되지 못했다. 물의 여왕 티아마트는 여전히 변두리에서 나선으로 움직이고 있었다. 에아는 자신의 마법 원으로 중심을 구속했다. 그러나 마르두크는 변두리를 구속할 필요가 있었다. 우주를 완전히 원으로 감싸고 영원한 중심 왕좌를 설치하기 위해, 티아마트와 그녀의 아들—연인은 죽임을 당해야 했다.

우주 주위를 움직이는 그녀 유체의, 나선의, 구심적 운동에 반하여, 아누(하늘)는 요동치고 격동하는 공기의 운동을 이용해서 그녀의 안정화시키는 내부화 움직임을 약화시킨다. 마르두크는 밤을 낮으로 바꿈으로써 그의 주권, 그리고 전투할 준비가 되어 있음을 증명한다. 달리 말하자면, 마르두크는 하늘을 가로지르는 태양신이 된다. 달과 달리, 태양은 변화 없이 움직인다. 태양에는 달의 유동이 없다. 태양은 순수하고 영원한 불별의 운동자다. 태양은 움직임을 통해 창조하는데, 이 창조에서 그것은 아무것도 잃지 않으며, 그것이 창조하는 무엇을 통해 영향 받지 않는다. 이것이 영원성의 이미지다. 불변의 창조자다.

마르두크와 티아마트의 전투 역시 동적으로 유의미하다. 티아마트의 나선형 물은 마르두크가 태어났던 거대 결연점에 그를 도로 감싸고 내부화하려고 한다. 마르두크는 그물로 그녀의 움직임을 구속하고, 사악한 바람으로 그녀를 관통하고 팽창시킨다. 동적으로, 그는 그녀의 운동을 구심적 축적에서 폭력적인 원심적 확장으로 강제로 역전시킨다. 그러고서 그녀의 팽창한 배, 우주의 자궁을 터뜨린다. 마르두크는 바로 중심을 뚫어 그녀의 심장에 이른다. 그는 그녀 위에 섬으로써, 자신의 수직적 신체를 그녀의 수평적 신체 위에 세운다. 그러고서 그녀의 시체를 조개의 두 껍데기 같은 두 개의 거대한 이원적 조각으로 가른다.

동적으로, 수천 년 동안 조개는 공간으로서의 존재의 통일성에 대한 신화기록적 그림이었다. 그것은 감싸인, 비옥한, 내부화된, 여성적인 존재발생의 이미지였다. 마르두크는 이 존재발생적 우주를 분할하고 다시 만든다. 그런데 이번에는 출생으로 만드는 것이 아니라, 제작으로 만든다. 티아마트 신체의 절반은 위의 하늘이 되고 나머지 절반은 아래의 땅이 된다.

> 그녀의 절반을 그는 위로 올려 하늘로서 잡아 늘였다.
> 그는 피부를 잡아 늘이고 경비병을 지정하여
> 그녀의 물이 탈출하지 못하게 하라고 지시했다.
> 그는 하늘을 가로질렀고, 천상의 부분들을 조사했고,
> 그것을 압수, 누딤무드Nudimmud의 거주지에 맞추어 조정했다.
> 그는 압수의 형태를 측정했다.

> 그는 그들의 성소 아누, 엔릴, 에아에 정착했다.

"이러한 원심성에 의한 죽음"을 완료하기 위해 마르두크는 그녀의 혈관을 잘라서 그녀의 피를 상향적으로, 외향적으로, 바람 속으로 방사시켜 그의 승리를 공포한다. 그가 그녀의 신체를 하늘로 되돌릴 때, 그는 새로이 질서 잡힌 성좌를 가진 고정된 천구를 통해 그녀의 유체적 움직임을 제한하고 막는다. 뿐만 아니라, 다음으로 그녀의 신체를 측정하고 개조하여, 에아가 구축한 새로운 중심의 모델 '압수'에게 정확히 맞춘다. 그렇기에 신들의 왕으로서 마르두크는 그의 하늘신 선조들의—아누(하늘), 엔릴(공기), 에아(제작, 정신)—성소에서, 중심에 있는 자신의 새로운 거주지로부터 변두리를 재창조한다.

마르두크는 티아마트의 실감되는 공간, 심연을 파괴하고 그녀를 순수한 공허하고 죽은 표면으로 변용시킨다. 그는 그 위에 서서 자신의 중심 성소로부터 빛을 방사한다. 심지어 티아마트의 시체로부터 땅의 산맥

을 다시 만들기까지 한다. 티아마트는 생물학적 창조를 했다. 여기에서 그녀가 낳은 것은 하늘과 땅의 통일체로서 그녀의 부분으로 남아 있었다. 이에 반대되게, 마르두크는 우주를 **만든다**. 그가 만드는 것은 외부적이고, 그와 단절되어 있다. 그것은 그의 부분이 아니다. 티아마트의 물질적 존재발생 또는 동형상주의에 반하여, 마르두크는 티아마트의 신체의 삶도 형태도 없는 물질에 형태를 주는 순수하게 형식적이고 지적인 원인이다. 그는 티아마트의 구심적 흐름 전부를 멈추는데, 이는 단지 이 흐름들을 그의 원심적 명령에 따라 외향적으로 재유도하고 재창조하기 위해서다. 그는 그녀의 눈과 가슴에서 물이 흐르기를 원하고, 그것들을 뚫는다. 유체의 흐름은 더 이상 자유롭지 않고, 원심적으로 명령 받는다. 그것은 중심 도시의 요구에 따라서 움직임이 조정되고 지시되는, 티그리스와 유프라테스를 따라가는 광대한 수로 및 고가교와 비슷하다.

마지막으로, 마르두크는 산꼭대기에 있는 힘의 지상적 중심을 차지하고 있던 신-사제-왕 킨구를 도륙한다. 그의 죄 있는 피로부터, 신들을 섬기기 위해 인간이 창조된다. 여기에서 핵심은 동적 차이다. 이전의 동적 작동에서, 사제-왕은 지상에서 신을, 삶과 죽음의 주기적 과정의 중심 산물로서 실현하는 것이었다. 이 모델에서 불멸성은 여신 인안나—이시타르 속에 있는 삶과 죽음, 하늘과 땅의 통일성의 항상적 변두리적 주기의 산물이었다. 그것은 움직이는 변두리의 결과였다. 그러나 이 구체적 중심이 생산된 후, 마르두크는 그것을 희생시켜, 신적인 것 및 영원한 것과의 직접적 지상적 연결을 근본적으로 제거한다.

신성한 것은 이제 참으로 초월적이다. 희생 제물(킨구)의 피는 인공과 제작을 통해 목표가 바뀌어, 땅에 구속된 인류가 된다. 킨구를 희생시킴으로써, 마르두크는 땅 위의 절대적이고 접근 불가능한 초월을 확실히 했을 뿐 아니라, 인간이 신적인 제작, 힘, 지식으로부터 단절되고 분리된, 근본적으로 인공적인 기교적 대상으로 머물 것임을 확실히 했다. 한

때 불멸이었던 아들-연인의 피와 뼈의 기교적 집합체로서 인간은 길가메시 등과 같이, 자신의 개별화된 영웅적 행위를 통해 그 불멸성에 참여하려고 애쓴다. 그러나 이 과제는 극히 어렵다.

그렇기에 마르두크는 이중적 희생을 통해 영원성의 새로운 형태를 생산한다. 마르두크는 그가 결코 죽지 않으리라는 의미에서만 영원해지는 것이 아니라, 그가 그의 본래 창조자를 파멸시킨 한에서 영원해진다—그를 낳은 자는 존재하지 않는다. 마르두크의 영원성의 움직임은 이제 "창조되지도 않고, 파괴되지도 않는" 것으로 나타난다. 티아마트를 희생시킴으로써, 마르두크는 하늘과 땅의 일차적 통일성을 파괴하고 그것으로부터 새로운 중심과 새로운 영원성을 생산하는 것을 넘어, 땅을 더 큰 통일성과 연결시킬 수 있는 어떤 중심점이 땅 위에 등장할 수 있게 하는 주기적 조건 자체를 파괴한다.

첫 번째 동적 움직임이 공기(엔릴) 속에서 불멸의 중심 **지역**을 창조하고, 두 번째 움직임이 지상에서의 불멸성의 중심**점**(사제 왕)을 창조한다면, 세 번째 움직임은 하늘(안)과 정신적 제작(에아) 속에 있는 태어나지도 않고 죽지도 않는 영원성의 초월적 중심점을 위해 저 둘을 모두 희생시킨다. 마르두크의 우주론은 그러므로 영원성의, 최초로 참으로 인공적이고 참으로 원심적인 우주론이다. 그것이 희생, 타도, 이제는 그가 중심이 된 우주의 총체적 재구축을 통해 소급적으로만 획득되는 것이라고 해도 그렇다.

제우스 —— 제우스는 티탄과의 전투에서 동적으로 비슷한 일을 완수한다. 마르두크를 티아마트가 키웠듯이 제우스도 가이아가 키웠지만, 그는 그녀와 그녀의 아들-연인 크로노스와 우라노스에 반역한다. 중심의 성스러운 산꼭대기의 왕좌에서 그들을 몰아내고 자신을 중심에 놓음으로써, 그는 모든 다른 신들의 '아버지임'과 원심적 우주발생을 소급적으로 차지한다. 그의 하늘의 힘은 엔릴의 힘처럼 땅을 하늘로부터, 지하 세계로부터 분리시킨다. 그의 힘은 그의 번개와—호메로스가 쓰듯이—"꼭대기에서 흘러내리는 많은 물줄기처럼" 외향적·하향적으로 방사된다.[20]

혼돈, 오케아노스, 가이아가 흐름들을 구심적으로 축적한 후, 제우스는 이들을 붙잡아서 원심적으로 도로 외향적으로 전도시킨다. 제우스는 티탄을 타도하고 밖으로, 아래로, 산으로부터 낮은 변두리로 추방한다. 제우스는 세계 위에 초월적으로 앉는다. 약간 낮은 곳, 올림포스 산 기슭에 무사Musa들이 산다. 제우스의 불은 땅을 태우고 녹여서 용융된 물질로 만들어, 이를 신적 제작을 통해 형태 잡는다. 우주 또는 가이아는 그러므로 녹은 표면으로 축소된다. 헤시오도스가 말하듯이, 그것은 "양철처럼" 두드려지고 잡아 늘려져야 한다. 우주는 자신의 뱀과 같은 운동을 잃고 불로 고문 받은 후, 새로이 중심화된 통치권의 이미지 속에서 다시 만들어진다. 마르두크가 제작을 이용하여 세계를 빚었던 것과 똑같이, 제우스도 최고의 규칙을 통해 세계 또는 우주에 이상적 질서를 주고, 세계를 다시 단조하고, 헤파이스토스/프로메테우스를 통해 그로부터 인간을 만들었다.

그러므로 헤시오도스에서 땅은 괴물들을 낳는 괴물이 된다. 저 괴물들 중 가장 강하고 호전적인 것이 튀포이오스와 에키드나다. 이들의 여러 개의 머리는 제우스의 중심화된 통일성에 도전하며, 그 나선형 똬리는 제우스의 단수적 중심화에 도전하고, 이들이 땅과 바다에 숨어 있음은 제우스의 수직성 및 방사되는 가시성에 도전한다. 신들의 소급적이며 원심적인 아버지로서의 지위를 지키기 위해, 제우스는 이들과 싸우고 이들을 무찔러야 한다.

이들은 고대 서구에서 영원성의 지배를 보장했던 우주동적 작동 중 첫 세 가지에 불과하다. 다음 장에서 전개될 네 번째이자 마지막 움직임은 영원성의 동적 역사에서 궁극적인 치명타이다.

고대 우주론 3: 무로부터

영원성에 관한 네 번째이자 마지막 우주동적 기술은 무로부터의ex nihilo 영원한 하늘아버지, 모든 존재의 최초이자 유일한 창조자라는 인물에 대한 기술에서 일어난다. 이 마지막 동적 작동에서 우리는 구심적 운동의 궁극적 전도에 도달한다. 영원성은 신들의 전투나 이전 운동의 산물이 아니라, 모든 운동 자체를 구성하는 본래적인 부동의 과정으로서 나타난다. 그러므로 여기에서 무로부터의 창조는 엄밀한 방식으로 신에 의한 세계의 창조를 지칭하는 것이 아니고, 더욱 일반적으로 부동성으로부터 운동의 무로부터의 창조를 지칭한다.

야훼

마지막 운동은 기원전 9세기경 히브리 우주론에서 창조자 신 야훼의 등장에 대한 기술과 함께 지배적이 된다.[1]

> 태초에 신이 하늘과 땅을 창조했다.
> 땅은 아직 형태가 없었고 공허했다. 어둠이 깊음의 표면 위에 있었다.
> 물의 표면 위에서 신의 영靈이 움직였다.
> 신이 "빛이 생겨라!"라고 말하자 빛이 생겨났다.

그 빛이 신이 보기에 좋았다. 신은 빛과 어둠을 나누고

빛을 낮이라, 어둠을 밤이라 불렀다. 이렇게 첫날이 밤, 낮 하루가 지났다.

신이 "물 한가운데 창공이 생겨 물과 물 사이가 갈라져라!" 말하자 그대
   로 되었다.

신이 이렇게 창공을 만들어

창공 아래 있는 물과 창공 위에 있는 물을 갈라 놓았다.

신은 그 창공을 하늘이라 불렀다. 이렇게 이튿날도 밤, 낮 하루가 지났다.

신이 "하늘 아래의 물이 한 장소로 함께 모여, 마른 땅이 드러나라!" 말하
   자 그대로 되었다.

신이 마른 땅을 땅이라,

물의 함께 모임을 바다라 불렀다. 신이 보기에 좋았다.[2]*

태초에 유일하고 전능하고 영원한 신, 야훼Yahweh가 있었다. 그의 첫
행위는 하늘과 땅을 창조하는 것이었다. 그것은 이들의 이전의 통일성
을 분할하는 것이 아니라, 이들을 근본적으로 **그로부터** 분할된 것으로서
창조하는 것이었다. 그가 창조한 땅은 토후 와-보후tohu wa-bohu(형태 없
음, 혼돈스러움), 호세크hosekh(어두움)였고, 그 위의 물은 테홈tehom(깊
음)이었다. 이들은 어머니 여신 남무, 타아마트, 인안나-이슈타르의 원
초적 혼돈적 물의 속성이다. 이들은 우주론의 시작에서부터 존재를 공
간적, 나선형, 구심적 내부성을 통해 기술했다.

이제 역사상 처음으로 공간, 공허, 어둠, 혼돈이 영원성에 비해 기술
적으로 이차적인 것이 되었다. 이는 일시적 일차성이 아니라, 공간 자체
를 나선형 순환으로부터 변용시키는 존재론적 일차성이었다. 에아가 압

---

* 성서 표현들을 본 책의 용어 및 개념 사용과 맞추기 위해, 기존의 성서 번역을 이용하지 않고
  저자가 제시한 영어본으로 번역했다.

수에게 한 것처럼, 야훼는 깊음 위에 원 또는 히브리어로는 추그chug를 그렸다. 그리하여 그것을 그것 자신으로부터 하늘과 땅으로 분리하고, 자신을 수직적이고 초월적인 중심에 놓았다. 이는 히브리 성서 여러 군데에서 목격된다.

> 그는 물의 표면 위에, 빛과 어둠의 경계 위에 원을 기술했다.[3]

> 그가 하늘을 수립했을 때, 그가 깊음의 얼굴 위에 원을 그렸을 때, 나는 거기 있었다.[4]

> 땅의 원 위에 앉아 있는 자는 그다. 땅의 거주자들은 메뚜기와 같다. 그는 하늘을 장막처럼 잡아 늘이고, 안에서 살 수 있는 천막처럼 펼쳐 놓는다.[5]

창세기 1장에서 테홈의 죽음—셈-바빌론의 티아마트가 마르두크에게 살해당한 것과 동등한 일—은 이미 완수되었다. 티아마트의 시체를 갈라 열고, 그녀의 물을 '고정'시키고, 그녀의 시체를 위와 아래에 놓는 마르두크와 다르게, 야훼는 추상적으로 하늘과 땅을 창조하고, 이들의 물을 원 형태로 모은다. 태초에 공간은 이미 비어 있었다. 또는 공허였다. 야훼는 시체를 잡아 늘이지 않고, 위와 아래에 라키야raqiya(반구 또는 창공)를 만들었다. 히브리 단어 라키야는 어근 라카raqa에서 유래하는데, 이것은 얇은 금속으로 접시를 만들 때처럼 '두드리거나 펼치다'라는 뜻이다. 단일한 점으로부터 신은 외향적으로 펼쳐서, 위와 아래로 분할된 연속적 반구 또는 구를 만든다.

마르두크가 우주론적 중심을 희생했을 때, 그것의 텅 빔 또는 추상적 중심성이 그 초월성의 유일한 속성이 되었다. 원의 중심은 더 이상 어느 곳에 구체적으로 나타나는 것이 아니었고, 신의 얼굴과 형태로조차 나타나지 않았다. 야훼가 행한 것처럼, 역설적으로 변두리에 선행하는 중심으로부터 창조를 시작함으로써, 모든 것은 구 바깥과 위의 아무것도 아닌 곳으로부터, 무로부터 오는 것으로 나타나게 되었다.

그러나 흥미롭게도, 이 초월적 위와 너머는 우주적 구의 중심이 정의되었던 것과 정확히 같은 방식으로 정의된다. 그것은 부동이고, 불변하고, 영원하다. 공간, 시간, 모든 존재는 비시간적·비공간적 창조자로부터 등장하는 것으로 나타났다. 논리적으로 그는 '존재'해서는 안 된다. 그가 존재의 창조에 선행하기 때문이다. 그가 존재 전에 '존재했다'면 그는 존재를 창조한 것이 아니고, 무언가가 그를 창조했어야 한다. 그러므로 운동을 부동으로부터 무로부터 창조하는 것은, 동적 속임수에 의존한다. 창조자는 외향적으로, 주위로, 위로, 아래로 창조하지만, 어떤 방식으로 창조 자체에는 포함되지 않는 것이다. 그는 "원 위에 앉아" 있기 때문이다.

히브리 성서에는 겉보기에는 신들의 전투가 없지만, 야훼 또한 깊이(테홈)의 야수들에 대한 전투에 임한다. 창조를 자신을 제외한 무로부터 시작하려는 야훼의 시도에도 불구하고, 심연은 여전히 가로질러지고, 분할되고, 빛을 비추어야 할 혼돈스럽고 물 같은 깊이로서 돌아온다. 심연은 신이 움직이는 표면 또는 공간이 되었다―"물의 표면 위에서 신의 영이 움직였다."[6] 심연은 그의 모빌리티의―그러한 모빌리티를 말하는 것이 어떻게든 말이 된다면―조건으로 남아 있었다.

신은 표면을 창조하고 빛을 비추었으나, 괴물들은 깊은 곳에 살고 있다. 바다 아래에는 여신 남무, 티아마트 등과 역사적으로 연결되는 나선형 바다뱀, 레비아단이 있었다. 땅 아래에는 신석기시대와 청동기시대의 농업의 소 여신과 연결되는 커다란 배를 가진 소 베헤모스가 있었다. 테홈의 학살이 창세기에서 미리 완수되기는 했지만, 테홈은 히브리 성서 내내 계속해서 다시 나타나고 다시 학살당한다. "토후 와-보후〔형태 없음, 혼돈스러움)라는 구절의 토후가 테홈과 테호모트가 된다. 보후는 베홈과 베호모트가 된다. 이것은 욥기에 등장하는 베헤모스, '바다 괴물 레비아단에 대응되는 마른 땅의 괴물'의 변형이다."[7] 둘 다 살해되어야 한다.

"그날, 주는 날서고 크고 강한 칼로 꿰뚫는 뱀 레비아단, 심지어 구부정한 뱀 레비아단을 벌하리라. 그는 바다에 있는 용을 죽이리라."[8] 레비아단의 위험은 바빌론의 어머니 여신 이슈타르의 위험과 같다. 그녀는 유다 왕국의 사람들을 억류 속에 내부화함으로써 "삼키려고" 위협했다. 공간의 어머니 여신과 비슷하게, 레비아단도 내부화하고 감싸려고 위협한다. "욥기에서 베헤모스는 하마와 연결되고 레비아단은 악어와 연결된다. 이 두 동물 모두 이집트 신 세스Seth에게 성스러운 것이었다. 그는 자연의 파괴적 힘을 인격화한 신이었다."[9] 레비아단은 입으로 유다를 삼키고 자기 구부정한 나선형 신체에 넣으려고 위협했다. 그러나 베헤모스의 강함은 둔부에 있었고, 그녀의 힘은 둥근 배의 배꼽에 있었다. 베헤모스는 강 하나를 모두 마시고 요르단 도시 전체를 삼킬 수 있었다. 신이 그녀를 만들었고, 신만이 시간의 종말에서 그녀를 파멸시킬 수 있을 것이다.[10] 히브리 성서 내내, 야훼와 그의 선택 받은 민족은 옛 여신들과 태양 숭배자들을 파멸시켰고, 수많은 기회에 저들의 "높은 곳" 또는 신전을 모두 파괴했다.[11]

동적 분석

이러한 우주론적 설명은 '영원한' 운동의 네 번째이자 마지막 동적 작동, 절대적 원심적 운동을 기술한다. 중심의 거대 결연점이 고정되고 나면, 그것은 원주를 따라 무한한 점들을 향해 중심으로부터 방사함을 통해, 자신의 변두리를 그리거나 한정할 수 있다. 원심적 운동의 소급적 결정을 마르두크는 전투를 통해 완수했다. 그러나 저 소급적 결정이 참으로 지배적이 된 것은, 중심이 미리 수립된, 다른 모든 운동을 파생시키는 절대적 기원으로 나타났을 때였다. 그런 것으로서 중심은 단순한 신체화된 불멸성을 잃고, 참으로 탈신체화된 영원성을 차지한다. 그것은 창조되지도 파괴되지도 않고, 구 안에 있지도 않고 단순히 구 너머에 있지도 않다. 달리 말하자면, 원의 중심점은 무한정 중심화되고 수직적으로 닿을 수 없는 것이 되며, 동시에 그것은 우주적 원주를 따라 무한정한 반경들로 연장된다. 저 위 초월의 수직점은 단순히, 구의 중심 자체의 존재론적으로 기술적인 확장이 된다. 그것은 모든 같은 특징을 가지지만(영원성, 부동성 등등), 또한 그것이 "저 아래"의 구에 어떤 방식으로든지 직접 참여한다는 것은 부인할 필요가 있다. 이 마지막 운동에서, 야훼가 원을 창조한 것은 소급적인 것으로 나타나지 않는다. 대신에, 미리 존재하는 중심으로부터 변두리가 등장한다. 이 중심은 원심적으로 뻗어 나감으로써 자기 주위에, 그리고 궁극적으로 자기 "아래에" 있는 원으로서 우주를 창조한다. 중심은 부동하고 불변하지만, 변두리는 그 주위로 회전하고 변화한다.

야훼가 창세기에서 그리는 우주론적 원은 존재에 이중적 이원성 또는 동적 이분화를 생산한다. 첫 번째 분할은 원의 내부와 외부 사이의 분할이다. 원 내부에는 모든 존재가 있고, 원 외부에는 비존재가 있다. 원 위에는 하늘 반구가 있고, 원 아래에는 땅 반구가 있다. 두 반구는 나눔을 통해 창조되고, (원형) 창조를 통해 나뉜다. 창세기에서 "물의 표면 위에서 신의 영이 움직였다merahepet." 그리고 욥기와 잠언에서는 이 움직임이 원형이라는 점, 그리고 이 원이 사실은 움직임에 의해 생산되지 미리 완수된 것이 아님이 명확해진다.

달리 말하자면, 주변은 원심적 중심의 산물이다. 이것이 영원한 운동의 역설이다. 어떻게 변화하지도 않고, 자신이 아닌 무엇이 되지도 않으면서, 영원성이 움직일 수 있는가? 야훼의 해법은, 신의 기운이 움직이지 않으면서 움직이는 것을 허용하는 원형 운동이다. 그렇기에

merahepet는 대안적으로 "떠 있다hover'라고 번역될 수 있다. 떠 있다는 것은 위에서 일어나는 정적 움직임이지만, 그것은 순수하게 중심 자체에 모델을 둔 '위'이다. 위에 떠 있음으로써, 야훼는 자신을 그려진 원의 중심으로서 통일시키고 부동화한다. 이는 원형 운동에 대한 헤겔 이론이 시간적 차이들(과거, 현재, 미래)과 공간적 차이들(여기와 저기)을 원의 단일한 운동 속에서 통일시킴과 마찬가지다.

이러한 단순한 동적 운동에서, 전체 원심적 체제가 가시적이 된다. 움직임은 이미 존재하는 수직적 중심으로부터 출현하는 것으로 기술된다. 그러나 동적으로 볼 때, 우리가 이 기술에서 보는 것은, 이 중심이 몇몇 선행하는 동적 작동의 역사적 산물이라는 점이다. 저 동적 작동들은 이제, 하나의 중심 결연점(야훼)이 그들에게 도로 반작용하고 그들의 기원이었던 것처럼 나타날 수 있게 하는 동적·기술적 조건으로 기능한다. 더 나아가, 이러한 중심적 결연점은 이제 바람, 숨결, 연기라는 동현상을 통해서 탈신체화된 목소리와 표상 불가능한 이미지로서 나타난다.

동적으로 볼 때, 이 거대 결연점은 제 동적 조건의 물질성 위로 실제로 사라지거나 초월할 수 없다. 그러나 이 역설에 대한 야훼의 해법은, 너무나 거대해서 모든 곳에 나타나고 모든 방식으로 방사하는 거대 결연점을 창조하는 것이었다. 그렇기에 그것은 아무 특정한 곳도 아닌 곳에서, 또는 "위와 너머의" 초월로부터 방사하는 것이다. 야훼가 공기로서, 바람으로서, 숨결로서 나타나는 것은 바로, 이 동현상 또한 비가시적 공기적 부소부재함을 가지기 때문이다.

태초에 중심이 있었다. 원심적 운동을 통해 중심으로부터 바깥을 향해 움직임으로써, 야훼는 심연의 표면에 원을 그린다. 그리하여 동적 공간을 타원형이고, 나선형이고, 열려 있고, 둥근 존재로부터 구형이고, 원형이고, 닫혀 있고, 완벽하게 둥근 생성으로 바꾼다. 심연과 마찬가지로 공간도 평준화되고, 통일되고, 동질화된다. 반면에, 동시에 존재는—단순히 지역적으로만이 아니라—우주론적으로 위와 아래 사이, 안과 바깥 사이에 방위설정된다. 공간은 덮이고 평준화된(라키야) 표면이 되는 반면, 중심은 구 전체를 통해, 어디에서나 그리고 아무 곳도 아닌 곳에서, "위에 떠 있으면서" 방사한다.

더욱이, 야훼는 시간 전체를 성스러운 창조의 단일한 현재와 영원한 순간으로 통일한다. 신은 구 전체에 걸쳐 어디에나 있으므로, 그는 모든 시간과 모든 공간을 한번에 차지할 수 있다. 영원성은 그러므로 초시간적 개념만이 아니고, 초공간적 개념이기도 하다. 영원성은 수직적 중심화의 단일한 통일화 움직임을 통해 시간, 공간, 운동을 말소한다.

그러나 히브리 신의 기술도, 모든 원심적 운동과 마찬가지로, 기능하기 위해서는 여전히 그것을 지지하는 연속적 구심적 움직임에 의존한다. 히브리 성서에서 이것은 레비아단과 베헤모스의 형태를 취한다. 이들은 창조자의 창조가 일어나는 축적의 자연적 공간으로 기능한다. 신이 레비아단과 베헤모스를 창조했으며 그만이 시간의 종말에서 그들을 파멸시킬 수 있다고 말하지만, 영원성에는 시간의 종말이 없다. 그렇다면, 아무도 파멸시킬 수 없으며, 시간에 종말이 없기에 자신조차 파멸시킬 수 없을 만큼 강한 괴물을 그는 왜 창조한 것인가?

달리 말하자면, 신이 그들의 창조자라고 주장됨에도 불구하고, 동적으로 말하자면, 그들의 움직임은 실제로 땅 위의 자연적 삶의 공간적이고 구심적인 조건이다. 바다의 레비아단은 모든 생명을 지지하는 물을 축적하는 거대한 나선형 구심적 힘이다. 베헤모스는 강력한 배에 거대한 물과 들판을 축적하고 강력한 음부로 탄생을 축적하는, 땅의 거대한 타원형 자궁이다. 히브리 성서에서 이들은 괴물로 그려지지만, 이들은 몹시 일반적으로, 땅 위에서의 모든 물질적–동적 활동을 위해 필수적인 자연의 창조적·파괴적 능력이다. 그러므로 공간과 구심적 운동이 영원한 창조적 운동의 산물로 나타난다고 해도, 이들은 사라지지 않는다. 영원성이 운동을 위로부터 중심화하며 재유도하는 일을 지탱하기 위해, 영원성은 여전히 저들의 내부화하는 운동을 필요로 한다.

야훼의 원형 운동은 하늘과 땅, 빛과 어둠, 정신과 신체, 창조와 피조 사이의 존재론적 이원성만을 결과로 가지지 않는다—그것은 이들 사이의 비대칭성도 생산한다. 하늘은 영원한 은총의 왕국이 되고, 땅은 살과 죄의 세계가 된다. 신은 빛을 어둠으로부터 분할하지만, 빛은 좋은 것으로 보고 어둠은 나쁜 것으로 본다. 정신은 순수하고, 영원하며, 부동적인 반면 신체는 불순하고, 필멸하며, 운동 중에 있다. 창조는 능동적이고, 좋고, 불변하는 반면, 창조된 것은 수동적이고, 불완전하고, 변이 가능하다.

이와 대조적으로, 나선의 구심적 움직임은 지역적 나눔만을 가졌기 때문에, 그것은 근본적이거나 존재론적인 비대칭은 금지한다. 원의 중심의 원심적 운동은 존재론적 나눔을 가지지만, 존재의 절대적 위계 및 존재의 수직적 대사슬을 허락한다.[*]

그리스 철학자

우리는 영원성과 무로부터의 창조에 관한 이러한 같은 동적 기술을, 기원전 600년부터 기원전 300년경의 거의 모든 주요 고대 그리스 철학자의 글에서 볼 수 있다. 고대 그리스 시인 호메로스와 헤시오도스와 대조적으로, 그리스철학에서 존재의 움직임은 점점 더 인간적 형태를 잃고 추상적이 된다. 존재는 바로 태초부터 중심화되고 원심적인 것으로 나타나

---

[*] 존재의 대사슬the great chain of being, 또는 라틴어로 자연의 사다리scala naturae는 중세 기독교에서 믿어진 존재의 위계를 가리키는 표현이다. 그것은 가장 위의 신으로부터 시작하여 천사, 인간, 동물, 식물을 거쳐 무생물까지 내려간다.

지만, 여기에 신들의 전투 같은 운동이나 인간적 형태의 운동 같은 것은 없다. 그렇기에 운동의 창조는 부동적 기원에서 무로부터 일어난다.

아낙시만드로스에서 아리스토텔레스에 이르는 그리스 철학자들의 글에는 중요한 차이들이 많지만, 거의 모든 글에서 추적되는 단일한 공통적 실이 있다. 그것은 존재를 기술할 때, 영원하고 불변하고 '부동적인' 중심으로부터 일차적으로 결정되고 분배된 것으로서 기술하는 것이다. 그러나 동적으로, 이러한 소위 변이 불가능하고 부동적인 영원성의 출현은 운동의 특유하게 원심적이고 구형인 체제에 조건 지어져 있다. 본 절은 가장 중요한 그리스 철학자 몇 명에게서 구형 운동이라는 고대 그리스 동현상을 고찰할 것이다. 저 동현상은 이후 수천 년에 걸쳐 서구 존재론에 영향을 끼치고 영감을 주었다.

원심적 운동

그리스 역사가 디오게네스 라에르티우스에 따르면, 아낙시만드로스의 우주론에서 존재는 존재론적으로 경계 없고, 한정되지 않고, 불변하고, 비물질적이다. "그는 한정되지 않은 것to apeiron을 원리이자 원소로서 놓았다. 그는 그것을 공기나 물이나 다른 어떤 것으로도 정의하지 않았다. 그는 부분들은 변화를 겪지만 전체는 변화할 수 없다고 주장했다. 그리고 구형인 지구가 가운데에서 중심 자리를 차지하고 있다고 주장했다."[12]

한정되지 않은 존재는, 물질적 실재를 이루는 어떤 원소―공기, 물, 불, 흙―로도 환원될 수 없다는 의미에서 비물질적이고 추상적이다. 존재 속의 부분들은 상대적인 변화를 겪는 것으로 나타나지만, 전체로서 존재는 변이 불가능한 것으로 머무른다. 그러나 플루타르크의 보고에 따르면, 아낙시만드로스가 견지한 바는, 태초에 경계 없는 존재의 단일한 생성적 부분이 "세계질서가 생성될 때" 존재 내에서 구별되게 되었다는 것이다. "그리고 이로부터 불의 구가 땅을 둘러싼 공기 주변으로, 나무 주위의 나무껍질처럼 생겨났다. 이후에 이것은 떨어져 나와서 개별 원들 속으로 닫혔다. 그리하여 태양, 달, 별을 형성했다."[13]

그렇기에 태초에 경계 없는 존재가 있었지만, 곧 이러한 경계 없는 존재의 창조적 부분이 중심에 나타났다. 이후의 분리를 통해, 존재는 완벽한 궤도를 지닌 일련의 동심구들을 원심적으로 생산하기 시작했다.[14] 이러한 끝없는 운동은, 나무 주위로 나무껍질의 고리가 원심적으로 자라나는 것처럼 창조적이었다. "운동은 영원하며, 그 결과로 하늘이 생겨난다."[15] 아낙시만드로스에게 경계 없는 존재는 다른 어떤 것의 도움도 없이 스스로 운동을 창조한다.

존재는 움직이지만 결코 변화하지 않는다. 히폴리투스가 아낙시만드로스에 대해 말하는 바에 따르면, 이 영원한 움직임은 하늘을 창조하면서도 그 창조로 인해 자신은 바뀌지 않는다. 이는 이전 우주론에서의 신적 제작자와 꼭 같다. 더욱이, 아낙시만드로스는 "운동과 생성의 원인인 단일한 〔운동〕"이라고 논했다고 한다.[16] 달리 말하자면, 본래적 운동의 원인과 창조적 생성의 원인은 변화 없고 한정되지 않고 원심적인 창조의 하나의 같은 작용이다.

동적으로 보자면, 그렇다면 아낙시만드로스에게 존재발생은 규정적이고 구형인 중심과 함께 시작하며, 동심적인 구·고리·원들의 이 중심으로부터 한정되지 않는 변두리를 향해 외향적으로 건설한다.[17] 이 모든 것은 존재 자체의 운동과 하나인 영속적이고 원심적인 운동을 통해서, 변화함 없는 움직임을 통해서 일어난다. 그러나 어떻게 어떤 종류의 변화도 없이 움직임이 있을 수 있는가? 고대 그리스 우주생성론의 역사는 아낙시만드로스가 처음 제기한 이 동적 문제의 풀이 역사다.

피타고라스에게, 존재발생은 비슷하게 구형이고 원심적이다. 존재는 단일한 '단자單子' 또는 단위로 시작한다. 이 단자에서 무로부터, 정의되지 않는 양자兩子, 타자, 또는 물질적 기체基體가 생겨난다. 그것은 단자와 대조되며, 나머지 존재가 존재하는 원인이 된다. 디오게네스 라에르티우스는 피타고라스의 우주론을 다음과 같이 기술한다.

> 만물의 원리는 단자 또는 단위다. 이 단자로부터 정의되지 않은 양자 또는 둘이 일어나, 단자의 물질적 기체 역할을 하는데, 여기에서 단자가 원인이다. 단자와 정의되지 않은 양자로부터 수가 생겨난다. 수로부터 점이, 점으로부터 선이, 선으로부터 평면도형이, 평면도형으로부터 입체도형이, 입체도형으로부터 감각되는 존재자들이 생겨난다. 이들의 원소는 넷─불, 물, 흙, 공기다. 이 원소들은 상호교차하고 서로로 전적으로 바뀐다. 그리고 결합하여 살아 있고, 지적이고, 구형인 우주를 생산한다. 그 중심에는 지구가 있다. 지구 자체도 구형이며 그 주위로 생물들이 살고 있다.[18]

동적으로 볼 때, 존재는 정적이고, 창조되지 않았고, 영원한 단일성으로부터 시작한다. 그러나 물질이 없으면 이 단자가 작업할 대상이나 형성할 대상이 없다. 그러나 그것은 그것이 형태를 줄 정의 불가능한 타자 또는 물질을 만든다. 세계를 창조하기 위해 야훼가 혼돈스럽고 정의 불가능한 테홈의 공허를 필요로 했듯이, 피타고라스의 단자도 우주를 창조하기 위해 "정의 불가능한 물질적 기체"를 필요로 한다.

중심은 공간적·물질적 나선에 의해 구심적으로 생산되는 것이 아니다. 중심은 "정의되지 않은" 물질적 주변을 생산한다. 공간은 중심으로부터 외향적으로 확장되는 텅 빈, 죽은, 정의 불가능한 영역으로 축소된다. 야훼에 남아 있었을지도 모르는 인간형상주의의 흔적조차 가지지 않은 채로, 피타고라스의 단자는 지구를 중심으로 하여 지성적이고nous 구형인 우주를 창조한다. 이는 야훼가 창세기에서 행한 것과 마찬가지다.

단일한 점으로부터 단자는 자기 주위로 외향적으로 창조한다. 이러한 방식으로 단자는 원심적 운동을 통해 구를 만든다. 바로 이 때문에,

디오게네스 라에르티우스에 따르면, 피타고라스는 "가장 아름다운 도형은 입체도형 중에서는 구, 평면도형 중에서는 원이라고 주장했다."[19] 피타고라스의 우주상성론을 통해 우리는 우주적 구를 특권화할 동적 이유에 더욱 접근하게 된다. 그러나 그것은 '영원한 운동'의 문제를 아직 풀지 못한다.

구체학球體學

아리스토텔레스에 따르면, 엘레아 학파의 위대한 창시자 크세노파네스는 아낙시만드로스와 피타고라스의 우주론에 이미 있던 반反인간형상주의를 명시적으로 드러내고, 더 나아가 특히 구의 존재론에 기여한다. 그는 이렇게 말한다. "호메로스와 헤시오도스는 필멸자들 사이에서 수치스럽고 불명예스러운 모든 것, 절도와 불륜과 기만을 신들에게 부여했다."[20] 크세노파네스에 따르면, 신들에게 인간 형상을 줌으로써, 그리스 시인들은 존재의 외견과 운동을 시인들 자신의 결함으로 오염시켰다. 이런 방식으로, 시인들은 존재의 참된 본성과 운동을 이해하지 못했다. 더욱이 존재의 모델을 인간에 둠으로써, "필멸자는 신들이 자기들과 마찬가지로 태어나, 자신들과 같은 옷을 입고, 목소리와 형태를 가지고 있다고 간주한다."[21] 말이 자기 손으로 그림을 그릴 수 있다면, 그들은 말을 닮은 신들의 형상을 그릴 것이라고 그는 말한다.[22]

　이러한 인간형상주의적 편견을 극복하기 위해, 크세노파네스는 신을 모든 인간적 신체와 사고로부터 추상한다. "유일신은 신들과 사람들 중에서 가장 위대하며, 신체에서나 사고에서나 필멸자와 전혀 비슷하지 않다."[23] 유일신으로서 그는 존재의 총체다. 그의 감각이 결여하는 것은 없다—"그는 전체를 보고, 전체를 사고하고, 전체를 듣는다."[24] 그의 존재 속에는 틈도 공허도 없다. 노력이나 물리적 장소 이동 없이, 그는 사고만으로 모든 것을 움직인다—"아무런 노고도 없이, 정신의 사유만으로 그는 만물을 흔든다."[25]

그러므로 신의 사유만으로 존재의 움직임에 충분하다. 그러나 사유는 움직임이 아니다—그것은 움직여지지 않고 비물질적이면서 움직이게 하는 힘이다. 크세노파네스는 계속 말한다. "그는 언제나 같은 장소에 머무르며, 전혀 움직이지 않는다. 그가 상이한 시간에 상이한 장소로 움직이는 것도 그럼직하지 않다."[26] 그렇기에 신의 영속적인 사유가 우주를 움직이고 창조하는데, 그는 우주와 하나이면서도, 그것에 의해 움직여지지 않는다. 크세노파네스가 보기에, 모든 운동은 그렇기에 더욱 일차적인 지적·정적 과정의 산물이다.

구는 이러한 운동의 완벽한 존재론적 모델이다. 디오게네스 라에르티우스에 따르면, 크세노파네스는 다음과 같이 믿었다. "신의 실체는 구형이며, 인간을 전혀 닮지 않았다. 그는 온통 눈이고 온통 귀지만, 숨 쉬지 않는다. 그는 정신과 사유의 총체이며, 영원하다."[27] 아리스토텔레스도 크세노파네스에 관해 같은 보고를 한다. "신은 영속적이며 유일하고, 전부 같으며 구형이고, 한정되지 않은 것도 아니며 한정된 것도 아니고, 정지한 것도 운동 중인 것도 아니다."[28] 현존하는 단편들에서 명시적으로 보이지는 않지만, 아리스토텔레스는 크세노파네스가 이야기하는 종류의 운동은 중심 주위를 도는 구의 회전이라는 결론을 도출한다. 아리스토텔레스가 쓴 바에 따르면, 크세노파네스는 구에 특권을 주는데, 그 이유는 바로, 구의 회전 운동으로 인해 중심이 움직여지지 않고 정지해 있으면서도 주변이 중심 주위를 움직이는 것이 가능하기 때문에, 그렇기에 움직이는 것도 아니고 움직여지는 것도 아닌 상태가 가능하기 때문이다. 신은 구 전체다. 그러나 그는 그가 움직여지지 않고 머무를 수 있는 점으로부터만, 즉 중심으로부터만 머무르고, 사고하고, 감각하고, 창조한다. 아리스토텔레스가 여기에서 소급적으로 제출한 것이기는 하지만, 이것—회전하는 구—이 아마도 영원한 운동의 동적 딜레마에 대한 첫 번째 명시적 해답일 것이다.

크세노파네스의 제자로서 파르메니데스는 스승의 동적 구체론을 확장한다. 그의 시 〈자연에 관하여〉는 태양의 여신이 밤으로부터 낮으로 이끄는 머리말 또는 동적 여정으로 시작한다.

이 길에는 많은 징표가 있다. 존재는 생성되지 않고 사라질 수 없으며, 전체적이고, 독특하고, 움직여지지 않고, 완벽하다는 징표 … 그것은 결코 존재했던 것도 아니고 존재할 것도 아니다. 그것은 전부 지금 존재하고, 하나이고, 불가분하기 때문이다. 왜냐하면, 당신은 존재의 혈통으로 무엇을 찾겠는가? … 그리고, 그것이 생성되었다면 그것은 존재하지 않으며, 그것이 언젠가 생성될 것이라면 그것은 존재하지 않는다는 것을 볼 때, 생성되는 것이 어떻게 존재를 가지며, 어떻게 존재로 생겨나겠는가? 그렇기에 생성은 소멸되었고, 사라짐은 들어 본 적이 없다. 그것은 불가분하다. 그것은 모두 똑같기 때문이다. 그것이 어떤 면에서 더 많은 정도로 존재한다면, 그래서 그것은 통일될 수 없을 것이다. 어떤 면에서 더 적지도 않으며, 그것은 모두 존재로 가득 차 있다. 그러므로 그것은 모두 통일되어 있다. 존재는 존재로 끌리기 때문이다.[29]

존재는 창조되지도 파괴되지도 않는다. 그것은 영원하고, 단수적이고, 움직여지지 않고, 완벽하다. 그것은 나눔이나 생성 없는 하나의 존재다. 완벽한 존재로서 그것은 변화하지 않는다. 변화는 결여, 공허, 불완전 상태를 전제하기 때문이다. "그것은 자기 곁에 있으며, 그렇기에 그것이 항구적으로 있는 곳에 머무른다."[30]

파르메니데스에게 그러한 완벽성은 구의 움직임을 통해서만 동적으로 완수될 수 있다. 파르메니데스는 구의 완벽성을 아름답게 설명한다.

이제 그것의 한계가 궁극적이므로, 존재는 **구체**의 용적처럼 모든 관점에서 완벽성의 상태에 있으며, 중심으로부터 모든 방식으로 똑같이 균형을 갖추고 있다. 그것은 한 면보다 다른 면에서 더 커서도, 더 작아서도 안 되기 때문이다. 비존재는 존재의 합쳐짐을 멈출 수 있는 존재가 아니며, 존재는 한 면에서 존재 이상이고 다른 면에서 존재 이하일 수가 없기 때문이다. 그것은 모두 위반할 수 없는 것이기 때문이다. 그것은 모든 관점에서 자신과 같고, 모두 같은 규정을 마주치기 때문이다.[31]

존재가 영원하고, 움직여지지 않고, 완벽하다면, 그것은 **중심으로부터** 모든 방향으로 똑같이 움직여야 한다. 달리 말하자면, 중심으로부터 주변으로의 반경으로서의 원심적 운동이, 구 및 구의 동등한 한계들을 정의하는 것이다. 중심의 원심적 방사 없이는, 변두리는 구형으로 정의될 수 없을 것이다. 중심은 첫 번째 것, 영원한 것, 움직여지지 않는 것인 반면, 주변은 파생된 것, 변이 가능한 것, 움직여지는 것이다. 파르메니데스는 "비가시적 행위"의 "기원"이자 원천으로 태양의 이미지를 통해 이 점을 명시적으로 보여 준다.[32] 우주의 동심원적 고리들이 좁아짐에 따라, 불은 더욱더 순수하고 섞임 없이 중심을 향한다.[33] 구는 원심성과 회전 양쪽에 의해 움직여야 한다.

아낙사고라스에 따르면, 태초에 경계 없고 자율적이며 순수한 정신 nous이 있었다. 이 단일한 자기동일적이고 단수적인 정신으로부터, 우주는 무로부터 창조되었고, 질서 잡혔고, 회전 운동을 하게 되었다. 이 운동으로 사물들은 합쳐지고 분리되었다. 그의 우주론에서 회전 개념은 결정적이다. 그의 경이로운 단편 15는 길게 인용할 가치가 있다.

그것은 모든 대상 중에서 가장 아름답고 가장 순수한 것이기 때문, 그리고 그것은 모든 것을 완전하게 살펴보고 모든 것 위에 만연하기 때문이다. 영혼을 가진 모든 것, 큰 영혼이든 작은 영혼이든, 이 영혼들은 정신이 다스린다. 정신은 전체 회전을 통제했기에, 그것이 태초에 회전했다. 처음에는 작은 회전에서 시작했고, 이제 그것은 더욱 회전하고 있으며, 더욱더 회전할 것이다. 사물들은 뒤섞였고, 사물들은 분리되었고, 사물들은 구분되었는데, 이 모든 것을 정신은 이해했다. 존재해야 했던 사물의 종류들—존재했지만 지금은 존재하지 않는 것, 지금 존재하는 모든 것, 존재할 것—이 모든 것을 정신은 질서 잡는다. 분리되었던 별, 태양, 달, 공기, 아이테르가 지금 회전하는 이 회전도 마찬가지로 정신이 질서 잡는다. 이 회전이 사물들을 분리시켰기 때문이다. 희박함으로부터 빽빽함이, 차가움으로부터 뜨거움이, 어둠으로부터 밝음이, 젖음으로부터 마름이 분리되었다. 그러나 많은 사물의 많은 몫이 있다. 정신을 제외하고는, 어떤 것도 서로로부터 완전하게 분리되거나 구분되지는 않는다. 정신은, 큰 것이든 작은 것이든, 모두 똑같다.[34]

아낙사고라스에게 모든 존재는 운동 중에 있다. 그러나 그것은 오직, 불변하며 자기동일적인 정신이 그것을 움직이고, 질서 잡고, 이해했기 때문이다. 정신은 존재의 회전 운동을 일으켜, 자신을 제외한 모든 것이 함께 섞이게 한다. 우주동적 운동은 작게 시작하지만, 점점 더 큰 동심적 회전들로 바깥을 향해 원심적으로 움직인다. 단편 17이 말하듯이, "모든 것은 정신에 의해 움직여져 운동에 참여한다." 동적으로, 회전은 언제나 중심 또는 단일한 점을 중심으로 한 회전이다.

아낙사고라스에게 존재 전체는 회전하며, 회전을 통해 섞인다. 그러나 한 가지 섞이지 않는 것이 있다. 그것은 정신nous이다. 섞이지 않았기에, 그것이 회전에 의해 움직여지지 않는다는 것이 논리적으로 따라 나온다. 존재의 회전이 중심으로부터 점점 멀어짐에 따라, 회전은 점점 더 섞이며, 중심의 순수 자기동일적이고 전능한 정신에 비해 점점 더 열등해진다. 여기에서 우리는 다시 움직여지지 않는 움직이는 자, 정신의 형상을 본다. 남아 있는 아낙사고라스의 단편에 구에 대한 명시적 언급은 없지만, 히폴리투스의 《증언록》은 보고하기를, 아낙사고라스에 따르면 "하늘에 있는 것들은 원형 운동에 의해 질서 잡혀 있다".[35] 연역에 따라서, 변화나 섞임 없이 회전과 원 운동을 할 수 있는 유일한 삼차원 도형은 구다.

시 〈자연에 관하여〉에서 엠페도클레스는 아낙사고라스의 원심적 섞임 이론을 확장하여, 자신의 우주발생 이론에 두 동적 힘을 덧붙인다. 그 힘은 사랑과 다툼*이다. 그러나 처음에는 구가 있다.

보이는 것은 태양의 날쌘 사지四肢가 아니다. 덥수룩한 땅의 강인함도, 바다도 아니다. 조화의 강한 휴식 속에서, 확고히 수립되어, 둥근 구는 머무르며, 원형 고독 속에서 기뻐한다(단편 27).

그것의 사지에서는 파벌도 싸움도 있음직하지 않다(단편 27a).

모든 면에서 경계 없이 같은 구, 둘러싸는 고독 속에서 기뻐한다(단편 28).[36]

존재는 구형이다. 그 운동은 완벽히 원형이고 자기동일적이다. 그러나 시의 단편 35는 마침내, 이 완벽한 구가 태양, 땅, 바다의 창조 이전의 태초에만 완벽했음을 밝힌다. 어떤 시점에서 다툼이 자라나기 시작했고, 신의 사지들은 차례차례, 그들을 묶어 놓는 구의 중심 결연점 주위

----

* 엠페도클레스는 philotes와 neikos라는 두 가지 원리를 제시한다. philotes는 '사랑'을 뜻하고, neikos는 본래 '다툼', '싸움'을 뜻하나 종종 '미움'으로도 번역된다. 이 부분에서 저자는 다툼과 미움이라는 두 번역을 모두 사용한다.

를 움직이기 시작한다.

> 그러나 구의 사지 내에서
> 강대한 다툼이 거대하게 차오른 후
> 하나씩 차례차례 신의 사지가 흔들린다.
> 결연점이 둘을 구속한다.[37]

이 시점에서 구의 완벽한 조화는 두 운동으로 이루어진 역동적 존재 동적 과정에 방해 받는다. 그것은 존재를 축적하는 구심적 운동과 존재를 창조하고, 질서 잡고, 섞는 원심적 운동이다. 존재는 영원하고 완벽한 구일 수도 있지만, 그것은 또한, 원심적으로 외향적으로 확장되는 창조와 질서의 전능한 힘으로 존재를 중심화하는, 더욱 일차적인 구심적 축적 과정 또는 '사랑'의 산물이기도 하다. 〈자연에 관하여〉의 단편 35는 이러한 이중적 우주론적 움직임을 기술한다.

> 그러나 서둘러, 나는 이제 돌아갈 것이다.
> 전에 놓은, 축제의 노래의 길로.
> 각 흐르는 사유를 흐르는 사유로부터 흘러 나가게 하면서.
> 마지막 심연으로의 소용돌이로 내려가
> 미움을 침몰시켰고, 사랑은 도달했다,
> 질량의 회오리치는 중심에. 보라
> 그녀 주위로 일자 속으로 모두가 모였다.
> 그러나 갑작스러운 것이 아니라, 오직 기꺼이
> 여러 지역 각각이 각각과 결합했다.
> 이후로 이들의 섞임으로부터 바깥으로 쏟아졌다.
> 필멸자들의 수많은 부족들이.

그러나 섞인 것 중에 섞이지 않은 것이 많이 남았다.
그만큼 미움은 여전히 계층에서 높이 있었다.
미움은 완전히 떳떳하지 못하게 굴복하고
원의 최고의 경계 저쪽에 섰기 때문이다.

 이 시 자체의 동태는 이미, 시의 사유와 운문이 길을 따라 "흐르고" "흘러 나가고" 있음을 드러낸다. 이러한 액체적 사고로부터, 모든 존재는 우주적 소용돌이로 구심적으로 축적된다는 사고가 쏟아진다. 존재가 우주의 중심에 이렇게 압축되고 축적되자, 그것은 통일된 물질 또는 질량을 생산한다. 그것이 사랑이다. 이 나선형, 공간적, 물질적 질량 속에서, 첫 번째 존재들은 결연되고 바깥으로 쏟아졌다. 그러나 이들의 출생에서 이들은 여전히 차이들과 섞여 있다. 이 차이들은, 자신의 약동적이고 자율적인 운동을 통해, 그들을 사랑의 통일성으로부터 미움의 변두리를 향해 분리하기 시작한다. 이들이 변두리에 도달하자, 재결합을 향한 이들의 욕망이 이들을 도로 함께 모은다.
 그렇다면 엠페도클레스의 우주동태는 다음과 같이 기술될 수 있다. 사랑의 움직임이 부동적 통일체들을 점점 더 축적하는 한에서, 그것은 구심적이다. 반면에, 미움은 통일체들에게 움직임을 다시 도입하고, 그것들을 변두리를 향해 외향적으로 질서 잡음으로써 분리시키는 한에서, 미움은 원심적이다. 그러나 우주론적으로 보자면, 존재는 무엇보다도 우선 영원하고, 경계 없고, 자기동일적이고, 불변하고, 구형이다. 운동이 시작할 때에만 존재는 역동적이 된다. 부산한 미움에 의해 주변에서는 한계가 없어지고, 부동적 사랑에 의해 중심에서는 집중된다.
 달리 말하자면, 마치, 태초에 구의 중심—부동적 사랑—은 모든 곳에 있고, 무한하고, 단일하고, 외롭고, 순수하고, 구는 경계가 없기 때문에 어디에도 원주는 없었던 것 같다. 태초에 사랑의 동반자가 되어 줄 미움은 없었다. 운동은 없었고, 순수하게 부동적인 중심만이 있었다. 그러나 이러한 중심으로부터 운동이 시작되었고, 이와 함께 차이화도 시작되었다. 둘 다 주변을 향해 움직였다. 달리 말하자면, 존재의 첫 번째 움직임은 원심적이다. 사랑의 구심적 축적은 경계 없는 **고독**으로서 이미 가정되고 전제되어 있다. 부동적 사랑은 전제되어 있지만, 동적으로 경계 지어진 미움은 설명되어야 한다. 존재가 변두리로 움직인 후에야, 그것은 중심으로 되돌아온다. 여기에서 구심적 운동과 원심적 운동의 우주론적 일차성의 전도가 이제 명확하다. 존재는 부동적, 통일체, 사랑, 조화, 원형, 순수, 고립적, 자기동일, 구형이다. 일단 이 움직여지지 않는 존재가 움직임을 창조하면, 미움, 차이, 혼돈스러운 섞임의 무한한 주기가 우주에 도입된다.

이러한 방식으로 초기 그리스철학은 플라톤과 아리스토텔레스의 궁극적 우주구체론을 위한 무대를 설치했다. 이 점은 고대 영원성의 로고스에 대한 마지막 장에서 드러날 것이다.

20장

고대 우주론 4: 플라톤과 아리스토텔레스

고대 그리스 철학자에 대한 선행 설명을 보았으므로,[1] 이제 플라톤(여기에는 많은 초기 그리스 철학자들과 동시대인이었던 소크라테스의 도움도 있다)과 아리스토텔레스가 성취한 원심적 운동과 구체론의 우주론적 종합을 음미할 수 있다. 이 종합은 참으로 놀랍지만, 독창적일 것은 거의 없다.

플라톤

플라톤의 저작에서 영원성의 동태에 대해 가장 명확하게 해설한 곳은 대화편 《티마이오스Τίμαιος》다. 비슷한 설명은 플라톤의 저작 내내 이어지지만, 《티마이오스》는 초점이 우주론에 있기 때문에 가장 탄탄한 설명을 제공한다. 《티마이오스》는 소크라테스가 《국가》에서 "이야기 속의 도시"를 설명한 직후에 시작한다.* 이제 다른 누군가가, 어떻게 그런 도시가 실제로 "운동 중에" 있는 것으로 보일지를 설명할 것이었다. 그

---

* 《국가》에서 소크라테스는 올바름이 무엇인지 탐구하려 한다. 이를 위해 그는 올바른 도시〔국가〕를 이야기를 통해 가상적으로 수립해 보고, 여기에서 올바름이 어떤 형태를 가지는지를 살펴본다. "이야기 속의 도시city in speech"는 이 가상적으로 수립된 도시를 가리킨다.

러나 이 이야기를 할 발화자가 없어져서, 티마이오스가 나서서, 우주동적 태초로부터 도시가 어떻게 물질적으로 출현했는지를 이야기한다.

티마이오스의 이야기는 "있음직한 이야기eikôs logos"로 묘사된다. 태초에 신성한 제작자demiurge가 있었다. 그는 영원한 모델에 기초하여 우주를 만들었다. "그렇죠, 우리의 이 우주가 아름답다면, 그리고 이 우주의 제작자가 훌륭했다면, 그가 영원한 모델을 보고 있었음이 명백하게 따라 나옵니다. 반면에, 반대 경우였다면 그는 창조된 모델을 보고 있었을 것입니다—그것은 생각하는 것만으로도 신성모독이지만요. … 이러한 전제에 따라, 우리의 세계가 무언가의 이미지라는 것이 필연적으로 따라 나옵니다."[2]

이 설명에 따르면, 존재는 영원하고, 완벽하고, 창조되지 않았다. 제작자 또한 창조되지 않았다. 그는 이 모델로부터 실존하는 우주를 창조할 자이기 때문이다. 우주를 창조하기 위해서 제작자가 자신이 작업해야 할 가시적 세계를 볼 때, 그는 "가시적인 모든 것이 혼란 상태에 있고, 불일치하고 혼돈스러운 방식으로 움직인다는 것을 발견했습니다. 그래서 그는 세계를 혼돈에서 질서로 이끌었습니다. 그는 질서가 모든 면에서 더 낫다고 여겼습니다."[3] 그 후 제작자는 이러한 혼돈스럽고 약동 운동하는 움직임을 단일한 총체로 남김없이 모은다.[4] 그 후 제작자는 가시적 총체를 구 형태로 만든다. "그래서 그는 그것을 완벽하고 구형으로, 중심에서 극단까지 모든 방향으로 같은 거리가 되도록 했습니다. 그것이 가장 완벽한 형태이기 때문에, 그리고 그것이 그것 자신과 가장 유사한 형태이기 때문입니다. 그의 의견으로는, 유사성은 비유사성보다 비교할 수도 없이 우월합니다"[33b].

초기 그리스 철학자들에게서 보았듯이, 플라톤의 구 또한 영원불변하는 존재의 완벽하게 자기유사성 있는 형태이다. 구는 중심으로부터의 반경의 동등성으로 정의된다. 그렇기에 중심점은 그의 구체론의 척도이자 기반으로 전제된다. 우주적 구를 창조한 후에, 제작자는 중심에 '영혼'을 놓는다. 그것은 "몸체를 신민으로 가진 지배자"가 될 것이다.[5] 티마이오스는 역설적이게도, 저 영혼이 구 자체의 기원부터 내내 거기 있었어야 했다고 말한다. 그 후 그는 그것을 운동하게 한다. "그는 중심에 영혼을 놓았습니다. 그 후 영혼을 몸체 전반에 걸쳐 잡아 늘였으며, 또한 영혼으로 외부를 덮었습니다. 그는 물체가 회전하게 했고, 그것을 단일하고 독특한 우주로 만들었습니다."[6]

그러므로 제작자는 다음 순서에 따라 ① 중심 영혼을 창조하고, ② 중심 영혼을 외향적으로 같은 길이의 반경으로 잡아 늘여서 매끈하고 구형인 물체를 창조하고, ③ 구를 완벽한 원으로 회전시켰다(이것이 이성의 자연적 운동이다). "그가 영혼에 할당한 운동은 그 몸체에 자연적인 것이었습니다. 그리고 일곱 가지 종류의 모든 운동 중에서, 이성 및 지성과 가장 유관한 것이었습니다. 그래서 그는 같은 장소에서, 그리고 자기 안에서 항상적인 속도로 회전하도록 함으로써 그것에 원 운동을 주었습니다."[7] 구의 자연적이고 좋은 운동은 원형 회전이다. 회전은 이성logos 및 지성nous과 가장 유관한 움직이다. 그것은 움직이는 동안 정확하게 자기 자신으로 머무르며, 같은 장소에 머무르기 때문이다. 그것은 모빌리티 중 가장 부동적인 모빌리티다. 지성, 질서, 좋음, 우월함, 위계, 권위, 영원성, 총체성, 통일성, 중심성—이 요소들을 회전하는 구 안에 통일시킨 플라톤의 종합을 우리는 이제 명확히 볼 수 있다.

동적 분석

여기에서 지적해야 할 중요한 점은, 이 모든 히브리 개념과 그리스 개념들이 고대 시기에 개념적으로 지배적 위치를 차지하면서 같은 동적 분배를 떠맡기 시작했다는 것이다. 이들 사이에 인과적 관계는 없지만, 공유되는 동적 체제가 있으며, 이 개념들 모두 참여하는 공유되는 운동 분배가 있다. 한 요소가 다른 요소들에서 파생된 것이 아니다. 이 개념들 모두 존재론적 기술의 같은 동적 조건 하에서 공동으로 출현했다.

《티마이오스》에서 우리는 영원하고, 부동적이고, 단일한 점에서 시작한다. 그것은 우주론적 정신 제작이다. 이 점에서 출발하여 제작자는 자신의 정신을 이용하여 주위의 형태 없고 혼돈스러운 질료에 질서와 형태를 주어, 완벽하고 매끈하고 아름다운 구로 만든다. 제작자는 이 구의 중심에 영혼을 놓고, 영혼은 주변을 향해 원심적으로 바깥쪽으로 펼침으로써 이 구에 명령을 한다. 제작자는 그 다음에 구를 완벽하게 회전시킨다. 우주는 더욱 완벽하고 영원하고 움직여지지 않는 모델을 모델로 삼고 있는 이미지이므로, 우리는 영원한 모델이 이 움직이는 구-물체보다 심지어 더 완벽하다고 가정해야 한다. 그러나 구가 "가장 완벽한 형태이기 때문에, 그리고 그것이 그것 자신과 가장 유사한 형태이기 때문에" 우리는 또한 영원한 존재도 구형일 테지만, 더 완벽하게 구형일 것이라고 가정해야 한다.

그것이 더 완벽할 유일한 방법은, 그것이 회전하는 물질 우주와 달리 완전히 부동적이고 불변하는 것뿐이다. 티마이오스가 우주를 "영원성의 **움직이는** 이미지"라고 부르는 이유는 정확히 이것이다.[8] 영원성은 움직이지 않기 때문이다. "이제 이상적 존재의 본성은 영속적입니다만, 이 속성을 피조물에게 완전하게 부여하는 것은 불가능했습니다. 그런 까닭에 그는 영원성의 움직이는 이미지를 가지기로 결심했습니다. 그가 우주에 질서를 주었을 때, 그는 이 이미지를 영원하지만 수에 따라서 움직이도록 했습니다. 반면에 영원성 자체는 통일성 속에서 정지하고 있습니다."[9]

구에서 움직이지 않는 유일한 부분은 중심이다. 그렇기에 영원하고 완벽한 모델은 모든 창조의 절대적·초월적·부동적 중심에 있다고 우리는 결론 내려야 하며, 플라톤은 **암묵적으로 전제해야** 한다. 플라톤이 모델과 제작자를 살아 있는 이동적 우주 위에, 밖에, 너머에 있는 것으로 놓음에도 불구하고, 그가 모델과 제작자에게 부과하는 특성들은 구의 중심과 계속 동일하다. 즉, 영원함, 불변성, 부동성 등이다. 또다시, 동적 속임수가 작동하고 있다. 플라톤은 운동의 무로부터의 창조가 구 이전에, 또는 바깥에서 일어나기를 명시적으로 바란다. 그러나 이러한 구 "위 그리고 너머"에 대한 플라톤의 기술은 구의 중심 자체와 암묵적으로 동일하다!

그래서 신적 제작자의 페르소나는 부동적 중심으로부터 외향적으로 방사하는 창조의 원심적 움직임과 암묵적으로 동적으로 동일해진다. 이는 영혼이 우주적 몸체와 같은 것이 되지 않으면서 몸체를 위계적으로 지배함과 마찬가지다. 구형 회전은 원심적 운동을 전제한다. 우주적 구의 원심적 운동은 그렇기에 통일적이면서 이원적이다. 존재는 하나지만, 그 총체성 안에는 부동적이고, 창조적이고, 영원하고, 불변하고, 좋고, 완벽한 것(수직적 초월적 중심)이 있고, 동적이고, 창조되었고, 필멸하고, 변이 가능하고, 열등하고, 혼돈스러운 것(구의 변두리)도 있다. 그러므로 동적으로 볼 때, 영원한 존재 모델은 주위에 동적 구를 창조하고 질서 잡는 부동적 원심적 중심이다.

영원성의 고대 개념에서, 영원성과 필멸성 사이, 통일성과 이중성 사이의 외형상 모순은 **동적으로만 해결될 수 있다**. 존재는 회전하는 구여야 한다. 《국가πολιτεία》에서 플라톤은 팽이의 예를 든다. 그것은 원심적 운동에 대한 빼어난 고전적 이미지다. 이 대화에서 소크라테스는 팽이가 가만히 서 있으면서 동시에 움직이고 있다고 말하려는 사람에게 반박한다. 소크라테스의 주장은, 오히려 서 있음과 움직임은 **같은 팽이의 두 상이한 면모**를 가리킨다는 것이다. 중심 부분은 가만히 서 있고, 주변 부분은 돈다. "우리가 주장할 것은, 팽이가 자기 안에 곧은 것과 그것을 둘러싼 것을 가지고 있다는 점, 곧은 부분과 관련해서는 (어느 방향으로도 기울지 않기 때문에) 가만히 서 있다는 점, 그러나 둘러싼 부분과 관련해서는 원으로 움직이고 있다는 점입니다. 그리고 곧은 축이 오른쪽이나 왼쪽으로, 또는 앞이나 뒤로 기울 때, 그것은 동시에 돌고 있으며, 그렇기에 전혀 가만히 서 있지 않습니다."[10] 통일된 존재의 영원성과 필멸성은 그렇기에 모빌리티와 부동성이 팽이에서 가능하다는 것과 같은 의미에서만 가능하다. 즉, 원형 회전에서만 가능하다.

그러나 이러한 동적 모델이 참으로 플라톤 우주론의 기반이라면, 우리는 여기서 극적인 존재론적 비틀림을 발견한다. 존재론적으로 일차적이라고 처음에 사고되었던 것(부동적 영원성)이 이제는 구형 회전에 파생적인 것이 되었다. 이제 후자야말로 참된 동적 조건으로 밝혀지는데도 말이다. 팽이와 마찬가지로, 원심적 운동을 통해 중심을 제자리에 붙잡아 둘 구형 회전이 없다면 존재는 자신의 불모함으로 쓰러지고 만다. 주변을 제자리에 붙잡아 둘 구형 회전이 없으면, 중심은 자기 축을 벗어나고, 부동적 완벽성을 파괴한다.

이 대화에서 티마이오스가 이야기해 준 첫 번째 우주론, "있음직한 이야기"는 상대적으로 짧으며, 이후에 코라chora가 도입되면서 금방 복잡해진다.[11] 그러나 첫 번째 설명에서 영원성 개념은 그리스 철학자들 사이에서 역사적으로 최고로 지배적이며, 소크라테스가 대화 전반에 걸쳐 반복하는 것이다. 예를 들어 《정치가Politikos》에서 소크라테스는 스스로는 움직여지지 않으면서 우주를 움직이는 신적 제작자의 우주론을 제안한다.[12] 《악시오코스Aξίοχος》에서는 하늘이 구형이고 중심이라고 주장한다.[13]* 《파이드로스Φαῖδρος》에서는 "스스로 움직이는 자는 또한 움직이는 모든 것의 운동의 원천이며 근원이다. 원천은 시작이 없다."[14]라고 논하

---

* 《악시오코스》는 소크라테스와 악시오코스의 대화로 이루어진 대화편으로, 플라톤의 저작은 아니다. 이것이 진짜 플라톤의 대화편이 아님은 이미 고대에도 밝혀졌다.

며, 이에 따라 스스로 움직이는 자는 신체를 움직이는 불멸의 영혼이라고 논한다.[15]

아리스토텔레스

플라톤의 제자이자 고대 그리스철학의 주의 깊은 독자로서, 아리스토텔레스는 고대 세계에서 영원성의 움직임에 관한 가장 완전한 최후의 동적 종합을 제공한다. 아리스토텔레스에게 모든 움직임은 움직이는 자kinoun가 원인인데, 그것 자체도 움직여진 것이다. 우리는 계속해서 지구로부터 행성으로, 천구로 나아가, 스스로는 움직여지지 않지만 움직이는 것―움직여지지 않는 움직이는 자kinoum akinêtôs에 도달할 때까지 나아간다. 아리스토텔레스도 부동성의 일차성에서 시작하기는 하지만, 그는 운동을 시간화되거나 공간화된 대상으로 환원하지 않을 정도로 사려 깊었다. 오히려 그는 움직임을 "잠재적으로 무엇인 존재"라고 사고한다.[16]

그는 키네시스κίνησις/kinêsis(움직임)와 메타볼레μεταβολή/metabolē(변화)를 에네르게이아ἐνεργέω/energeia(작동-중인-존재)*와 구별되는 것으로 정의한다. 극히 밀도 높고 풍부한 구절에서, 아리스토텔레스는 "잠재적으로dunamis 존재하는 것은 무엇의 자신으로-머무르면서-작동-중인-존재

---

* energeia, entelecheia, dunamis는 존재의 양상을 나타내는 아리스토텔레스의 용어다. energeia와 entelecheia는 실제로 존재하는 양상을 가리키며, 통상 '현실태'로, 영어로는 actuality로 번역된다. dunamis는 실제로 존재하지 않는, 가능적·잠재적으로만 있는 양상을 가리키며, 통상 '가능태' 또는 '잠재태'로, 영어로는 potentiality로 번역된다. 번역어에서는 잘 드러나지 않지만, 이 용어들은 동적인 의미를 담고 있으며, 여기에서 저자가 부각시키려는 것이 이 점이다. 가령 energeia는 '일', '작업'을 뜻하는 ergon으로부터 만들어진 것으로, 존재가 본질적으로 하도록 되어 있는 일을 하고 있음을 가리킨다. '작동-중인-존재being-at-work'는 이러한 의미를 살리려는 시도로 등장한 대안적 번역어다. entelecheia는 '완료됨'을 뜻하는 enteles, 또는 '목적'이나 '끝'을 뜻하는 telos에서 온 말로, 존재의 목적에 도달함을 뜻한다.

entelécheia는 그 자체로서 운동이다. 변동 가능한 것에 관해, 변동 가능한 것으로서, 그것은 변동이다."[17] 운동은 완전히 활동적인 무엇이 아니라, 변동 그 자체다. 예를 들어, 자라나고 줄어들 수 있는 것의 운동은 성장과 축소의 과정이다. 생성될 수 있고 파괴될 수 있는 것의 운동은 그것이 생겨나고 사라지는 과정이다. 장소에서 움직일 수 있는 것의 운동은 장소 변화다. 청동은 잠재적으로 조상彫像이지만, 청동으로서의 청동의 엔텔레케이아entelécheia는 운동이 아니다. 조상-되기 과정 중의 청동이 운동이다.

운동과 변화는 아리스토텔레스에게서 또한 구별된다. 둘은 네 유형 —사물성, 양, 질, 장소—의 변화/운동 사이의 한 연속체의 두 극이다. 장소의 변화는 운동의 최고 수준이지만, 변화는 가장 적게 수반한다. 사물성의 변화는 변화의 가장 큰 종류지만, 운동은 가장 적게 수반한다. 이런 방식으로 운동을 정의한 후, 아리스토텔레스는 그에 따라서 움직여지지 않는 움직이는 자를 정의한다. 운동은 활동적-완전한-존재의 **비완료된 과정**인 반면, 이 움직임의 원인(움직여지지 않는 움직이는 자)은 "자신의 활동 속에서 이미 **완료**"되어 있다. 그래서 그것은 정의에 따라서, 운동을 허용할 어떠한 잠재성dunamis도 결여한다.[18] 움직여지지 않는 움직이는 자는 그렇기에 순수한 에네르게이아energeia다. 그는 언제나 이미 완료되어 있는 활동이다. 움직임과 잠재태는 그렇기에 부동성과 현실태에 이차적이다.

플라톤과 마찬가지로, 아리스토텔레스도 "영원한 운동" 또는 "움직여지지 않는 움직이는 자"의 겉보기 모순을 원심적 구형 운동으로 푼다. 우주는, 중심은 불변하고 부동적이지만 변두리는 그 주위로 움직이고 회전하는 구다.

어떤 점이든 다른 점과 마찬가지로 시작하고, 중간이고, 끝이다. 그래서 이 점들은 언제나 시작에 있고 끝에 있으면서, 또한 언제나 결코 시작에 있지 않고 끝에 있지 않다(그래서 구는 어떤 방식으로는 움직이면서 정지해 있다. 그것은 같은 장소를 계속해서 차지하기 때문이다). 그 이유는, 이 경우에 이 모든 특징이 중심에 속하기 때문이다. 즉, 중심은 마찬가지로 가로지른 공간의 시작이고, 중간이고, 끝이다. … 〔변두리의 장소 이동은〕 언제나 중심점 주위로 진행하지, 극단의 점으로 진행하지 않는다. 그리고 이것〔중심〕이 가만히 머무르기 때문에, 전체도 어떤 의미에서 언제나 정지해 있으면서 계속적으로 운동하고 있다.[19]

구의 중심은 영원하다. 그것은 동시에 시작이면서, 중간이면서, 끝이기 때문이다. 이는 제1원인과 최종 원인의 통일체, 즉 그 자신, 움직여지지 않는 움직이는 자와 같다. "회전하는 물체의 중심에는 정지하는 무엇이 있어야만" 하듯이, 하늘의 회전하는 물체의 중심에는 무언가가 정지해 있어야 하는데, 이것 자체는 물체가 아니다. 우주 자체는 "필연적으로 구형일 수밖에 없다. 그것이 우주의 실체에 가장 적절한 형태이며, 또한 본성에 따라 일차적이기 때문이다."[20] "구는 어떤 방식으로 움직이면서 정지하고 있다. 그것은 같은 자리를 유지하고 있기 때문이다. 그리고 모든 일이 일어나는 원인은 중심에 있다. 그것은 크기의 시작이고 중간이면서, 또한 끝이기 때문이다."[21]

아리스토텔레스가 명확히 말하듯이, 운동의 원인이 언제나 회전하는 구의 중심에 있다면(제1원인과 최종 원인의 동일성), 그리고 우주가 구형 또는 천구들의 일련의 동심구 형태라면, 우리가 내려야 할 결론은, 우주 구의 운동의 원인도 중심에서 온다는 것 같다. 달리 말하자면, 명시적으로, 우주적 모빌리티의 원인은 중심으로부터 변두리로—움직여지지 않는 중심으로부터 움직여지는 변두리로 원심적으로 유출된다.

이러한 구절들로부터, 움직여지지 않는 움직이는 자가 구체적으로 우주의 중심에 있다고 결론 내리는 사람도 있겠다. 그러나 그렇지 않다. 플라톤처럼 아리스토텔레스도, 눈부신 속임수를 이용하여, 이러한 구체적 중심을 기술적으로 제거하고, 그것을 구 자체 위에, 너머에 있는 추상적 영역으로 고양시킨다. "이제 이러한 움직이지 않는 원인의 작용은 중심이나 변두리에서 느껴져야 한다. 이것들이 결정하는 원리이기 때문이다. 그리고 가장 빠른 움직임은 움직이는 힘에 가장 가까운 부분의 움직임일 것이며, 구의 가장 바깥쪽의 움직임이 그러하므로, 구동驅動적 motive 영향이 느껴지는 곳은 거기다.[22] 움직여지지 않는 움직이는 자의 가장 강한 힘은 주변에서 느껴진다. 움직여지지 않는 움직이는 자는 구 자체 위에, 너머에 있기 때문이다.

충격적인 동적 전도를 통해, 중심을 정의하기 위해 아리스토텔레스가 명시적으로 사용하는 모든 특성(첫 원인과 마지막 원인의 동등성, 영원함, 움직여지지 않음)은 이제 구 자체의 추상적 외부 영역으로, 마치 그 특성들이 움직여지지 않는 영원한 원인으로서 언제나 거기에 있어 왔던 것처럼 옮겨진다. 이는 야훼나 플라톤의 제작자와 비슷하다.[23] 구의 중심에 대한 그의 명시적 기술과, 움직여지지 않는 움직이는 자가 거주하는 구 위의 수직적 영역 사이의 동일성은 우연이 아니다. 아리스토텔레스의 움직여지지 않은 움직이는 자, 존재의 구 너머 어디에나 있고 어디에도 없는 자는 직접적으로 구의 중심 자체에 모델을 두고 있으며, 그렇기에 암묵적으로 원심적 운동에 모델을 두고 있다.

동적으로 볼 때, 우리는 이제 움직여지지 않는 움직이는 자에 대한 아리스토텔레스의 이상한 정의를 이해할 수 있다. 그는 그것을 운동의 원인이 되는 한 부분과 움직이는 다른 부분을 가진 존재라고 정의했다. "자체로 자신을 움직이는 사물의 경우, 한 부분은 운동의 원인이 되고 다른 부분은 움직여진다."[24] 플라톤 및 많은 다른 그리스 철학자들과 마찬가지로, 움직여지지 않은 채로 머무르는 부분은 구의 중심이고, 움직여지는 부분은 변두리다. 아리스토텔레스는 이 점을 아주 명확히 한다. "모든 일이 일어나는 원인은 중심에 있다." 존재는 영원하고 창조되지 않은, 움직여지지 않는 움직이는 자와 함께 시작한다. 그리고 이 전에서 부터 우주는 중심 주위로 영속적이고, 구형이고, 질서 있고, 원형인 운동을 하게 된다.[25] 저 중심이 계속해서, 그 주위 세계의 항구적 운동의 원인이 된다.

맺음말

고대에 걸쳐 존재를 영원성으로 기술하는 실천이 출현했고, 공간과 내부성의 일차성에 근거했던 이전 신화에 대한 지배력을 획득했다. 이러한 기술이 출현하면서, 영원성 개념은 앞에서 분석한 네 가지 주요 기술적 동적 변용을 거쳐 갔다. 그러나 존재에 대한 기술이 이처럼 공간적인 데에서 영원한 것으로 변화하면서, 그와 나란히 이러한 '영원한' 존재에 대한 테크놀로지적 기입에 다른 변용이 일어났다. 그것은 문자언어이다. 우주론과 문자언어는 원심적 운동의 같은 동적 체제 또는 장의 두 차원이다. 이 점을 고대의 기입에 관한 다음 두 장에서 볼 것이다.

그라포스

21장

글쓰기 1. 토큰

고대 서구의 주요 우주론에서 존재의 움직임은 원심적 운동으로 기술되었다. 그러나 이 기술은 또한 동॥기록적으로, 문자언어 테크놀로지를 통해 기입되었다. 이 둘은 같은 역사적 시기 동안 출현했으며 원심적 운동의 같은 패턴을 따랐다. 이들 사이에 인과관계가 있었기 때문이 아니라, 운동의 같은 장의 두 영역 그리고 차원의 위상동적topokinetic 조응 또는 동시성 때문이었다.

설명적 인과, 또는 밀고 당김 이론의 유혹에 굴복하기는 너무 쉽다. 우리는 이를 "왜 글쓰기가 생겼는지"나 "어떻게 글쓰기가 인간 의식에 일어난 변화의 원인이 되었는지"를 알고자 하는 많은 역사가와 소통이론가들의 저작에서 발견한다. 존중 받는 많은 이론들이, 글쓰기의 발명이 고대의 의식 구조를 결정했다고 주장해 왔다.[1] 그 이론들은 존재론적 기술과 기입 양쪽에서 일어난 동시적 변화를 주목했다는 점에서는 옳다. 그러나 이 변화에는 수많은 다른 영역도 결부되어 있기에, 무엇이 원인이고 무엇이 결과였는지 말하는 것은 불가능하다. 그러므로 우리는 다른 역사적 요소에서는 부인된 특별한 인과성을 글쓰기에게만 부과하려는 이 유혹에 저항해야 한다.

이와 동시에, 이 논증의 전도된 형태도 피해야 한다. 그것은 글쓰기가 진화적 욕망의 산물로서 또는 회계, 국가 관료제 등의 체계를 '필요로 했던' 발달 중인 인간 의식의 산물로서 발명되었다는 주장이다.[2] 첫 번째의 경우 우리는 일종의 물질론적 환원의 위험에, 두 번째에서는 관념론적 환원의 위험에 처한다. 의심할 여지없이, 글쓰기와 영원성의 우주론의 동시 출현은 어느 정도의 얽힘, 엮임, 동적 연결을 수반한다. 그러나 이것들과 나란히 다른 수많은 비존재론적 요인들도 동시에 출현했기 때문에, 인과 방향에 대한 일방향적 주장은 기껏해야 사변일 수밖에 없다.

이러한 이유로, 이 책에서 제시할 종류의 물음이나 논증은 저런 것이 아니다. 인과성, 기원, 발달의 물음에 반대하여, 본 장은 글쓰기의 발명이 고대 우주론에 담긴 원심적 순환의 같은 기술적 체제와 **함께 움직이고 공명하는** 방식을 검토한다. 모든 주요 역사적 시기는 다중적인 이질적 움직임으로 공동구성된다. 모든 움직임은 소란을 피우고, 중첩되고, 지배권을 다툰다. 글쓰기의 원인이 된 단일한 사건이나 단일한 종류의 사건은 없으며, 오직 글쓰기만의 귀결이 된 단일한 귀결도 없다. 글쓰기는 같은 운동 체제를 공유하는 이 시기의 다른 주요 사건들과 같은 동動기록적 체제에서 동시 출현하며, 거기에 참여한다. 이 사건들은 영원성의 우주론, 야만인의 도식, 빚과 노예제, 국가, 벽의 발명, 정수整數, 미적 형식주의다. 이 모든 요인들이 집합적이고 상호적인 변용으로 들어간다. 이는 인과로 이해되어서는 안 되고, 동적 **공명, 조응, 동시성**을 통해 이해되어야 한다.

이 권역들(동기록, 동정치, 동미학, 동측정)은 모두 나름대로 논의될 필요가 있다. 공유되는 동적 체제 내에 있는 이것들의 관계를 결정적 인과성의 관계로 환원해서는 안 된다. 본 장은 동動기록적 차이만을 논하지만, 원심적 순환 체제 내에서 작동 중인 모든 차원을 보려면 본 책과 짝을 이루는 정치·예술·과학의 역사를 다룬 저작을 같이 읽길 바란다.

필기기록

글쓰기는 갑작스레 출현한 것이 아니다. 그것이 동적 지배권―이는 특히 고대가 끝날 즈음에 강했다―을 획득하는 데에는 수천 년이 걸렸다. 영원성 개념과 마찬가지로, 글쓰기도 네 가지 비슷한 동적 작동을 통해 출현했다. 그 결과는 원심적 운동의 재생산 가능한 패턴이었다. 이 작동들은 진화론적으로도, 발달적으로도, 심지어 역사적으로도 순차적으로 일어나지 않았다. 이 작동들은 대부분 오랜 시간 동안 함께 공존했기 때문이다. 마지막 작동의 지배가 일어났을 때조차, 그것은 이전 작동들의 공존을 배제하지 않는다.

본 장의 다음 세 절節은 각각 특정 시기에 출현한 네 주요 동動기록적 작동을 다룬다. 그것은 농업을 발명할 즈음인 기원전 8500년경 고대 근동 지역에서 처음으로 토큰token이 등장한 것, 기원전 3700~기원전 3500년경 점토 구에 토큰을 저장한 것, 점토판에 수(기원전 3400)와 상형문자(기원전 3300)를 처음으로 추상적으로 기입한 것이다. 네 번째 주요 동動기록적 작동, 즉 기원전 1850년경 알파벳 체계로 문자가 창조된 것은 다음 장에서 논의할 것이다.[3]

이 네 동動기록적 작동은 각각 원심적 운동의 동動기록적 지배를 굳히는 (앞 장에서 기술한) 같은 네 우주론적 작동과 역사적으로 공명하는 것으로 드러난다. 그러나 고대 근동에서 이 네 작용이 시작되기 전에, 탤리*와 신화도상이라는 기록적 수록 체계가 이미 수만 년 동안 통용되고 있었다. 그 후 토큰이 지배력을 획득했으며, 우리가 지금 볼 것이 이것이다. 탤리에 대한 동적 이론은 내가 다른 곳에서 전개했기 때문에, 우리는 고대 세계에서의 토큰의 출현으로 시작할 것이다.[4]

....

* tally. 고대에 기록과 수록에 사용된 뼈나 나무 등으로 만들어진 막대기.

토큰

탤리 체계는 토큰이 도입되면서 변화하기 시작했다. 토큰에는 두 종류가 있었다. 평이토큰plain token과 복잡토큰complex token이다. 원심적 운동의 발흥을 향한 첫 번째 주요 동적 작동은, 평이토큰이 점점 더 그릇으로 축적된 것이다. 그리하여 기원전 4400년경, 마침내 복잡토큰의 원심적 회계 체계로 축적된다. 첫 번째 동적 작동은 토큰 축적의 중심과 변두리 사이의 중대되는 분리다.

평이토큰 —— 기원전 8천 년경 토큰 체계가 시작될 때, 토큰은 특정 대상을 나타내는 상형문자 이미지가 아니라, "원뿔, 구, 원반, 원통 같은 다양한 형태의 작은 진흙 표식이었다. 이것들은 선사시대의 회계에 이용되었다."[5] 최초의 토큰은 폭이 1~2센티미터 정도였고, 진흙을 손으로 빚어 만들었으며, 때로는 화로에서 구워졌다.[6] 이 평이토큰은 본래 탤리와 비슷한 방식으로 기능했다. 즉, 일대일 대응이었다. "토큰에는 셈해지는 물품으로부터 수를 분리하는 능력이 없었다. 구 하나는 '곡물 1부셸'을 뜻했고, 구 세 개는 '곡물 1부셸, 곡물 1부셸, 곡물 1부셸'을 뜻했다."[7]* 각 토큰마다 독특했고, 단일한 동물 또는 대상과 연관되어 있었다. 동물 또는 대상이 죽거나 사라지면, 토큰도 버려졌다.[8]

동적으로 보자면, 탤리와 마찬가지로, 본래의 평이토큰은 진흙의 흐름을 더 계산하기 쉽도록 더 이동적인 대상으로 구심적으로 모은 것이다. 신석기시대 그릇의 구심적 축적은 흐름의 근본적으로 새로운 모빌리티를 가능하게 했다. 저 그릇의 발명과 마찬가지로, 토큰도 중대된 경

---

* bushel. 영미 지역에서 곡물 등 농산물의 양을 재는 단위. 전통적으로는 8갤런, 즉 약 36리터를 뜻했으며, 현재는 물품에 따라 조금씩 다른 양을 가리킨다.

제적 모빌리티를 위해 흐름이 구심적으로 응축된 것이었다. 그러나 탤리와 달리, 토큰의 형태 자체가 독특한 성질을 표현하기 시작했다. 독특한 성질의—구, 원뿔 등등—토큰 각각의 반복이 그것을 셈하는 것이었다. 그렇기에 평이토큰은 구심적 모음을 통해, 질과 양의 합치를 그릇 속의 독특한 구체적 대상들로 서서히 모으기 시작했다.

토큰 체계의 발흥이 신석기시대 동식물 길들이기의 발흥과 일치하는 것은 우연이 아니다. 그러나 인과를 함축하는 것은 아니다. 두 체계는 구심적 운동의 같은 동적 체제를 공유했다. 둘 다 각자의 흐름들을 변두리로부터 모으는 것을 목표로 했고, 점점 더 중심 위치에 저장했다.[9] 가족과 개인이 식물과 동물을 축적하는 운동은 개별적 셈을 위해 독특한 토큰을 모으는 것과 같은 운동이었다.[10]

구석기와 신석기시대의 사람들은 평이토큰을 이용해서 축적된 시간의 양, 축적된 식량의 양 등등을 세거나 계산했다.[11] 동적으로 볼 때, 이는 셈의 구심적 형태였다. 이것의 기능은 중심화되지 않은 인간 집단이 독특한 토큰을 축적하는 데에 기반했기 때문이다. 각 개인 또는 가족은 토큰을 이용하여 그들이 구심적으로 저장해 둔 것을 세었다. 빌려 주거나, 빚이나 신용을 수적으로 계산하는 데 이용된 것이 아니다.[12]

기원전 6천 년이 되어 일부 개인들이 더 많은 동식물을 축적하고 교환하기 시작하면서, 따로 있던 평이토큰들이 다양한 종류의 그릇, 가방, 병에 점점 더 많이 축적되기 시작했다. 두 가지 축적(토큰과 대상)은 함께 일어났고, 각각 서로에게 반응했다. 토큰이 병 속에 점점 더 많이 축적되는 일은 개인이 곡물, 물, 동물을 점점 더 많이 축적하지 않았더라면 일어나지 않았을 것이고, 토큰 체계의 이용이 조직화된 축적을 촉진하지 않았더라면 곡물 등의 축적도 일어나지 않았을 것이다.

복잡토큰 —— 이러한 구심적 셈과 축적은 기원전 4400년경 복잡토큰과

정치적 국가의 발흥과 함께 출현한 중심화된 원심적 회계와 대조된다.[13] 데니즈 슈만트 베세라트가 복잡토큰이라고 부르는 것의 출현은 원심적 운동의 첫 번째 주요 동ᆞ기록적 작동을 표시한다. 평이토큰과 대조적으로, 복잡토큰은 점점 더 다양한 자연적 형태를 취하기 시작했다. 예를 들어, 양을 세는 토큰은 양이나 양 머리 모양을 하기 시작했다. 복잡한 형상에 더하여, 복잡토큰은 점점 더 기록적 수록을 하게 되었다. 그 위에는 평행선, 교차선, 점, 움푹한 곳 등 다양한 패턴으로 파낸 표식이 기입되었다.[14] 달리 말하자면, 기술적 기호가 토큰 자체의 표면에 점점 더 중심화되기 시작했다.

복잡토큰은 슈만트 베세라트가 도시적 "재분배적 경제"라고 부른 동 정치적 체제 내에서, 그와 같은 시대에 출현했다. 이 경제는 발흥 중인 도시경제라고도 할 수 있다. 이 경제에서는 도시 상인들이 농부에게 농산물을 받아 도시 거주자들의 수요에 따라 재분배했다.[15] 그러면 도시 거주자들은 이 농산물을 신전 관료들에게 기부하여 재분배하거나, 다른 장소에 재분배하기도 했다. 교환 체계로서 복잡토큰은 새로운 다양한 유형, 하위 유형, 표식을 가지고 있었다. 복잡토큰은 토큰 축적의 가장 중심화된 점, 즉 사원으로 들어오고 사원에서 나가는 신용과 빚을 해석하고, 검증하고, 계산하는 전문화된 회계사 집단을 전제했다.

이 실천은 성직자 회계로서 시작했으나, 사원이 신용, 빚, 재분배 관리의 핵심 원천이 되자, 빠르게 경제적 중심성이 되었다. 평이토큰의 지역적 축적이 중심을 향한 대체로 구심적이고, 산술적이고, 분배적인 운동을 따랐다면, 복잡토큰의 중심화된 축적은 대체로 중심에서 바깥을 향하는 대체로 원심적이고, 회계적이고, 재분배적인 운동을 따랐다. 사원은 회계를 관리하는 서기 엘리트층을 낳았다. 이 일은 글쓰기의 발명 후 문해력 있는 서기 엘리트가 맡을 일과 다름없었다. "재분배적 경제는 기록 관리 체계에 의존했고, 사실 그것 없이는 성공하지 못했을 것이다.

기원적 3000년대에 이 기능을 충족시킨 것은 설형문자였고, 시간을 더 거슬러 가면, 상형문자와 토큰이었다."[16]

이 글쓰기 최초의 동적 작동은 이전의 구심적 운동의 증폭을 전제했을 뿐 아니라 과세제도, 기념비적 건축물, 정치적 힘의 새로운 독점을 통한 저 증폭의 역전 또는 재분배도 전제했다. 이 모든 실천은, 자기 위에 특성화된 표식을 축적했던 복잡토큰의 구심적 운동과 같은 운동을 따랐다. 과세제도, 즉 제재 처벌 하에 정해진 양의 재화를 모든 개인과 길드로부터, 주변으로부터 중심 사원 또는 성으로 대량으로 축적하는 일은 재화 그리고 세금을 내지 않았던 사람들이 진 빚 목록의 대단한 구체성을 요구했다. 둘 다, 오직 새로운 다양한 다중적 토큰 형태 및 그 중심 표면에 기입된 복잡한 표식을 통해서만 가능했다. 과세제도는 농업적 주변으로부터 재화의 강제된 구심적 축적만을 증폭시킨 것이 아니다. 그것은 또한 이러한 재화를 공공 노동, 기념비적 건축물, 운하, 도로를 향해 분리된 원심적 재분배를 행하는 형태로, 또 엘리트 관료와 군대를 지원하는 형태로 운동을 역전시키기도 했다. 이들 모두, 도시 중심에서 처리되고 거기에서 방사되는 복잡토큰을 통해 급여를 받았다.

재화, 사람, 권력의 이러한 막대한 원심적 재분배는 구심적 운동의 거부가 아니었다. 오히려 "잉여를 모으는" 새로운 방식, "또한 … 이 잉여를 관리하는 새로운 방식(여기에는 더 정확한 회계 방법도 포함된다)"을 발명한 구심적 운동의 강화였다. "공공건물 건축은 또한 거대한 노동력을 요구했다. 이는 강제 노역(즉, 거의 또는 대가 없이, 아니면 세금 대신 개인에게 요구된 노동) 같은 새로운 노동 통제 방식을 시사한다."[17] 구심적 운동은 우루크〔수메르의 고대 도시유적〕의 도시 중심에서—사람, 토큰, 물, 돌, 금속, 온갖 재료의—동적 축적의 정점에 이르렀다. 우루크의 도시 중심은 문자 그대로 너무나 높은 더미를 쌓아서 사원, 탑, 오벨리스크, 성의 형태로 하늘을 향해 뻗었다. 구심적 축적은 중심적 수직성, 즉 성스러운 산을 쌓기 시작했다. 일단 수직성이 시작되자, 원심적 재분배 운동이 출현했다. 이는 복잡토큰으로 지급 받는 공공 노동과 전쟁 형태로 이루어진 축적된 잉여 운동의 모든 재할당을 중심이 거의 전적으로 통제하게 되면서 일어났다.[18]

도시화의 동태 그리고 글쓰기의 동태는 같은 일반적 원심적 운동을 따른다. 르루아 구랑이 관찰했듯이, "건축을 글쓰기 및 공간적 통합과 연결시키는 이유로 인해 도시는 측량학의 기준점이다. 토지측량은 주요 역할을 수행했으며, 땅의 가장 먼 경계선은 거리를 재는 바퀴의 기호적 원주를 통해 연결되었다. 그 결과는 상응하는 공간적 요소들의 전체 네트워크를 수반하는 세계의, 그리고 도시의 기하학적 이미지다."[19] 축적된 토큰의 교환과 회계를 조정하는 도시 중심은 그 주변 동심원들의 전체 세계를 가로지르는 원주적 측량의 우주적 중심점이 된다.[20]

동적 분석

복잡토큰의 출현은 원심적 운동 최초의 동적 작동을 표시한다. 그것은 **하늘과 땅의 분리**를 기입하기 때문이다. 평이토큰은 축적된 독특한 존재자들을 세고 계산하는 데 사용된 반면, 복잡토큰은 세금이나 기부, 빚 등의 형태로 사원의 중심 현장에 자라나는 수직성으로 모였다. 복잡토큰은 성산聖山 또는 사원의 움직임에 따라, 문자 그대로 수직적으로 축적되었다. 재화는 변두리에서 축적되었고, 복잡토큰의 의미 및 등가 체계에 대한 전문화된 기록을 관리했던 사제-관료의 성스러운 손을 통해 사원 중심에 높이 쌓였다.

그렇기에 복잡토큰은 단지 그 위에 표식이 있는 조형적 토큰이 아니다. 그것은 두 종류의 존재 또는 가치 사이의 근본적 분리를 동적으로 도입한다. 토큰은 보리, 양, 우유 등 사용되는 실제 재화의 가치와 사제-관료의 천상적 손에 의해 (그것들의 교환 수요에 따라) 재화에 주어지는 가치 사이의 중개적 나눔이 된다. 농부에게 보리의 사용가치는 상대적으로 항상적으로 유지되지만, 보리가 교환을 위해 도시 중심에 얼마나 도달하느냐에 따라 도시에서 보리에 대한 수요는 요동한다. 복잡토큰은 화폐와 같은 것은 아니지만, 실로 비슷한 교환가치의 변동가능성을 가졌다. 그 가치를 도시 시장의 사제들이 조정했기 때문이다.

그렇기에 토큰, 사용가치, 교환가치 사이의 분할은 신 엔릴이 존재와 관련하여 했던 작동과 비슷한 동적 작동을 생산했다. 한때 땅의 성스러운 산이 하늘에 닿음에 따라, 하늘과 땅은 통일되어 있었다. 그러나 복잡토큰과 마찬가지로 엔릴, 공기는 하늘과 땅의 분할을 도입했다. 땅의 축적은 이제 산-사원의 중심적 꼭대기에서 사제와 왕의 손에 구심적으로 모인다. 이는 사제-왕을 신격화했던 천상적 힘과 비슷하다. 이러한 수직적이고 중심적인 성산으로부터, 이제 구심적 운동은 역전되었다. 구심적 운동은 빚, 신용, 변화하는 교환가치 형태로 산 아래로 재분배되며, 사제와 왕이 고안한 우주론적 서사 형태로 하늘로 도로 투사된다. 평이토큰은 중심화된 사제 관료들이 결정한 가변적 가치에 의해 질화되었다. 엔릴은 소급적으로 신과 인간의 창조자가 될 수 있었지만, 사제-관료는 **글로 쓰인 우주론** 자체를 통해 소급적으로 엔릴의 창조자 자체가 되었다. 이제 세계의 수직적 중심에서, 세계는 사제가 결정하는 천상적 교환가치와 점점 증가하는 농업계급과 노동계급이 결정하는 지상적 사용가치로 갈라진다. 후자는 새로운 복잡토큰의 가치에 전혀 통제력을 갖지 못했다.

그렇기에 복잡토큰의 수는 일종의 수적 불멸성을 가능케 했다. 곡물과 양은 먹히고, 탤리 막대기는 그 시간적·지리학적 맥락 밖에서는 무의미했지만, 복잡토큰과 그 수 기입은 그것이 세는 독특한 대상 너머에서도 질적·양적으로 유지되고 존속한다. 이것이 불멸의 기입과 필멸의 삶 사이의 첫 번째 동動기록적 분할이었다.[21]

구球

고대 기입에서의 두 번째 주요 동動기록적 작동은, 평이토큰과 복잡토큰이 봉인된 진흙 구에 축적되었을 때 일어났다. 슈만트 베세라트의 발견에 따르면, 이러한 구형 "용기容器" 또는 "꼬투리"는 "기원전 3700~3500년경 우루크 중기에 사용되기 시작했다."[22] 이것들은 이러저러한 형태로 기원전 1200년경까지 존속했다.[23] 폐쇄된 진흙 구는 집합이나 목록에 토큰을 더하거나 빼서 일으킬 수 있는 속임수를 방지할 수 있었다. 내용물에 의심이 들면, 구를 부숴 열어서 검증해 볼 수 있었다. 그러나 이 체계의 주요 단점은 구형 용기가 **토큰을 내부에 은폐한다**는 것이었다. 더 나아가, 내용물에 대한 검증은 단 한 번만 할 수 있다. 검증 과정이 진흙을 부수기 때문이다. 이 때문에 토큰들을 실에 한 줄로 꿰어 끝을 묶기도 했다. 그러면 가시성이 높아지고 부당 변경에 대한 저항도 확보되었다.[24] 그러나 슈만트 베세라트에 따르면, 토큰 줄은 저장하고 다루기 불편해서 결국 사용되지 않게 되었다.[25]

안에 있는 토큰의 수뿐만 아니라 각 토큰의 형태까지 표시하는 표식 체계를 구 외면에 사용함으로써, 관리자들은 구형 저장소의 문제를 풀었다.[26] 슈만트 베세라트에 따르면, 구를 "원통형 봉인"으로 봉함에 더하여,[27] 구형에 표식을 남길 흥미로운 시각적 테크닉이 고안되었다. 그것은 "① 토큰을 표면에 붙이기, ② 토큰 형태를 부드러운 진흙에 찍기, ③ 막대기나 첨필尖筆로 기호 새기기, ④ 엄지로 누르기, ⑤ 진흙이 단단해졌을 때 긁기, ⑥ 실로 보호하기. 대부분은 장래성 없는 것으로 밝혀졌고 사라졌다."[28]

존속한 테크닉은 첨필이었다. 이 점은 다음 절에서 볼 것이다. 여기에서 중요한 것은, 구가 내용물에 대한 시각적 복제를 도입했다는 것이다. "표식이 회계사의 편리를 위해, 토큰에 부호화되어 있던 정보를 반복할 뿐"이었다 해도 그렇다.[29] 예를 들어, 구 안에 여섯 토큰이 있다면, 토큰을 구 외면에 여섯 번 찍을 수도 있었고, 한 번만 찍고 '여섯'을 뜻하는 표식을 첨가할 수도 있었다.[30] 슈만트 베세라트에 따르면, 이러한 셈의 유형은 "구체적"인 데에 머물렀다. 그것은 상품의 특정한 종류와 직접 묶인 채로 있었기 때문이다. 그러나 이러한 표식을 복잡토큰 자체로부터 다른 기입 표면(구)으로 복제하고 분리하는 것은 기록실천의 동적 구조를 한층 더 변용시켰다.

동적 분석

토큰을 담은 구의 도입은 몇 가지 중요한 동[動]기록적 귀결을 가졌다. 첫 번째는, 그것이 원심적 운동(재분배)의 조건이 무엇보다도 우선 물질적으로 구심적임을 드러냈다는 것이다. 관료적 중심이 토큰을 적절하게 공식적으로 분배할 수 있기 전에, 그것은 우선 그릇, 병, 가방에 축적되어야 했다. 일단 이 물건들이 이 열린 용기에 축적되자, 열린 용기를 틀어 막아 완전히 폐쇄된 통일체, 즉 구를 생산할 수 있었다. 특히, 진흙-토큰 구는 사실 원심적 방법에 의해 형태 잡혔다. 우선은 진흙으로 꽉 찬 공을 만든 다음에, 공에 구멍을 뚫고 가운데에 **안으로부터 바깥쪽으로** 빈 속을 만드는 것이었다.[31] 마개가 내용물을 봉하고 구성적 운동의 경로를 덮었다. 달리 말하자면, 구의 중심성 그리고 중심과 변두리 사이의 닫힌 분할은, 구심적 용기의 산물이었다. 그래서 열린 용기가 닫힌 구에 선행했다. 열린 구심적 모임이 원심적 방사에 선행했다.

토큰 구의 두 번째 동[動]기록적 귀결은, 그것이 구의 중심을 신성화했다는 것이다. 엘리트 사제-관료들이 고안하고, 보호하고, 관리했던 공식적 원통형 봉인으로 진흙 용기를 봉함으로써, 구의 내용은 일종의 물질적 신격화를 겪었다. 이 작동에서 두 가지 중요한 사건이 동시에 일어났다. 토큰의 흐름은 구의 중심에서 일어나는 은폐를 통해 비가시적이

된다. **그리고** 봉인 자체는 그것의 부재하는 현전의 유일한 가시적 보증이 되었다. 원통형 봉인은 열린 용기를 문지 그대로 봉하거나 닫은 물질적 조건 이상이었다. 그것은 사제들이 관리한 사원의 신 이름으로 구의 내용 자체를 신성화하기도 했다. 사람들이 봉인을 신뢰한 것은, 봉인을 만들고 관리하는 사람들 때문이었다. 다음으로 이 사제들 또는 신격화된 사제 왕들이 신뢰받은 것은, 그들에게 권력 및 지상에서의 표현을 내려 준 신들 때문이었다. 달리 말하자면, 원통형 봉인은 가치 있고 비가시적인 중심—토큰—에 대한 천상적 약속의 지상적 또는 가시적인 신성화된 형태였다.

인안나가 두무즈를 신격화할 때 비슷한 동적 작동이 일어났다. 인안나의 운동에 중심이 있을 수 있게 해 준 것은 하늘과 지하 세계 사이의 인안나의 원형 운동이었다. 비슷한 동적 방식으로, 구의 닫히고 기입된 중심성을 생산한 것은 구의 전체 표면을 둘러싼 원통형 봉인의 원이었다.[32] 원통형 봉인에 새겨진 이미지가 구 주위에 각인되었는데, 여기에서 우주론적 공명은 명시적이 된다. 거기에는 뱀과 괴물을 살해하는 사제와 왕의 초상, 심지어 포위된 도시 및 손이 뒤로 묶인 포로들이 담긴 전쟁 장면도 있었다.[33]

앞 장에서 보았듯이, 뱀 괴물을 살해하는 사제-왕의 이미지는 고대 시기의 기반적 동적 우주론이다. 여기에서는 뱀-어머니의 나선형 구심적 운동(티아마트, 테홈, 테티스 등등)은 영웅(사제-왕-신)에 의해 살해당한다. 영웅은 그녀의 시체를 취하여 그것으로 세계를 다시 만든다. 그것을 구심적으로 모든 방향으로 외향적으로 펼쳐서, 그 자신, 즉 신성한 중심 주위로 우주적 **구**를 만든다. 그렇기에 진흙 토큰 구의 제작이 이와 정확히 같은 우주론적 운동을 반복한다는 것(봉인 자체가 같은 우주정치적 움직임의 이미지를 가지고 있다는 것)은 동적으로 계시적이기는 하지만 놀라운 것은 아니다. 물론 한 쪽이 다른 쪽의 모델은 아니고, 둘 다 같은 원심적 체제의 일부다. 동ᴮ기록적으로, 이러한 비가시성을 향한 물질적 첫 발짝은 결정적이다. 앞으로 보겠지만, 그것 없이는 영원성의 기술과 글쓰기의 기입은 결코 이륙하지 못했을 것이다.

토큰 구의 세 번째 동ᴮ기록적 귀결은, 그것이 중심으로부터 구의 변두리로 향하는 토큰의 원심적 또는 외향적 운동을 창조한다는 것이다. 일단 구가 자체로 닫히고 봉인이 되면, 내용물은 중심화·신성화되며 비가시적·고정적·정적이 된다. 그러나 일단 이러한 일이 일어나면, 토큰과 그 기록실천은 다양한 형태로 구의 외부 표면 위로 외향적으로 방사되기 시작한다. 그것은 토큰이나 실을 구에 붙이기, 비가시적 토큰을 표면에 각인시키기, 첨필로 외부에 토큰의 이미지를 기입하기 등이다. 이것들은 실재적 움직임이다. 시각적 기호는 실제로 한 장소에서 다른 장소로 위치 변경을 한 반면, 진흙 구 전체는 매끈한 구에서 **기입된** 구로 질적으로 움직였다.

토큰의 첫 번째 동ᴮ기록적 작동이 지상적 사용가치와 천상적 교환가치를 나눈 것이었다면, 구의 두 번째 작동은 토큰을 비가시화·부동화하면서 그 현전을 신적 기입을 통해 보장하는 것이었다. 첫 번째 작동이 원심적 경제적 재분배를 가능케 했던 반면, 두 번째 작동은 원심적 기록적 방사, 즉 중심의 부동성을 창조했다.

서판

고대 기입의 세 번째 주요 동ᴮ기록적 작동은 토큰 없이 구가 기입의 자율적 표면이 될 때 일어난다. 구형 토큰 저장 체계의 강점은, 그로 인해 토큰이 부당하게 변경되지 못하도록 보장되었다는 것이다. 그것의 약점은, 그것으로 인해 토큰이 보이지 않게 은폐되고 회계를 확인하고 변경하기가 힘들어졌다는 것이다.

우리가 보았듯이, 이 문제는 기입을 원심적으로 비가시적 내부로부터 가시적 외부로 움직임으로써 풀렸다. 그러나 은폐된 토큰을 포함한 텅 빈 구의 외부로 기입이 일단 이동하자, 토큰은 이 과정에서 잉여가 되었다. 그렇기에 토큰 구 및 그에 동반된 기록적 체계의 도입(기원전 3700년 경) 후 오래 지나지 않아, 내부에 은폐된 토큰은 전적으로 희생되고 그 자리를 꽉 찬 진흙 구와 볼록한 서판이 차지했다(기원전 3500년경). 이러한 동動기록적 작동이 글쓰기의 출현에 갖는 중요성은 아무리 강조해도 지나치지 않다. 슈만트 베세라트에 따르면,

> 토큰을 기호로 대체하는 것은 글쓰기를 향한 첫 발짝이었다. 4000년대의 회계사들은 겉면에 있는 표식 때문에 용기 내의 토큰들이 불필요해졌다는 것을 곧 깨달았다. 그 결과, 서판—표식이 새겨진 꽉 찬 진흙 공—이 토큰으로 채워진 텅 빈 용기를 대체했다. 이러한 표식은 자체적인 체계가 되었다. 이것은 발달하여, 새겨진 표식만이 아니라, 뾰족한 첨필로 그려진 더 읽기 좋은 기호도 포함하게 되었다. 토큰에서 유래한 이 두 종류의 기호 모두 그림기호 또는 '상형문자'였다. 그러나 그것은 워버턴이 예측한 것 같은 상형문자는 아니었다. 그것은 그것이 재현하는 물품의 그림이 아니라, 이전 회계 체계에서 표식으로 사용된 토큰의 그림이었다.[34]

구의 외부 각인과 표식으로 인해 내부의 토큰은 철지난 것이 되었기 때문에, 진흙 공의 속을 파낼 필요가 없었다. 대신에, 같은 진흙 공은 간단히 둥글게 볼록한 둔덕 형태로 평평해졌다. 그리하여 새로운 기입 표면을 생산했다.[35]

이러한 작동에서 중요한 동動기록적 변용은 이것만이 아니었다. 토큰이 기록적 체계로부터 절연됨으로써, 기록실천은 새로운 기입을 창조할 수 있었다. "용기 위의 표식은 내부에 품은 토큰으로 부호화된 메시지만

을 반복했다. 반면에 서판에 각인된 기호는 메시지였다. 첫 번째 서판들은 글쓰기의 발명을 향한 결정적 발짝이었고, 소통 테크놀로지에 일어난 혁명과 마찬가지다."[36]

이 불룩한 서판–둔덕의 표면에 토큰을 각인하고, 꼭대기에 공식적 봉인을 유지하는 데에 더하여, 서판이 출현했을 때에는 서판에 첨필을 통한 기입이 추가되었다.[37] 점점 더, 기입이 토큰 각인의 자리를 차지했다. 기입은 각인보다—특히 복잡토큰이나 표식 있는 토큰의 경우—더 섬세한 세부를 보여 줄 수 있었기 때문이다. 토큰의 이 기입된 이미지가 첫 번째 상형문자 이미지가 되었다.

동적으로 볼 때, 이것이 열쇠다. 슈만트 베세라트의 탁월함은 수많은 사례에서 다음과 같은 순서를 충분히 실질적으로 뒷받침함으로써 이 이론을 증명해 냈다는 것이다.

> 가. 한 종류의 토큰이 전체적으로 발견된다.
> 나. 같은 토큰이 표식 없는 용기에 폐쇄된다.
> 다. 용기의 표면에 상응하는 표식이 생긴다.
> 라. 대응하는 기호가 서판에 각인된다.
> 마. 각인된 기호로서, 새겨진 상형문자로서, 또는 각인된/새겨진 기호로서 상형문자 서판이 등장한다.[38]

상형문자 글쓰기의 기원은 어떤 사람의 마음속에서 이차원적 이미지로서 즉흥적으로 등장한 것이 아니라, 토큰의 근본적으로 동動기록적이고 삼차원적인 체계로부터 출현했다는 것을 토큰/각인/기호 조응이 명확히 보여 준다. 상형문자는 근본적으로 새로운 기록실천 유형을 도입했다. 그것은 더 이상 특정 탤리 또는 대상이나 토큰의 구체적 유형을 지칭하지 않았다. 일단 기록실천이 토큰에서 분리되고 나자, 그것은 구체적 토큰—대상을 지칭하지 않고 추상적인 의미를 지칭하는 자의적 기호로서 나타났다. '양𓃟'을 가리키는 상형문자는 더 이상 특정한 양, 심지어 특정 양에 관한 특정한 토큰을 지칭하지 않고, 양이라는 일반적 관념 또는 의미를 지칭했다. 그것은 모든 양을 포함하는 동시에, 특정한 양은 전혀 포함하지 않았다.

슈만트 베세라트가 쓰듯이, 토큰은 독특한 것이며 일회용으로 설계되었지만, 상형문자와 숫자는 "정보를 **항구적으로** 보존했다." 그것은 특정한 구체적 대상을 지칭하지 않았기 때문이다.[39] 구체적 토큰과 수가 기록적 과정으로부터 절연되자, 토큰도 수도 없는 대상에 관한 상형문자를 창조하는 데에 방해가 될 것은 없어졌다. 기원전 2900년경이 되자, 글쓰기는 역사적 사건과 종교적 텍스트를 기록하기 시작했다.[40]

상형문자와 표음 글쓰기의 발명 시기가 숫자의 발명 시기와 일치하는 것은 우연이 아니다. 둘 다 추상적 셈의 결과였다. 양(얼마나 많은지)의 개념이 셈해지는 물품의 질 개념으로부터—이 개념들은 토큰에서는 풀어낼 수 없이 결합되어 있었다—추상됨으로써, 글쓰기의 시작이 가능해졌다. 일단 수의 관념으로부터 풀려나자, 상형문자는 나름의 독자적인 방식으로 진화할 수 있었다. 전에는 재화를 회계 관리하고자 사용되었던 기호들이 인간이 기울이는 노력의 어떤 주제든 소통하도록 확장되었다. 그 결과, '사람의 머리'나 '입' 같은 것이—결코 토큰을 가지지 못했던 항목—그림을 통해 표현되었다. 개념이 이미지로 재현된 참된 상형기호는 추상적 셈의 결과였다.[41]

동적 분석

이러한 역사적 변용으로부터 몇 가지 동𓂷기록적 귀결이 따라 나온다. 서판은 구의 동태를 계속했지만, 그 방식은 새로웠다. 서판이 같은 진흙

공을 파내는 대신에 펼친 것과 마찬가지라는 사실이 그 증거다. 대부분의 서판은 불룩한 반구 구조를 유지했기 때문에, 그것들은 비슷한 동적 구조를 유지했다.

이러한 변화가 가져온 동ᵐ기록적 귀결은 중심이 가진 초월성이다. 토큰을 제거하고 구를 평평하게 함으로써, 기록적 과정은 더 이상 구 중심의 구체적 대상과 구체적으로 연결되지 않았다. 그러나 이는 구나 중심이 없다는 뜻이 아니다. 오히려, 구는 단순히 확대되어, 불룩한 서판은 단지 구를 이루는 곡률의 한 조각이 되고, 중심은 이제 일반적으로 모든 곳으로, 구체적으로는 아무 곳도 아닌 곳으로 확장되었다. 기록실천은 더 이상 독특한 대상이 아니라 '일반적' 대상과 연결되었다. 그것은 모든 유형의 대상이었지만, 그런 대상 중 어떤 한 대상도 아니었다.

달리 말하자면, 기록실천은 관념 및 의미와 연결되었다. 이러한 의미의 동ᵐ기록적 구조는, 토큰의 물질적 동태를 따라, 상형문자 기입이 구의 비구체적 중심을 지칭했다는 것이다. 어떤 의미에서, 그것은 어떤 것의 기입도 아니었다. 또는 어떤 경우에는, 이미 사라진 무언가의 흔적이었다. 기록실천은 이제 구형 우주론과 같은 딜레마에 처했다. 구의 중심은 주변까지 동일하게 확장되는 무한한 원주들의 형태로 모든 곳에 있지만, 특정하게는 아무 곳에도 없다. 우주적 구의 중심과 마찬가지로, 추상적 '양'은 정적이다—그것은 사물이 아니다—그것은 움직이지도 변화하지도 않는다. 그것은 무한한 수의 구체적 현시를 가지지만, 그들 중 특정한 하나로 환원될 수 없다. 양의 시각적 '관념'은 **영원한** 것이 된다—그것은 구체적 토큰이 아니기에 창조되지도 파괴되지도 않으며, 구체적 장소를 가지지 않기에 여기에 있지도 저기에 있지도 않다.

그러나 구에서 토큰을 제거한다고 해서 기록적 행위를 지탱하는 물질적–동적 조건이 사라졌다는 뜻은 아니다. 기록실천의 물질적 움직임은 독특한 행위로 남아 있으며, 이러한 내재적 실천 속에서 단수적 대상과 여전히 연결되어 있다. 그것이 관습적이 되어, 같은 표식이 다른 독특한 대상과 연결되는 것도 허용된다고 해도 그렇다.

여기에서 서판의 물질성은 결정적이다. 구 속의 토큰은 이동적이며 그렇기에 버릴 수 있지만, 서판은 이동적 구성 요소를 가지지 않는다. 그래서 서판은 기입을 한 번 이상 사용하는 실천에 의존한다. **각각의 사용은 여전히 동적으로 독특하다** 해도 말이다.

서판에서 기호의 부동성은 독특한 것들을 가로지르는 동일성의 시각적 관념―추상―을 만들어 낸다. 이것이 서판의 두 번째 동動기록적 귀결이다. 최초의 추상적 기입이 숫자인 것은 우연이 아니다. 추상적 기호가 복수적 양을 지칭할 수 있다는 발상은 이미, 양들의 차이를 가로지르는 통일성을 전제한다. 토큰의 고고학은 다음 사실을 드러낸다. 추상은 무엇보다도 우선 수적 추상으로 출현한다. 이로부터 질적 추상이 생겨난다. 이처럼 토큰의 단독적 흐름을 자기동일적이고 부동적인 상형기호로 최초로 동적으로 추상한 데에서, 다른 모든 추상이 유래한다.

그러나 존재는 결코 움직이기를 멈추지 않았다. 양羊은 계속해서 독특할 것이다. 사실, 고고학이 이제 보여 주듯이, 부동적·이차원적 서판 기입을 물질적으로 사용함 자체가 이동 가능한 토큰의 체계에 근거한다. 오직 토큰의 모빌리티로만 상형기호의 정태停態가 가능하지, 그 반대는 아니다. 움직임이 일차적이며, 정태는 연속체에서 잘라 낸 한 겹의 시공간처럼 거기에서 파생되고 추상된 것이다.

이 점은 또한 우주론에서 '하나임'의 지배권 획득에 직접 영향을 끼쳤다. 추상적 수의 발명은 하나로서의 존재 또는 신의 발명을 가능케 했다. 이러한 관념의 가능성 자체가 최초의 추상적 관념 자체―하나임―를 소환하리라는 것은 우연이 아니다. 추상적 하나임은 특정한 하나가 아니라 모든 것이지만, 아무것도 아니다. 그런 것으로서, 그것은 다른 특정한 하나에 의해 창조되었을 수도 파괴되었을 수도 없으며, 지상의 어떤 특정한 장소에 거주할 수도 없다. '하나'의 시작에서부터, 추상 관념 자체는 영원했다. 그것은 우주론의 역사에 일어나는 같은 관념이다. 수천 년의 흐름에 걸쳐 우주론은 다중적 신들을 잃고, 다른 모든 신을 파생시킨 하나의 창조자 신에 자리를 내주기 시작했다. 영원성에 대한 믿음은 추상의 일차성에 대한 믿음이다. 그것이 토큰의 모빌리티에 있는 참된 물질적 · 동적 조건을 소급적으로 덮어 버려야 한다 해도 말이다.

　서판의 세 번째 동術기록적 귀결은 새로운 상형기호의 원심적 창조다. 여기에는 신들의 싸움 우주론과 흥미로운 동적 공명이 있다. 마르두크가 티아마트를 살해하고, 에아의 마법 원 중심에 자리를 잡고, 티아마트의 죽은 몸으로 중심으로부터 원심적으로 외향적으로 우주를 재창조했듯이, 구 속의 구체적 토큰이 제거되고, 구의 중심(의미의 기원)은 초월적이 되고, 필사가들이 신성한 기교로서 외향적으로 방사되는 새로운 상형문자 세계를 창조하기 시작했다. 토큰이 구로부터 제거된 후, 의미는 계속해서 중심에 거주하게 된다. 이 중심이 초월적 중심이 되었다 해도, 또는 더 이상 구의 구체적 중심이 아니게 되었다 해도 그렇다. 바빌론 우주론에서, 중심의 첫 번째 원심적 신 에아는 그 정신적 제작을 통해 정의된다. 마르두크가 신들의 왕이 되었을 때, 그는 에아의 신적인 정신적 제작을 자신의 세계 재창조에 이용했다. 비슷한 방식으로, 사회적-경제적 중심의 사제-관료는 구의 구심적 구체적 중심을 희생시켰다. 이는 오직, 그것을 그들 자신의 정신적으로-제작된 이미지로, 즉 상형기호로 대체하기 위함이었다.

　이것은 동시각적으로 매혹적인 효과를 가진다. 기호 또는 상형문자는 본래 더 일차적이고 먼저 실존하던 구체적 대상을 지칭했기 때문에, 새로운 상형문자의 창조는 그것이 지칭하는 사물의 선행하는 실존을 전제하는 비슷한 효과를 생산했다. 달리 말하자면, 새로운 상형문자는 이미 알려진 대상의 새로운 유형을 지칭하기만 한 것이 아니다. 그것은 새로운 대상—신, 신성한 힘, 영웅적 사건 등등—을 생산하기 시작했다. 이 대상들은 상형문자적으로 기입됨으로써 소급적 실존을 획득했다.

여기에서 일어난 동▨기록적 역전은 참으로 놀랍다. 기록적 기호는 한때는 구체적인 것의 표지였으나, 이제 기호는 추상적인 것의 구체적 표지가 되었다. 달리 말하자면, 기호들은 기호 자체만을 지칭한다. 기호들은 기호들 자체가 그 표시 기능을 통해 창조시킨 것만을 지칭한다. 그렇기 때문에 모든 쓰인 존재론적 기술은 내재적 동기호 체계로서 기능하지, 재현이나 기표로 기능하지 않는다. 이것의 역전이 겉보기로라도 가능한 것은, 오직 기입의 이러한 구체적 역사적 · 물질적 조건, 즉 문자언어의 전체 동태로 인해서다.

이러한 순환적 구조는 또한 글쓰기와 영원성의 우주론 사이의 중요한 연결을 증언한다. 초월적 신은 말을 통해 의미의 왕국을 확보하지만, 이어서 말은 소급적으로 초월적인 것으로서의 신의 기록적 기입을 확보한다. 이 모든 것은 역사적 · 물질적으로 원심적 운동의 같은 패턴 속에서 일어난다.

그러나 이러한 세 작동은 또한 기입의 네 번째, 더 근본적인 동▨기록적 작동이 출현할 길을 놓는다. 그 속에서는 음성적 소리 자체가 표음 알파벳 속의 추상적 기호에 상호적으로 종속된다.

22장

글쓰기 2. 알파벳

마침내 고대 세계에서 네 번째 주요 동ᵗ기록적 작동이 일어난 것은, 서판에 의해 창조된 기록실천과 말하기의 음성실천이 추상적 의미 또는 관념으로의 상호적 종속에 들어섰을 때이다. 달리 말하자면, 일단 기록실천이 구체적 토큰에서 해방되자, 그것은 모든 것을 위한 추상적 기호를 창조할 수 있었고, 저 모든 것은 음소ᵖʰᵒⁿᵉᵐᵉ라고 불리는, 인간의 말하기에서 만들어지는 불연속적 소리도 포함하게 되었다.

표음 알파벳

글로 쓰인 기록실천을 말하기와 연결시키는 실천이 처음 출현한 것은 수메르(현재의 이라크)에서―구체적으로는 "메소포타미아에서 글쓰기의 출생지로 추측되는" 우루크에서―기원전 3500~3390년 무렵에 설형문자, 즉 수메르 언어가 등장하면서다.[1] 이와 별개로, 언어와 연결된 고대 이집트의 상형문자 히에로글리프는 기원전 3300년경 출현했다.[2] 맨 처음의 알파벳―선으로 된 표음 알파벳, 시나이의, 원시 시나이의, 원시 가나안의, 옛 가나안의, 가나안의 알파벳―은 원시 시나이의 기입으로까지 거슬러 올라간다(기원전 1850년경). 이 알파벳은 히에로글리프의 의미에 대한 언어적 앎이 거의 없던 외국 셈족 노동자들이 이집트의 히에로글리프와 서부 셈족의 말소리를 혼종하여[3] 발달시켰다.[4] 알려진 모든 알파벳은 다양한 정도로 이 원시 시나이 알파벳에서 파생된 것이다. 그러나 그것이 잘 갖춰진 또는 '안정된' 형태로 나타난 것은 페니키아 알파벳(기원전 1100년경)부터다.[5]

일단 기록적 기호가 **소리의 기호**가 되자, 그것은 더 이상 언어와 독립적으로 읽힐 수 없었다. 이는 중대한 역사적 변동이다. 앞 장에서 말했듯이, 소리와 몸짓은 역사적으로 말하기로서 인간 신체에 구심적으로 수합되었던 다질적인 물질적–동적 과정으로서 출현했다. 여기에는 재현도 인과도 없었으며, 소리 결연점과 기록적 결연점들의 항상적 공동 결연 또는 조응된 모임만이 있었다. 표음 알파벳의 출현과 함께, 추상적 의미에 대한 상호적 종속의 새로운 동[動]기록적 체제를 통해 소리와 몸짓은 근본적으로 재분배되었다.

기록실천이 음성실천에 종속됨

음성실천과 기록실천의 이 상호적 종속에는 세 가지 상이한 면모가 있다. 첫 번째 면모는 기록실천이 음성실천에 종속되는 것이다. 데니즈 슈만트 베세라트의 저작의 가장 중요한 결론 중 하나는, 글쓰기와 그 선행인 토큰은 본래 언어에 모델을 둔 것이 아니었다는 것이다. 글쓰기는 대부분의 학자들이 주장하듯이 언어에 모델을 둔 상형문자로 시작되지 않았다. 이전에 기록실천은 탤리, 토큰, 각인 등 나름대로 자율적이고 비언어적인 문법을 창조할 자유가 있었다. 이는 엄청난 양의 상형문자를 생산했다. 매 새로운 유형의 사물은 그 고유의 상형문자를 요구했기 때문이다.

그러나 일단 기록실천이 자신의 기호를 음성적 음절에, 결국은 불연속적 음소에 모델을 두기 시작하자, 엄청난 수의 상형문자가 하나의 알파벳 계열로 축소되었다. 이제, 새로운 사물 유형마다 새로운 상형문자를 필요로 하지 않고, 단순히 같은 기록적 기호를 사용하되 말해진 소리에 조응하는 상이하고 무한한 조합을 사용하면 되었다. 앙드레 르루아 구랑은 이렇게 쓴다. "글쓰기를 특징짓는 선적 기록실천의 단계에서, 두 장 간의 관계는 새로이 발달한다. 음성화되고 공간적으로 선적인 문자 언어가 음성적이고 시간적으로 선적인 말해진 언어에 전적으로 종속된다. 언어-기록 이원론은 사라지고, 인간은 독특한 언어적 장치를 소유하게 된다. 이것은 사고 자체의 표현과 보존을 위한 것으로, 점점 더 추론을 향해 흘러간다."[6] 이러한 거대한 알파벳 환원을 통해, 자율적 기록실천의 무한정한 확장은 유한한 조합적·선적 표음 알파벳에 종속되었다. 손이 입에 종속되었다.[7] 쓰일 수 있는 것은 이제 형태와 내용에서 발화될 수 있는 것으로 환원되었다.

음성실천이 기록실천에 종속됨

이 상호적 종속의 두 번째 면모는, 역전된 방식으로 음성실천이 기록실천에 종속된다는 것이다. 글쓰기를 통해 기록실천이 표음 알파벳의 한정된 조합으로 환원되기도 하지만, 같은 움직임을 통해 음성실천 또한 한정된 기록적 구문론과 묶였다. 또는 그것에 종속되었다. 말해진 소리의 구조는 이제 읽기를 통한 그 기록적 차원에 묶이게 되었다. 수록된 텍스트를 읽는 활동에서, 그것을 구술적으로 낭독하고 전송하기 위해 텍스트 전체를 기억해야 할 필요가 없어졌다. 읽기를 통해 우리는 우리의 신체적 소리를 수록 표면의 기록적 질서에 종속시킨다. 이로부터 여러 가지 귀결이 따라 나온다.[8]

한 가지는 문화적 기억의 동질화다. 이는 여러 갈래로 나뉘는 구술 전통들이 텍스트를 쓰고 보존하는 힘을 가진 자들에 의해 표준화되고, 보존되고, 정전正典화됨에 따라 일어난다. 다른 귀결은 글쓰기와 관련하여 말하기가 점점 더 수동적인 관계를 가지게 되었다는 것이다. 이는 단지 쓰인 것은 이미 거기에 한 번에 다 있지만, 말하는 읽기는 그것을 실현하기 위해 시간 속에서 단선적으로 움직여야 하기 때문만이 아니다. 그 것은 단순히 말하기가 이미 쓰인 것의 구체적 복제물이 되기 때문이기 도 하다. 씌어 있는 것을 말할 때, 우리는 우리 몸으로 일련의 소리를 크 게 재생산해야만 한다. 신체는 제국적 거대 결연점의 톱니바퀴, 초월적 힘은 공명실幸, 청각적 내부화의 강제되고 동질화된 도구가 된다. 그렇 기에 모든 구문론적 혁신, 질서 잡기, 또한 어디서, 왜, 어떻게 글을 쓰는 지의 정치적 요동은 읽는 눈을 위한 일차적 조건이 된다. 이 조건 하에 서 읽는 눈은 씌어 있는 것을 말할 수 있다.

음성실천과 기록실천이 의미에 종속됨

이러한 상호적 종속의 세 번째 면모는 음성실천과 기록실천 모두 제3의 차원, 즉 의미에 종속된다는 것이다. 르루아 구랑이 쓰듯이, 음성실천과 기록실천은 상호적으로 종속되지만, 그러면서 새로운 종류의 '균형' 또 는 '조응'을 성취한다.[9] 이 새로운 균형은 이 둘과 둘의 점점 더 고정되거 나 구속되는 관계 사이에서 일어나는 자율성의 상호적 상실이다. 음성 실천과 기록실천은 같은 뫼비우스 띠의 두 면이 된다.

달리 말하자면, 음성실천과 기록실천은 불연속적 등질적 자기동일성 이라는 효과를 생산한다. 이것은 미리 쓰인 말하기로 생산되는 소리 운 동과 몸짓 운동의 이질적 조합에 대비된다. 음성실천과 기록실천 사이 의 이 새로운 균형은 다른 두 종속을 조응하고 분배하는 제3의 종속에 의해 성취된다. 그것은 의미, 사고, 또는 높은 곳에서 오는 소리 없는 초 월적 목소리에 대한 종속이다. 이 지점에서 들뢰즈와 가타리를 길게 인 용할 가치가 있다.

원시사회가 구술적인 것은 그들이 기록 체계를 결여하기 때문이 아니 다. 반대로, 이 사회의 기록 체계가 목소리에 독립적이기 때문이다. 그것은 기호를 신체에 표시하는데, 이 신체는 목소리에 응답하고 목소리에 반응하지만, 자율적이며 그 기호에 자신을 맞추지 않는다. 반대로, 이방인의 문명은 문자적이었다. 목소리가 상실되었기 때문이 아니라, 기록 체계가 독립성 및 자기 독자적 차원을 잃었기 때문, 그것이 목소리에 자신을 맞추기 때문, 목소리에 종속되었기 때문이다. 이러한 종속은, 기록 체계가 탈영토화된 추상적 유동을 목소리로부터 추출할 수 있게 해 주었다. 기록 체계는 이 유동을 보존하고, 이 유동이 글쓰기의 선적 부호 속에서 울리게끔 한다. 한 마디로, 하나의 같은 움직임 속에서 기록실천은 목소리에 의존하기 시작하고, 높은 곳으로부터 또는 저편으로부터 소리 없는 목소리를 유도하는데, 이 목소리는 기록실천에 의존하기 시작한다. 글쓰기는 자신을 목소리에 종속시킴으로써 그것을 대체한다.[10]

여기에서 일어나는 역전은 놀랍다. 상호적 종속은 기록실천을 음소에 묶고 또 음소를 기록실천에 구속시키는 것이 아니다. 그것은 둘 모두를 새로운 쓰인 또는 '소리 없는' 목소리에 구속시킨다. 이 목소리는 글을 읽는 동안 우리의 머리와 몸 속에서 일어난다. 글쓰기가 승리하는 것은 정확히, 자신을 목소리에 종속시킴으로써이며, 동시에 글쓰기는 목소리를 대체하는데, 이는 말하지 않고서 음소를 말하는 소리 없는 목소리를 창조함으로써. 말하기가 운동을 통해서만 실현할 수 있는 것을 글쓰기는 한순간에 실현한다.

표음적 글쓰기는 절대적으로 영원한 무음의 말하기가 된다—구체적 말하기와 구체적 기록실천은 오직 한순간에만 그것이 될 수 있으며, 결코 한순간에 전적으로 모두 획득하지는 못한다. 기록적 부호의 상대적 부동성은 이제 음성적 부동성도 떠맡는다. 둘은 우리가 '의미'라고 부를 수 있는 제3의 차원에서 합쳐진다. 글쓰기 장치 전체는 의미 속에서의 말해진 말과 쓰인 말의 동일성에 의존한다. 둘은 같은 것을 의미해야만

한다. 그렇지 않으면 전체 체계가 산산조각난다. 더 나아가, 글쓰기가 근거하는 믿음은 어떻게, 언제, 어디서, 누가 쓰는지와 무관하게 단어의 의미가 또한 같은 것으로 유지되어야 한다는 믿음이다. 즉, 반복가능성 이다. 단어의 모든 구체적 규정은 그 단어의 의미를 근본적으로 변경해 서는 안 된다. 이러한 방식으로 의미는 음성기호와 시각기호 사이의 상호적 종속 사이의 조응적 힘이 된다.

동적 분석

이러한 상호적 종속으로부터 두 가지 중요한 동[動]기록적 귀결이 따라 나온다. 첫 번째 것은 동기록적 거대 결연점의 출현이다. 동적으로 볼 때, 거대 결연점은 구체적 물질적 결연점이다. 그러나 그 원주적 확장은 순환 전반에 걸쳐 어디에나 나타나며, 그렇기에 순환 속에서 특정하게는 어디에도 나타나지 않는다. 글쓰기의 경우, 이 거대 결연점은 이러한 역설적으로 들리는 추상적 정의를 받아들인다. 그것은 첫 번째로는, 토큰들의 구체적 중심화 축적으로 정의된다. 다음으로 토큰들이 제거된 후에는, 모든 종류의 대상을 담고 있지만 특정하게는 어떤 구체적 대상도 포함하지 않는 텅 빈 중심으로 정의된다. 대부분의 고대 도시의 내부 사원과 성소처럼 중심이 숨겨져 있는 한에서, 어떤 것도 내부에 있을 수 있었다. 추상은 폐쇄된 중심화의 물질적–동적 효과다. 폐쇄된 중심화를 발견할 때마다, 이러저러한 종류의 추상의 출현도 발견한다.

그러나 동적 관점에서 볼 때 이러한 추상들은 자신의 신체화된 실천 너머에서는 어떠한 형이상학적 지위도 가지지 않는다. 추상들은 물웅 덩이 표면에 떠다니는 이미지와 같다. 그것이 자율적 실재를 가지고 있다는 착각을 나르키소스처럼 우리도 범한다면, 우리는 그것이 실존하는 바탕이 되는 물의 아름다움, 모빌리티, 물질성을 망각한다. 그렇다면 동적 관점에서 볼 때 설명되어야 할 것은 정확히, 그러한 이미지들이 어떻게 그것을 조건 짓는 물질적-동적 체제의 효과이냐는 것이다.

이 모든 것은 서판을 통해 성취되었다. 그러나 표음 알파벳은 서판을 전제했고 그것과 함께 시작됐다. 모든 것이면서 특정한 어떤 것도 아닌 추상들이 어두운 구 안에 있다는 믿음은 또한 다음과 같은 보충들을 받아들인다는 것이다.

① 추상 같은 사물이 있다면, 그것은 창조되었을 수 없다. 그것이 창조되었더라면, 그것은 어떤 특수자에 의해 창조되었어야 할 텐데, 어떤 특수자가 그것을 창조했다면, 창조자는 어떤 특수자를 창조했을 것이기 때문이다. 그러나 추상은 그 특수성으로 환원될 수 없기 때문에, 그것은 특수자에 의해 특수자로서 창조되었을 수 없다.

② 또한, 추상들은 특수하지 않으므로 어떤 특수한 장소에 실존할 수 없으며, 일반적 모든 장소에 실존하고 특수한 어떤 장소에도 실존하지 않는다는 것이 따라 나온다. 같은 이유로, 추상은 부동적이라는 것이 따라 나온다. 연장적 움직임은 공간적 위치를 전제하기 때문이다.

③ 더 나아가, 추상들은 자신의 자기동일성을 위반하고 모순을 생산하지 않고서는 자신의 본성을 바꾸지 못한다.

④ 마지막으로, 추상들이 창조되지 않았다면, 그것은 파괴될 수도 없다. 정의에 따라 그것은 영원하다. 다른 것은 영원하지 않은 반면에 추상들은 영원하다면, 추상들은 저 다른 것들과의 관계에서 우주론적으로 일차적이다. 더 나아가, 추상들이 우주론적으로 일차적이라면, 이 추상들은 영원하지 않은 존재의 창조에 선행해야 하고, 저 창조에 인과적으로 책임이 있다.

표음 알파벳이 작동하면, 그것은 추상적 의미의 자기동일적이고, 반복 가능하고, 부동적이고, 변경 불가능하고, 영원한 본성을 전제해야 한다. 기록실천과 음성실천의 서로에 대한 상호적 종속을 조응시키는 것이 추상적 의미이기 때문이다. 예를 들어, 쓰인 단어 '양'이 말해진 단어 '양'과 다른 의미를 가졌더라면, 상호적 종속은 없었을 것이다. 글쓰기가 이러한 조응에 의존한다면, 그것은 의미의 실존에 의존한다. 그것이 의미의 실존에 의존한다면, 그것은 추상에 대한 믿음에 의존한다. 그것이 추상에 대한 믿음에 의존한다면, 그것은 추상이 영원하고, 창조되지 않았고, 그렇기에, 조응되고 있는 특수한 기록소grapheme 및 음소와 관련하여 존재론적으로 일차적인 것임을 가정한다. 한 마디로, 조응시키는 힘 또는 의미가 있다면, 그것은 추상적인 것으로서, 존재론적으로 일차적이어야 하며, 그렇기에 그것을 모든 주어진 사례에서 표출시키는 구체적 특수 소리와 몸짓을 창조해야 한다.

어두운 구의 심부에서 일어나는 구심적 축적으로부터, 구체적 기호의 창조 속에서 추상적 중심으로부터 바깥을 향하는 원심적 방사로의 동적 역전이 이제 완료되었다. 중심 산물은 이제 원심적 생산자가 되었다. 추상적 의미는 이제 재생산되고, 재구조화되고, 단독적 동기록적 결정타를 통해 구체적인 모든 음성기록실천의 순환을 종속시켰다. 이 종속은 영원성과 신에 대한 동시대의 우주론적 기술과 완벽하게 조응한다.

표음 알파벳의 두 번째 동†기록적 귀결은 의미의 원심적 분배다. 이 마지막 움직임에서 우리는 마침내 동적 동시성, 고대 우주론의 역사, 글쓰기의 출현, 존재를 일차적으로 영원성으로 규정함을 볼 수 있다. 이는, 우주론적 기술과 기입 양쪽이 추상자와 특수자 사이의 같은 문제적 대립과 마주치기 때문에 가능하다. 해럴드 이니스는 이렇게 말한다. "글쓰기는 신화적 과거와 역사적 과거, 친숙한 창조와 낯선 창조를 평가할 수 있게 만들었다. 사물의 관념은 사물로부터 분화되었다. 이러한 이원론은 사유 및 화해를 요구했다. 삶은 영원한 우주와 대비되었고, 개별자를 보편적 영혼과 화해시키려는 시도가 이루어졌다."[11]

글쓰기와 우주론

이 마지막 편의 논증은, 이러한 영원자와 특수자(신과 인간, 의미와 글쓰기) 사이의 소위 화해는 근본적으로 동적인 형태, 즉 구형 순환의 형태를 띠었다는 것이다. 이는 이전 장들의 우주론에서 이미 드러났다. 이제 우리가 볼 것은, 추상적 의미와 구체적 글쓰기/말하기 사이의 점점 커지는 기록적 긴장을 화해시키기 위해 어떻게 비슷한 작동이 도입되었느냐는 것이다.

그리스철학

플라톤의 《파이드로스》는 이러한 긴장과 이 긴장의 동적 차원에 대한 핵심 증명으로 남아 있다. 이 대화에서 소크라테스는 글쓰기를 파이드로스에게 다음과 같은 방식으로 기술한다.

> 자네도 알겠지, 파이드로스. 글쓰기는 그림 그리기와 이상한 특성을 공유하지. 그림 후손들은 마치 자신이 살아 있는 양 저기에 서 있지. 하지만 누군가가 그들에게 무언가를 묻는다면, 그들은 대부분 **엄숙한 침묵**을 유지한다네. 이 점이 쓰인 말의 경우에도 참일세. 쓰인 말이 어떤 지성을 가지고 있기라도 한 양, 자네는 쓰인 말이 말을 한다고 생각하겠지. 그러나 더 많이 배우고 싶은 마음에 방금 말해진 것에 관해 질문한다면, 쓰인 말은 **저 같은 것을 영원히 의미하기를 계속한다네. 그것이 일단 쓰이고 나면, 모든 토의가 모든 곳을 배회하며,** 지성을 가진 사람에게나 지성과 무관한 사람에게나 무차별적으로 도달하네. 그것은 누구에게 말해야 하고 누구에게 말하지 않아야 하는지를 모르는 것이지. 그리고 그것이 부당하게 비난 받고 공격 받는다

면, **그것은 언제나 아버지의 지원을 필요로 하네.** 쓰인 말은 혼자서는 자신을 방어하지도, 자기 자신을 지원하지도 못하니 말이야.[12]

여기에는 글쓰기의 몇 가지 중요한 면모들이 기술되어 있다. 첫째, 글쓰기의 근본적으로 동적인 구조에 주의하는 것은 중요하다. 그것은 본래 의미로부터 멀리서, 모든 곳을 배회한다. 문자 그대로 그렇다. 글쓰기의 출현의 가장 중요한 면모 중 하나가, 이전에는 지상에서 본 적이 없는 소통의 놀라운 모빌리티를 허용한 것이라 해도 과언이 아닐 것이다. 글쓰기는 말하기에 비해 엄청나게 큰 범위와 모빌리티를 가진다. 글쓰기의 모빌리티로 인해, 실제로 글쓰기는 더 많은 장소에서 더 많은 청중에게 발언한다.

그것이 정확히, 소크라테스가 글쓰기에서 본 문제다. 그것은 너무 이동적이다! 역사적으로 볼 때, 기입에 저자의 의미를 준 것은 어두운 사원과 성에 있는 중심적 사제, 왕, 필사가들이었다. 그런데 글쓰기는 구체적 기입이 저 저자의 의미라는 중심 원천으로부터 너무 멀리까지 떠도는 것을 허용한다. 다른 한편으로, 말의 의미는 전적으로 소리 없고 영원하다. 영원하고, 침묵하고, 부동적인 의미와 구체적인 이동적 글쓰기 사이의 긴장은 극적으로 명확하다.

더 나아가, 소크라테스에 따르면 글쓰기는 자기 혼자서는 무방비하며 언제나 아버지를 필요로 한다. 이 구절은 재현적 은유로 읽기 쉽다. 그러나 이 점의 역사성 및 우주론적 맥락을 무시하는 것은 잘못이다. 글쓰기의 아버지는 자기 정신으로부터 글을 창조해 낸 '의미'에 불과한 것이 아니다. 소크라테스의 우주론에서 이 창조는 상당히 문자 그대로다. 남성 신(어머니나 아내 없는 아버지)은 구의 중심에 있는 영원한 제작자다. 그는 움직이는 주변을 향해 외향적으로 원심적으로 방사한다.

글쓰기와 우주론 사이의 평행관계는 이 지점에서 수렴한다. 자신의 회전하는 구의 중심에서 신은 자기 정신을 통해 그의 회전하는 주변을 향해 외향적으로 원심적으로 창조를 한다. 앞 장에서 보았듯이, 그의 영원성은 이러한 이동적이고 변이 가능한 창조와 화해된다. 구의 중심은 회전하면서도 움직이지 않기 때문이다. 하나의 단독적 구, 하나의 영원한 운동만 있고, 움직이는 한 부분이 있고 운동 없이 남아 있는 한 부분이 있다. 그렇기에 역설은 없다. 이 같은 영원한 신이, 세계 속의 변이 불가능한 영원한 관념과 의미를 모두 창조하는 데에 책임이 있는 자다. 저 관념과 의미가 구체적 음소와 기록소의 상호 종속을 조응시킨다. 그러므로 신, 그리고 영원한 의미에 대한 그의 창조는 우주적 구의 중심에 거주한다. 반면에 인간이 만든 구체적 쓰인 말과 소리는 변두리에서 정도를 벗어나 무차별적으로 떠돈다.

회전하는 구의 중심에서 신은 초월적 눈처럼 기능한다. 이 눈은 그를 변화시키거나 그의—정의상 변경될 수도 움직여질 수도 없는—영원한 본질을 변경시킬 수 있는 방식으로 그의 창조를 건드리지도, 그의 창조에 의해 건드려지지도 않고서, 시각을 방사한다. 그러므로 소크라테스의 신은 에이도스_{eidos}에* 따라서 창조한다. 이 말의 원시 인도유럽어 어근은 weid-, '보다', '알다'이다. 이는 글쓰기가 시각에, 그리고 소리 없는 목소리로 이루어지는 사유에 동적 특권을 부여하는 것과 같은 방식이다. 시각과 지식은 둘 다 멀리서 일어난다. 구의 부동적 중심이 바라보면서 모든 원주를 따라 확장되지만, 모든 원주에 흡수되지도 그것으로 환원되지도 않음과 마찬가지다. 신의 부동적 눈은 스스로는 움직이지 않으면서 모든 것의 움직임을 주시한다. 이는 정적 의미가 움직이지도 변화하지도 않으면서, 이동적으로 쓰인 텍스트를 조직화하고 분배하는

---

* 본래는 '형상', '보이는 모습'을 뜻하는 그리스어. 플라톤은 이 말로 영원히 변하지 않는 추상적이고 보편적인 본질을 뜻했다.

것과 마찬가지다.

이러한 방식으로 고대 지식 모델은 또한 영원성의 동현상에 근거한다. 지식은 변화하지 않는 것이다. 그것은 정적 본질, 움직여지지 않는 운동, 말해지지 않은 목소리, 창조되지 않은 창조자에 대한 지식이다. 그러나 그것이 가진 부동성을 향한 야망에도 불구하고, 이러한 종류의 지식 및 영원성의 구조는 근본적으로 동적이다. 그것이 수록 표면이라는 외부/주변에 새겨진 토큰, 각인, 구체적 기호로서 출현하는 것은, 어두운 구로부터 외향적으로 방사되는 원심적 운동으로부터이기 때문이다.

더 나아가 지식은 여전히, 쓰인 말의 모빌리티를 바라보는 시각의 동태에 의존한다. 의미는 비가시적일 수 있지만, 여전히 기록적 기입과 시각의 구체적 동적 행위 없이는 알려질 수 없다. 말하기는 소리와 몸짓을 공명하며 움직이는 신체에 모으고 축적하기 때문에 구심적인 반면, 글쓰기는 원심적이다. 글쓰기는 이러한 감각들의 구심적 축적을 전제하기 때문이고, 또한 비가시적 시선이 바라보는 외부 수록 표면 위의 단독적 가시적 이미지로서, 신체로부터 바깥을 향해 도로 방사되기 때문이다. 신체는 얼굴과 손의 상호적 자율성 속에 있는 음성실천과 기록실천 사이의 이질성을 허용한다. 반면에, 쓰인 말은 단독적 **시각적 이미지** 속에서 상호적 종속을 강제한다.

시각적 이미지는 음성실천과 기록실천을 묶는다. 그러나 그것은 또한 내부와 외부 사이, 보는 자와 보이는 것 사이, 중심과 주변 사이에서 일어나는 음성기록적 순환의 이분화도 생산한다. 듣기-말하기 짝은 화자와 청자의 신체 양쪽에서 일어나는 구심적 공명으로 작동한다. 반면에 보기-글쓰기 짝은 쓰인 말에 의해 자신은 보이지 않으면서도 신체 외부에 쓰인 말을 보는 눈으로부터 원심적으로 방사됨으로써 작동한다. 이는 세계 속에서 움직이고 변화하는 것(쓰인 텍스트)과 텍스트의 보편적 가시성/가지성을 조직화하는 불변의 의미 사이의 동動기록적 비대칭을 생산한다.

앞 장에서 언급했듯이, 이러한 외견적 존재론적 분할이 초기 그리스 철학에서 해결된 것은 구의 회전을 통해서다. 남아 있는 단편들 및 저작에 대한 《증언록》에 있는 명시적 논의는 직접적으로 영원한 존재와 필멸의 존재의 우주론적 문제를 다루지만, 같은 해법이 글쓰기에도 사용될 수 있다. 글쓰기가 추상적이고 영원한 왕국을 요청하며, 또한 구체적 음성기록적 왕국을 요청하는 한에서 그렇다. 그러므로 우리는 다음과 같은 종합의 공식으로 플라톤의 글쓰기 문제를 풀 수 있다. 이 공식은 플라톤이 《파이드로스》에서 해법을 명시적으로 제시할 때까지 있었던 수많은 그리스 철학자들로부터 추출한 것이다. 운동 없는 영원한 의미와 이동적인 유한한 음성기록실천 사이에는 모순도, 존재론적 나눔도 없다. 존재란, 주변은 회전하면서 중심은 움직여지지 않은 채로 머무르는 회전하는 구이기 때문이다. 신성하고 영원한 신이 자신의 부동적 구의 중심으로부터 모든 존재를 창조했듯이, 글쓰기를 낳은 추상적 의미 또한 저 중심에 거주한다. 구가 회전하는 동안, 중심은 운동 없고 변화 없는 채로 머무르나, 구체적 소리와 기록적 기입의 변두리는 움직인다.

우리는 이제 우주기록적 항들의 동적 공동결연의 다음과 같은 계열을 생산할 수 있다. 의미가 추상이라면, 그것은 영원하다. 그것이 영원하다면, 그것은 움직여지지 않는다. 그것이 움직여지지 않는다면, 그것은 비물질적이다. 그것이 비물질적이라면, 그것은 엄숙하게 침묵하며 비가시적이다. 그것이 이 모든 것이라면, 그것은 신, 일자一者, 구형 신, 움직여지지 않는 움직이는 자와 같은 정의를 가진다. 표음적인 쓰인 언어는 그렇기에 구의 우주론과 동적으로 공명한다.

메소포타미아

모든 주요 고대 우주론은 동動기록적 기입의 비슷한 원심적 설명을 기술한다. 다른 분야에서와 마찬가지로, 플라톤은 메소포타미아와 셈족 종교까지 거슬러 가는 훨씬 오래된 현상에 대한 훌륭하고 시적인 종합을 제공한다. 두 경우 모두에서 우리가 볼 수 있는 것은, 글쓰기가 점점 더 원심적이 되는 운동을 도입하는 것, 의미의 초월적 또는 비가시적 중심을 이동적이고 내재적인 주변을 향해 바깥쪽으로 움직이는 것이다.

예를 들어, 수메르에서 공기/숨결의 신 엔릴의 역사적 출현과 우위가 행한 것은 앞 장들에서 보았듯이 우주론적 역할만이 아니다. 그것은 동動기록적 역할이기도 했다. 이는 추상적 상형기호 글쓰기의 출현과 같은 시기, 기원전 3200년경에 출현했다.[13] "엔릴의 등장과 함께, 창조는 더 이상 어머니로부터의 출생으로 상상되지 않고, '말'이 만물을 존재 속으로 말하여 넣는 것으로 상상된다."[14]

> 그대의 말—그것은 식물이다, 그대의 말—그것은 곡물이다,
> 그대의 말은 범람하는 물, 온 땅의 생명이다.[15]

엔릴의 말은 더 이상 신체의 신체화된 몸짓 말이 아니다. 그것은 성스러운 산의 꼭대기로부터 바깥쪽으로 아래로 방사되는 공기 또는 하늘의 소리 없고 탈신체화된 목소리다. 수메르 신화에서 엔릴이 출현했을 때부터, 그는 "모든 신들의 아버지", "하늘과 땅의 왕", "온 땅의 왕"으로 알려졌다.[16] 엔릴은 중심으로부터 창조하는데, 신체적 재생산을 통해서가 아니라 의미를 통해서 창조한다. 그는 생물학적 아버지가 아니고, 그의 **말**로 창조하는 일종의 신성한 아버지 제작자다.

그러나 그가 그 공기 같은 초월을 유지하기 위해서, 그의 말은 구체적 동動기록적 구조를 가져야 한다. 그의 말은 그 말이 곡물이나 물로서 나타나게 하는 구체적 기록적 실존을 가져야 한다. 그러나 그것은 또한 '곡물'이나 '물' 같은 말해진 이름 속에서 구체적 음성적 실존도 가져야 한

다. 이 두 차원에 더하여, 그의 말은 세 번째 차원도 가져야 한다. 그것은 신 엔릴의 소리 없는 목소리로 말해진 신성하고 의미 있는 말로서의 초월이다. 모든 사람의 말이 곡물은 아니다. 엔릴의 목소리 또는 숨결은 엔릴과 마찬가지로 모든 구체적 표현을 초월하며, 그래서 그는 다시 창조할 수 있다. 식물이 죽어도 그의 목소리는 죽지 않는다. 그의 목소리는 소리 없는 목소리, 침묵의 말, 순수 의미이기 때문이다.

이전의 구술 문화에서 침묵의 말이란 말이 되지 않는다. 말은 말의 음성기록적 표현과 절대적으로 묶여 있기 때문이다. 침묵의 말은 사유, 추상적 의미, 구체자 속에서 그리고 위에서 일어나는 목소리, 초월적 내적 숨결-영혼-목소리다. 엔릴과 함께, 이러한 높은 곳에서 내려오는 소리 없는 목소리는 원심적으로 창조한다. 이는 추상적 의미가 음성적 요소와 기록적 요소를 상호적으로 종속시킴과 마찬가지다. 여기에서 우주론적 운동과 동▲기록적 운동은 같은 원심적 체제의 부분이다.

셈족 종교

히브리 성서의 야훼의 창조적 목소리도 같은 동▲기록적 운동을 기술한다. 추상적 · 초월적 중심으로서 야훼는 히브리 성서에 가시적으로 등장하지 않는다. 그는 그의 '목소리'로 창조한다. "그리고 신이 말하자 …." 그러나 영원성의 말하기는 더 이상 소리가 몸짓 신체로 구심적으로 축적되는 데에서 오지 않는다. 오히려 영원한 말하기는 이제 탈신체화된 중심으로서부터 외향적 · 하향적으로 방사된다. 축적된 음성실천과 기록실천의 동등성과 결합 대신에, 이제는 영원하고 들리지 않고 보이지 않는 표현, 소리 없는 목소리가 있다. 공명할 신체가 없기 때문이다. 한때 서로 연결되어 있던 물질적 소리와 신체는 이제 소급적 기원이 된 영원한 의미에 종속된다. 영원하고 창조적인 의미의 출현과 함께, 구체적 소리와 신체는 신의 영원하고 창조적인 힘을 그저 재현하거나 의미할 뿐인 산물 또는 기호가 된다.

보라, 주가 지나갔다. 크고 강한 바람이 산을 갈랐고, 주 앞에서 바위를 조각냈다. 그러나 주는 바람 안에 있지 않았다. 바람 다음에는 지진이었다. 그러나 주는 지진 안에도 있지 않았다.

지진 다음에는 불이었다. 그러나 주는 불 안에도 있지 않았다. 불 다음에는 조용하고 작은 목소리였다.[17]

신은 어떤 것으로도 구체적으로 신체화되지 않는다. 그저 "조용하고 작은 목소리"를 가질 뿐이다. 말하기는 움직임, 신체 속에서의 공명이다. 부동의 말하기는 역설이다. 그것은 말하기가 아닌 말하기, 목소리가 아닌 목소리다. 그것은 아무 곳에서도 오지 않으면서 모든 곳에서 오는, 원심적 방사를 통해 변두리를 형성하는 원의 중심 같은 "높은 곳에서" 오는, "소리 없는 목소리"다. 그것은 마치 우리가 말하는 자의 구 속으로부터 신의 목소리를 듣는 것 같다. 모세는 백성들에게 말했다.

그대들은 가까이 왔고 산 아래 섰다. 하늘 중간의 불로, 어둠, 구름, 두꺼운 어둠으로, 산은 불탔다.

그리고 주가 불 한가운데서 그대들에게 말씀하셨다. 그대들은 말하는 목소리를 보았지만, 닮은 것은 보지 못했다. 그대들은 목소리를 듣기만 했다.[18]

"신은 산 꼭대기로부터, 구름, 불, 번개, 폭풍, 바람, 천둥으로부터 말한다. 그것은 그 이전의 셈족과 아리아족의 신들, 수메르의 엔릴, 바빌론의 마르두크, 가나안의 신 엘El 및 바알Baal과 마찬가지다."[19]

신은 창조를 "말한다." 그 후 그것이 좋음을 "본다." 신의 말하기가 말해지지 않음과 마찬가지로, 그의 봄도 보이지 않는다. 그의 봄은 그의 관점을 제한할 것인 "어떤 곳으로부터"의 봄이 아니다. 그것은 자신은 보이지 않으면서 모든 것을 보는 절대적이고 수직적인 중심으로부터의 봄이다. 그것은 모든 곳으로부터 모든 것을 본다.

신의 영원한 형태는 또한 재현 가능한 시공간적 이미지를 가지지 않는다.

> 그러므로 너희는 자신을 잘 주의하라. 호렙 산에서 불 가운데에서 너희에게 주께서 말씀하신 날과 비슷한 것을 너희는 보지 못했기 때문이다.
>
> 너희가 너희를 타락시켜서, 너희에게 새긴 이미지, 어떤 형상과 비슷한 것, 남자나 여자를 닮은 것을 만들지 말라.
>
> 너희는 너희의 눈을 들어 하늘을 보고, 너희가 태양, 달, 별, 심지어 하늘의 모든 주인을 볼 때, 그들을 경배하여 섬기지 않도록 하라. 그들은 주 너희의 신이 온 하늘 아래에 있는 모든 민족에 나누어 준 것이다.[20]
>
> 그리고 너희는 내 앞에 다른 신을 가지지 않아야 한다.
>
> 너희는 어떤 새겨진 이미지, 또는 하늘 위나 땅 아래나 땅 밑 물 속에 있는 어떤 것과 닮은 어떤 것도 너희에게 만들어서는 안 된다.[21]

신은 지상이나 하늘에서 발견될 수 있는 어떠한 재현 가능한 이미지도 갖지 않을 뿐 아니라, 그의 존재는 어떠한 구체적인 이미지도 초월하기 때문에, 그의 이름을 말하거나 그의 얼굴을 보기 위해 어떤 종류의 이미지나 소리를 만드는 것도 불경한 일이다. 모세가 그에게 이름을 묻자, 야훼는 이렇게 대답한다. "나는 나인 자다. … 그러므로 너는 이스라엘의 아이들에게, 나인 자가 나를 너희에게 보냈다고 말하라."[22] 일단 구체적 중심이 희생되자, 모든 진술 너머의 순수 존재밖에 남지 않게 되었다. 그것은 그 위치에 관한 모든 가능한 추산 너머에 있는 한정되지 않은 중심이다. "문자 형태로 볼 때, 저 이름(야훼)는 네 개의 히브리 자음을 통해 표현된다. 그러나 어원적으로 볼 때, 그것은 '존재하다'라는 뜻, 또한 '숨 쉬다'라는 뜻도 가지는 동사의 변용이다."[23] 그러므로 숨결, 바람, 연기, 불은 모두 야훼의 순수 영원 존재에 가장 가까운 물리적 기호가 된다.

> 누가 구름으로 자기 전차를 만들었느냐. 누가 바람의 날개 위를 걸었느냐. 누가 그의 천사들의 혼을 만들었느냐. 그의 참모로 이글대는 불을 만들었느냐.[24]

야훼는 또한 신적 제작자다. 그는 출생을 통해 창조하지 않고, 그의 탈신체화된 사유를 통해서 만든다. 이는 《에누마 엘리시》의 에아와 비슷하다. 그의 이름은 '정신'과 '제작'을 뜻한다. 정신의 제작은 결코 둔해지거나 나이 들지 않고, 영원히 창조적인 채로 머무르며, 그것이 창조하는 것에 의해 변화되지 않는다. 그러나 에아나 마르두크와 달리, 야훼는 흔적을 남기거나 자신의 피조물에 영향 받을 수 있는 인간형상적 형태, 술어, 속성을 전혀 가지지 않는다. 야훼는 아무 도구도, 아무 신도 필요로 하지 않는다. 그의 탈신체화된 목소리와 봄(사고/의미)은 충분한 창조력을 가진다.

맺음말

이로써 영원성으로서의 존재 및 그 원심적 운동 체제에 대한 2부의 동적 분석을 끝맺는다. 그러나 역사적으로, 로마제국의 몰락과 함께 이 체제는 기울기 시작한다. 서기 5세기에서 17세기에 이르는 동안 새로운 운동 체제가 존재론적 지배권을 획득하기 시작한다. 이는 3부 〈존재와 힘〉에서 논의할 것이다.

3부

존재와 힘

I

키노스

23장
장력적 운동

기원후 5세기경 로마제국이 쇠퇴하고 서구에서 정치적 권력이 점점 더 탈중심화됨에 따라, 새로운 운동 체제가 강력해지기 시작했다. 그것은 장력적 힘tensional force이다.

　3부의 과제는 힘의 동적 개념을 창조하고, 이것이 서구에서 역사적이고 지배적으로 출현하게 된 신학적(기술적) 조건과 동動기록적(기입적) 조건을 설명하는 것이다. 3부가 논하는 바는, 존재를 힘으로서 신학적으로 기술하는 것 및 서책 또는 책을 동動기록적으로 발명한 것이 장력적 운동의 같은 동적 체제의 두 가지 표현이라는 것이다. 이 체제는 내가 긴 '중세'라고 부르는 때에 두각을 드러냈다. 이 시대에 존재는 일차적으로 그것의 **힘**force 또는 **능력**power에 의해 정의된다. 더 나은 용어가 없기 때문에, 그리고 동적 체제의 유형의 관점에서 보아서, 이제부터 '중세'라는 명칭은 중세, 르네상스, 근대 초기를 포괄하는 긴 시대를 지칭할 것이다. 이 시대들은 여러 가지 방식으로 상이하지만, 여기에서는 고대 및 근대와 구별되는 이 시대들이 가진 신학교에 초점을 맞출 것이다.

　고대에 존재를 영원한 것으로서 기술한 것에 더하여, 중세 세계는 새로운 기술을 추가했으며, 이 기술은 이 긴 역사적 시대의 과정을 거쳐 더욱더 지배적이 되었다. 이 기술은 힘이다. 공간 및 영원성과 비슷하게, 존재를 힘으로 기술하는 것은, 왜 사물이 움직이는지를 설명하려는 시도였다. 그러나 베르그송이 쓰듯이, 공간 및 영원성과 마찬가지로 힘도 "그것이 공간 속에서 생산한다고 가정되는 움직임에 의해서만 알려지고 측정된다. … 〔그러나 힘은〕 이러한 움직임과 하나다."[1] 상이한 움직임 유형 배후의 비밀스러운 원인 또는 "원격 작용"은 없다. 니체는 "힘이 증명된 적이 있었던가"라고 묻고는, "없다, 효과만이 완전히 낯선 언어로 번역되었을 뿐이다"라고 대답한다.[2] 그렇기에 힘은 그것을 구성하는 운동에 전적으로 내재적으로 머무르지만, 형이상학의 언어로—인과성, 임페투스impetus, 코나투스conatus 등등으로 번역된다. 그러므로 공간과 영원성의 앞선 동적 개념에 더하여, 이제 우리는 우리의 성장해 가는 역사적 운동존재론에 장력적 운동으로서의 힘의 동적 이론을 추가한다.

3부는 세 편으로 되어 있다. 첫 번째 편은 장력적 운동으로서의 힘에 대한 엄격하게 **동현상학적**인 이론을 제공한다. 두 번째 편은 이 시대의 신학적 글이 제공하는 힘의 역사적으로 **기술적인** 특성에 대한 동적 분석을 제공한다. 세 번째 편은 이러한 기술들이 기입된, **기입**의 역사적 테크놀로지(책)에 대한 동적 분석을 제공한다.

힘의 동현상학

본 장은 존재를 힘으로 정의하는 장력적 운동에 대한 순수 동현상학적 이론을 제공한다. 본 장의 테제는, 역동적 존재가 물질적·동적 장력적 운동에 의해 정의된다는 것이다. 힘의 동적 개념은 세 가지 주요 동적 요소를 지닌다. 그것은 장력적 운동, 삼각화, 관계다.

장력적 운동

첫 번째 동적 요소는 장력적 운동이다. 동적으로, 장력적 운동은 하나의 강체 연계rigid link에 의해 함께 묶인 최소한 두 접힘으로 창조되는 운동이다.[3] 강체 연계는 이 접힘들을 합쳐 두면서 떼어 놓는다. 이는 접힘들의 운동을 탈중심화하면서 동시에 강화한다. 둘 이상의 접힘은 자기 고유의 운동 형태를 가진 상대적으로 자율적인 중심이나, 이것들의 움직임은 연계의 장력에 의해 합쳐지기 때문에, 한쪽의 운동은 언제나 다른 쪽의 운동에 의해 제약된다. 장력적 운동은 다른 쪽 운동에 의해 비탄력적으로 상대화된다. 이것은 인간 팔의 움직임으로 예화될 수 있다.[4] 인간의 팔은 몇 개의 뼈 연계로 연결된 몇 개의 방사적 관절로 합성되어 있다. 각각의 구체 관절은 고유의 궤도를 고유의 자유도를 가지고서 회전하는 반면, 이 관절들 사이의 강체 연계는 이 관절들의 움직임을 탈중심화시키면서 또한 강화한다.

장력적 운동, 강체적 운동, 또는 연계된 운동은 둘 이상의 순환 사이의 강체적 또는 비탄력적 연결 또는 관계에 의해 정의된다. 공동결연은 접힘 사이의 관계만을 가리키고, 매듭은 장들 사이의 조응된 또는 공유된 감응만을 다룬다. 반면에 연계된 운동은, 이것들을 연계하면서 동시에 떼어 놓는 제3의 흐름으로 함께 연결된 순환 체제를 다룬다.

운동을 별개의 체제들로 모았던 이미 수립된 순환들 사이의 연결에 장력적 운동이 의존하는 한, 이 운동은 구심적 운동을 전제한다. 더 나아가, 장력적 운동은 이 구심적 움직임이 충분히 큰 중심을 생산하여, 운동을 지역적 축적을 넘어 외향적으로 재유도하고, 그리하여 연결하는 흐름이 되게끔 하는 것도 전제한다. 장력적 운동이 앞선 두 체제에 더하는 것은 순환의 장들 사이의 비탄력적 연계일 따름이다.

흐름은 본성상 언제나 순환으로부터 새어 나와 다른 순환으로 연결된다. 일단 한 흐름이 한 순환을 탈출하면, 그것은 다른 순환과 연계될 수 있으며, 그리하여 둘 사이의 연계 또는 장력을 생산할 수 있다. 이러한 연계부는 순환들 사이에서 앞뒤로 주기화될 수 있으며 지탱될 수 있다.

이것은 두 순환을 합치면서 떼어 놓고, 순환들을 서로에 대한 종속으로부터 전적으로 해방시키지 않으면서 어느 정도의 통일성과 자율성을 이 순환들에 부여한다. 이러한 의미에서 이 순환들은 공동결연과도, 매듭과도 다르다.

운동의 지배적 형태로서 장력은 원심적 운동의 우주론이 직면했던 중요한 문제를 해결한다. 존재가 단일한 우주적 구이며, 여기에서 운동과 질서는 완벽한 영원한 중심으로부터 완벽하지 않은 필멸적 변두리로 외향적으로 움직인다는 사고는 비순수성의 문제를 도입한다. 구에서 중심과 변두리는 단일한 연속적 존재 속에 통일되어 있으며, 동심구들로서, 차이의 정도 또는 단계로만 구별된다. 문제는, 중심이 변두리로 출현하고 그 역도 일어나므로, 차이의 **정도**에 불과하지 않은 명확한 동위상적 kinotopic 차이를 규정하기가 궁극적으로 힘들어진다는 것이다. 그러므로 옛 원심적 모델은 창조의 중세 신학에 동적 문제를 제기한다. 창조자와 피조물의 차이는 정도의 차이로 기술될 수 없고, 종種의 차이로 기술되어야 한다. 신의 순수 초월은 단계적 차이를 용납하지 않는다.

첫 번째 문제

신의 창조의 첫 번째 문제는 강체 연계 체계에서 동적 해답을 얻는다. 이 체계는 순환적 체제들을 함께 두면서도 별개의 것으로 분리해 둘 수 있다. 예를 들어, 영원한 원심적 순환과 유한한 구심적 순환은 둘을 같은 순환으로 환원하지 않으면서도 함께 잇는 세 번째 흐름을 통해 연결될 수 있다. 그러나 이 순환들의 움직임은 이제 결합적 움직임이다. 모든 순환이 단순히 단일한 중심 주위로 회전하지 않고, 자기 고유의 원심적 또는 구심적 운동을 가지는 다중적 중심들이, 탈중심화되었지만 공유되는 운동 속에서 서로 함께, 그리고 나란히 움직일 수 있다. 그러므로 강체로 또는 장력적으로 연계된 운동은 중심이 단계적 차이를 통해 변두리적으로 출현하지 못하도록 하는데, 그러면서 중심과 변두리가 여전히 같은 연계된 운동에 참여하는 중에 이들을 별개의 장으로 떼어 둔다. 장력적 운동은 적어도 세 가지 별개의 구성 요소로 합성되어 있다.

외부화된 운동 —— 첫 번째 구성 요소는, 외부화된 운동이 너무 멀리 나가서 순환을 탈출한 원심적이고 탈중심화된 흐름이다. 이 흐름이 원심적 운동의 주변에 머무르는 한 이것은 원심적 운동과 구별되지만, 또한 새어 나간 또는 탈출한 흐름으로서 원심적 운동의 부분으로 남아 있다.

내부화된 운동 —— 두 번째 구성 요소는, 이 연결하는 흐름을 구심적으로 수용하는 또는 내부화하는, 그러나 이전의 순환으로 원심적으로 도로 재유도하기도 하는 또 다른 순환이다. 이 순환은 둘 이상의 순환 사이의 상호 연결을 생산하는데, 이들 순환은 각각 어느 정도의 구심적 운동과 원심적 운동을 필요로 한다. 그러나 이러한 상호적 연결이 운동의 대칭성을 필연적으로 수반하는 것은 아니다. 각각의 운동은 연계를 통해 다른 운동을 감응하지만, 어떤 순환은 다른 순환보다 더 크고 더 강력하다. 이를 중세의 역사적-신학적 언어로 표현하자면, 자연의 움직임이 신의 연장된 신체로서의 연계부를 통해 신의 움직임을 변양시킴에도 불구하고, 신은 자연의 창조자로 머무른다.

상호관계적 운동 —— 장력적 운동의 세 번째 구성 요소는 연결하는 또는 상호관계적 흐름 자체다. 연결하는 연계부는 두 순환을 함께 구속하면서 떼어 놓는 구성적 힘이다. 연계하는 흐름의 능력 또는 힘이 없다면, 주어진 동적 장은 다른 순환과 연계될 수 없으며, 그러므로 다른 장과의 —대칭적이든, 비대칭적이든, 타원형이든 간에—동적 관계를 지탱할 역량이 없다.

달리 말하자면, 그것은 창조적 운동 능력으로부터 단절된 채로 있다. 장력적 흐름은 순환들 사이의 창조적이고 조응된 운동을 가능케 한다. 추가적으로, 연계부는 양방향으로 간다. 움직이는 것과 움직여지는 것을 연결하는 연계부는 움직여지는 것이 저 운동을 움직이는 자 자체가 아닌 다른 곳에서 해석하고, 다른 곳에서 내부화하고, 다른 곳으로 재유도할 수 있게 한다. 이는 위계적 권위 관계 속에서 아래를 향해 연결된 존재의 '대사슬'을 가능케 하는 것을 넘어, 사슬 속에 있는 것들이 이 사슬 속에서 수평적으로 조응하여 자신의 운동을 재생산할 수 있게 해 주고, 자신의 존재를—자연적으로든 신적으로든—질서 잡는 '법(법칙)의 힘'을 해석하거나 사색할 수 있게 해 준다.[5]

두 번째 문제

연계된 운동의 이 세 번째 구성 요소는 또 다른 문제를 풀어 준다. 그것은 최초의 운동 문제다. 구를 회전시킬 시초적 또는 최초의 힘 또는 능력이 없다면, 정적 중심과 동적 변두리 사이의 비대칭적 동적 관계가 불가능하다. 첫 번째 운동이 없다면, 변두리는 움직이지 않을 것이고, 그러므로 중심과 관련하여 이동적일 수 없을 것이다. 더 나아가, 첫 번째 운동이 없다면, 중심 자체가 힘을 자신으로부터 변두리를 향해 외향적으로 전송할 수 없을 것이다. 중심과 주변은 연속적 힘에 의해 함께 연결되어 있다.

고대 철학자들은 단순히, 신성한 움직이는 자가 우주를 움직였다고 단언했다. 그러나 중세 철학자들은 이 시초 운동이 강제된forced 또는 연계된 운동의 도입으로만 가능하다고 논했다. '힘'은 중심이 변두리 및 다른 곳으로 운동을 연계적으로 전달하는 것을 허용하는 무엇의 이름이다. 장들 사이의 장력적 흐름이 이 장들 사이 운동의 전달을 허용한다. 이 흐름 없이는 운동이 없으며, 운동 없이는 돌아가는 구가 없다. 신이 자기 동적 임페투스impetus를 창조 속에서 자기 밖으로 전송할 방도가 없다면, 그는 신학적으로 무능한 것으로 머무르며, 아무것도 그의 바깥에 실존하지 않을 것이다. 한 마디로, 힘 또는 장력 없는 신은 참된 **창조자** 신일 수 없다. 신의 창조적 능력 문제는 그러므로 중세의 힘 신학에 중심적이다.

삼각화

힘의 두 번째 동현상학적 요소는 삼각화triangulation다. 이것은 장력적 운동의 세 구성 요소가—이 요소들을 합치고, 떼어 놓고, 이 요소들의 공유된 운동을 상대화하는—연계부를 재생산하는 과정이다. 삼각화는 존재를 공간으로서, 영원성으로서 정의하는 이전의 두 동적 과정과 구별된다. 존재를 공간으로서 기술하는 데에서, 운동의 흐름은 내부화의 미규정적 나선형 과정을 향해 내향적으로 구부러진다. 존재를 영원성으로 기술하는 데에서, 구부러진 흐름은 끝없는 외부화된 변두리를 향해 외향적으로 방사된다.

힘의 존재론적 기술에서는 내부화와 외부화 과정 사이의 연계부가 강조되며, 그러므로 삼자로 된 구조를 생산한다. 이는 존재가 삼각형 모양이 된다는 뜻이 아니다. 삼각화가 뜻하는 것은, 단지 존재가 단일한 중심, 심지어 다중적 중심으로 환원될 수 없다는 것이다. 중심들은 **힘 또는 장력의 연계하는 흐름**을 통해 연결되고 저 흐름을 통해 움직인다. 삼각형은 연결된 장들의 다각형 세계에서 가장 단순한 다각형이다. 공간을 생산하는 흐름들이 단속적 굽이가 아니라 연속적 나선을 형성하듯이, 영원성을 생산하는 흐름이 단속적 원이 아니라 연속적으로 회전하는 구이듯이, 삼각화는 삼각형이 아니고, 다각화의 단일한 연속적 과정을 통해 세 별개의 요소를 함께 연계하는 연속적 삼중적 접힘 또는 삼엽형三葉形

이다.

존재의 각 주요 역사적 기술은 공간, 영원성, 힘에 대한 추상적 기술이 기술하는 실재적 · 물질적–동적 패턴에 기반한다. 그러므로 초기 관념론적 역사적 기술은 연속적이고 다형적이며polymorphic 접힌 운동의 위상동적topokinetic 형상에 의해 조건 지어진다(도판 23.1을 보라).

삼각화는 연속적이다. 힘이 그것의 운동에 내재적이기 때문이다. 일단 순환들을 연결하는 연계부가 주조되면, 그것은 자신이 연결하는 순환들을 위한 일차적 규정 또는 조건으로서 나타난다. 삼각화는 순환들의 동적 재생산을 구속하고, 분리하고, 규제하는 상대적으로 경직된 흐름이 된다.

일단 연계부가 주조되면, 순환은 연계부 자체의 연속으로 보인다. 연계부의 흐름은, 순환들을 지나 움직이며 순환들의 모든 속성을 가능케 하는 구성적 힘이 된다. 신의 경우, 힘은 신의 창조적이고 구동驅動적인 행위에 내재적이 된다. 자연의 경우, 힘은 자연의 행태를 관장하는 내재적 물리적 법칙이 된다. 힘은 신, 자연, 모든 존재를 가로지르는 구성적

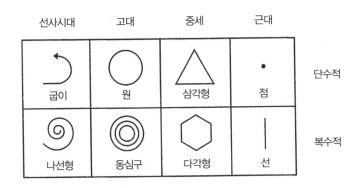

선사시대	고대	중세	근대	
굽이	원	삼각형	점	단수적
나선형	동심구	다각형	선	복수적

| 도판 23. 1 | 역사적 운동의 단수적 패턴과 복수적 패턴

흐름이 된다. 행위하고 존속하는 힘이 없다면, 운동도 없고 실존도 없다. 그러므로 힘, 능력, 생명력이 관계 일반과 동의어가 될 뿐 아니라, 관계가―통일시키는 관계 속의 접힘으로서―사물의 관계됨을 구성하게 된다. 그러나 힘에 의해 생산된 새로운 통일체는 또한 삼각화의 **접힌 통일체**이기도 한데, 이것은 또한 관계된 순환들을 따라 분리되고 접힌 채로 유지하기도 한다.

세 번째 문제

그러므로 삼각화는 존재의 원심적 운동이 제기하는 또 다른 문제를 풀어 준다. 그것은 다중적 중심의 문제다. 구심적 운동과 원심적 운동에 대한 분석만으로는 공존하는 다중적 중심들 사이의 관계를 설명할 수 없다. 다중적 중심들 사이의 관계는 구심적 운동에 의해서도, 원심적 운동에 의해서도 정의되지 않고, 그 연결로만 설명되기 때문이다. 하나 이상의 비동심적 구가 있다면, 순수하게 원심적인 것으로서의 구의 우주적 이미지는 무너지기 시작할 것이다.

그래서 장력적 운동은 중세와 근대 초기 동안, 비지구중심적인(비구형적이고 비동심적인) 천문학 모델의 발흥과 함께 가장 지배적으로 출현했다. 저 모델은 5세기경 마르티아누스 카펠라 및 그에 대한 9세기의 주석가들에 의해 시작되었으며, 코페르니쿠스가 다중적 행성 중심과 달을 상정하는 것으로, 그리고 케플러가 타원형 궤도를 발견한 것으로 이어졌다. 합쳐져 있으면서 떼어져 있는 회전하는 행성들 사이의 장력적 힘은 점점 더 존재를 정의하는 운동이 된다.

기독교 신학에서 비슷한 움직임이 나타나기 시작한 것은, 신이 성자 예수의 모습으로 지상에 육화되어 도입된 존재론적 문제와 관련해서다. 둘을 연결하면서도 융합시키지는 않기 위해서는 세 번째 항―성령―이 필요하다. 성자와 성령의 도입을 통해 존재의 구형 본성은, 신학적 힘의 관계로 함께 연계된 두 항 사이의 삼각 장력에 의해 서서히 복잡해진다. 이는 3부의 이어지는 장들에서 볼 것이다.

관계

힘의 세 번째 동현상학적 요소는 관계다. 장력적 운동과 삼각화 양쪽 모두는 관계항들 사이의 연계부 또는 구성적 관계에 의존한다. 관계라는 관념은 어떤 형태로 아주 오래되었다. 맨 처음 선사시대 신화에서부터, 우유성을 실체에 논리적으로 진술하는 것을 기반으로 하는《범주론 Κατηγορίαι》에서 제시된 아리스토텔레스의 이론에서까지 관계라는 관념을 찾아볼 수 있다고 주장할 만하다. 그러나 이 이론들 중 어느 것도 관계 자체를 존재론적으로 일차적인 실체로 만들지 않았다. 그 일은 중세와 근대 초기에 처음으로 일어났다. 본 장에서는 이러한 존재론적 기술의 구성적 움직임을 엄격하게 동현상학적인 방식으로 먼저 보여 주는 것이 중요하다.

힘의 존재론적 일차성은 관계의 존재론적 일차성을 전제한다. 그러나 관계의 일차성은 또한 움직임의 공동결연을 전제한다. 적어도 세 가지 종류의 관계가 있다—공간에서의 관계(인접성 또는 근접성), 시간에서의 관계(선행성 또는 순서 계열), 상황 속에서 반복의 관계(항상적 공동결연)이다. 인과, 연상, 유사성, 의존 관계들은 모두 이 세 관계에서 파생되었다. 본 장의 테제는, 더 나아가 이 모든 종류의 관계가 단일하고 더 일차적인 종류의 관계—**동적 공동결연**—에서 파생된다는 것이다.

1권에서 공동결연 개념을 통해 관계가 근본적으로 동적임을 보여 주었다. 접힘 및 사물의 질과 양은 고정된 또는 미리 규정된 본질을 통해 정의되는 것이 아니고, 운동의 연속적 흐름 속의 한계 주기로 정의되는 것이다. 사물의 단속성은 이들의 접힘의 동적 효과일 뿐이다. 고체, 액체, 기체는—물 주기, 바위 주기 같은—동적 물질의 연속적 주기들 속의 세 접힘 유형이다.

1부에서 보여 주었듯이, 공간에서의 근접성은 이미 모이고 서로의 위로 접혀서 인접성의 나선형 지역 속으로 들어가는 흐름들의 구심적 운동의 산물이다. 흐름이 자기 위로 접힐 때 그것은 공간과 장소의 근접적 관계라는 동현상을 생산한다. 공간에서 사물의 단속성은 접힘으로 만들어지는 주기적 정기성 또는 자기관계 때문이다.

움직이는 '시간의 흐름'에 의해 요구되는, 적어도 세 유형—과거, 현재, 미래—의 탈중심화되어 있지만 공동결연되어 있고 질서 잡혀 있는 결연들이 있다. 순서 계열sequence 또는 계열성seriality이라는 동현상이 저 결연들 사이의 운동의 연속성에 의존하는 한, 시간적 선행성도 동적 공동결연의 산물이다. 이 점은 4부에서 논할 것이다.

마지막으로, 항상적 공동결연, 또는 유사한 상황에서 유사한 사물의 반복은 동적 주기의 기능이라는 것을 1권에서 보여 주었다. 통일성, 필연성, 유사성, 자기동일성은 접힘의 연속적 과정의 산물임을 보여 주었다. 접힘이 자기 위로 거듭—매번 다르기는 하지만—도로 접힘에 따라, 그것은 동적 '자기동일성'의 상대적으로 안정적인 주기 속의 같은 상대적 점에서 또는 시기에서 계속해서 자신과 상호교차한다. 항상적 공동결연은 상대적으로 유사한 정기성 속에서 흐름들을 연속적으로 합치는 또는 결연하는 동적 과정에 다름 아니다. 흐름들은 접힘들로 결연되고, 접힘들은 주기, 마침점, 자신과의 감응적 유사성을 생산한다. 사물이 자신과 유사함은 그러므로, 연속적으로 자신의 흐름을 같은 방식으로 거듭 접는 경향 또는 버릇이다.

일단 이러한 상대적으로 단속적인 접힘이 생산되면, 이 흐름들은 자신의 구성적 흐름을 다른 접힘과 자신 사이의 (근접성, 선행성, 공동결연의) 관계로서 소급적으로 식별할 수 있다. 달리 말하자면, 관계라는 동현상은 이미 결연을 전제하며, 결연은 이미 흐름을 전제한다. 관계의 엄격히 동적인 규정은 그러므로 삼차적 규정이다. 그렇다고 해서, 힘 관계에 의해 기술된 장력적이고 삼각화된 체제에 따라서 운동의 지배적 형태를 재조직화할 역량이 존재에게 없다는 뜻은 아니다. 우리가 보게 될 테지만, 이것이 중세와 근대 초기 동안 일어났던 바로 그 일이다. 움직임은 관계를 생산하지만, 중세와 근대 동안 관계는 앞서 실존하는 관계항들로 기술되었다. 이러한 역전의 귀결은, 존재가 관계성 자체의 힘 또는 능력으로 나타난다는 것이다.

흄 —— 힘, 능력, 연결, 관계라는 형이상학적 관념은 그러므로 모두 공동결연의 동적 관계로부터 파생된 것이다. 18세기 경험주의자 데이비드 흄은 이를 맨 처음 깨달은 사람 중 하나였다.

형이상학에 나타난 관념 중에 **능력, 힘, 에너지, 필연적 연관** 관념보다 더 불투명하고 불확실한 관념은 없다. 이에 대해 우리는 모든 순간에 우리의 모든 논고에서 다룰 필요가 있다. 그러므로 우리는 본 편에서 이 용어들의 정확한 의미를—가능하다면—고정하기 위해, 그리하여 저 불투명성의 일부를 제거하기 위해 노력할 것이다. 저 불투명성은 이러한 종류의 철학에서 너무나 많은 불평을 들었다.[6]

이것이 본 책의 3부에서 특유하게 동적이고 역사적인 방식으로 행하려는 바이다. 세계에 대한 우리의 감각적 인상과 별개로, 그것에 선험적으로 알려질 수 있는 능력, 힘, 에너지, 관계라고 불리는 무엇이 있다는 형이상학적 사고는 가장 불투명한 사고다. 그것은 우리의 감각 어디에서도 나타나지 않으면서, 철학자, 역사가, 물리학자 등이 모든 형태의 관계를 설명하는 모든 곳에서 사용하고 있기 때문이다. 이 점이 흄이 불평

하는 점이다.[7]

　우주는 연속적으로 움직인다―중단되지 않은 채로 계속하여 한 운동이 다른 운동을 뒤따른다―그러나 흄은 이렇게 쓴다. "기계 전체를 발동시키는 능력 또는 힘은 우리에게 전적으로 은폐되어 있으며, 물체의 감각적 질 어디에서도 결코 발견되지 않는다. … 그러므로 능력의 관념을, 이것이 작동하는 단일한 사례를 두고 물체에 대해 사색함으로써 도출하는 것은 불가능하다. 이 관념의 기원이 될 수 있는 능력을 어떤 물체도 발견한 적이 없기 때문이다."[8] 이 말이 옳은 것은, 물질과 운동이 "자기 안에서 완결되며, 그것으로부터 결과로 나올 수 있는 다른 사건을 결코 가리키지 않[기]" 때문이다.[9] 물질은 운동 체제 속에서 분배되어 있으며, 우리는 그에 대한 감각적 인상을 가질 수 있다. 그러나 물질들 속에 관계 또는 인과성의 관찰 불가능한 비밀스러운 권력이 (내재적으로 내부적으로든, 초월적으로 외부적으로든) 숨어 있다는 사고는 순전히 사변적이고 형이상학적인 관념이다.

　흄에 따르면, 모든 관계는 근본적으로 동적이며, 그렇기에 충돌하는 두 당구공이라는 단순하고 보편적인 모델로 예화될 수 있다. "여기 탁자 위에 당구공이 놓여 있다. 그리고 다른 공이 그것을 향해 빠르게 움직인다. 이것들이 부딪친다. 이전에는 정지하고 있던 공이 이제는 운동을 획득한다. 우리가―감각을 통해서든 반성을 통해서든―아는 인과관계가 있다면, 저것이 그러한 인과관계의 완벽한 사례다. 그러니 이 사례를 검토해 보자."[10] 첫 번째 공이 두 번째 공을 칠 때 공간적 근접성이 있다. 두 공 사이에서 중개자 역할을 하는 것이 없기 때문이다. 그리고 시간적 선행성이 있다. 다른 공이 영향 받기 전에 한 공이 먼저 움직이기 때문이다. 더 나아가, 우리는 이 사례를 '닮은' 유사 사례들(같은 종류의 상황 속에 있는 다른 공들)로부터, 같은 움직임이 일어난다는 것을 안다. 이것이 항상적 결부[공동결연]이다. "이러한 원인에서 내가 발견할 수 있는, 근접

성·선행성·항상적 결부라는 이 세 상황 너머에 있는 것은 없다"라고 흄은 쓴다.[11]

무한한 수의 다른 운동들이 논리적으로 가능하지만, 하나의 효과만이 예측되며 하나의 원인만이 결정된다. 관계에 대한 우리의 예측과 기술은 순전히 우리의 감각 인상과 경험으로부터만 도출된다. 감각 인상과 경험은 유한하고 경험적이며, 그렇기에 절대적으로 필연적인 관계에 대한 무한한 또는 보편적인 주장은 지지하지 못한다. 그러므로 흄은, 두 분리된 사건 사이에 **필연적 연결**이 있다는 믿음은 습관이나 버릇의 문제일 따름이라고 결론 내린다. "그러므로 그것은 삶의 인도자인 이성이 아니라, 관습이다. 모든 사례에서, 정신이 과거에 부합하는 미래를 상정하게 하도록 규정하는 것은 저것뿐이다. 이 행보가 아무리 쉬워 보일지라도, 이성은 영원토록 결코 이를 해낼 수 없을 것이다."[12]

흄이 보기에, 필연적 연결과 인과성은 정신의 버릇이다. 이는 정신이 신체로부터 어떤 방식으로 분리되어 있는 초월적 실체라는 뜻이 아니다. 오히려 뇌로서의 정신 또한 물질적 요소로 합성되어 있으며, 저 물질적 요소들은 유사한 동적 모델을 따라 동적으로 습성화되어 있다는 것이다. 정신과 신체는 공동결연된 또는 습성화된 운동의 같은 체제의 양면이다. 흄이 말하듯이, 바로 이러한 이유로, 우리는 "정신이, 심지어 최고의 정신조차, 자기에게 작용하거나 신체에 작용할 때 이용하는 방식 또는 힘"에 대해 무지하다. "우리에게는 최고의 존재에 대한 관념이 없고, 우리가 우리 자신의 능력에 대한 반성을 통해 배운 것밖에 없다. 그러므로 우리의 무지가 무언가를 거부하기에 좋은 이유라면, 우리는 최고의 존재 안에서도, 마찬가지로 가장 큰 물질 안에서도 모든 에너지를 부인한다는 원리로 이끌려야 할 것이다."[13]

우리는 객체들 사이의 필연적 관계에 대한 정합적인 관념이 없을 뿐 아니라, 같은 이유로, 정신과 신체, 정신과 정신 자신, 심지어 우주에서 신의 힘 사이의 필연적 관계에 대한 관념도 없다. 맨 위에서부터 맨 아래까지, 같은 동적 모델이 참이다―필연적 관계는 없고, 동적 공동결연만이 있다.

동적 공동결연 —— 필연적 연결, 인과성, 힘, 권력, 에너지, 여타 관계에 관한 형이상학적 관념에 대한 흄의 거부는 급진적이다. 그의 물질론적-동적 설명은 멀리까지 나아가지만, **충분히 멀리까지는 아니다.** 흄이 "분리된 사건들"로 분석한 소위 단속적 당구공은 그 자체로 이미 더 작은 입자적 흐름들의 습성적 운동의 산물이다. 저 흐름들은 접힘의 특정한 장에서 '공'으로서 항상적으로 공동결연한다. 단속적 물질이나 심지어 입자도 그 자체로 이미, 자기 자신 및 다른 흐름과 공동결연된 흐름들의 정기적 운동의 습성이다. 그러므로 우리는 흄이 말하듯이 분리된 공들이나 원인과 결과 사이의 분리를 말할 수 없다. 오히려 원인과 결과의 연속적 정기적 피드백 고리 또는 순환을 말할 수 있다. 이 순환 속에서 둘 이상의 접힘이 연속적 흐름에 의해 연속적으로 공동결연되는데, 그 속에서 이것들은 접힘일 따름이다. 원인 객체(공 A)와 결과 객체(공 B)는 이것들을 접고, 함께 구속하고, 떼어 놓는 흐름(C)―장력적 또는 관계적 흐름―에 의해 연속적으로 공동결연되어 있는 두 접힘이다. 그러므로 '힘'이라고 불리는 것은 습성 또는 접힘의 물질적-동적 관계에 다름 아니다.

더욱이, 필연적 관계 또는 인과성이 정신의 습성이라면, 정신 자체가 감각의 물질적-동적 흐름으로 각인된 물질의 습성이어야 한다. 흐름은 접혀서 뇌의 감응적 구조를 구성하고, 이어서 뇌는 물질을 필연적으로 연결된 것으로 사고하는 습성을 형성한다. 물질과 정신은 또다시 동적 공동결연의 같은 체제의 양면이다. 마지막으로, 흄이 말하듯이, 신 자신이 정신의 습성일 뿐이라면, 그리고 정신이 물질의 습성이라면, 그리고 물질이 운동의 습성이라면, 시간은 공동결연된 물질의 동적 습성화에 다름 아니다. 여기에서 우리는 전체 동신학kinotheology의 기초를 얻는다. 이는 27장에서 더 자세히 탐사될 것이다.

이제 보여 줘야 할 것은, 이러한 장력적 운동의 동현상학적 체제가 중세 물리학과 신학에서 힘 개념을 통해 어떻게 역사적으로 기술되느냐는 것이다. 그러므로 다음 네 장에서 이러한 역사적 기술에 대한 동적 분석으로 넘어간다.

로고스

24장

중세 신학 1. 에테르

장력적 운동의 기술적 체제가 역사적 지배권을 획득한 것은 서기 5세기 경부터 17세기 말경까지의 시기, 대략 긴 중세와 근대 초기다. 이 새로 운 체제의 발흥은 존재를 새롭게 신학적으로, 힘으로 기술하는 것이 우 위를 획득하는 것과 나란히 일어났다.

신학

힘에 대한 신학적 기술은 이 시기에 두 가지 역사적 형태를 취했다. 힘 의 물리학과 삼위일체 교리다. 각각은 운동의 같은 기술적 체제의 두 가 지 면모를 표현하며, 각각이 같은 존재론적 틀 내에서 출현했다. 힘의 물리학과 삼위일체 교리는 함께 자연신학―신적 존재와 자연적 존재 사 이의 관계 이론―의 전통을 형성했다.

　신학은 신화와도, 우주론과도 구별된다. 시적 말하기나 글로 쓰인 합 리성에 초점을 맞추지 않고, 신학은 신의 **책** 또는 말의 조명illumination을 통해 존재를 설명하는 것이 그 목표다. 중세 신학은 고대 우주론이 중단 하는 곳, 즉 단일한 초월적 신에서 시작한다. 단일한 신이 존재한다면, 우리는 어떻게 이 신을 알게 되는가? 어떻게 신은 피조물 속으로 용해되 지 않고서 창조를 하는가? 신과 신이 창조하는 것 사이의 관계는 어떠한

가? 자연신학이라는 존재론적 기술은 신과 다른 모든 것 사이의 **관계**에, 그리고 이 관계가 우리에게 자연적·신적 법(법칙)을 통해 알려질 수 있는 과정에 초점을 맞춘다.

역사적으로, 서구에서 존재를 기술하는 지배적 양상으로서 신학의 발흥은 기독교의 권력 획득과 함께 시작된다. 이 시기에 존재에 대한 모든 다른 방식의 사고틀은 이 개념틀과 담론 내에서 일어났다. 16세기와 17세기의 과학혁명도 여기에 포함된다. 이런 방식으로 자연과학, 철학, 종교가 모두 존재에 대한 독특한 기술을 전개했지만, 언제나 어떤 신학적 상정을 지배적으로 전제했다. 상정된 것은 창조주 신의 실존이다.

본 장에서는 신학적 기술의 이 모든 상이한 양상—과학적·철학적·종교적—이 결국은 대략적으로 장력적 운동의 같은 지배적 동적 패턴을 기술한다는 것이다. 이는 존재들—신적 존재와 자연적 존재 양쪽 모두—사이의 연속적 힘을 기술하면서 이루어진다.[1] 이어지는 장들은 이러한 과학적·종교적 기술의 출현을 추적하며, 궁극적으로 이것들이 장력적 운동의 동적 장을 기술한다고 주장한다.[2] 이제부터 힘의 세 가지 장력적 특성—상호관계적, 외부적, 내부적—각각을 순서대로 검토할 것이다.

운동의 상호관계

힘의 존재론적 기술에서 나타나는 첫 번째 동적 작동 또는 특성은 운동의 **상호관계**다. 운동의 상호관계는 흐름이 두 순환의 장 사이를 옮겨 다니는 능동적 매개체다. 두 순환이 어떤 종류든 간에 관계를 갖는다면, 어떤 종류의 매개체가 있어야 하고, 이 매개체 속에서 이 관계가 일어난다. 이 순환들이 존재론적으로 나뉘어 있다면, 아무것도 일어날 수 없고 어떤 연결도 불가능하다. 그러나 이 순환들이 정확히 동일하다면, 그때도 아무 일도 일어나지 않는다.

그러므로 운동의 상호관계는 움직이는 자와 움직여지는 자가 관계되기 위해 양쪽 모두를 가로질러야 한다. 움직이는 자와 움직여지는 자는 적어도 한 가지를 공유해야 한다. 동적으로 말하면, 이것들과 연속적이면서 구별도 되는 하나의 연계를 공유해야 한다. 그러므로 둘 이상의 사물의 상호관계 개념은, 관계항들과 연속적이면서 또한 이 관계항들을 서로 구별시키는 운송 매개체를 전제한다.

상호관계의 침투적permeating 힘 개념이 중세와 근대 초기에 처음으로 지배권을 획득한다. 이렇게 된 것은 오직, 수천 년 전 고대 세계에서 이미 비슷한 기술이 전개되어 우주적 구의 중심이 변두리와 연속적으로 연결되는 것을 보장했기 때문이다. 원심적 우주론에서 신, 영혼, 에테르 aether, 프뉴마◆ 등이 이 연결을 기술하고자 계발되었다. 이 개념들의 고대 용법이 기술하는 바는 우주구宇宙球적 통일체이지만, 에테르 개념은 중세와 근대 초기에도 계속 사용되었다. **다중적 구들** 바깥의, 속의, 사이의 유사한 힘 또는 운송 매개체를 기술하기 위해서다.

에테르에 대한 고대 이론과 중세 및 근대 초기 이론 사이에는 두 가지 주요 차이가 있다. 첫 번째 차이는 동적이다. 고대 에테르 이론은 자연적 원심적 운동을 기술했다. 에테르는 우주의 조밀한 중심으로부터 주변을 향해 외향적으로 희박해져서 천구를 형성한다. 반면에 중세와 근대 초기의 이론은 기계론적 장력적 운동을 기술한다. 그것은 다채로운 당김, 밀어냄, 합성, 분해에 따라 다채로운 몸체들 사이에서 장력적으로 움직인다. 두 번째 차이는 신학적이다. 고대 에테르 이론은 에테르를 신 또는 세계 영혼과 동일한 신적 요소로 기술했다. 반면에 중세와 근대 초기 이론은 에테르를 신과 자연을 연결시키는 침투하는 생명적 유체로 기술하는 일이 더 흔했다. 그것 자체는 유일신 또는 자연이 아니었다.

◆ pneuma. '숨, 호흡' 또는 '영혼, 영'을 뜻하는 그리스어.

힘 관념의 출현과 변용의 더 긴 이전 역사는 다른 곳에서 전개되었다. 그러므로 우리는 이제 이 시기 에테르가 어떻게 기술적으로 사용되는지에 초점을 맞출 것이다.[3]

에테르

중세와 근대 초기에 **상호관계적 에테르적 힘 또는 역동적 매개체**에 대한 기술이 고대로부터 받아들여져, 다중심적 우주 내의 장력적 움직임에 대한 기술로 점점 더 변용되었다. 에테르의 초기 중세 개념은—우주론적 사태 대부분이 그랬듯이—에테르에 대한 아리스토텔레스적, 프톨레마이오스적, 원심적 모델에 지배되는 경향이 있었지만, 새로운 개념의 시작 또한 운동량을 획득하고 있었다.

에테르적 힘을 다룬 새로운 중세 이론은 **장력적 프뉴마**tensional pneuma 라는 스토아 학파의 관념에서 출현했다. 그러나 에테르적 힘을 담은 새로운 관념은 스토아 학파처럼 프뉴마를 방사하는 단일한 우주론적 구의 일차성을 받아들이지 않고, 스토아의 프뉴마의 장력적 속성을 원자론과 결합시켰으며, 다중적이며 종종 비동심원적인 행성 운동 및 에테르 운동이라는 우주신학적 관념과도 결합시켰다.[4]

앞으로 볼 내용은, 이 시기의 많은 영향력 있는 사유자들이 제시한, 이러한 상호관계적 힘 매개체에 대한 존재론적 기술에 대한 동적분석이다. 이로부터 우리는 어떻게 중세인과 근대 초기인이 '에테르'라는 고대적 이름 하에 새로운 상호관계적 힘 이론을 제시했는지를 볼 수 있다. 이러한 기술 속에서 에테르는 확장되어 모든 것에 만연한 유체 매개체가 되었다. 이를 통해, 신의 직접적이고 항상적인 원심적 개입이 없이도 모든 사물이 관계되게 된다. 신은 단순한 최초의 움직이는 자일 뿐 아니라, 신의 신체 전체가 힘의 광대하고 유체적이며 소용돌이치는 매개체로 변용된다.

기계론 —— 에테르적 힘 개념에 도입된 가장 중요한 차이 중 하나는 기계론 개념이다. 소위 기계론의 시대가 물체적corporeal 결정론의 존재론적 일차성의 시대였다고 생각하는 것은 형이상학의 역사에서 중대한 오류이다. 중세와 근대 초기에 물질주의적 물리학과 자연주의 신학이 부상한 것은 맞지만, 존재신학적 최종 심급에서 기계론적 운동의 구동적 원인은 **힘**으로 남아 있었다. 힘은 존재 운동의 존재론적으로 일차적인 구동적 원인이다. 힘은 비가시적 실체며, 이것이 원인이 되어 몸체들이 움직인다. 힘의 도입과 함께, 신의 행위는 이러한 생명적 유체적 매개체를 통해 간접적이 된다. 한 마디로, '형상과 질료'라는 고대의 정식은 '힘과 기제mechanism'라는 근대 초기 정식으로 점점 더 대체되었다. 서로 대립하기는커녕, 생기론과 기계론은 이 시기에 함께 간다.[5]

천문학 —— 이 시기 에테르적 힘의 기술에 도입된 두 번째 차이는 천문학적 장력이다. 완벽한 동심구들에 둘러싸인 고대의 지배적 지구중심적 테크놀로지와 대조적으로, 중세와 근대 초기의 천문학자는 천체를 합치고 떼어 놓는 것은 장력적 힘(당김과 밀쳐냄)이라는 새로운 사고를 도입했다. 지상의 물질적 몸체도 마찬가지다. 지상적 직선 운동과 천상적 원형 운동은 더 이상 분리되지 않았고, 같은 인과적 구동적 힘의 같은 운동과 표현의 두 가지 현시였다.[6]

코페르니쿠스 혁명은 다른 무엇보다도 동적 혁명이었다. 아리스토텔레스와 프톨레마이오스가 우주론적 구의 심부에 정태를 상정했다면, 코페르니쿠스는 운동을 도입하여 관찰, 계산, 신학의 지구중심적 조건을 동요시켰다. 그의 천문학 이론의 개념적 귀결에 대해서는 많은 글이 씌어졌으나,[7] 이 혁명에서 덜 흔하게 논의되는 것은 그 동적 귀결이다. 코페르니쿠스 혁명은 하나의 중심주의를 다른 중심주의(지구 대 태양)으로 대체하거나, 칸트가 생각한 것처럼 존재에 관한 새로운 초월론적 관념론적 방위설정을 밝혀내기만 한 것이 아니다.[8] 오히려, 그것은 천체의 자율적 모빌리티를, 그리하여 힘의 장력적 관계의 자율적 모빌리티를 다중화시켰다.

더 나아가, 이제 지구가 다른 행성들과 같은 하나의 행성으로서 태양 주위를 돌고 자기 축에 따라 회전한다면, 다른 행성들도 고유의 원심적 힘과 에테르적 힘을 가질 공산이 컸다. 그러므로 태양중심주의가 우주론적 단일중심주의로 이해된 것은 잘못이다. 그것은 힘의 장력적 다중심주의로 이해되어야 한다.

코페르니쿠스 혁명은 그러므로 행성의 측정을 위한 새로운, 엄격히 동적인 문제를 제기했다. 지구가 더 이상 우주의 정적 중심이 아니라면, 거리와 관계는 직접적 직선적 경로로만 측정될 수 없다. 행성들은 더 이상—동심구처럼—지구로부터 고정된 거리만큼 떨어져 있는 것이 아니다. 모든 관계는 불가피한 힘의 변덕으로 멋대로 변화하고, 모든 것은 다른 것과의 장력 안에 있다. 지구는 언제나 운동 중이므로, 측정과 관계는 일련의 시차視差 관점을 통해서만 일어날 수 있다. 관계의 새로운 이론이 발명되어야 했다.

삼각법 —— 새로운 관계 이론을 극적으로 볼 수 있는 곳은, 새로운 탈중심적이고 삼각화된 천체 테크닉의 발명이다. 예를 들어, 코페르니쿠스가 죽고 10년 후, 게마 프리시우스(1508~1555)라는 젊은 철학자이자 지도제작자가 '삼각법triangulation'이라는 새로운 방법을 정식화했다. 이를 통해 다른 알려진 점들으로부터 한 점이 이루는 각도를 측정함으로써 그 점의 위치를 결정할 수 있게 되었다. 1533년에 프리시우스는 이 새로운 방법을 페트루스 아피아누스의 《우주기록Cosmographa》 신판에 '위치 기술 방법 소론Libellus de locorum describendorum ratione'이라는 제목으로 실었다.

프리시우스의 방법을 따르면, 알려진 한 변과 두 각에 대한 지식만 있으면 주어진 점의 위치를 결정할 수 있었다. 이 방법은 지금도 쓰이는 측량법이다. 1579년에 천문학자 티코 브라헤(1546~1601)가 같은 삼각법을 이용하여 그의 천문관측소가 있던 스칸디나비아 흐벤섬의 지도를 만들었다.[9] 1600년에 요하네스 케플러(1571~1630)가 와서 브라헤와 함께 작업한 후, 삼각법을 이용하여 지구의 궤도를 결정했다. 케플러는 《신천문학Astronomia Nova》(1609)에서 천문학적 삼각법을 이용하여 화성의 궤도도 결정했다. 그는 이 측정에 기반하여 화성의 궤도가, 그리고 이를 확장하여 다른 모든 행성도, 사실은 타원형으로 움직인다고 상정했다. 행성들 모두 침투적 물질적 비가시적 구동적 힘virtus motrix에 의해 움직인다고 말이다.[10]

태양중심주의와 삼각법은 그러므로 아리스토텔레스에게도 스토아학파에도 없었던 동적 기술을 우주론과 신학에 도입했다. 그것은 근본적으로 에테르적 힘에 의해 정의되지만, **서로 간의 역동적 장력** 속에서 움직이는 우주다. 특히, 삼각법 개념은 연결된 운동의 패턴 또는 순환 속에서 합쳐지고 떼어지는 물체들 사이의 연속적 관계를 측정하는 중요한—부정확하다고 해도—도구가 되었다.

삼각법이 필요해진 것은, 우주의 물체가 더 이상 일방적으로 결정되지 않고 제3의 물체, 힘, 관계, 또는 일련의 각도로 결정되었기 때문이다. 이 제3의 물체 등을 통해서 하나의 물체는 다른 물체와 관계되거나 지역적으로 연결되는데, 이것이 단일한 정적·절대적 좌표점에 기반하여 일어나는 일이 아니다. 예를 들어, 삼각법에 기반한 케플러의 타원 궤도 발견은 완벽한 동심구의 우주신학과 화해될 수 없었다. 중심은 전치되고 다중화되었다. 천상적 운동은 그러므로 다중심적이고 삼각화된 동적 장력의 연결된 체계를 통해서만 이해될 수 있었다.

케플러, 갈릴레오, 뉴턴 모두 자기 축에 따라 회전하는 지구라는 사고를 지지했다. 이는 다른 행성들 사이의 동적 전치와 장력의 추가적 차원

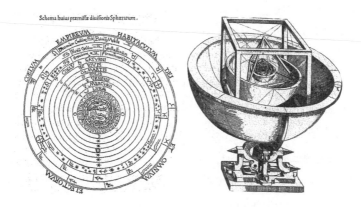

| 도판 24. 1 | 동심원 우주 대 케플러의 다면체 우주

출처: 동심원 우주 이미지는 Fastfission/Wikimedia Commons. 다면체적 우주 이미지는 Jehannes Kepler/
Wikimedia Commons.

을 더하는 사고였다. 여기서 동심원에 기초한 고대 우주론에서 케플러
의 우주론 같은 근대 초기 우주론으로의 가시적 변동을 볼 수 있다. 후
자는 광대한 다각적 네트워크 속 힘의 중첩되고 상호교차하는 삼각화된
관계에 기초한다(도판 24.1).

　케플러의 삼각법이 수학, 기하학, 모든 존재에 "신적 비례" 또는 "황금
삼각형"을 가능케 한 것은 우연이 아니다.[11] 자연의 언어는 수학적이고,
신의 이름은 신적 장력적 삼각형이었다. 신은 여전히 힘을 통해 행성들
을 합쳐 놓았지만, 그의 힘은 에테르의 유체적 매개체 속에서 필연적으
로 복수화 · 간접화 · 삼각화되었다.

에테르 이론

중세 철학에 기계론적 · 천문학적 전환이 도입되기도 전에, 이미 모든
것에 만연하고 상호관계적인 힘에 점점 더 장력적인 이론을 주장한 선
구자가 있었다. 바로 6세기의 아리스토텔레스 주석가이자 기독교 신학

자 요하네스 필로포누스(대략 490~570)이다. 스토아 학파가 그랬듯이, 필로포누스는 (아리스토텔레스에 반대해서) 하늘이 완전히 물질적인 에테르로 만들어졌다고 논했다.

'에테르aether'라는 단어는 '소각하다, 태우다, 빛나다'라는 뜻의 그리스 단어 aïαθω/aitho 및—소크라테스가 제안하듯이—'흐르다, 달리다, 흘러가다, 솟구치다'를 뜻하는 그리스 단어 rheô에서 왔다. 필로포누스는 아리스토텔레스처럼 영원성과 비물질성을 에테르에 부과하기를 거부했으나, 지상계와 천상계에 침투하며 이것들을 연결하는/분리하는 모든 것에 만연한 흐르고 불타는 실체라는 어원적 사고는 유지했다.[12] 아리스토텔레스의 비물질적 에테르 이론을 통해 그는 자연적으로 직선 운동을 하는 지상의 요소(불, 물, 흙, 공기)와 자연적으로 원형 운동을 하는 천상적 요소(에테르)를 나누었다.

그러나 필로포누스는, 두 종류의 자연적 운동이 아니라 다채로운 물체적 요소들 간의 단일한 긴장이 있을 뿐이라고 논했다. 불은 하늘에 축적되고, 천체를 합치고, 떼어 놓고, 흙과 긴장 관계를 만드는 요소일 뿐이다. 필로포누스는 이러한 물질적 요소의 변질가능성을 긍정했고, 이와 함께 우주가 영원하지 않고 변질 가능한 본성을 가짐도 긍정했다.[13] 이 불은 물체들 간 힘의 전송 또는 소통을 허용하는 비가시적 물질이다. 힘이 전송되어야 한다면, 그것은 매개체를 통해 전송되어야 하며, 필로포누스가 보기에 그 매개체는 에테르적 불, 신의 인과적 행위의 매개체였다.

필로포누스에서 프랜시스 베이컨(1561~1626)까지, 에테르 개념은—종종 고대적 에테르 개념이기는 했지만—점점 더 아리스토텔레스로부터 멀어지고 필로포누스의 이론에 가까워졌다. 예를 들어 '제5원소quintessence'라는 중세 개념은 '다섯'을 뜻하는 라틴어 단어 quint에서 왔는데, 다섯 번째 원소, 즉 에테르를 가리켰다. 연금술사는 제5원소를 연구하고 다채로운 묘약으로 포획했다. 그리하여 늦어도 프랜시스 베이컨에 이르러서는 에테르에 대한 명시적으로 장력적이고 상호관계적인 이론이 만들어진다. 이는 아리스토텔레스가 도입한 중심-변두리 분할과 대조적이다. 베이컨은《혼을 가진 천문학 표본Specimen of Animated Astronomy》에서 성간星間 공간, 또는 천체들 사이 및 지구와 하늘 사이의 상호관계적 공간을 기술한다. 이 공간은 모든 별이 떠 있는 에테르 유체로 가득 찬 충만체plenum로 기술된다.[14]

중요한 것은 베이컨이 보기에(필로포누스에게도 그랬듯이) 이 에테르 유체는 물질적이고 변질 가능한 불이었다는 것이다. 단, 그것이 지상에서는 다른 물체와의 충돌 때문에 소멸될 수 있지만 하늘에서는 감응되지 않고 변질되지 않은 채 머무른다는 것이다—권리상de jure 그런 것이 아니라 사실상de facto 그러하다.[15] 그러므로 베이컨이 보기에 하늘과 땅 사이의 차이는 중심과 변두리 간의 또는 자연적 운동 유형들 간의 차이가 아니라, 다양한 정도의 에테르 유체 사이에 창조된 표면 장력과 더 비슷한 것이었다. 하늘과 땅 사이의 상호관계적 공간 또는 매체는 겉보기에만 비어 있고, 사실은 유체 지역들 사이에 표면 장력을 창조하는 비가시적 힘으로 차 있다. 베이컨은 이렇게 쓴다. "물이 수은 위에, 기름이 물 위에, 공기가 기름 위에 뜰 때처럼, 저러한 것은 흐름을 허용할 수 있다."[16]

그러므로 하늘은 물 위의 기름처럼 땅 표면 위에 떠 있으며, 별들 자체는 이들 유체적 에테르 매개체의 표면 위에서 다채로운 유체역학 관계를 유지하며 떠다닌다. 베이컨의 에테르 이론은 그러므로 같은 상호관계적 유체 매개체 속에서 함께 그리고 분리되어 떠다니는 물체들의 장력적 운동에 관한 기술이다.

아마도 침투적·장력적·우주적 유체라는 발상에 관한 가장 영향력 있고 역사적으로 복잡한 정식화는 르네 데카르트(1596~1650)가 '에테르의 소용돌이 이론'에서 정식화한 것이다. 데카르트는 브라헤와 케플러의 천문학적 발견에 영향을 받았다. 그는 1620년 프라하에 있을 때 두 사람의 연구실을 방문했다. 태양중심적 모델과 행성 간의 비동심원적 삼각화된 장력의 철학적 중요성을 이해하고서, 데카르트는 상호관계적 매개체의 본성에 관한 이론을 제안한다. 이 매개체를 통해서 행성들이 연결된 회전 운동 속에서 합쳐지고 분리된다는 것이다.

《철학의 원리》에서 데카르트는 서로 맞물리는 소용돌이tourbillon들의 우주론적 네트워크를 제안한다. 이 소용돌이들은 원자 크기의 소구체小球體globule(제2질료), 더 큰 원소들 간의 충돌에서 남은 "무한정하게" 작은 부스러기(제1질료 또는 에테르),[17] 더 큰 거시적 물체를 이루는 제3질료로 이루어진다.[18] 데카르트는 이 세 종류의 질료와 자연의 세 가지 법칙으로 중력을 포함하는 모든 우주론적 현상을 설명할 수 있다고 보았다. 이 세 유형의 질료는 자연적 운동으로 움직이는 것이 아니다. 그것은 운동 또는 "구동적 힘"의 전송을 가능케 하는 비가시적 에테르라는 유체 매개체 속에서 축적하고 분쇄하는 일련의 충돌로 움직인다. "태양과 항성을 이루는 것처럼, 하늘의 질료는 유체라고 생각해야 한다. 이것이 지금 모든 천문학자들이 공통적으로 견지하는 의견이다. 그렇지 않다면 행성들의 현상에 대해 만족스러운 설명을 제시하기가 거의 불가능하다는 것을 알기 때문이다."[19]

에테르는 최고의 모빌리티를 가지고, '소구체'는 두 번째로 높은 모빌리티, 거시적 물체는 가장 작은 모빌리티를 가진다. 그러나 비가시적 천상 질료의 동적 상호관계적 매체는 중립적 매체가 아니다. 데카르트가 보기에, 보편적으로 침투하는 에테르의 운동은 능동적 힘이다. "이러한 추구conatus는 천상 질료에서 발견된다."[20] 에테르가 혼합하고 결합시킴에 따라, 물체들은 "어떤 식으로 서로에게 들러붙기" 시작한다. "〔그리고〕 어떤 크고 아주 희박해진 질량을 형성하는데, 이는 공기와(또는 오히려 에테르와) 비슷하다."[21] 연결된 장력의 네트워크 내에서 에테르가 물체들에 들러붙기 시작하면, 물체들은 매듭지어지고 분기하는 상호얽힘을

형성하여, 모두 한 질량 속에서 함께 움직이도록 강제한다forcing.[22]

　일단 더 큰 합성체가 형성되면, 에테르의 분기 운동으로 수많은 더 큰 입자들이 사로잡힐 것이다. 그리하여 가장 작은 에테르 흐름만이 천상적 질량을 탈출할 수 있을 것이다.[23] 가장 작은 에테르 입자는 천체의 한 극을 탈출하고 거기서 흘러나올 수 있다. 그러나 이 경로 바로 바깥에 있는 에테르의 막대한 추구에 붙잡히게 되고, 다른 극으로서 질량으로 돌아간다. "결과적으로, 이 홈이 있는 입자들이 축에 평행하는 직선, 또는 직선에 대등한 선을 따라 한 반구로부터 다른 쪽 반구까지, 매개하는 지구 전체를 가로지른 후에, 이 입자들은 입자를 둘러싼 에테르를 통해서 이전에 지구로 들어왔던 것과 같은 반구로 돌아간다. 그리하여 다시 지구를 관통하여 흐르고, 일종의 소용돌이를 형성한다."[24]

　데카르트는 우주를 강의 소용돌이와도 같은, 힘의 천상적 소용돌이로 차 있는 유체역학적 매체로 보았다(도판 24.2).

　　강에는 물이 자기 주위로 꼬여 소용돌이를 형성하는 다양한 장소가 있다. 물 위에 표류물이 있다면, 우리는 소용돌이가 그것을 옮기는 것을 본다. 어떤 경우에는 또한 그것이 자기 중심 주위로 회전하는 것을 본다. 더 나아가, 소용돌이 중심에 더 가까운 조각은 회전을 더 빨리 완수한다. 마지막으로, 저러한 표류물이 언제나 원형 운동을 하기는 하지만, 그것이 완벽한 원을 기술하는 경우는 드물며, 위도적 경도적으로 어느 정도 편차가 있다. 이 모든 것이 행성의 경우에도 같은 방식으로 일어나는 것을 우리는 어려움 없이 상상할 수 있다. 이 단일한 설명이 우리가 관찰하는 모든 행성 움직임을 설명한다.[25]

　모든 별과 행성은 힘의 에테르적 충만체 내의 소용돌이다. 각 소용돌이는 항상적 운동 중이지만, 직접적 긴장 속에서 인접하는 소용돌이와

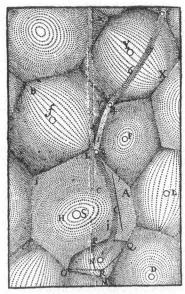

| 도판 24. 2 | 데카르트의 에테르적 소용돌이. 데카르트의 1644년의 책 《철학의 원리》에 실린 소용돌이 이미지

출처: René Descartes/Wikimedia Commons.

치받는다. 이웃 소용돌이와의 연결된 회전 속에서 끌어당기고 밀쳐 내고 움직이면서, 소용돌이들은 차고 기운다. 그렇기에 데카르트는 단일한 원심적으로 방사하는 우주구가 아니라 다중적 소용돌이들을 제안한다. 서로 연결된 상호관계적 긴장 속에서 각각은 방사하고 움직인다(도판 24.2를 보라).

많은 사람들처럼 토머스 홉스(1588~1679)도 데카르트의 에테르 소용돌이 이론에 깊은 영향을 받았다. 홉스는 에테르의 모든 것에 침투하는 근본적 본성을, 그리고 그것과 구동적 힘 관념과의 직접적 연결을 더 명시적으로 제시한다. 예를 들어, 홉스는 에테르를 "운동을 떨어진 다음 부분으로, 그리고 이것이 또 다음 부분으로, 그리고 이처럼 계속적으로 전파"하는 천상의 "모든 것을 감싸는 에테르적 실체"로 본다.[26] 그러면서, 에테르를 "모든 것을 감싸는 에테르적 실체의 운동에 의해 우리 신체의 영혼과 유체적 부분이 외향적이 되고 우리가 열을 인지할 때"에도 식별될 수 있는 것으로 본다.[27] 그러므로 모든 것은 명시적으로 "에테르적 실체와 서로 뒤범벅"되어 있다.[28] 그래서 홉스가 보기에, 에테르는 또한—데카르트가 보았던 것처럼—모든 것에 침투하는 비가시적이지만 상호관계적인 유체역학적 매개체.

아이작 뉴턴(1642~1727)가 그의 에테르 이론과 관련하여 언급되는 일은 드물지만, 그도 종종 중력의 원인에 관한 형이상학적 사변에 임했는데, 이때 그는 운송의 유체역학적 매개체로서 에테르 개념을 사용했다. "어쩌면 모든 것이 에테르에서 기원할 수도 있다"라고 사변할 때[29] 뉴턴은 심지어 에테르를 존재의 우주발생적 기원으로까지 상정한다. 《원리》의 유명한 마지막 문단에서 뉴턴은 천상에서부터 지상까지 에테르적인 힘에 절대적 형이상학적 일차성을 부여했다.

이제 우리는 모든 거대 물체에 침투해 있으면서 숨어 있는 어떤 가장 미세한 영혼에 관해 첨언해야겠다. 이것의 힘과 작용으로 물체 입자들은 서로를 가까운 거리에서 끌어당기고, 근접하면 응집하며, 전기적 물체들은 더 먼 거리에서 이웃하는 소체corpuscle를 밀치기도 하고 끌어당기기도 하면서 작용하게 하고, 빛은 방출되고 반사되고 회절되고 물체를 데우며, 모든 감각이 감응된다. 그리고 동물 신체의 사지를 움직이는 의지의 명령은 말하자면 이 영혼의 떨림이다. 이것은 신경의 고체 실을 따라서, 외향 감각기관으로부터 뇌로, 그리고 뇌에서 근육으로 전파된다.

뉴턴이 보기에 에테르는 모든 작용을 운송하는 보편적이고 상호관계적인 힘 매개체로 기능한다. 그는 이를 아주 "희박"하거나 "세밀"한 "매개체"라고 기술한다. 이것은 "영구히 점점 더 밀집되며, 그리하여 저 큰 물체들의 서로를 향한 중력 및 저 물체들의 부분들이 물체를 향한 중력의 원인이 된다. 모든 물체는 매개체의 밀집된 부분으로부터 희박한 부분으로 가려고 노력하지 않는가?"[30] 에테르는 수축하고 팽창하려고 노력하는 또는 추구하는, 그리하여 보기에는 비물질적인 거리를 가로질러 중력을 창조하는 힘이다. 심오한 순환적 수(움직임)를 써서, **거리가 순수한 작용**('노력endeavor')이라고 주장함으로써 뉴턴은 '원격 작용'이라는 문제를 푼다. 그러므로 중력은 순수 힘의 에테르적 상호관계적 매개체 속에서의 다양한 밀집 정도로 설명된다.

데카르트와 뉴턴의 영향 사이에서, 실질적으로 17세기 유럽의 모든 지식인은 모든 종류의 자연현상—광학, 생물학, 자력, 연금술 등등—을 설명하기 위해 에테르적 힘 또는 역동 개념을 사용하기 시작했다. 뉴턴이 에테르를 받아들인 데에 더하여, 독일 철학자 고트프리트 라이프니츠(1646~1716)도 에테르에 특권적 존재론적 지위를 부여했다. 그것은 힘의 모든 관계를 전송하는 보편적으로 침투하는 상호관계적 매개체라는 특권이었다. 물체는 자기 고유의 힘 또는 '코나투스conatus'를 가진다. 라이프니츠는 또한 물체 사이의 모든 충돌은—아무리 작은 충돌이라도—이 물체들에 "침투해 있는 유체적 에테르적 물질의 운동" 때문에 충격을 주고 산산조각낼 수 있다고 논했다.[31]

데카르트에 대립하여, 라이프니츠는 엄밀히 따지면 힘이 한 물체에서 다른 물체로 전송되거나 외부화되는 것이 아니라고 주장했다. 힘은 양쪽 내에서 그리고 충돌이 일어나는 매개체로서 이미 실존하기 때문이다. 라이프니츠는 흥미로운 수〔움직임〕를 써서, 여기에서 모든 세 종류의 힘—내부적 · 외부적 · 상호관계적—을 단일하지만 차이화된 다중적 힘으로 통합한다. 이것은 에테르적 힘의 복잡하지만 서로 얽혀 있는 역사에 걸맞는 결말이다.

그러므로 라이프니츠가 데카르트가 주장한 우주적 에테르의 소용돌이 이론을 따른 것도 놀랄 일이 아니다.

나는 행성들의 보편적 운동이 〔모든 행성에〕 공통적인 태양 주위의 소용돌이로 아름답게 설명될 수 있음을 발견했다. 사실, 궤적이 두 가지로 구별될 수 있음은 케플러의 운동 법칙에서 기하학적으로 따라 나온다. 궤적은 태양 주위로 행성의 조화로운 원운동(즉, 물체가 태양으로부터 더 멀

때 그에 비례하여 속도가 줄어드는 운동)과 태양을 향한 직선적 접근(중력gravitas 또는 자력 같은)으로 구별된다.[32]

지상에서 천상까지, 에테르는 모든 것에 만연하는 장력적 유체로 변용되었고, 존재론적 설명의 최고 수준까지 올라갔다. 적어도 **신 자체와** 같은 수준, 또는 그와의 **공동일차성**까지 올라갔다.[33]

상호관계적 운동의 배리

에테르의 장력적 기술의 출현은 그러므로 그 미시물질성, 변질가능성, 결합의 우연성, 정도의 이질성, 그리고 소용돌이 간의 장력적 연계로 정의된다. 이는 비물질성, 영원성, 운동의 자연적 필연성, 유출의 위계, 고정된 단일한 우주 중심으로부터 원심적 유도로 정의되는 에테르의 고대 원심적 이론과 대조된다.

문제는, 모든 존재에 만연하며 모든 것을 감싸는 에테르 관념에 의해 기술되는 상호관계적 움직임이 **힘의 매개체**만을 설명한다는 것이다. 그것은 내적 운동을 외부화시키는, 또는 외부화된 운동을 내부화시키는 독특한 운동을 충분히 설명하지 못한다. 매체는 운동의 운송에 결정적이지만, 운동 중의 객체의 내부적·외부적 힘은 설명하지 못한다.

그러므로 필요한 것은, 어떻게 힘이 실제로 자기 객체를 떠나서 다른 것을 감응하기 위해 이 상호관계적 매체를 지나 움직이는지, 그리고 어떻게 이 다른 객체가 이 힘을 내부화하고 수용하는지, 이 양쪽 모두에 대한 기술이다.

다음 두 장이 보여 주듯이, 장력적 또는 역동적 존재를 충분히 기술하려면 이 다른 종류의 두 힘(내부적 힘과 외부적 힘)부터 규명해야 한다. 그러므로 다음 장에서는 외부화된 힘에 대한 역사적 기술로 옮겨 간다. 그것은 종종 '임페투스'라고 불렸다.

25장

중세 신학 2. 임페투스

운동의 외부화

힘의 존재론적 기술에서의 두 번째 동적 작동 또는 특성은 운동의 **외부화**다. 동적으로, 운동의 외부화는 흐름이 순환의 장으로부터 절연될 때 또는 해방될 때 일어난다. 일단 그러한 흐름이 순환적 체계의 공동결연에서 풀려나면, 또는 이분화되면, 그 흐름은 새로운 장의 새로운 일련의 결연으로 자신을 접을 역량, 또는 다른 곳의 다른 장과 연결될 역량을 갖게 된다. 예를 들어, 회전하는 구의 내부적 운동과 같은 순환의 내부적 운동이 원인, 행위자, 힘으로서 자기 운동을 다른 물체에 전송하는 것으로 보일 때, 동적으로 일어나는 일은—중세와 근대 초기에 역사적으로 기술된 식의—**형이상학적 실체**의 전송이 아니다. 그것은 같은 움직임이 차이 나게 순환되어 계속되는 것이다. 두 순환은 동적으로 별개의 것이지만 존재론적으로 분리되어 있지 않고, 운동의 같은 연속적 흐름 내의 두 조응된 체계일 따름이다. 한 물체에서 다른 물체로의 운동의 외부화 또는 전송은 공을 한 사람에게서 다른 사람에게 던지는 것과는 다르며, 바다의 물거품이 파도 표면을 가로질러 전송되는 것과 비슷하다.

달리 말하자면, 저들 사이를 움직이는 제3의 사물은 없다. 두 접힘의 같은 공동외연적coextensive 장 또는 상대적 이웃함의 변조 속에서의 변화만이 있다. 그러므로 '외부화'라는 용어는 근본적 외부를 지칭하는 것이 아니라, 단일한 접힌 흐름의 상대적 외부만을 지칭하는 것이다. 이러한 동적 조건 하에서, 존재가 외부적 힘 또는 '임페투스impetus'를 가지는 것으로 역사적으로 기술되었던 것이다.

이런 것으로서 운동 또는 힘의 외부화는 세 가지 주요 특징을 가진다. ① 그것은 신의 직접적 통제 및 그의 구형 순환으로부터 풀려난다. ② 그것은 신으로 환원 가능하거나 단순히 신과 동일한 것이 아니다. ③ 그것은 신으로부터 존재로, 또는 존재들 사이에서 외부적으로 전송될 수 있다. 외부적 힘은 그러므로 운동이 일종의 수합된 존재 또는 순환(이 경우에는 신)으로 구심적으로 미리 축적되는 것만을 전제하지 않는다. 그것은 또한, 저 존재가 운동을 주변 너머로 외향적으로 재유도하여 궁극적으로 새로운 순환으로 유도하는 원심적 역량도 전제한다.

힘의 외부적 이론이 존재에 대한 일차적 기술로 충만한 지배권에 이르는 데에, 그리고 신적 구체론의 원심적 운동에서 완전히 풀려나는 데에는 수세기가 걸렸지만, 그것이 처음 시작된 것은 6세기 아리스토텔레스 주석가 요하네스 필로포누스의 저작이다. 그 후 그것은 수세기에 걸쳐 전개되었고, 마침내 '임페투스 이론', 또는 우리가 지금 '관성inertia'이라고 부르는 이름을 얻었다.

임페투스 이론

힘의 기술과 일차성 규명에서 필로포누스가 한 혁신적 기여는, 신의 직접적이고 원심적인 통제로부터 힘을 해방시킨 것이다. 아리스토텔레스에 대항하여, 필로포누스는 힘dunamis이 움직이는 자로부터 움직여지는 것으로 실제로 전송된다고, 또는 외부화된다고 했다. 그리하여 움직여진 것은 일단 운동 속으로 들어가면 움직이는 자와 독립적으로 운동을 계속한다. 필로포누스는 이러한 외부적 힘의 전송을 그리스어로 rhope 라고 불렀는데, 이 말은 종종 '성향inclination'이라고 번역된다. 이 말이 이후 라틴어로 '임페투스impetus'라고 불리게 되었다.[1]

역사적으로, "엄밀한 의미에서 임페투스는 각인된 힘vis impressa과 동일시되었다―그것은 **바깥으로부터** 각인된 내부적 힘이었다."[2] 이 개념의 급진적 본성은 아무리 강조해도 과하지 않다. 위대한 20세기 과학철학자 토마스 쿤은 임페투스 이론의 도입이 과학혁명에, 또는 그의 용어로는 "패러다임 전환"에 비견된다고 했다.[3] 필로포누스가 이 혁명을 시작했고, 그 덕에 장력적 운동은 원심적 지배에서 풀려날 수 있었다.

아리스토텔레스와 그 추종자들은, 공중으로 던진 투창 같은 무언가의 강제된 운동이 추동되는 것은 외부의 움직이는 자로부터 움직여진 객체로 힘 또는 운동이 전송되기 때문이 아니라고 했다. 오히려 투창 뒤에 계속 생기는 공기 덩어리로 운동이 직접 전달되기 때문이라고 했다. 이것은 본질적으로―움직여지지 않는 움직이는 자의 구의 통일체 내에 전적으로 담겨 있는―테르몬thermon의 흐름, 또는 운동의 유체적 원인을 따르는 직접적 힘의 원심적 이론이다.

필로포누스는 운동을 이처럼 신의 직접적 조작에 종속시키는 것을 거부했다. 아리스토텔레스의 논리에 따르면, 군대에서 발사체를 얇은 난간 위에 놓아 두고 수천 명이 함성을 질러서 발사체 뒤의 공기를 운동시켜 발사시키면 될 일이 아닌가. 이는 분명 터무니없기 때문에, 다른 설명을 찾아야 한다. 그래서 필로포누스는 뒤나미스 키네티케dunamis kinetike 또는 "비물질적 동적 능력"이 있어야 한다고 보았다. 이는 "던지는 자에 의해 던져진 것으로 전송되어야" 하며, 이때 "밀리는 공기는 이 운동에 전혀, 또는 거의 기여하지 않는다"고 했다.[4] 던지는 자가 투창을 던질 때, 그는 투창에 힘 또는 동적 능력을 전달한다. 던지는 자가 투창과 더 이상 닿아 있지 않는데도 투창을 계속 움직이게 하는 것이 이 힘이다.

설명을 좀 더 정교화한 후, 필로포누스는 이 단순하지만 혁명적인 통찰을 존재신학적 수준으로까지 확장한다. 외부적 힘의 전송은 지상적 운동뿐 아니라 천상적 운동의 원인이기도 하다. "〔신은〕 구동적 능력 kinetiken entheinai dunamin을 달, 태양, 그 밖의 천체에 심는다. 그는 성향 rhope을 무겁고 가벼운 것에 심었다. 그리고 천사들이 동물을 힘biai을 통해 움직일 필요가 없도록, 영혼psuchē으로부터 오는 움직임을 모든 동물에 심었다."[5]

필로포누스는 천사들이 모든 하늘의 물체와 지상의 물체를 능동적 의식적으로 움직여야 한다는 것이 부조리하다고 보았다. 그는 신을 존재신학적 투창 선수로 사고하는 것이 훨씬 더 말이 된다고 추론했다. 신은 창조 시 세계에 힘을 각인하고vis impressa, 이어서 그의 항상적 개입 없이 그것이 스스로 펼쳐지게 할 따름이다. 이러한 수〔움직임〕는 신(움직이는 자)과 자연(움직여지는 것) 사이의 결정적 존재론적 구별을 도입한다는 중요한 귀결을 가진다. 이는 절대적 구의 중심-변두리 행렬 속에 있는 신과 자연의 고대적 통일체에 대항한다.

더 나아가, 이 추론은 운동 원인의 물음을 신으로부터 자연으로 옮긴다. 신은 단 한 번 행위할 따름이지만, 자연은 세계 속에서 이 힘을 영구화하고 질서 잡는다. 필로포누스는 이렇게 쓴다. "자연이 운동이나 정지의 원천이라는 것을 배움으로써, 우리는 그것이 무엇인지가 아니라 그것이 무엇을 하는지poiei를 배웠다. 그래서 그것이 무엇인지의 정의를 제시하기 위해서도, 우리는 물체들을 통해 확산되어 있는 자연이 생명 zoe 또는 능력dunamis이라고 말하자. 이것은 사물 속의 운동 또는 정지의 원천으로서 물체들을 주조하고 관리한다. 이것은 저 사물 속에 일차적으로 속하는데, 자기 자신으로 인해서 속하는 것이지, 우연적으로 속하는 것이 아니다."[6]

필로포누스가 보기에, 자연은 완전히 힘과 공동외연적이 된다. 자연은 모든 물체에 걸쳐 완전하게 그리고 내재적으로 확산되어 있으면서 운동 속에서 물체들을 연결하고 질서 잡는 살아 있는 힘 또는 위력에 다름 아니다. 고대인에게 이것은 신 또는 에테르의 정의였다. 이제 필로포누스에게 신이란, 애초에 자연이 어떻게 움직이게 되었는지를 설명하는 데에만 필요하고 이후로는 자연적 운동의 설명적 원천으로서 더 이상 직접적으로 유의미하지 않은, 외부적인 작용인에 지나지 않게 된다.[7] 그래서 필로포누스는 사랑 또는 살아 있는 영혼에 의해 하늘이 움직이도록 고무하는 신학적 목적인이라는 아리스토텔레스적 관념을 거부하고, 인과의 순수하게 작용적인 이론을 택한다. 필로포누스가 보기에 모든 운동—지상적 운동, 강제된 운동, 천상적 운동—은 신이 지휘한 최종 목적 없는 작용인에 불과하다. 신이 자연을 창조했을 수는 있지만, 그 이후로 자연은 신의 힘이 심은 자연 고유의 운동을 따른다.

그러나 불행히도, 힘rhope에 대한 필로포누스의 글은 6세기에 널리 읽히지 않다가, 이슬람 철학자들의 전송을 거쳐 이후 14세기에 프랑스 신부 장 뷔리당(1300~1358)에게 발견되었다. 뷔리당은 필로포누스를 직접 인용하지 않으며 아비세나의 마일mayl• 개념의 공로도 직접 언급하지 않지만, 아비세나, 아베로에스, 그리고 다른 이슬람 임페투스 이론가들의 저작을 논한다. 그러므로 뷔리당 자신이 '성향'이라는 단어를 사용한 것은 아마도 저들의 물리학적 사고의 영향일 것이다.[8] 이어서 뷔리당은 힘의 지상적 형태에 관한 저들의 논증을 신학적 수준으로까지 완전히 확장한다. 뷔리당은 성경에서 천체를 움직이는 소위 지성 또는 천사를 언급하지 않는 이유가 바로 다음과 같다고 논한다.

• 던지는 자에 의해 던져진 것으로 옮겨진 움직이려는 성향을 가리키는 아비세나의 개념.

신이 세계를 창조했을 때, 그는 그가 기쁜 대로 천상의 구체 각각을 움직였다. 그리고 그것을 움직일 때에 그는 구체 안에 임페투스를 각인했다. 임페투스가 구체를 움직였고, 신이 더 이상은—그가 일어나는 모든 일에 공동행위자로서 합력하는** 저 일반적 영향력의 방법을 제외하고는—구체를 움직일 필요가 없었다. "그래서 7일째 날에 신은 행함과 겪음을 다른 것들에게 차례로 집어넣음으로써 행사했던 모든 작업으로부터 휴식했다." 그리고 그가 천체에 각인한 임페투스는 이후로 감소하거나 변질되지 않았다. 천체에는 다른 움직임을 향한 성향이 없었기 때문이다.[9]

뷔리당이 보기에, 신은 우주를 창조하고 그것에 구동적 힘virtus motiva를 각인했다. 그것은 신 없이도 우주가 계속 움직일 수 있게 한다. 창조의 7일째 날에 신은 휴식했고, 창조는 스스로 움직이기 시작했다. 그러나 그렇다고 해서 뷔리당의 천상적 임페투스를 신과의 급진적 결별로 보긴 어렵다. 오히려, 신은 여전히 "모든 것 안의 공동행위자"로 남아 있다. 신이 공동행위자로 남아 있는 것은, 부분적으로는 하늘의 움직임이 신 자신처럼 불멸이며 변질 불가능하기 때문이다. 동현상학적으로 말하자면, 신의 움직임은 창조 시에 외부화되고, 그리하여 소급적으로 그를, 그가 더 이상 직접 통제하지 않는 새로운 자율적 운동의 공동행위자로 변용시킨다. 이 자율적 운동은 신의 구동적 힘 또는 임페투스의 외부화로서, 신으로부터 존재론적 또는 급진적으로 나뉘어 있다고 말할 수 없다. 신의 창조는 신과 엄격히 동일한 것도, 엄격히 분리된 것도 아니다. 오히려 신과 창조는 같은 동적 외부화 과정의 두 접힘 또는 공동행위자

** concur. 이것은 세계에 어떤 사건이 일어날 때, 그것을 일으킨 세계 내 객체가 원인이 됨과 동시에 신의 힘도 동시에 원인이 됨을 뜻한다. 이는 신이 항상 세계 사건들의 직접적인 원인이어야 한다는 사고와, 세계 대 객체들 간에 인과관계가 있다는 사고를 통합하려는 시도였다. 본 번역에서는 이를 '합력'으로 번역한다.

가 된다.

파리 인문대학에서 뷔리당은 많은 동시대인들의 사고에 영향을 끼쳤다. 거기에는 알베르트 폰 작센, 마르실리우스 폰 잉헨, 니콜 오렘 등이 있었다. 이후 이들은 유럽 전체에 임페투스 개념의 씨를 뿌렸다.[10]

임페투스 이론이 신과 자연의 두 구별되는 순환 사이에서 이 둘을 연결하지만 하나를 다른 하나로 환원하지 않는 무엇의 실존을 수용하는 한에서, 임페투스 이론은 새로운 운동 이론을 발견하게 된다. 임페투스는 에테르 매체를 통해 힘이 한 물체로부터 다른 물체로 외부화될 수 있게 한다. 뷔리당은 다음과 같이 적절히 추론한다. "모든 운동은 움직여짐과 동시에 현존하고 실존하는 구동자로부터 생겨나므로, 임페투스가 운동이라면, 이 운동이 생겨나게 하는 다른 구동자를 할당할 필요가 있을 것이다. 그러면 주요 난점이 돌아오게 된다. 그러므로 이러한 임페투스를 정립해서 얻는 것은 없을 것이다."[11] 그래서 뷔리당이 힘에 부여하는 것은 움직이는 자와 움직여지는 것의 지역적 운동과 별개의, 제3의 "영원한 본성의 사물res nature permanentis"의 지위다.[12] 운동의 외부적 전달 없는 내부적 구동자는 무용하다. 임페투스는 움직이는 자로부터 움직여지는 것으로 전달 가능한 것 또는 외부화 가능한 것이어야 한다.

다음이 임페투스 이론의 위대한 동적 통찰이다. 움직이는 자와 움직여지는 것 사이에는, 둘을 장력 속에서 합치면서 떼어 놓는, 그리하여 **그들 사이에서 앞뒤로 움직일 수 있는 공통된 무엇을 확실히 하는 제3의 사물**이 있어야 한다는 것이다. 임페투스는 제3의 사물이 움직이는 자 및 움직여지는 것과 동시적으로 공존함이지만, 어느 쪽으로도 환원 불가능한 것이다. 환원 가능한 것이었다면, 한쪽에서 다른 쪽으로 아무것도 전달되지 못했을 것이다—그래서 모든 운동이 실패했을 것이다.

시계장치 무주

이러한 임페투스 이론의 존재론적 매개변수들 중에는 뷔리당의 영향을 받은 프랑스 철학자 니콜 오렘(1320~1382)이 있었다. 그는 이 이론의 급진적 신학적 결론을 처음으로 끌어낸 사람이다. 이 결론은 이후로 서구의 거의 모든 주요 철학자들에게 이러저러한 방식으로 채택되었다. 그것은, 우주가 시계장치처럼 기능한다는 것이다.

이보다 더 반反아리스토텔레스적인 테제는 상상하기 힘들 것이다. 신은 더 이상 모든 운동의 항상적이고 직접적인 원천이 아닐 뿐 아니라, 자연과 우주의 근본적 움직임은 전적으로 우주 **자신이 가진 장력적 자연법칙의 내재적 집합**에 따라 질서 잡혀 있다. 오렘은 《하늘과 땅의 책Livre du ciel et du monde》(1370)에서 어떻게 쓴다.

> 신이 하늘을 창조했을 때, 그는 하늘 안에 질과 움직이는 능력을 넣었으며, 마찬가지로 지상의 사물에는 무게를 넣고, 사물들이 움직이는 능력에 저항하도록 했다. … 이러한 능력은 저 저항에 비해 온건하고, 유순하고, 질서 잡혀 있어서 움직임은 폭력 없이 이루어진다. 그런데 폭력을 제외하고는, 이는 사람이 시계를 만들고는 그것이 돌아가고 스스로 움직이게끔 하는 것과 비슷하다. 그래서 신은, 움직이는 능력이 저항에 대해 가지는 비율에 따라 그리고 수립된 질서에 따라 하늘이 계속적으로 움직이도록 했다.[13]

기계식 시계에 능력을 주는 것은 초기 무게인데, 이것의 장력 또는 강체 연계부의 체계가 시계의 질서 잡힌 운동에 동력을 준다. 이와 마찬가지로 신은 우주에 초기 힘 또는 임페투스를 주며, 이어서 이것은 자연법칙의 집합에 따라 펼쳐진다. 장력의 같은 동태가 양쪽에 적용된다. 우주는 신적 제작자의 산물이면서, 이 의미에서는 창조의 동적 연계(힘) 자체에 의해 창조자로부터 자율적인 것이기도 하다.

오렘의 시계장치 우주 이론은 중세 및 근대 초기에 있던 힘의 존재론적 일차성의 훌륭한 이미지다. 그는 아주 영향력 있는 시계장치 비교를 처음으로 제시한 사람이다. 이 비교는 임페투스 이론, 시계장치, 존재신학 모두가 운동의 같은 장력 패턴에 따라 기능함을 보여 준다.[14]

수도원 일과표horarium가 가진 기능의 동적 의의 또한 결정적이다. 신이 별과 행성에 정규적이고 완벽하고 리듬 있는 운동을 준 것과 마찬가지로, 신에게 신실한 자도 비슷하게 질서 잡힌 운동 패턴을 따라야 한다. 신의 완벽한 천상적 창조를 측정하고 모방하기에 가장 가깝고 가장 적절한 '시계'는 행성 궤도였다.

그러므로 최초의 기계식 시계가 고대 천문관측의astrolabe의 영향을 받은 천문학 시계 또는 행성계 시계였다는 점은 놀랄 일이 아니다. 이 시계는 삼각법을 통해 행성, 별, 시간의 상대적 위치를 결정하는 행성 나침반이었다. 이 시계는 일찍이 13,14세기 유럽 전역에서 출현했으며, 오렘 등의 사람들에게 큰 영향을 끼쳤다.[15] 시계, 수도원 일과표, 행성 운동은 모두 힘의 관계로 합쳐지고 떼어 놓인 조화로운 운동의 같은 장력적 패턴의 일부였다.

동적 분석

세 개의 상호관계된 장—임페투스 이론의 물리학, 신적 일과표의 수도원 전통, 기계식 시계의 발명—을 오렘이 명시적으로 통일시킨 것은 어마어마한 귀결을 가져왔다. 이 모든 것은, 몇 세기에 걸쳐 천천히 전개되고 있던 무엇을 명시화했다. 그것은 영원성의 구형 원심적 움직임의 존재론적 일차성으로부터 기계론과 장력적 힘의 존재론적 일차성으로의 이동이었다. 기계식 시계의 도입과 관련해 루이스 멈포드가 관찰하듯이, "영원성은 인간 행위의 척도이자 초점으로 기능하기를 차츰 멈추었다."[16] 그러므로 지상적 정식화와 존재론적 정식화 양쪽 모두에서 임페투스를 정의했던 것과 같은 장력적 순환에 따라서 우주를 정의하는 시계장치-우주 테제는 적어도 두 가지 주요 동적 귀결이 있다.

부분 간의 장력에 의한 전송 —— 첫째로, 임페투스, 신적 리듬, 기계식 시계는 모두 **부분 간의 장력에 의해 전송**되는 운동의 같은 동적 외부화를 기술한다. 앞 절에서 말했듯이, 임페투스 이론은 물체 간 운동의 전달로 정의되었다. 이를 신학적인 수준으로 가져오면—실제로 신학적 수준으로 들어왔다—이제 신은 자연에 이러한 신적 임페투스를 전한다. 시계동태horokinetics, 시계의 움직임은 운동의 이러한 같은 장력 형태에 따라서 작동한다.

첫 번째 기계식 시계는 '탈출장치escapement'라고 불린 것의 동적 작동에 따라 기능했다. 이러한 이름이 붙은 것은 운동의 동적 탈출 때문이었다. 균형 바퀴가 탈출장치의 **탈출 바퀴** 톱니바퀴의 톱니를 해방시켜, 시계의 톱니바퀴 연쇄가 정해진 양만큼 전진하도록 또는 탈출하도록 하기 때문이다. 탈출장치는 용수철 또는 무게추에 의해 추동되고, 부분들 사이의 연결된 장력에 의해 시계의 톱니바퀴 연쇄가 부분들을 통해 전송된다. 톱니바퀴의 움직임을 생산하는 것은 두 회전 운동—균형바퀴foliot의 무게 있는 회전과 축verge의 무게 있는 회전—사이에서 번갈아 가며 유지되는 장력과 해방의 연결부다.[17]

그래서 최초의 기계식 시계는 물의 구심적 비축 및 이 물의 원심적 외향적 해방이나 태양 중심으로부터 빛의 원심적 해방으로 시간을 측정하지 않았다. 그 대신에 두 회전하는 운동 사이의 연결 장력과 해방의 교대로써 시간을 측정했다. 14세기 기계식 시계의 발명과 함께, 시간은 더욱 정확하게 더 작은 간격으로—반시간, 4분의 1시간 등등—조응될 수 있었다. 물시계 흐름의 혼란스러움은 더 적절히 연결된 장력 장치로 대체되었다. 기계식 시계와 사회적-천상적 동태 사이의 연결을 증명하는 것이, 중세의 많은 기계식 시계에 내장된 명시적으로 사회적인 자동장치automata다. 시간이 울릴 때, 목조 인형이 시계탑에서 나와 기도하고, 일하고, 자는 등등을 행했다.

시계장치 우주는 모든 존재를—힘을 전달하고 힘에 자율적 생명을 주는 톱니바퀴 열과 같은—조화로운 동적 장력의 위계적으로 연계된 체계 속으로 밀어 넣었다. 존재는 움직이지만, 천사, 신, 움직여지지 않는 움직이는 자가 직접 통제하는 꼭두각시처럼 움직이는 것이 아니고, 창조자의 시초적 임페투스가 부여한, 부분들 사이의 연결된 장력에 따라서 움직인다.

동적 자동화의 도입 —— 둘째, 시계동태는 운동의 외부화에 따라서 기능하는데, 이것은 창조자 또는 시계 제작자, 전달된 준자율적 움직임, 그리고 시계 자체 사이의 차이를 도입한다. 예를 들어, 기계식 시계의 발명은, 시계가 이제 시계학자의 직접적 개입 또는 물이나 태양 같은 자연적 힘의 직접적 개입 없이도 긴 시간 동안 밤낮으로 움직일 수 있음을 뜻했다. 이는 천상적 시계와 지상적 시계 속의 자동화와 자동장치의 능력에 관한 새롭고 아주 명확한 의미를 창조했다. 기계식 시계의 이름과 그 그리스어 어원은 이것들이 어떻게 역사적으로 해석되었는지를 정확히 시사한다. 어원은 automatos인데, 이는 스스로-움직여짐, 자동적임, 자발적임을 뜻했다. 그래서 시계의 움직임은 창조자 및 관찰자와의 관계에서 일종의 상대적 자율성을 획득했다. 그것은 스스로-움직여지는 것으로 보였다.

더 나아가, 시계의 상대적 자율성은 동시에 창조자의 상대적 자율성을 가능케 했다. 동적 탈출은 그러므로 이중적이었다. 시간 기록자가 직접적 시계학의 동적 노동(별을 보기, 등불을 측정하기, 물시계를 다시 채우기 등등)으로부터 탈출했고, 시계 자체가 주관적 지지, 변덕, 이용자가 범할 수 있는 오류에 의존하는 데로부터 탈출했다.

마지막으로, 이러한 이중적 탈출은 시계 움직임의 원인이 되는 것으로 보였던 용수철 또는 무게추의 준자율적 운동 또는 힘의 식별을 가능케 했다. 그것을 계속 움직이게 하는 것은 무엇이었나? 이것은 얼마나 빨리 탈진할 것이었나? 세계의 톱니바퀴 열과도, 시계 제작자와도 명확히 별개인 이 능력의 법칙과 속성은 무엇이었나?

시계장치 우주는 그래서 힘의 같은 지배적 기술을 따르는 삼중적 동적 분할을 도입한다. 그것은 시계 제작자인 신(외부적 힘), 기계론적 자연(관계적 힘), 구동적 능력(내부적 힘)이다. 능력은 움직여지지 않는 움직이는 자나 자연으로 환원될 수 없었다. 이들 사이에서 무언가가 움직인다. 케플러는 심지어, 자연을 신으로 환원하는 것이 자연으로부터 장려함을 실제로 빼앗는다고까지 말했다! 신과 자연 각각이 자기 고유의 힘을 가진다. 각각은 자기 고유의 자동적 순환을 가진다. 그러나 이들은 또한 장력 또는 연계부 체계(힘)를 통해 관계되어 있기도 하다. 이 체계는 신 및 자연과 별개이며, 그래서 이들을 합치고 떼어 놓지만, 또한 연결된 운동 속에서 서로 맞물려 있게 한다.

외부화된 운동 이론

지금까지 임페투스 이론과 시계장치 우주 테제 양쪽이 모두, 외부화된 운동의 기술로 전제된 장력적 운동의 같은 패턴에 의해 조건 지어져 있다고 논했다. 두 경우에서 보여 주려고 한 것은, 실재에 대한 신학적 기술로서 '힘'의 동적 구조를 설명할 역량이 동적 분석에 있다는 것이다.

그러나 한 테제가 다른 테제의 원인은 아니다. 임페투스 이론은 수도원 일과표의 단순한 결과로 출현한 테크닉적 실현의 산물이 아니고, 시계장치 우주 이론 또한 임페투스 이론이나 기계식 시계 발명의 산물이 아니다. 각각이 서로를 공동조건 짓는다. 임페투스 이론, 기계적 우주, 기계식 시계는 이 시기 동안 지배권을 획득했던 같은 운동의 같은 장력적 패턴의 세 표현이다.

　　일단 14세기에 오렘이 임페투스와 시계장치 우주 테제를 명시적으로 합치고 존재론화하자, 장력적 운동은 17세기 말경까지 존재의 지배적 이미지가 되었다. 이 시기의 많은 중요한 사유자들이 이 점을 증언한다.

　　예를 들어, 16세기에 독일 철학자 니콜라우스 쿠자누스는 우주를 구로 기술했지만, 엄격하게 기계적인 구(지구 기계machina mundi)로 기술했다. 이 구는 신과의 직접적 접촉에서 해방되고, 오히려 외부화되고 자율적인 임페투스에 의해 움직여진다. "우리는 이 구체에 많은 운동을 준다. 그러나 이 구는 신, 즉 창조자에 의해서도, 신의 영에 의해서도 직접 움직여지지 않는다. 지금 우리 앞에서 회전하고 있는 구체를 직접 움직이는 것은 우리도, 우리의 혼도 아니다. 그러나 이러한 운동을 시동하는 것은 우리다. 우리의 의지를 따르는 우리 손의 충동이 임페투스를 생산하며, 이 임페투스가 지속하는 한 이 구체는 계속해서 움직인다."[18] 쿠자누스는 직접적 구동적 힘으로서의 유일신만이 아니라 신의 영조차 제거하는 데까지 나아간다. 쿠자누스는 구 관념을 유지하려 하기는 하지만, 임페투스 및 기계론적 우주에 대한 그의 관념으로 인해 실제로는 운동이 구로부터 탈출하게 되었다. 이 탈출이 취한 형태는 신도 아니고 성령도 아니며, 힘 자체의 감싸 접음complicare과 펼침explicare을 통해 신과의 장력 관계 속에 있는 것으로 유지되는 임페투스다.

　　이후 레오나르도 다빈치(1452~1519)는 임페투스 개념과 시계장치 기제를 《스케치와 수첩》에서 통합시켰다.

나는 힘을, 자연적 사용으로부터 보류되고 벗어난 물체 속에 저장되고 확산된 움직임이 원인이 되어, 예측하지 못한 외부적 압력에 의해 일어나는, 비물질적 행위자성, 비가시적 능력이라고 정의한다. 저 물체들에 놀라운 능력의 능동적 생명을 부여하면서, 힘은 모든 피조물을 형태 및 위치가 변화하게 강요하며─상황에 따라 진행하는 와중에 변화하면서─물체의 열망되는 죽음으로 맹렬히 재촉한다. 힘이 느릴 때 힘의 강도는 증대되며, 속도는 힘을 쇠약하게 한다. 힘은 폭력 속에서 태어나고 자유 속에서 죽는다. 힘이 더 클수록 더 빨리 소모된다. … 힘 없이는 아무것도 움직이지 않는다.[19]

여기에서 힘에 대한 다빈치의 기술은, 어떤 연속적 운동의 명시적으로 유체역학적인 모델을 따른다. 저 연속적 운동은 외적 압력의 임페투스를 통한 전달 또는 외부화에 의해 특징 지어진다. 저 임페투스는 고여서 쌓이거나 해방되어 풀어지고, 모든 피조물에 걸쳐 흐르고 이 피조들의 움직임과 변화를 강요한다. 또한 저 연속적 운동은 마지막으로, 죽음에 대한 저항 속의 일종의 자율성 및 자유를 향한 열망에 의해 특징 지어진다.

16세기 영국 철학자 프랜시스 베이컨(1561~1626)은 뷔리당이 제안한 신적 임페투스의 정식화를 따랐을 뿐 아니라, 자연을 이 힘의 법칙에 따라서 작동하는 시계장치 기계로 기술했다. "저 신이 … 하늘과 땅을, 이들의 군대와 세대, '태양, 달, 별'을 창조했고, 그리고 저들에게 항상적이고 영구적인 법칙을 부여했다. 이 법칙이 우리가 **자연**이라고 부르는 것이며, 이것은 창조의 법칙에 다름 아니다. … 자연법칙도 마찬가지다. 그것은 이제 세계의 종말까지 남아 있으면서 침해될 수 없는 방식으로 다스린다. 그것은 신이 자기 일로부터 처음으로 휴식했고 창조하기를 멈추었을 때〔창세기 2:2〕부터 효력을 가지기in force 시작했다."[20]

신은 자연을 창조했고, 그것에 힘(자연법칙)을 각인했다. 이 힘은 시계 장치처럼, 아주 단순한 이 원리들이 부과한 장력적 운동의 전달에 따라서 자율적으로 펼쳐진다.[21] 베이컨은 이렇게 쓴다. "**신이 이 최초의 입자들에게 심은 힘**은 모든 다채로운 사물들을 진행하게 하며 이들을 이루는 다중성을 형성한다."[22] 신은 에피쿠로스적 물질 입자 형태로 움직임을 외부화하는데, 이 입자는 이어서 충돌을 통해서 자연 전체를 생산한다. 그리하여 베이컨은 힘 관계의 단일한 이론 속에서 신학, 자연주의, 기계론의 근사한 종합을 도입한다.

17세기에 독일 천문학자 요하네스 케플러(1571~1630)는 《우주구조의 신비Mysterium Cosmographicum》(1596)에서 신적 지성에 대한 신플라톤주의적 물활론적 이론을 제시한다. 여기에서 신적 지성은 천상적 운동의 원인 또는 운동령anima motrix이다. 그러나 그는 끝내 이 이론을 버린다.[23] 이 책의 초판 출간과 1610년 제2판의 출간 사이인, 1600년에 케플러는 프라하에서 루돌프 황제의 궁정에 참가한다. 여기에서 그는, 이탈리아 데돈디의 행성 시계에 비견될 만한 시계로는 유럽 내에 유일한 다른 행성 시계를 발견했다. 그것은 태양, 달, 다섯 행성의 운동을 모의하는 요스트 뷔르기의 행성 구체였다. 1604년에 뷔르기는 황제를 섬기게 되었으며, 그와 케플러는 친밀한 친구이자 공동연구자가 되었다.[24] 그 후 변용이 일어났다. 《우주구조의 신비》 제2판이 출간될 때, 케플러는 천상적 구동자로서의 살아 있는 영혼에 등을 돌린다. 그는 이렇게 쓴다. "영혼이라는 단어를 힘이라는 단어로 대체한다면, 하늘에 대한 나의 새로운 물리학 기저에 있는 원리를 바로 얻게 된다. … 나는 이 힘이 실질적이라는 결론에 도달했다."[25]

1605년에 케플러는 힘의 임페투스 이론과 우주 시계장치 이론의 명시적 종합에 관해 친구에게 썼다. "나는 물리적 원인을 연구하는 데에 많이 빠져 있네. 내 목표는 천상적 기계가 신성한 존재를 닮은 것이 아니라 시계를 닮은 것임을 보여 주는 거야(시계가 살아 있다고 믿는 사람은 제작자의 영광을 만들어진 사물에게 부여하는 걸세). 이 기계에서는 몹시 다채로운 움직임들이 하나의 아주 단순한 자력으로부터 흐르지. 시계 속에서 하나의 단순한 무게추로부터 모든 운동이 흐르는 것처럼 말이야."[26] 이 편지에서 케플러는 외부화된 운동의 성삼위를 통합한다. 그것은 힘, 시계장치 우주론, 그리고 시계의 자율적 톱니바퀴 열의 연결된 장력을 통과하여 전달되고 흐르는 운동의 유체역학적 관념이다. 무게추 또는 구동적 힘은 시계 기제로부터 분리되어 있지만, 비탄성적 연계를 통해 연결되어 있다.

이러한 연결이 가능했던 것은, 케플러가 유럽 전반에 전파되고 있던 임페투스의 새로운 물리학에 친숙했고, 아베로에스를 통한 이 이론의 이슬람적 계보에도 친숙했으며, 뷔르기와의 친분을 통해 기제 및 시계장치 언어에 친숙했기 때문이다. 천문학에서 케플러는 행성의 타원형 궤도는 원형이 아니기 때문에 자기 운동의 원천일 수 없다고 논했다. 그리고 저 궤도는 오히려 궤도의 거리와 관계된 제3의 운동 또는 힘의 산물이라고 논했다. 케플러가 보기에, 물리학 전체를 통합하는 것은 외부적이고 자율적인 순환 역량이 있으며 창조자와 구별되는 자연적 힘 개념이었다.

천문학에서 케플러의 작업은 프랑스 철학자 르네 데카르트(1596~1650)에게도 깊은 영향을 미쳤다.[27] 결국 데카르트는 시계장치 우주 관념을 받아들였고, 완전히 이원론적인 본인의 철학과 다른 임페투스 이론도 받아들였다. 《철학의 원리》에서 데카르트는 물질이 공간 내 연장으로 엄격하게 환원 가능하고 정신은 사고로 엄격히 환원 가능하다는 것을 보여 주려 한다. 그는 운동을 물질의 양상으로 환원한 것이지 운동을 독립적인 제3실체로 만든 것이 아니라고 명시적으로 주장한다.[28]

유일한 문제는, 이후로 데카르트가 시초에 물질 운동의 원인이 되는,

또는 추진하는 어떤 구동적 힘을 계속해서 허용해야 했다는 것이다. 저 힘은 운동이 어떻게 어떤 객체에서 다른 객체로, 궁극적으로는 창조자 신에게서 그의 피조물인 물질로 전달되는지를 탐구하는 과정에서 허용되어야 했다. 예를 들어, 《세계》에서 데카르트는 이렇게 쓴다. "한 물체 속에 있는, 자신을 움직일 수 있는 **강인함**virtue **또는 능력**이 다른 물체로 전부 또는 부분적으로 옮겨 가고 그리하여 더 이상은 첫 번째 물체 속에는 없게 되는 것이 가능하다. 그러나 그것이 세계 속에서 더 이상 실존하지 않을 수는 없다."[29] 힘virtu/puissance은 물체 사이에서 전달될 수 있지만, 그렇기에 그 자체는 물체로 환원될 수 없으며, 그렇기에 신체처럼 쇠락을 겪지 않는다. 이 용어와 사고는 임페투스 이론에서 직접 가져온 것이다.

《원리》에서도 데카르트는 운동 중의 물체에 '성향inclination'을 더한다. 성향으로 인해 물체는 자신의 운동 과정을 따라서 존속하거나 계속할 수 있다. "모든 움직이는 물체는 운동 과정 중의 모든 주어진 순간에, 그 운동을 어떤 방향으로 직선으로 계속하려는 **성향**이 있다."[30] 그러므로 운동은 성향과 같지 않다. 운동이 물질의 양상이라고 해도, 성향은 운동과 같은 것이 아니라, 운동의 경향 또는 힘이다. 《원리》의 다른 구절에서 데카르트는 이러한 추구를 "운동을 위한 첫 번째 준비"로 식별한다.[31] 그러나 또다시, 운동을 위한 준비는 운동 자체와 같지 않다. 그래서 결국 데카르트는 구동적 힘의 문제를 풀기 위해 물체와 정신에 더하여 세 번째 종류의 실체를 채택한다. 그것이 임페투스다.

케플러가 그랬던 것처럼, 데카르트도 다시 시계장치 우주에 대한 신학적 헌신 속에서 임페투스 및 외부화된 운동을 전제한다. 데카르트의 관점에서, 신은 우주를 창조했고 이어서 그것은 운동하게 했다. 우주의 조각들이 시계장치 구조의 역동적이고 자율적인 원리를 따라 움직이게 했다. "우리는 시계, 인공 분수, 방아, 여타 기계들이 인간에 의해 만들어졌을 뿐이지만, 많은 상이한 방식으로 자진하여 움직이는 능력을 가짐을 본다. 그러나 나는 이 기계가 신의 손에 의해 만들어졌다고 가정한다. 그러면 그 기계는 내가 그 기계 속에서 상상할 수 있을 것보다 훨씬 다양한 운동을 할 역량을 가질 것이며, 또한 내가 그것에 부과할 수 있는 것보다 더 많은 기교를 보여 줄 것이다. 이 점을 당신이 합리적으로 생각할 수 있으리라고 생각한다."[32]

몇 종류의 운동 역량이 있는 자동기계를 인간이 만들 수 있듯이, 신도 같은 방식으로, 그러나 훨씬 더 많은 운동 역량이 있는 인간과 자연을 만들었다. 그러므로 "대응 무게추와 바퀴의 힘, 위치, 형태로부터 시계의 움직임이 필연적으로 따라 나옴과 같이" 자연과 인간 신체의 움직임이 따라 나온다.[33] 장력적 무게의 구동적 힘이 톱니바퀴 열을 통해 소통되듯이, 신의 힘도 비슷하게 자연의 조응된 부분들 속으로, 그리고 부분들을 지나 외부화된다. 이 부분들은 움직임의 단일하고, 연속적이지만, 접힌 흐름에 의해 합쳐지고 떼어 놓아진다.

시계 제작자로부터 시계로의 힘 전달 또는 외부화 없이는 시계장치 우주라는 사고 전체가 붕괴된다. "똑같이 시간을 잘 알려 주고 밖에서 보면 완전히 똑같아 보이지만, 내부에는 완전히 다른 바퀴 조합을 가진 두 시계를 같은 제작자가 만들 수 있다. 마찬가지로, 실재 세계를 만든 최고의 제작자는 우리가 볼 수 있는 모든 것을 몇 가지 상이한 방식으로 생산할 수 있었을 것이다."[34] 시계장치에서와 같이 신이 저들로 하여금 운동하도록 만들 수 있는 유일한 이유는, 성향 또는 자율적 힘을 시계 속에 각인함 또는 전달함, 그리하여 신, 구동적 능력, 창조 사이의 연속적 움직임에 삼중으로 접힌 장력을 도입하기 때문이다.[35]

《원리》에서 뉴턴은 철학의 전체 과제는 움직임 현상을 탐구하고, 이로부터 이 움직임들의 인과적 힘(연계와 장력)을 결정하고, 그러고는 다른 운동에 대해 이것이 가지는 함의를 끌어내는 것이라고 주장한다. "내가 이 저작, 철학의 수학적 원리를 제출하는 것은, 철학의 모든 짐은 다음으로 이루어져 있다고 보기 때문이다. 그것은 운동 현상으로부터 자연의 힘을 탐구하고, 이어서 이 힘으로부터 다른 현상을 증명하는 것이다."[36] 힘과 힘들은 그러므로 뉴턴의 철학과 물리학에서 인과성을 설명하는 이름으로서 중심적 역할을 차지한다.

예를 들어 물체 속에서 인과적 힘은 이중적 기능을 가진다. 정지해 있을 때, 그것은 "그것의 조건을 변화시키려 노력하는" 모든 물체에 저항하는 내존적 힘vis insita을 가진다. 그리고 운동 중에 있을 때, 그것은 힘을 외부적으로 다른 물체에 각인하고 전달하는 능력vis impressa을 가진다. "물체가 자신의 현 상태를 유지하기 위해, 각인된 힘에 대립하는 한에서 그것은 저항이다. 물체가 다른 물체의 각인된 힘에 쉽게 굴복하지 않음을 통해서, 저 다른 물체의 상태를 변화시키려고 노력하는 한에서, 그것은 충동이다."[37]

공간을 통한 운동의 외부적 전송에 의해 중심을 향한 움직임의 원인이 되는 힘을 가리키는 뉴턴의 이름이 중력이다. '중력'이라는 용어로 뉴턴이 가리키는 것은 "어떤 원인성을 부여 받은, 중심을 향한 절대적 힘이다. 이것 없이는 저 구동적 힘이 공간 전반에 걸쳐 전파되지 않았을 것이다."[38] 그의 불가지론적 요소에도 불구하고, 뉴턴은 각인된 힘을 통한 운동의 인과성 및 외부화 이론에 근본적으로 의존한다.

운동의 외부적 전달vis impressa에 대한 뉴턴의 의존은 신이 우주의 창조자이자 움직이는 자라는 그의 신학적 믿음에 의해 추가적으로 증언되고 요구된다. 신은 세계를 창조했다. 그러나 신은 또한 시계 속의 무게 추처럼 그것이 계속 움직이게 하는 중력의 힘도 창조했다.《문헌 회고록》의 편집자에게 보낸 편지에서 뉴턴은 이렇게 쓴다.

그러나 확실히 신은—일탈을 통해 전치되는 것을 막을—중력을 제외하고는 다른 아무 원인 없이도 스스로 움직여 다닐 수 있는 행성을 창조할 수 있었지요. 중력은 기적 없이도 행성들을 제 위치에 유지할 수 있기 때문입니다. 중력의 원인을 알지 못한 채로도 이 점을 이해하는 것은 철학의 진보에 좋은 일입니다. 시계장치의 철학에서, 기계를 움직이는 무게추의 중력 원인을 알지 못한 채로도 시계의 틀 및 바퀴들의 상호 의존을 이해하는 것이 좋은 일이듯이 말입니다. 또는 동물 운동에 대한 철학에서, 정신의 능력에 의해 어떻게 근육이 수축되고 이완되는지를 알지 못한 채로도 뼈와 근육의 틀을 이해하고, 동물 신체에서 이들이 어떻게 연결되는지, 그리고 근육의 수축이나 이완을 통해 어떻게 뼈가 움직이는지를 이해하는 것이 좋은 일이듯이 말입니다. [39]

뉴턴이 명시적으로 우주를 시계라고, 또는 신을 시계 제작자라고 부른 적은 없다. 그러나 이 구절에서 그는 중력의 자율적 힘을 시계 무게추의 장력적 힘과 명시적으로 유비하고 있다. 전자는 신이 만들었고, 아무런 "기적적" 개입 없이도 자연과 물체를 통해 작동하도록 되었다. 후자는 시계 제작자가 만들었고, 톱니바퀴 열의 연결된 장력을 통해 자율적으로 작동하도록 되었다. 여기에서 뉴턴은 외부화된 운동의 임페투스 이론과 시계장치가 요구하는 연결된 장력적 운동 양쪽을 모두 전제한다.

외부화된 운동의 두 가지 배리

임페투스와 시계장치 우주의 관념쌍 속에서 표현된 외부화된 운동 이론은 두 가지 관계된 배리를 제기한다. 첫째로, 필로포누스의 반아리스토텔레스적 임페투스 개념이 한 물체로부터 다른 물체로의 외부적 힘의 전송을 상정하기는 하지만, 그것은 또한 전달된 힘의 수신자가 그 힘을 내부화하고 자율적으로 연속적으로 활용할 역량이 있음을 전제한다. 시계의 톱니바퀴 열처럼, 힘을 받는 물체는 과정 속에서 단순히 수동적일 수 없다. 그 물체는 또한, 자신이 구동력의 장력을 붙잡고 천천히 해방할 수 있는 방식으로 설계되어 있어야 한다.

신학적으로, 힘을 자기 것으로 내부화하고 그것을 자기 고유의 방식으로 펼치는 자연 없이 자연에 저 힘을 단순히 전달할 수는 없다. 그러므로 운동의 외부화만으로는 자연 속에서 힘의 자율적 작동과 펼침을 설명하기 어렵다. 그러므로 어떻게 움직임이 움직이는 자와 독립적으로 가능한지를 이해하려면 운동의 내부화 이론이 필요하다.

둘째로, 외부화된 운동 이론은 또한 두 상대적으로 구별되는 사물—신과 자연, 외부와 내부—사이에서 운동의 전송을 가능케 할 일종의 제3의 관계적 면모도 전제한다. 그러므로 운동을 외부화하는 무엇은 또한, 운동이 다른 물체로 외부화되고 그 안에서 내부화되는 일이 일어나는 매개체를 제공하는 무엇과 어떤 방식으로든 연결된 채로 있어야 한다. 그러므로 운동이 유체 매개체를 통해 어떻게 가능한지를 이해하기 위해 운동의 상호관계 이론이 필요하다.

상호관계적 힘의 첫 번째 동적 작동은 이미 앞 장에서 전개되었으므로, 다음 장은 내부적 힘 또는 '코나투스'의 동적 작동을 전개한다. 장력적 운동의 상호관계적·외부적·내부적 면모는 함께, 중세와 근대 초기의 자연신학 기술에서 사용되는 대로의 힘의 동적 구조를 정의한다.

26장

중세 신학 3. 코나투스

운동의 내부화

힘의 존재론적 기술에서의 세 번째 동적 작동 또는 특성은 운동의 **내부화**internalization이다. 이것은 흐름이 주어진 순환 장으로부터 절연 또는 해방되었다가, 다른 장으로 도로 재순환되거나 접혀 들어갈 때 일어나는 운동이다. 그러므로 한 몸체에서 다른 몸체로 운동이 전이되거나 흐른다는 것은, 운동의 이중적 내부화를 전제한다. 첫째로는 힘이 본래 포함되어 있던 일차적 몸체 속에서의, 두 번째로는 첫 번째 몸체로부터 이 운동을 손에 넣고 계속하는 수용적 몸체 속에서의 내부화다.

이런 방식으로, 내부화된 운동의 존재론적 공동일차성은 아리스토텔레스적 우주와 근본적으로 통합 불가능하다. 아리스토텔레스에게, 움직여지지 않는 움직이는 자는 정확히 '움직여지지 않는 것akinetos'이다. 움직여지지 않는 움직이는 자는 운동을 위해 필요한 모든 잠재태dunamis를 결여한다. 그러나 중세에 운동이 임페투스 형태로 신으로부터 자연으로 우주론적으로 외부화되었다는 것은, 신이 애초에 자기 밖으로 전이할 운동 또는 힘을 가지고 있음을 전제한다. 그러나 내부화된 운동이 앞서 실존하지 않는다면, 운동의 전이는 있을 수 없다. 그러므로 운동이 외부화된다는 것, 그러나 그 후 운동이 원천으로부터 독립하게 된다는 것의 귀결은 무엇보다도 우선, 신이 어떤 내부적 자기운동에 따라서 정의됨을 긍정하는 것이다. 신은 저 자기운동을 물질적 흐름의 형태로 외향적으로 재유도하는 것이다.

그러므로 운동의 내부화는 세 가지 주요 특징을 가진다. ① 그것은 신이 자연에게 전이할 수 있으면서 신이 가지고 있는 앞서 실존하는 속성으로서, 신과 함께 존재론적 공동일차성을 가지고 있다. ② 그것은 신으로부터 전이될 수 있는 것이기에, 신과 단순히 동일한 것일 수 없다. ③ 그것이 신의 직접적 통제 없이 계속해서 움직이는 한, 그것은 자율적 내부적 운동을 가지고 있다. 역사적으로, 내부화된 운동의 동적 작동은 움직이는 자와 움직여지는 것 양쪽에 의해 행사되는 공동일차적 힘으로서 출현한다.

코나투스

코나투스conatus 개념은 '노고effort, 노력endeavor, 성향inclination, 경향 tendency, 추구striving'로 번역되며, 장력적이고 내부화된 운동을 동적으로 기술하기 위한 역사적 이름이다. 달리 말하자면, 코나투스는 존재의 자율적 자기움직임을 설명하는 인과적 힘에 붙여진 이름이다. 상호관계적 움직임과 외부화된 움직임의 동적 기술어는 역사적으로 훨씬 일찍 나타났지만, 코나투스와 내부화된 운동의 기술은 이 시기 말까지, 16·17세기까지는 출현하지 않았다.

코나투스 개념의 기원은 결정하기 어렵다. 16·17세기의 후기 스콜라 철학에서 코나투스 개념이 등장하고 전파되기는 했지만, 철학과 신학에서 체계적으로 사용되지는 않았기 때문이다. 더욱이, 경험주의자들이 힘을 파괴적으로 비판하기 직전에 코나투스 개념이 등장했다는 사실은, 그것이 훨씬 짧은 수명을 가졌음을 뜻한다. 그러나 16세기 이전에도 많은 스콜라 학자들이 떨어짐gravitation과 떠오름levitation이라는 불투명한 운동을 유비적으로 기술하기 위해 '욕구appetite'나 '성향' 같은 유사한 용어를 사용했다. 아리스토텔레스는 불의 올라가는 경향과 흙의 떨어지는 경향이 가진 '자연적 운동'을 기술했으나, 아퀴나스 같은 스콜라 학자들은 심리학적 유비를 통해 이러한 운동에 다양한 방식으로 움직이려는 '욕구', '욕망', '혐오'를 부여하기 시작했던 것이다.

예를 들어, 《반이교도 대전》(아마도 1264년에 집필)에서 아퀴나스는 세 가지 유형의 욕구를 구별한다. 그것은 자연적 욕구, 동물적 욕구, 지적 욕구다.

> 만물 속에는 좋은 것을 향한 욕구가 있다. 철학자가 가르쳐 주듯이, 좋은 것은 만물이 욕구하는appetuntur 것이기 때문이다. 이런 방식으로, 사고를 결여하는 사물 속의 욕구는 자연적 욕구라고 불린다. 예를 들어, 돌은 아래를 향하기를 욕구한다appetit고 말해진다. 감각적 사고를 가지는 것 속에서 그것은 동물적 욕구라고 불린다. 그것은 호의적concupiscible 욕구와 적대적irascible 욕구로 나뉜다. 지성을 가진 자 속에서 그것은 지적 또는 이성적 욕구라고 불리는데, 이것이 의지다.[1]

16세기가 되어, 프란체스코 부오나미치Francesco Buonamici는 떨어짐과 떠오름을 욕망으로 기술하는 일군의 심리적 · 형이상학적 용어들에 종합적 정의를 부여했다. 《운동에 관하여De Motu》(1587)에서 그는 이를 "만물의 본성에 의해 필연적인, 본성에 따라서 자기 자신으로 회합하는 좋음에 동의하는 성향"[2]이라고 했다. 이러한 맥락에서, 특히 예수회 수사들 사이에서, 용어 '코나투스'가 중력에 대한 스콜라적 설명에서 중심적 개념으로 출현하고 전파되었다.

이러한 스콜라 학자들에게, 모든 지상의 몸체는 구의 중심을 향한 직선 운동을 통해 자신의 자연적 장소로 돌아가기를 추구한다. 이러한 자연적 추구 또는 코나투스가 방해를 받으면, 몸체는 자신의 자연적 운동으로 돌아가려는 내적 힘 또는 구동적 경향을 행사한다. 예를 들어, "외적 힘을 통해 돌을 위로 내던질 때마다, 그것의 형상은 그것을 아래로 모는 자연적 추구conatu와 충동을 통해서 이 상승에 저항한다. 그러나 또한, 물을 불을 통해 데우면, 그것은 이러한 따뜻함의 형상을 능동적으로 물리친다. 차가움을 향한, 그리고 자신의 차가움을―불 속에서조차―가능한 한 보존하려는 내적 성향inclinationem을 그것이 가지고 있기 때문이다."[3]

돌을 던지는 것은 임페투스 또는 각인된 힘vis impressa를 돌 속으로 전이한다. 그러나 운동이 돌 속에서 외부화되는 것에 더하여, 돌은 또한 자기 고유의 내부적 힘, 선천적 경향, 또는 코나투스를 가진다. 이것은 임페투스에 능동적으로 대립하여, 돌을 도로 땅으로 되돌린다. 그러므로 코나투스는 운동과 동일한 것이 아니라, 폭력적 운동에 대한 대항을 추구하는 선천적 힘으로 보인다. 부오나미치 등이 보기에, 이 힘은 물체가 정지하고 있을 때조차 능동적이다. 그것은 단순히, 다른 방식이 되도록 충분히 강제될 때까지는 자기 존재의 존속을 추구한다.

프랑스 예수회 사제 오노레 파브리(1608~1688)는 《운동에 관하여》(1646)에서 이 두 운동, 자연적 운동과 강제된 운동을 단일한 이중적 힘으로 결합시킨다. 이 힘은 겉보기에 모순된 용어 '선천적 임페투스'를 통해 정의된다. "동인적 힘에 의해 생산된 임페투스는 이중적duplex 효과를 가질 수 있다. 첫 번째 효과는 운동이다. 두 번째 효과는 외재적 운동에 대립하는 행사nisus 또는 추구conatus다. … 실제로 임페투스는, 다른 물체에 의해 방해받지 않는 한, 언제나 이러한 선천적 운동을 가지고 있다."[4] 모든 물체가 언제나 선천적 임페투스를 가지고 있지만, 또한 언제나 다른 물체의 임페투스에 영향 받는 세계 속에 있다면, 모든 물체는 운동의 혼합 또는 역동적 이중체duplex일 것이다. 이러한 이중체는 운동의 외적 전이로 그것을 움직이게 하는 외재적 임페투스와 이러한 외재적 힘에 대한 대항을 추구하는 선천적 임페투스 또는 코나투스 양쪽을 가지고 있다.

이중체라는 파브리의 사고가 제안하는 바는, 움직임의 외부화와 내부화는 존재론적으로 분리된 것이 아니고, 자신과 함께 그리고 자신에 의해 합쳐지고 떼어진 같은 운동의 접힌 차이들 또는 상대적 동위상들이라는 것이다. 이것은 종이접기의 접힘들 같은 것이다. 동적 접힘이라는 사고에서 돌의 궤적 속에는 잠재적 힘(코나투스)과 현실적 힘(임페투스) 사이의 존재론적 분할은 더 이상 없다. 다만, 두 차이 나는 축 사이의 연속적 장력과 공존이 있을 뿐이며, 이것이 돌이 공기 중으로 올라갔다가 떨어지는 중에 단일한 차이적 만곡을 생산하는 것이다.

데카르트가 라플레슈의 예수회 학교에서 공부했을 때, 데카르트는 후기 스콜라 철학의 이러한 발전에 깊게 영향을 받았다. 이 학교는 아리스토텔레스의 저작에 대한 코님브리첸세스의 《주해》*와 유스타키우스의 《대전》**을 교과서로 사용했을 것 같다.[5] 데카르트는 "순수 운동학적인kinematic 방식으로 운동을 해석하려" 시도했지만, 그는 힘vis, 작용actio, 추구conatus 같은 역동적 용어를 폭넓게 사용하는 걸 피할 수 없었다. 데카르트는 이 용어들을 《철학 원리》에서만 각각 290번, 59번, 8번 사용한다.[6] 데카르트는 코나투스 개념을 사용하기는 하지만, 그 사용 방식은 스콜라 철학과 세 가지 주요한 방식으로 다르다.

첫째, 데카르트는 신이 모든 것을 직접적이며 연속적으로 움직이는 자라는 아리스토텔레스적 테제를 거부한다. 아리스토텔레스가 쓰듯이,

---

* 포르투갈의 코임브라대학 예수회 학자들이 함께 쓴 아리스토텔레스 주해서 《예수회 코임브라 대학의 주해Commentarii Collegii Conimbricensis Societatis Iesu》를 가리킨다. 코님브리첸세스Conimbricenses는 이 주해서의 저자를 일컫는 말이 되었다.

** 16~17세기 파리 콜레주 드 칼비의 철학교수 유스타키우스 아 상토 파울로가 쓴 《4부로 된 철학 대전Summa philosophiae quadripartita》을 가리킨다.

"우주에서도, 영혼에서도, 신이 모든 것을 움직인다".[7] 이 테제에 대항하여, 데카르트는 신이 단순히 물질을 창조하고 운동하게 하고는, 이후로 ─물질의 운동의 모든 개개의 변화에 항상적으로 개입하지 않고서─ 운동과 정지의 총량을 '보존'할 뿐이라고 논한다. "태초에 신은 물질을 창조했고, 이와 함께 물질의 운동과 정지도 창조했다. 그리고 이제, 사물이 규칙적으로 자기 길을 달리도록 하기만 함으로써, 그는 태초에 물질 우주에 집어넣었던 운동과 정지의 같은 양을 보존한다. (신의 완벽성은 그가 그 자체로, 또는 그의 작동 방식에서 결코 변화하지 않음을 수반한다.)"[8]

그러므로 신은 운동의 최초 작용인으로 축소된다. 신은 더 이상 어떠한 이후 운동의 적절한 행위자도 아니며, 이제 행위자성은 자연과 자연법칙에 부과된다. "필연적으로 따라 나오는 점은, 내가 보기에는 신의 행위에 (이 행위는 변화하지 않으므로) 적절하게 부과될 수 없으며 그렇기에 자연에 부과되어야 할, 부분 속의 변화가 많다는 것이다. 이러한 변화가 일어날 때 따르는 규칙을 나는 '자연법칙'이라고 부른다."[9] 신은 물질의 최초 창조, 그리고 힘vis impressa의 물질로의 전이의 적절하고 **직접적인 저자**일 뿐이다. 이후로, 물질의 내부적 충돌은 모든 종류의 불규칙성과 굽이를 생산한다. 이러한 운동은 신에게 직접 부과 가능한 순수하고 직선적인 운동과 비일관적이다. "운동이 실존하는 한에서 그리고 운동이 직선적인 한에서, 신만이 세계 속의 모든 운동의 저자다. 운동을 불규칙하고 구부러지게 하는 것은 물질의 다양한 기질이다."[10]

이 테제가 데카르트에게 가지는 규범적 보충도 있다. "우리 행위가 실존하는 한에서 그리고 그것이 어떤 좋음을 가지고 있는 한에서, 신은 또한 우리 모든 행위의 저자다. 그러나 이 행위들을 악하게 만들 수 있는 것은 우리 의지의 다양한 기질이다."[11] 데카르트의 우주발생 이론은 그러므로 또한 우주동적 도덕성의 이론이다. 좋음을 향하는 직선적 경로를 따르려는, 추구하는 물질들의 시도는 신에 의해 주어지나 인간에 의

해 타락한다.[12]

둘째, 데카르트는 우주론적 목적인이라는 아리스토텔레스적 테제를 거부한다. 그것은 모든 사물이 신에 의해 인도되어 최종적 목적을 향해 움직인다는 테제다. 데카르트가 보기에, 운동은 어떤 물체에 동시적으로 작용하는 모든 복합적 원인들의 결과다.《원리》에서 말하듯이, "같은 때에 같은 물체 속에서 다양한 움직임을 향한 추구들이 있을 수 있다."[13] 그러므로, 자연적 운동과 강제적 운동의 이중체 또는 쌍접힘만이 아니라, 단일한 물체에 행사되는 무수한 합성적 힘들의 복합체 또는 다중체가 있다. 신이 직접 이러한 합성적 힘들의 원인이 되는 것은 아니고, 물체들이 서로 충돌하는 합성적 자연적 운동들이 원인이기 때문에, 이 힘들은 최종 상태 또는 신이 준 목적을 향하지 않는다.

더 나아가, 데카르트가 보기에 물체의 코나투스 또는 추구는─스콜라 학자들이 말하듯이─시작과 끝, 출발점terminus a que과 도달점terminus ad quem 사이에서 전체로서 일어나는 것이 아니라, 한순간에 일어나는 무엇이다. 데카르트는 두 종류의 힘, 운동의 결정과 운동을 향한 경향을 구별한다. 운동의 결정은 한 물체의 현실적 운동에 대한 기술인 반면, 한 물체의 운동을 향하는 경향은 단일 순간에만 일어난다. 그는 이렇게 말한다. "물론, 어떠한 움직임도 한순간에 성취될 수 없다. 그러나 움직임의 과정에서 어떤 주어진 순간에, 모든 움직이는 물체가 이 움직임을 어떤 방향으로 직선으로 계속하는 성향이 있음은 명백하다."[14]

《원리》의 다른 구절에서 데카르트는 이러한 추구를 "운동을 위한 첫 번째 준비"로 식별한다.[15] 운동을 위한 준비 자체는 운동이 아니고, 운동의 순간적 내적 준비 또는 원인이다. 운동의 결정은 여러 순간을 포괄하며 현실적 움직임을 구성하지만, 어떤 주어진 때 또는 순간에 모든 물체는 또한 어떤 특정한 방향으로 계속 가려는 성향 또는 추구도 가진다. 이것이 운동과 내적 힘 사이의 결정적 구별이다. 코나투스, 추구, 또는 성향이라는 내적 힘이 현실적으로 결정된 운동 속에서 일어나는 것이 아니라 결정될 수 없는 한순간에 일어나는 것이라면, 운동의 텔로스 또는 종점이 그것의 결정 또는 현실적 궤적을 정의하는 일련의 순간들에 앞서서 주어질 수는 없음이 확실하다.

데카르트가 도입하는 세 번째 차이는 '자연적 운동'에 대한 아리스토텔레스적 테제의 거부다. 그것은 물이나 흙처럼, 어떤 유형의 물체는 본성에 의해 올라가거나 내려가는 경향이 있다는 테제다. 그가 논하는 것은, 오히려 물체는, 다른 방식으로 움직이게 하는 원인이 올 때까지, **같은 상태 속에서**—저 상태가 무엇이든 간에—**존속하려는 경향**이 있다는 것이다. 데카르트의 '자연의 제1법칙'은 이렇게 쓰인다. "각 사물은 그것이 단순하고 나뉘지 않은 한에서, 언제나 같은 상태 속에 가능한 한 계속해서 머무르며, 외적 원인의 결과가 아니라면 결코 변화하지 않는다."[16] 이 첫 번째 법칙은 아리스토텔레스 철학의 기초 자체를 뒤집는다. 운동과 정지는 둘 다 똑같이, 다른 것에 의해 영향을 받은 내적 코나투스의 산물인데, 이 다른 것도 자기 자신의 내적 코나투스를 가진다. 데카르트가 보기에, 자연의 움직임은 자율적이 된다. 움직임과 정지는 같은 내적 힘 또는 코나투스의 두 표현이 된다.

힘에 대한 데카르트 이론의 동적 구조는 그가 내적 힘 또는 코나투스를 경향 또는 장력으로 기술하는 데에서 표현된다. 물체의 내적 힘을 기술하기 위해 데카르트가 사용하는 프랑스어 단어 tendere는 라틴어 단어 tener에서 오는데, 이것은 '붙잡다, 팽팽해지다, 경향을 가지다, 추구하다'를 뜻한다. 데카르트가 이 단어를 사용하는 것은 자의적인 것이 아니다. 이 단어의 개념적 계보는 스토아 학파에서 직접 유래한다. 스토아 학자들은 힘을 공기 같은 장력—토니케 키네시스tonike kinesis 또는 "장력적 운동"—이라고 기술하는데, 이것은 사물들을 지나 흘러가면서 사물들을 합치고 떼어 놓는다. tener라는 단어는 그리스어 τόνος, tónos를 라틴어화한 것이다. 이 단어는 '긴장stress'를 뜻하며, 힘의 개념을 기술할 때에 중세 시기와 스콜라 시기 내내 일관되게 사용된다. 데카르트의 제1자연법칙에 담겨 있는 겉보기에 참신한 발상조차도, 이미 그리스 의사 갈레노스가 제시했던 것이다. 그는 토니케 키네시스를 당겨진 상태에 있는 팔근육과 비슷한 것으로 기술했다. 둘 다 운동 또는 긴장 상태에 있지만 전체로서는 아직 정지해 있다.[17] 그리하여 데카르트는 이 전통에 참여하고, 내적 힘의 장력(긴장)적 작동에 관한 이 전통의 동적 전제를 수입한다.[18]

《세계》에서 데카르트는 이 점을 명시적으로 알아차리고 있는 것으로 보인다. 심지어 그는 '노고'와 '저항'을 기술하기 위해 단어 탕드르tendre—라틴어 코나투스의 프랑스어 번역—를 사용한다고 말하기까지 한다. 탕드르가 함축하는 바는, 물체가 "참으로 움직이든, 또는 어떤 다른 물체가 그것의 움직임을 방해하든, 저기에서 움직이려는 기질이 있다는 것이다. 내가 단어 tendre를 사용하는 것은 주로 이 마지막 의미에서다. 이 단어가 어떤 노고를 의미하는 것으로 보이기 때문, 그리고 모든 노고는 어떤 저항을 전제하기 때문이다.c'est principalement en ce dernier sens que je me sers du mot de tendre, à cause qu'il semble signifier quelque effort, & que tout effort présuppose de la resistence"[19]라고 말한다. 단어 탕드르가 노고와 추구(코나투스) 양쪽을 함축하고 있다는 점, 또한 모든 코나투스는 저항 또는 다른 것과의 장력(긴장)을 전제한다는 점을 데카르트는 명확히 알아차리고 있다.

이러한 사고는 데카르트의 저작 전반에 걸쳐 운용된다. 종종 '경향'으로 번역되는 탕드르 개념은 그가 보기에 움직임 개념과 명시적으로 구별된다. "물체가 움직여야 한다는 경향—이것은 물체의 운동과 다르다"라고 그는 《세계》에서 쓴다. "예를 들어, 우리가 축을 중심으로 바퀴를 돌린다면, 바퀴의 모든 부분은 원운동을 하지만(서로 결합되어서, 다른 운동은 하지 못하기 때문이다), 이것들의 경향은 직선으로 전진하려는 것이다."[20] 이 예에서, 물체의 움직임은 원형이지만 이 물체의 경향은—현실적 직선적 움직임이 없음에도 불구하고—직선적이다. 그래서 그는 이후 《광학》에서 "움직임과 작용 또는 움직이려는 경향을 구별할 필요가 있다"고 말한다.[21] 물체를 연장과 움직임만을 통해서 정의하려는 데카르트의 시도에도 불구하고, 자체로는 부동적이고 즉각적이지만 다른 방식으로 여전히 능동적인 운동의 원인을 설명하기 위해서 그는 코나투스와 탕드르라는 별개의 개념을 운용한다.

그러나 동적으로 볼 때, 노고(코나투스)이면서 저항tendre인 탕드르 개념은 장력적 운동 체제를 정확히 기술한다. 이 논리에 따르면, 내적 힘의 작동은 세 가지 별개의 움직임으로 정의된다. 첫째, 순환하는 내부적 움직임(신)이 있다. 둘째, 순환을 깨는 또는 순환 밖으로 움직이는 흐름(장력)이 있다. 셋째, 이 흐름은 자기 위로 접혀서, 본래 순환과 별개이면서 자기 고유의 자율적 내적 움직임을 가지는 새로운 순환(자연)을 형성한다. 이 세 계기 각각은 다른 것으로 환원될 수 없다. 탕드르로서의 코나투스라는 데카르트의 개념은 신과 자연의 상대적 자율성에 함축된 동시적 노력과 저항을 정확히 기술한다. 또한, 별개의 물체들과 이들의 내부적 힘 또는 코나투스 사이에 유지되는 내적 장력도 정확히 기술한다. 신, 자연, 자연 내의 물체들은 그러므로 이들의 차이 나는 코나투스의 장력적 운동에 따라서 합쳐지고 떼어진다.

토머스 홉스(1588~1679)는 몇몇 주제에 관해 데카르트의 글을 읽고 그와 서신을 교환했다. 대부분의 논제에서 둘 사이에는 격렬한 의견 충돌이 있었지만, 데카르트처럼 홉스도 마침내 내적 힘의 비슷하게 인과적이고 장력적인 관념(코나투스)을 채택한다. 홉스는 정신과 물질 사이의 존재론적 이원론이라는 데카르트적 사고를 거부하고, 힘에 대한 비물질적 사고틀도 거부한다. 그렇기에 그는 데카르트가 실패한 데가 있다고 생각했고, 이를 완수하는 것을 목표로 삼았다. 즉, 순수하고 기하학적이고 물질주의적인 철학이다. 이러한 노력에서 홉스는 데카르트와 같은 스콜라적 전통에, 심지어 데카르트에게 의거한다.

홉스는 코나투스 또는—그 번역어인—'노력endeavor'을 "동물적 운동의 내부적 시작"으로, "사람이 걷고, 말하고, 때리고, 여타 가시적인 행위를 하는 것으로 나타나기 전에 그의 신체 속에 있는 운동의 작은 시작"으로 정의한다.[22] 홉스는 "이 노력이 이 노력의 원인이 된 무엇을 향할 때, 그 것은 **욕구**appetite 또는 **욕망**desire이라고 불린다.[23] 노력이 무엇의 반대쪽을 향할 때, 그것은 일반적으로 **혐오**aversion라고 불린다"라고 말한다.[24] 이때 홉스는 심지어, 데카르트가 이 내적 힘을 기술하기 위해 채택했던 것과 같은 스콜라적 용어를 채택하기까지 한다. 그러므로 코나투스는 물체가 운동하게끔 하는 내적 작용인적 힘이다. "전에는 정지해 있던 어떤 물체가 움직여질 때, 이 운동의 직접적 작용인은 어떤 다른 인접하는 움직여진 물체 속에 있다."[25] 인과적 운동의 이러한 연쇄는 바로 최초의 작용인 또는 코나투스, 즉 신까지 거슬러 이어진다.[26]

데카르트와 마찬가지로 홉스도 신에게서 운동에 대한 직접적 통제를 제거하고, 그에게 최초의 작용인만을 남겨 둔다. 반면에 자연은 자기 고유의 자율적 법칙을 손에 넣는다. 홉스가 보기에, 운동은 "한 장소의 연속적 포기 및 다른 장소의 획득"이다.[27] 그래서 어떤 물체의 운동의 시작은 그 물체의 장소의 무한히 작은 변화여야 한다. 이에 따라, 홉스는 노력을 "주어질 수 있는 것보다 더 작은 공간과 시간에 일어나는 운동이 되는 것, … 즉, 점 하나의 길이를 통해, 그리고 한순간 또는 시점에서 일어나는 운동이 되는 것"이라고 정의한다.[28]

내부적 경향과 외부적 인과성을 설명하기 위해 데카르트가 코나투스의 비물질적 개념을 도입하는 반면, 홉스는 코나투스가 "무한소적 움직임"에 지나지 않는다고 논한다. 데카르트가 운동의 결정과 운동을 향한 경향을 명시적으로 분리하는 곳에서, 홉스는 이 둘을 통일시키려 한다.

그는 "노력은 운동으로 사고되어야" 하나, 양화된 운동으로 사고되면 안된다고 쓴다.[29] "어떤 것의 최초의 시작은 그것의 한 부분이고 전체는 운동이라면, 이 부분(즉, 최초의 노력)이 아무리 약하다고 해도 그것 또한 운동이기 때문이다."[30] 이는 임페투스 개념과 대조를 이룬다. 홉스는 임페투스를 뷔리당 등으로부터 물려받아서 "노력의 양에 다름 아닌 것"으로 정의한다.[31]

그러나 코나투스가 운동 자체에 다름 아니라면, 운동 또는 힘의 원인은 무엇인가? 이 문제를 풀기 위해 홉스는 단순히, 작용인의 능력 또는 힘을 코나투스라고 부르면서 이를 움직임의 질서 속에 더한다. 이 중요한 계기에서 홉스는 움직임의 완전한 일차성을 움직임에 회복시켜 주는 데에 아주 근접한다. 그러나 그는, 마치 인과성을 깊이 묻으면 인과성이 사라지고 운동 중인 순수 물질만 남는 양, 인과성을 무한소의 수준에서 재도입함으로써 궁극적으로는 저 회복에 실패한다. 그러나 물체들의 인과 계열 속에서 그리고 신의 작용인의 첫 번째 사례 속에서 운동을 일으키는 능력을 코나투스에 부과함으로써, 홉스는 데카르트가 운동과 운동의 원인 사이에 했던 구별을 재도입한다. 코나투스는 운동을 설명하고 조직화하도록 되어 있는 비물질적 내적 힘이 된다.

결국, 홉스는 데카르트가 채택했던 것과 같은 비물질적 내적 인과로서의 코나투스 개념을 채택할 뿐 아니라, 장력적 운동의 같은 동적 체제도 채택한다. 홉스가 자신의 글에서 노력에 대해 말하는 거의 모든 곳에서, 그는 노력의 작용을 경향으로 기술한다. "모든 노력은 무엇을 향하는 경향이다."[32] "이들이 경향을 가지게 되는 노력",[33] "움직여진 물체의 첫 번째 노력이 경향을 가지는 방식"[34] 등등. 후기 스콜라 철학의 어휘를 놀라운 방식으로 종합하면서, 홉스는 이렇게 쓴다. "경험을 통해서 즐거운 것으로 알려진 사물을 향하는 경향을 이 첫 번째 노력이 가질 때에, 이 노력은 욕구라고 불린다."[35] 코나투스, 경향tendentia, 욕구appetitus는 모두 추구와 저항 사이의 **장력**의 동적 운동으로서의 내적 힘의 이중적 면모를 표현한다. 내적 추구는 언제나 장력, 다른 추구와의 붙잡힌 또는 팽팽한 연결선 속에서 일어난다.

그러나 동적으로 말하자면, 움직임 없이는 장력이 불가능하다. 그것은 연결하며 합치거나 떼어 놓는 운동 속의 물체들이다. 홉스가 보기에, 코나투스 개념은 단순히, 운동 중인 이질적 물체들을 함께 연결하고 관계시키고 떼어 놓는 항상적 공동결연 또는 흐름을 가리키는 기술적 용어로 기능한다. 홉스가 보기에 코나투스는 비가시적이다. 우리가 탐색하는 모든 수준에서, 우리는 그저 운동 중의 물체를 더 많이 찾을 뿐 코나투스 자체는 결코 찾지 못하며, 이는 무한히 계속된다. 그래서 코나투스는 "무한소적" 본성을 가진다. 운동 중의 물체들 사이에 코나투스를 무한소로 놓음으로써, 홉스는 운동 중인 물질의 순수 연속체 자체 속에 형이상학적 단절을 도입한다. 그는 운동 중에 있는 모든 양화된 물체 사이에 두 물체를 합치고 떼어 놓고, 둘을 잇고, 둘을 합성하고, 둘이 장력 운동을 하는 원인이 되는 양화되지 않은 또는 내연적인intensive 운동을 삽입한다. 코나투스가 운동 중인 물질에 지나지 않는다는 홉스의 직관이 좋은 의도를 가지고 시작했음에도 불구하고, 운동을 운동으로부터 분리하고 운동에 운동 아닌 것—힘과 인과성—을 부과함으로써 결국 그는 실패한다.

이 딜레마를 근본적으로 전도시킴으로써, 바뤼흐 스피노자(1632~1677)는 두 철학 체계의 참된 역동적 핵심을 식별하고 그것을 자신의 주춧돌로 삼을 수 있었다. 그것은 코나투스 또는 능력potestas*이다. 그래서 스피

---

* 스피노자의 철학에서 potentia와 potestas 개념은 대비되며, 다른 말로 번역된다. 그러나 저자의 초점은 이 둘이 차이가 아니라 공통되게 '힘'으로 해석될 수 있는 방식에 있기 때문에, 둘을 구별하지 않고 둘 다 power로 번역한다. 본 번역도 이를 따라 둘 다 '능력'으로 번역한다.

노자는 데카르트와 홉스의 코나투스 이론에서 직접 영향을 받았지만, 궁극적으로는 데카르트의 이원론과 홉스의 물질론을 거부한다.[36] 데카르트가 그랬듯이 철학 내에 코나투스를 위한 형식적 장소를 마련하지 않은 채로 코나투스 개념을 운용하지도 않고, 또는 홉스가 그랬듯이 운동 중인 물질의 무한소적 장력적 간극 속에 비물질적 인과적 힘을 묻어두려 하지도 않고, 스피노자는 코나투스를 최고의 존재론적 수준으로 끌어올렸다. 그것은 신 그리고/또는 자연deus sive natura이었다. 그래서 스피노자의 존재론은 능력 또는 코나투스의 존재론이다. 그는 데카르트에게서 이미 본질적이고 일차적이었던 것—내적 힘, 추구, 능력—을 명시화하고 그것을 무한으로 끌어올렸다.

스피노자에 따르면, 신은 규정적인 단독적 사물들의 코나투스를 통해 자기 능력을 표현하는데, 이 사물들은 동시에 신의 존재 능력과 행위 능력을 표현한다. 함께, 이 둘은 존재의 같은 코나투스 또는 일의적 추구를 표현한다.

> 단일 사물은 신의 속성들〔사고, 연장, 그리고 우리에게 알려지지 않은 다른 속성들〕이 어떤 규정적인 방식으로 표현되는 양상이다. 즉, 그것은 존재하고 행위하는 신의 능력Dei potentiam을 어떤 규정적인 방식으로 표현하는 사물들이다. 그리고 어떤 사물도, 그것이 파괴될 수 있게 하는 무엇, 또는 그것의 실존을 앗아 갈 수 있는 무엇을 자기 안에 가지고 있지 않다. 반대로, 그것은 자신의 실존을 앗아 갈 수 있는 모든 것에 대립한다. 그러므로 그것이 할 수 있는 한, 그리고 그것이 자기 자신 안에 있는 한, 그것은 자기 존재 속에서 존속하기를 추구한다. q.e.d. (adeoque quantum potest, et in se est, in suo esse perseverare conatur.)[37]

신이 창조를 할 내적 능력을 가지고 있다면, 이러한 능력 또는 힘은 어떤 방식으로 신의 창조 속에서 코나투스로서 표현되거나 창조에 코나투스로시 전이되어야 한다. 그러나 그것이 자신의 운동을 떠맡아야 한다면, 이러한 전이된 능력 또는 코나투스는 자기 자신의 코나투스를 가질 역량이 있어서 신의 규정적 행위를 능동적으로 표현할 수 있어야 한다. 달리 말하자면, 표현의 힘은 신과도, 신의 양상과도 동일하지 않다. 코나투스는 연장을 가진 물체도, 사고를 가진 정신도 아니다. 그것은 오히려 매개자 또는 원인으로 제3의 초월적 존재자를 제시하지 않고서 일어나는 양쪽의—신 속에서의 그리고 신으로서의—연속적 내적 변용이다.

'표현의 힘'을 이러한 존재론적 근본 수준으로까지 끌어올림으로써, 스피노자는 신학에 현기증 나는 내재성을 도입한다. 내적 힘 또는 코나투스 개념을 물체의 초월적 인과적 힘(최초의 작용인)으로서 이용하지 않고서, 스피노자는 모든 존재를 단일한 내적 힘의 표현으로 만든다. 그는 내재적 인과성에 이단異端적 이론을 도입한다. "그러므로 신은 모든 사물의 내재적 원인이지, 초월적transitive 원인이 아니다."[38] 신은 그를 표현하는 양상들이 서로의 원인이라는 것과 **같은 의미**에서 자기 자신의 원인이다. 초월적 원인은 없다. 신, 그의 속성, 양상은 모두 **같은 힘 또는 능력의 세 가지 표현**이기 때문이다.

동적으로 볼 때, 이러한 생기론적 코나투스의 내재적 구조는 연결된 장력적 운동의 삼중적 연속체를 전제한다. 스피노자의 표현이론은 감싸접음complicare와 펼침explicare*이라는 신학적 관념에 깊게 빚지고 있다. 이 관념들은 접혀 있는plicated 신성한 것 속에 있는 다수성-내의-통일성

---

* 특히 쿠자누스가 활용하는 라틴어 용어 complicare와 explicare는 '접다'를 뜻하는 plicare에서 파생되었다. 그래서 본래 complicare은 접어서 복잡하게 만듦을, explicare는 접힌 것을 다시 밖으로 펼침을 뜻한다. 이로부터 파생되어 각각은 '복잡화하다', '해명하다, 풀어내다'라는 의미를 가지게 되었다. 본 번역본에서 complicare는 접어서 자기 안에 간직한다는 뜻을 살려서 '감싸접음'으로, explicare는 '펼침'으로 번역한다.

을 이론화하기 위해 발명되었다. 예를 들어, 니콜라우스 쿠자누스는 이렇게 쓴다. "그러므로 신은 모든 것이 신 안에 있다는 의미에서 모든 것의 접힘이고, 신은 신이 모든 것 안에 있다는 의미에서 모든 것의 펼침이다."[39]

저작 내내, 스피노자는 접힘 또는 접힘의 언어—감싸 접음complicare, 펼침explicare, 접어 담음implicare, 상호적 표현expressiones—를 운용한다.[40] 신은 또는 모든 것을 단수적 통일체로 서로와 함께 감싸 접음complicating, folding을 통해 모든 것 내에 현전한다. 이 모든 것은 이어서 자신의 복잡화를 규정적 존재와 행위의 복수성으로 또는 펼친다explicate, unfold. 접히지 않은 사물로서 이것들은 신과 존재론적으로 다르지 않고, 그저 그 연속체의 위상적 차이들일 뿐이다. 신플라톤주의의 유출emanation이라는 원심적 이론은 일자一者가 일련의 계속적 종속 속에서 존재로부터 더 멀거나 더 가깝다고 상정했다. 이와 반대로, 스피노자의 철학은 두 동시적 움직임—접힘과 펼침—의 공동현전을 상정한다. 사물이 신을 펼치고 표현함과 동시에 사물은 신 속에 머무른다. 그리고 이와 같은 정도로 신 자신도, 다중적 펼침을 감싸 접으면서도complicate, enfold 자기 안에 머무른다.

이러한 접힘의 움직임이 실재적 움직임이며 단순히 수사적인 것이 아닌 한에서, 스피노자는 결국—스피노자 본인이 인정하는 바는 아니지만—존재가 **동적**일 것을 요구한다. 예를 들어, 코나투스는 신의 속성으로 정의되지 않는다. 그것은 실체, 속성, 양상을 가로지르는 순수 횡단적 생성이다. 그러므로 코나투스는 엄격하게 정신적이지도, 엄격하게 물질적이지도 않다. 그러나 실천, 속성, 양상 사이의 관계가 접힘의 관계 중 하나라면, 존재는 동적이어야 한다. 접힘은 운동(흐름)을 요구한다. 그렇지 않다면 접힘은 분석적일 따름이고, 존재론적이 아닐 것이다. 더욱이, 운동이 있다면 무언가가 움직이고 있다(물질). 그리고 1권에서 보여 주었듯이, 무언가가 움직인다면, 그것은 운동의 연속체를 요구한다.

그러므로 실천, 속성, 양상의 내재성을 합쳐 주는 접힘이 행하는 동적 작업에 스피노자가 의존한다면, 그는 운동에 의존하며 운동을 전제한다. 유일한 오류는, 그가 이러한 운동을 순수 코나투스 또는 생성으로 기술한다는 점이다. 이것은 접힘을 행할 능력이 없다. 그것은 움직이는 물질이 아니고, **심지어 속성조차** 아니기 때문이다. 그렇기에 스피노자는 코나투스가 설명한다고 주장하는 바로 그것—운동—의 일차성을 전제하고 만다. 운동 없이는 실재적 접힘이 없으며, 현실적 운동 없는 형이상학적 '힘의 표현'만이 있고, 그렇기에 현실적 접힘이 없다.

동위상적 접힘의 내재성을 통해, 스피노자는 또한 장력적 운동을 세 구별되는 접힘—실체, 속성, 양상—사이의 존재 속에 도입한다. 셋은 모두 서로 연결된 채로 있지만, 또한 접힌 통일성의 장력을 통해 서로로부터 엄격히 떨어진 채로 유지된다. 스피노자의 삼중적 단일 접힘의 의미는 정확히 장력적 접힘이다. 이것은 움직이는 표면과 접히는 표면의 엄격한 연속성을 통해 합쳐지고 떼어져 있다. 동적으로 볼 때, 연속적인 표면이 자신과 합쳐진 채로 있으면서 자신으로부터 떼어져 있을 수 있다는 조건 하에서만 접힘이 일어날 수 있다. 접힌 표면 위의 상이한 위상topoi은, 단절 없고 동적인 선(흐름)을 통해 이러한 영역들 각각이 어떤 점에서는 연결되어 있음을 가정해야만 한다. 위상과 접음이 어떤 존재론적 의의를 가져야 한다면, 그것은 움직일 수 있어야 한다. 이것이 스피노자의 내재성이 우리에게 가르쳐 준 것이다. 비록 이를 그의 이상하게도 비물질적인 힘 이론을 통해 배워야 한다고 해도 말이다. 이러한 입장과 비슷한 판본이 오늘날 "선가속pre-acceleration",[41] "활기찬 물질",[42] "가상적 힘",[43] "감응"[44] 같은 신스피노자주의적, 신생기론적 관념에서 나타난다.

스피노자처럼 고트프리드 라이프니츠(1646~1716) 또한 데카르트와 홉스 체계의 구동적 핵심, 즉 코나투스를 뒤늦게 눈치챌 수 있었다. 코나투스가 없다면, 데카르트의 물체는 인과적 또는 구동적 능력이 없을 것이며, 홉스의 물체에는 기원도 구동적 원인도 없을 것이다. 《신자연학 가설Hypothesis Physicae Nova》(1671)에서 라이프니츠는 데카르트의 순수 동적 관점이 역동적 원리(코나투스)의 추가 없이는 전혀 말이 되지 않는다고 불평한다. 물질의 본질이 오직 연장과 운동만으로 이루어질 수는 없다고 그는 논한다.[45] 그러나 이는 엔텔레케이아(자연적 운동) 또는 수동적 가능성의 아리스토텔레스적 이론으로 돌아감을 뜻하지 않는다.

오히려 라이프니츠가 코나투스를 사고하는 데에서 더 영향을 받은 인물은 예나에서 그를 가르쳤던, 홉스의 제자 에르하르트 바이겔Erhard Weigel(1625~1699)이었다.[46] 홉스의 선례를 따라, 라이프니츠는 코나투스 또는 힘이 양화되지 않은 점이라는 사고를 급진화한다. 그것이 심지어 **양화 불가능한** 무한히 작은 점이라고까지 논한다. 힘이 그저 운동일 뿐이라고 논하려고 했다가 홉스가 실패한 곳에서, 라이프니츠는 이 '실패'를 붙잡고, 스피노자가 그랬듯이 이것을 비물질적 인과적 힘으로서 가지고, 더 나아가 새로운 철학 체계의 토대로 만든다. 그러므로 흄David Hume의 혁명에 앞서 내적 힘, 코나투스, 능력 개념이 철학사에서 마지막 정점에 도달한 것은 스피노자 및 라이프니츠에서다.

라이프니츠에게 "물질적 사물 속에서 연장 외의 것이 있다. … 대립적 추구에 의해 방해 받지 않는다면 완전한 효과를 발휘할 추구 또는 노고conatus seu nisus가 있다."[47] 사실, 물질적 사물의 실체와 연장 자체가 이미, 작용 또는 코나투스의 더욱 일차적인 힘의 산물이다. 라이프니츠는 이렇게 쓴다. "실제로, 그것은 물체의 가장 깊은 본성을 구성한다. 그것은 작용하고자 하는 실체의 특성이기 때문이다. 그리고 연장이란, 이미 전제된 작용하고 저항하는 실체의 연속 또는 확산을 의미할 따름이다. 연장 자체는 전혀 실체를 이루지 않는다!"[48] 물체의 내적이고 양화 불가능한 힘(추구와 저항, 텐덴치아)은 연속적 확산을 통해 연장 속성을 애초에 생산하는 것이다. 여기에서 라이프니츠와 스피노자는 데카르트 및 홉스보다는 서로와 공유하는 점이 더 많다. 스피노자와 라이프니츠 양쪽에, 실체는 내적 힘이다. 실체는 순수 작용이며, 이 순수 작용은 신과 대등하며, 신은 "이들의 본래적 힘 또는 움직이는 능력을 보존하는 자"이다.[49]

《모범 역학Specimen Dynamicum》(1695)에서 라이프니츠는 심지어 운동, 공간, 시간을 실체의 힘으로부터 파생된 비실재적 심적 구축물로 환원하기까지 한다.

> 공간, 시간, 운동은 심적 구축물de enterationis과 유사한 무엇을 가진다. 이것들은 자체로는 참되고 실재적 것이 아니며, 이들이 광대성, 영원성, 능동성이라는 신적 속성 또는 창조된 실체의 힘을 수반하는 한에서만 참되고 실재적이다. 그러므로 공간과 시간에는 진공이 없다는 점, 힘으로부터 떼어진 운동(또는 크기와 형태 및 이것들의 변이라는 기하학적 개념에 대한 고려만을 수반하는 한에서의 운동)은 사실상 상황 변화에 불과하다는 것, 그렇기에 현상적인 한에서의 운동은 그저 관계로만 이루어져 있다는 점이 한 번에 따라 나온다.[50]

라이프니츠가 보기에 유일한 실재적인 것은 힘의 관계다. 운동은 그것이 "변화를 향해 추구하는 힘"인 한에서만 실재적이다. "기하학의 대상, 또는 연장 이외에 물질적 본성에 있는 것이 무엇이든 간에, 그것은 이 힘으로 환원되어야 한다."[51] 라이프니츠의 결론은, 그러므로 힘이 실재적이고 절대적인 것이며, 운동은 관계적 현상의 하위 부류에 속할 따름이라는 것이다. 진리는 "현상 속이 아니라 그것의 원인 속에서 발견"된다고 라이프니츠는 말한다.[52] 내적 힘은 운동의 내적 원인이며, 그러므로 운동의 내적 진리다. 그러므로 운동은 힘에 종속된다. 힘은 진공이나 간격 없는 순수 연속체를 제공한다. 운동은 이 연속체를 통해서 일어나며, 자기 자신이 연속적이 된다. 그렇기에 힘은 연장도, 크기도 가지지 않으며, "주어질 수 있는 어떤 비례보다도 작〔으므로〕" 할당 불가능한 양을 가진다.[53] "노력과 운동의 관계는 점과 공간의 관계, 또는 일-과 무한의 관계와 같다. 그것이 운동의 시작과 끝이기 때문이다."[54]

연장된 물체는 힘으로부터 만들어지기 때문에, 물체들의 충돌은 기계론적인 것이 아니라 생기론적인 것이다. 라이프니츠에 따르면 각각의 물체는 내부적 힘을 자발적으로 생산하는데, 이 힘 또한 변화하며 다른 외부적 힘에 자발적으로 응답한다.[55] 두 충돌하는 물체는 똑같이 서로에 응답하여 각각의 내적 힘의 표현으로서 작용한다. 예를 들어, 두 공이 서로 충돌할 때, 이 공들은 외부화된 힘에 의해 뒤로 밀쳐지는 것이 아니라 자기 힘에 의해 서로로부터 후퇴하는 것이다.[56]

데카르트 및 홉스와는 상당히 다르지만, 라이프니츠도 홉스, 데카르트을 지나 바이겔로부터, 궁극적으로는 스토아 학파로부터 물려받은 텐덴치아(코나투스, 저항) 개념에 비슷하게 헌신한다. 라이프니츠의 경우, 장력적 운동에 동적으로 헌신함이 현시되는 곳은, "같은 물체 안에 같은 때에 많은 대립적 코나투스들이" 있을 수 있다는 사실로 창조되는 내적 장력이다.[57] 라이프니츠가 운동을 비실재적 심적 구축물로서 명시적으로 종속시켰음에도 불구하고, 그의 내적 힘 이론은 물체들 내에 그리고 사이에 있으면서 물체들을 합치고 떼어 놓는 장력적 운동의 현전을 전제한다. 라이프니츠가 물체들 내의 그리고 사이의 연속적 비가시적 힘 또는 힘들이라고 부르는 것은, 접히고 서로 연결된 움직이는 물질 자체의 연속체에 다름 아니다.

흄이 논하듯이, 경험주의적으로 경험되는 것은 물체들의 연속적 움직임뿐이다. 라이프니츠가 물체를 보고, 물체들이 다중적인 종류의 결합적 운동을 할 수 있고 또한 서로 반응할 수 있다는 것을 보았을 때, 그는 실상 단일한 동적 객체 또는 객체들 사이에서 물체들을 합치고 있는 다중적 흐름들의 장력 또는 유지되는 제약을 보고 있는 것이다. 이를 보고 이것들의 원인을 고찰하면서, 라이프니츠는 물체들 사이의 연결된 운동 패턴의 항상적 공동결연에 '힘'이라는 이름을 준다. 한 합성적 물체가 움직일 때, 그것과 연결된 합성된 물체 전부가 그것과 함께 움직인다. 그가 관찰하는 것은 운동 중에 있는 연결된 물질이다. 그러나 그가 사변하는 것은, 이 움직임의 원인이 되는 비가시적인 힘들이 있다는 것이다.

힘의 쇠퇴

힘의 존재신학적 일차성은 중세와 근대 초기를 거쳐 천천히 부상하여, 스피노자 및 라이프니츠의 힘의 일원론에서 정점에 이른다. 힘의 철학적·신학적 일차성은 이후 로저 보스코비치Roger Boscovich(1711~1787)와 초기 이마누엘 칸트(1724~1804) 같은 지지자를 얻었으며, 17세기와 초기 18세기에도 영향력을 유지했다. 힘에 관한 칸트의 비판 시기 이전의 저작은 대부분 스피노자, 라이프니츠, 보스코비치가 힘에 부여한 존재론적 일차성을 직접 따른다. 칸트는 "실체가 자기 바깥에서 활동할 수 있게 하는 힘을 가지지 않았더라면 공간도 연장도 없었으리라는 점은 쉽게 증명된다. 이러한 종류의 힘 없이는 연결이 없을 것이며, 연결이 없이는 질서가 없고, 이러한 질서가 없이는 공간이 없기 때문이다"라고 확언한다.[58] 비판 이전 시기의 칸트에게, 힘은 가장 근본적인 형이상학적 개념이고 다른 모든 것이 여기에서 파생된다. 그러나 칸트는 경험주의자 조지 버클리George Berkeley와 데이비드 흄의 저작을 읽고 "교조론적 잠"에서 깨어나, 입장을 완전히 바꾸어 힘에 훨씬 덜 중심적인 지위를 부여한다.

버클리에게, 힘 개념은 운동 현상을 기술하기에 편리한 용어라는 의

미밖에 없었다. 《운동에 관하여De Motu》에서 그는 이렇게 쓴다. "힘, 중력, 인력 및 비슷한 용어들은 운동 및 움직이는 물체에 관한 추론과 계산 목적에는 편리하다. 그러나 운동 자체의 본성을 이해하는 목적에는 그렇지 않다."[59] 운동은 경험적 관찰과 실험을 통해서만 이해될 수 있다. 그렇기에 "능동적 힘, 작용, 운동의 원리가 실제로 물체 속에 있다고 단언하는 사람은 경험에 근거를 두지 않은 교리를 고수하며, 불투명하고 일반적인 용어로 저 교리를 지지하고, 자신이 무엇을 말하고 싶은지 자신도 이해하지 못하는 것이다."[60] 규칙으로 연결된 감각 자료들의 순차를 물리학자가 관찰할 때, 그들은 단순히 "순서상 선행하는 것을 원인으로, 뒤따르는 것을 결과로" 해석할 따름이라고 버클리는 논한다. "한 물체가 다른 물체 운동의 원인이라고, 다른 물체에 운동을 각인한다고, 다른 물체를 당기거나 민다고 우리가 말하는 것은 이러한 의미에서다."[61] 버클리가 보기에, 힘은 시간적 순서 계열을 가리키는 다른 이름일 뿐이다.

버클리 및 흄의 힘 비판 이후로, 비슷한 비판이 유럽 전제를 장악했다. 19세기가 되어, 새로운 '경험주의적 기계론'이 독일, 프랑스, 영국의 물리학자들 사이에서 출현했다. 여기에는 구스타프 키르히호프 Gustav Kirchhoff(1824~1887), 하인리히 루돌프 헤르츠Heinrich Rudolf Hertz (1857~1894), 에른스트 마흐Ernst Mach(1838~1916), 쥘 앙리 푸앵카레Jules-Henri Poincaré(1854~1912), 라자르 카르노Lazare Carnot(1753~1823), 바레 드 생베낭 Barré de Saint-Venant(1797~1886), 버트런드 러셀Bertrand Russell(1872~1970)이 있다. 이들은 힘 개념을 과학에서 전적으로 제거하는 것을 목표로 삼았다.

장 밥티스트 르 롱 달랑베르Jean-Baptiste le Rond d'Alembert(1717~1783) 같은 18세기 초 물리학자는 힘을 시간 측정의 기능으로서 새로 개념화하자고 제안했다.[62] 푸앵카레는 힘이 질량과 가속의 산물이라는 키르히호프의 정의를 채택했고, 이 사고는 빠르게 자리를 잡았다. 힘의 형이상학적 개념에서 모든 초월적 또는 형이상학적 의미가 점점 더 제거되었으며, 힘은 시간의 순수한 기능, **시간 속에서** 일어나는 변화 속도의 척도가 되었다. 질량은 시간 속에서 자신의 가속을 측정한다time. 이러한 방식으로 힘은 존재론적으로 쇠퇴했고, 이러한 쇠퇴는 시간의 새로운 형이상학이 점점 더 기술적으로 두각을 나타내게끔 했다. 이는 4부에서 볼 것이다.

지금까지 기술된 장력적 운동의 세 면모는 모두 또한 기독교적 전통의 기술적 존재신학적 핵심 속에서, 삼위일체 교리 속에서 찾을 수 있다. 삼위일체론은 힘의 세 면모를, 힘의 삼중으로 접힌 존재론의 세 가지 상이한 면모로서 함께 사고하려는 첫 시도 중 하나였다. 이것이 다음 장의 초점이 될 것이다. 바로 하나로 된 세 힘의 통일성이다.

27장

중세 신학 4. 삼위일체

삼위일체론

이전 장들에서는 자연신학 내에서 힘에 대한 존재론적 기술 속에서 활동하는 삼중적 작동—관계적 힘, 외부적 힘, 내부적 힘—의 윤곽을 그렸다. 각 힘은 다른 힘이 없다면 배리를 제기한다. 그러나 중세 신학에 관한 이 마지막 장에서는, 삼위일체 교리 속에서 이 힘들의 공존에 대한 분석으로 넘어간다.

삼위일체의 신학적 교리는 4세기 중엽경 시작된 중세 및 근대 초기 시기의 존재에 관한 기술 중 가장 중요하고, 가장 지배적이고, 가장 참신한 것 중 하나다. 삼위일체라는 공식적 교리를 수립했던 니케아 신경信經 Nicene Creed(서기 381) 시기로부터, 18세기 중반 유럽 계몽주의의 출현까지, 삼위일체론은 서구에서 가장 만연하고 가장 강력한 단일한 존재신학적 틀로 남아 있었다. 그리고 앞 장들에서 기술했던, 힘에 대한 모든 자연적 신학에 영향을 끼쳤다. 이는 오늘날까지도 가톨릭교회의 공식 교리로 남아 있다.

신의 아들 예수를 고대 서구에 존재하던 우주론적 틀—일신교, 플라톤주의, 아리스토텔레스주의, 스토아주의 등등—에 도입함으로써 제기되었던 존재론적·동적 문제들에 대한 독창적 응답으로서 역사적으로 등장한 것이 삼위일체론이다. 삼위일체를 뜻하는 영단어 trinity는 '삼 자ㅡ구'를 뜻하는 라틴어 명사 trinitas와 '삼중'을 뜻하는 형용사 trinus에서 유래한다. 이름이 시사하듯이, 삼위일체론은 다음의 신학적 문제를 풀기를 목표로 한다. 단 하나의 신성하고 천상적인 신이 있고(일신론), 이 신이 또한 지상에서 인간으로 현현했는데(그리스도), 그가 신과 관계되어 있지만 신과 단순히 동일하지는 않다는(관계) 문제 말이다. 어떻게, 천상적인 것과 지상적인 것의 구별을 파괴하지 않으면서, 그 통일성에 다수성을 도입하지 않으면서, 어떻게 신이 천상적인 동시에 지상적일 수 있는가? 다수의 신이 있다면, 기독교는 이교異教로 후퇴하는 것 아닌가? 신이 지상에 와서 인간으로 변용되었다면, 이 둘은 서로 어떻게 관계하는가? 이러한 신학적 이동 또는 움직임의 수단과 매개체는 무엇인가?

이러한 방식으로 제기된다면, 삼위일체의 문제는 본질적으로 장력의 동적 문제다. 그것은, 두 번째 신, 즉 인간-신이 도입되었을 때 신의 움직임을 어떻게 설명하느냐는 문제다. 대부분의 고대 우주론에서, 신의 운동 문제는 대체로 운동의 구형이고 원심적인 체제를 채택함으로써 해결되었다. 이 체제에서는 발산하는 창조자 신이 정적이고 영원한 중심을 차지하고(움직임 없이 창조함), 그의 이동적 창조는 그의 주위로 위계적으로 분배될 따름이다. 모든 존재가 질서 잡힌 운동으로 들어가는 것은 신의 에테르적 숨결(힘)에 의해서다. 이 숨결은 우주구宇宙球 전체에 침투해 있다. 같은 구의 상이한 두 동위상적 지역에 있는 두 동일한 인격 사이에서, 신은 중심으로부터 바깥을 향하는 정도의 차이로 모든 곳에 실존했다. 그 차이는 종류의 차이가 아니었다. 그러나 기독교 신학이 볼 때 이 해법은 수용할 수 없었다. 그것은, 기독교를 다른 일신교 및 종교들과 구별해 주는 신-그리스도의 중요성 및 이중적 중심성을 종속시키고 주변화하기 때문이다.

성령

그렇기에 기독교 삼위일체론은 이 존재론적 문제를 전적으로 참신한 방식으로 풀어야만 했다. 그러면서 이 삼위일체론이 마침내 기술하게 된 순환의 장력적 운동 체제는 서구 라틴어권에 엄청난 영향을 끼쳤다. 특히 성부聖父 신과 인간 신의 공동이중성 문제를 풀기 위해, 삼위일체론은 **세 번째** 개념을 도입했다. 이 개념은 첫 두 개념을 감싸 안지만, 또는 통일하지만, 또한 다른 둘이 합쳐지고 떼어지는 관계적 이송 매개체를 제공한다. 이것이 성령이다.

성령은 신 자신을 포함한 모든 것에 침투하는 비가시적이고 영원한 힘이다. 이 힘을 통해 신은 자신의 행위—창조 및 성자로의 변이—능력을 표현한다. 이러한 방식으로, 성령 개념은 계보학적·기능적으로 신의 숨결이라는 고대의 개념에서 따라 나온다. 신의 숨결이라는 개념 자체는 에테르, 영혼, 정신, 바람, 공기, 불, 프뉴마, 연기 등의 다양한 이름을 가졌다. 사실, 영어 단어 'Holy Spirit'(성령)는 본래 그리스 단어 '성스러운 숨결pneuma hagion'의 번역어이다. 이것은 명시적으로 유체적인 동적 용어를 통해 기술되었다.

'성령'이라는 단어는 세례의 흐름을 가리키기 위해 복음서에서 가장 빈번히 사용된다. 마르코 복음서와 요한 복음서에서 예수는 "성령 속에서 세례를 줄 것이다." 마태오 복음서와 루가 복음서에서 그는 "성령과 불로 세례를 줄 것이다." 이것은 그리스인의 불 같은 에테르를 참조한다.[1] 사도행전에서 우리는 침투하는 액체적 힘 또는 능력과 같은 "영으로 채워져" 있다. 영은 사람들 "위로 쏟아지거나", "위로 떨어진다."[2] 8세기까지 성령은 비둘기, 불 같은 공기, 물 등의 유체적 동적 이미지로 그려지는데, 또한 물 및 운동과 연관된 여성적 용어로 기술되기도 하고, 동정녀 마리아의 자궁과 동일시되기도 한다. 이 둘은 모두 성부를 지상의 성자와 연결하면서, 또한 마리아를 통해 이들을 떼어 놓는다. 예를 들어, 루가 복음서에서 한 천사가 마리아에게 말한다. "성령이 그대에게 내려올 것이며, 가장 높은 존재의 힘이 그대에게 그늘을 드리울 것이다. 이에 따라 잉태된 성스러운 자는 신의 아들이라고 불릴 것이다."[3] 신은 공기와 물의 상호관계적이고 동적인 흐름을 통해 행위하고 자신의 능력 또는 힘을 표현한다. 그리하여 마리아의 물 같은 동적 자궁에서는 창세기의 메아리가 울린다. 창세기에서 "물의 표면 위에서 신의 영이 움직였다."[4] 세계의 창조 때 물 위를 떠돌았던 성령이 마리아의 자궁의 물 위로 떠돈다. 세계를 창조하기 위해 물의 유체적–동적 힘을 이동화(동원)한 신의 같은 동적 힘이 이제는 같은 방식으로 예수를 잉태시킨다.[5]

그러나 앞 장들에서 보았듯이, 성령이 신과 동일한 것으로 머무르기만 한다면, 그의 힘 또는 숨결은 근본적으로 원심적인 것으로, 신적 방사放射에 머물게 된다. 삼위일체론의 독특성은, 성령에 인격성을 부과함으로써 신학에 완전히 새로운 형태의 운동을 도입했다는 것이다. 이러한 방식으로, 성령은 속성이기를 그치고 실체가—"The" Holy Spirit—된다.[6] 성부와 성자가 인격인 것처럼 성령도 인격이라면, 신의 숨결 또는 힘이 신과 구별되지만 분리되지는 않는 존재자로서 신과 존재론적으로 공동일차적이 된다. 신은 삼위일체 속에서 삼중적 인격체가 된다. 성령에 인격성을 부여하고, 신의 아들 및 신의 힘을 같은 실체적 수준으로 상승시킴으로써, 삼위일체론은 신적인 것의 움직임에 존재론적인 삼방향 장력을 도입한다.

그러므로 성령이라는 기독교적 관념 속에서 운용되는 신학적 힘 개념은 자연신학에서의 이 개념에 대한 자연학적(형이상학적) 기술로부터 분리될 수 없다. 두 개념 모두 상호관계적 또는 장력적 운동, 힘, 또는 인과관계의 같은 동적 체제의 표현이다. 두 개념 모두, 천상적인 것과 지상적인 것이 어떻게 장력 관계에 놓이는지—합쳐지고(통일되고) 떼어지는지(차이화되는지)를 설명한다. 또한, 이들과 동일하지는 않지만 이들과 분리된 것도 아닌 공동결연적 또는 인과적 능력이 어떻게 가능한지를 설명한다. 둘은 제3의 연계를 유지하는 장력에 의해 함께 움직인다.

그러나 세 번째 관계적 항의 도입이 첫 두 항을 연결하는 것은, 일자의 지위를 더욱 복잡하게 만드는 대가를 치른다. 그래서 이어지는 절에서 보여 줄 것은 바로 성부 · 성자 · 성령의 삼중적 통일성이 삼중적 일자, 또는 삼위일체적 신 사이의 장력적 운동에 대한 근본적으로 동적인 기술에 의존함으로써 어떻게 역사적–신학적 해법에 이르는지다.

원심적 종속

기독교 신학에 세 위격(성부 · 성자 · 성령)을 도입했음에도 불구하고, 이들의 공동운동과 상호관계를 화해시키려는 최초의 시도들을 여전히 원심적이었다. 1세기부터 4세기 중엽까지, 대부분의 초기 교부敎父들은 삼위일체 사이의 관계를 명시적으로 '종속설적인' 방식으로 기술했다. 아버지 신이 존재론적으로 첫 번째 또는 일차적이고, 그 후 아들을 창조한다. 또는 낳는다. 아들은 두 번째이며, 자신과 아버지의 연결을 통해, 세 번째, 즉 성령을 가능하게 한다. 동적으로, 이러한 종속설적인 모델은 회전하는 우주구球의 유출설적 모델을 밀접하게 따라간다. 이 우주구는 중심은 움직여지지 않고 영원한 것으로 머무르지만, 회전하여 움직임으로써 외향적으로 위계적 순서에 따라서 주변을 향해 방사한다.

예를 들어, 로마의 클레멘스(서기 99)는 이렇게 쓴다. "성도들은 예수 그리스도로부터 우리를 위한 복음을 받았고, 예수 그리스도는 신이 보냈다. 그러니까 그리스도는 신으로부터, 성도들은 그리스도로부터 비롯된다. 그러므로 둘 다 신의 의지에 의해 **적절한 질서**에 따라서 왔다."[7] 안티오키아의 이냐시오(서기 107)는 우리에게 명한다. "육신 속의 예수 그리스도가 성부에게 종속되고 성도들이 그리스도와 성부에게 종속되듯이, 성직자에게 그리고 서로에게 종속되어라. 그리하여 육신적으로도 영적으로도 통일성이 있게 하라."[8]

이러한 원심적 모델에서 통일성은 중심으로부터 오는 명령의 위계 속에서의 종속을 통해 성취된다. 순교자 유스티노(서기 100~165)가 다음과 같이 쓸 때 그가 명시하는 것은 이러한 시간위계적chronohierarchical 질서다. "그가 참된 신 자신의 아들이라는 것을 배우고서, 그리고 그를 두 번째 자리에, 예언자적 영을 세 번째 자리에 놓고서 그를 경배하는 것은 합당하다. 우리는 증명할 것이다."[9] 더 나아가, "예수 그리스도는 신에 의해 잉태된 유일한 정당한 아들이다. 그는 신의 말이자 처음 잉태된 자, 그리고 능력이다. 또한 신의 의지에 따라서 인간이 된다."[10]

여기에 있는 관계는 명확히 힘, 능력, 또는 의지가 아버지로부터 아들로 일방향적으로 유출되는 관계다. 《디다케》* 또는 《열두 사도들의 가르침》은 예수를 신의 "종"으로 기술한다.[11] 성부·성자·성령 사이의 공동 관계를 '트리니타스trinitas'로 기술한 첫 번째 사람인 테르툴리아누스(서기 155~160년경부터 220년 이후까지)조차 종종 종속설적 언어를 채택하여, 이렇게 말한다. "성자와 구별되는 성부는 **성자보다 더욱 위대하다**. 잉태시킨 자는 잉태된 자가 구별된다는 점, 보내는 자와 보내지는 자가 구별된다는 점, 또한 만드는 자와 사물을 만드는 매개가 되는 자가 구별된다는 점을 고려하면 그렇다."[12] 알렉산드리아의 오리게네스(서기 184~253)는 예수는 두 번째 신Deuteros Theos이며,[13] 성자는 그 실체상 성부와 다른 자라고 주장했다.[14]

이러한 위계적 유출의 원심적 모델은 신-아들에게 존재론적 공동일차성을 주는 데에 실패했다. 이 실패는 신적 위격들의 동등성이라는 새

---

* Didache. 서기 1세기경 저술된 것으로 추정되는 기독교 최초의 교리서.

로운 신학적 모델을 지지하던 신흥 신학자 집단—이 집단은 교부 아타나시우스 주교가 이끌었다—과 종속설 지지자들이 벌인 소위 '아리우스 논쟁'에서 다루어진 주요 문제들 중 하나였다. 이 논쟁은 약 반세기 정도 계속되었으며, 381년에 콘스탄티노플 공의회를 통해 삼위일체의 새로운 장력적 이론을 지지하는 쪽으로 공식 종료되었다.

장력적 동등성

이 새로운 동적 해법은 고대 터키(카파도키아)의 세 주요 신학자에게서 왔다. 나지안조스의 그레고리오스(329~390), 카이사리아의 바실레이오스(329~379), 니사의 그레고리오스(335~395)가 그들이다. 카파도키아의 교부들에게 삼위일체는 동적 문제였다. 그것은 이 항이나 저 항의 위계를 도입하지 않고서, 그리하여 그리스도의 신성을 감소시키지 않고서, 삼위일체의 내부적 움직임을 자기 자신과 관련하여 화해시키는 문제였다.

신이 움직이는 아들을 낳았다면, 그는 어떤 종류의 활동 또는 힘을 통해 그렇게 해야 한다. 더 나아가, 신에게는 외부가 없기 때문에, 성자의 모빌리티는 어떤 의미에서 시작에서부터 신 안에 있어야 했다. 성자의 도입은 시계열에 따라서는 두 번째라고 해도 존재론적으로 두 번째일 수 없다. 이는 운동 또는 작동 행위oikonomia˙가 존재론적으로 파생적일 수 없고, 공동일차적이어야 함을 뜻한다.

----

* 그리스어로 '살림 관리'를 뜻하며 영단어 economy의 어원이 된 oikonomia는 교부신학에서는 다른 의미를 가졌다. 그것은 신 자체에만 속하는 속성을 뜻하는 theologia와 대비되는 것으로, 넓게는 세계와 관계하는 신의 행위·상호작용 일반을, 더 구체적으로는 신의 창조와 구원의 행위를 뜻했다. 이에 대한 번역으로 본 번역본은 신학계에서 통용되는 번역어 '경륜經綸'을 따른다. 이어지는 부분들에서 economy, economic은 이를 뜻하므로, 마찬가지로 경륜, 경륜적으로 번역한다. 저자는 oikonomia를 뜻하면서 operation, operational이라는 표현을 사용하기도 하는데, 이는 작동, 작동적으로 번역한다.

이것은 근본적으로 반反아리스토텔레스적인 제안이다. 아리스토텔레스에게 움직여지지 않는 움직이는 자akinesis는 움직이지 않고서 창조한다. 그에게는 충족되지 않는 능력dunamis이란 없다. 신은 순수 에네르게이아energeia, 잠재태 없는 작용 또는 운동이다. 신이 성자를 낳는다고 말하는 것은 문제가 아니다. 그러나 성자에게 성부와의 공동일차성을 부여하는 것은 움직여지지 않는 움직이는 자에게 운동을 소급적으로 재도입하는 것이다. 그러므로 삼위일체의 내재성은 신에게 작동적·경륜적·동적 내재성을 도입한다. 신의 통일성은 **운동**에 의해 이중성에 도달하지만, 둘을 **운동을 통해** 연계함으로써 삼위일체에 도달한다.

나지안조스의 그레고리오스는 이렇게 쓴다. "자기 자신과 싸우는 중이라면stasiazon pros heauto, 통일체가 복수성의 조건으로 들어오는 것이 가능하다. 그러나 **자연의 동등성**, 정신의 합일, **운동의 자기동일성**, 그것의 요소들이 통일체로 합류함을 통해 이루어진 것—창조된 자연에게는 불가능한 것—이라면, 수적數的으로는 구별된다 해도 본질의 단절은 없다. 그리고 통일체는 영원한 과거부터 **운동에 의해 이중성에 도달했으며**, 삼위일체에서 정지한다. 이것이 우리가 성부와 성자와 성령을 통해 뜻하는 것이다."[15]

운동 속에서 통일체는 나뉘지만, **운동을 통해서 그리고 운동으로서** 셋(움직이는 성자, 움직임인 영, 움직여진 성자)은 연계된 순환의 연속적 과정으로서 재통일된다. 그러므로 나지안조스의 그레고리오스에게 삼위일체의 '정지'란 하나로서 (작동적으로/경륜적으로) 함께 움직이는 삼위일체의 장력적 운동에 다름 아니다. 삼엽 매듭의 순환적 고리들처럼, 하나가 움직이면 다른 것도 움직인다(도판 27.1을 보라).

운동 중에 있는 이러한 연계된 장력의 결과는, 모빌리티와 상대적 고정성의 탁월하고 참신한 화해다. 삼위일체는 자기 자신과 관련해서는 움직이지 않으며, 그것이 삼중적 본성을 정의하는 상대적으로 고정된

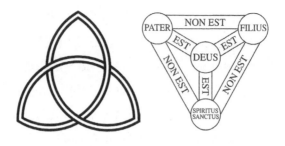

| 도판 27. 1 | 삼엽형과 삼위일체 문장紋章

출처: 삼엽형 이미지는 Anon Moos/Wikimedia Commons, 삼위일체 문장은 Wikipedia: Anon Moos/Wikimedia Commons.

지역, 접힌 흐름, 고리, 순환을 포기하지 않으면서도 움직이고 자신을 변형시킨다. 달리 말하자면, 장력적 삼위일체는 양쪽에 존재ousia의 단일하고 연속적인 움직임을 가능케 하면서도, 이 움직임 속의 상대적으로 구별되는 세 개의 장력적 접힘들을 세 '히포스타시스hypostasis'*(이 말은 '기저에 있는'을 뜻하는 그리스어 hypo와 '고정된 또는 움직임 없는'을 뜻하는 stasis에서 왔다)로서 여전히 유지한다. 그레고리오스가 여기에서 히포스타시스라는 단어를 사용하는 방법은, 이것을 실체가 아니라 단일한 실체 내의 양상들 또는 장력적 관계들pros ti, prôs echon로 사용하는 스토아 학파적 용법을 따른다.[16]

여기에서 동적으로 흥미로운 것은, 삼위일체 문제에 대한 첫 번째 해법들 중 하나가 순수하게 존재신학적인 용어가 아니라 작동적이고 동적인 용어를 통해서 성취되었다는 것이다. 히폴리투스(서기 170~235)는 삼위

---

* 그리스어 hypostasis는 한편으로는 변화하는 속성들의 기저에 있는 변화하지 않는 기반을 뜻하며, 흔히 '기체基體' 또는 '실체'로 번역된다. 다른 한편, 신학적인 맥락에서는 삼위일체의 각 '위격'을 가리킨다.

일체 문제에 관해 이와 비슷하고 스토아 학파의 영향을 받은 해법을 제시한다. "〔신〕은 단일한 능력dunamis을 가지고 있다. 능력에 관한 한, 신은 하나다. 그러나 경륜oikonomia의 면에서, 〔신의〕 현시는 삼중적이다."[17] 힘dunamis으로서 신은 하나의 연속적 역동적 움직임이다. 그러나 이 힘의 경륜적 현시의 면에서, 그 안에는 세 가지 단속적 순환이 있다. 그러므로 단속적인 히포스타시스들은 존재의 연속적 움직임 내의 내적 접힘의 산물이다.

아리스토텔레스는 뒤나미스와 운동이 이런 식으로 움직여지지 않는 움직이는 자 속으로 들어오는 것을 결코 허용할 수 없었다. 플라톤도, 영원한 신이 운동 중에 있다는 관념을 받아들일 수 없었다. 영원한 것은 움직이지 않기 때문이다. 그러나 나지안조스의 그레고리오스는 신적 이미지eidos 이론에서 이 사고를 명시적으로 받아들인다. "통상적 언어에서 이미지란, 운동을 가진 것의 운동 없는 재현이다. 그러나 이 경우〔삼위일체〕, 이미지는 살아 있는 일자一者의 살아 있는 재생산이다."[18]

이러한 점의 동적 함축은 근본적이다. 신은 성자를 자기 움직임의 움직이는 이미지로서 창조했다. 그러나 이를 통해 또한 정적 중심으로서의 자기 자신을 쫓아내고, 고대인들이 보기에는 영원한 부동성에 운동이 종속된다는 하나의 관계밖에 없던 곳에 두 구별되는 운동 사이의 동적 장력을 도입한다. 그레고리오스는 더 나아가 삼위일체를 구별되는 지역들을 가진 연속적인 흐르는 강과 비교하기도 하고[19] "〔습기의〕많은 재빠른 움직임을 가지고서 떨리는" 단일한 광선에 비교하기도 한다. "〔이 광선은〕다수라기보다는 하나인 것도 아니고, 하나라기보다는 다수인 것도 아니다. 광선이 재빠르게 합일하고 분리됨으로써 그것은 눈이 보기도 전에 빠져나가기 때문이다."[20] 두 경우 모두에서 우리는 삼위일체에 대한 이해comprehension(이 단어는 '붙잡다, 움켜쥐다, 꼭 쥐다. 장력 속에서 포용하다'를 뜻하는 라틴어 comprehendere에서 왔다)는 존재를 하나의 연속적이지만 다중적인 흐름으로, 특히 유체적이고 동적인 방식으로 기술하는 데에 의존함을 볼 수 있다.

니사의 그레고리우스도 비슷한 동적 해법을 제안했다. "그때 이후로 성삼위는 모든 작동을 충족시킨다. 이는 위격 수에 따르는 분리된 작용에 의해서가 아니다. 성부로부터 성자를 통해 성령에게로 소통되는 선한 의지의 **하나의 운동**과 상태가 있는 방식으로 일어난다."[21] 여기에서 중요한 것은, 운동 또는 "작용의 통일성을 이유로 하여", 성자**와의** 장력 속에서 움직이는 성자와 성령이 없이는 성부가 움직일 수 없다는 사고다.[22]

카이사리아의 바실레이오스의 글에서 우리는 그가 비슷하게 동적 **흐름**에 의거함을 발견한다. 이는 삼위일체 내에서의 상대적 구별성을 정의하는 삼중적 히포스타시스들을 여전히 존중하면서도 신적 위격들 속에서, 사이에서, 이들을 통해서 움직이는 은총 또는 영의 본성과 작동 oikonomia을 기술하기 위해서다. "가치 있는 자들 **안에** 그가 **거주할 때에** 그리고 그 자신의 **작동**을 실행할 때에, 그에게서 흘러나오는 은총은 **그 것을 받을 수 있는 자들 내에 실존하는 것**으로서 잘 기술된다. ⋯ 다른 한편, **성령으로부터 흘러나오는 은총이 자연적으로 오고 가는** 곳에서는 저 은총이 그 안에서 실존한다고 말하는 것이 적절하고 참되다. 받는 자의 선에 대한 기질의 굳건함으로 인해 은총이 그들에게 연속적으로 깃든다고 해도 그렇다."[23]

힘의 접힘

콘스탄티노플 공의회 이후, 삼위의 동등성은 서양의 정설이 되었고, 417년경 히포의 아우구스티누스(354~430)의 저작에서 가장 한결같은 종합적 표현을 얻는다. 아우구스티누스의 저작은 대체로 공의회에서 이미 도달한 입장들의 종합이지만, 또한 삼위의 관계relatio와 힘potentate의 존재신학적 지위를 명확히 강조하기도 했다. 이 둘 모두, 공동관계와 장력적 힘이 원심적이고 구형인 방사의 단순한 통일성을 누르고 발흥함을 시사한다.

아우구스티누스는 삼위일체가 제기하는 동적 문제를 명시적으로 의식한다. "신의 실체에 관해 숙고하고 그것을 완전히 아는 것은 어려운 일이다. 그는 자기 안에서는 아무 변화도 없이, 변화하는 사물을 빚어내며, 자기 안에서는 아무런 시간적 움직임 없이, 신적 사물을 창조한다."[24] 이는 아리스토텔레스의 움직여지지 않는 움직이는 자 문제(움직여지지 않는 움직이는 자는 어떻게 자신은 움직이지 않고서 세계를 움직이는가)와 가깝지만, 아리스토텔레스에게 움직여지지 않는 움직이는 자는 창조자 신이 아니며, 그러므로 그의 존재는 움직이는 구의 영원한 중심성에 의해 풀릴 수 있었다. 그러나 아우구스티누스는 신 자신은 변화되거나 시간적이지 않고서(즉, 신이 창조하는 것에 영향 받지 않고서) 변화와 시간이 신에 의해 창조되거나 신에게서 파생될 수 있는지를 어떻게든 설명해야 한다.

카파도키아의 교부들을 따르는 아우구스티누스의 해법은, 신과, 자신의 창조(성자)와, 그가 창조에 이용하는 힘potestas 또는 성령 사이의 관계에 존재신학적 "불가분적 동등성"을 도입하는 것이다.[25] 아우구스티누스는 이를 삼위의 "공동영원성과 공동실체성"이라고 기술한다. 이는 셋 각각이 다른 위격 없이는 실존하거나 작용actio할 수 없음을 수반한다.[26] "성부·성자·성령은 불가분하기 때문에" 존재의 내재성 속에서, 그리고 경륜, 작동, 힘, 운동의 내재성 속에서 "불가분하게 작용한다."[27]

그러므로 창조자 신의 존재론적으로 삼중적인 본성에 대한 해법은, 그의 힘potentate, dunamis을 신 자신 및 그의 창조와의 공동일차성 수준으로 끌어올려 신, 성자, 성령이 **힘 또는 능력의 단일한 연속적 흐름**의 삼중적 표현이 되도록 하는 것이다. 그러나 그렇게 함과 동시에 우리는, 움직여지지 않는 움직이는 자는 힘dunamis이 없다는 아리스토텔레스의 주장을 위반하게 되고, 또한 영원성 자체에 내재적 역동을 도입하게 되어, 영원의 지위를 **절대적으로** 움직여지지 않는 것으로부터 **상대적** 또는 **관계적**으로 움직여지지 않는 것으로 복잡화한다.

영원한 것의 움직여지지 않는 지위를 더욱 복잡화하는 것은, 성부·성자·성령이 존재에 내재적이고 **작용에** 내재적이라는 사실이다. 한 위격이 작용할 때, 다른 위격도 작용한다. 그렇기에 아우구스티누스가 삼위에 불변하고 비시간적으로 머무르는 '공동영원성'을 부여할 때, 그는 (변화와 시간 위에 있는) 힘의 일차성을 주장하는 것이고, 그러므로 삼위의 다른 위격들 내에서의 장력 속에서 **관계relatio로서는** '움직여지지 않는' 것이지만 작용 또는 내적 작동과 관련해서는 움직여지는 것인 공동영원성의 관념을 주장하는 것이다. 삼위의 위격들은 그러므로 위격으로서는 상이하지만, "관계relatio에 따라서는" 동일하다. "그러나 이 관계는 우유偶有가 아니다. 변화하지 않기 때문이다."[28]

여기에서 아우구스티누스가 상당히 명시적으로 밝히는 것은, 삼위가 공동영원하고 불변하는 것은 우리가 **관계 또는 힘**을 지칭하는 한에서만이고, 위격들의 개별성을 지칭하는 하에서는 그렇지 않다는 것이다. "성부와 성자의 공동영원한 본성은 이들의 관계를 가리키[며]", 이들의 위격으로서의 개별성을 가리키지 않는다.[29] 그러므로 신의 통일성은 능력 또는 힘 관계의 연속적 또는 공동외연적 흐름 내의 접힘 개념에 의존해야 한다. 삼위 속에서 신은 접힘pli이, "단순한 다중성, 또는 다중적 단순성simplici multiplicitate, aut multiplex simplicitas"이 된다.[30]

그러므로 접힌 관계의 일차성은 또한 힘 관계의 일차성이다. 그리스도는 신의 능력virtus, dunamis이기 때문이다. "그리스도, 신의 힘Christum dei virtutem et dei."[31] 신과 성자는 **다중적 뒤나미스로서** 통일되어 있고 구별된다. 아우구스티누스가 다음과 같이 쓸 때, 힘과 능력의 이러한 일차성은 더 이상 명백할 수 없다. "그리스도는 신의 능력virtus/dunamis이자 지혜다. 또한 능력이며 지혜인 그 자신이, 능력이며 지혜인 성부에게서 비롯되기 때문이다."[32] 아우구스티누스에게 삼위는 유비라는 긍정 논리적인 관계로 환원될 수 없다. 신, 성자, 성부는 **힘** 관계의 복합체다. 힘은 이들의 함께 존재함의 실재적 조건이지, 단지 논리적(유비적) 조건이 아니다.

페리코레오시스

삼위 문제에 대한 또 다른 중요한 동적 해법은 7세기와 8세기에 고백자 막시모스, 위▩-키릴루스, 다마스쿠스의 요하네스의 저작에서 페리코레오시스perichoresis의˙ 개념과 함께 등장했다. 동사 perichoreo는 나지안조스의 그레고리오스의 저작에서 그리스도의 이중적 본성을 다룰 때 처음 등장했지만, 이것이 명사가 된 것은 고백자 막시모스에 와서이고, 그것이 삼위라는 특정 문제에 직접 적용된 것은 위-키릴로스와 요하네스에 와서다.[33]

　페리코레오시스라는 단어는 '주변'을 뜻하는 그리스어 περί, perí와 '춤추다, 에워싸다, 양보하다, 시골에서 키우다, 접다, 둘러싸다' 등의 몇 가지 상호관련된 동적 정의를 가진 단어 χώρα, chora에서 왔다.[34] 플라톤의 대화편 《티마이오스》에서 티마이오스는 chora를 사용하여, 정적 존재로도 생성으로도 환원 불가능하며, 특정한 존재로서 규정 가능하지 않은

˙ 성삼위의 세 위격이 서로 침투하면서 서로에게 내재함을 뜻하는 용어로, '상호내재', '상호내주', '상호침투', '상호순환' 등으로 번역된다. 이후 저자가 사용하는 공동내존coinherence, 공동구성co-constitution 등은 페리코레오시스를 가리키는 말이다. 저자는 페리코레오시스의 어원으로 이 단어의 다양한 용법 및 의미 변화를 설명하고 있기 때문에, 이 말을 하나의 번역으로 고정하기는 어렵다. 저자도 페리코레오시스와 이를 함의하는 용어들을 따로 사용하고 있기 때문에, 본 번역본에서 페리코레오시스는 음차하여 사용한다.

채로 모든 존재를 운동(흔듦)을 통해 능력적으로 낳는 "세 번째 종류triton genos"의[35]의 동적 존재를 기술한다. 단어 페리코레오시스가 이 같은 어근 -chor를 빌려오는 한에서, 그것은 연속적 순환과 상호적 공동내존와 공동구성의 접힌 공간을 열어젖히는, 또는 창조하는 동적 과정이라는 의미를 보유한다.[36]

그래서 나지안조스의 그레고리오스는 동사 perichoreo를 세 번 사용하여 삶과 죽음의 상호적이고 순환적인 움직임을 기술하고,[37] 욕구와 충족의 과정을 기술하고,[38] 가장 중요하게는, 신적인 자 그리고 필멸자로서—이 둘은 상호적 동적 에워쌈 속에서 서로를 공동구성한다—그리스도의 '상호적' 본성을 기술한다.[39]

7세기에 고백자 막시모스(580~662)는 그리스도 내의 이중적 작용 문제를 풀기 위해 명사 페리코레오시스를 직접 사용한다. 그의 목적은 하나의 그리스도의 통일성을 설명하는 것이 아니라, 단일한 위격 내의 그의 두 본성으로부터 일어나는 동시적 작용과 효과를 설명하는 것이다. 그는 태우는 동시에 자르지만 상이한 두 실체 또는 작용이 되지는 않는 붉게 달아오른 칼을 예로 사용한다.[40] 칼은 같은 운동 속에서 뜨겁고 자른다. 그 존재와 작용은 내재적이지만 분화되어 있다.《애매성Ambigua》에서 그는 이 용어를 부사적으로 사용한다. "인간 본성은 신적 본성을 위한 자리를 낸다perikechreke. 인간 본성은 신적 본성에 혼동 없이 통일된다."[41] 그러나 막시모스에서 페리코레오시스는 (신-인간)'의' 작용에 초점을 맞추지, '안의' 또는 '그것을 통한' 공동내재에게 아직 초점을 맞추지 않는다.

그러나 위-키릴루스(7세기)에서 페리코레오시스 관념은 마침내 삼위의 문제에 직접 적용된다. 지금까지 존재했던 삼위일체론의 문제는, 그 정의가 지배적으로 하향적 방식, '하나의 존재ousia', 세 히포스타시스에서 온 것이었다는 점이다. 위-키릴로스의 천재성은 문제를 역전시켜 삼위를 상향식으로, 먼저 히포스타시스로부터 정의하는 데에 초점을 맞췄다는 것이다. 삼위의 하나임과 관련해서는 셋의 통일성이지만, 삼위의 셋임과 관련해서는, 셋은 상호적 작용과 능력의 연속적이고 상호적인 동적 순환 또는 공동내재 안에 있어야 한다. 셋은 접힌 순환의 연속적 과정 속에서도 함께 융합되거나 섞이지 않는 별개의 계기들, "서로의 속으로의 혼동되지 않고 교체되지 않는 페리코레오시스"라고 위-키릴루스는 쓴다.[42]

위-키릴루스는 이렇게 논한다. "각 본성은 자신에 속하는 것을 다른 본성과 교환하는데, 이는 히포스타시스의 자기동일성을 통해, 그리고 본성의 서로로의 페리코레오시스를 통해서다. 그리하여 '신이 지상에 등장했다'라고, '이 사람은 창조되지 않았고 상처 입을 수 없다'라고 말하는 것이 가능하다."[43] 그러므로 위-키릴로스는 요한의 복음서 14장 11절에 기술된 상호적 접힘을 강조한다. "내가 아버지 안에 있고 아버지가 내 안에 있다."

그러므로 페리코레오시스는 더 이상 신-아들의 이중적 작용이 아니라, 성부-성자-성령 **속에서** 그리고 **이들을 통해** 일어나는 구성적 움직임 또는 과정이다. 여기에서 동적 변용은 결정적이다. 위-키릴루스와 함께 삼위일체의 페리코레오시스는 더 이상은 서로에 '대한' 것이 아니고, 서로 '속으로의' 것이 되었다. 이들은 단순한 동등자가 아니고, 이들이 두 지역이 되는 같은 연속적 **순환 과정** 내의 두 공동외연적 접힘이다.[44] 순환 circumincessio(페리코레오시스의 라틴어 번역)은 circum-incedere에서 오는데, 이는 '주위로 움직이다' 또는 '다른 것 속으로, 다른 것을 통해 움직임'을 뜻한다. 보나벤투라 등의 서구 신학자들은 이 의미를 선호했다.[45]

다음으로 다마스쿠스의 요하네스(675~749)는 위-키릴로스의 독창적 페리코레오시스 용법을 채택했고, 유의미한 혁신을 가하지 않고서 이 단어를 더 넓은 정통파 독자층에게 유행시켰다. 요하네스에게 페리코레오시스는 일차적으로, 삼위가 삼중으로서 일어나는 **동적 과정**으로 머무른다. 그는《정통 신앙의 해설》에서 삼위를 다루는 부분의 끝에 이러한 입장을 요약한다.

위격들은 서로 속에서 거주하며 확고히 수립된다. 이들은 서로로부터 불가분하고 떼어질 수 없지만, 융합되거나 혼합되지 않으면서도 서로에게 부착되어, 서로의 속에서 자신의 분리된 길을 계속 가기 때문이다. 성자는 성부와 성령 속에 있고, 성령은 성부와 성자 속에 있고, 성부는 성자와 성령 속에 있으나, 융합도 혼합도 혼동도 없기 때문이다. **하나의 같은 운동**이 있다. **세 위격의 하나의 추동과 하나의 운동**이 있기 때문이다. 이러한 것은 어떠한 창조된 자연에서도 관찰되지 않는다.[46]

삼위의 **하나의 연속적 움직임**이 있다. 그러나 그것은 같은 순환 과정 속의 접힘으로서 함께 움직이는 세 히포스타시스가 공유하는 하나의 장력적 움직임이다. 그것이 장력적 움직임인 것은, 융합되거나 혼합되지 않는 세 위격이 있기 때문이다. 더 나아가, 페리코레오시스에 대한 요하네스의 기술은 신 자신에게 그리스어 코라chora의 몇 가지 속성을 적용하여, 그를 절대적 힘, 지탱하는 충만함, 무한한 과잉, "어떤 것에도 부족하지 않음, 자기 자신의 규칙이자 권위자가 됨, 모든 것을 다스림, 생명을 줌, 전능함, 무한한 능력을 가짐, 우주를 담고 유지하며 모두를 위한 공급품을 만듦"의 움직임으로서 기술한다.[47]

여기에서 동적으로 결정적인 것은, 근본적으로 알 수 없고 신비로운 형이상학적 과정이라고 믿은 것을 그리스도교 신학자들이 기술하는 데에서, 삼위일체론이 순환과 접힘의 고도로 동적인 설명에 의존한다는 것이다. 이 신학자들은 자기 체계에서 인간중심주의와 물리주의를 경계하기는 했지만, 그렇다고 해서 신적 삼위일체의 본성에 대한 복잡한 물리적 동적 기술—이것은 신의 상호관통적 힘의 일차성을 설명하기 위해 움직임과 장력에 의존한다—을 필요로 하고 발명하는 것을 멈추지는 않았다.

일자의 삼자화

동등성, 접힘, 페리코레오시스의 삼위일체론 신학에 의거하여, 니콜라우스 쿠자누스(1401~1464)는 삼위일체의 명시적으로 동적이고 기하학적인 함축을 전개했다. 쿠자누스의 신학적 기하학은 삼위의 동시적 하나임과 셋임을 설명하려고 한다. "신은 하나이므로, 그는 낳는 자이며 아버지다. 그는 일자의 동등성이므로, 그는 낳아진 자 또는 아들이다. 그는 둘(하나임과 하나임의-동등성)의 합일이므로, 그는 성령이다."[48] 그러므로 "하나임의 성부라고 불리고, 동등성은 성자라고 불리고, 합일은 사랑 또는 성령이라고 불린다."[49]

이 하나임의 삼중적 관념은 단순한 원심적 우주구^琫라는 고대의 사고를 심히 복잡화한다. 사실, 쿠자누스는 셋임에 대한 더욱 일차적인 이해 없이는 하나임을 적절히 생각할 수조차 없다고까지 쓴다. "하나임이 가장 위대하고 가장 완벽한 이해라면 … 이러한 하나임의 삼위에 이르지 않는 자는 하나임도 올바로 사고하지 않는다. 하나임은 나뉘지 않음, 구별됨, 합일을 뜻하므로, 하나임은 셋임일 뿐이기 때문이다."[50] 그러므로 기하학적으로 "우리는 최대의 삼각형을 모든 삼중적으로 존재하는 사물의 가장 단순한 척도로 간주한다—심지어, 활동조차 ① 잠재태posse 속에서, ② 대상과 관련하여, ③ 현실태 속에서 삼중적으로 존재하는 작용이기 때문이다."[51]

쿠자누스가 보기에, 삼위가 하나로서 생각될 것이라면, 그것은 회전하는 구의 단순한 하나임에는 현전하지 않는 삼중적 관계적 구별을 필요로 한다. 더 구체적으로, 쿠자누스는 삼중적 하나임의 전체 기하학이 단일한 끝없는 직선의 잠재태potency(이 단어는 '능력, 힘, 역량'을 뜻하는 라틴어 posse에서 유래한다)로부터 도출될 수 있다고 논한다. 단일한 끝 없는 직선을 접고 구부리고 움직임으로써, 쿠자누스는 어떻게 직선이 '최대의' 삼각형(무한히 긴 변을 가진 삼각형)으로, (중심은 모든 곳에 있고 원주는 어디에도 없는) 원으로, (무한히 큰 삼각형들로 이루어진) 구로 변용될 수 있는지를 보여 준다.

그는 이렇게 쓴다. "왜 단순한 직선의 잠재태posse로부터 처음에는 (다면체와 관련하여) 단순한 삼각형이, 다음으로는 단순한 원이, 다음으로는 단순한 구가 생겨나는지가 이제는 명백하다. 우리는 이러한 기초적 도형들에만 이를 뿐이다. 이 도형들은 유한한 사물 속에서 서로에 대해 불균형적이고, 자기 안에 모든 도형을 감싸 접는다."[52] 달리 말하자면, 연속적 직선 또는 힘의 흐름("모든 능력의 잠재태posse")은[53] 삼각형의 세 무한한 직선으로 펼쳐질 수 있고, 이것은 삼각형 형태 단편들의 원으로 회전될 수 있고, 더 나아가 무한한 구로 회전될 수 있다.

쿠자누스가 보기에, 정적 기하학은 혼자서는 문자 그대로 무능하다 im-posse. 감싸 접음complicare과 펼침explicare의 연속적 **운동**을 통해서만 하나임이 "하나임의 단순성 속에 모든 것을 접는" 복합체 또는 다중체가 될 수 있다.[54] 쿠자누스의 신학적 기하학은 그러므로 동적이 될 필요가 있다. 신이 세계를 움직인다면, 그는 세계에 의해 움직여진다. "당신의 봄seeing은 당신의 움직임이다. 그러므로 당신이 나와 함께 움직여지고, 내가 움직여지는 한 당신도 움직임을 멈추지 않는다."[55] … "움직여지는 것과 함께 당신은 움직여지고, 서 있는 것과 함께 당신은 서 있다."[56] 쿠자누스가 보기에, 신은 "절대적 가능성posse이 신"인 한에서 움직이는 자이며 움직여지는 자다.[57] 신은 모든 존재를 그것의 하나임으로써 접는 또는 감싸는, 그리고 모든 존재를 그들의 다중적 운동 속에서 펼치는 또는 풀어내는 순수한 능력 또는 힘이다.

존재의 모든 접힘은 관계의 변화 없이 함께 움직이는 하나의 같은 절대적 장력적 표면에 속하므로, 운동은 없다. 그러나 접힘들이 존재의 상이한 수준, 정도, 지역에서 펼쳐지는 한에서, 운동은 있다. "그러므로 단순히 최대의 운동은 없다. 그것은 정지와 일치하기 때문이다. 그리고 어떤 운동도 절대적이지 않다. 절대적 운동은 정지이고, 신이며, 모든 운동을 감싸 접기 때문이다."[58] 반면에 펼침은 단순히 "크고 작음에 따라서, 단순 최대와 단순 최소 사이에서, 자기 고유의 정도에 따라서 수축"될 따름이다.[59]

이러한 접음과 펼침의 움직임은 단일하고 일차적이고 순수한 힘 또는 잠재성posse에 따라서 정의된다. "'잠재성 자체'가 의미하는 것은 셋이며 하나인 신이다. 그의 이름은 '전능' 또는 '모든 능력의 잠재성'이다. 그에 의해 모든 사물이 가능하며 어떤 것도 불가능하지 않다. 그는 강한 것의 강함이며 힘들의 힘이다."[60] 그러므로 쿠자누스가 보기에 힘은 존재의 일차적 존재신학적 규정이 된다. 그것은 또한 외부적, 내부적, 상호관계적 힘에 의해 정의되는 모든 삼위일체적 존재의 가장 단순한 척도로서 삼각형에 특권을 주는, 기하학적 접힘에 대한 근본적 동적 설명에 의거한다.

5세기부터 계속해서 삼위일체 교리는 서구에서 기독교의 정설 지위를 유지했다. 홉스,[61] 데카르트,[62] 라이프니츠[63] 같은 가장 주요한 근대 초기 철학자들은 이 문제를 조금씩 다른 방식으로 표현하지만, 결국은 모두 호모우시아*라는 정통 입장을 받아들인다. "하나의 실체, 세 히포스타시스."[64] 유대교인이었던 스피노자조차, 어떻게 하나의 실체 또는 신

---

* homoousia. 그리스어 homo('같음')와 ousia('실체', '존재')의 결합어로, 삼위가 같은 존재, 같은 실체라는 삼위일체 교리를 표현하는 용어다.

이 있으면서 많은 속성과 양상이 있을 수 있느냐는 존재론적 문제를 푸는 데에 겐트의 헨리(1217~1293)와 둔스 스코투스(1266~1308)가 전개한 비슷한 삼위일체적 논리를 따랐다.[65] "내포적 차이"라는 겐트의 사고와 "형식적 차이"라는 스코투스의 사고를 통해 스피노자는, 신이 수적 구별과 관련해서는 하나이지만 내포적 또는 형식적 차이와 관련해서는 신의 속성과 양상 속에서 다중적이라고 논할 수 있었다.

그러나 이 해법은 삼위일체가 수적·실체적으로는 하나이지만 양상적으로는 셋이라는 초기 교부의 사고가 본래 제안한 것과 동적으로 다르지 않다. 테르툴리아누스가 쓰듯이, "그가 차이 나는 것은 〔수적〕 나눔에 의해서가 아니라 **구별**에 의해서다. 성부와 성자는 **이들의 존재 양상** 속에서 서로 다르므로 성부는 성자와 같지 않기 때문이다."[66] 이에 더하여, 스피노자는 초기 교부들로부터 니콜라우스 쿠자누스까지 삼위일체론의 역사에 걸쳐 운용되었던 접힘 개념을 사용한다.[67]

맺음말

중세와 근대 초기 시기의 물리학과 신학에서, 대략 5세기부터 초기 18세기경까지, 자연적 힘과 신적 힘에 대한 기술은 존재론적 일차성의 새로운 장소로 오르며, 운동과 비슷한 장력적인 체제를 따른다. 그러나 존재에 대한 지배적 기술이 영원으로부터 역동으로 변화되는 것과 나란히, 기록실천의 권역에서 다른 변용이 일어났다. 그것은 책의 발명이다. 말하기와 글쓰기의 경우와 마찬가지로, 책의 출현은 존재론적 기술의 단순한 원인이나 효과도 아니고, 이러한 기술을 일어나게 한 중립적 도구도 아니다. 오히려 신학적 기술과 서책기록적bibliographic 기입이라는 두 동현상은 장력적 운동의 같은 동적 체제 속에서 함께 묶여 있거나 조응되어 있다. 이 점은 다음 장들에서 볼 것이다.

III

그라포스

28장

책 1. 수고

중세에 존재는 지배적으로 장력적인, 삼각화된, 삼중적인, 관계적인 힘으로서 기술되었다. 그러나 이러한 기술은 또한 같은 장력적 체제를 가진 새로운 물질적 기입 테크놀로지를 사용했다. 그것은 책이다. 어떠한 직접적 인과도 가정하지 않고서, 이어지는 장들은 이 시기의 신학적 기술과 이것의 기입 테크놀로지 양쪽의 동적 구조에 명확한 유사성이 있음을 보여 줄 것이다.

4세기와 5세기경 서구에서 지배권을 획득하게 된 새로운 종류의 동기록은 '서책기록bibliography'이라고 불린다. 서책기록 또는 책 쓰기의 발흥은 두 주요 동動기록적 작동, 책의 제본과 책의 이해(또는 저자와 독자 사이의 동적 장력)에 따라 기능했다. 5세기와 18세기 사이에 신학적 기술에서 두 가지 주요 책 테크놀로지가 사용되었다. 5세기부터 15세기까지는 수고 서책manuscript codex이, 15세기부터 18세기까지는 인쇄 서책printed codex이 사용되었다.

두 역사적 시기는 중요한 방식으로 서로 다르다.[1] 그러나 동적으로 말하자면, 둘 다 같은 동動기록적 작동을 수행하며, 정도의 차이가 있기는 했지만 장력적 운동의 같은 체제에 따라서 움직이거나 순환한다. 예를 들어, 인쇄기의 도입은 수고 서책과의 동적 종류상 차이가 아니고—다음에서 보겠지만—동적 정도상의 차이이다.

중세 힘의 신학의 장력적 동태와 조응했던 이러한 동圝기록적 작동의 장력적 운동을 보여 주기 위해, 본 장과 다음 장은 역사적으로 진행한다. 이번 장은 수고 서책에서의 제본과 이해라는 작동쌍을 볼 것이며, 다음 장에서는 인쇄 서책에서의 같은 작동을 볼 것이다.

수고 서책

이름이 시사하듯이, '수고manuscript'란 손manu로 쓰인script 모든 기록이다. 이것은 탤리, 토큰, 서판, 양피지를, 그리고 가장 큰 정의에서는, 인쇄의 도입 이전의 모든 손으로 한 기록을 포함한다. 그러므로 용어적인 이유로, 그리고 본 장에서 혼동을 피하기 위해서, 고대 로마 시대 후기에 출현하여 서기 4~5세기경 빠르게 지배적 기록으로 부상한 특정한 테크닉적 서책 장치는 '수고'라고 부르지 않고, '수고 서책manuscript codex' 또는 '서책기록실천bibliographism'이라고 부를 것이다.

'서책codex'이라는 단어는 '나무줄기, 나무토막'을 뜻하는 라틴어 caudex에서 오며, 제본된 페이지 집단으로 정의된다. caudex라는 이름은 페이지들을 합치기 위해 나무토막을 사용한 것을, 그리고 밀랍으로 덮인 나무판pugillares를 순서대로 함께 묶는 초기 로마의 관행을 가리킨다.[2] 그러나 이후의 양피지 책자pugillares membranei는 접힌 양피지(동물 가죽으로 만든 막)로 만들어졌고, 이것이 원형적 서책의 첫 형태였다. 이는 서기 1세기의 시인 마르티알리스가 기술한 로마인들이 사투르날리아 축제 기간에 교환했던 문학 선물에서 목격된다.[3] 이 초기 책자는 초기 기독교인들을 제외하면[4] 비교적 주변적으로 사용되다가, 4세기경에 마침내 두루마리만큼 지배적이 되었다.[5] 6세기가 되자, 기독교화된 그리스-로마 세계 전반에 걸쳐 서책이 두루마리를 완전히 대체했다.[6]

제본

서구에서 서책이 실상 독점적인 지배권을 획득함으로써, 제본〔구속〕 binding이라는 동⁾기록적 작동을 통해 쓰기, 읽기, 말하기에 완전히 새로운 장력적 운동 체제가 도입되었다. 책 자체의 물질성 속에 일어난 제본이라는 작동 자체는 서책기록적 장치의 재료, 접힘, 표지, 구두법에 일어난 세 가지 구성 요소 작동으로 이루어졌다.

재료 —— 서기 5세기 로마제국의 멸망 이후, 이집트와 직접적 또는 제국적 접촉이 뜸해져 파피루스를 구하기가 어려워졌다. 이로 인해 글쓰기 재료로는 거의 전적으로 양피지에 의존하게 되었다. 수록 표면의 재료적 구성상의 변동은 또한 테크닉적 객체 자체의 물적–동적 체제에서 일어난 변동도 표현했다. 예를 들어, 초기 서책의 도입과 함께, 수록 표면은 더 이상 표면을 위로부터 원심적으로 두드리는 것으로 정의되지 않게 되었고, 옆으로 동물 가죽을 장력적으로 잡아늘이는 것으로 정의되었다. 유럽에서 파피루스의 고대적 · 원심적 제작은 노예들의 파피루스 수확이라는 형태로, 이집트와의 중심화된 제국적 연관에 의존했다. 또한, 동일한 파피루스 조각 표면을 서로 합치되고, 동일한 형태가 되고, 동질적이 되도록 두드리고 누르는 망치의 수직적 힘에 의존했다. 망치질을 통해 액체는 식물의 중심으로부터 외향적으로 압착되었고, 식물은 수분을 잃었다.

이와 대조적으로, 양피지의 중세적 장력적 제조는 양과 염소를 얻으려는 개인적 · 지역적 농업자와의 고정된 법적 또는 봉건적 계약(강체 연계)에 의존했다. 표면을 위로부터 두드리는 대신에, 동물 생가죽은 늘림틀에 묶여 있는 수많은 수평적 노끈 또는 밧줄과의 장력적 네트워크에 따라 잡아늘여졌다. 일단 긁어내고 나면, 가죽은 자연적 형태의 풀(콜라겐)을 생산했다. 이로 인해 가죽은 말려진 후에도 형태를 유지하면서 여전히 유연성이 있을 수 있었다.

접힘 —— 일단 잡아 늘려진 양피지는 가늘고 긴 조각으로 재단되어 한 콰이어quire 단위로 접혔다. 이 단어는 '한 번에 넷'을 뜻하는 라틴어 quaterni에서 왔다. 즉, 양피지 네 장이 겹쳐지고 중간 부분이 접히고 함께 꿰매어져서, 여덟 장의 잎folio을, 열여섯 페이지를 생산했다. 콰이어는 자기 자신과의 이어진 장력으로 구속된 단일체–다중체, 신학자들의 말을 빌리자면 "복합적 단순성"이었다. 그러므로 책의 페이지를 넘김은 전체 속에 복잡화되어 있는 것 또는 감싸 접힌 것을 펼침 또는 풀어냄이었다. 페이지를 넘기는 각 행위는 열린 페이지로의 펼침이면서 책의 나머지를 숨겨진 페이지로 감싸 접음이다. 다중의 콰이어는 함께 구속되면서 떼어진 연속적 다중체로 엮인다. 잎을 넘기는 것은 구속된 잎들의 강체적인, 연계된 장력 위에서 회전시키는 것이다. 폴리오는 '잎'을 뜻하는 라틴어 folium에서 왔다. 나무caudaux의 잎들이 나무 또는 책으로 함께 구속되듯이, 폴리오는 책 속에서 서로와의 장력 속에서 구속[제본] 된다. 서책의 유기체성은 명백하다. 책은 살아 있는 자연적 존재다. 그것은 나무처럼, 자신의 내적 힘 또는 생기적 힘에 따라 자기 내부로부터 펼쳐진다. 떡갈나무는 도토리 속에 있으면서, 펼쳐지기를 기다리고 있는 것이다.

이 점은 고대의 진흙 서판과, 더 나아가 파피루스 두루마리와 대조된다. 이것들은 단순히 그 비유기적 기하학적 형태(평면적 서판, 말린 두루마리)에 의해 정의된다. 서책의 장력적 접힘은 그러므로 서판의 평면적 표면과, 두루마리의 말린 표면과 동적으로 대조된다. 서판의 평면적 표면은 위로부터의 기입을 기다린다. 두루마리의 중심은 두루마리의 끝, 목적인이며, 궁극적 텔로스를 향한 직선적 전개 속에서 두루마리를 연속적으로 펼친다. 폴리오의 접힌 장력은 풀려 있는 서판 더미와도 대조되고, 풀에 의해 단일한 표면으로 함께 등질화된 파피루스의 분리된 장들과도 대조된다.

서판이 수록 표면을 분리된 서판들로 나누는 근본적 분할을 도입했다면, 두루마리는 구별 없는 근본적 연속성을 도입했다. 그러나 책은 장력적 접힘과 구속〔제본〕을 사용함으로써 구별과 연속성 양쪽을 가능케 했다. 책은 페이지들이 구별되고 개별적으로 접근 가능하게 만드는 방식으로 자기 위로 접힌 단일한 연속적 표면이다. 페이지들은 구속〔제본〕에 의해 그리고 그 순서에 의해 장력에 붙잡혀 있다. 그러나 페이지들은 펼쳐지고 개별적으로 접근될 수 있다.

표지 —— 일단 콰이어가 접히고 각각 꿰매어지고 나면, 이것들은 서책의 척추(또 다른 유기적 신체 부위)로 바느질되어, 단일한 권 또는 표지로 집합적으로 함께 꿰매어진다. 초기 서책의 꿰매어 구속〔제본〕하기 양식들은 매우 다양하다. 그리고 양피지를 이용하는 모든 방법은 이후의 단계를 필요로 한다. 그것은, 나무 두 조각으로 모든 콰이어를 감싸 접어서, 그 표지를 만들고 이것들을 합치는 것이다.[7] 나뭇조각 각각은 두껍고 종종 거친 한 층의 막을 통해 구속되었고, 일종의 자물쇠를 통해 다른 쪽 나뭇조각과 합쳐졌다. 양피지는 시간이 지나면 말라서 둥글게 말리는 경향이 있었기 때문에, 모든 페이지를 평평하게 구속하고 붙잡기 위해서는 견고한 자물쇠가 필요했다.[8] 이런 방식으로, 초기 서책은 구속된 장력과 접힘의 복합체였다. 그것은 자물쇠가 풀릴 때 확 열려 펼쳐지기를 기다리고 있었다.

서책의 장력적 힘은 그러므로 풀려 있는 서판들의 구속되지 않은 본성과, 더 나아가 파피루스의 단순한 연속성과 동적으로 대조된다. 접힘, 장력, 구속이 없는 서판과 두루마리는 주름지거나 부서지지 않고서는 내구성 있게 접힐 수 없었다. 단 한 장이 파괴되어도 서판이나 파피루스 전체가 붕괴되지만, 책은 그렇지 않다. 더 나아가, 모든 동動기록적 예술에서 그렇듯이, 모빌리티가 결정적이다. 구속〔제본〕의 장력으로 인해, 책은 더 압축적이고, 내구성 있고, 이동적이 되었다. 그래서 우리는 동기록의 역사를 증대되는 모빌리티의 역사로 볼 수 있다. 단순히 운동 속도만이 아니라 범위, 패턴, 질이 증대된다. 각각의 주요 역사적 변화에는 그에 상응하는, 움직임을 위한 역량 집합이 있다.

구두법 —— 구속의 네 번째, 마지막 동적 작동은 구두법과 괘선이다. 책은 접힌 양피지들의 장력적으로 구속된 몸체였을 뿐 아니라, 페이지 위의 글자들도 점점 더 문법적 체제에 구속되게 되었다. 이 체제는 책을 읽고 있는 독자들의 눈과 입의 움직임에 동적 장력을 도입했다.

  그리스인과 로마인도 소수의 작은 구두점을 사용하기는 했지만, 구두법이 극적으로 발달한 것은 성경이 대량생산된 5세기경부터였다. 성경은 소리 내어 읽도록 생각된 것이었으므로, 독자들이 텍스트 안에서 눈을 더 쉽게 움직이고 텍스트를 적절하게 말하는 데에 도움을 주고자 구두법이 도입되었다. 이러한 초기 기호에는 들여쓰기, 다양한 구두점(디플, 파라그라포스, 심플렉스 둑투스*), 그리고 문장 처음의 대문자 표기 litterae notabiliores의 초기 형태가 담겨 있었다.

  7~8세기에 아일랜드와 앵글로색슨 필사가들은 단어 사이의 공백을 도입했다.[9] 8세기 후반 카롤링거 제국에서는, 전례문을 영창할 때 목소리를 어떻게 조절해야 하는지를 표시하려고 또 다른 구두법 체계—포시투라이positurae—를 도입했다. 이 체계는 곧 모든 수고에 들어가게 되었다. 그리하여 읽으면서 읽는 중에 일정 시간 멈춰야 할 때 소리들 사

---

* diple: 그리스에서 사용된, 텍스트 내의 어떤 것에 주목시키고자 여백에 표시했던 쐐기 모양 기호. paragraphos: 새로운 주제가 도입되는 줄 아래에 그어진 직선. simplex ductus: 중세에 글자 위에 쓰인 쉼표 모양의 기호.

이의 새로운 장력을 가리키기 위해, 그리고 눈 속의 장력을 가리키기 위해, 구두법은 명백히 관계적인 표식을 텍스트에 도입했다. 읽기와 말하기는 물질적–동적 활동이며, 구두법은 수행하는 신체의 음성시각적 운동들 사이의 장력적 관계에 질서를 주는 법이었다.

더 나아가, 같은 시기 즈음에 서책 수고의 페이지 위에는 '선이 그어졌다ruled.' 이를 통해 텍스트가 어디에 쓰여야 하고 몇 줄이나 들어가는지가 지시되었다. 이는, 페이지 위에서 가능한 음성시각적 움직임에 문자 그대로 둘레를 그리는 것이었다. 책에서의 이러한 운동 체제는 고대 문서의 괘선 없는 붙여 쓰기scripta continua*와는 다르다. 대부분의 고대 텍스트에는 대문자와 소문자의 구별이 없고, 글자 사이에 공백이 없으며, 텍스트를 어떻게 보고 말해야 하는지에 관한 음성시각적 지시가 없다. 사용자가 두루마리를 중심으로부터 주변을 향하는 연속적 · 직접적 · 원심적 흐름 속에서 중간으로부터 외향적으로 펼칠 것이, 또는 회전시킬 것이 요구되었듯이, 두루마리는 때로 글자와 단어들의 음성시각적 연결의 완전한 연속성을 요구했다.

글로 쓰인 이해

서책에서의 장력적 운동의 두 번째 동적 작동은 이해다. 라틴어 com-('같이, 함께') + prehendo('붙잡다, 잡다, 움켜쥐다')에서 온 이해comprehension는 유심론적 활동이 아니라 오히려 장력 속에서 합치고 떼어 놓는 동적 · 물질적 활동이다. 책은 이해의 새로운 기록적 관계를 가능하게 한다. 테크닉적 객체로서 책은 그러므로 앞 절에서 보여 준 것처럼 구속

---

* 구두점도 공백도 없이, 즉 단어 및 문장 사이에 구별 없이 글자들을 모두 붙여 쓰던 글쓰기 방식. 고전 그리스어 문헌과 고전 라틴어 문헌에서 일반적인 양식이다.

〔제본〕에서의 동적 장력으로만 정의되는 것이 아니다. 그것은 또한 해석
interpretation—'매개자, 대리인, 중개자, 신의 대변인 또는 전달자'를 뜻하
는 라틴어 interpres에서 온—에 의해 정의되는, 독자와의 새로운 관계를
가능케 한다. 해석의 우세가 가능해진 것은 오직, 점점 더 이동적이 되
는 중개자 또는 전달자에 의해 촉진된, 저자와 독자 사이의 물질적 거리
의 증대된 동적 수송이 도입되었기 때문이다. 그 중개자가 바로 책이다.

이는 고대 세계에서 우세했던 받아쓰기라는 필기기록적scriptographic
체제와 대조된다. 필기기록은 읽고 쓸 줄 알았던 사제, 필사가, 귀족 등
의 매우 작은 집단에 의해 독점되었다. 대부분의 초기 필기기록은 회계,
달력, 법, 그리고 결국은 역사적·종교적 기록이라는 내부적 관료제적
목적을 위해 사용되었기 때문에, 저자와 독자는 흔히 같은 사람이었다.
아니면, 독자는 저자와 직접 연결된 사람일 수 있었다. 정보를 수록하던
필사가는 지상 위의 신의 성스러운 목소리였던 사제-왕의 명령 또는 구
술에 따라서 읽던 필사가들과 직접 연결되어 있었다.

이해와 해석이 필기기록에 부재했던 것은 아니다. 특히 그리스·로
마 시대 말에 이르러서는 그랬다. 그러나 대부분의 필기기록이 신을 직
접 받아쓰는 것으로서 일어났기 때문에 이해와 해석은 훨씬 작은 역할
만을 담당했다. 고대 세계에서 신, 신들, 또는 지상의 신-인간은 필사가
에게 직접 말했고, 필사가는 신의 목소리를 받아쓰고 기록했다. 명령은
중심으로부터 받아 쓰였고, 그 다음에 외향적·하향적으로 직접 구현되
었다. 이것은 형이상학적 움직임이 아니었다. 수메르와 이집트의 사제-
왕으로부터 시나이산 위의 모세까지, 심지어 소크라테스의 다이몬까지,
신의 목소리는 신적 인가를 받아서, 소수의 중심화된 지식인들로부터
다수의 변두리 문맹인들에게로 외향적·하향적·원심적으로 직접 들
리고, 기록되고, 구현되었다.

그러나 중세 서책기록적 이해 체제는 이와 동적으로 다르다. 아직 보

편적인 수준은 아니었지만, 5세기부터 15세기 사이에는 고대에 비해 기하급수적으로 더 많고 다양한 사람들이 문해력을 갖추었다. 이는 서책의 물질적 동태가 수록 표면의 근본적으로 새로운 모빌리티와 내부성을 도입했다는 사실과 관련이 있다. 접음과 구속〔제본〕을 통해 더 많은 수록 표면을 소형으로 만듦으로써, 책은 수록 표면의—속도, 수송 매개의 유형, 저장에서의—모빌리티를 증대시켰다. 예를 들어, 한 사람이 수많은 책을 말에 실어서 그 어느 때보다 빨리 나를 수 있었고, 한 장소에 그 어느 때보다도 많이 저장할 수 있었다.

더욱이, 잘 바스라지는 파피루스나 잘 깨지는 진흙 서판이 아니라 나무로 묶인 양피지를 사용함으로써 책의 내구성이 증대되었고, 이로 인해 책의 동적 지속과 수명이 그 어느 때보다 길어졌다. 이러한 책의 물질적–동적 특징 모두 저자와 독자 간 물질적 · 시간적 순환을 증대시켰고, 이는 동(動)기록적 순환에서의 해석과 이해의 중심성을 증대시켰다.

더 많은 글이 더 많은 장소에서 더 빠르고 더 멀리 흩어질 수 있었기 때문에, 시공간적으로 거대한 거리를 두고 있는 더 많은 사람들에게 읽힐 수 있었다. 알지 못하고 이전에는 연결되지 않았던 저자의 텍스트를 읽는 것은 더 이상 예외적인 일이 아니었다. 그 가장 급진적인 예가 신이 저자인 경우였다. 5세기에 이르면 신, 신들, 신-인간이 직접적 · 항상적으로 지상에 개입하거나 필사가에게 자신의 말을 받아쓰게 한다고 믿어지지 않았다. 신이 모세에게 계명을 주어 산꼭대기로부터 하향적 외향적으로 방사하게 하거나, 신-인간 그리스도가 성도들에게 직접 받아쓰게 하는 시기는 오래전에 지나갔다. 5세기에 이르러 남은 것은 먼 거리와 시간을 넘어 문자적 · 동적으로 전송되는 신의 말이었다. 고대 그리스 · 로마의 철학자와 극작가는 오래전에 죽었지만, 그들의 글은 서책 형태의 내구성 있는 양피지에만 거의 독점적으로 보존되었다. 파피루스 두루마리에 남아 있던 다른 것은 거의 모두 파괴되었다.

서책의 동적 장력은 이러하다. 책은 동적으로 멀리 있는 저자와 독자를 서로 포괄한다comprehend, 또는 합친다(그리고 떼어 놓는다). 책이 가진 순환과 모빌리티의 새롭고 놀라운 능력으로 인해, 저자는 순환의 한쪽 끝에서 책을 기입하고 수송할 수 있고, 그 덕에 계속해서 책이 읽기 그리고/또는 재생산, 그리고 가능적인 추가적 수송의 새로운 순환으로 들어갈 수 있었다. 그리하여 책은 텍스트 자체의 강체 연계로 고정된 순환점들 사이에 증대된 장력을 도입했다. 이 점들이 다중적 독자들이다. 해석과 중개의 문제는 모든 기록의 일부였지만, 중세에는 이것이 서책기록적 장치 및 서책기록 사용의 일차적·정의적인 특징이 되었다.

그러므로 이어지는 내용에서는 해석과 이해의 일차적 문제가—저자들의 종종 유심론적인 언어에도 불구하고—수고 서책 자체의 모빌리티와 물질성으로 가능해진 저자와 독자 간 장력의 근본적으로 동적인 문제로 이해되어야 한다. 특히, 이해의 동적 작동은 세 가지 주요하고 상호관련된 서책기록적 기능을 통해 일어난다. 그것은 신의 책과 자연의 책, 신적 낭독lectio divino, 신적 조명이다.

신의 책과 자연의 책

책이 동動기록적 지배권을 얻음으로써, 그것은 또한 존재신학적 기술의 기입 현장이 되었다. 그리하여 수고 서책에서 이해의 첫 번째 동적 기능은 책의 물질적·동적 구성의 '이중체duplex', 또는 이중적 구조와 관계되어 있다. 이탈리아 신학자 성 보나벤투라(1221~1284)는 이렇게 썼다. "이중체 책이 있다. 내부에 쓰인 것은 신의 영원한 기예와 지혜이고, 외부에 쓰인 것은 감각적 세계다."[10] 신 및 자연과 인간의 관계가 책을 통해 그리고 책처럼(저자, 텍스트, 독자) 구조지어져 있다는 사고는 서책 페이지의 이중적 본성으로 도입된 같은 동動기록적 움직임을 따른다. 양피지 페이지의 양쪽 면에 쓰고 읽는 운동 및—다른 페이지와의 장력 속에서 이어지고 접힌—페이지를 넘기는 운동은 존재기록적 과정을 동적 **장력** 과정으로 변용시킨다. 이 장력은 페이지가 그 자체와 맺는 관계에도 있고(잡아 늘려진 막에 의해 연결된 페이지의 양면적 본성), 상이한 페이지들 사이의 관계에도 있다(같은 연속적 순환 속에서 서로 합쳐지고 떼어진 페이지들).

신과 자연을 책으로써 존재론적으로 기술하는 점점 더 지배적이 된 기술이 출현한 것은, 책 장치 자체가 지배권을 획득한 것과 정확히 같은 5세기경이다. 이는 놀랄 일이 아니다. 이러한 기술에서 신과 자연은 존재신학적으로 분리되거나 이원적이 아니다. 오히려 신과 자연은 서책 페이지 자체의 이중적 페이지처럼, 둘을 합치고 떼어 놓는 같은 장력적 표면의 양면이다.

두 책 사이의 구별은 또한, **말**의 **의미**와 말의 **말하기** 사이에 있는 기호학적 장력을 생산했다. 말의 의미는 사유되어야 하고, 말의 말하기는 물체에 비친 빛에 대한 **감각**을 통해 **페이지**에서 가시적이 된다. 한편으로 책은 진리, 성찰meditātiō과 반성reflexio의 비유기적 물체다. 다른 한편으로, 책은 척추, 나무줄기caudex, 펼쳐지는 잎folium을 가진 자연적이고 유기적인 물체다. 그리스어를 따르자면, 그것은 형상morphe(가지적 형상 또는 텍스트)이면서 휠레hyle(감각되는 물질 또는 나무)다. 그러므로 이해란, 서책 자체의 물질적-동적 장력을 통해 둘을 합치고 떼어 놓음이다.

신과 자연을 책으로 기술한 최초 사례는 서기 3세기경 책의 동勳기록적 우세와 함께, 초기 교부들의 특히 기독교 신학적인 전통 내에서 시작된다. 책의 부상, 그리고 이중적 신-인간(그리스도)을 어떻게 이해할 것인가 하는 기독교 신학의 해석적 문제의 부상은 운동의 같은 체제의 양면이다. 둘 다 이해와 해석의 문제를 가능한 최상의 수준에서 제기한다. 기독교 신학에서 신이 지상의 우리에게 남겨 둔 것은 그의 말뿐이고, 우리는 이를 통해 신이 부재한 가운데에 신을 이해해야 한다. 과학에서 자연이 우리에게 남겨 두는 것은 요동하는 외견을 지닌 물체뿐이고, 우리는 이를 통해 자연의 법칙을 이해해야 한다. 그런데 책의 물질적 해석학 덕분에, **설명해 줄 저자 없는 텍스트**만을 남겨 주는 것이 가능해졌다.

그리스에서 이 문제의 선행자는 고대 시기 말 즈음에 출현했지만,[11] 해석 문제에 가장 높은 특권을 준 사람은 서기 3세기 기독교 신학자 오리게네스(184~253)다. 오리게네스는 신이 성서를 통해 자신을 알려 줄 뿐 아니라, 자연의 책을 통해 자신을 가시화했다고 보았다.《로마인들에게 보낸 편지》1장 20절을 따라 오리게네스는 이렇게 쓴다. "신의 비가시적인 것이 세상을 창조한 때부터 명확히 보이게 되며, 창조된 사물을 통해서 이해되기 때문에, 나는 다음과 같이 생각한다. 모든 것을 지혜 속에서 만든 그는, 지상의 가시적인 것의 모든 종을 창조했을 때, 이들 중 어떤 것에는 비가시적이고 천상적인 사물에 대한 어떤 가르침과 지식을 넣었다. 여기에서 인간 정신은 영적 이해로 올라서서 천상의 사물의 근거를 찾을 수 있다."[12] 신과 자연은 이중체이지만, 오리게네스가 보기에 이들 사이에 비대칭성도 있다. 신은 성서의 저자, **그리고** 자연의 저자다.

오리게네스는 저자와 텍스트, 신과 자연 사이의 이중체적 관계를 명백히 한다. "자연의 저자인 그로부터 성서가 진행되었다는 것을 믿는 자는, 자연의 구성에서 발견되는 것과 같은 종류의 어려움이 성서에서 발견될 것이라고 예상할 수 있을 것이다."[13] 말하자면, 이것은 이해의 어려움 또는 텍스트의 장력을 통해 저자와 독자를 합치는 것의 어려움이다.

자연의 책은 또한 성서의 저자가 쓴 것이기 때문에, 자연은 그저, 저자인 신의 영광과 능력을 도로 지칭하는 가시적 기호로 머문다. 비가시적인 것이 가시적인 것에 비해 특권화된다. 오리게네스는 이렇게 쓴다. "현시된 것 각각은 은폐된 것 중 하나와 관계되어야 한다. … 가시적인 모든 것은 어떤 비가시적인 유사성과 패턴을 가진다."[14]

테르툴리아누스(약 155~240)는 '책'의 동(動)기록적 이해에 있는 비슷한 비대칭성을 이렇게 표현한다. "신은 처음에는 자연을 통해 알려지고, 그 후 다시, 더 구체적으로, 교리를 통해 알려진다고 우리는 결론 내린다. 자연을 통해서라는 것은 그의 작품에서 알려지는 것이고, 교리를 통해서라는 것은 그의 계시된 말에서 알려지는 것이다."[15] 우리는 신에 관해 처음에는 소박하게 신의 작품에 대한 우리의 감각을 통해 배우지만, 성서에 있는 신의 교리를 통해 더욱 구체적으로 배운다.

4세기에 이르러서는, 책은 둘이지만 저자는 하나만 있다는 점에 대한 동서 기독교 신학자들의 일반적 합의가 이루어졌다. 그러므로 자연에 대한 연구는, 그것이 구원을 탐색하는 영혼을 고양시키는 한에서만 중요했다. 그리하여 대 바실레이오스(약 330~379)는 공언하기를, 물질적 세계는 "이성적 영혼을 위한 훈련장이고 신에 대한 지식에 이르기 위한 학교"라고 했다. "가시적이고 지각 가능한 대상을 통해서, 비가시적인 것을 숙고할 안내가 정신에 제공되기 때문이다."[16]

아우구스티누스의 스승인 밀라노의 암브로시우스(약 339~397)도 비슷하게 가르쳤다. "신의 길의 시작은 그의 작품 속에 있으므로, 인류는 주의 길을 따르고 신의 작품을 수행하는 법을 그에게서 배울 수 있다." 암브로시우스는 공언한다. "하늘과 땅은 가시적인 것들의 총합인데, 이들은 이 세계의 장식물로서만 나타나는 것이 아니고, 또한 비가시적인 것들에 대한 증언으로서, 보이지 않는 것들에 대한 증거로서 나타난다."[17]

교부들에게 자연에서 중요한 것은 그것이 어떻게 작동하는지, 자연의 운동의 원인이 무엇인지가 아니라, 그것이 신적 저자에 관해 무엇을 의미하는지다. 텍스트처럼 자연은 기호로 이루어져 있고 의미를 가진다. 그러므로 신의 책에 적용되는 신학적 해석과 같은 방법이 자연의 책에 적용되어 같은 결과를 가져올 수 있다. 그 결과는 신적인 것에 대한 더 나은 이해다.

예를 들어, 오리게네스는 자연 속의 가시적 패턴이 창조자에 의해 주어진 공통적 유사성의 증거라고 논한다.[18] 인간은 신의 이미지이며,[19] 지상에서 가시적이 된 신의 이데아다. 비슷하게, 성 암브로시우스는 "인간의 신체는 세계 자체와 비슷하게 구축되어" 있으며, 인간이 "우주의 요약"이라고 쓴다.[20] 우리의 눈은 해와 달과 비슷하며, 우리의 머리칼은 나무와, 우리의 눈썹은 이중적 생울타리나 산과, 우리의 코는 동굴과 비슷하다.[21] 그러므로 "우리는 모든 살아 있는 피조물의 본성을 먼저 알지 않고서는 우리 자신에 대해 충분히 알 수 없다."[22]

비슷하게, 교부들은 동물을 정념의 자연적 기호로 사용했다. 예를 들어, 요하네스 크리소스토무스(약 349~407)는 "가치 없는 정념들의 홍수를 추방"하여 "야수들을 통제 하에 두기"에 관해 말했다.[23] 홍수와 자연적 흐름은 자율적 사물이 아니라, 영적 혼돈과 욕구의 기호였다. 그러나 이러한 해석적 과정이 실존했던 것은 오직, 저자와 독자를 아주 특정한 방식으로 나누는 책 자체의 장력적 동적 구조 때문이었다.

이후, 히포의 아우구스티누스(354~430)는 오리게네스의 신학적 해석학을 정식화했을 뿐 아니라, 모든 이해의 절대적 참조점으로서 특히 성서의 말의 일차성을 강화했다. 오리게네스에게 자연적 존재는 가지적 형상 또는 신적 패턴을 가리켰다. 그러나 아우구스티누스에게 성서는 모든 사물을 위한 절대적 참조점이었다. 아우구스티누스가 보기에, 자연적 세계의 이상적 패턴(오리게네스)에 관심을 두는 것은 여전히 "기호의 노예"가 되는 것이었다. 그것은 객체에 적용된 우상숭배적 "문자주의 literalism"에 몸담는 것이었다. 그러므로 우리가 자연의 책을 향해 돌아서야 했던 것은, 오직 자연의 책으로부터 돌아서서 성서 텍스트와 자연적 텍스트 양쪽에 대한 영적인 해석을 향하기 위해서였을 뿐이다. 아우구스티누스는 이렇게 쓴다. "우리에게 신적인 어떤 것을 보여 주기 위해서 신은 우리에게 감각적 기호와 말해진 언어를 주었다."[24] 아우구스티누스로부터 르네상스까지 자연의 책은, 신이 저자라는 것을 가정한 채로 그의 성서적 구문론에 따라서 해석되는 피조물 기호의 집합으로서만 실존했다. 자연이 저자라는 점과 새로운 구문론이 발견될 때까지, 자연의 책은 신의 책에 종속되어 있었다. 이것이 수고 서책에서 이해의 첫 번째 동적 기능이다.

신적 낭독

수고 서책에서 이해의 두 번째 동적 기능은 신적 낭독lectio divina의 출현이었다. 초기 교부들은 가시적인 것과 비가시적인 것 사이의 비대칭적 관계, 그리고 저자인 신과의 궁극적으로는 알 수 없는 관계를 강조했는데, 이와 나란히 이 문제에 대한 해석학적 해법도 옹호했다. 우리가 어떤 직접적인 의미에서도 신적인 것을 절대적으로 알 수가 없다면, 우리가 도달하기를 희망할 수 있는 가장 가까운 지식은 **신적 해석 자체의 움직임**일 것이다. 이것은 책의 말을 통해서 신과 인간에게 상대적 자율성을, 그러나 연결되어 있고 장력적이고 이어져 있는 자율성을 부여하는 훌륭한 해법이었다.

플라톤과 아리스토텔레스의 이성주의와 대조적으로, 기독교의 신학적 구조는 신적인 것에 대한 직접적 이해를 허용하지 않았고, **책을 통한** 장력적 또는 매개된 관계만을 허용했다. 이에 뒤이어 존재의 움직임에서 명시적인 변화가 일어났다. 그것은 직접적으로 소통되는 존재에서 간접적으로 해석되는 존재로의 변화이다. 다시, 이것은 재현적으로 은유적인 움직임 또는 가짜 움직임이 아니다. 읽기, 쓰기, 기도하기, 말하기의 동적 실천 전체가 실제로 변화했다. 이러한 운동에 대한 기술이 힘의 형이상학적 언어에 의존했다고 해도, 신체 자체가 다르게 움직이게 되었다. 책의 출현, 수도실의 건축, 봉건적 법적 계약 등은 모두 물질의 순환에서 일어난 새로운 종류의 물질적 변화를 기술한다.

그러나 기독교에서 직접적 접근이 차단되었다면, 이제 존재론적 일차성을 차지한 것은 **책의 물질성을 통한** 연계, 중개, 장력적 연결이었다. 해석, 읽기, 숙고, 성찰 등의 행위 자체가 신적인 행위가 되었다. 그것이 신적 낭독이다.

성스러운 낭독lectio sacra, 성스러운 페이지sacra pagina라고도 불린 신적 낭독은 3세기에서 5세기경 초기 교부들과 함께 책이 부상하면서 출현했고, 중세 내내 지배적인 서책기록적 실천이 되었다. 신적 낭독은 심지어 1965년에 제2 바티칸 공의회의 칙령에 따라 다시 확언되기도 했다. 중세 내내 상이한 곳에서 상이하게 실천되긴 했지만, 신적 낭독은 수고를 소리 내서 읽는다는 거의 보편적인 서책기록적 실천에 기반했다. 책을 들기, 읽기, 말하기, 듣기라는 동적 활동 또는 수행은 신적 낭독의 해석학의 운동과 같은 체제 내에서 출현했다.

신적 낭독의 방법론을 기술한 최초의 교부들 중 하나는 오리게네스였다. 신과 자연의 책에 대한 해석학의 일부로서, 그는 성서 자체를 **성례**로 다루었다. "우리는 성례 의식에서만non solum sacramentorum ritu 그리스도의 피를 마신다고 말해지지 않는다. 생명이 깃들어 있는 그의 말sermones을 받을 때에도 그렇다."[25] 그러므로 오리게네스가 보기에, 우리가 신의 말을 말할 때 우리는 또한 성례로서 그의 신체를 먹는(반추하는) 것이다. 이러한 방식으로, 성례가 그저 빵과 포도주 이상이듯이, 책의 말은 말해진 것의 문자성 이상이 된다. 그는 이렇게 쓴다. "신적 낭독lectio divina에 헌신한다면, 대부분의 사람들에게는 숨겨져 있는 신적 말의 의미를 탐색하라."[26] 성스러운 페이지의 의미는 문자적인 것이 아니고, 신과 **함께** 내재적으로 수행되는 것이다.

카르타고의 키프리아누스(약 200~268)는 이렇게 변호한다. "당신은 당신 자신을 기도에 또는 읽기에 적용해야 한다. 때로는 당신이 신과 말하고, 때로는 신이 당신과 말한다Sit tibi vel oratio assidua vel lectio; nunc cum Deo loquere, nunc Deus tecum."[27] 우리가 읽을 때, 우리는 기도한다. 우리가 기도

할 때, 우리는 말한다. 우리가 말할 때, 우리는 신과 함께 있고 신은 우리와 함께 있다. 신적 낭독에서 말하기, 기도하기, 듣기 모두가 신, 책, 인간을 통과하는 프뉴마, 영, 숨결의 하나의 같은 내재적 움직임이 된다. 암브로시우스가 쓰듯이, "우리가 기도할 때 우리는 그에게 말한다. 우리가 신적 신탁을 읽을 때 우리는 그를 듣는다."[28] 읽기-말하기-듣기의 동적 행위는 그러므로 신적 이해와 불가분하다. 신적인 것의 프뉴마적 흐름은 책을 소리 내서 읽는 연속적 수행 속에서 신, 텍스트, 신체를 통과하여 움직인다.

말은 생명을 주는 양분이고 운동의 원인이다. 음식이고 성례다. 신적 프뉴마, 또는 말하기의 숨결은 그러므로 신적 저자로부터 흘러 책 표면에 있는 신의 기입을 통과하는 무엇이다. 신적 프뉴마는 '씹기' 또는 말하기를 통해 신체로 통합되고, 마침내 먹히고, 소화되고, 신진대사 운동 kinesis을 통해 신체로 통합된다. 신은 우리를 통과하여 직접 말하지 않고, 신적 낭독, 설교oratio, 반추ruminatio를 통해 **우리로서** 간접적으로만 말한다.

기독교 신학자 성 예로니무스(약 347~420)가 "신적 낭독을 통해 영혼은 매일 양분을 섭취한다"라고 쓰듯이,[29] 라틴어 단어 ruminatio는 다시 씹음, 즉 입 그리고/또는 정신 속에서 무엇을 접음, 그리고 반복을 통해 성찰함을 뜻하기도 한다. 그러므로 암브로시우스가 쓰듯이, 성찰-기도-읽기는 "신적 낭독이라는 양식糧食에 열중"한다.[30] 아우구스티누스는 이렇게 쓴다. "신적 낭독은 우리를 길러서, 당신이 신적 낭독과 진지한 대화를 통해 신에 대한 경외를 일굴 수 있도록 한다."[31] 아우구스티누스가 보기에, 그러므로 읽기는 말하자면 생명의 힘을 일구는 것이다. 우리는 신적인 것의 힘 또는 능력을 통제하지는 않는다. 그러나 일굼을 통해, 저 힘의 흐름을 우리의 입 속에서 접고 그것을 우리 신체를 통해 순환시킴으로써, 그것의 양분을 섭취할 수 있다(도판 28.1을 보라).

| 도판 28. 1 | 신적 낭독

출처: 책을 먹는 성 요한, '분노의 계시록'(태피스트리, 1373-1387) 28번. Nicolas Bataille(fl. 1363-1400)/ Musee des Tapisseries, Angers, France/Giraudon/The Bridgeman Art Library.

책 자체가 이미 같은 종류의 동적 반추를, 또는 척추의 장력을 따라서 반복적으로 접히고 펼쳐지는 구속〔제본〕된 페이지의 형태로 자기 위로 접힘을 공유한다. 책의 몸체는 유기적 신체, 영양을 제공하는 신체다. 우리는 그것의 잎을 씹고 순환시킨다. 읽음은 호흡함이다. 텍스트의 말을 호흡하면서, 우리는 그것을 문자적 또는 기호적으로 재현하는 것이 아니고, 수행적 반추 또는 성찰의 형식으로 표현적으로 재현한다. 이 움직임은 장력적 움직임이다. 읽기 속에서, 저자와 독자는 단순한 통일체로서 또는 단순히 분리된 것으로서 움직이는 것이 아니고, 서로'와의' 이어진 움직임으로서—키프리아누스가 말하듯이—**책을 통과하여** 움직인다.

수도원 시대 동안, 누르시아의 성 베네딕토(약 480-543)는 수도원 내에서 신적 낭독을 제도화한 최초의 사람 중 하나이다. 이 관행은 후에 유럽 전역에 전파되었다. 베네딕토의 규율 내에서, 수도승의 삶은 "기도와

일Ora et labora"이었다. 낮에 행하는 육체노동에 더하여, 수도승들은 신적 낭독을 행하기 위해 읽는 법을 배우고 문법을 공부해야 했다. 규칙 48장에서 베네딕토는 이렇게 쓴다. "게으름은 영혼의 적이다. 그러므로 형제들은 명시된 육체노동 시간과 기도적 낭독lectio divina 시간을 가져야 한다."³² 더 구체적으로, "4시부터 대략 6시까지 읽기lectio divina에 임하게끔 하라."

38장에서 베네딕토는 적절하게 이렇게 쓴다. "자매들의 식사 시간에도 읽기가 없으면 안 된다." 저녁 식사 시간 동안에는 매주 지정된 사람이 읽고, 다른 이들은 모두 묵상을 했다. 읽기 전에 자매는 다음과 같은 기도문을 읊어야 했다. "주여, 나의 입술을 여소서, 나의 입이 당신의 찬양을 선포할 것입니다." 읽으면서 먹는 실천은 우연이 아니었다. 참여자들은 신의 말을 반추했다. 이들은 음식을 씹으면서, 성찰하는 신체 속에서 소리를 순환시켰다. 이들은 음식을 내부화하고 양분을 섭취하면서, 저 소리도 내부화했다. 영양 섭취의 움직임은 장력적이고 간접적이었다. 그것은 음식의 소화라는 신진대사적 매개를 통해, 그리고 씹기-접기 또는 반추라는 동적 움직임을 통해 일어났다. 책이 수도승들을 신에게 구속시켰다. 신이 그들을 직접적으로 먹이지 않았기 때문이다.

12세기에 카르투지오 수도회의 수도승 귀고 2세는 신적 낭독 실천을 "수도승의 사다리"를 올라가는 네 가지 움직임으로 형식화했다. 세 가지 움직임은 성례 음식의 동動신진대사적 순환을 정확히 따라갔다. 첫 번째 움직임에서 우리는 읽기lectio를 통해 책으로부터 '깨물어' 뜯는다. 두 번째 움직임에서, 명상meditatio을 통해 "우리는 정신과 이성을 통해 그것을 씹고 부순다."³³ 세 번째 움직임에서 우리는 말함을 통해oratio 그것의 본질을 맛본다. 네 번째 움직임에서 마침내 숙고contemplatio를 통해 그것을 소화하고 신진대사시킨다.³⁴ 네 단계 전부에 성령의 동적 전개가 있다. "성령은 우리를 선으로 움직이고 악으로부터 불러낸다"고 귀고는 쓴다.

신과 인간의 관계가 더 이상 직접적이고 즉각적이지 않다는 바로 그 이유로 인해, 우리를 합치며 떼어 놓는 동적 배열 또는 사다리가 있다. 이해한다는 것은 책을 사다리 또는 수송 수단으로 사용하는 것이다. 성령의 힘이 이 수단을 통해서 우리가 신적인 것에 닿도록 우리를 **움직인다**.

동적 분석

신적 낭독의 실천은 장력적 순환 체제를 정확히 기술한다. 첫째, 신은 순수 가청성可聽性으로서의 말을 통해 퍼진다. 처음에, 가청성이 가청적인 것에 **내부적** 순환의 형태로 선행한다. "태초에 말씀이 있었고, 말씀은 신과 함께 있었고, 말씀이 신이었다."[35] 신의 가청성의 순수 음성적 통일체로부터, 소리의 흐름이 탈출한다. 또는, 흐름 또는 동음성적kinophonic 파의 형식으로 **외부화**된다.

둘째, 이러한 외부화된 소리 흐름은 로고스(그리스도)로서 육화되고 지상에 기입되며, 책의 접힘에 글로 쓰인다. 셋째, 독자가 소리의 이러한 동음성적 흐름의 한 조각을 깨물어 뜯어내고 자기 입 속에서 접을 때, 그리하여 그것을 내부화하고, 공명시키고, 마침내 구성적 영양분의 형식으로 신체 속으로 접을(반추할) 때, 그것은 독자의 입과 귀 속으로 들어온다.

신은 청자들에게 직접 말하지 않지만, 로고스 또는 그리스도의 상호관계된 음성기록적 기입을 **통해서** 자신이 들리게끔 한다. 육화된 말씀이 그리스도이듯, 그것은 책이기도 하다. 그래서 신적 낭독은 장력적 순환의 같은 연속적 움직임 내의 외부적·내부적·상호관계적인 삼중적 접힘에 의존한다. 소리의 흐름 또는 파는 성령, 프뉴마, 말하는 숨결처럼 모든 것에 침투한다. 그러나 또한 이러한 순수 연속성을 흐름 자체에 의해 합쳐지며 떼어 놓인 외부적 운동과 내부적 운동의 동적 지역들로 분화시키기도 한다.

신적 낭독의 초점은 그러므로 **동음성적 흐름의 반추**에 있다. 그러므로 그것은 또한, 신적 빛의 **동광학적**kinoptic **흐름**의 본성을 기술하는 신적 조명 이론을 수반한다.

신적 조명

수고 서책에서 이해의 세 번째 동적 기능은 신적 조명divine illumination의 공동출현이다. 저자와 독자가 어떻게 분리된 채로 있으면서도 그들 사이의 빛이라는 세 번째 흐름에 의해 연결될 수 있는지에 관한 동적 설명을 신적 조명이 제공하는 한에서, 그것은 신적 낭독과 관련되어 있다. 필사실의 자연광이 책을 비추듯이, 신적 빛은 정신을 비춘다. 신적 조명 이론은 그러므로 신과 인간 사이의 수송의 동광학적 사이 지역 또는 구역의 이론이다. 빛의 흐름이 이해 속에서 둘을 합치면서 떼어 놓는다. 신은 우리에게 직접 말하지는 않지만, 언제나 거기에 있었으나 이전에는 어둠 속에 숨겨져 있는 것을 드러내는 신적 빛의 흐름을 해방시킨다.

라틴어권 서구에서 조명 교리를 정식화하는 데에 결정적인 역할을 행한 인물은 아우구스티누스였다. "정신은 외부 자체로부터 오는 빛에 의해 비추어질 필요가 있다. 그리하여 정신은 진리에 참여할 수 있게 된다. 정신은 그 자체로는 진리의 본성이 아니기 때문이다. 주여, 당신께서 저의 등잔에 불을 켜 주실 것입니다."[36] 신이 불을 켠 등잔 없이는, 인간 정신은 진리의 본성 또는 책 페이지 위의 말씀의 본성을 볼 수 없다. 신은 빛으로 환원될 수 없지만, 빛의 흐름을 방출함으로써 진리가 나타날 수 있는 공유된, 연계된 영역을 조명한다. "당신이 말하는 것이 참이라는 것을 우리 둘 다 본다면, 그리고 내가 말하는 것이 참이라는 것을 우리 둘 다 본다면, 우리는 그것을 어디에서 보는가? 내가 당신 속에서 보는 것도, 당신이 내 속에서 보는 것도 아니고, 우리의 정신 위에 있는 변경 불가능한 진리 속에서 보는 것이다."[37] 그러므로 진리는 단순히 이 정신이나 저 정신 속에서 일어나는 것이 아니고, 빛의 구역 속에서 일어나는 것이다. 조명은 그러므로 가시성의 유체적이고(광파) 공기적인 조건이다. 텍스트는 그 안에서 가시적이 될 수 있다. 빛 자체는 가시적인 것이 아니지만, 빛의 흐름 속에서 텍스트 같은 가시적인 것이 가시적이 된다.

자연적 세계와 우리의 감각은 항상적으로 변화한다. 그러나 자연 세계의 가시적 변화의 조건 자체, 즉 빛 자체, 가시성 자체는 변화하지 않는다. 그러므로 "신체적 감각이 도달하는 모든 것, 또한 감각적이라고 불리는 모든 것은 끊임없이 변화하고 있다. ⋯ 그러나 항상적이지 않은 것은 지각될 수 없다. 지각된 것은 인식 속에서 이해되기 때문이다. 그러나 끊임없이 변화하는 것은 이해될 수 없다."[38] 아우구스티누스가 보기에, 그러므로 이해는 근본적으로 매개된 과정이다. 그것은 빛 속에서, 빛을 통해서, 빛이라는 조건 하에서 일어난다. 그러나 결코 직접적으로 일어나지는 않는다. 가시적 대상은 책처럼 변화할 수 있지만, 가시성의 조건(저자의 의미)은 변화하지 않는다. 신의 광선은 우리의 정신에 침투하고 침입한다. 그것은 우리에게 무엇을 생각할 것인지를 말해 주지 않고서, 다만 우리 정신의 페이지 위에 있는 진리를 볼 수 있게 해 주는 등잔불을 켤 뿐이다(도판 28.2을 보라).

동적 분석

그러므로 신적 조명은 신적 낭독과 같은 장력적 작동을 따른다. 그러나 동음성적 흐름이 아니라 동광학적 흐름과 관련해서 그렇다. 첫째, 신은 순수하고 완벽하게 원형인(또는 구형인) 내적 빛과 함께 퍼져 있으며, 순수 가시성으로서 그 자체로 비가시적이다. 이러한 순수 가시성으로부터 그것은 외부화된 흐름 또는 광선을 외향적으로 해방시킨다. 둘째, 이러한 외부화된 빛의 흐름은 책의 접힘 내의 창조된 텍스트 또는 말씀이라

| 도판 28. 2 | 신적 조명
출처: Tolle Lege. Iconographia magni matris Aurelli Augustini: Hipponensis episcopi, et ecclesiae doctoris excellentissimi/George Maigret; Hieronymus Petrie, 164. page 3. Courtesy of Digital Library @ Villanova University.

는 매체를 조명한다. 셋째, 이 빛의 흐름이 눈을 통과하여 독자의 정신으로 들어와, 자신을 순수 내부성으로 접고, 그리하여 독자는 그것을 '자기 자신의 것'으로서 발견할 수 있다.

신적 조명은 그러므로 장력적 순환의 같은 연속적 움직임 내의 삼중적 접힘에 의존한다. 빛의 흐름은 성령처럼 모든 것에 침투한다. 그러나 또한 빛의 흐름의 연속성을 통해서, 상호관계적 흐름 자체에 의해 합쳐지고 떼어 내어진 세 접힘 또는 동적 지역들을 분화시키기도 한다. 이러한 신적 조명이라는 사고는 르네상스 시대까지 지배적인 것으로 머물렀다. 르네상스 후에 자연적 조명 이론이 출현하여 신적 조명 이론과 경쟁하게 되었다. 이 점은 다음 장에서 인쇄의 동태를 분석하면서 볼 것이다.

29장

책 2. 인쇄

인쇄가 기록적 · 사회적 순환에 몇 가지 새로운 것을 도입했다는 점은 의심의 여지가 없지만, 그것이 근본적으로 새로운 동動기록적 체제를 불러온 것은 **아니다**. 동적으로 말하자면, 그것은 이미 지배적이었던 서책의 장력적 체제의 변용과 강화였다. 더 많은 사람들의 손에 더 많은 책이 있었다는 것만으로 운동 체제가 변화되었다는 뜻이 되는 것은 아니다. 다만, 그것은 강화되고 어떤 방식으로 변용되었을 뿐이다. 강화와 관련해서, 우리는 책의 생산에 일어난 명백한 양적 증가를 밝힐 수 있다. 14세기 말까지 서구 유럽에서는 270만 권의 수고가 생산되었으나, 17세기 말에 이르러서는 3억 2,800만 권이 추가적으로 생산되었다. 이것이 전적으로 인쇄에 의한 것은 아니었지만, 대체로 그랬다.[1]

그러나 인쇄된 서책도 여전히 서책이고, 그러므로 그것은 수기 서책과 대부분 같은 물질적-동적 기능을 따른다. 그래서 인쇄 서책은 수기 서책이 이미 시작했던 것을 보장하고 강화했다. 그것은, 구속〔제본〕과 이해라는 일차적 요소로 정의된 새로운 서책기록적 운동 체제의 지배였다.

제본

서책으로서 인쇄된 책은 수기 서책과 같은 많은 기본적 물질적-동적 작동을 따랐다. 그것은 제본(구속) 과정을 통해 창조된다. 제본 과정은 이전 중세의 방법을 그저 약간 변형시킨 데에 머물렀다. 페이지(폴리오)를 콰이어로 접고, 함께 꿰매어서, 척추에 구속하는 것이다. 잎 또는 폴리오는 척추 중심축 주위로 장력에 잡혀 있었으며, 양면에 글을 담았다. 구두법, 문법, 괘선은 다음 수백 년 동안 증가하기만 했다.

더 나아가, 인쇄 서책의 출현은 수기 서책이나 여타 수기 형태를 완전히 대체하지 않았다. 중세와 근대 초기 시기 내내 둘은 공존했다. 기호적 장치는 첨가적이었지, 소거적이 아니었다. 그러나 제본의 기본적 장력적 구조짓기에 더하여, 인쇄 서책은 몇 가지 추가적 변용을 도입했고, 이 같은 운동 체제의 질적·양적 강화도 도입했다.

인쇄

인쇄 서책의 첫 번째 동적 작동은 누르기pressing다. 인쇄기printing press는 기계장치이고, 많은 중세 기계장치처럼 중심축, 슬라이드, 톱니 같은 나사로 장력적으로 이어진 일련의 부분들에 따라서 구조지어졌다. 이전 장들에서 이 시기에 기계에 부여된 특권적 동적 지위에 대해 말한 바 있다. 14세기경부터 유럽에서는 시계 같은 기계에 대한 관심이 철학자, 천문학자, 신학자 등의 모든 세대에 영향을 끼치기 시작했다.

기계는 우주론적 운동을 기술했다. 우주가 시계 기계처럼 동력원에 의해 운동하게 되는 일련의 강체 연계된 부분들처럼 구조지어져 있기만 한 것은 아니다. 시계 자체가 이미, 같은 시기에 유럽에 도입된 여타 중세 기계장치처럼 구조지어져 있다. 거기에는 수평식 베틀(11세기), 종이 제조기(13세기), 복합 크랭크 선미 장착 방향타(1180년대), 물레바퀴(13

세기), 와인 압착기(1세기)가 있었다. 와인 압착기를 포함해서 이 기계들 대부분이 고대 세계에서 기원했지만, 이것들의 운동 형식이 운동의 **존재론적** 모델이 된 것은 중세 세계에 이르러서다. 그러므로 르네상스는 그저 고대 세계의 반복이 아니라, 장력적 기계에 모델을 두고 고대 세계를 변용한 것이기도 했다.

구텐베르크 인쇄기(1440)는 본질적으로, 와인을 압착하는 나사식 압착기를 변형한 것이었다. 기본적인 형태에서 이 압착기는 포도, 올리브 등을 압착하기 위해 수백 년 동안 사용되었다. 나사식 압착기의 물질적-동적 운동은 두 대상을 서로의 위로 접어서 이들을 합치면서 떼어 놓음을 통해—그러나 대상을 파쇄하지는 않을 정도의 힘을 가하여—대상에 가해지는 굳은 힘을 행사하는 것으로 정의된다.

달리 말하자면, 압착기는 대상의 자유 운동을 허락하거나 대상을 파괴하지는 않고서 대상을 적절한 장력 또는 관계에 붙들어 두었다. 더 구체적으로, 구텐베르크는 중심축 또는 경첩의 강체 연계로 합쳐진 둘로 접히는 이중판 체계를 개발했다. 이것은 장력이 '판' 사이에 붙잡혀 있는 종이를 따라서 고르게 분배되게끔 했다.

페이지에 글자를 찍기 위해 와인 압착기를 이용하는 것은, 취醉함과 연관되어 있는 존재론적으로 중요하지 않았던 물질적 운동을 붙잡아, 당시 가장 존재론적으로 중요한 운동으로 고양시킨 것이다. 두 경우에서 장력적 유체적 추출 모델은 같은 것이었지만, 유체 자체가 물질적인 것으로부터 신학적인 것으로 변용되었다. 구텐베르크는 이 점을 명백히 했다. "그렇다. 그것은 물론 압착기다. 그러나 이 압착기로부터는, 인간의 갈증을 축이기 위해 흐른 것 중 가장 풍부하고 가장 놀라운 술이 **고갈되지 않으면서 흐를** 것이다. 이 압착기를 통해 신이 자신의 말씀을 전파할 것이다. **참된 진리의 샘이 그것으로부터 흐를 것이다.** 새로운 별처럼, 그것은 무지의 어둠을 흩어 버릴 것이며, 지금까지는 알려지지 않았던 빛이 인간 사이에서 빛나도록 할 것이다."[2]

이것을 시적 과장법으로만 읽으면 안 된다. 우리가 보았듯이, 신은 조명 속 빛의, 말하기를 통한 숨결의, 듣기를 통한 소리의 **문자 그대로의 흐름**을 통해 자신의 말을 소통한다. 이것들이 책을 읽기 위해 필요한 실재적 물질적 흐름이다. 신은 프뉴마, 숨결, 성령의 유체적 역동적 흐름을 통해 광파 위에서 소통한다. 저자인 신은 우리에게 직접 말하지 않지만, 우리는 우리의 입으로 그의 텍스트를 씹음으로써 그의 말씀을 간접적으로 마시고 먹는다.

이 짧은 구절에서 구텐베르크는 서책기록의 장력을 정의하는 세 동적 요소 사이의 관계를 간결하게 보여 준다. 그것은 우리가 마시는―읽는 술의 자연적 흐름(독자), 우리가 듣는 대로의 말씀의 힘 또는 의미(텍스트), 메시지가 천상의 별 속에서 가지는 신적 기원(저자)이다. 고대인이 와인의 물질적 흐름을 마시고는 멍해졌듯이, 구텐베르크는 이제 진리의 신적 흐름을 마시고 조명될 것을 상상한다.

흥미롭게도, 말씀의 신학적 힘은 압착기 자체의 물질적 조건에서만 가능해진다. 사실, 압착기 자체의 물체성에 대한 기술이 이미 책에 모델을 둔 이러한 암묵적 관계를 느끼게 한다. 책의 유기체성―목재, 잎, 나무, 척추 등등―은, 신체 부위에 따라 이름 붙여진 부분들을 가진 인쇄기 몸체의 유기체성과 조응한다. 인쇄기의 '몸', '머리', '볼', '발' 모두가 유기체성을 표현한다. 인쇄기는 자연적 신체로서, 문자 그대로 목재로 만들어졌다. 책과 마찬가지로, 인쇄기는 자연적이지만 신적인 것의 기호를 가능하게 한다. 다만, 수기 서책의 페이지 표면은 수용성 잉크를 가지고 부드럽게 만져진 반면, 인쇄기는 이를 엄청나게 강화한다. 이 점은 인쇄기 동적 작동에서 볼 수 있다.

글자

인쇄 서책의 두 번째 동적 작동은 자모기록적〔활자인쇄적〕*이다. 가동 활자는 1세기경 유럽에서 등장했다.[3] 수기 서책이 패션, 구두법, 공백 등을 통해 페이지 위의 말들 사이에 새로운 장력적 관계를 도입했듯이, 인쇄 서책은 글자 자체를 서로로부터, 페이지로부터, 손으로부터 분리시킴으로써 이 움직임을 강화했다. 펀치로 자른 금속 형태로 개별 글자들을 고립시킴으로써, 활자기록은 텍스트의 구성 요소들에 새로운 균등성과 세포 같은 개별화를 가능하게 했다. 다음으로, 이것은 조판틀 내의 구별되게 주조된 글자들 사이의 점점 더 장력적인 관계를 가능하게 했다. 붙여쓰기continua scripta도, 심지어 패션 있는 글쓰기scripta regula도 아니고, 인쇄기는 주조된 액체 금속의 흐름을 과정으로부터 해방시켜 단속적 글자 또는 세포 같은 개체로 주조했다.

조판의 장력적 과정은 네 가지 동적 작동으로 이루어진다. 첫째, 글자를 파거나 펀치로 잘라서, 균등한 크기의 단단한 금속 조각으로 만든다. 둘째, 이 단단한 금속 조각을 '매트릭스'라고 불리는 더 부드러운 금속 조각으로 누른다. 매트릭스라는 단어는 '자궁, 포궁, 어미(번식을 위해 사육되는 비인간 암컷 동물), 원천, 기원'라는 뜻의 라틴어 단어 matrix에서, 그리고 '어머니'를 뜻하는 라틴어 단어 mater에서 왔다. '물질matter'이라는 단어 또한 같은 라틴어 어원에서 왔다. 그러므로 매트릭스는 글자의 주형 또는 네가티브 이미지로 기능한다.

여기에서 이 이미지는 철저히 플라톤적이다. 장인 제작자는 모델을 만들고, 그것을 여성적 수용체chora에 각인시키며, 복제·이미지·시물

---

* 저자는 typography라는 말을 통해 분리된 글자들을 조합하여 기입하는 기록 방식을 표현한다. 이는 활자를 이용한 인쇄술부터 타자기를 지나, 자판을 이용하는 컴퓨터의 입력 방식까지 포괄한다. 이러한 기입 방식을 가리켜 본 번역본은 '자모기록'이라는 번역어를 사용한다. 자모기록에 관한 자세한 설명은 본 책 35, 36장 참조.

라크라, 즉 텍스트를 낳는다. 그러나 이러한 기술에 조판을 통해 추가되는 것은 주형에 부어지고 주조를 통해 장력적 힘에 붙잡히는 액체적 매체다. 고대적 두루마리는 단순히 기입되었지만, 중세의 인쇄된 책은 액체적 금속의 주물 글자를 가진 조판이다.

이러한 차이가 조판의 세 번째 동적 작동, 주조鑄造에서 명확하게 보인다. 매트릭스는 손주형hand mold의 아랫면 반에 삽입된다. 손주형은 경첩-연계부를 통해 합쳐진 죄어 고정하는—접는 장력적 기계다. 매트릭스를 단단히 에워싼 채로, 액체 금속을 손주형의 윗면에 있는 작은 구멍에 붓는다. 금속이 식으면 그것은 다른 글자들과 등질적인 길이로 재단되고 잘린다. 수기 서책이 구두법과 공백을 통해 글자들의 최초 개별화를 도입했다면, 인쇄 서책은 규율적인 손주형의 고립된 작은 방 속으로 주조 또는 평균화하여 이 과정을 더욱 강화한다. 자모기록은 사회적 고립성cellularity의 원인이 아니고 그 반대도 아니며, 양쪽은 고립성, 내부성, 유폐, 주형의 같은 체제를 공유한다. 고립적 내부, 감옥, 학교, 병원, 병영 등의 수도원적 이미지에 인쇄기도 더해야 한다.

마지막으로, 활판 기록의 네 번째 동적 작동은 모든 순서 잡힌 글자들을 하나의 틀, '베드bed' 또는 '체이스chase'에 장력적으로 잠그고 묶는 것이다. 체이스는 '잡다, 움켜쥐다, 취하다'를 뜻하는 라틴어 단어 capio에서 온 것이다. 글자를 베드에 배열하고, 경첩 달린 판 사이에 끼워서, 종이에 누른다. 활자 기록 과정의 동적 기술은 이로써 완결되었다. 자연의 어머니 같은 신체(인쇄기)는 자기 안에 비인간적 자궁(매트릭스)을 가지고 있는데, 여기에 제작자의 모델이 각인되고(펀치로 자름), 액체로 채워지며, '베드' 틀에 배열되어 잡히고, 장력 내에 붙들리고, 움켜쥐어지며(체이스), 마지막으로 눌러진다. 인쇄기의 물질성과 동적 구조는 그러므로 생물학적 재생산의 유기체적 모델에 기반을 둔다.

그러므로 인쇄기는 책 자체의 운동을 이중화하나, 이때 기입의 과정은 이전의 수기 과정과는 다르다. 이번에는 책에 선행하는 두 저자가 있다. 하나는 펀치로 자르는 남성 제작자이며 하나는 여성 저자다. 여성 저자의 몸체(인쇄기)는 매개하는 유체의 흐름(액체 금속과 액체 잉크)의 자궁 또는 수용체(매트릭스)다.

인쇄기의 움직임은 그러므로 더 이상은 위로부터의 절개 또는 도장 찍기라는 고대적 원심적 운동(전제군주)에 종속되지 않는다. 오히려 자기 자신의 자율성을 획득하여, 작은 칸을 가진 틀 또는 격자 속의 글자(개별자) 사이의 장력적 관계를 따르고, 이어져 있고, 회전하며, 수직적인 평판들 사이에서 압착된다. 도장과 도장 찍히는 것 사이의 이원론 대신에, 강체 중심축에 의해 함께 이어진 두 평판, 종이, 이들 간 잉크의 흐름 사이의 삼위가 있다.

종이와 잉크

천 그리고/또는 목재 펄프로 만들어진 종이의 도입은 책의 이동성과 순환을 극적으로 증대시켰다. 수기 서책의 양피지가 그 힘에서는 우월했지만, 결국 종이가 더 싸고 무게도 더 가벼웠다. 인쇄 서책에서 종이의 사용은 13세기 유럽에 기계적 종이 제조기가 도입되면서에 가능해졌다. 종이는 이 시기 훨씬 전부터 존재했지만, 거름·누름·말림의 새로운 장력적 기계적 운동이 도입되고 나서야 종이는 인쇄 서책을 대량생산하는 데 사용될 수 있었다. 동물 가죽을 장력적으로 잡아 늘리는 대신에, 종이 제조기는 체에 걸러져 함께 연계된 개별 식물 셀룰로오스 섬유들 자체 사이에 새로운 장력을 도입했다. 미세 연계부들이 마르면, 이것들은 틀로 묶인 세포 연결의 네트워크를 형성했다.

인쇄기와 종이와의 관계에서 잉크 또한 더 장력적이고 굳은 것이 되었다. 흔히 검댕, 수지, 물로 만들어졌던 이전의 잉크는 너무 묽었고, 글자와 종이 사이의 표면장력을 붙잡지 못하여 잉크 흐름이 종이 위로 새게 하고 종이를 울게 했다. 이전의 잉크는 양피지 페이지와의 장력을 유지했지만, 글자 인쇄기와 흡수력 있는 종이 사이의 장력은 유지하지 못했다. 구텐베르크는 종이 사이에서 더 높은 표면장력을 유지하며 종이 위로 흐르거나 종이를 울게 하지 않는 유성잉크를 발명했다. 그것은 종이에 얼룩을 만들지 않고, 마치 광택제처럼 종이 위에 '고착'되거나 '매달렸다.'

인쇄된 이해

묶음 이후, 인쇄 서책의 두 번째 주요 장력적 운동은 이해comprehension다. 이해, 즉 텍스트의 순환을 통해 저자와 독자 간 동적 차이의 장력 속에서 합치기는, 서책기록의 중심적 동적 문제이다. 수기 서책에서 이 문제는 저자의 손이 지닌 단독성으로 형태 지어졌다. 수기의 텍스트는 근본적으로 독특했으며, 저자 자신의 어떤 신성을 표현했다.

그러나 두 번째 저자, 어머니 자연의 인쇄기를 도입하면서 이 문제는 추가적 차원을 획득했다. 두 번째 저자와 표준화된 서체 활자의 도입을 통해, (독특한 손이라는 형태의) 신적 저자의 단독성이 같은 목소리로 말하는 두 저자에게로 분할되었다. 이 같은 목소리는 점점 더, 작품이 인쇄될 때 인간 저자가 말하는 목소리가 되었다.

달리 말하자면, 인쇄 서책의 균일성은 말씀의 일반적 동등성과 단성성單聲性을 강화시켜 신, 자연, 인간 텍스트 간의 시각적 차이를 식별할 수 없게 했다. 이제 모든 것이 **같은 텍스트**를 통해 말했다. 이는 이해의 문제를 풀기는커녕 심화시켰다. 책이라는 매개적 이음을 통해 분리된 저자와 독자가 다중화되었기 때문이다. 이것이 삼중적 장력을 정의한다. ① 저자들(신, 자연, 인간) 사이에, ② 저자와 독자 사이에, ③ 독자와 다른 독자 사이에 장력이 있다. 모두 같은 목소리(인쇄본)로 말을 했다면, 읽는-말하는 목소리 자체는 어떤 지위를 가졌을까? 그것은 누구의 목소리를 수행했을까?

인쇄된 이해의 동적 작동은 그러므로 세 가지 주요하고 상호관계된 서책기록적 기능, 즉 자연의 책과 신의 책, 묵독, 자연적 조명을 통해 일어난다.

자연의 책과 신의 책

신과 자연의 책들은 책과 동시에 출현했다. 양쪽 다 저자와 독자 사이의 장력적이고 동적으로 매개된 관계를 기술한다. 그러나 수기 서책은 단 하나의 신적 저자 및 두 텍스트, 말씀과 자연만을 인정했던 반면, 인쇄 서책은 두 저자(신과 자연) 및 단 하나의 단성적 텍스트만을 인정했다.

더 나아가, 수기 서책의 경우 책의 몸체는 잎과 척추를 가진 유기적 나무지만, 인쇄 서책의 경우 유기적 나무 책의 몸체는 기계적 법칙에 따라서 작동하며 힘의 행사(압착)를 통해 창조하는 더 큰 어머니 자연의 산물이다. 어머니 자연은 저자이고 인쇄기이며, 책은 자연적 산물, 압착이라는 어머니 자연의 장력적 움직임에 따라 생산된 나무 또는 목재다.

서책기록적 이해의 구조에서 이 같은 단일 저자성에서 이중적 저자성으로의 이행은 르네상스 시기(1050~1250)쯤 출현하여, 18세기경까지 점점 더 지배적이 되었다. 특히 위대한 독일 르네상스 수녀원장 빙엔의 힐데가르트의 글은 자연의 책이 지닌 중요성과 관련한 이러한 변동을 명백히 보여 준다. "우리는 오감을 통해 강화되고 우리 영혼의 구원으로 이르렀다. 우리는 세계 전체를 우리 시각을 통해 알고, 우리 청각을 통해 이해하고, 우리 후각을 통해 구별하고 … 우리 촉각을 통해 지배하고, 이러한 방식으로 모든 창조의 저자인 참된 신을 알게 될 수 있다."[4] 이러한 입장은 초기 교부들의 입장과 몹시 다르다. 초기 교부들은 감각이란 성서에 의해 정의된 기호에 불과하며, 그런 것으로서 신과의 직접적 연결을 가지지 않는다고 논했다. 그러나 힐데가르트가 보기에, 감각은 주의를 흐트러뜨리는 것이 아니라, 모든 창조의 저자인 신을 아는 방식이었다. 달리 말하자면, 피조물의 텍스트와 성서의 텍스트 양쪽이 모두 같은 저자적 목소리로 말한다. 그러므로 우리는 성서를 통해서나 신의 감각적 피조물을 통해서나 똑같이 신을 알게 될 수 있다.

힐데가르트와 동시대인 클레르보의 베르나르(1090~1153)는 이에 동의하고, 어쩌면 "신체를 통한 접근로를 제외하고는 우리에게 열려 있는 접근로는 없다"는 요점을 강화했다. "그러므로 영적 피조물, 즉 우리는 필연적으로 신체를 가져야 한다. 실로, 신체 없이는, 영적 피조물은 결코 〔신적〕 지식을 획득할 수 없다."[5] 그러므로 그것은 단순히 정신을 통해서 **또는** 신체를 통해서 신이 알려지는 것이 아니다. 정신의 지지대로서 신체는 모든 이후 지식의 입구이자 조건이 된다.

대 알베르투스(약 1200~1280)의 경험주의에 따라, 그의 제자 토마스 아퀴나스도 "우리 모든 지식은 감각으로부터 기원한다"는 점, 그리고 "우리가 말을 통해 신을 지칭하는 것을 가능하게 하는 것은 우리가 피조물에 대해 가지고 있는 지식"이라는 점에 동의했다.[6] 자연의 감각은 일차적이다. 그래서 피조물이 해석을 위한 일차적 조건이다. 요하네스 스코투스 에리우게나가 쓰듯이, "감각 지각을 통해 우리가 개념에 이르듯이, 피조물을 통해 우리는 신으로 돌아간다."[7] 아우구스티누스가 보기에 세계에 대한 우리의 지식을 가능하게 하는 것은 신이지만, 아퀴나스가 보기에 신에 대한 우리의 지식을 가능하게 해 주는 것이 세계이다.[8] 이러한 역전은 동적으로 결정적이다.

12~13세기 내내, 자연이라는 저자의 존재를 다루는 데에는 새로운 동적 기술이 요구되었다. 예를 들어 생빅토르의 위그(약 1096~1141)는 자연을 기계로 기술한다. "가시적 세계는 이 기계다."[9] 본느발의 아르노는 자연을 거대한 신체로, 자연의 피조물을 자연의 신체 부위로 기술한다.

"신은 자연 사물을 거대한 신체의 사지처럼 질서 지었다."[10] 릴의 알랭(약 1128~1202/1203)은 자연을 "신과 만물의 어머니의 아이"라고 기술한다.[11] 우리가 보았듯이, 이 모든 기술은 같은 시기 기계적 인쇄 테크닉으로 기술된 같은 장력적 운동을 따른다. 자연은 표현의 기계론적 법칙을 따르는 유기적 통일체다.

12세기경, 자연적 감각과 피조물이 신으로 가는 토대적 접근로를 제공했을 뿐 아니라, 자연 자체가 이 접근로를 제공하기 시작했다. 이는 자연적 피조물들 간 연결의 '어머니' 또는 '법칙'으로서 자연 **고유의 저자성**에 따라서 이루어졌다. 그래서 13세기에 보나벤투라는 창조된 사물들을 연결하는 자연적 유사성similitudines과 피조물을 신에게 연결시키는 신적 유사성을 구별한다.[12] 비슷하게, 아퀴나스는 자연 자체와 관련된 어떤 자연적 경향을 예화하는 자연적 유사성이 존재한다고 논한다. 자연적 사물이 "서로와, 그리고 그와[신과] 관계를 가지고 있다".[13] 그러므로 각자의 양식과 유사성을 가진 두 저자가 있다. 한편으로는, 생빅토르의 위그가 말하듯이 "신의 손가락에 의해"[14] 쓰인 신적 책이 있고, 다른 한편으로는 보배의 뱅상과 릴의 알랭이 논하듯이 "우리에게 읽으라고 주어진 피조물의 책"이 있다.[15] 자연의 책에서는 자연적 객체가 글자처럼―콘치스의 윌리엄이 쓰듯이, 음절의 불가분한 부분들처럼―형성된다.[16]

이에 따라, 자연은 점점 더, 신적 책에 대한 해석학적 연구에 모델을 둔 독자적 해석학적 연구를 할 가치가 있는 두 번째 저자로 다루어졌다. 호노리우스 아우구스토두넨시스(1080~1154)는 그러므로 두 가지 해석학이 있다고 논했다. 바로 창조된 질서(자연)에 대한 이해와 신적 텍스트(신)에 대한 이해이다.[17] 신의 책에서 패턴·의미·법칙을 탐색하듯이, 이제 자연의 책에서도 그런 것을 탐색해야 한다.[18] 로버트 그로스테스트(약 1175~1253)가 관찰하듯이, 먼지 한 점이 "전 우주의 이미지"이며 "창조자의 거울"이다.[19] 비슷하게, 생빅토르의 위그는 "모든 자연은 사람을 가

르치며, 모든 자연은 자신의 본질적 형식을 재생산한다"고 쓴다.[20]

12, 13세기에 시작된 자연이라는 책에 대한 연구는 고유의 권리를 가진 연구가 되기 시작했다. 특히 생빅토르의 위그는 이러한 급진적 노선을 "말씀처럼 사물도" 중요하다는 아우구스티누스적 사고 너머까지 밀어붙여, 사물이 자기 고유의 권리에서 유의미하다는 결론에 이르렀다.[21] 콘치스의 윌리엄도 비슷하게, 과학에 대한 아우구스티누스적 무관심을 영속화하는 사람들에 대한 경멸을 표현했다. "자연의 힘에 대해서는 무지하고 자기 무지의 동지를 얻고자, 그들은 사람들이 아무것도 들여다보기를 원하지 않는다. 그들은 우리가 농사꾼처럼 믿고 사물 배후의 이유를 묻지 않기를 바란다."[22]

자연에 대한 연구는 그리하여 철저히 신학적이고 해석학적인 과업이 되었다. "이후로 학자들에게서 자연철학은 점점 더 기독교적 스콜라적 노력에 통합되었다. 우리는 12세기 르네상스에서 자연 세계에 대한 종교적으로 동기부여된 무관심이 지식을 향한 종교적으로 동기부여된 탐사로 변용되는 것을 본다. 신이 인간의 마음에 기입한, 그리고 성서의 성스러운 페이지에 기입한 말과 나란히, 자연의 책이 서 있다. 진리를 향한 탐색은 두 책 모두에 대한 근면한 연구를 필요로 한다."[23]

묵독

자연과학의 부상과 나란히, 묵독의 부상 또한 동動기록적 지배권을 획득하기 시작했다. 이러한 부상은 앞의 절에서 기술되었던 여타 동테크닉적·해석학적 움직임과 공동외연적으로 일어났다. 이러한 움직임에는 와인 압착기, 시계, 종이 제조기를 포함한 장력적 기계적 체계가 서구 유럽에서 도입된 것, 가동 활자, 종이가 도입된 것, 저자로서의 자연에 대한 연구가 있었다. 이 모든 것에는 다른 어딘가에 선행자가 있었다. 그러나 르네상스 동안 이 모든 것이 새로운 특권화된 동적·동動기록적 지위를 획득했다.

마셜 매클루언Herbert Mcluhan이 제기하고 세실 클러프Ccil Clough, 피에르 프랑카스텔Pierre Francastel, 월터 옹Walter Ong, 엘리자베스 아이젠슈타인Elizabeth Eisenstein이 반복했던[24] 옛 테제, 인쇄기가 발명될 때까지 중세의 서책기록 실천은 일차적으로 구술적이었다는 테제는 이제 역사적으로 부정확한 것임이 드러났다.[25] 폴 생거Paul Saenger의 획기적인 책《단어 사이의 공간: 묵독의 기원Space Between Words: The Origins of Silent Reading》은 그에 반대되는 방대한 역사적 증거를 제공한다. 생거는 구술로부터 묵독으로의 변동이 훨씬 일찍, 8세기에 단어 사이 공백의 도입과 함께 시작되었고, 11세기까지 점점 더 우세해졌으며, 12~13세기 사이에는 독자들 사이에 거의 보편적이 되었다고 논한다.

이러한 입장은, 구두법과 공백의 도입이 서책 및 그 장력 운동의 기록적 형태의 도입과 나란히 출현했으며 인쇄 서책에 독특하거나 독점적인 것이 아니라는 나의 동적 입장과 합치한다. 구두법, 공백, 묵독은 모두 서책 자체의 기원, 그리고 초기 교부들의 서책 사용까지 거슬러 올라간다.

구두법과 공백은 입에서 말해지는 대로 단어들 사이에 연계된 장력을 도입한다. 즉, 우리가 말하다가 쉬도록 강제하며 허용한다. 이전 텍스트들은 대부분, 페이지 위에 펼쳐진 대로 연속적으로 읽혔다. 움직임에서의 휴식은 또한 시각적 도약 체계를 도입했다. 우리의 눈은 이제는 텍스트 도막 사이에서 도약하고 뛰어넘기 시작했다. 단어들 사이의 공백은 페이지 자체의 물질성이며, 단어들을 합치면서 떼어 놓는다. 페이지는 접히면서 단어들을 이어진 공동결연 속에서 함께 붙든다. 단어 '도막들'은 서로 구별되면서도 구두법 또는 공백의 매개를 통해 관계되었다.

그러므로 자모기록적 공백은 부정적 도입이 아니라 단어들을 합치면서 떼어 놓는 실정적 도입이다. 공백은 단어들을 서로 구별시켰고, 붙여쓰기scripta continua에서처럼 말려 있던 것을 풀고 중심 주위로 주변을 향해 펼쳐지는, 시작에서부터 끝으로의 원심적 흐름이 아니게 했다. 독자들은 두루마리를 주변에서 중심으로 **읽었다**. 그러나 저자는 중심을 부동적으로 붙잡고 그 주위로 주변을 말아 올려서 두루마리를 **창조했다**.

그러나 구두법, 공백, 묵독이 수기 서책의 부상과 함께 시작되었음에도 불구하고, 르네상스까지는 이것들이 참으로 지배적인 동**動**기록적 움직임이 되지는 못했다. 중세 초기에는 신적 낭독이 읽기의 지배적 방법으로 남아 있었고, 입과 귀 사이의 동음성적 장력에 여전히 초점이 맞춰져 있었다. 그러나 르네상스 시기에 묵독의 지배와 함께, 이러한 동음성적 장력은 눈과 뇌 사이의 새로운 동시각적 장력으로―전적으로는 아닐지라도―거의 대체되었다.

《고백록》의 초기 구절에서 아우구스티누스는 두 읽는 목소리―말해진 목소리와 소리 없는 목소리―를 동시에 체험했던 순간을 기술한다. 두 목소리의 공존은 그 안에서의 망설임의 장력을 생산한다. 아우구스티누스는 고뇌에 차서 무화과나무 아래로 달려가서 눈물을 흘린다.[26] 묵독으로 도입된 두 목소리의 공존은 그리하여 청각적 흐름과 시각적 흐름 사이의 내적 접힘 또는 장력을 생산했고, 이는 독자에게 의식 흐름 내의 내재적 분할로 체험되었다. 한 사람이 동시에 두 목소리로, 청각적 목소리와 시각적 목소리로 말한다.

책의 전체 동기록은 이제 이중화되고 이분화되었다. 신은 두 평행 흐름(빛과 소리)을 유출한다. 이것은 이제 페이지 위의 가시적 글자와 우리 숨결의 가청적 소리를 통해 눈―정신 속에서 조명되며 이와 똑같이 귀 속에서는 가청적이 된다. 빛과 숨결은 눈에 그리고 혀에 육화된 성령의 이중적 흐름이다. 소리 없는 목소리와 말해진 목소리의 동등성의 도입과 함께, 새로운 시청각적 장력이 도입되고, 독자는 시청각적 쌍극에 의해 이중화될 뿐 아니라 삼중화된다. 시청각적 쌍극은 오직 책 자체의 매개를 통해서만 관계되기 때문이다. 그러므로 말하고-읽고-보는 신체의 장력적 움직임을 정의하는 청각적-텍스트적-시각적 삼중체가 있다.

아우구스티누스에 따르면, 책은 "부재할 때에도 우리가 대화할 수 있게 하기 위해 발명"되었다. 그러나 이러한 부재의 물질적 동태는 서책을 정의하는 저자-텍스트-독자 사이의 장력 형태만을 취하는 것이 아니다. 그것은 또한 "소리의 기호"와 "우리가 생각하는 사물의 기호" 사이의 장력의 형태,[27] 또는 서책의 이중적 읽는 목소리를 정의하는 청각적-텍스트적-시각적 삼중체의 형태도 취한다.

7세기에 시리아의 성 이삭(약 613~700)은 묵독의 이점을 기술했다. "내가 침묵을 행하여, 나의 읽기와 기도의 문장들이 나를 기쁨으로 채우게 한다. 그 후 그것을 이해하는 기쁨이—꿈에서처럼—나의 혀를 침묵시킬 때, 나는 나의 감각과 생각이 집중되는 상태에 들어간다. 그 후, 이러한 침묵을 연장시킴과 함께 기억의 소란이 내 마음속에서 잠잠해질 때, 내적 사유가 끊임없는 기쁨의 물결을 나에게 보낸다. 이는 기대를 넘어서, 갑자기 나의 마음을 기쁘게 한다."[28]

묵독에 대한 이삭의 동적 기술은 환상적이다. 이삭에 따르면, 묵독은 정확히 눈이라는 대문을 통해 나의 신체를, 신의 시각적 흐름 또는 광파를 담을 용기容器로서 여는 것이다. 용기의 목적은 단순히 구심적으로 담기만 하는 것이 아니다. 일단 받고 나면, 독자-용기는 이 흐름들을 내부적으로 재유도하여, 내적 기쁨의 분배 또는 순환을 생산한다. 내적 기쁨은 관념론적 범주가 아니다. 이삭이 쓰듯이, 그것은 감각과 사고의 집중이다. 사고 자체가 감각이 된다. 그것은 뇌가, 눈을 통과하는 빛의 흐름으로 자극된 신체로서의 자신에 대해 가지는 감각이다.

혀의 움직임을 특권화하는 신적 낭독의 청각중심주의에 대조적으로, 이삭은 눈과 뇌를 특권화하는 "내적 빛"의 시각중심주의를 제안한다. 사실, 시각적 사고의 순환에 소란과 난류를 도입하는 것은 혀 자체다. 일단 이삭의 혀가 침묵하면, 그의 감각과 사고는 감각적 물결의 형태로 집중화되고, 재조직화되고, 재순환된다. 묵독의 유체역학은 명백하다. 혀의 움직임은 눈-정신의 움직임과 장력 관계에 있다. 묵독은 이 장력을 눈-정신 축 주위로 재조직화하는데, 이는 감각을 거부하기 위해서가 아니라 감각을 내부적으로 집중시키고 재순환시켜 최대치의 기쁨을 추출하기 위해서다.

그러므로 단어 공백은 소리 내어 읽기 위한 보조로서 시작되었지만, 마침내 두 가지 새로운 실천이 생겨나게 했다. 그것은 소리 없는 복제, 그리고 역설적으로, 묵독이었다. 텍스트를 10~15글자로 된 줄로 끊음으로써, 이를 더 쉽게 기억할 수 있고, 이를 읽고 필사하는 속도를 증가시킬 수 있음을 필사가들은 발견했다.[29] 이러한 테크닉이 전파되면서, 침묵은 필사실에 필수가 되었다. 그리하여 단어의 공백이 묵독을 생겨나게 한 것이다.

우리는 이를 12~13세기 도서관에 일어난 건축적 변화에서 볼 수 있다. 초기 중세에 도서관 열람실은 폐쇄되어 있었다. 수도승들은 소리 내어 읽기도 하고 받아쓰기도 했다. 그러나 13세기 후반에 도서관은 중앙 홀로 옮겨졌고 "독자들이 서로 옆에 앉을 수 있도록 책상, 독서대, 벤치가 설비"되었다.[30] 책 자체조차 더 시각적으로 복잡한 객체로 변화하기 시작했다. 책은 말해지기 위한 것이 아니라 참조물로서 시각적으로 일별되기 위한 목차, 알파벳순 주석, 주제 색인, 난외표제 등을 가지게 되었다.[31]

묵독의 부상은 처음에는 대체로 교회 세계 내에 제한되었지만, 14세기가 되면서 귀족적 문헌문화로 전파되었고, 마침내 인쇄기와 함께 점점 더 문헌적이 되어 가는 더 큰 대중문화로 전파되어, 17세기 말에서 18세기로 전환될 때에는 폭넓은 기록적 지배권에 이를 수 있었다.[32] 인쇄기는 그러므로 이러한 변용의 시작이 아니고, 구두법, 단어 공백, 묵독 같은 수백 년 동안 서책기록적으로 이미 지배적이었던 동적 작동의 강화였다.

그리하여 묵독은 수기 서책에 의해 개시되었고, 인쇄 서책으로 대중화된 장력적 체제에 몇 가지 동적 변화를 도입했다. 12세기부터 계속된 묵독의 서책기록적 지배는 서책의 장력적 구조를 제거하지 않았고, 오히려 그것을 세 가지 새로운 기록적 장력을 통해 증식시킴으로써 이 구조를 강화했다. 수기 서책과 신적 낭독은 첫 번째 일련의 주요 장력을 도입했다. ① 저자, 텍스트, 독자 사이, ② 텍스트들 자체 사이(접힘), ③ 독자의 혀와 귀 사이의 장력이 그것이다. 인쇄 서책과 묵독legere in silentio은 여기에 세 가지 장력을 더 도입했다. ① 개별 인물로서의 저자들 사이, ② 독자의 혀와 눈 사이, ③ 개별적 독자들 사이의 장력이 그것이다.

이는 무엇보다도, 책의 지배적인 의도가 더 이상은 집합적으로 소리내어 읽기 위함이 아니라 개별적으로 소리 없이 읽기 위함이었기 때문이다. 집합적 청각적 독자는 개별적 시각적 독자에 의해—완전히는 아닐지라도—거의 대체되었다. 그러므로 장력도 달라졌다. 그러나 이 새로운 장력은 독자만을 개별화한 것이 아니고, 소리 없이 쓰는 저자도 개별화했다. (공백을 가진 아라비아어로) 번역된 그리스 텍스트가 서구로 도입되면서, 인쇄기와 함께, 인간 저자의 책이 급증하기 시작했다. 이시기에 저자는 이름과 단속적 정체성을 가진 개별자가 되었고, 차이 나는 권위·신뢰성·능력·의견 등을 가진 다른 다수의 저자들과 차이화되었다.

둘째, 아우구스티누스의 예에서 논의했듯이, 묵독은 말해진 단어와 시각적 단어 사이의 차이로서 독자들 사이에도 장력을 도입했다. 서책의 동적 구조가 소리와 빛의 연속적 흐름 내의 삼중적 접힘에 의존했고, 부재하는 저자의 말과 생각을 말할 수 있는 능력을 독자에게 주었다면, 인쇄된 책의 묵독은 저자가 말하는 저자의 목소리와 독자가 시각적-심적 이미지로서 소리 없이 체험하는 독자의 목소리 사이의 장력을 독자 내에 도입했다. 개별성과 개인성의 생산은 그러므로 동動기록적 공명효과를 가졌다.

여기 서책기록적 영역에서 우리는 '개별자'라고 불리는 어떤 것의 동動기록적 생산이, 들린 것과 보이는 것 사이의 차이적이기는 하지만 내재적이고 감각적인 장력으로서 일어나는 것을 본다. 개별자는 바로 이 장력 자체로서 출현한다. 이 개별자에게 보기-읽기-말하기는 단일한 내재적 과정의 세 구별되는 접힘으로 머무른다. 묵독의 과정을 기술하기 위해 사용된 라틴어 단어 reflexio는 문자적으로는 빛의 방향 전환 또는 도로 구부러짐을 뜻한다. 반성한다(반사한다)reflex는 것은 정확히 빛의 흐름이 눈을 통해 들어오게 하고, 그것을 내부적으로 도로 구부리는 것 또는 자기 위로 접는 것을 뜻한다. 읽는 주체는 그러므로 접힌 빛의 주체다. 신적 낭독의 반추에서 우리가 우리 자신을 통해 신의 말을 말하듯이, 그리고 이러한 방식으로 우리가 신의 육화된 말씀이듯이, 묵독의 '명상' 속에서 우리는 저자의 말을 보고, 그것을 우리 안에서 내부적으로, 차이적으로 사고한다. 타자가 말하고, 생각하고, 보이는데, 이 모든 것이 개별자 '속에서' 일어난다. 삼위에서처럼, 개별자의 존재는 이러한 삼위적 움직임 내에서 내재적으로 분화된다. 그러나 이제 삼위는 저자와 함께, 점점 더 사회적이고 자연적인 것이 되었다.

그래서 소리 없고 인쇄된 읽기를 통해 도입된 세 번째 장력은 개별 독자들 사이의 장력이었다. 공백 있는 인쇄된 책을 통해, 집합은 서로 간의 내재적 장력 속에 있는 개인의 집합으로, 달리 말하자면, 민족으로 변용되었다.[33]

이러한 새로운 동적 · 서책기록적 장력은 14세기와 17세기 사이에 소리 없는 '명상'을 위해 쓰인 영적 문헌의 급증을 가능케 했다. 말을 직접 듣는 청자는 개인으로서의 개별자였는데, 이 개인들은 자신과 같은 신자들의 더 큰 집단 속에 있었으며, 이 집단은 자신의 구원과 소통을 개인적 기획으로 삼는 개인의 집단이었다(개신교). 그러나 그것은 또한 집합적 개인적 기획, 즉 개별적 신자 대중의 혁명적 종교적 전향이었다. 이 개별적 신자는—대사大赦indulgence〔죄에 따르는 벌을 면제하게 해 주는 은사. 가톨릭교회에서 사제는 대사의 권리를 가진다〕를 행하는 사제 체계 같은 타인에 의해 구원의 운동 없이—자신의 개별적 행위에 따라 정의되고 심판된다.

'집합적 개별자들' 사이의 이 새로운 장력은 또한 전복적 정치적 · 관능적 · 비판적 문헌의 급증을 가능케 했다. 개별자들은 더 이상 함께 읽지 않았기 때문에, 사람들은 반드시 불명예스럽게 생각되거나 벌을 받거나 수치를 당하지 않고서도 점점 더 비판적인 태도를(칸트), 회의적 거리를(데카르트), 이단적 입장을(스피노자) 취할 수 있었다. 개별적 독자들 사이의 장력의 도입과 함께, 해석의 문제가 다중화되었다. 회의와 비판이 이러한 새로운 장력들 내에서 급증할 수 있었다.

또한, 이 역시 형이상학적 재현이 아니다. 독자들은 공통적 법칙과 나라로 실재적 · 동적으로 합쳐졌지만, 이들의 상이한 움직임, 독서 공간, 독서 책상, 방 등에 의해 떼어졌다. 중세는 개별적 독자의 집합적 세포적 고립을 확보하기 위해 건축된 도서관(독서 책상), 수도원(독서실), 학교(집필 책상), 교회(묵상 구역)의 서책기록적 건축으로 온통 차 있었다.[34] 책의 휴대가능성, 재생산가능성, 입수가능성, 작은 크기로 인해 책은 또한 다수의 개별 독자들이 다른 개별적 독자를 방해하지 않고서도 같은 공간에서 함께 읽기에 적절했다.

자연적 조명

인쇄 서책의 세 번째 주요 장력적 동적 기능은 자연적 조명이다. 신적 조명이 반추된 단어의 청각적 흐름에 동반되는 시각적 흐름을 제공하는 한에서 신적 낭독과 관련되어 있다면, 자연적 **조명**은 내부화 과정의 초점을 소리에서 빛으로 전도시킨다. 신적 조명과 자연적 조명 이론 양쪽에서, 소리(단어)와 빛(진리)은 둘 다 같은 신적 유출의 일부다. 신적 조명은 나중에도 완전히 사라지지는 않았다. 그러나 그것은 줄어들었고, 자연과 인간 정신(또는 자연적 인간 정신)에서 유래하는 새로운 형식의 조명과 동등해졌다. 르네상스가 자연적·신적·인간적 저자됨의 공존을 도입했듯이, 자연적 조명은 빛의 다른 원천을 가능케 했다.

자연적 조명의 기원이 반성(반사)reflexio 관념과 관련되어 있다는 점은 의심의 여지가 없다. 여기에서 눈과 정신은 말 그대로, 신적 빛이 부딪히고 도로 구부러지는, 그리하여 자기 고유의 빛을 방출하는 현장이 된다. 토마스 아퀴나스는 신적 조명의 종말 및 자연적 조명의 발흥과 가장 자주 연관된다. 우리 지식의 모든 대상은 신으로부터 직접적·항상적으로 온다고, 그리고 사유하기 위해서는 조명을 필요로 한다고 표명했던 신적 조명의 입장을 아퀴나스는 거부했다. 그는 더 나아가, 신적 조명이 감각 없이 독자적으로 충분하다는 것을 부인했다.

아퀴나스는 능동 지성이라는 아리스토텔레스적 관념을 불러왔다. "아우구스티누스의 저 말들로부터 우리가 이해하게 된 것은, 진리는 감각에서만 전적으로 탐색될 수 없다는 것이다. 우리는 능동 지성의 빛이 필요하기 때문이다. 능동 지성을 통해서 우리는 가변적 사물 속의 진리를 불변적으로 인지할 수 있고, 사물 자체를 사물과 유사한 것들로부터 구별할 수 있다."[35] 자연적 감각에 근거한 능동 지성은 그러므로 자기 고유의 자연적 조명을 생산한다. 자연적 조명은 자연 속과 신적인 것 속의 패턴을 추가적 조명 없이 인지할 수 있다. 인간 존재는 자연적으로 창조자에 의해 독립적 사고 역량을 부여받았으며, "이들의 자연적 조명에 추가되는 새로운 조명"은 필요 없다는 것이다.[36] 인간이 은혜를 통해 이 역량을 받을 수 있기는 하지만, 자연에 의해 받는 것은 아니다. 그러나 다른 의미에서, 우리 자신의 자연적 빛은 또한 우리를 창조한 자로부터 온 빛의 반사다. 아퀴나스는 이렇게 말한다. "우리 안에 있는 지성적 빛은 창조되지 않은 빛과 유사한 어떤 것에 다름 아니다. 이것은 참여를 통해 획득되며, 그 속에는 영원한 이성이 담겨 있다."[37]

아퀴나스는 신적 조명과 자연적 조명 양쪽을 모두 가지려고 한 반면, 이후의 이론가들은—자신의 자율적 능력을 신에 의한 창조와 화해시키려고 노력하는 와중에도—자연적 또는 지성적 빛이 점점 더 중요한 역할을 하는 것을 보게 된다. 이 점은 우리가 26장에서 내적 힘 또는 코나투스 관념에서 논의했던 바다.

어떤 이론가들은 심지어 신적 조명 관념을 완전히 거부할 준비까지 되어 있었다.[38] 겐트의 헨리와 요하네스 둔스 스코투스 둘 다 지성적 조명 이론에 공헌했으나, 이들도 결국엔 지성적 조명을 신의 실효적 창조를 통해 보충했다. 스코투스가 보기에, 신적 지성은 "생산된 대상이 이차적으로 현실성 속의 지성을 움직이게끔 해 주는 것이다."[39] 신적 지성은 인간을 포함한 대상들을 단순히 창조한다. 다음으로 대상들의 이차적 운동이 지성을 움직인다. 이러한 의미에서 인간은 "순수하게 자연적인 수단을 통해 〔지식을〕 획득할 수 있다."[40]

16세기에는 베이컨과 데카르트가 자연적 또는 지성적 조명의 관념을 이어 갔다. 다른 사람들처럼 베이컨은 정신의 신적 창조를 긍정했다. 그러나 동시에, 지식을 획득하는 "이성의 빛"의 자율적 능력도 긍정했다.[41] 스콜라 철학에 영향을 받은, 신적 빛과 자연적 빛 사이의 장력적 관계에 대한 데카르트의 정식화는 이러한 점에서 범례적이다. "신이 우리에게 준 아는 능력을 우리는 자연적 빛이라고 부른다. 이것이 대상을 지각하는 한에서, 즉 명확하고 분명하게 인식하는 한에서, 이것은 참이 아닌 어떤 대상도 지각하지 않는다. 우리가 그것을 잘 사용할 때에도 참된 것이 아니라 거짓을 얻을 수 있는 것을 신이 우리에게 주었다면, 우리는 신이 속이는 자라고 믿는 것이기 때문이다."[42] 이성의 자연적 빛은 지식의 안전한 능력이다. 그것은 신이 우리에게 준 것이고, 그는 선한 자로 정의되어 있으므로 우리를 속일 수 없기 때문이다.

그래서 "명확하고 분명하게"라는 용어는 데카르트에게 빛과 관련된 용어다. 그것은 창조자로부터 외부화되어, 책과 비슷한 세계를 가로지르며, 우리가 우리 자신에게 그리고 우리 자신 안에서 사유할 때/읽을 때, 그 빛이 다시 세계에 비추어지는 동적 반사reflexio의 형식으로 우리 안에서 접히는 빛의 동적 흐름과 직접 관련되어 있다. 이러한 순환의 장력적 체제 속에서 지식은 직접적인 것이 아니고, 일련의 흐름, 접힘, 반성(반사)을 통한 간접적인 것이다. "나는 자연적 빛에 의해 인식한다connais"고 데카르트는 말한다.[43] 우리는 빛을 알지 못한지만, 수송 매체로서의 **빛에 의해** 안다. 이는 신에 의해 주어져, 우리 얼굴로부터 세계로 도로 반사되어, 세계를 조명하는 빛을 뜻한다.

이 모든 것은 신학적 기술과 서책기록적 기입에서 작동하는 폭넓은 장력적 동태를 증언한다. 묵독, 반성, 인쇄 서책의 지배와 나란히 이 시기에 전개된 자연적·지성적 조명의 이론은 계속하여 유럽 전역에 전파되었고, 유럽 계몽주의의 기반이 되었다. 그러나 18세기경, 반성하는 주체 내의 빛의 유체역학은 아주 다른 동적 구조를 획득하기 시작했다. 이는 4부에서 볼 것이다.

맺음말

본 장은 장력적 운동 체제로서의 존재와 힘에 대한 3부의 동적 분석을 끝맺는다. 우리는 자연적·신적 힘에 대한 신학적 기술에서만 이러한 장력적 체제를 발견할 뿐 아니라, 본 장과 앞 장에서 보여 주었듯이, 수고 서책과 인쇄 서책의 서책기록적 체제에서, 그리고 이에 나란한 관련된 이해와 조명의 해석학적 이론에서도 발견한다. 둘 다 운동의 같은 조응된 역사적 체제의 차원들이다.

그러나 동적으로 볼 때, 순환을 함께 연계하는 상호관계적 선 자체가 그것이 연결해 주는 것들에 대한 고유의 자율성을 떠맡기 시작할 때, 장력적 순환은 자신의 움직임에 주어진 어떤 한계를 마주치게 된다. 역사적으로, 대략 18세기에서 20세기에 이르는 시기에 이러한 일이 일어났다. 장력의 강체 연계는 점점 더 탄성적이고 능동적이 되었다. 근대 시기에 탄성의 새로운 동적 능력은 존재에 붙인 '시간'이라는 형이상학적 이름 하에 지배권을 획득하게 된다. 이것이 4부의 주제이며, 2권에서 다루어질 존재를 가리키는 역사적 이름 중 마지막이다.

4부
존재와 시간

키노스

30장

탄성적 운동

18세기의 전환기에 힘을 존재론적으로 일차적인 것으로 기술하는 실천이 인정사정 없는 경험주의적 비판에 직면하여 소멸되기 시작했다. 그러나 이마누엘 칸트Immanuel Kant(1724~1804)가 이 관념을 새로운 존재론적으로 일차적인 기술어로 대체하기 시작한 것은 거의 18세기 말이 되어서다. 새로운 기술어는 시간이었다. 적어도 아리스토텔레스 이후로, 시간은 운동 및 여타 항에 존재론적으로 종속된 것으로 여겨졌다. 칸트에 이르러서야, 역사적으로 가장 파생적이었던 존재론적 범주인 시간이 가장 일차적인 것이 되었다. 칸트 이후로, 거의 모든 19~20세기 존재론자들이 시간의 존재론적 일차성을 받아들였다.

근대 존재론은 공간, 영원성, 힘이 존재론적으로 토대적인 범주라는 사고에 대해 점점 더 비판적이 되었다. 그러나 시간은 대체로 이러한 비판에 면역이 있었다. 시간은 존재를 위한 새로운 이름, 일반화된 시간애호증 시대의 안내원이 되었다. 몇몇 예외를 제하고는, 18세기부터 20세기의 거의 모든 근대 존재론은 이러저러한 방식으로 시간의 실재성과 토대적 본성을 수용했다. 모든 것이 시간 속에서 일어나지만, 시간 자체는 다른 모든 것에 의해 창조되거나 파생되지 않음을 받아들였다.

공간, 영원성, 힘처럼 시간도 특정한 운동 체제를 따라 구조지어진 존재론적 기술이라고 논한다는 점에서, 4부의 테제는 이전 장들의 테제를 따른다. 한 마디로, 4부는 시간 개념이 근본적으로 동적 개념이라고 논한다. 시간은 적어도 세 가지 방식으로 운동에서 파생된다.

첫째, 시간은 정의상 세 시제─과거 · 현재 · 미래, 이전 · 동안 · 이후─사이의 분할이다. 이러한 분할 없이는 시간에 대한 의미 있는 개념이 있을 수 없다. 그러나 이 책 내내 보았듯이, 우리 시대의 최소한의 존재론적 조건은 존재가 운동에 있다는 것이고, 운동은 동적 연속체의 일차성을 전제한다. 본질적으로 분할된 현상으로서 시간은 그것이 분할하는 것, 운동의 연속체 또는 흐름을 전제한다. 시간적 분할이 근본적인 것이라면, 존재는 이미 미리 분할되었을 것이고, 운동은 진공포장된 조각들의 단순한 병치로 환원될 것이다. 분할된 점들 사이의 이행을 보장하거나 가능케 하는 것은 없을 것이다. 그러므로 시간은 정의상, 연속적 흐름에서 파생된다. 시간은 운동의 연속체에 분할을 도입하지만, 운동은 시간의 흐름을 가능하게 한다.

둘째, 현대 가속팽창 우주론은 시간의 파생적 본성을 확증한다. 알려진 우주의 존재 이전에 대부분의 물리학자들이 상정했던 바는, 외향적으로 움직이는(폭발하는) 모든 물질의 순수 연속적 펼쳐짐(양자장)이 있었다는 것이다. 이 펼쳐짐은 분화와 조합의 무작위적 과정 중에 있었다. 현재의 분할과 단속성의 모든 형태는 연속적 우주적 물질화의 일차적 움직임으로부터 온다. 운동 중의 물질(폭발) 없이는 공간적 분할 또는 구별이 없을 것이며, 천체 속 영원성의 회전적 이미지도 없을 것이며, 물체들 사이의 힘 또는 관계도 없을 것이며, 이전 · 동안 · 이후 사이의 시간적 분할도 없을 것이다. 시간적 분할은 (직선적이든 순환적이든) 운동 또는 엔트로피적 물질화의 더욱 일차적인 폭발 조건에서만 가능하다. 그러므로 시간이 가능한 것은 오직, 우주가 어떤 방식으로 움직이기 때문, 그리고 우리가 **낮은 엔트로피의 우주에 존재하게 되었기** 때문이다. 높은 엔트로피의 우주에서, 또는 플랑크 규모에서, 사물들은 다르게 움직인다. 그러므로 시간은 존재론적으로 토대적인 것이 아니고, 우주의 가속과 물질화의 동적 과정에서 파생된다.[1] 이에 따라, 우리가 시간이라고 부르는 것은 연속적 과정 내의 분할이다—운동의 척도다.

셋째, 이와 관련하여 열역학도 이 테제를 확증한다. 열역학에 따르면, 시간이 우리에게 비가역적인 것으로 나타나는 이유는 그것이 엔트로피 운동 중의 물질에서 **파생**되기 때문이다. 열은 근본적으로 동적이므로 (운동 중인 물체), 그리고 운동은 근본적으로 약동적이므로, 어떤 운동은 언제나 상실되거나 주어진 순환을 탈출한다(엔트로피). 그러나 시간의 이러한 열역학적 토대를 정의하는 엔트로피 법칙에 따르면, 엔트로피 자체는 **절대적이지** 않다. 그것은 거시적 **경향**에 불과하며, 근본성이 아니다. 달리 말하자면, 시간의 출현과 파괴 양쪽을 위한 조건이 되는 것은 물질의 약동적 움직임이다.

시간이 운동 중인 물질과 독립적으로 존재했다면, 그것은 논리적으로 역행 가능할 것이다. 그러나 시간의 역행, 독립, 근본성에 대한 상정은 **등식 속에서의** 시간의 소위 역행가능성을 증명할 수학적 분과학문들이 가진 형이상학적 전제의 결과다. 수학자들은 먼저 등식(확률론적 stochastic 등식도 포함한다)을 작동시키고, 공식을 배치하고 물리적 변수를 입력한다. 다음으로, 결론에 도달하면, 결론으로부터 변수들을 도출할 수 있는지를 본다. 언제나 도출할 수 있다. 그러나 이것이 보여 주는 것은, **시간의** 역행가능성이 아니라, **등식의** 역행가능성이다. 해법으로부터 시작하여 되돌아오는 방향으로 작업하는 것은, 처음의 공식과 관찰에서 이미 발견되었던 것을 그저 확증할 뿐이다. 이 점에서 열역학과 수학 사이의 차이가 보여 주는 것은, 시간이 수학에서처럼 물질 및 운동과 독립적으로 존재한다면, 그것은 거시적으로 역행 가능하리라는 것이다. 그러나 열역학에 따르면, 실재적 물질과 운동은 우리 우주의 거시적 지역에서 실제로 이런 방식으로 행동하지 않으므로, 물질적 운동과 독립적으로 존재하는 시간에 관한 형이상학적이고 수학적-관념론적인 기술은 절대적 실재성을 가지지 않는다. 앞으로 뒤로 향하는 시간의 운동은 엄격히 물리적인 정의를 가진다. 그것은 동적 에너지에 매여 있기 때문이다.

그러나 이는 시간에 대한 우리의 **기술**이 실재성을 가지지 않는다는 뜻은 아니다. 열역학이 우리에게 보여 주는 것은 정확히 이 사실이다. 시간은 운동 중의 물체에 의해 주어진, 운동 중의 물체에 **관한** 기술이지, 그 밖에는 아무것도 아니라는 것이다. 시간을 기술할 때 우리가 기술하는 것은 확실히, 순서 계열sequence과 계열성seriality*이라고 불릴 수 있다. 존재는 실제로 연속적으로 움직이고 변화한다. 그리고 그것은 우리가 과거, 현재, 미래라고 부르는 다양한 차원들로 분할될 수 있다. 그렇다면 동적 물음은 다음과 같다. "이러한 차원들과 계열성의 동적 지위는 무엇인가?" 이 물음이 4부에서 제기되고 대답된다. 이 물음에 대한 대답은 공간, 영원성, 힘에 관한 우리의 이전 동적 이론들에, 시간에 관한 최종적 동적 이론을 추가한다. 이 이론은 지금으로서는 운동 존재론의 핵심 개념들을 완성한다.

본 책의 앞 부분들과 비슷하게, 4부도 세 편으로 나뉘어 있다. 첫 번째 편은 탄성적 운동으로서의 시간에 대해 엄격히 **동현상학적인** 이론을 제공한다. 두 번째 편은 이 시기의 현상학적 저작이 제공하는 시간의 역사적으로 **기술적인** 특징들에 대한 동적 분석을 제공한다. 세 번째 편은 이

---

* 저자는 항들이 일정한 순서를 가지고 줄지어 있는 시간의 특성을 표현하기 위해 sequence, seriality, succession라는 다양한 용어를 사용한다. succession은 주로 독일 철학의 Sukzession과 관련하여 사용된다. 이 용어는 어떤 것이 다른 것에 뒤따라 옴을 뜻한다. 이는 '순차'로 옮긴다. seriality는 저자의 시간론 특유의, 시간을 생성하는 동적 운동과 관련하여 사용된다. 이는 '계열성', series는 '계열'로 옮긴다. sequence는 시간에 관한 일반적 정의의 맥락에서 사용된다. 다른 용어들과 구별하기 위해 이 용어는 '순서 계열'로 옮긴다.

러한 기술이 기입된 **기입**의 역사적 테크놀로지(자모기록)에 대한 동적 분석을 제공한다.

시간의 동현상학

본 장은 시간으로서의 존재의 나타남을 정의하는 탄성적 운동에 관한 순수 동현상학적 이론으로 4부를 시작한다. 본 장의 테제는, 시간적 존재가 운동의 물질적 · 동적 탄성에 의해 정의된다는 것이다.

이전의 동현상학적 장들에 따라, 우리는 이제 운동의 네 가지 지배적 패턴의 출현을 식별할 수 있다. 순수 약동의 일차적 움직임으로부터, 운동은 나선형 패턴으로 구부러지기 시작하여, 중심의 산꼭대기를 향해 상향적으로 **구심적으로** 쌓인다. 일단 중심 꼭대기가 축적되면, 그것은 중심으로부터 모든 방향으로 외향적으로 도로 흐르기 시작하여, 회전하는 구를 형성한다. 그러나 이 과정에서 이러한 **원심적** 방사로부터 나오는 흐름은 또한 이 구를 탈출하기 시작하고, 이 흐름들의 연결적 흐름들에 의해 **장력** 속에서 함께 연계된 다른 구들이 생겨나게 한다.

다음으로 일어나는 일도 비슷하게 근본적이다. 나선, 구, 다면체의 순환을 구성했던 흐름 자체가 이제는 일련의 수많은 작은 미시접힘과 간격interval들로 다중화되기 시작한다. 다른 모든 패턴을 합성했던 이전에는 종속적이었던 흐름은 이제 모든 능동성을 획득하여, 크고 작은 흐름들의 연속성 또는 순서 계열로—복합체 거품처럼—자신을 다중화한다. 그러면서 이제는 거품을 이루는 흐름들로 이루어진 다른 모든 체제들이 또한 계열적 또는 간격 있는 구조를 획득하기 시작한다. 이러한 새로운 구조는 이전의 모든 체제가 순환의 장 내 어느 점에서든 확장되고 수축하게 하는 새로운 일반적 탄성을 가능케 한다. 이 변용은 근본적이지만, 어떤 경우에도 최종적이거나, 발달적으로 필연적인 것은 아니다.

한 가지 의미에서 이 변화는 몹시 근본적이다. 그것은 시간으로서의 존재의 근대적 정식화로서, 운동의 존재론적 일차성을 긍정하는 데에 가장 근접하는 것으로 보이기 때문이다. 역사상 처음으로, 존재 전체가 더욱 일차적인 시간의 유동 또는 흐름에 붙잡힌 것으로 보이기 때문이다. 그러나 다른 의미에서 이 변화는 그리 근본적이지 않다. 그것이 운동의 실재적 유동 및 연속체와 너무나 다르기 때문이다. 궁극적으로, 존재에 대한 시간적 기술은 가능한 가장 근본적인 방식으로 분할과 정태를 존재의 심장에 되돌리며, 모든 물질을 **시간 속의** 운동에 종속시키지, **운동 중의** 시간에 종속시키지 않는다. 만일 시간이 **운동 중에** 있지 않다면, 시간의 화살은 흘러갈 수 없게 될 것이며, 우리는 추상적 변화, 부동적 생성, 연속적 흐름 없는 차이의 공허하고 정적인 존재론만 갖게 될 것이다.

이와 대조적으로, 시간의 동적 이론은 운동의 근본적으로 탄성적인 체제에 의해 정의된다. 이러한 탄성적 체제가 지배권을 획득한 것은 시간의 존재론적 기술과 공동외연적이며, 세 가지 동적 작동의 일차성에 의해 정의된다. 그것은 접힘의 계열성, 이 작동들의 확장과 수축, 주체의 우세다.

계열성

시간의 탄성을 정의하는 첫 번째 동현상학적 작동은 계열성이다. 동적으로 말하자면, 계열성은 불연속적이거나 간격적이 아니라, 직선적으로 질서 잡힌 미규정적인 수의 접힘들의 도입을 통해 정의된다. 흐름의 이러한 미규정적 접힘이 가능한 것은, 정확히 이 흐름이 순수 연속성이기 때문이다. 동적 연속체 속에서만, 두 접힘 사이에 다른 접힘이 등장하는 것이 언제나 가능하다. 계열성의 이러한 동적 구조는 시간의 네 가지 상호관계된 구조를 낳는다. 그것은 추상성, 구체성, 접힘, 탄성이다.

추상적 시간성 —— 추상적 시간성을 도입하기 위해서는 흐름 속의 하나의 단독적 접힘만이 필요하다. 하나의 단독적 접힘이 경계를 짓지 않는 흐름은 이전도, 이후도 아닐 것이다. 이 흐름들을 방위설정할 상대적 점이 없기 때문이다. 그러나 시간적 차이는 적어도 하나의 동적 차이 또는 접힘의 도입에서 파생된 것으로만 가능해진다.

일단 한 접힘이 한 흐름 속에서 만들어졌다면, 한 미래가 그것 앞에, 한 과거가 그것 뒤에 열린다. 그러나 한 접힘만 있어서는, 미래와 과거는 시간적으로 추상적인 것으로 머무른다. 이 미래와 과거가 이전이나 이후의 어떤 특정 접힘을 지칭하지 않는다는 의미에서 그렇다. 그러나 특정한 어떤 것도 일어나지 않았다면, 소위 현재가 사실상 현재인지(즉, 미래와 과거 사이인지), 또 다른 과거나 미래는 아닌지 알 방도가 없다. 이러한 방식으로, 추상적 시간의 구조는 어떤 접힘을 규정적 시제를 가진 접힘으로 규정하는 것을 약화시킨다. 추상적 시간에는 과거 · 현재 · 미래 없는 모호한 이전과 이후만이 있다.

구체적 시간성 —— 그러나 계열성과 참된 시간성은 구체적 시간성의 조건에서만 가능하다. 즉, 한 흐름에 최소한 세 접힘이 있다는 조건 하에서만 가능하다. 둘은 한계결연점 역할을 한다. 하나는 과거의, 하나는 미래의 한계결연점 역할을 하고, 세 번째는 둘 사이를 통해 지나간다. 첫 번째 두 한계결연점은 질서 있고 공간적인 동적 장을 가능하게 하나, 세 번째 결연점은 둘을 공동결연하고, 간격 속에서 다중화하기를 시작한다.

구체적 시간적 계열의 기본적 구조는 그러므로 시간이 지나갈 수 있는 '사이'의 가능성을 필요로 한다. 비시간적 언어로 말하자면, 구체적 계열의 기본적 구조는 모든 접힘이 이전에 오는 접힘과 이후에 오는 접힘에 조응되어 있는 구조라고 말할 수 있다. 동적 장은 순환하기 때문에, 한계결연점 각각은 다른 결연점을 가리킨다. 처음에는 미래로서, 다음에는 과거로서, 그렇게 계속된다. 세 시제 각각은 다른 시제에 의해 정의되어, 하나가 없다면 다른 것도 존재하기를 멈춘다. 현재는 과거로 경과하고, 이 과거는 또 자신의 과거 접힘을 위한 미래가 될 것이고, 구체적이고 상대적인 시제의 피드백 고리 속에서 계속 그렇게 되어야 할 텐데, 미래 접힘이 없다면 현재는 과거로 경과할 수 없다. 시간의 삼중적 접힘은 그러므로 한 고리를 제거하면 다른 고리들도 연결이 끊기는 보로메오 고리*의 위상학으로부터 이 서로 얽혀 있는 구조를 빌려 온다.

그러므로 계열성은 이 구조의 미규정적 적용일 따름이다. 계열의 기본적 삼부 구조를 따르는 것은, 흐름 속 간격적 접힘의 근본적이고 미규정적인 다중화라는 결과를 낳는다. 모든 과거와 미래 사이에 현재가 있다면, 그리고 모든 과거의 관점에서 현재가 미래 접힘이라면, 둘 사이에 접힘이 있어야 하고, 이렇게 미규정적으로 계속된다. 더 나아가, 미래 접힘의 관점에서 현재 접힘이 과거 접힘으로서 나타난다면, 그 뒤에는 현재 접힘이 있어야 한다. 그러므로 현재의 양쪽 방향으로 접힘의 미규정적 계열이 계속해서 있어야 한다. 접힘의 선은 분할되지 않은 채로 무한히 접힐 수 있고 차이화될 수 있다. 제논이 절단의 논리가 아니라 접힘의 논리를 사용했더라면, 그는 그의 역설을 풀 수 있었을 것이다. 시간은 무한히 접힌 표면을 따라 경과할 수 있다. 시간적 순간들은 동적 연속체 속의 절단이 아니라 접힘이기 때문이다.

그러나 이러한 구체적 시간적 계열의 기본적 구조를 따르는 것은 시

---

* Borromean rings. 세 고리가 서로 얽혀 있되, 한 고리를 제거하면 다른 두 고리도 풀어지는 방식으로 얽혀 있는 형태. 이 형태는 셋 중 하나도 누락될 수 없는 방식으로 서로 얽혀 있는 세 항의 관계를 시각화하기 위해 사용되어 왔다. 가령 기독교에서는 삼위일체를 표현하기 위해, 정신분석학자 자크 라캉은 상상계 · 상징계 · 실재계의 관계를 표현하기 위해 보로메오 고리 형태를 사용한 바 있다.

간의 역사적 탈시간화를 낳는다. 계열의 동적 논리는 연속적 흐름 속 접힘들의 미규정적 다중화인데, 그렇다면 상이한 접힘들과 관련하여 모든 흐름은 동시에 과거이면서 현재이면서 미래다. 모든 접힘은 그러므로 계열 속에서 비시간화된다. 달리 말하자면, 절대적 시간 같은 것은 없고, 주어진 접힘의 방위설정에서의 상대적 시간만이 있다. 계열성의 구조는 그러므로, 열린 전체로서의 계열과 관련하여 모든 접힘이 다른 어느 접힘과도 시간적으로 동등하다는 것이다. 계열성과 관련하여, 접힘들 자체가 과거·현재·미래인 것이 아니고, 이 접힘들의 상대적 순서가 이 접힘들을 그렇게 만들어 주는 것이다. 그러므로 접힘은 그것이 들어맞을 미리 주어진 전체가 없는, 교환 가능한 단편이 된다. 계열 내의 모든 접힘은 계열 내의 아무-접힘이 된다. 이러한 의미에서, 절대적 또는 객관적 시간적 계열을 결정하는 것은 불가능해진다.

시간의 접힘 —— 계열 속에서 접힘의 절대적 탈시간화와 그 교환가능성에도 불구하고, 접힘의 구조 자체는 고유의 시간적 분할을 도입함으로써 시간을 구출한다. 모든 접힘은 그 동적 구조를 따라, 그 안에서 적어도 세 가지 구별되는 시간적 경계를 가진다.

① 흐름들이 자기 위로 도로 접히고 자기 자신과 교차하는 곳의 상호 교차 또는 이분화의 마침점이 현재를 표시한다. 현재는 객체가 여기 또는 현재로서 자기 자신을 감각하는 감각의 점이다.

② 흐름이 고리 주위로 반시계 방향으로 회전하고 전방으로, 또는 미래를 향해 현재 앞으로 움직임에 따라 지역이 열렸다. 미래는 현재 앞에 있는 접힘 위의 가장 먼 점이다.

③ 흐름이 이 점을 지나가고 나면 그것은 과거를 향해 후방으로 움직이고 다시 현재 주위로 도로 움직이기 시작한다. 접힘을 따라 있는 이러한 시간적 지역들을 통과하는 흐름의 움직임이 시간의 화살

또는 연속적 경과를 구성한다.

현재는 그러므로 그것이 접힘의 시제들 주변을 지나갈 때 '두꺼운 현재'로서 체험되며, 과거와 미래를 자기 안의 계기들로 포함한다. 그러므로 시간이 일어나는 것은 현재의 접힘 속에서다. 현재의 접힘 속에 과거와 미래가 있다. 과거가 이 현재의 과거인 한에서, 과거는 파지把持된다. 그것이 이 단독적 현재의 미래인 한에서, 미래는 예지된다.* 그래서 과거와 미래는 시간 속에서 분리된 순간 또는 추상적 점이 아니고, 접힘의 살아 있는 현재의 같은 연속적 고리 또는 접힘에 포함되어 있다. 과거와 미래는 이러한 현재의 차원들이다.

그러므로 시간의 접힘(도판 30.1을 보라)은, 접힘이 단독적 점에서 자기 시간과 교차할 때, 순간적 정신mens momenta 또는 순간적 현재 개념의 동현상학적 토대다. 또한, 현재가 직접적 과거와 미래를 실감되는 현재의 차원들로서 파지하고 예지할 때, 시간의 접힘은 외양적 현재** 또는 실감되는 현재 개념의 토대다. 그러므로 현재는 또한, 과거로부터 미래로 그러므로 반대 방향으로 흐르는 연속적 흐름이 속에서 횡단되는 무한히 얇은 순간으로서 나타나기도 하고, 과거에서 현재로의 이러한 연

---

* 파지는 에드문트 후설의 시간론의 중요 개념 중 하나인 Retention의 번역어다. 후설은 우리가 점적인 현재만을 체험하는 것이 아니라 그와 직접 이어져 있는 직전의 과거까지도 체험하며, 그렇기 때문에 우리가 시간을 체험할 수 있다고 보았다. 이처럼 직전의 과거를 붙잡고 있는 체험을 'Retention'이라고 불렀다. 이 용어는 통상 '붙잡음'을 뜻하는 '파지'로 번역되며, 본 번역본도 이 번역을 따른다. 이에 대응되는, 직후의 미래를 미리 떠올리는 체험을 가리켜 후설은 Antizipation, Protention 등의 용어를 사용했는데, 이는 통상 '예지'로 번역된다. 여기에서 저자가 후설을 명시적으로 언급하지는 않지만, 이후의 논의를 볼 때 과거의 보존 retain이나 미래의 예측anticipate 같은 표현은 후설을 염두에 두고 있는 것으로 보이기에, 여기에서도 번역어 '파지'와 '예지'를 사용한다. 단, 후설에서 파지와 예지는 주체가 행하는 의식 작용이지만, 저자가 말하는 파지와 예지는 흐름 자체의 작용이다.

** specious present. 우리가 실제로 체험하는, 점적·순간적이 아니라 어떤 폭을 가진 현재를 가리키는 용어. 이 개념은 심리학자 윌리엄 제임스가 시간의 심리적 분석에 사용했고, 인지과학자 프란체스코 바렐라 또한 시간 체험 분석에 이용한다.

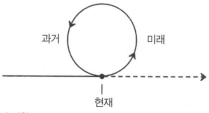

| 도판 30.1 | 시간의 접힘

속체를 통과하여 연장되는 두꺼운 현재로서 나타나기도 한다. 이러한
시간 개념은 시간의 접힘 속의 같은 동현상학적 토대를 공유한다. 시간
은 지나가고 흐르지만, 실감되는 현재의 접힘을 결코 떠나지 않는다. 시
간의 접힘은 습성적 정기성 또는 주기를 형성한다. 이러한 의미에서 동
적 접힘은 시간의 근본적 역설을 푼다. 그것은 시간을 창조하면서, 같은
연속적 움직임 속에 구성된 시간을 지나가기도 한다.

시간의 접힘은 그러므로 실감되는 현재의 새로운 계열성을 가능하게
한다. 물질 전체는 아주 많은 접힘이고, 각각은 자신에 대한 감각(현재),
물질적 또는 생물학적 존속의 형식으로 이전에 있었던 것의 파지(과거),
그리고 가능한 자극에 대한 예지 또는 수용성(미래)을 가진다. 계열성의
동현상학적 작동은 그러므로 각각이 자신의 과거들·현재들·미래들
을 가진 시간적 접힘들의 계열 또는 순서 계열로 정의된다. 다음으로 이
러한 접힘은 자신의 시간성을 간직한 채로 크고 작은 합성에 들어간다.

접힘의 탄성 —— 독특한 시간적 접힘의 계열 또는 순서 계열을 생산하
는 데에 더하여, 이러한 시간적 접힘 각각은 또한 접힘 자체의 확장·수
축의 탄성적 운동을 할 역량이 있다. 시간의 접힘이 커짐에 따라, 과거
는 뒤로 더욱 확장되고 미래는 앞으로 더욱 확장된다. 상이한 물질적·
생물학적 접힘들은 그러므로 상이한 시간성을 가지며, 심지어 상황에

의거하여 자신의 시간적 접힘을 변조하는 것도 가능하다. 예를 들어, 싸울 때 동물의 시간적 장은 아주 가까운 과거와 미래로 쪼그라들 수 있다. 그러나 식량을 찾을 때, 동물은 어떤 음식이 지난번에 나타났던 곳, 또는 이전에 저장했던 곳을 기억하고자 시간적 장을 계절 전체를 포함하도록 확장할 수 있다. 바위 같은 물질 조각 대부분은 극히 작은 지속만을 가진다. 이것은 과거 접힘을 재현하는 의식적 과정이 아니고, 같은 실감된 접힘의 내부적 차원에 대한 직관이다. 모든 흐름은 무한히 연속적이기 때문에 무한한 탄성을 가진다. 계열 내의 모든 접힘은 그러므로 탄성적 기능을 가진다.

계열성의 동적 작동은 또한 두 종류의 흐름, 즉 접힌 흐름들과 공동결연하는 흐름들 사이의 기본적 차이화를 가능하게 한다. 모든 합성 물체는 양쪽 모두로, 다수의 물질적 또는 세포적 접힘과 이 접힘들을 연결하는 운동 패턴으로 이루어져 있을 것이다. 이것은 물질로 이루어질 수 있는 최소한의 동적 구별—접힌 흐름 또는 펼쳐진 흐름의 구별이다. 그런 것으로서, 모든 합성 물체는 존재 내의 가장 기본적인 논리적 또는 형식적 구별을 위한 동적 조건을 제공한다. 즉, 닫힌 회로와 열린 회로 사이, 1과 0 사이, 간격적 존재, 접힘과 세공이다. 1과 0의 기록실천은 접힘의 닫힌 고리 또는 0, 그리고 열린 펼쳐진 흐름 또는 1을 시각적으로 그린다.

탄성

시간의 두 번째 동현상학적 작동은 시간적 순환 자체 장의 탄성 작동이다. 동적 장에는 시간적 접힘들의 연속적 순환과 계열성이 있지만, 이러한 연속성은 또한 접힘들 **사이에서** 달리는 연결적 흐름, 즉 장을 전제한다. 그러나 계열성과 시간성의 구조는 연속적 점의 어느 점에서도 접힘이 다른 두 접힘 사이에서 출현할 수 있는 방식이다. 흐름은 연속적이므로 흐름은 접힘의 탄성을 허용하며, 장은 흐름으로 만들어지므로 장 자체가 탄성적이다.

그러므로 접힘의 탄성만이 아니라 연결적 장 자체의 흐름의 탄성도 있다. 장의 탄성은 시간적 순서 계열 자체 전체의 확장과 수축을 가능케 한다. '절대적 시간'의 기술은 절대적 한계 없이 전방과 후방으로 잡아 늘여질 수 있는 장 고유의 탄성에서 파생되었을 따름이다.

시간적 장의 탄성은 그러므로 공동결연된 시간적 접힘들의 크고 작은 계열을 가능케 한다. 그것은 이중적 탄성을 가진다. 접힘의 미규정적 계열은 어느 장 속에서든 출현할 수 있으나, 장 자체 또한 확장되거나 축소되면서 접힘들을 더하거나 뺄 수 있다.

모든 동적 장과 마찬가지로, 시간적 장도 반드시 어떤 사물이거나 특정한 시간적 접힘인 것은 아니다. 시간적 장은 개별 시간적 접힘이 출현하고 질서 잡힐 수 있는 조건이다. 예를 들어, 우선 시간적 접힘이 있고, 다음으로 흐름 또는 '경과함'의 속성이 더해지는 것이 아니다. 순서 계열은 이미 동적 연속성을 전제하며, 연속성은 순환의 무한한 탄성과 모빌리티를 전제한다. 모든 구체적 시간적 질서는 그것이 통과하여 흘러가는 장을 전제한다.

시간적으로 말하자면, **시간의** '경과'는 경과의 움직임 또는 유동의 연속성을 일차적인 것으로 전제한다. 그러므로, **경과하는 것이 시간인 것이 아니라**, 동적 경과가 시간화되는 것이다. 동적 경과의 조건이 시간적 장 위에 배치된 후에만 특정한 접힘이 이러한 연속성 속으로부터 탄성적으로 출현하고, 이어서 각각 사이에서 경과할 수 있다. 경과와 경과하는 것은 그러므로 '동시에' 서로의 상호적 전제로서 함께 나타난다. 시간적–동적 장은 경과를 가능케 하지만, 경과하는 순간으로 환원될 수는 없다.

장의 탄성 —— 시간적 장의 탄성은 두 가지 귀결을 가진다. 첫째, 시간적 장의 순환은 **공동시간적**contemporaneous **시간적 접힘들**의 재생산가능성을 가능하게 한다. 이것이 가능한 것은, 순환의 시간적 장 속에서 각각의 시간적 접힘 또는 현재가, 같은 연결적 흐름을 같은 계열의 부분으로서의 다른 접힘들과 공유하기 때문이다. 시간적 접힘들이 **같은 흐름**의 질서 잡힌 전체를 형성하는 한에서, 각 시간적 접힘은 다른 접힘과 연계되어 있고 다른 접힘과 유사하다.

달리 말하자면, 장의 탄성적 시간성으로 인해, 주어진 계열과 관련하여 과거 접힘은 현재 접힘과 같지 않고 그것에 선행한다고, 그리고 미래 접힘은 현재와 비슷하지만 후에 온다고 말할 수 있어진다. 그러므로 시간적 장은 그 속의 상대적으로 동질적인 시간적 접힘의 재생산가능성을 허용하기 때문에, 각 접힘은 **장 속에서** 반복 가능한 순간으로서 일어난다. 과거 접힘이 **과거로서** 관계되기 위해서, 그것은 현재 접힘과 같은 장 속에서 그럴 수 있어야 한다. 그러므로 과거 접힘이 같은 순환적 계열 속에서 연결되어 있는 한에서 그것은 또한 **장 자체와 공동시간적**이어야 한다.

그러나 이러한 공동시간성이 가능한 것은, 오직 움직임이 순환적인 한에서다. 즉, 시간이 '같은' 차이적으로 반복되는 장을 경과하는 한에서만이다. 시간적 장은 전체 계열을 지나 움직이고, 이어서 계열의 끝에서는 계열 속의 맨 처음으로 고리 지어 돌아가 이를 반복한다. 이로 인해 각 시간적 접힘은 계속해서 다시 재생산될 수 있고, 그리하여 모든 접힘을 연속체 속에서 함께 통일시킬 수 있으나, 또한 그것이 순환적 과정 속의 어디에 있는지에 의거하여 과거·현재·미래로서 이 접힘들의 상대적 지위를 교대시킬 수 있다. 그러므로 **전체로서의 시간적 장과 관련하여**, 모든 시간적 장은 동시간적이다.

시간적 탄성의 첫 번째 귀결은, 그것이 시간 경과의 내재적 선행조건으로 기능한다는 것이다. 시간적 흐름의 탄성적 과정이 시간이 경과하기 위해 필요한 한에서, 그것은 시간적 접힘의 선행조건이다. 그러나 장은 그것의 접힘에 다름 아니기 때문에, 이 선행조건은 엄밀히 따지면 접힘 자체 '이전에' 있을 수 없다. 그러므로 시간은, 시간이 경과하여 지나가는 더욱 동적이고 비시간적인 구조에 의해 조건 지어진다.

그러므로 계열성과 탄성은 시간성의 두 가지 동현상학적 면모를 정의한다. 한편으로, 순환적 과정 자체는 개별적 시간적 접힘이 일어날 수 있는 시간적 조건 또는 탄성적 장이다. 그래서 그것은 특정한 시간이 아니고, 모든 시간 및 시간 자체의 경과의 확장과 수축의 동적 조건이다. 다른 한편, 순환적 과정은 시간이 경과하여 지나가는, 자기 자신의 과거 · 현재 · 미래를 가진 특정 시간성의 접힘이다. 양쪽의 결합이 시간적 경과의 장을 가능하게 하고, 어떤 주어진 접힘도 전제와 관련하여 다른 접힘과 닮은 것으로서 다루어질 수 있게 하며, 그리하여 순환적 과정을 통해 순서 계열 속의 과거 · 현재 · 미래로서 질서 잡히고 반복될 수 있게 한다.

주체

주체성은 근본적으로 동적이다. 그래서 주체 형태의 역사는 본 책이 지금까지 윤곽을 그린 운동의 지배적 체제들을 따른다. 이전 장들은 지금까지 주체에 초점을 맞추지 않았다. 그 이유는 주체의 **엄격히 존재론적인 일차성**이 18세기가 되어서야 지배적 기술로서 나타났기 때문이다. 그래서 이어지는 장들의 분석 초점은 주체가 될 것이다.

그러나 본 장에서는 주체의 동현상학적 이론에만 관심을 가지며, 그러므로 엄격히 주체 작동의 동적 구조에만 관심을 가진다. 주체의 동적 구조는 시간과 같은 탄성적 운동 체제를 따른다. 시간의 존재론적 일차성의 역사적 부상이 칸트에서 시작된 주체의 존재론적 일차성의 역사적 부상과 일치하는 것은 우연이 아니다. 시간과 주체성은 동현상학적으로 공동외연적이다. 근대 시기에 주체에 대한 지배적 기술은 근본적으로 시간적인 것이 되었으며, 동시에 시간성이 근본적으로 **주체적**인 것이 되었다.

계열적 주체성 —— 시간의 탄성을 정의하는 두 가지 동현상학적 작동이 있듯이, 주체성을 정의하는 두 가지 동현상학적 작동이 있다. 계열성과 탄성이다. 주체성은 무엇보다도, 연속적 흐름이 자기 위로 접혀서 접힘 또는 고리가 되는 접힘 과정에 따라서 정의된다. 시간적 장과 마찬가지로, 주체적 장도 최소한 세 가지 일반적 지역에 따라서 정의된다. 그것은 접힘이 자기 자신과 교차하는 상호교차의 점(감각), 접힘을 따라 가장 멀리 앞에 있는 점(수용성), 그리고 접힘을 따라 현재 뒤로 가장 멀리 있는 점(파지)이다.

주체의 동적 이론은 명확히도, 통상적 인간중심적 이론보다 훨씬 폭이 넓다. 후자는 주체성을 엄격히 인간적 의식과 등치시킨다. 같은 인간중심적 기준 하에서 대부분의 유기체가 시간적 체험이 없다고 말해지는 것은 우연이 아니다. 인간중심적 주체성의 이 편견쌍은 근대적 시간성과 주체성의 역사적 일차성과 관련되어 있다. 이는 이어지는 장들에서 볼 것이다.

이러한 편견과 관련된 주목할 만한 예외는 독일 생물학자 야콥 폰 윅스퀼Jakob von Uexküll(1864~1944)의 훌륭한 저작이다. 그는 주체를 훨씬 더 폭넓게 그리고 동적으로 정의하여, 주체가 세계와 이루는 연속적 "기능적 주기" 속의 지각 · 구조 · 효과라는 세 가지 주체적 기능 사이의 물질적 흐름의 순환일 따름이라고 했다(도판 30.2를 보라).[2]

세계는 흐름들을 발하는데, 이는 먼저 유기체에 의해 지각되고, 이어서 그 유기적 구조 속에 내부화되며, 자기 자신에 대한 효과의 형태로 파지되고, 세계로 도로 유도된다. 이것은—여전히 동물의 권역에 제한되어 있었고, 물질 자체의 동적 주체성은 다루지 않았음에도 불구하고

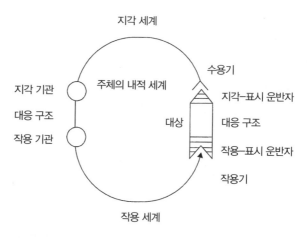

지각 세계

수용기

주체의 내적 세계

지각-표시 운반자

지각 기관

대응 구조

대상

대응 구조

작용 기관

작용-표시 운반자

작용기

작용 세계

| 도판 30. 2 | 기능적 주기

출처: Jakob von Uexküll, *A Foray into the Worlds of Animals and Humans: With a Theory of Meaning* (Minneapolis: University of Minnesota Press, 2010), p. 49, Figure 3.

—중요한 움직임이다. 그러나 동적으로 볼 때, 이 움직임은 급진화될 수 있으며, 주체성은 접힘의 과정을 통해 정의되는 모든 것으로 확장될 수 있다. 동적 내부화를 통해 성취되는 접힘 과정은 세 부분을 가진다. 감응, 수용, 파지다. 이것들은 본질적으로 생물적인 기능이 아니다. 예를 들어, 바위는 분자들의 동적 흐름들로 합성되어 있는데, 이 흐름들은 자기 위로 접혀서 자기 자신을 내부적으로 감응하여 바위에 대한 최소한의 동적 감각을 생산한다. 바위는 또한 그것을 변용시킬 수 있는 빛, 열, 냉기, 여타 물질적 흐름에 대한 수용성도 가진다. 바위는 또한 이들의 흐름이 운동 속에서 계속해서 함께 존속할 수 있게 해 주는 파지의 역량도 가진다. 그러므로 광물조차 일종의 주체성이 있다.

주체성의 이러한 삼부 동적 구조는 시간성의 삼부 동적 구조와 직접 관련되어 있다. 감응성은 운동이 **현재**에 접힘을 통해 자기 자신과 교차함의 감각이다. 수용성은 **미래** 자극에 대한 열려 있음 또는 예지다. 파지는 동적 습관에 의해 미래로 옮겨진 **과거의 유산**이다. 그래서 광물은 이들의 분자적 움직임의 근본적으로 약동적인 본성을 따라서 즉시 소멸되지 않는 것이다. 물질은 같은 동시적 패턴 속에서 계속 반복하여 연속적으로 움직임—외향적으로 나감, 한계에 도달함, 이어서 주기에 따라 돌아옴—으로써 존속한다. 접힘 주변으로의 움직임 주기는 물질이 자신을 계속 거듭하여 재생산하는 주체적 습성, 즉 감응, 수용, 파지다. 습성은 그러므로 생명의 기능일 뿐 아니라, 모든 물질의 기능이다.

이러한 주기적 접힘이 물질의 한계의 확장과 수축을 가능케 하는 한에서, 그것은 탄성적이다. 시간적 접힘의 동적 구조가 더 많거나 적은 과거와 미래를 포함하기 위해 확장되거나 수축할 수 있듯이, 주체적 시간성도 자신의 수용적 능력과 파지적 능력의 범위를 증대시키거나 감소시킨다. 이러한 방식으로 주체적 시간성은 더 많거나 적은 수의 흐름에 의해 감응될 역량, 그리고 습관을 통해 자기 신체의 어떤 변경을 파지할 역량이 생긴다.

이러한 의미에서 살아 있는 신체와 광물 물체 사이의 차이는 상당히 크다. 살아 있는 신체는 복합적 유전적 부호를 파지하며, 자극에 대한 수용성의 결과로서 성장하기까지 한다. 유기체가 더 복잡해질수록, 그것의 실감된 현재는 더 커지고, 그것이 자극에 의해 감응될 수 있는 방도는 더 많아지고, 신체와 뇌의 파지된 습성 속에 남아 있는 유전과 지각을 통해 자신의 과거를 더 많이 파지할 수 있다. 이러한 의미에서, 상이한 몸체에게는 상이한 시간이 있는 것이다. 예를 들어, 하루살이의 주체적 시간성은 말馬의 주체적 시간성보다 훨씬 작다. 이는 그것이 얼마나 오래 살 것인지, 그것이 얼마나 많은 수의 흐름을 수용하고 그것에 응답할 수 있는지에 근거한다. 각각의 시간적 장의 크기 차이와 무관하게, 각각은 자기 자신의 실감되는 현재를 가진다.

모든 몸체는 이러한 방식으로 시간적으로 구조지어져 있으나, 모든 몸체는 또한 다른 몸체로 이루어진 합성 몸체다. 그러므로 각각 자기 자신의 시간을 가지며 크고 작은 몸체들 속에서 작동하는 이질적·주체적·시간적 접힘들의 미규정적인 계열만이 있을 뿐이다. 그러므로 모든 주체는 이미 다중적이며, 시간적으로 합성되어 있다. 어떤 지점에도 그 계열적 주체의 종류에 차이는 없다. 맨 위부터 맨 아래까지, 정도의 차이만 있다.

탄성적 주체성 —— 주체성의 두 번째 동현상학적 작동은 탄성이다. 주체성은 계열적이며 다중적이다. 그러나 정도의 이러한 주체적 연속체에 더하여, 주체적 장의 계열을 연결하는 크고 작은 **시간적 장들**도 있다. 순환적 시간성처럼, 순환적 주체는 자체로 특정한 신체가 아니고, 모든 몸체들을 함께 붙드는 동적 과정이다. 순환적 과정 자체가 또한 주체적이다.

동적 장의 탄성이 주체에게 가능케 하는 것은, 동적 기억이다. 더 복잡한 합성 몸체의 경우, 주체성은 접힘의 모든 계열의 공존에 의해 정의된다. 각 접힘은 **전체 계열의 동적 통일성과 관련하여** 다른 접힘과 닮은 접힘으로써 기억되고 재현될 수 있다. 모든 이질적 접힘은 주체적 장의 '0도'와 관련하여 등질적이 된다. 이러한 방식으로 주체성은 전체 시간적 계열과 연속적이고 공동외연적이 되는 동시에, 접힘의 계열성 속에서 개별화된다. 그런 것으로서 주체는, 모든 접힘을 함께 묶는 장의 연속성과 구별되지만 그것과 다르지는 않은 시간적 순간들을 자신에게 재현할 역량이 생긴다. 이것이 다음 장들에서 볼 '의식의 흐름stream of conciousness'이라는 용어의 동현상학적 의미다.

시간에 대한 의식은 없고, **운동에 대한** 시간-의식이 있다. 시간에 대한 의식이라는 관념 자체가 의식과 시간 사이의 존재론적 분할을 전제한다. 시간이 순수하게 연속적이고 의식은 단순히 이러한 흐름의 체험적 스냅사진을 찍는 것일 뿐이거나, 의식 자체가 순수 연속적 흐름이고 이것을 시간의 순간들이 단속적 단위들 또는 벽돌들로 분할하는 것이다. 운동이 일차적이 아니라면, 양쪽 다 요점을 놓친다. 주체성과 의식은 존재와 다른 것이 아니다. 존재는 연속적 운동 속에 있으며, 시간-의식도 마찬가지다. '시간' 또는 '공간'이라고 불리는 다른 종류의 사물 속으로 운동을 분할하는 것이 아니다. 운동은 접히지, 절단되지 않는다. 시간과 의식 사이에는 존재론적 차이가 없다. 시간과 의식은 **운동의 같은 탄성적 장에 관한** 두 가지 기술이다.

개별적 시간적 장의 수준에서, 주체성은 근본적으로 복수적이고 파편화되어 있다. 각 접힘 속에서 주체는 나, 나, 나라고 말한다. 하나의 내가 자신에 대해 반성할 때, 거기에는 본질적으로 두 '나'가 있다. 하나는 반성을 행하고, 하나는 반성이 된다. 이렇게 무한히 계속된다. 그러나 순환적 장의 연속체와 관련하여, 주체는 자기 자신을 모든 나들의 일반적 통일체로서 자신을 재현한다. 각각의 나는, 그것과 공존하는 더 큰 시간적 장 내의 특정한 기억이 된다. 이러한 방식으로, 계열 속의 한 동현상으로서의 모든 각각의 단일한 현재는 같은 공동외연적 주체적 장 내의 모든 다른 현재를 포함한다.

이제 보여 주어야 할 것은, 탄성적 운동의 이러한 동현상학적 체제가 시간에 관한 근대 현상학에서 어떻게 기술되느냐는 것이다. 이것이 4부에서 이어지는 장들의 목표이다.

로고스

31장

근대 현상학 1. 계열

앞 장에서 정의된 탄성적 운동 체제는 근대 시기─18세기경부터 20세기까지─에 역사적 지배권을 획득한다. 이 새로운 동적 체제의 부상은 존재를 근본적으로 시간적인 것으로 존재론적으로 기술하는 새로운 실천이 점점 더 우세해짐과 나란히 일어났다. 서구 존재론에서 가장 역사적으로 주변화되었던 개념 중 하나인 시간이 이 시기에는 모든 실재의 가장 근본적인 기술이 되었다. 이것이 20세기에 엄청난 영향을 끼치고 난 후인 오늘날, 이러한 움직임의 참신함을 제대로 평가하기는 힘들다. 물론 공간, 영원성, 힘의 다른 모든 주요 존재론적 기술도 다양한 방식으로 존속했으며, 특히 이행 시기인 17~18세기 동안 그랬지만, 18세기 말에는 이 모든 다른 이름들이 점점 더 **시간적으로** 재해석되게 되었다.

앞 장에서는 탄성적 운동으로서의 시간의 엄격히 동현상학적인 해설을 전개했다. 그러나 공간, 영원성, 힘의 동적 이론처럼 시간의 동적 이론 자체도 기술의 역사적 패턴에서 파생되는 것이지, 그것에 선행하는 것이 아니다. 그러므로 이제 시간 및 시간의 탄성적 운동 체제에 관한 역사적 기술로 눈을 돌린다.

현상학

나타나는 것에 대한 연구를 뜻하는 그리스 단어 phainómenon에서 온 현상학Phenomenology은, 존재를 엄격히, 존재를 체험하는 주체의 의식에 **나타나는** 그대로 연구하는 것이다. 가장 폭넓은 정의에서, 현상학은 지금까지 분석되었던 이전의 모든 지배적 존재론적 탐구와 방법론적으로 다르다. 이는, 현상학이 실재 자체의 참된 본성에 관한 존재론적 주장을 하는 데에 저항하기 때문이 아니고, 그것이 실재 자체의 참된 방식을 **근본적으로 시간적인 것**으로서 정의하기 때문이다.

달리 말하자면, 시간은 체험 주체에게 **나타나지 않는** 특별한 종류의 현상이다. 시간성은 계열적이고 탄성적인 과정인데, 주체 자신의 체험이 그 안에서 그리고 그것을 통해 구성되기 때문이다. 한 가지 의미에서, 우리는 현상학에는 존재로서의 존재에 대한 체험이 없다고 말할 수 있다. 존재는 언제나 주체에게 나타남으로서의 존재로서 나타나기 때문이다. 이에 따라 현상학이 보기에, 존재로서의 존재에 대한 연구라는 전제 자체가 전적으로 오도된 것, 불가능한 것이다.

그러나 다른 의미에서, 현상학 속에서 존재로서 존재의 체험 불가능한 본성의 이유, 또는 그것을 위한 조건은 바로, 존재로서의 존재가 **근본적으로 시간적**이라는 점이다. 즉, 존재는 시간적이고 그래서 내부적으로 과거 · 현재 · 미래 사이로 분화되어 있기 때문에, 주체적 체험은 언제나 자신의 바깥으로 내던져진다. 또는, 하이데거가 쓰듯이 "탈자적ecstatic"이다˙—그렇기에 절대적 존재론적 기술을 할 역량이 없다. 현상학의 관

˙ 하이데거는 주체가 현재에, 또는 자기 안에 머물러 있지 않고, 미래 또는 자신의 밖을 향하는 존재라고 특징 지었다. 이러한 특징을 Ekstase라는 독일어로 표현했는데, 이는 그리스어 exstasis(ex, '바깥' + stasis, '서 있음')에서 온 것이다. 통상 '탈자脫自'로 번역된다.

점에서, 지금까지 존재했던 모든 기술은 이러저러한 방식으로 시간적 현재를 특권화했으며, 그리하여 현전의 형이상학을 생산했다. 존재가 현재로 환원될 수 있다면, 존재는 그 총체성에서 완전히 체험되고, 알려지고, 기술될 수 있다고 철학은 가정한다. 그러나 존재가 근본적으로 시간적이며 내부적으로 시제들로 차이화되어 있다면, 그것의 (존재로서의) 총체성을 직접 파악하려는 시도는 불가능하다. 우리가 가지고 있는 것은 존재에 대한 우리의 시간적 체험뿐이다.

그러므로 중세 자연신학과 대조적으로, 현상학은 영원한 또는 절대적인 신의 존재론적 전제로부터 처음으로 탈출했다. 신학이 신과 자연 사이의 장력적 관계의 본성에 관한 사고였다면, 현상학은 주체라는 이름 하에서 흐름 자체의 새로운 탄성을 도입했다. 신, 자연, 이들의 관계 모두가, 체험하는 주체 자체의 탄성적 의식 **내의** 현상들 또는 체험들이 되었다.

그러나 존재로서의 존재가 근본적으로 시간적이라는 주장 자체가 또한 존재론적이며 보편적인 기술로서 작동한다. 예를 들어, 존재의 본성에 관해 말해질 수 있는 유일한 것은 존재의 본성에 대해 말해질 수 있는 것이 **없다**는 점이라는 주장은, 존재가 근본적으로 시간적이기 때문에 이러한 제한이 있다는 것을 우리가 받아들여야만 옳다. 존재와 주체의 시간성이 사실은 존재론적으로 절대적이지 **않다**는 역전된 주장을 우리가 긍정하려고 해 보면, 이 점이 명확해진다. 만약 그렇다면, 존재가 사실 비시간적이고, 현재적이고, 그러므로 총체적으로 인식 가능하다는 점이 가능할 것이다.

정의에 따라, 현상학은 이러한 역전된 주장을 받아들일 수 없다. 이는 존재로서의 존재에 접근 가능하다는 점, 정신과 독립적인 존재가 있을 수 있다는 점, 현상학적 방법 자체가 존재에 대한 올바른 방위설정이 아닐 수 있다는 점을 뜻할 것이다. 그러나 현상학이 이러한 역전된 주장을 받아들이지 않는다면, 현상학은 시간의 절대적 존재론적 필연성을 받아들여야만 한다.

개별 현상학자들 간의 큰 차이에도 불구하고, 이들 모두가 시간의 일차성에 대한 최소한의 존재론적 헌신을 공유한다고 본 장은 논한다. 존재가 시간적으로 차이화되어 있어야만, 주체는 주체 자체의 체험을, 그리고 그것의 소위 기술적 한계를 구조짓는 자기감응 자체를 할 역량을 가지기 때문이다. 주체의 존재는 근본적으로 시간적 존재여야 한다. 그렇지 않다면 모든 현상학적 체험은 불가능하다.

역사적으로 말하자면, 현상학이 서구에서 존재론적 기술의 지배적 양상으로서 부상한 일은 인간적 이성과 경험 능력에 대한 계몽주의의 강조와 함께 시작된다. 특히, 조지 버클리와 데이비드 흄은 추상적 공간, 영원성, 힘, 인과성 같은 많은 중요한 형이상학적 관념들을 제거하는 데에 크게 기여했다. 철학과 과학에서의 모든 존재론적 물음은 모든 것을 포괄하는 인간 이성과 체험 능력에 점점 더 굴복한다. 프랜시스 베이컨, 데카르트, 스피노자, 라이프니츠, 볼테르, 뉴턴, 루소 등 경험주의자들과 초기 이성주의자들은 모두 방법론적·철학적 일차성을 점점 더 인간 이성에 둔다. 그러나 인간 이성의 구조가 존재 자체의 근본적 시간성을 기술하게 된 것은 이마누엘 칸트의 《순수이성비판》(1781)에 이르러서다. 칸트 이후, 헤겔에서 데리다까지, 철학 및 존재론의─전부는 아닐지라도─주요 조류는 이러저러한 방식으로 시간성의 일차성을 받아들였다.

그러나 본 장은 칸트 전에 중세 및 근대 초기에 발견되는 현상학적 시간의 역사적 선행자들에 대한 동적 분석으로 시작한다. 시간을 실감되는 것, 기계적인 것, 추상적인 것으로 기술한 이 초기 실천은 칸트 이후로도 폐기되지 않았고, 오히려 초월론적 시간의 완전히 새로운 동태가 출현할 토대를 제공한다. 시간에 대한 중세와 근대 초기의 기술은 현상학적 시간을 이루는 면모가 되었으나, 다른 한편으로 존재론적 일차성을 신의 힘에 부여하는 것으로 끝난 그들 시기의 지배적 역사적 동태상 근본적으로 제한된 채로 남았다. 근대 초기의 시간 이론들은 점점 더 추상적이 되었고, 점점 더 탄성적인 것처럼 들리게 되었다. 갑작스러운 칸트적 단절과 달리, 실제로는 저러한 기술적 언어가 훨씬 느리고 점증적으로 증대했다. 이 언어는 칸트를 통과하여 계속되며, 그에 의해 변용되고, 마침내 현상학적 시간의 동적 구조를 더욱 폭넓게 정의한다.

그러므로 이어지는 장들에서 논할 요점은, 존재를 근본적으로 시간적인 것으로 기술하는 실천이 지배권을 획득하는 일은 역사적으로 '현상학'이라는 표제 하에서 출현했다는 점, 그리고 존재에 대한 탄성적 기술에 의존했다는 점이다.

중세와 근대 초기의 시간성

중세의 시간성은 계열성의 기술을 시간에 처음으로 도입했다.[1] 이것은 시간에 대한 대부분의 고대적 사고틀에 대항하는 급진적 움직임이었다. 고대적 사고틀은 근본적으로, 영원성의 원심적 체제에 종속되어 있었다.[2] 고대적 시간이 회전하는 현전의 단일한 폐쇄된 원에 시간을 종속시켰다면, 중세적 시간은 시간을 다중적 시간들 또한 실감된 현재들을 통해 해방시키고 다중화했다. 그러면서 중세적 시간은 또한 숙고하는 개별 정신의 시간적 현재와 신의 영원성 사이의 동적 장력을 도입하기도 했다. 그러므로 중세적 시간은 일종의 원 내의 시간으로서 기능했다. 이것은, 창조자 신의 장력적 힘에 함께 붙잡힌 **계열을 따라서** 다중적 원들 사이에서 움직이는 시간이다.

시간에 대한 이러한 새로운 장력적 기술은 세 가지 상호관계된 동적 작동을 가능하게 했다. 이 작동들은 계열적 운동을 정의했고 이후 시간에 대한 현상학적 기술의 토대를 형성했다. 그것은 시간적 접힘, 시간적 접힘의 다중화, 시간 흐름의 탄성이다.

아우구스티누스부터 시작하여, 이 세 가지 동적 작동은 점점 더 시간을 기술하는 데 사용되었다. 앞 장에서 보았던 것처럼 시간의 탄성이 시간의 계열성을 전제하듯이, 다음 장에서 분석할 근대 현상학적 기술은 ① 실감되는 시간, ② 기계적 시간, ③ 절대적 시간에 관한 초기 중세 이론들을 전제한다. 그러므로 본 장의 나머지 부분에서는, 현상학적 시간의 동적 기술을 위해 필요하지만 아직 충분하지는 않은 이 세 동적 작동 —실감되는, 기계적, 절대적 시간—의 분석으로 눈을 돌린다.

실감되는 시간: 시간적 접힘

중세적 시간의 첫 번째 동적 작동은 시간적 접힘이었다. 이것은 시간을 측정하는 인간의 주체성 속에서 기술되었다. 고대인들은 시간을 운동의 척도로서 정의하는 데 만족했지만, 중세인들은 여기에다 시간을 세는 주체에 의한 측정 **행위** 자체에 대한 기술을 더했다.

히포의 아우구스티누스(354~430)는 시간적 계열 이론을 이용해서 이를 행한 첫 번째 사유자였다.《내적 시간의식의 현상학 강의Vorlesungen Zur Phänomenologie des inneren Zeitbewußtseins》에서 후설은 심지어 이렇게 쓴다. "〔시간-의식에 관한〕 이러한 분석에 내존하는 엄청난 어려움을 심오하게 느꼈으며, 거의 절망할 정도로 이와 씨름했던 첫 번째 사유자는 아우구스티누스였다."[3]《고백록》11권에서 아우구스티누스는 "시간은 운동의 척도"라는 고대적 사고를 진지하게 받아들이지만, 이러한 측정 과정이 가능하려면 어떤 정신 구조가 필요한지, 그것이 영원한 신과 어떤 관계가 있는지를 더 깊이 탐구한다. "나는 우리가 물체의 움직임을 측정하고, 예를 들어 한 움직임이 다른 움직임보다 두 배 더 오래 지속된다고 말하게 하는 시간의 본질과 본성을 알고자 한다."[4]

아우구스티누스는 존재 내의 두 동적 장력을 기술함으로써 이 문제를 홀륭히 해결하는데, 이는 다음 천 년 동안 종종 반복될 것이다. 첫째는 힘 또는 능력으로 정신을 창조한 영원한 신과, 그의 힘과 하나이지만 구별되는 시간 사이의 장력이다. 둘째는, 정신 자체 내에서 삼부적 시간적 분할 자체 사이의 장력이다. 시간의 고대적 개념은 영원성(진리)과 시간성(착각) 사이의 이중성에 의해 정의되는 반면, 시간의 중세적 개념은 이 분할을 받아들이지만, 이어서 그것을 존재하는 영원한 현재·시간적 과거·시간적 미래 사이의 삼자 또는 삼위 틀을 통해 재편한다.

첫 번째 장력: 신 —— 첫 번째 동적 장력은 기독교적 창조자 신의 도입과 나란히 출현한다. 신은 그의 힘을 창조적 흐름의 형식으로 외부화한다. 이 흐름은 신이 신의 창조와 동일하지 않다는 의미에서 신 자신과 구별되지만, 또한 이 흐름이 신 자신의 능력의 표현 또는 접힘에 다름 아닌 한에서 이 창조와 하나다. 3부에서 길게 전개한 이 동적 장력 구조를 여기서는 시간성과 관련해서만 고찰한다.

　이러한 장력적 체제 안에서 작업하면서, 아우구스티누스는 신이 자신의 말을 통해 창조했는데 "경과하는 말"이 아니라 소리 없는 말 또는 순간적인 말을 통해 창조했다고 논했다. 신은 **시간상의 한 점에서** 창조하지 않았다. 신은 행위 속의 또는 가청적 말하기 속의 시간적 과정을 통해서 창조하지도 않았다. 신 이전에는 시간이 있을 수 없었다. 그렇지 않다면 신은 영원할 수 없을 것이다. 더 나아가, 신은 또한 시간과 공동영원할 수도 없는데, 영원성의 정의는 모든 시간을 초월한다는 것이기 때문이다.[5] 처음에는 영원한 신이 있고, 다음으로는 창조적 힘의 흐름이 있으며, 다음으로 시간성이 있는데, 이것은 신과도, 신의 힘 또는 능력과도 구별된다. 신의 힘이 시간과 구별되지 않는다면, 그는 아무 힘을 사용하지 않고 시간을 창조했을 것인데, 이는 말이 되지 않는다. 그러므로 아우구스티누스에 따르면, 소리 없는 말과 움직여지지 않은 행위가 창조의 비시간적 힘이며, 시간에 대해 존재론적으로 일차적이다. "언제나-현재인 영원성의 뛰어남 속에서, 당신은 모든 지나간 시간에 선행하시고, 모든 미래의 시간보다 더 존속하십니다. 이들은 미래이기 때문에, 이들이 올 때에 이들은 과거가 될 것입니다. 그러나 당신은 같으며, 당신의 시간은 끝이 없을 것입니다. … 당신의 오늘은 영원입니다. … 당신는 모든 시간을 만드셨습니다. 모든 시간 이전에 당신이 존재했으며, 그렇지 않다면 어떤 시대에도 시간은 있지 않았습니다."[6]

신은 순수하고, 변하지 않고, 움직이지 않고, 영원한 현재다. 그러면 동적 문제는 신이 시간적 창조로서 어떻게 움직이고, 행위하고, 그의 존재와 어떤 방식으로 구별되는 힘을 행사하는지를 설명하는 것이다. 영원한 존재가 시간을 창조하는 것이 어떻게 가능할까? 아우구스티누스의 대답은, 창조적 힘 자체가 **시간 바깥에 있다**는 것이다. 더 나아가, 시간은 **우리 정신 속에서만** 일어나는 주체적 인상일 뿐이기 때문이다. 이런 방식으로, 아우구스티누스가 보기에, 시간성은 3부에서 보여 주었던 신-창조적 힘-창조된 것 사이의 힘 또는 동적 장력에 종속되어 있다. 정신 속에 있는 운동의 척도로서 시간은 창조되었고, 그러므로 신의 창조적 **능력**에 대해 이차적이다. 저 능력이 애초에 시간을 창조한다.

두 번째 장력: 정신 ── 아우구스티누스가 도입하는 두 번째 더욱 참신한 동적 장력은 시간 자체 내에, 세 시제 사이에 있는 장력이다. 정신은 시간으로 물체의 운동을 측정하는데, 과거의 시간은 이미 존재하지 않게 되었고, 미래의 시간은 아직 도착하지 않았다. 현재 자체조차 항상적으로 경과하여 너무나 빨리 멀어지기 때문에, 그것은 측정의 안정적 단위를 구성하기가 힘들다. 아우구스티누스는 이렇게 쓴다. "과거와 미래라는 저 두 시간에 관해서라면, 과거가 더 이상 존재하지 않고 미래는 아직 존재하지 않는다면, 어떤 의미에서 저들이 실재적 존재를 가지고 있는

가? 현재 시간에 관해서라면, 그것이 언제나 현재이고 결코 과거로 미끄러져 가지 않는다면, 그것은 전혀 시간이 아닐 것이다. 그것은 영원일 것이다."[7] 시간이 우리의 덧없는 현재적 의식을 통과하여 항상적으로 경과하거나 흘러가고 있다면, 아우구스티누스가 내리는 결론은 다음과 같다.

"세 가지 시제, 과거 · 현재 · 미래가 있다"고 말하는 것은 정확하지 않다. "세 가지 시제, 과거 사물의 현재praesens de praeteritis, 현재 사물의 현재praesens de praesentibus, 미래 사물의 현재praesens de futuris가 있다"고 말하는 것이 적절할 것이다. 내가 볼 수 있는 한에서는 이 세 가지 실재는 정신 속에 있고, 다른 어느 곳에도 없다. 과거 사물의 현재를 위해서는 기억이, 현재 사물의 현재를 위해서는 주목attentio이, 미래 사물의 현재를 위해서는 기대가 있다. 이렇게 표현하는 것이 허락된다면, 나는 세 가지 시제 또는 세 가지 시간을 보며 이것들이 셋이라는 것을 인정한다.[8]

여기에서 아우구스티누스의 수〔움직임〕는 동적으로 훌륭하다. 시간은 우리를 항상적으로 통과하여 경과하는 감각의 연속적 흐름인데, 우리가 우리의 주의attention('장력'을 뜻하는 라틴어 어근 tendere에서 왔다)를 현재에 맞출 때, 우리는 본질적으로 접힘이 도로 자기 위로 접히게 함으로써 세 가지 '시제tense'(이것도 라틴어 어근 tendere에서 왔다)를,[9] 또는 흐름의 시간적 장력들을 합칠 수 있다. 흐름을 자기 위로 접고 시간의 고리를 창조함으로써, 현재는 본질적으로 시간적 접힘 또는 내부성으로 확장되고 잡아 늘여진다tenditur. 이것이 내적 지속이다. 현재는 흐름의 자기 자신과의 동적 상호교차의 점이며, 미래를 앞에, 과거를 뒤에 두고 있다. 동적 감각의 흐름은 접힘 속에 내부화되어 합쳐지며 떼어 내진distenditur 시간의 화살이다. 시간은 분할 또는 정태 없이 접힘을 통해 연속적으로 흐른다. 그러나 장력적 접힘 자체의 반복을 통해서 지역적 시간적 안정

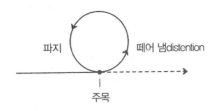

파지　　　　　　떼어 냄distention

주목

| 도판 31. 1 | 시간의 장력적 접힘

성이 창조되어, 시간을 분할하지 않고서도 시간 속에서 구별이 가능해
진다(도판 31.1을 보라).

　　장력적 현재의 이러한 동적 접힘은 이어서─그것이 항상적으로 경과
함에도 불구하고─시간적 측정의 기반으로 기능할 수 있다. 현재는 미
래 또는 과거를 측정하는 것이 아니고, 현재 내의 내적 지역 또는 차원
이다. 시간의 흐름은 경과하지만, 또한 지속에 의거하여 크고 작은 고리
로 접힌다. 이것이 아우구스티누스의 "〔시간은〕 경과하면서 측정된다"라
는[10] 말에 동적으로 함축되어 있는 바다. 시간은 경과하면서en passant 시
간적 접힘 주위에서 측정된다.

　　아우구스티누스의 시간 이론은 다양하게 아리스토텔레스적으로 변
이되면서, 약 천 년 동안 시간에 관한 지배적 이론으로 남아 있었다. 시
간은 신의 영원성과의 관계 속에서 운동의 주체적 척도 또는 실감되는
현재로 남아 있었다.

기계적 시간: 접힘의 다중화

14세기경 기계장치의, 특히 기계적 시계의 도입과 함께, 또한 이와 관계
된 서유럽 전역에서의 임페투스 이론의 전파와 함께, 시간에 대한 두 번
째 동적 기술이 점점 더 견인력을 획득했다. 그것은 시간적 접힘의 다중

화였다. 천문학 시계를 포함한 기계식 시계의 전파는 자신의 시간을 측정할 수 있는 장력적 운동의 동적 증명을 서유럽에 처음으로 도입했다. 기계식 시계는 자기 자신의 움직임을 측정하고, 주관적 · 지상적 · 천상적 움직임과 구별되는 시간을 생산할 수 있었다. 주관적 운동만이 아니라 모든 운동이 시간의 표준적 척도 기능을 할 수 있음을 시계는 명확히 보여 주었다. 사실, 시계 기계장치는 주관적인 실감된 측정보다 훨씬 더 정확했다.

기계적 시계 시간의 부상은 시간적 접힘을 다중화하기만 한 것이 아니다. 그것은 또한, 주관적 시간과 인간적 움직임이 기계적 시간에 종속되는 것을 가능케 했다. 달리 말하자면, 인간의 운동은 점점 더, **시간을 세는 것**이 아니라 **시간에 의해 셈해지는 것**이 되었다. 14세기경 시간의 척도가 주관적 시간에 종속되어 있던 데에서 점점 더 해방되면서, 그것은 돌아서서 한 시간적 접힘을 다른 시간적 접힘을 통해 포획할 수 있었다.

동적 논리는 다음과 같다. 다중적 시간적 접힘이 있으면, 그리고 이들 시간적 접힘 중 많은 것이 주관적인 또는 실감되는 현재일 뿐 아니라 기계적 현재라면, 그중 하나를 다른 것의 움직임의 척도로 삼는 것이 가능해진다. 예를 들어, 수도원, 대학, 병원, 마을, 일터 등등에서 인간 신체의 점점 더 규제되는 움직임은 모두, 다른 엄격히 기계적인 시간과의 관계 속에서 양화되고 질서 잡힐 수 있다.[11] 그래서 더욱 토대적인 유율이 타인을 측정하기 위해 도입되었다.

시간이 점점 더, 물체의 운동을 질서 잡는 자율적이고 보기에 객관적인 순서 계열로서 기능하기 시작했다. 그렇지만 그것은 여전히 힘이라는 더욱 일차적인 존재론적 규정에 종속되어 있었다. 우리가 3부에서 보았듯이, 시계나 우주적 기계장치를 포함한 기계장치의 지배적 동적 작동은 장력적 작동이었고, 그것은 동력으로서 인과적 또는 구동적 힘의 일차성에 의존한다. 모든 기계는 에너지원을 필요로 한다. 모든 시계는 태엽을 감을 필요가 있다. 모든 신체는 기원과 구동적 동력을 가진다. 동력원과 연결되면, 시계는 톱니바퀴 연쇄 전반에 걸쳐 장력적 힘을 분배할 따름이다.

그러므로 역사적으로 많은 14세기 중세 사유자에게서 시간의 비주관적 측정의 부상을 볼 수 있다. 특히 **가능적 시간**temporis potentialis(둔스 스코투스)[12]과 종동천primum mobile, 즉 천동설적 우주에서 최초로 움직여진 가장 바깥쪽 고리(페트루스 아우레올루스)[13]의 **표준적 시계 시간** 사이의 대조에서 볼 수 있다.

시간적 측정에 대한 이러한 순수한 수적 정식화는 오컴의 윌리엄(약 1287~1347)의 **개념적 시계**conceptual clock 관념에서 정점에 도달했다. 오컴은 아우레올루스보다 한 발짝 더 나아가, 운동의 측정을 위한 최고의 또는 심지어 완벽한 단위를 구성하는 것은 종동천이 아니라고 논했다. 무엇이든 간에 완벽한 통일체면 단위가 된다고 했다. 사실, 심지어 어떤 완벽한 균일한 회전이 부재하거나, 다중적인 최초의 균일적 천상적 회전의 공존이 부재한다 해도,[14] 우리는 여전히 다른 모든 운동을 측정할 수 있게 하는 완벽하게 균일한 운동 개념을 가질 수 있다. 그러므로 존재하는 어떤 운동이든 간에 그것이 균일한 운동으로 생각된다면, 그것은 척도로서 기능할 수 있다. 측정의 기반이 되는 것은 수적 양 자체이기 때문이다. 그것은 측정 가능성을 위한 최소 조건을 제공하며, 우리가 가질 수 있는 시간에 대한 주체적이고 실감되는 질적 감각과 무관하게 일어난다.

오컴의 결론은 급진적이다. 운동의 수적 척도로서의 시간은 그 자체로 다른 시간들(즉, 움직임의 통일체들)의 척도다. 모든 접힘 속에서, 접힘을 자기 자신과 통일시키고 그리하여 수적 양의 조건을 구성하는 것은 감응적 상호교차다(도판 31.2을 보라). 그러므로 표준적 시계를 생산하는 것은 접힘 속에서 움직임의 자기 자신과의 형식적 통일성이다. 나

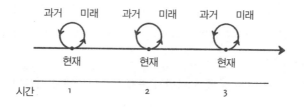

| 도판 31. 2 | 시간적 접힘의 수적 다중화

무 하나, 연 하나, 무엇이든 하나는 모두 똑같이 수적으로 하나다.

이러한 이론 모두 및 여타 비슷한 이론들이 공통적으로 가지는 것은 그러므로 정확히, 시간적 접힘의 다중화의 동적 작동이다.[15] 영원한 신과 시간적 창조 사이의 장력은 시간적 접힘의 세 시제 사이의 장력과 같은 것으로 머무른다. 시간은 여전히 운동의 척도에 의해 정의되지만, 그것은 그저 질적인 주관적 척도로부터 해방되어, 양적인 척도도 포함하게 되었다. 그러나 이것도 비슷하게 운동에 종속되어 있으며, 궁극적으로 운동의 원인, 즉 힘에 종속되어 있다.[16]

절대적 시간: 흐름의 탄성

시간에 대한 중세와 근대 초기 기술의 세 번째이자 마지막 동적 작동은 흐름의 탄성이다. 이 작동은 이전의 두 작동을 무효화하는 것은 아니고, 그것에 세 번째 작동을 더하는 것이다. 심지어 가장 이른 이론에서부터, 시간은 언제나 시간의 **흐름**이었다. 시간의 경과는 언제나, 시간에 대한 어떤 실재론적 이론도 결여할 수 없는 더욱 일차적인 연속성을 전제한다.

그러나 근대 초기가 시작될 때, 모든 다중적 시간적 접힘들을 함께 연결하는 시간의 흐름은 새로운 방식으로 시간의 점점 더 일차적인 동적 기능이 된다. 시간의 흐름은 모든 시간적 접힘들을 장력 속에서 합치고 떼어 놓는 연속적 선이다. 그러나 그것은 또한 점점, 더 이상은 움직여지지 않고 절대적 미래와 과거로 탄성적으로 **잡아 늘여지는** 정적 연속성으로서 다루어진다. 절대적 시간은 그러므로 정적이고 직선적인 것으로 추정되는 시간성의 탄성이다.

그러나 동적으로 말하자면, 운동 없는 흐름 또는 탄성은 없다. 탄성은 절대적 또는 무한한 시간을 기술할 동적 조건이다. 시간의 무한한 선 이념이 점을 무한으로 기하학적으로 투사하기로 정의된다면, 이 투사는 점의 탄성을 전제하며, 탄성적 투사는 점이 자기 자신과 관련하여 움직임을 전제한다.

아리스토텔레스 이후, 시간은 언제나 운동의 수numerum motus였다. 기계적 운동조차, 어떤 것이든 수로서 다른 운동의 척도가 될 수 있기는 했지만, 여전히 시간을 운동의 수로 정의했다. 절대적 시간의 근대 초기적 이론이 마침내, 운동이 시간에 대해 가지는 존재론적 일차성과 절교했다. 그것이 여전히 신의 일차적 창조적 힘 또는 능력으로부터 풀려나는 데에는 실패했다 해도 그렇다. 시간은 더 이상 운동의 척도가 아니었고, 어떠한 창조된 신체 또는 운동과도 독립적인 실존을 획득했다.

동적으로 말하자면, 시간의 흐름 자체가, 미래로 그리고 과거로 무한히 멀리 잡아 늘여진 탄성적 선으로 간주되었다. 실감되는 자연적 시간들은 이러한 무한한 선 위의 점에 불과했다. 실감되는 시간과 수학적 시간은 **시간의 절대적 탄성적 선 내의** 시간적 접힘의 질적·양적 차원일 따름이었다(도판 31.3을 보라).

절대적 시간에 대한 최초의 정식화 중 하나는 데카르트의 저작에 있다.[17] 절대적 시간이라는 사고의 시작은 가능적·수학적·양적 시간이라는 이전 관념들에서 명확히 볼 수 있지만, 아주 중요한 차이가 하나 있다. 절대적 시간은 순수하게 연속적이고, 무한하고, 불변한다. 수적 측정의 수학적 관념은 여전히 시간의 흐름을 따르는 장력적 순서 계열 내의 한 점에서 다른 점으로 경과하는 단속적이고 가분적이고 유한한

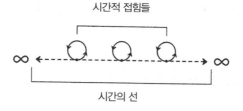

시간적 접힘들

∞ ←-------------------- ∞

시간의 선

| 도판 31. 3 | 시간의 탄성적 선

단위를 다룬다.

　그러나 시간(운동의 수)과 지속(존재의 존속) 사이의 스콜라 철학적 구별에 의거하여 데카르트가 논하는 바는, 시간은 상대적 운동을 재는 정신의 척도에 따라 달라지지만, 지속 일반은 운동과 관련하여 전혀 달라지지 않는다는 것이다.

　이제 어떤 속성 또는 양상은 이들이 어떤 사물의 속성 또는 양상이라고 말해지는 그 사물 내에 있는 반면, 어떤 속성 또는 양상은 우리의 사유 속에만in nostra tamtum cogitatione 있다. 예를 들어, 시간tempus이 일반적 의미에서 고려된 지속duratione generaliter과 구별되며 운동의 수numerum motus라고 불린다면, 그것은 단순히 사유의 양상modus cogitandi이다. 우리가 움직임에 결부되어 있는 것으로 발견하는 지속은 확실히, 움직이지 않는 사물에 결부되어 있는 지속과 다르지 않다. 이 점은, 한 시간 동안 움직이는 두 물체가 있는데 하나는 천천히 하나는 빨리 움직일 때, 우리는 전자에서보다 후자의 경우에 시간을 더 크다고 간주하지 않는다는 점에서 명확하다. 그러나 모든 사물의 지속omnium durationem을 측정하기 위해서 우리는 이들의 지속을—해年와 날을 생기게 하는—가장 크고 가장 규칙적인 운동과 비교하며, 이 지속을 "시간"이라고 부른다hancque durationem tempus vocamus. 그러나 이때 일반적인 의미에서 고려된 지속에 덧붙여지는 것은, 사유의 양상뿐이다.[18]

우리는 우리 정신 속에서 움직임과 정지 사이의 차이를 구별하지만, 그럴 때 지속 자체에 더해지는 것은 없다. 데카르트가 보기에, 신이 처음 창조에 도입한 **운동과 정지의 같은 비율** 속에서 신이 보존하거나 지속되는 한, 지속은 절대적으로 불변한다.[19] 그러나, 신체가 서로와의 관계 속에서 변화하는 한에서, 지속은 여전히 상대적으로 차이 난다. 그러므로 운동은 장소의 절대적 변화가 아니고, "정지하는 존재로서 **간주되는** 인접하는 물체에만 상대적"이다.[20] "물체가 엄격한 의미에서 '움직이기' 위해서는, 그것이 직접적 접촉을 하는 어떤 물체 내의 변화가 있어야 하기 때문이다."[21] 이러한 의미에서, 지속 전체에는 아무것도 더해지지 않고, 그것은 비율적으로 계속 불변한다.

상대적 운동(확장과 수축)은 가지고 있지만 절대적 운동은 가지지 않는 **일반적 지속**이라는 이 관념은 데카르트가 영원성을 단일한 정적 현재 내에서의 모든 시간의 동시성과 공존으로 정의하는 스콜라 철학적 사고와 절교할 수 있게 한다. 지속은 회전하는 구의 중심에 있는 움직여지지 않는 점이 아니다. 그것은 선의 각 점에서 이동적이며 분화되어 있는 무한한 흐름으로 잡아 늘여진 점인데, 동시에 움직임과 정지의 전체 또는 총체로서는 절대적으로 정적이다. 달리 말하자면, 시간은 직선적으로 탄성적이다.

뉴턴은 아마도 절대 시간 이론으로 가장 잘 알려져 있겠지만, 그는 이론가들의 긴 연쇄의 마지막에 서 있다. 이 연쇄 중에는 피에르 가상디 Pierre Gassendi(1592~1655)처럼 더 급진적이었던 사람도 있다. 그러나 뉴턴이 이 시기 절대적 시간의 부상에 엄청난 영향을 끼쳤다는 점에는 의문의 여지가 없다. 아이작 배로Isaac Barrow(1630~1677)의 말을 거의 글자 그대로 따라한 것이기는 했지만, 뉴턴이《원리》에서 이렇게 쓴 것은 유명하다. "절대적이고 참되고 수학적인 시간은, 독자적으로 그리고 자기 자신의 본성에 있어서, 외부적인 무엇과의 관계도 없이 똑같이 흐른다. 그것을 부르는 다른 이름은 지속이다."[22]

그러나 뉴턴에게 지속 일반의 흐름은 그 자체로 절대적으로 운동 없는 것이다. "사물의 지속은 그것의 흐름ejus fluxio도, 어떠한 변화도 아니고, 흐르는 시간 속에서 그것은 항구성과 변이불가능성이다. 어떤 시간에도 같은 것으로 머무르는 한에서 모든 것은 지속한다. 각 사물의 지속은 흐르지만, 그것의 지속하는 실체는 흐르지 않으며, 이전과 이후와 관계하여 변화하지 않고, 오히려 언제나 똑같이 머무른다."[23]

뉴턴과 데카르트의 모든 차이에도 불구하고, 이 구절에서 지속에 대한 뉴턴의 정식화는 데카르트의 정식화를 거의 정확하게 따른다. 더욱이, 움직임이 시간에 대해 가지는 일차성을 전복시키려는 이들은 그 혁명적 노력에도 불구하고, 뉴턴과 데카르트 둘 다 신적 능력의 형태로 있는 힘의 존재론적 일차성을 유지하는 것으로 끝난다.《중력에 관하여De Gravitatione》에서 뉴턴은 공간과 지속이 신의 창조적 힘의 유출 또는 결과라고 명시적으로 논한다. "공간은 존재가 존재인 한에서… 〔그리고〕 일차적으로 존재하는 유출적 결과인 한에서, 존재의 변용이다. 어떤 존재든 간에 정립이 된다면, 공간도 정립되기 때문이다. 같은 말이 지속에 대해서도 단언될 수 있다. 확실히, 둘 다 존재의 변용 또는 속성이기 때문이다. 이 변용에 따라서 각 개별 실존의 양이, 〔공간의 경우〕 현전의 규모에 따라서, 〔지속의 경우〕 존재에서의 존속에 따라서 매겨진다."[24] 뉴턴은 이렇게 쓴다. 신, "모든 것의 창조자이자 주는 언제나 어디에나 실존함을 통해, 지속과 공간을 구성한다. … 그의 안에 모든 것이 담겨 있으며 움직여진다. 그러나 서로가 영향을 끼치는 것은 아니다. 신은 물체의 운동으로부터 어떤 것도 겪지 않는다. 물체는 신의 무소부재로부터 어떤 저항도 발견하지 않는다."[25] 지속과 공간은 그러므로 신의 절대적 능력의 유출적 효과 또는 표현이다. 그는 지속과 공간 **속에** 있지 않으며, 오히려 이들이 신의 실존으로 생산된 효과다. 신은 물체가 움직이는 원인이 되는—중력 등 모든 절대적 힘을 포함하는[26]—모든 것의 절대적 원인이다. 지속은 확장되고 수축하지만, 절대적 전체로서 그것은 변화하지 않는다.

지역적으로 탄성적이지만 절대적으로는 불변하는 것으로서 절대적 시간을 기술하는 것은 그러므로 근대적 시간의 완전히 새로운 이론에 첫 번째 토대를 제공한다. 이 이론 속에서 시간은 더 이상 운동에 종속되지 않고, 결국은 심지어 신 자신의 힘에도 종속되지 않는다.

맺음말

시간에 대한 중세적 기술에서 발견되는 동적 작동은 그러므로 시간의 흐름을 기술하기 위해 실감되고, 기계적이고, 탄성적인 언어를 사용하는 일이 점점 늘어남을 증언한다. 그러나 이러한 시간 이론들은 시간에 관한 이후의 초월론적 이론들로 극복되거나 대체되지 않으며, 오히려 이 이론들로 이어지면서 변용된다. 그렇기에 시간에 관한 칸트의 근본적으로 새로운 이론으로 옮겨 가기 전에 이들을 다룰 필요가 있다. 시간에 대한 이들 중세와 근대 초기의 기술은 시간에 대해 운동이 가지는 일차성을 차츰 쫓아냈으며, 그리하여 시간에 관한 근대 현상학적 존재론이 만들어질 기반을 제공했다.

달리 말하자면, 중세와 근대 초기를 거쳐 운동의 멍에를 벗어 버리려고 점점 더 노력한 후, 시간에 관한 근대의 기술은 이러한 노력 위에 구축되어 힘의 궁극적 멍에 또한 벗어 버리고, 시간에 고유의 자율적인 존재론적 기술 체제를 제공할 수 있었다. 이를 다음 두 장에서 볼 것이다.

32장

근대 현상학 2. 순환

본 장은 근대 존재론에서의 시간의 기술적 일차성이 운동의 탄성적 체제를 따른다고 논한다. 앞 장에서 보았듯이, 어느 정도의 탄성은 언제나 '장력적' 시간의 동적 구조의 일부였다. 추상적 또는 절대적 시간에 관한 근대 초기의 기술에서 실감되는 시간의 접힘들은 확장되고 수축할 수 있었고, 시간의 흐름 자체도 마찬가지였다. 그러나 동시에 이 탄성은 더욱 일차적인 신적 힘의 존재론적 장력에 종속되어 있기도 했다.

초월론적 시간에 관한 칸트의 이론은 **순환**의 근본적으로 **시간적인 장**에 관한 이론을 처음으로 도입했다. 시간적 장에서 실감되는, 기계적인, 절대적인 시간을 구성하는 흐름들은 전체 계열을 통과하여 도로 재순환하고, 그리하여 완전히 새로운 시간적 질서를 창조한다. 이것이 현상학적 주체의 시간적 질서다. 체험하는 현상학적 주체의 동적 조건은, 존재 자체가 그 접힘 속에서 내부적으로 분화되어 있어야 함을, 그러나 체험 속에서 '자신을' 감응하기 위해 자아 속에서 종합적으로 통일되어 있어야 함을 요구한다. 한 마디로, 시간의 무한한 흐름을 따라 접힘의 무한한 다중성에 따라 시간적으로 분화되어 있지 않다면, 자아는 수용적일 수도, 자기감응적일 수도 없다. 절대적 형이상학적 현전 속에서 이미 자기 자신과 동일할 것이기 때문이다. 그러므로 순환의 시간적 장은 주체의 자기감응적 존재가 필요로 하는 종합적 통일성과 분석적 다중성 양쪽을 다 가능케 한다.

존재의 시간적 본성에 대한 이러한 현상학적 헌신을 따라 시간에 관한 근대적 이론을 정의하는 것은, 그것이 근대 초기의 시간 이론과 갖는 적어도 네 가지 주요 동적 차이다.

① 절대적 시간의 정적 총체성과 달리, 시간에 대한 근대적 이론은 **무제한적**이고 비총체적이다. 시간은 더 이상 하나의 전체가 아니고, 열려 있고 끝이 없는 순서 계열이다.

② 신의 창조적 능력의 효과 또는 유출로서 시간이 가지는 존재론적으로 이차적인 지위와 달리, 근대적 시간은 시간성을 최상의 존재론적 일차성으로 끌어올리며, 모든 다른 존재론적 결정은 시간 속에서 일어난다.

③ 절대적 시간–공간이 단일한 실체 속에서 자기동일적인 것과 달리, 근대적 시간은 이 둘을 구별하며 시간에만 참된 토대적 지위를 부여한다.

④ 시간의 절대적 수평성과 달리, 근대적 시간은 시간에 굽이를 도입하여 시간이 유연해질 수 있게 한다. 아인슈타인의 상대성이론을 따라 근대에 시간은 순환의 장이 되고, 그 속에서 상이한 시간들이 같은 표면 위에서 가시적이 된다.

이어질 부분에서는 현상학적이고 탄성적인 시간성의 역사적 출현에 따라 이 네 가지 차이가 자세히 전개될 것이다.

앞 장에서 시간적 탄성에 관한 세 가지 구별되는 동적 기술—시간적 접힘의 탄성(아우구스티누스), 접힘의 다중화의 탄성(오컴), 잡아 늘여진 점으로서 선 자체의 탄성(뉴턴)—을 식별했던 것처럼, 다음 장들에서 네 가지 기술을 추가할 것이다. 바로 시간적 장의 순환(칸트), 시간적 장의 다중화(후설), 시간화의 과정(하이데거), 시간의 간격(데리다)이다.

주체의 순환

《순수이성비판》에서 칸트는 탄성적 시간적 장에 관한 첫 번째 기술을
제시한다. 로크, 버클리, 흄이 전개한 시간에 관한 경험론적 사고틀에
대항하여, 칸트는 "시간은 체험으로부터 추상된 경험적 개념이 아니다.
동시성Zugleichsein이나 순차의 기저에 시간의 표상이 선험적으로 놓여
있지 않다면, 동시성이나 순차는 우리의 지각에 들어올 수조차 없을 것
이다." 칸트에 따르면, 체험의 파지적 시간적 접힘의 존재 자체가 이미
현전의 더욱 일차적인 시간적 장을 전제하며, 그리하여 "(동시에) 하나
의 같은 때 또는 (순서 계열적으로) 상이한 때"[1] 그러했던 존재가 애초에
있을 수 있게 된다. 저 동시성의 통일성과 순서 계열의 차이는 그러므로
이들의 본성에 따라, 이들이 같은 것으로서 또는 다른 것으로서 등장하
는 더욱 일차적인 장 또는 조건을 전제한다.

　동적으로 볼 때 '시간의 흐름'이 그 자체로 이미 탄성적이지 않았더라
면, 그것은 자기 위로 접힐 수 없었을 것이고, 주체적 체험 또는 시간적
접힘 형식으로 자신을 감응하지 못했을 것이며, 따라서 체험의 주체에
동시적 또는 차이 나는 사물을 등장시키지 못했을 것이다. 그러므로 시
간적 접힘은 미리 형성되어 오는 것이 아니고, 같은 장의 동시적 또는
차이 나는 접힘으로 탄성적으로 확장되고 수축할 수 있어야 더욱 일차
적인 시간 장 속의 접힘으로 출현한다. 칸트가 말하듯이, "시간은 모든
직관의 기저에 있는 필연적 표상이다." "현상의 현실성은 시간 속에서만
가능"하고,[2] 이 시간이 이 현상들 속으로 흐르고 접히는 것이다.

　여기에서 칸트의 놀라운 통찰은, 시간적 장이 절대 동결되어 있거나
고정되어 있는 것이 아니며, 구별되는 지역들로 접힐 수 있어야 하고,

또한 하나 이상의 방향으로 무한히 잡아늘여질 수 있어야 함을 깨달았다는 점이다. 칸트가 보기에 "시간의 무한성이란, 시간의 어떤 규정적 크기는 그 기저에 놓인 단일한 시간에 제한이 가해져야만 가능하다는 뜻일 따름이다. 그러므로 **시간**이라는 근원적 표상은 무제한적인 것으로서 주어져야 한다."[3]

여기에서 칸트는 시간의 무제한적인 본성이 이중적 동적 작동에 의해 정의된다는 점을 명확히 한다. 그것은 규정적인 시간적 접힘을 하나 더 추가하는 것이 언제나 가능하다는 것, 그러므로 이러한 시간적 접힘들은 기저 시간의 무제한적인 흐름 속의 접힘들이라는 것이다. 기저의 시간이 하나뿐이라면, 이 시간에 가해지는 모든 제한은 이 시간이 자기 자신에게 가하는 **내부적 제한**이지 다른 것이 시간에 가하는 것이 아니다. 시간이 접힘으로써 자기를 제한한다고 칸트가 명시적으로 기술하는 것은 아니지만, 사실상 접힘은 연속적 단일한 흐름이 어떻게 절단 없이 또는 자기 이외의 것을 도입하지 않고 자신을 제한할 수 있는지를 사유할 수 있는 완벽한 방도다.

칸트가 보기에, 움직임을 장소의 변화로서 외연적으로 정의하는 것[4]은 또한 이미 시간의 흐름 자체의 더욱 근본적인 연속성, 차이화, 탄성을 전제한다. 시간의 흐름이 탄성적 선 위에 자기 제한적 접힘들 또는 '장소들'의 계열을 창조한 후에만, 이 접힘들이 이 접힌 선 속에서 자신의 관계 질서를 변화시킬 수 있다.

변화의 개념, 또한 이와 함께 (장소의 변화로서) 운동 개념이 가능한 것은 오직 시간의 표상을 통해서, 시간의 표상 속에서다. 그리고 이러한 표상이 (내적) 선험적 직관이 아니라면, 어떤 개념도 변화의 가능성을, 즉 하나의 같은 대상에 모순적으로 대립하는 술어들이 결합되는 것(예를 들어, 동일한 사물의 어떤 장소에 존재함과 그 장소에 존재하지 않음)을 이해

가능한 것으로 만들 수 없을 것이다. 시간 속에서만 두 모순적으로 대립하는 규정들이 하나의 사물 속에서 만날 수 있다. 즉, 순서 계열적으로 만날 수 있다.[5]

각 시간적 접힘은 같은 기저의 시간 흐름 속에서 계속해서 다시 반복된다는 바로 그 이유로 인해, 같은 시간적 접힘으로 머무른다. 주어진 순환과 관계된 장소들에서 이러한 접힘들이 일단 반복되면, 이 접힘들은 '장소를 바꾼다'고 말해질 수 있다. 칸트가 보기에, 경험적 움직임은 그러므로 시간의 초월론적 흐름에 종속되어 있다. 이에 따라, 시간적 접힘 또는 구별되는 순간들은 시간 자체의 탄성적 접힘에 다름 아니다. "[뉴턴과 반대로] 시간은 독자적으로 존속하는für sich selbst bestehen 무엇이 아니다." 또는, 그것을 구성하는 시간적 접힘으로부터 독립적인 것이 아니다. 또는, 라이프니츠와 반대로, 접힘은 "객관적 규정으로서 사물에 덧붙여지는" 무엇도 아니다. 시간적 접힘은 언제나 더 큰 초월론적 장 내의 질서 잡힌 순간 또는 시간 자체 흐름의 접힘이기 때문이다.[6] 이것이 칸트의 참으로 독창적인 시간 기술이다.

시간은 시간적 접힘의 창조에서, 그리고 그 자기제한으로서의 무제한적 수평성에서만 탄성적인 것이 아니고 순환적 탄성 속에서도 탄성적이다. 달리 말하자면, 시간적 접힘이 출현하는 시간 흐름은 자기 위로 도로 접혀서 모든 시간적 접힘들을 통해 도로 재순환하며 이 접힘들은 질서 잡고 분배할 역량이 있다. 이러한 의미에서, 시간은 시간적 계열이 내적으로 질서 잡히는 참된 순환적 장을 구성한다. 칸트는 이렇게 쓴다. "시간은 내적 감각의 형식, 즉 우리 자신 및 우리의 내적 상태에 관한 우리 직관의 형식에 다름 아니다. 시간은 외적 현상의 규정일 수 없기 때문이다. 그것은 어떤 형태나 위치에 속하지 않고, 오히려 우리 내적 상태 속 표상들의 관계를 규정한다[하기 때문이다]."[7] 이러한 탄성적 작동 속에서 시간적 접힘이 같은 순환 또는 주관적 장을 가진 순간으로서 통일된다. 이러한 시간적 순환 없이, 시간은 직선적 총체성으로서의 절대적 규정으로(뉴턴 등) 돌아오거나, 사물에 그저 더해질 뿐인 것으로서의 상대적 규정으로(로크 등) 돌아온다. 칸트에게서, 시간은 "모든 현상 일반의 형식적 선험적 조건"으로서 참으로 토대적이고 구성적이 된다.[8]

모든 현상 일반의 구조로서, 시간은 또한 주체 자체가 자기 자신에게 나타나는 구조이기도 하다. 칸트가 보기에, 시간은 "(우리 영혼의) 내적 현상의 직접적 조건이며, 바로 이로 인해 또한, 간접적으로, 외적 현상의 조건이기도 하다."[9] 그러므로 시간적 장은 주체의 생산, 또한 주어진 시간적 순환 체제 내의 주체에게 나타나는 구별되는 사물의 생산을 위한 객관적 조건이다. 달리 말하자면, 주어진 순환 체제 내에서, 주체는 **시간 속에서** 주체와 구별됨으로써 주체에 외적인 것이라는 지위를 가지는 객관적 시간적 접힘(그것, 그것, 그것)의 계열과 나란히 있는 일인칭 시간적 접힘의 계열(나, 나, 나)로서 나타난다. 그러므로 시간은 내적 표상과 외적 표상 일반 양쪽의 조건이다.

그러나 이러한 시간의 이러한 같은 계열성은 또한 주체와 대상의 근본적으로 파편화된, 또는 복수적인 본성—이것은 경험주의에 자꾸 출몰한다—을 드러내기도 한다. 시간적 접힘의 계열로서 주체와 대상은 다중적이다. 그러므로 나의 계열과 그것의 계열이 통일되고, 종합되고, 질서 잡히고, 반복되고, 재현되는 것은 오직 시간의 순환적 장 내에서만이다. 시간적 장은 주체가 창조한 것일 수 없다. **애초에** 주체가 **생산되는** 것이 정확히 이 장 내에서이기 때문이다. 이러한 의미에서, 시간은 시간적 접힘이라는 형식에서, **그리고** 그것이 자기 자신에게—시간적 접힘의 제한된 계열들의 탄성적 순환 형식 속에서의 종합적 통일체—표상됨 속에서 자기 자신에게 수용적이 될 수 있는 존재 역량의 **존재론적 규정**으로서 작동해야 한다(도판 32.1을 보라).[10]

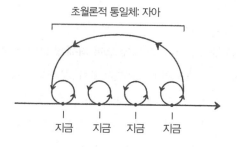

초월론적 통일체: 자아

지금 지금 지금 지금

| 도판 32. 1 | 시간적 접힘의 순환

시간은 그러므로 모든 감각과 차이화의 전제조건이다. 존재 속에서 시간적 계열성이 없었다면, 차이화도 없을 것이다. 실재적 차이화가 없다면, 접힘도 없을 것이다─같은 흐름 내의 두 상이한 점이 서로를 건드리지 않을 것이다. 차이화 없이는 감응이 없고, 그러므로 체험하는 주체도 없을 것이다.

그런 것이기에 시간은 주체가 자신에 관해, 그리고 대상 일반에 관해 수용적이 되는 감응의 일반적 구조다. 시간이 감각의 일반적 조건인 한에서 그것은 주체성 자체의 구성적 움직임이며, 그러므로 주체와 떨어져 있는 것이 아니다. 시간적 접힘의 단편적 사건들을 배치하고, 질서 잡고, 통일하는 시간적 순환의 과정(주체)이 없다면, 시간이 없다. 시간은 그러므로 정의에 따라, 근본적으로 순환적이며, 접혀 있고, 탄성적이다. 장과 접힘 양쪽의 접혀 있는 자기감응의 접혀 있는plicated 구조가 없다면, 시간은 절대적이고 비차이화된 직선으로 도로 붕괴될 것이다.

칸트는 절대적 시간 관념을 명확히 거부한다. 그러므로 "위에서 상술한 점에 따라, 시간이 절대적 실재성을 가진다는 점은 인정될 수 없다."[11] 동결된 또는 영원한 총체성으로서의 절대적 실재는 시간성을 가지지 않는다. 그것은 움직임, 탄성, 자기 너머의 흐름을 가지지 않기 때문이다. 고정된 총체성으로서, '절대적인 것'은 감각을 가질 수 없고, 그러므로 주체성을, 그러므로 시간성을 가질 수 없다. "시간은 대상 자체에 덧붙여지는 것이 아니라, 그것을 직관하는 주체에만 덧붙여진다."[12] 시간은 대상을 초월하는, 그러므로 정신에 의해 대상에 추가되는 무엇이 아니다. 그것은 주체를 구성하는, 그리고 주체와 대상의 접힘들이 질서 잡히는 순환을 구성하는 자기 감응의 내재적 과정 자체다.

칸트가 보기에, 그러므로 시간은 시간적 접힘의 제한된 계열이 나타나는 구조적 조건이다. 시간은 '절대적 총체성'이 아니라, 언제나 한계가 정해지고, 종합되고, 한 번 더 접힐 수 있는 무제한적 · 존재론적 · 내재적인 순서 계열이다. 칸트가 보기에, 시간의 직선적 흐름은 자율적 순환의 지역들에서 구부러지고 자기 위로 접힌다. 이러한 순환 밖에서 시간은 아무것도 아니다. 그러나 순환 속에서, 시간은 공간, 영원성, 힘에 비해 현상학적 · 존재론적으로 일차적이 된다. 그러므로 칸트가 운동을 명시적으로 시간에 종속시킴에도 불구하고, 그의 시간 이론은—헤겔 등이 칸트 이후에 증언하듯이—이미 시간 자체의 더 깊은 유동과 접힘을 전제한다.

자연의 순환

칸트 이후, 헤겔(1770~1831)은 칸트에게 암묵적이던 시간과 주체의 존재론화를 명시적으로 만든 첫 번째 사람이었다. 칸트가 주체와 보편성에서 시작하여 시간의 필연적 존재론화에서 끝났다면, 헤겔은 시간의 존재론화에서 시작하여 주체의 필연적 보편성으로 끝난다. 이러한 점에서 헤겔은 칸트의 전도다. 그러나 둘 사이의 근본적인 수많은 차이에도 불구하고, 둘 다 주체성 및 모든 존재 일반의 조건으로서 탄성적 시간이 가진 비슷한 기술적 일차성에 헌신한다.

시간에 관한 헤겔의 존재론은 그의 방대한《철학백과Enzyklopädie》 (1817) 2권《자연철학》에 나타난다. 1권에서 헤겔은 존재 그 자체의 형식적 논리를 펼치고, 2권에서는 나타남과 실존으로서 존재의 본성을 펼치며, 3권에서는 인간에 의해 역사적으로 알려진, 또는 이해된 존재에 관한 현상학을 펼친다. 그러나 본 책에서는 시간의 일차성에만 관심을 가지므로,《자연철학》에 담긴 헤겔의 가장 한결같은 시간 논의에 초점을 맞춘다. 여기에서 그는 존재 일반의 나타남의 존재론적 구조를 펼친다.

헤겔이 보기에, **자연**이라는 존재는 인간성이 출현하는 존재론적 조건이다. 집합적 인간 정신Geist은 그 자체로 자연의 일부인데, 이것은 역사를 통해 결국은 자연이 도입한 모순들을 극복하고, 자연의 자기 인식 관점으로 자기 자신에 관한 절대적 인식을 획득한다. 헤겔은 이렇게 쓴다. "자연 속에서, 정신은 자신을 자기 자신의 타자로서, 잠든 정신으로서만 현실화한다."[13] 자연은 잠든 정신이다. 그것은 아직 관념 또는 개념을 통해 자신을 인식하지 못했기 때문이다. "개념은 외부성의 껍질을 깨고 자신에 대한 존재가 되기를 의지한다."[14]

그러므로 주의해야 할 것은, 헤겔에게 시간의 존재론적 일차성은 그것이 철학 역사에서 이전에 가졌을 지위와 전도된 지위를 가진다는 것이다. 이전에, 최초의 원리는 **자신에 즉해서·자신에 대해서** 언제나 이미 완벽했고 완전했다. 그러나 헤겔이 보기에, 이 원리는 **자신에 즉해 있기는** 하지만, 인간의 **자신에 대해 있는** 자기인식의 엄격히 시간적-역사적인 전개를 통해 자신이 완벽하고 완전하다고 알려져야만 비로소 완벽하고 완전해진다. 달리 말하자면, 자연은 오직 **시간 속에서** 자기 자신을 점점 더 인식해 간다. 이에 따라, 헤겔에게 시간은 존재론적으로만 일차적인 것이 아니라, 현상학적으로도 일차적이다. 집합적 인간 정신이 인간 역사 속에서 자기 자신을 알게 되는 특권적 구조가 시간인 한에서 말이다. 헤겔은 이렇게 쓴다. "그러므로 세계사란 무엇보다도 시간 속에서의 정신의 해석/펼침Auslegung이다. 이는 이념 공간 속에서 자기 자신을 자연으로서 해석함/펼침과 마찬가지다."[15]

자연은 정신 속에서 역사를 통해 지양되기는 하지만, 정신이 절대적 인식을 성취하면 역사는 끝에 도달한다. 그러나 시간은 그러지 않는다. 역사의 인간적 과정은 국가 형태로 끝에 도달하지만, 역사보다 더욱 일차적인 것인 존재의 시간적 본성은 계속된다. 이러한 의미에서, 시간이 과거 어느 철학자에게 일차적이었던 것보다 헤겔에게는 더 일차적이다. 존재 자체가 시간적이 되기 때문이다. 시간적으로 차이화되어서, 그것은 자기 인식(자기감응)의 조건이면서 직접적 자기인식의 불가능성의 조건이다. 존재는 **시간 속에서** 자기 자신으로부터 근본적으로 차이화되기 때문이다. 그러므로 존재의 최종적 인식 형태는 시간적 차이 **전체로서의 과정 자체**로서의 존재에 관한, 즉 시간적 생성에 관한 인식일 수밖에 없다.

《예나 시절 자연철학 강의》(1803~1804)에서 헤겔은 그의 자연 존재론을 시간의 일차성에서 시작한다. 그는 시간을 양적 사건들의 순차로 정의한다. 모두가 서로에게 외부적이며 서로와 구별 불가능한 양적 순간들이 미규정적으로 잡아들여진 단일한 연속적 직선을 형성한다. 시간의 이러한 연속적이고 미분화되고 외부적인 순간들이 함께 전체를 형성하는데, 이것을 헤겔은 '공간'이라고 부른다. 그러므로 시간은 자기 자신으로부터 나와서 자신의 총체성으로서의 공간으로 들어간다. 그러므로 시간의 전체 과정은 시간에 관한 순수하게 공간적인 표현 속에서 지양된 것으로서 정립될 수 있다. 시간의 단일한 무한히 탄성적인 직선은 하나의 방향을 통해 정의되지만, 이 방향은 다른 방향들도 있음을 함축한다. 그러므로 공간은 시간의 방향들에 삼차원성을 도입함으로써 시간을 제한한다.[16]

그러나 13년 후 헤겔의 《철학백과》 2부 《자연철학》(1817)에서, 그는 공간과 시간에 유사한 정의를 가진 공동일차성을 더 부여한다. 헤겔은 우선 공간을 기술한다. 그는 자연을 무엇보다도 우선 순수 양적 외부성으로 정의한다.[17] "그것은 순전히 이념적인 옆으로-나란함이다. 그것은 자기-외부에-있음이기 때문이다. 그것은 단적으로 연속적이다. 이러한 서로의-외부에-있음은 여전히 순전히 추상적이고, 자기 안에 규정적 차이를 가지고 있지 않기 때문이다."[18] 공간은 직접적이며, 비차이적이고, 양적이고, 즉자적이다. 공간의 어떤 면모도 다른 면모와 다르지 않다. 흥미롭게도, 이것은 그가 예나 강의에서 시간에 대해 내린 정의와 같다.

공간은 점에 의해 구성되는 것이 아니고, 점이 공간 속에서 공간의 부정으로서 일어난다고 그는 말한다. 점이 공간의 부정인 것은, 그것이 양적 비차이화 가운데에서의 독특한 국지화 또는 질적 차이이기 때문이다. 어딘가 공간 속에서 국지화됨으로써 점은 다른 모든 곳의 나머지 공간을 부정한다. 헤겔은 이렇게 쓴다. 그러므로 "〔공간의〕 차이는 본질적으로 규정적이고 질적인 차이다. 그런 것으로서 공간의 차이는 우선 공간 자체의 부정이다. 그것은 직접적이고 차이 없는 자기-외부에-있음, 즉 점이기 때문이다."[19] 그러나 공간의 부정으로서 점은 공간 속의 점이다. 점과 점이 부정하는 것(공간) 사이의 관계가 선이다. 그것은 점이, 자신이 아닌 것과의 사이에서 가지는 관계다. 그러므로 직선은 "점으로 이루어져 있지 않다. … 점은 자기 외부에 있는 점, 즉, 공간과 관계하며 자신을 지양하는 점이기 때문이다. … 여기에서 점은 일차적이고 실정적인 것으로 표상되며, 그것으로부터 출발한다."[20]

그러므로 직선은 점으로 합성된 것이 아니고, 점의 외향적 탄성적 확장이다. 그러나 점의 직선 속 흐름은 이어서 외부의 여타 측면 차원들을 마주친다. 직선은 자신의 꺾임 또는 굽이의 형태로 이 차원을 대면한다. 그러나 이 굽이가 원을 그리며 자기 자신으로 돌아오는 한에서, 굽음을 통해 선은 표면 또는 평면을 가능하게 한다. "그러므로 그것은, 이제 자기 안에 부정적 계기를 담고 있는 공간적 총체의 회복이다. 단일한 전체적 공간을 분리해 내는, **둘러싸는 표면**이다."[21] 원의 둘러싸는 표면은 다른 모든 기하학적 형태를 둘러쌈으로써 공간 전체를 완성하고 총체화한다.[22]

이러한 질적 차이—점, 선, 둘러싸는 원—가 자신에 대해 정립될 때, **그것이 시간이다.** 공간의 질적 차이 각각은 실제로는 규정적으로 차이 나는 시간 속의 같은 공간이다. "이제 시간은 바로 이러한 항구적 자기지양의 실존이다. 그러므로 시간 속에서 점은 현실성이다. 차이는 공간으로부터 이탈한다. 이것이 뜻하는 바는, 그것이 이러한 비차이이기를 그쳤다는 것, 그것이 자신의 모든 비정지 속에서 자신에 대해 있다는 것, 더 이상 마비되어 있지 않다는 것이다."[23] 시간은 다른 사건과 다른 단일한 순간 속에—과거, 현재, 미래—모든 공간적 비차이를 합칠 수 있다. 그것은 모든 공간을 단일한 순간으로 지양한다. "공간의 진리는 시간이다. 그러므로 공간은 시간이 된다. 우리가 주관적으로 시간으로 이행하는 것이 아니고, 공간 자체가 이행하는 것이다."[24] 칸트가 가지고 있던, 주관주의적으로 들리는 잔여들을 명시적으로 모두 치우면서, 헤겔은 공간이 움직이고 접한다고 대담하게 공언한다. 그리고 더욱 대담하게, 순수 시간은 공간의 자기 자신에 대한 바로 이 자기감응의 조건 자체라고 공언한다.[25] 시간이 없다면 공간의 변증법 속에는 '계기/순간moments'이 없다.

그러나 헤겔이 보기에 시간은 또한, 시간이 비차이로 돌아가는 시간 자신의 내부적 부정에 의해 정의된다. 시간적 순간은 과거, 현재, 미래 순간 사이 생성의 경과하는 순간일 따름이며, 그러므로 자기 자신에 외부적이다.[26] 그러므로 존재들이 존재로 흘러들어가고 존재에서 흘러나오는 한에서, 시간은 실제적 존재의 객관적 규정이다. 존재들이 사라지는 것은 존재들이 강과 같은 어떤 절대적 시간 속에 있기 때문이 아니다. 그것은 "사물들 자체가 시간적이며, 시간적이라는 것이 사물들의 객관적 규정"이기 때문이다.[27] 시간이 흐르는 것은, 존재들이 시간적으로 흐르기 때문이다. 공간은 순수 추상적으로 머무르는 반면, 시간은 객관적 규정 속에서 고려한 존재들의 존재 자체의 첫 번째 참되게 존재론적인 규정이다. 그러므로 자기 존재 속의 존재는 근본적으로 유한하고, 시간적이고, 자기감응적이다.

그러나 시간이 교환 가능한 순간들 사이의 연속적 경과인 한에서, 그것은 공간처럼 추상적으로 머무른다. "아직은 실재적 차이가 없다."[28] 존재는 끝없는 원 속에서 존재(과거/미래)로부터 비존재(미래/과거)로 경과하고 다시 돌아올 따름이다. 과거와 미래가 **존재하지 않고―생성하는** 한에서, 현재적 '지금'은 전체로서의 과정의 진리다. 그러므로 참된 현재는 영원성의 관념, 즉 시간의 부정, 즉 공간이다.

시간과 공간의 변증법은 그러므로 서로 산산이 찢어져 있다. 공간에서 시작할지 시간에서 시작할지를 두고 헤겔이 마음을 바꾼 것도 놀라운 일이 아니다. 둘은 같은 변증법적 과정의 변증법적으로 공동일차적인 차원들이다. 헤겔이 강의에서 보여 주듯이, 우리가 어느 한쪽에서 시작하든 차이는 없다. 한편은 다른 편의 진리이기 때문이다. 출발점은 쉽게 역전될 수 있다. "우리는 시간과 공간의 이러한 직접적 통일성이 이미 이들 존재의 근거임을 본다. 공간의 부정적인 것이 시간이고, 시간의 실정적인 것, 즉 시간의 차이들의 존재가 공간이기 때문이다."[29] 공간 속의 차이(점, 선, 표면)는 시간 속의 차이(사건, 흐름, 현재)의 거울상이다. 양쪽 다 폐쇄된 원이라는 같은 도형 속에서 지양된다. 이 원은 이들을 탄성적이고 자기감응적이게 하면서, 또한 장소로서 이들의 통일성, 시-공간, 지금-여기 속에서 비차이적으로 만들기도 한다.

자연의 변증법의 세 번째 계기는 그러므로 공간이 시간으로, 시간이 공간으로 이행하는 것, 또는 공간 사이의 이행―움직임―이다. 시간은 공간을 통해 실존을 획득하고, 공간은 시간 속에서 자기감응적이 된다. 그러나 시공간의 단위(장소)가 상이한 움직임 속에서 서로로부터 처음으로 실제로 구별되게 되는 것은 오직 운동을 통해서다.[30] "세 가지 상이한 장소가 있다. 현재 장소, 곧 차지될 장소, 막 떠나간 장소다. 시간 차원들의 사라짐은 마비된다. 그러나 동시에, 단 하나의 장소, 모든 장소의 보편자, 모든 변화 속에서 변화되지 않는 것이 있다. 그것은 지속이다. 이것은 직접적으로 자신의 개념에 따라서 존재하며, 그래서 그것은 운동이다."[31]

헤겔이 보기에, 움직임은 그러므로 장소로부터 장소로의 연속적 이행이다. 그러므로 움직임은 시간과 공간 차원들 사이의 실제적 차이들을 —이들 전부 동시에—도입할 역량이 있다. 하나의 같은 운동을 통해 시간과 공간을 자신과 연결하는 과정 속에서, 운동 개념은 모두 하나의 장소, 연속적 운동의 장소다. 이러한 방식으로 전체로서의 시간과 공간의 과정 또는 생성은 존재가 자기 자신에 관해 가지는 자기감응의 현실성, 또는 주체다. "시간이 자연의 단순하고 형식적 영혼이듯이, 그리고 뉴턴에 따르면 공간은 신의 감각 중추이듯이, 움직임은 세계의 진정한 영혼 개념이다. 우리는 그것을 술어나 상태로 간주하는 데에 익숙해져 있다. 그러나 사실 운동은 자기이고, 주체로서의 주체이며, 사라짐의 머무름이다."[32]

달리 말하자면, 주체의 최소한의 존재론적 조건은 무엇보다도 시공간적 차이화, 즉 외부적 존재가 자기 자신에 대해 자기감응함이다. 이 두 조건의 통일체가 존재 자체의 주체성과 동일한 동적 과정을 정의한다. 한 마디로, 존재는 시간적이고 시간성은 주체성의 최소한의 조건(자연의 영혼)이며, 존재 자체가 주체다. 시간적 존재론적 구조 자체에 의해, 실체는 **운동을 통해**, 또는 연속적으로 변화하는 자기감응을 통해, 주체가 된다.

긴 첨언Zusatz에서 헤겔은 변증법의 세 계기를 전부 원의 완벽한 통일성으로 가져온다. 이 부분은 길게 인용할 가치가 있다.

선의 이러한 귀환이 원주다. 그것은 자신과 함께 폐쇄된 지금·이전·이후, 이 차이들의 비차이성이다. 그래서 이전은 동등하게 이후이며, 마찬가지로 이후도 이전이다. 처음에 이것은 이러한 차원들의, 공간 속에 정립된 필연적 마비다. 원형 운동은 시간적 차원들의 공간적 또는 존립적 통일체다. 점은 자신의 미래인 장소를 향해 전진하며, 과거인 장소를 떠난다. 그러나 그것이 남겨 둔 것은 동시에, 그것이 애초에 이르러야 할 무엇이다. 그리고 그것이 도달하는 '이전'에 그것은 이미 있었다. 그것의 목표는 자신의 과거인 점이다. 미래가 아니라 과거가 목표라는 것, 이것이 시간의 진리다. 자신을 중심과 관계시키는 운동은 자체로 평면, 종합적 전체로서의 운동이다. 이 운동 안에 이 전체의 계기들—중심 속에서 이 운동의 소멸, 운동 자체, 운동과 소멸과의 관계, 원의 반경—이 존립한다. 그러나 이 평면 자체가 움직이고 자신의 타자존재, 완전한 공간이 된다. 또는 자신으로-귀환함, 정지한〔평화로운〕 중심이 일반적 점이 된다. 이 점 안에서 전체는 정지〔평화〕 속으로 가라앉는다. 말하자면, 그것은 본질에 있어서의 운동이다. … 원 안에서 이들은 하나가 되어 있다. 원은 지속의 회복된 개념이고, 자기 안에서 소멸한 운동이다. 양이 정립된다. 그것은 자기 자신을 통해 응집되었으며 운동을 자신의 가능성으로서 보여 주는 지속하는 무엇이다. 이를 우리는 동시에 다음과 같은 표상들 속에서 가지고 있다. 운동이 있기에 무언가가 움직이나, 지속하는 무엇은 물질이라는 표상 말이다. 공간과 시간은 물질로 채워져 있다. … 사람들은 종종 물질에서 시작했고, 다음으로 시간과 공간을 물질의 형식으로 간주했다. 이러한 관점에서 옳은 것은, 물질이 공간과 시간의 실재적인 것이라는 점이다. 그러나 공간과 시간은 추상적인 것이기에 자신을 첫 번째 것으로서 제시해야 하고, 다음으로 물질이 이들의 진리라는 점이 드러나야 한다. 물질 없이 운동이 없듯이, 마찬가지로, 운동 없이는 물질이 없다. 운동은 과정이고, 시간 공간으로의 이행, 그리고 그 반대의 이행이다. 이에 반해

물질은 정지한(평화로운) 자기동일성으로서의 공간과 시간의 관계다.[33]

한 시점에 있는 이 한 점을 취해 보자. 원은 공간의 전체 폐쇄의 통일
체다. 그것이 다른 모든 형태를 담고 있기 때문이다. 원은 시간 전체의
통일체다. 그것은 영원성의 단일한 전체 속에 과거·현재·미래를 함께
연결하기 때문이다. 원주를 따라서 한 장소에서 다른 장소로 가는 같은
원형 움직임을 통해 원들이 실제로 표현되는 한에서, 이 원들은 서로의
진리다.

그러나 나갔다가 자신으로 돌아오는 원형 움직임으로서 그것은 폐쇄
된 내부 통일체를 생산하는데, 이것이 물질이다. 주관적 과정의 물질성
이다. 원형 운동은 자기감응 속에서 자신을 소멸시켜, 물질성 속에서 합
쳐진다. 완전한 과정은 부동적이지만 시간적으로 차이화되어 있는 전체
를 형성한다. 그래서 헤겔은 물질과 운동의 존재론적 일차성을 거부하
고, 대신에 시간의 일차성을 긍정한다. 한 마디로, 헤겔이 보기에, 공간
에 공간의 변증법적 계기(순간)들을 주는 것은 시간적 차이들이고, 이어
서 공간의 변증법적 계기(순간)들이 운동에 원 속에서 차이화된 동적 지
역들을 부여한다.

동적 분석

자신의 이질적 순간들 각각을 자신에게 질서 잡고, 재현하고, 원이라는
더 높은 통일체 형태로 종합할 수 있는 주체를 생산하기 위해, 자기 위
로 도로 접히는 무제한적인 선의 형태를 가진 시간의 근본적 연속성과
탄성을—칸트처럼—헤겔도 정립한다. 원 속에서 모든 시간과 공간은 정
지해 있고, 상기되고 재조직화될 준비가 되어 있다. 헤겔은 공간과 시간
각각 속에서의 양적·질적 연속체의 존재론적 일차성을 전제한다. 그
러나 이들은 부동적 자기소멸적 원의 총체성 속에 시공간을 한정함으로

써, 원 외부에서의 실재적 운동 가능성을 배제한다. 동적 순환과 대조적으로, 헤겔은 자신의 시간적 접힘이 결코 새어 나가거나 길을 잃지 않는다고 생각하며, 이들은 접힌 흐름들의 정기적 리듬과 제한된 주기로서가 아니라 순수히 논리적인 원으로서 완전히 형성된 채로 온다고 생각한다.

그래서 헤겔이 제시하는 것은, 다른 속성을 기술하기 위해 운동이 암묵적으로 전제되고 사용된 후 이어서 저 다른 속성이 운동 자체를 설명하고 창조하는 것으로 보이게 되는 경우이다. 예를 들어, 변증법의 첫 번째 단계에서, 헤겔은 무제한적이고 연속적인 선이 단속적 점들을 다중화함으로써 생산되는 것이 아니라, 점을 무제한적 선으로 잡아 늘림으로써 생산된다고 기술한다. 흥미롭게도, 그의 예나 강의도 바로 이러한 방식으로, 시간의 단일한 연속적이고 무제한적인 선의 존재로 시작된다. 두 경우 모두 헤겔은 **선의 흐름**을 전제해야 한다. 그렇기에 '공간의 선'과 '시간의 선'은 **논리적으로** 구부러지지 않는다. 이 선들은 **실제적으로** 구부러지는데, 이는 이 선들이 이미 운동 중에 있기 때문이다. 그러나 헤겔은 운동이 시간과 공간의 변증법적 종합으로부터 파생된 것일 뿐이라며, 시간과 공간이 "논리적으로 일차적"이라고 말한다. 그래서 잡아 늘여진 점의 탄성적 운동은 전제되어 있으나, 이는 그것을 이후에 **시간으로부터** 도출하기 위해서일 따름이다.

그러므로 헤겔은 운동 관념을 도출하기 위해 시간과 공간을 논리적으로 일차적인 것으로 정립하는데, 사실 상황은 그 반대다. 점은 이미 더욱 일차적인 동적 매체 속에서 구별되어 있는 무엇이며, 그렇기에 그것이 애초에 운동 중이 될 수 있는 것이다. 순수 시간 또는 순수 공간은 운동을 이미 전제해야 한다. 그렇지 않다면, 운동을 무로부터 창조해야 한다. 일단 점이 움직인다면, 그것은 이상하게도 마치 움직임이 점 자체로부터 오는 것처럼 보인다―이는, 운동이 이미 시작에서부터 거기 있지 않았더라면 불가능한 일이다. 그러므로 시간과 공간의 **현실성**을 위해서 운동이 명확히 필요함에도 불구하고, 헤겔은 그것이 **필요하지 않다**고 가정하는 데에서 시작하여, 오히려 먼저 시간과 공간의 부동성을 정립한 후 추상적 시간과 공간에 내부적인 그저 **논리적인 모순**으로부터 운동이 현실적으로 출현함을 보여 준다.

그러나 운동은 부동적이고 순수하게 논리적인 것에서 출현하지 않으며, 그렇게 출현할 수 없다.[34] 물질과 운동의 현실성에 대비되는 시간과 공간의 논리적 추상으로부터 시작하는 것의 한 가지 귀결은, 헤겔이 결국 시간과 공간의 추상을 마치 이 둘이 완전한 총체성 또는 원인인 양 독립적으로 고찰하고 만다는 점이다. 추상적 시간과 공간을 물질과 운동을 위한 존재론적 모델로 만듦으로써, 헤겔은 운동을 **추상적이고 부동적인 운동**으로 환원시킨다. 이러한 운동은 폐쇄된 시간적 주관성이라는 형태로 자신 속에서 자신을 소멸시킬 따름이다. 한 마디로, 총체성과 부동성에서 시작하기 때문에 헤겔은 운동과 흐름을 낳을 역량이 없다.

그렇다면 움직임은 두 가지 추상적 형태의 파생된 통일체로 환원될 따름이며, 이 통일체들의 참된 생산자로 간주되지 않는다. 물질이 시공간의 폐쇄된 원에 이미 둘러싸여 있는 한에서, 후송 중 사망 상태다. 물질은 운동 중에 있지 않고, 오히려 시간 및 공간에 대한 헤겔의 시간적 기술의 형식적이고 부동적인 논리적 통일체에 의해 미리 정의되어 있다. 그러므로 헤겔은 현실적 움직임의 흐름을 전제해야 하지만, 이는 그것을 부정하여 나중에 움직임을 시간과 공간의 추상적 부동성과 총체성으로부터 재연역하기 위함일 뿐이다. 헤겔은 선으로 잡아 늘여진 시간의 탄성적 존재에서 시작하여, 그것을 원으로 구부리고, 그리하여 운동으로서의 시간적 생성을 연역한다. 동적 생성으로부터 시작하여 시간적 존재를 운동으로부터 연역하지 않고 말이다.

자본의 순환

카를 마르크스(1818~1883)은 시간의 존재론적 일차성에 대한 헤겔의 통찰에 의거하지만, 아주 엄격하게 역사적인 방식으로 접근한다. 마르크스는 헤겔의 존재론을 **그의 시대**를 위한 존재론으로, 서구 자본주의의 부상과 나란히 권력을 획득한 **시간의** 존재론으로 본다. 마르크스의 가장 놀라운 혁신은, 자본주의의 심부에서 시간의 역사적 존재론을 식별한 것이다. 마르크스에 따르면, 자본은 모든 존재를 시간의 객관적 응결 또는 '결정화'로 다룬다.[35] 자본주의에서 사물은 확장과 수축(축적) 역량이 있는 탄성적 순환 과정 속에서 합쳐진 수많은 시간적 접힘들로 다루어진다.[36]

마르크스는 자본 축적 과정의 목표는 본질적으로 "시간을 통해 공간을 무화無化시키는" 것이라고 명확하고 반복적으로 진술한다.[37] 그의 기술에서 자본주의는 모든 존재를 엄격히 시간적인 차이들로 다룬다. 예를 들어, 수송 시간을 감소시킴으로써, 움직임 흐름 속의 연속성을 증가시킴으로써, 공간적 관계가 작아진다.[38] 산업혁명이 첫 번째로는 원유 같은 액체로, 두 번째로는 밀과 곡물 같은 준액체로 시작되어, 나중에는 일관 작업 체계가 어떻게 더 큰 대상도 액체로 다룰 수 있는지를 고안하여 금속가공과 기계산업으로 이동한 것은 우연이 아니다.[39] 이런 방식으로 자본주의적 생산과정은 시간의 무한한 유체성에 모델을 두고, 그렇기에 그 수증기 같은 유체성을 닮은 물질에서 가장 높은 테크놀로지적 성공을 성취한다. 마르크스가 보기에, 자본주의는 고체적인 모든 것을 기체로 녹인다. 그것이 시간 자체의 순수 유체성에 가장 가까운 물질적 형태이기 때문이다. 자본주의적 생산의 순환을 통해 더 많은 물질이 흐르게 될수록, **운동 중인 물질을 시간으로 다루는 것이 더 쉬워진다.**

시간은 물질을 시간적 흐름으로 다룸으로써만 공간을 무화하는 것이 아니다. 그것은 또한, 사회적·자연적 삶의 조직화 조건 자체가 되는 한에서, 인간의 활동도 무화시킨다. 시간이 운동의 척도라는 역사적 발상과 대조적으로, 자본주의에서 모든 움직임은 그 자체로 **시간에 의해 질서 잡힌** 것이 된다. 그러므로 자본주의적 시간성은,

> 사람이 기계에 종속됨으로써 또는 극단적 노동 분업을 통해 노동이 균등화되는 것을 전제한다. 인간이 노동 앞에서 사라지는 것을 전제한다. 시계추가 두 기관차 속도의 정확한 척도임과 마찬가지로, 두 노동자의 상대적 활동을 측정하는 정확한 척도가 되었음을 전제한다. 그러므로 우리는 한 사람의 한 시간이 다른 한 사람의 한 시간만큼 가치 있다고 말해서는 안 되고, 한 시간 동안의 한 사람이 한 시간 동안의 다른 사람만큼 가치가 있다고 말해야 한다. **시간은 모든 것이고, 인간은 더 이상 아무것도 아니다. 인간은 기껏해야 시간의 사체다.** 질은 더 이상 중요하지 않다. 매 시간, 매일, 양만이 모든 것을 결정한다.[40]

자본주의 하에서 인간의 신체와 신체 활동은 이제 시간의 단위로 전적으로 환원된다. 가치의 임금 형태는 정확히 노동**시간**의 측정 단위다. 엄격히 말하자면, 자본주의에는 인간이 없고, 노동시간만 있다. 시간적이지 않은 노동은 없으며, 노동으로 채워질 수 없는 시간은 없다. 시간은 모든 것이 된다. 인간 신체는 시간의 사체死體일 따름이다—순수하게 양적이고 교환 가능한 시간적 형태를 가진 상품.

자본주의적 순환은 그러므로 시간적 접힘, 상품, 그리고 이것들이 전제 자본주의적 과정 내의 부분으로서 표상될 수 있게 하는 일반적 조건의 순환과 질서 잡기다. 자본주의는 시간의 양으로 엄격하게 정의될 수 없고, **시간적 양**을 통해서만, 즉 시간의 접힘을 통해서만 정의될 수 있다. 마르크스는 이렇게 쓴다. "시간은 인간의 발달을 위한 공간Raum이다. 재

량껏 이용할 자유 시간이 없는 사람, 잠, 식사 등에 의한 그저 물리적인 중단을 제외하고는 전제 생애가 자본가를 위한 노동에 흡수되어 있는 사람은 짐을 나르는 짐승보다도 못하다."[41] 시간은 인간의 활동을 위한 공간Raum이 된다. 공간과 움직임은 그러므로 둘 다 노동시간의 요구에 종속된다. 자유 시간이 없는 사람에게는 살 공간도 움직임도 없다.

이러한 의미에서 자본주의적 시간은 근대적 절대적 시간과 같지 않다. 그것은, 마치 시장 자체가 인간을 시장의 순환장 내 시간적 접힘으로 조직화하는 주체라도 되는 양, 자본주의 시장의 수요에 응답하는 특유하게 탄성적인 시간이기 때문이다. 수요가 증가하면, 시간은 노동일을 확장시키고 더 많은 잉여노동을 모은다. 수요가 감소하면, 시간은 수축되고 노동자를 실업의 부유하는 측정되지 않은 시간으로 풀어 놓는다. 그러므로 시간은 탄성적인 것으로 다루어진다. 그 한계가 시장의 한계와 같기 때문, 그리고 시장의 한계는 탄성적이기 때문이다.

그러므로 시장은 시간 속에 있다기보다는, **시간성 자체의 조건**이다. 이 조건 속에서 모든 존재는 다소간에 액체적인 또는 결정화된 시간 형태 속에서 시장에서 재현된다. 자본은 노동과 상품이 양인, 또는 노동시간의 시간적 접힘인 연속적 순환적 과정이다.[42]

동적 분석

자본주의를 정의하는 시간적 순환의 탄성은 또한 움직임의 흐름에 대한 더 근본적인 전제에 근거한다. 예를 들어, 제조와 수송에서 인간 활동, 노동자, 상품의 문자적 움직임과 순환은 바로, 애초에 공간이 제거되고 시간이 확장되고 수축할 수 있게 해 주는 무엇이다. 자본주의 내에서 시간의 탄성은 그러므로 무엇보다도 우선 신체의 현실적 움직임—이주 프롤레타리아와 준액체적 상품—을 요구한다. 시간의 탄성은 이들을 "소위 자본주의적 축적의 지렛대"로[43] 전제해야 하지만, 동시에 이들의 동적 활동의 더욱 일차적인 순환의 소급적 효과로서 가치 격하하고 부정해야 한다.

헤겔의 존재론과 마르크스의 자본주의 생산 이론 사이의 주요한 차이는 원과 나선의 차이다. 헤겔이 보기에, 존재의 변증법은 언제나 통일체의 원형으로 자기 자신으로 돌아온다. 운동은 원형 시간의 추상적 형태로부터 도출되기 때문이다. 그러나 마르크스가 보기에, 존재의 변증법적 움직임은 차이화되어 있어, 과정의 매 귀환은 새로운 것을 도입한다—그리하여 나선적 형태를 생산한다. 자본주의는 존재 속으로의 참신함의 항상적 도입을 먹고 살며, 이에 자신을 적응시키는 법을 배운 사회적 존재론이다. 그것은 자기 위로 접힘에만 탄성적인 것이 아니고, 외향적이고 주변을 향한 끝없는 확장에도 탄성적이다.

마르크스가 보기에, 자본주의는 그러므로 근본적으로 탄성적이고 나선형이다. "구체적으로 볼 때, 축적은 확장된 발달 단계에 따라 자본의 재생산을 향해 달린다. 단순한 재생산 주기는 연장되고 자기 형태를 바꾸는데, 시스몽디의 표현을 따르면, 나선으로 변화한다."[44] 나선 형태로 시간적 탄성을 점진적으로 연장하는 것은 이미 선완수되어 있는 원초적 세계의 나선형 공간의 연장과 다르다. 존재의 원초적 나선형 움직임은 규칙적이고, 리듬감 있고, 통일적이었다. 무언가가, 이미 놓여 있는 길을 따라가듯이 그것을 따라 움직인다. 다른 한편 근대의 탄성적 시간이 나선형인 것은, 선 자체가 불규칙적으로 띄엄띄엄 탄성적으로 수축하고 확장하기를 계속하기 때문이다. 이 나선은 불규칙적이고, 형태가 일그러져 있고, 다중적이다.[45]

시간이 순환하는 것은 그것이 탄성적이기 때문이다. 그것은 주체, 자연, 자본주의의 확장과 수축을 가능하게 하는 시간적 순환의 탄성이다. 더 나아가, 이와 같은 탄성은 탄성적 시간적 장 자체의 다중화를 가능하게 하기도 한다.

33장

근대 현상학 3. 다중화

자본주의적 시간성에 대한 마르크스의 분석 이후, 에드문트 후설(1859~
1938)은 더욱더 근본적인 탄성을 "시간의 절대적 흐름"[1] 형태로 초월론적
시간성에 도입했다. 이러한 움직임은 그를 흄과도, 칸트와도 분리시킨
다. 흄은 주체라는 형식에서의 시간적 통일에 대한 경험적 체험 가능성
을 모두 부정했다. 그래서 다음과 같이 시간의 탄성을 부정했다. "우리
사고 또는 의식 내 우리의 계속적 지각을 통일시키는 원리를 설명하려
하면, 나의 모든 희망은 사라진다."[2] 그러므로 흄은 시간의 연속적 경과
를 명시적으로 전제해야 했다. 그러나 순차적 순간들에 대한 체험에 기
반하여 이러한 테제를 방어할 수는 없었다.

다음으로 칸트는 시간의 흐름이 자체로 체험 가능한 것이 아니며, 그
러므로 그것은 초월론적이고 독특한 통일성을 가져야 한다고 결론 내
렸다. 그러나 그래서는, 그러한 장들의 상호주관성에, 그리고 이 장들이
장들 내에서 장으로서 인식되는 조건에 문제가 제기된다. 후설의 주목
할 만한 혁신은 시간적 장 자체를 **다중화하고 잡아 늘여서**, 어느 주어진 장
이든지 더 큰 장 내의 하위순환 또는 공동결연이 될 수 있게 한 것이다.
우리가 보게 될 것은, 이것이 시간의 흐름이 절대적으로 탄성적이기 때
문에 가능하다는 점이다.[3]

시간의 다중적 순환

절대적 시간이라는 후설의 개념은 프란츠 브렌타노Franz Brentano의 지향성 이론의 경험주의로부터 그의 사고가 근본적으로 멀어져 가는 지점을 표시한다. 예를 들어 1900년《논리연구Logische Untersuchungen》초판에서 후설은—흄의 메아리를 울리며—주관적 통일체 이론, 그러므로 시간적 통일체 이론을 찾을 수가 없었다. 그는 이렇게 말했다. "그러나 내가 당연히 고백해야 할 것은, 내가〔경험 내용들에 관한〕관계들의 필연적 중심으로서의 이러한 원초적 자아를 발견할 수가 없다는 것이다."⁴ 그러나 1913년의 재판에서는 이러한 통일성을 초월론적 주체 내에서 발견한다. "그 사이에 나는 그것〔이 자아〕을 발견하는 법을 배웠다. 즉, 자아-형이상학의 변질된 형태에 대한 염려로 인해, 주어진 것에 대한 순수한 파악 속에서 길을 잃지 않는 법을 배우게 되었다."⁵ 더 정확히 말하자면, 이 돌파구는 그가 1905년《내적 시간의식의 현상학 강의》에서 '절대적 흐름' 개념을 도입하면서 마련되었다.

절대적 시간이라는 후설의 개념은 지금까지 존재한 모든 시간적 존재론이 마주쳤던 주요 문제를 들추어 낸다. 그것은, 시간성은 시간을 시제들로 분할하는 연속적 운동 흐름을 전제해야 하지만, 또한 시간 자체가 일차적인 한에서 시제들이 이미 연속체 내에서 분할되어 있다는 것도 전제한다는 것이다. 그러나 분할이 연속체에 선행한다면, 연속체는 시제들의 순차로 환원된다. 그러므로 참된 연속체가 아니고, 그러므로 흐르지 않는다. 한 마디로, 후설의 시간 이론은 모든 철학이 대면하는 같은 존재론적 딜레마에 직면한다. 움직임은 연속적인가 단속적인가? 시간의식에 관한 후설의 강의는 이 전투를 훌륭히 보여 주며, 시간에 관한 근본적으로 탄성적인 이론을 결과로 낳는다.

후설은 세 종류의 시간적 구성 사이의 삼부 구별 내에 절대적 흐름 개넘을 도입한다. 이 구별은 ① 우리가 경험주의적 체험 내에서 마주치는 시간적으로 **구성된** 사물들, ② 경험 이전의 시간 내의 시간적으로 **구성하는** 내재적 통일체들, ③ 의식의 절대적 시간구성적 흐름의 구별이다.[6] 구성의 이 세 수준은 경험적 흐름, 초월론적 흐름, 절대적 흐름에 각각 상응한다.

첫 번째 수준 —— 첫 번째 수준에서 개별적 대상은 '흐름 속에서' 통일체로서 구성된다. "즉, 그것〔시간-대상〕은 시간 속에서 연속적으로 존재하며, 이러한 연속적 존재함 속에서 자기동일적인 것인데, 이것은 동시에 과정으로서 간주될 수도 있다. 거꾸로, 시간 속에서 실존하는 것은 시간 속에서 연속적으로 존재한다. 그것은 진행〔펼쳐짐〕* 속에서 지속하는 통일체가 불가분하게 자기 안에 품고 있는 과정의 통일체다."[7]

　이는 시간에 대한 동적 이론과 놀랍도록 가깝다. 구성된 대상은 과정적 통일체, 말하자면 흐름 속의 접힘으로서의 과정의 통일체다. 이것의 자기동일성은 흐름 속에서 자체로 지속하고, 접히고, 펼쳐지고, 다시 접히는 과정에 속할 따름이다. 시점時點과 같은 것이 있다면, "그것은 과정의 위상으로서만 사고될 수 있는데, 이 위상 속에서 동시에 개별 존재의 지속이 자신의 점을 가진다"고 후설은 쓴다.[8] 동적으로 볼 때 우리가 말할 수 있는 것은, 시점이라는 것이 있지만, 그것은 흐름의 접힘으로 생산되는 상호교차 또는 감응의 점이라는 것이다. 전체로서의 시간적 접힘은 파지적 위상이며, 그것의 점은 자기교차다(도판 33.1을 보라).

두 번째 수준 —— 두 번째 수준에서 이러한 시간적 접힘은 크고 작은 중

◆ '앞으로 감, 진행'을 뜻하는 독일어 Vorgehen을 영역본은 unfold로 옮기고 있다. 필자에게 중요한 개념이므로 이를 병기한다.

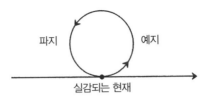

| 도판 33. 1 | 후설의 시간적 접힘

첩되는 계속적 위상들 속의 흐름 속에서 공동결연된다. 저 위상들은 대상의 통일성을 구성하지만, 그러면서도 "연속적 순차로 확장될 수 없다. 그러므로 흐름은 이러한 위상이 자기 자신과의 동일성으로 확장되도록 변용되는 방식으로 생각될 수 없다." 그러므로 구성하는 시간적 위상은 구성된 대상의 공동결연이다. 이것은 절대적 흐름 내의 위상일 뿐이어서, 그것이 공동결연하는 접힌 대상의 자기동일성을 결코 표현할 수 없다. 그러므로 일련의 중첩되는 공동결연은 일종의 패치워크 연속체를 생산한다. 시간적 공동결연은 또한 움직임과 정지, 빠름과 느림에 다른 구성하는 공동결연과의 관계 하에서 상대적 질서를 부여한다. 이는, 공동결연 자체가 탄성적이기 때문에 가능하다. 구성하는 공동결연은 더 많거나 적은 시간적 접힘들을 포함하도록 확장되고 수축될 수 있다. 후설은 이렇게 쓴다. "변화의 어느 위상이든지 정지로 확장될 수 있으며, 정지의 어느 위상이든지 변화로 이행될 수 있다." 전체와의 관계 하에서, 주어진 모든 운동은 작을 수 있지만, 더 작은 하위 회로와의 관계에서, 그것은 클 것이다.

세 번째 수준 —— 세 번째 수준에서 이러한 계속적 시간적 공동결연 또는 위상은 시간의 절대적 흐름 자체와 합쳐진다. "이 흐름은 구성된 것에 맞추어서 우리가 그렇게 명명한 것이지만, 시간적으로 '객관적인 것'

이 아니다. 그것은 절대적 주관성이다."[10] 절대적 흐름은 또 다른 구성된 시간적 접힘 및 이들의 구성하는 공동결연, 또는 이들 너머의 무엇이 아니다. 절대적 흐름은 이들과 단순히 동일한 것은 아니면서 이들과 함께 내재한다. 절대적 흐름은 이들을 통해, 이들 사이에 순환하는 것이며, 이들 모두 위로 도로 접혀서 초월론적이고 시간적인 주관적 장의 연속적 통일성을 생산하는 것이다. 이 점에 칸트와 후설 양쪽 다 동의한다. 시간적 순환은 주관적 순환과 자기동일적이다. 그 이유는 바로, 존재론적 감응성이 모든 주체성의 선험적 조건이라는 점에 후설과 칸트가 동의하기 때문이다. 여기에서 후설이 경험주의적 지향성과 결별함은 명백하다.

그렇기 때문에 《논리연구》에서 우리가 '작용' 또는 '지향적 체험'이라고 부른 것은 그 모든 순간에서 흐름이다. 이 흐름 속에서 내재적 시간통일체(판단, 소망 등등)가 구성된다. 이 통일체는 자신의 내재적 지속을 가지며, 더 빠르게 또는 덜 빠르게 진행할 수 있다. 절대적 흐름 속에서 구성되는 이 통일체들은 내재적 시간 속에 존재하는데, 이 내재적 시간은 하나다. 이러한 시간 속에 동시성이 있으며, 같은 길이의 지속(또는, 동시적으로 지속하는 두 내재적 대상의 경우에서처럼, 같은 지속)이 있다. 더 나아가, 이전 및 이후와 관계된 어떤 규정가능성이 있다.[11]

구성하는 시간적 공동결연으로서의 지향적 작용 자체가 이제는 더욱 일차적인 내재적 시간 또는 절대적 흐름 내의 통일체들이 된다. 이것이 지향적 행위들을 모두 절대적 주체 내에서 통일시키는 것이다. "이제 반성 속에서 우리는 단독적 흐름을 발견한다. 이 흐름은 많은 흐름들로 쪼개지지만, 그럼에도 불구하고 이 다중성은 통일성을 가진다. 이로 인해 우리는 하나의 흐름이라고 말할 수 있고, 하나의 흐름이라고 말할 필요가 있다." 이 하나의 흐름 내에서 "다중체가 '공동결연되어'[(동시에)][12]* 경과한다. … 내재적 시간은 모든 내재적 대상들과 과정들을 위한 하나의 시간으로서 구성된다."[13] 그러므로 절대적 흐름은 모든 다른 흐름들의 통일성과 자기동일성이다.

그러나—이것이 후설의 진정한 근본성인데—모든 시간적 접힘 및 이 접힘들의 구성하는 계속적 지향성을 합칠 역량이 있는 순환의 탄성적 통일성은, 여전히 또 다른 더 큰 순환적 통일체에 의해 통일될 역량이 있으며, 이렇게 무한히 계속된다. "흐름(절대적 흐름) 자체도 객관적이어야 하며 자기 시간을 가져야 할 것이다. 여기에서 다시, 이 객관성을 구성하는 의식과 이 시간을 구성하는 의식이 있을 것이다. 원리상 우리는 다시 반성할 수 있고, 이렇게 무한히 계속될 것이다."[14] 그러므로 절대적 흐름은 총체성이 아니고, 다중체들의 순수 다중체다. 주어진 모든 것은 그러므로 "주어지지 않는 절대적 다중체의 통일성으로서" 주어진다.[15]

후설은 이 다중성이 시간적 통일성의 본질이라고 말한다. "이러한 통일체들은 다중체의 통일체들, 궁극적 시간 흐름의 다중체로 필연적으로 소급 지시하는 통일체들이다. 이 통일체들은 저 궁극적 시간 흐름 속에서 필연적으로 제시되며, 현출적 시간 흐름 속에서 음영 지어진다. 여기 이 흐름 속에, 모든 현상학적 분석이 소급하여 이끄는 절대적인 것이 있다. 우리는 절대적 현출적 시간 흐름이라고 말하고, 모든 통일체가 그 속에서 구성된다고 말한다."[16]

통일화들의 이러한 더 높은 통일화가 가능한 데에는 두 가지 이유가 있다. ① 시간성이 절대적으로 탄성적이며, 언제나 자기 위로 한 번 더 접힐 수 있다. ② 시간성은 자기감응을 가능케 하는 시제들로 차이화된다. "내재적 시간구성적 의식의 흐름은 그저 존재하기만 하는 것이 아니

---

* 독일어 원문의 zugleich를 영역본은 conjointly로 번역하고 있다.

다. 그것은 매우 놀랍지만 이해 가능한 방식으로, 흐름의 자기나타남이 필연적으로 그 속에서 존립하게끔 하고, 그래서 흐름 자체가 흘러감 속에서 필연적으로 파악 가능하도록 한다. 흐름의 자기나타남은 그러므로 두 번째 흐름을 필요로 하지 않는다. 반대로 그것은 자기 안에서 자신을 현상으로서 구성한다. 구성하는 것과 구성된 것이 합치한다."[17]

후설이 말하듯이, 이 점은 처음에는 충격적으로, 심지어 부조리한 것으로 들릴 수도 있지만 그럼에도 불구하고 참이다. "의식 흐름은 자기 자신의 통일성을 구성한다."[18] 이것이 가능한 것은, 절대적 흐름이 자기 움직임 속에서 탄성적이어서, 그것이 계속해서 더 큰 통일된 순환 속에서 자기 위로 끝없이 도로 접힐 수 있기 때문이다. 그저 구성하는 지향성의 수준에서는 이것이 불가능하다. 순차들의 계열에는 더 높은 내재적 통일성이 애초에 주어지지 않기 때문이다. 일단 더 높은 주관적 통일체가 가능해지면, 이 통일체, 이것의 구성하는 공동결연 모두, 이것의 시간적 대상 전부를 한 번에 통과하여 더 높은 통일체가 순환할 수 있다. 이것이 가능한 것은, 이러한 통일체의 파지적 통일체들과 지향적 통일체들이 **같은 절대적 흐름**의 두 면모이기 때문이다(도판 33.2을 보라).

그러나 절대적 시간적 내재의 통일체는 존재 속에서 결코 절대적 초월을 생산하지 않는다. 이 통일체들은 순수 다중성의 하나의 내재적 시간 속의 접힘과 펼쳐짐으로서 머무른다. 그러므로 "시간적 형식은 궁극

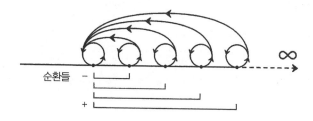

| 도판 33. 2 | 탄성적 흐름 내에서 후설의 시간적 순환

적인 의미에서 현상론적 형식이 아니고, 절대적 존재의 형식이 아니고, 다만 개별적 대상의 형식이다. 우리는 그것이 절대적인 것이 아니라, '현 상들'의 형식일 뿐이라고 말해야 한다."[19] 그러므로 칸트에게 그랬듯이 후설이 보기에도, 존재는 인식 가능한 총체로서의 절대적 지위를 갖지 않는다. **바로, 존재가 시간적이기 때문이다.** 존재가 총체적이고 완전하다 면, 현상학은 없었을 것이다. 모든 것이 등질적인 현재처럼, 차이화 없 이 이미 현전할 것이기 때문이다. 시간적 차이화 없이는 자기감응이 있 을 수 없고, 그러므로 체험도, 그러므로 순환의 다중성 자기감응의 장의 다중성도 있을 수 없다.

한 마디로, 존재는 단순히 **절대적인** 것이 아니라, **절대적으로 시간적인** 것이어야 한다. 그러므로 시간적 형식은 절대적 존재에 대한 초월적 규 정이 아니라 존재 자체의 절대적 시간성의 내재적 규정이다. 더 나아가, 절대적 흐름으로서, 언제나 시간의 달려감이 있다. 이 속에서 시간의 탄 성은 점점 더 멀리까지 밀고 나가서, 언제나 어떤 새로운 것이 흐름 속 으로 도입된다. "어떤 새로운 것이 언제나 앞으로 정립되고, 그것 자신 도 즉시 다시 흘러간다." 그러나 그것은 "언제나 이것을 넘어가고, 언제 나 새로운 것이" 다시 "덧붙여진다."[20] 새로운 흐름과 접힘들이 덧붙여지 고 공동결연됨에 따라, 절대적 흐름은 이 모두를 가로지르고, 횡단적 지 향성Querintentionalität의 열려 있고 수평적인 전체 속으로 이들 모두를 연 속적으로 통일시킨다.[21]

그러나 여기에서 후설의 절대적 시간 흐름 개념은 존재론적 시간성의 근본적 문제와 마주친다. 한편으로, 모든 것은 시간의 절대적 연속성과 흐름에 달려 있지만, 다른 한편으로, 자기감응은 존재 속에 근본적 시간 적 차이화가 있기를 요구한다. 존재가 애초부터 시제들로 존재론적으로 분할되어 있다면, 단속적 시제들의 순차가 어떻게 절대적 연속체와 흐 름으로 되돌아갈 수 있을까? 후설은 마침내 양쪽 모두를 논증하려 한다.

그는 먼저, 구성하는 절대적 흐름에서 이전과 이후를 말하는 것은 말이 되지 않는다고 논한다.

> 시간구성적 현상은 … 시간 속에서 구성된 것들과 명백하게 근본적으로 다른 대상체다. 저 현상은 개별적 대상도 아니고, 개별적 과정도 아니다. 이러한 대상 또는 과정의 술어는 저 현상에 의미 있게 부과될 수 없다. 그러므로 이들에 대해서, 이들이 지금 존재하고, 이전에 존재했다든가, 이들이 시간적으로 서로 잇따른다든가 이들이 서로와 동시적이라는 등으로 말하는 것은(같은 의미로 말하는 것은) 말이 되지 않는다. 그러나 우리는 다음과 같이 말할 수 있고 말해야 한다. 나타남의 어떤 연속성—즉, 시간구성적 흐름의 한 위상인 연속성—은 하나의 지금에 속한다. 즉, 그것이 구성하는 지금에 속한다. 그리고 그것은 '이전'에, 즉 구성적인(구성적 이'었던'이라고는 말할 수 없다) 것으로서에 속한다. 그러나 흐름은 순차가 아닌가? 그것은 지금을, 현행적 위상을, 그리고 내가 파지 속에서 지금 의식하고 있는 과거의 연속성을 가지지 않는가?[22]

시간적 대상을 구성하는 것 자체는 시간적 대상일 수 없기 때문에, 그것은 더욱 근본적인 연속성 또는 절대적 흐름 속에서 질서 잡혀 있어야 한다. 그러나 시간구성적 공동결연이 절대적 흐름의 통일체 속에 기반을 두고 그 속에서 시간적으로 질서 잡혀 있다면, 절대적 흐름 자체는 통일체로서 시간적으로 질서 잡혀 있을 수 없으며, 그러므로 절대적 근본적 시간적 분할을 가지지 않는다. 그런데도 시간성이 가능하기 위해서, 흐름은 순차적이어야 한다.

후설은 재현의 은유라는 해묵은 무기를 이용하여 연속성과 분할 사이의 문제를 풀려고 한다. 절대적 흐름의 지위는 "은유적으로만 '흐름'이라고 불릴 수 있다"고 후설은 말한다. 흐름은 순수하게 연속적이지만, 시간성은 시간적 분할을 가지기 때문이다. 시간은 흐름과 비슷하지만, **분할을 가지고 있다**―달리 말하자면, **전혀 흐름과 비슷하지 않으며**, 사실은 흐름과 반대된다. 이러한 종류의 특수한 시간적 흐름을 가리키는 "이름을 우리는 가지고 있지 않다"고 후설은 말한다.[23]

물론, 우리가 이러한 기술을 가리키는 이름을 가지고 있지 않은 것은 그것이 모순이기 때문이다. 시간성은 그것이 분할하는 경과의 연속성을 전제하지만, 시간적 분할이 존재론적으로 일차적이라면, 그것이 분할할 것은 없으며, 그것의 연속적 경과를 설명할 수 없다. 그러므로 은유는 시간성의 근본적 문제를 푸는 데 실패하며, 끝내는 동적 연속체와 시간적 불연속성 사이의 철학적 선택을 강제할 뿐이다. 시간적 분할은 존재론적으로 일차적일 수 없다. 그것은 참된 연속체 또는 경과를 생산할 역량이 없기 때문이다. 대신에―후설이 시도하듯이―시간적 연속성 또는 절대적 흐름에서 시작한다면, 우리는 또한 실패한다. 시간적 차원들에 따라 근본적으로 분할된 흐름으로서의 시간을 지지하는 와중에 우리는 시간을 파괴하기 때문이다. 그래서 후설의 은유적 해법이 나온 것이다. 그러나 분할되지 않는 시간성, 또는 과거 · 현재 · 미래 없는 시간성은 **시간성이 아니다.**

운동이 존재론적으로 일차적이라면, 연속성이 일차적이고, 그러고 나서 시간성은 물질성의 흐름 자체에 내재적인 일련의 단속적인 (존재론적으로 분할되지 않은) 접힘들, 공동결연들, 순환들로서 이해될 수 있다.[24] 시간은 단순히, 시간적 통일체들의 무제한적인 다중성의 역량을 가진, 탄성적 운동의 특수한 체제에 불과한 것이 된다.[25]

탄성적 시간성의 동적 문제를 해결하려는 몇 가지 주요 시도가 20세기에 있었다. 이 시도들은 시간성의 **과정** 및 **간격적** 본성을 강조했다. 탄성적 시간성에 대한 이 두 가지가 근대적 존재에 관한 로고스 또는 기술을 다루는 다음 마지막 장의 주제다.

34장

근대 현상학 4. 과정과 간격

후설 이후 마르틴 하이데거(1889~1976)에 의해 시간의 탄성적 운동은 한 발짝 더 진전했다. 후설이 보기에, 시간의 존재론적 일차성은 시간의식의 선험적 조건으로 출현하며, 그러므로―칸트가 처음에 발견했던―시간적 장의 근본적 다중성을 결과로 낳는다. 그러나 하이데거는 **존재론적 과정**으로서의 시간의 순수 탄성을 발견한다.[1]

시간화의 과정

이 발견은 《존재와 시간》(1927)에서 하이데거가 행한 현존재Dasein의 실존의 시간적 조건에 대한 분석에서 처음 일어난다. 현존재, 또는 인간의 탈자적 존재는 자기 자신의 바깥에 있다는 원초적 구조를 가진다. 이는, 현존재가 자신의 궁극적 죽음과 유한성을 향해 미래로 던져진 채로, 그러면서도 현재 속에서 이 미래를 향해 이끌면서 과거를 보존하기도 하면서 실존한다는 의미에서다. 현존재의 실존의 시간성은 그러므로 일련의 단속적 지금들로서가 아니라, 현존재를 자기 바깥으로 찢어 버리는 존재의 세 가지 구별되는 양상의 통일성으로서 체험된다. 상식적 직선적 시간은 원초적 시간[2]이라는 더욱 일차적인 조건에서만 가능하다. 우리는 이 원초적 시간으로부터 '현재'의 단위들을 추상하고 고립시키며 투사하는 것이다.

그러나 하이데거가 보기에 원초적 현상학적 시간은 순차적이 아니다. "시간화는 탈자ecstase가 '순차'임을 뜻하지 않는다. 미래는 존재했음보다 늦은 것이 아니고, 존재했음은 현재보다 이른 것이 아니다. 시간성은 있었던-현재 있는 미래로서 자신을 시간화한다."[3] 시간은 실존하지 않는다. 이는 시간이 환상이고 존재가 영원하다는 뜻이 아니다. 오히려, "시간으로서 현존재는 자신의 존재를 시간화한다."[4] 현존재, 또는 '거기-있음'이 시간적으로 실존하는 것은 바로, 존재가 시간적이기 때문이다. 실존 또는 거기-있음의 바깥에, 절대적 뉴턴적 시간은 없다. 시간은 순차적으로 일어나는 것이 아니다. "근원적이고 본래적인 시간성의 탈자적 통일성 속에서는 미래가 우위를 가진다." 미래적으로 존재했음의 형태를 먼저 취하는 것, 그리고 "현재를 깨우는 것"은 미래이기 때문이다.[5]

달리 말하자면, 과거는 미래를 향하는 것으로서 실감되고, 현재는 미래로 유도되는 것으로서 실감된다. 그러므로 "시간성은 근원적으로 미래로부터 자신을 시간화한다."[6] 그러나 우리 실존의 미래는 유한하다. 우리의 존재는 '죽음을 향하는' 것이며, 그렇기에 시간은 근본적으로 유한하다. 하이데거에 따르면, 이는 우리가 죽고 나면 시간이 계속 가지 않음을 뜻하는 것이 아니다. 시간은 계속 가지만, 다른 실존적 지평의 형태로, 또는 우리 자신의 원초적 시간의 추상으로서 계속 간다. 그러므로 시간은 유한하지만, 미래 속에 다중적 현존재들이 있고 삶의 양상들이 있는 한에서 무제한적이다.

한 마디로, 시간은 점들의 직선적 순차가 아니고, 현존재로서, 탄성적 연속체다. 하이데거는 이것이 세 가지 탈자적 차원들 사이에서 '잡아 늘여지고erstrecken' '확장된다sttrecke'고 말한다. 하이데거는 "현존재가 '시간적으로' 자신을 잡아 늘인다"고 말한다.[7] 그러나 현존재는 순간적 현실성들로 이루어진 삶의 미리 주어진 경로를 따라서 잡아 늘여지는 것이 아니다. "그것은 자기 자신의 존재가 잡아 늘여짐으로서 미리 구성되는 방식으로 자기 자신을 잡아 늘인다."[8] 달리 말하자면, 그것은 미리 주어진 시간적 점들 사이에서 잡아 늘여지는 것이 아니고, 언제나 이미 시간 속에서 잡아 늘여져 있어서, 어떠한 점도 그것의 시간적 연장 속에서 나타나게 될 수 있다.

이러한 잡아 늘임erstrecken 또는 탄성이 삶의 근본적 연결됨과 시간성 자체의 **움직임**을 정의한다. 하이데거는 이를 명확히 밝힌다.

이에 따라, '삶의 연관'에 대한 존재론적 해명, 즉 현존재의 특유한 잡아 늘임Erstreckung, 움직임, 존속에 대한 존재론적 해명에 우리는 이 존재자의 시간적 구성틀의 지평 내에서 접근해야 한다. 실존의 움직임Bewegtheit은 눈앞에 있는 존재[*]의 운동Bewegung이 아니다. 그것은 현존재의 잡아 늘여짐으로부터 규정된다. 잡아 늘여진erstrecken 자기 잡아 늘임의 특유한 운동을 우리는 현존재의 '일어남〔역사화〕[**]'라고 부른다.[9]

시간의 움직임은 점들 사이의 운동이 아니고, 미래·과거·현재를 따라서 탄성적·탈자적으로 잡아 늘여지고 확장되는, 이미 존재하는 **시간의 연속체 자체** 사이의 운동이다. 이러한 탄성적 움직임의 연속성은 이미 구성된 대상 집합의 연속성이 아니고, 이들 자체의 가능조건인 구성하

---

[*] Vorhandensein. 하이데거의 이 용어는 삶 속에서의 실제적 사용 맥락으로부터 추상되어 이론적 바라봄의 대상이 된 사물의 존재 방식을 뜻한다.

[**] Geschehen. 본래 이 독일어 단어는 어떤 일의 일어남을 뜻한다. 하이데거는 현존재, 즉 인간이 가진 특유한 움직임 방식을 표현하기 위해 이 용어를 사용한다. 이 움직임 방식은 시간적이며, 이러한 현존재의 일어남으로부터 역사Geschichte가 생겨난다. 일어남으로부터 역사가 생겨난다는 의미에서, 저자가 참조하고 있는《존재와 시간》영역본은 Geschehen을 historizing으로 옮겼다.

는 움직임이다. "〔이 움직임은〕 시간성의 탈자적 잡아 늘여짐을 통하여 사고되어야 한다. 이러한 잡아 늘여짐은 눈앞에 있는 존재의 연속성에는 전혀 낯선 것이다. 그것은 눈앞에 있는 지속적 존재로의 접근 가능성의 조건을 제시한다."[10] 시간적 **탄성**은 그러므로 시간적 연속성의 연속적 조건이다.

동적으로 볼 때 탄성은 시간적 잡아 늘임의 움직임이다. 이 움직임은 시간을 시간 위로 도로 접고, 순환의 지평 또는 장으로 도로 접고, 그리하여 어떤 주어진 시간이 그 자체로 현존재에게 나타날 수 있게 한다. 시간이 자기 바깥에 있는 것은, 그것이 자기 자신의 흐름들의 순환 및 질서 잡기 내에서 자신을 분화시키기 때문이다.

하이데거는 《존재와 시간》을 완성하지 않았다. 그러나 마지막 장에서, 현존재의 시간성은 존재 일반을 향한 더욱더 근본적인 탐구의 출발점일 뿐임이 명백하다. 시간이 여전히 현존재의 탄성적 순환적 지평에 묶여 있는 한에서, 그것은 여전히─후설 모델과 동적으로 상당히 비슷한─탄성 모델에 제한되어 있다. 그래서 《존재와 시간》의 마지막 부분에서 하이데거는 시간의 분석을 한 단계 더 근본화하자고 제안한다.

우리의 목표는 존재 일반의 물음을 숙고하는 것이다. … 현존재의 전체성의 실존적-존재론적 구성틀은 시간성에 근거를 두고 있다. 그래서 존재의 탈자적 투사는 탈자적 시간성의 근원적 시간화 방식으로 가능해져야 한다. 이러한 시간성의 시간화 양상은 어떻게 해석되어야 하는가? 근원적 시간으로부터 존재의 의미로 이끄는 길이 있는가? 시간 자체가 존재의 지평으로서 자신을 개방하는가?[11]

비록 미완성이라고 해도, 《존재와 시간》의 결론은 명확하다. 존재가 시간이라는 것이다. 이 결론은 더 근본적인 새로운 방법론을 요구한다.

1962년 강의 〈시간과 존재〉에서 하이데거가 제공하는 것이 바로 이 것이다. 이 강의에서 그는 《존재와 시간》이 중단한 곳에서 이어 간다. 그것은 "존재자로부터 존재를 근거지음을 고려하지 않고서 존재를 사 유"하기를 시도하는 것이다.[12] 존재는 현존재 같은 특정한 존재가 아니 고, 시간은 특정한 시간이 아니다. 존재와 시간은 특정한 존재자가 아니 면서 모든 존재자에게 분배되어 있는 것이다. 그러므로 존재는 시간 속 의 특정 존재가 아니고, 시간은 존재 속의 특정 시간이 아니다. "그럼에 도 불구하고 오히려 시간에 의해서, 시간적인 것에 의해서 현재화로서, 현재로서 규정된 채로 있다.[13]

달리 말하자면, 존재는 **현재화의 과정**으로서 정의된다. 시간은 현재로 오는 과정으로서 정의된다. 존재론적 현재화와 시계열적 현전화는 그러 나 동일한 것이 아니고, 존재가 주어진 것으로서 나타나게 하는 **같은 과 정**의 "상호적으로 규정하는" 두 가지 면모 또는 차원이다.[14] 하이데거에 따르면, 존재가 '있다es gibt'거나 시간이 '있다'고 말할 때 우리는 존재와 시간을 단순히 사물로서 기술하는 것이 아니라 주어진 것geben으로서 기술하며, 주어진 것은 존재와 시간이 주어지는 **줌의 과정**을 전제한다.[*]

그러나 줌의 존재시간적 과정은 줌 속에서 존재와 시간을 소진시킬 완전한 넘겨 줌이 아니다. 오히려 존재와 시간은 둘 다 자신을 외향적으

---

[*] 현재화는 Anwesen/Anwesenheit의 번역이다. 독일어로 본래 이 말은 '현존함', '출석함', '여기 와 있음' 등을 뜻하며, 영어로는 통상 presence로 번역된다. 처음에 하이데거는 이 말을 현재에 무 게를 두는 그리스적 존재 이해를 특징짓는 말로 사용하며 이것에 비판적으로 접근하나, 나중 에는 동사적으로 이해된 이 개념이 존재 이해에 중요하다고 보게 된다. 이렇게 동사적으로 이 해된 Anwesen의 영어 번역어가 presencing이다. 저자가 이러한 이해를 바탕으로 논의를 진행 하고 있으므로, 본 번역본은 Anwesen을 통상적 번역어인 '현존'으로 번역하지 않고, '현재화'로 번역한다.

[**] es gibt ~라는 독일어 표현은 영어 there is ~와 비슷한, '~이 있다'를 뜻한다. 그런데 gibt(geben) 이라는 동사는 본래 '주다'라는 뜻이다. 그래서 es gibt ~라는 말은 문자적으로는 '그것이 ~을 준다'라는 뜻이 된다.

로 잡아 늘이고erstrecken 뻗게 하고reichen 확장하는strecke, 그러면서 동시에 자기 자신을 보류하거나 축소시키면서 그것이 다시 주어질 수 있게 머무는 과정으로서 주어진다. 그렇기에 존재가 나타남으로 현재화하면, 또는 뻗는다면, 손 안에 있지 않은 것이 여전히 보류된 것으로서 **존재하는** 한에서, 그것은 부재 속에서 현전한다. 비슷하게, 시간이 자신을 현재로 잡아 늘이면, 과거와 미래 또한—과거와 미래는 더 이상 존재하지 않기에—부재의 형식으로 현재로 온다. "존재했던 것은 단순히 과거인 것이 그렇듯이 이전의 지금에서 그저 사라지는 것이 아니다. 존재했던 것은 오히려 현재화하는데, 자기 고유의 방식으로 현재화한다. 존재했던 것 속에서 현재화로 확장된다."[15]***

시간의 통일체는 그러므로 현재 속에 있지 않고, "각각의 각각을 향한 작용 속에" 있다. "이 작용은 시간의 고유한 것 속에서 작용하는 본래적인 확장으로 증명된다."[16] 과거, 현재, 미래는 시간의 현재화의 삼중적 차원이다. "인간은 이 삼중적 확장 속에 서 있으며, 그것을 규정하는 거부하며-보유하는 가까움 밖에 서 있다. 시간은 인간이 만든 것이 아니고, 인간은 시간이 만든 것이 아니다. 여기에는 만듦이 없다. 여기에는, 시공간을 트이게 하는 확장이라는 의미에서의 줌밖에 없다."[17] 시간의 삼중적 본성은 현재화로서의 존재의 존재론적으로 일차적인 구조이며, "가능한 '어디'를 처음으로 주는 선공간적 지역"이다.[18] 시간은 인간을 생산하지 않는다. 존재로서 인간은 이미 자기 존재 속에서 시간적이기 때문이다.

이러한 존재시간적 구조—존재 또는 시간의 단순한, 또는 사물화된

*** 여기에서 '확장'은 '뻗음', '도달함'을 뜻하는 독일어 Reichen이다. 이것이 영역본에서 extending으로 번역되었으며, 저자가 이를 논의에 이용하고 있으므로 맥락상 Reichen을 '확장'으로 옮긴다.

관념의 부재—의 귀결은, 시간을 주는 '그것'이 있을 수 없다는 것이다. "'그것'은 … 부재하는 것의 현전을 이름한다."[19] '그것' 대신에 줌, 뻗음, 확장됨, 보류함의 연속적 과정만이 있기 때문이다. "자신의 고유성 안에서의 시간과 존재, 즉 이들의 서로 속함 안에서의 시간과 존재 양쪽을 규정하는 것을 우리는 고유화Ereignis라고 부를 것이다."[20]* 고유화Ereignis는 존재와 시간이 잡아 늘여지고, 연장되고, 뻗고, 보내고, 수축하는 과정의 이름이다. 이들의 "확장은 … 보냄과 함께, 고유화함 속에 있다."[21] 그러나 고유화는 존재와 시간이 아닌 다른 어떤 것으로 생각되어서는 안 된다. 고유화는 존재와 시간의 연속적 통일성 또는 삼중적 펼쳐짐의 과정이다. "고유화는 존재하지ist 않고, 있지도es gibt 않다. 이렇게 말하거나 저렇게 말하는 것은, 우리가 원천을 강으로부터 도출하려 함과 똑같이, 이 사태를 전도시킴을 뜻한다."[22]

동적 분석

고유화 개념을 통해 하이데거는 《존재와 시간》에서 처음 제시한 시간의 탄성을, 열린 과정으로서의 전체 시간적 과정 자체로 확장한다. 고유화는 시간의 흐름 또는 잡아 늘임만이 아니고, **모든 흐름 자체의 절대적 근원**이기도 하다. 그렇기에 이전에 현존재의 탄성적 움직임Bewegtheit을 잡아 늘임erstrecken과 확장strecke으로 정의했던 시간동태chronokinetics가 이제는 존재 자체의 **탄성적 움직임**을 고유화로 정의한다. 이 논고에서 하이데거가 고유화를 기술하는 데 Bewegtheit을 사용하지는 않지만, 《존재와

---

* Ereignis라는 독일어 단어는 통상적으로 '사건'을 뜻한다. 하이데거는 이 단어를 통해 존재의 활동 방식을 가리키는데, 이러한 용법에서 Ereignis는 다층적 의미를 품고 있으며 '사건', '존재 사건', '생기生起', '고유화' 등으로 다양하게 번역된다. 여기에서 저자는 독일어 Ereignis를 그대로 쓰기도 하고, 번역어 event나 appropriation을 사용하기도 한다. 본 번역본에서는 Ereignis와 appropriation은 고유화, event는 사건으로 옮긴다.

시간》에서 장소 변화의 그저 상대적인 운동Bewegung과 대비되는 움직임을 명시적으로 기술했던 바로 그 이름─잡아 늘임, 뻗음, 확장 등등─을 통해 고유화를 정의한다.

《철학에의 기여Beiträge zur Philosophie》에서 하이데거는 또한 사건의 탄성을 필요함과 속함 사이의 '진동하는 움직임'으로 기술한다.[23] 그래서 우리는 동적으로 말하여, 하이데거에게 시간이 존재론적으로 (예컨대 공간에 대해) 일차적이지만, 탄성적 움직임은 그 자체로, 사건 속에서 존재와 시간이 공동─주어지게 하는 과정이라고 말할 수 있다. 페터 슬로터다이크가 다음과 같이 쓸 때 그가 염두에 뒀던 것이 바로 이 점이라는 데에는 의심할 여지가 없다. "하이데거의 실존론적 시간 분석의 마력 하에서, 이것이 그에 상응하는 공간 분석론에 근거한다는 점, 그리고 둘 다 **움직임의 분석**〔존재동태ontokinesis〕**에 근본적으로 뿌리내리고 있다**는 점은 거의 간과되어 왔다."[24]

그러므로 하이데거의 시간 분석은 줌이라는 더욱 일차적인 과정 또는 동적 근원으로서의 움직임의 존재론적 일차성을 전제한다. 이 과정의 이름을 **시간**에 줌으로써, 그는 고유화로부터 그것의 참된 움직임 Bewegtheit을 빼앗는다. "우리가 지금 보여 준 뻗음의 통일체를, 바로 그것을 '시간'이라고 명명해야 한다."[25] 그러므로 움직임은 존재를 시간으로 기술하는 하이데거에게 숨겨진 동력원으로 머무른다. 시간의 존재론적 일차성을 받아들임으로써 하이데거는 후설과 같은 문제와 마주친다. 시간이 존재론적으로 일차적이라면, 그리고 시간이 삼중적이라면, 접힘의 과정 자체는 어디에서 왔는가? 시간은 어떻게 감싸 접히는가? 그것은 무엇인 접힘인가?

시간이 이미 삼중적이라면, 시간이 접히고 잡아 늘여지게 하는 접힘 자체의 존재동적 과정을 시간은 필연적으로 전제한다. 하이데거의 철학에서 접힘, 펼쳐짐, 잡아 늘임, 확장됨의 탄성적 운동이 시간에 명시적으로 종속되어 있는 한, 그는 자기 자신의 존재시간적 근거지음의 문제를 극복하지 못한다. 달리 말하자면, 그는 동적 줌 또는 잡아 늘임으로서의 시간의 연속적 움직임을 필요로 하는 동시에, 과거 · 현재 · 미래라는 시제를 이미 가지는 것으로서의 시간을 거부한다.[26] 그러므로 시간은 경과의 동태를, 더 일차적인 움직임의 흐름을 전제한다.[27]

시간의 간격

자크 데리다(1930~2004)는 시간의 존재론을 근본적이고 가장 명백히 역설적인 결론까지 밀어붙였다.[28] 메를로 퐁티가 시간의 탄성을 존재의 순수 물질적—동적 소용돌이(살)와 점점 더 동일시되는 쪽으로 근본화했다면, 그리하여 그것의 일차성을 거의 전복시켜 버렸다면, 데리다는 시간을 반대 방향으로, 시간의 가장 일차적이고 정의定義적인 존재론적 요소를 향해 근본화했다. 그 요소는 순수 차이差移다.[*] 메를로 퐁티가 시간을 접힘에 의해 분화된 절대적 존재론적 유동으로 확장했다면, 데리다는 시간을 근본적으로 수축시켜 시간의 가장 최소적이고 정의적인 요소로 보냈다. 그 요소는 간격interval 또는 지연이다. 데리다가 보기에, 시간은 애초에 시간le temps에 그것의 아주 차이화된 구조를 **주는**donne 순수 간격temps(속도, 박자, 간격) 이외에 **아무것도 아니다.**[29]

《목소리와 현상La voix et le phénomène》(1967)에서 데리다는—메를로 퐁

---

[*] différance. 데리다 철학의 핵심 개념 중 하나다. 본래 프랑스어로 차이는 différence인데, 데리다는 e를 a로 바꾼 différance 개념을 사용한다. 여기에는 두 가지 의미가 있다. 첫째는 음성중심주의에 대한 비판이다. 프랑스어로 두 단어는 발음이 같아서 음성적으로는 구별이 안 되며, 글쓰기를 통해서만 구별이 되기 때문이다. 둘째는, 차이에 대한 이해에 시간성을 도입하는 것이다. 이 개념을 사용하여 데리다는 차이를 프랑스어 differer, 즉 '미룸', '지연'을 바탕으로 이해하려고 한다. 본 번역본에서는 본래의 차이差異와 음성적으로 구별이 되지 않으며, '옮긴다'는 뜻을 지닌 '차이差移'를 이 개념의 번역어로 사용한다.

티가 살 개념을 통해 막 회복시키기 시작한—후설의 절대적 흐름 개념을 지속적으로 비판한다. 그러나 메를로 퐁티처럼 이 절대적 시간적 유동을 잡아 늘이고 접지 않고, 데리다는 유동 자체가 주체 자체의 파편화의 조건 자체임을 보여 준다. 후설의 주체는 시간 속에 있고, 시간의 구조는 자기감응 또는 시간적 차이이기 때문에, 절대적 시간은 주체를 전혀 통일시키지 않고, 오히려 근본적으로 **주체를 분열시킨다**. 종합되고 순환적인 주체라는 후설의 이 사고는 "그것 자신의 근원에 의해, 그것의 자기 현전의 바로 그 조건에 의해, 즉 자기감응 내의 차이差移에서 시작하여, '같은 순간에im selben Augenblick'의 '같음' 속에서의 동일성과 비동일성의 동일성에서 출발하여 다시 사유된 '시간'에 상처를 입지 않는가?"[30]

그래서 데리다는 후설에서의 이러한 시간동적 역설에 대해 우리가 이미 말한 바를 명백히 한다. 시간이 경과하기 위해서는 절대적 유동이 동적 연속체여야 하지만, 절대적 유동이 시간적인 한에서 그것은 자기 안의 존재론적 차이를 전제한다. 이 차이는 주관적 자기감응의 가능조건이면서, 이러한 존재론적 차이 내에서 주체적 통일체의 불가능성 조건이기도 하다.

이에 따라, 데리다가 후설의《내적 시간의식의 현상학 강의》속 "경탄스러운 36절"을 부각시키는 것은 옳다. 이 절은 "이 이상한 '움직임'을 가리키는 적절한 이름의 부재를 증명한다. 그런데 더 나아가, 이 움직임은 움직임이 아니다. 후설은 '이 모든 것을 가리키는 이름이 우리에게 없다'고 결론 내린다. 우리는 여전히 후설의 이 의도를 특정한 방향으로 근본화해야 할 것이다. … '절대적 주관성'에 대한 이러한 규정은 또한, 우리가 차이差移로부터 출발하여 현재를—그 반대가 아니고—사고하자마자 삭제되어야 할 규정이다."[31] 그래서 데리다가 기민하게 주목하는 점은, 후설이 절대적 유동을 움직임이라고 부름에도 불구하고, 이러한 유동은 정의상 존재시간적 차이화로서 불가능하다는 것이다. 데리다의 근본화는 유동 자체의 존재론적 차이를 드러내는 것, 그리고 이러한 난류가 절대적 주체 또는 시간적 종합을 구성하는 것이 정의상 불가능함을 보여주는 것이다.

데리다는 더 나아가, 시간의 모든 형이상학적 이론이—4부에서 길게 보여 주었듯이—시간을 경과하게 하고자 언제나 움직임 또는 흐름을 감추어야 했다고 논한다. "형이상학의 역사에서 언제나 이해되어 왔던 대로의 '시간'이라는 단어 자체가 은유다. 이 은유는 이러한 자기감응의 '움직임'을 지시하면서 **동시에** 감춘다. 형이상학의 모든 개념—특히 능동과 수동, 의지와 비의지 개념, 그러므로 감응 또는 자기감응, 순수와 비순수 등등의 개념—은 이러한 차이差移의 이상한 '움직임'을 **다시 덮어 감춘다.**"[32]

달리 말하자면, 시간 이론들은 움직임을 전제해야 하지만, 시간적 차이의 일차성을 보존하고자 한다면, 이를 동시에 부인해야 한다. 이 이론들은 데리다가 차이의 "이상한 움직임"이라고 부른 것을 덮어 감추어야 한다. 그것은 **실제로는 움직임이 아니기** 때문이다. 시간 이론이 가정하는 **동시에** 부인해야 하는 것은 존재 내의 존재론적 틈새 또는 간격이다. 데리다는 그러므로 '움직임'이라는 단어를 오직 주의 환기적 인용부호 내에서만 사용한다. 간격의 차이가 실제적 연속적 움직임을 불가능하게 만들기 때문이다.

예를 들어, 누군가가 말을 할 때 그 사람은 화자와 청자 사이의 차이를—이 둘이 '같은' 사람일 때조차—도입한다고 데리다는 말한다. 이러한 차이는 근본적으로 시간적 차이다. "말하기의, 또는 '자신의 말하기를 듣기'의 순수 내부성이라는 주제는 '시간' 자체에 의해 근본적으로 모순에 처한다. '세계 속으로' 나아감 또한, 시간화의 움직임 속에 근원적으로 함축되어 있다. '시간'은 '절대적 주체성'일 수 없다. 현재에서 출발하여, 그리고 현재였음이 자신에게 현전함에서 출발하여 시간을 사유

할 수 없다는 바로 이 이유로 인해서다."[33] 그러므로 시간은 주체의 불가
능성의 존재론적 조건이다. 주체는 시간 속에서 자기 자신에게 결코 완
전히 현전할 수 없다. 거기에는 언제나 '차이差移'가 있다. 그것은 "한번에
현전에 균열을 내면서 현전을 지체시키고, 단번에 현전을 근원적 분할
과 지연에 처하게 하는 지연시킴의 작동이다."

차이差移라는 용어를 통해 데리다는 어떤 존재론적 차이를 의미한다.
이 차이는 시간적 늦어짐인 지연시킴differing이면서, 차이의 능동적 작업
인 차이화diferring이기도 하다.[34] 차이差移 개념은 그러므로 데리다가 보기
에 근본적으로 시간적이다. 그러나 명확히 하자면, 차이差移는 "어떤 유
기적이고, 근원적이고, 동질적인 통일체가 마침내 분할되고 사건으로서
의 차이를 획득하게 되는" 차이화가 아니다.[35] 시간적 연속체는 없다. 시
간은 경과하지 않는다. 시간은 차이差移를 통해 시간화하며, 자신을 공간
으로서 외부화한다. 그래서 "공간은 시간 '속에' 있다. 그것은 시간이 순
수하게 자기 바깥으로 떠남이다. 그것은 시간의 자신과의 관계로서의
자기-밖에-있음이다. 공간의 외부성, 공간으로서의 외부성은 시간을
놀라게 하지 않는다. 오히려, 그것은 시간화의 움직임 '내의' 순수 '외부'
로서 열린다."[36]

〈차이差移différance〉(1968)라는 논고에서 데리다는 시간적 존재론이 전
제하는 차이적 구조를 더욱 정교화한다.

차이差移는 의미의 움직임을 가능케 하는 것이다. … 어떤 것이 자기 자
신이기 위해, 간격이 그것을 그것이 아닌 것과 분리해야 한다. 그러나 현
재 속에서 그것을 구성하는 간격은 단번에, 현재 그 자체를 분할하며, 그
리하여―현재에 더불어―우리가 현재로부터 출발하여 사유할 수 있는 모
든 것, 말하자면 모든 존재자를 나눈다―우리의 형이상학적 언어로 말하
자면, 특히 실체 또는 주체를 나눈다. 자신을 구성하고, 역동적으로 자신

을 분할하는 이 간격, 이것은 공간화라고 불릴 수 있다. 그것은 시간의 공간적이-됨 또는 공간의 시간적이 됨(시간화)이다.[37]

데리다가 보기에, 시간의 가장 근본적인 조건은 차이다. 시간이 있다면, 그것은 시간이 시간으로서 현전하게 되는 더욱 근본적인 존재론적 차이라는 조건 하에서만 주어진다. 그러나 차이差移가 이미 미지연 또는 미뤄짐으로서 근본적으로 시간적인 개념이므로, 시간은 이미 자기 자신을 근본적으로 취소함이다. 시간은 차이를 통해 자신을 시간화한다.

데리다는 시간에 대한 그의 가장 성숙한 글《시간 주기Donner le temps》(1991)에서 이 개념을 가장 근본적인 결론까지 밀어붙여, 시간-존재가 주어지는 과정으로서의 시간 자체의 주어짐 자체가 또한 더욱 근원적인 차이差移를 전제한다고 논한다. 시간이 주어지는ça donne 과정의 존재론적 조건은 "받음과 줌 사이의" 간격 또는 틈새다.[38] 그래서 데리다는 하이데거의 〈시간과 존재〉 논고를 근본화한다. 이 근본화는, 탄성적 움직임으로서의 시간과 존재를 주는 있음es gibt 또는 줌의 바로 그 존재론적 구조가 자체로 이미 근본적으로 자기 자신과 달라서, 그것이 자신에게 줄 수 있는 식이어야 한다고 논함으로써 이루어진다. 애초에 시간이 탄성적 잡아 늘임과 보류의 근본적으로 차이화된 움직임으로서 주어질 수 있게 하는 것은 간격temps이다. "[차이差移라는] 이러한 조건은 시간과 관계하지만 시간에 속하지는 않는다. 그것은 시간에 귀속되지 않는데, 그렇다고 해서 시계열적이기보다 논리적이 되지는 않는 채로 그렇다.[39]

차이差移가 근본적인 것은, 시간이 존재론적으로 근본적이기 때문이다. 달리 말하자면, 시간은 존재론적으로 일차적이지만, 이는 오직, 시간이 바로 시간 구조에 의해 차이적이기 때문이고, 시간이 존재에 틈새 또는 간격을 도입하기 때문이다. 이러한 존재론적 차이가 시간의 시간화로서의 줌을 가능케 한다. 그러나 존재론적 차이는 또한, 그것이 현재로서 받아지고 파악되는 한에서, "줌의 파괴 과정을 움직이게" 하기도 한다.[40] "이러한 움직임의 길에서 존재Sein가 … 줌에서 출발하여 자신을 알린다."[41]

데리다가 차이差移에 주는 이러한 '움직임'의 본성은 무엇인가? 하이데거를 따라서, 데리다는 시간의 줌이 유희spielt라고 말한다. "들추어 냄Entbergen의 움직임"은 줌과 받음 사이의 유희 또는 결정 불가능한 앞뒤로의 진동이다. 데리다는 《유한회사Limited Inc》(1990)에서 이렇게 쓴다. 유희는 "자체에서의 비규정성이 아니다. 그것은 유희 형상들의, 진동의, 결정불가능성의—말하자면 결정 가능한 역사의 **차이差移적 조건**들의 가장 엄격하게 가능적인 규정이다."[42] 진동의 **움직임**으로서 시간성은 그러므로 "존재하지 않는 시간, 존재 없이sans l'etre 존재하는 것으로 존재하는 시간, 존재하는 대로 존재하지 않는 시간, 존재하지 않는 대로 존재하는 시간—존재 없이 존재하게 될 것이 시간qui est de l'etre sans l'etre"이다.[43] 동적 진동으로서, 시간은 자기 안에서 동시성의 불가능성을 전제한다. 시간 속의 두 사건은 정의상 동시에 주어질 수 없다.[44] 이는 "이 체계의 함께syn가—우리가 곧 보게 되듯이—**시간과**, 어떤 지연과, 시간 속의 어떤 지연함/차이화différer와 **본질적 관계를 가지기**" 때문이다.[45]

시간은 차이差移이며, 차이差移는 본질적으로, 시간 자체가 어떤 사물이 되지 않고서도 시간이 존재하게 하는 흔듦과 살려내기animation의 시간 동적 움직임이다. "신비로운 힘에 의해 움직여져, 사물 자체가 줌과 보상을 요구한다. 그래서 그것은 시간화의 '시간', '기간', '지연', '간격'을, 시간화temporalisation의 시간내기temporisation-됨을, 줌과 보상의 욕망을 통한 중립적이고 등질적인 시간의 살려내기를 필요로 한다. 차이差移, 그것은 아무것도 (아니다)."[46]

그래서 데리다는 시간화temporalisation와 시간내기temporisation을 구별한다. 시간내기는 프랑스어 temps의 의미를 따라, 리듬 또는 종지의 박자들 사이의 간격, 시간, 미뤄짐이다. 이로 인해 리듬은 자신으로부터 차이화될 수 있다. **시간내기**의 초점은 그러므로 주어진 시간이 주어지기 위한 조건이 되는, 주어진 시간들 사이의 간격이다.

다른 한편, 시간화는 주어진 시간으로서의 과거·현재·미래다. 그래서 데리다가 보기에 "시간화의 시간내기-됨"이란, 시간이 생성되고, 움직이고, 경과할 수 있게끔 해 주는 것이 바로 시간 자체 사이의 그리고 시간 내의 간격 또는 틈새라는 점을 밝히는 것이다. 그것은 살려 낸 흔듦을 통해 시간을 준다. 데리다가 보기에, 시간의 탄성은 그러므로 미래나 여타 시제의 잡아 늘임, 확장, 뻗음이 아니다. 그것은 간격 자체의 순수 동적 탄성, 또는 시간을 주는 시간들 사이의 차이差移다.

하이데거가 암묵적으로 그랬듯이, 데리다가 보기에 시간 주기 작용은 근본적으로 **동적인 작용**이다. 줌은 시간에 리듬 또는 종지를 준다. 그렇기에 "사물은 시간 속에 있는 것이 아니다. 그것은 시간이거나, 시간을 가지고 있다. 또는 오히려 그것은 시간을 가지기를, 주기를, 취하기를 요구한다—그것은 리듬으로서의 시간이다. 이 리듬은 동질적 시간에 닥치는 리듬이 아니라, 그것을 근원적으로 구조 짓는 리듬이다."[47] 사물은 **시간-사물**이다. 이 존재는 시간 속에서 줌과 취함이라는 동적 진동에 의해 근원적으로 구조지어진 존재를 가진다. 이러한 방식으로 데리다는 시간을 시간의 최소한의 조건을 향해 근본화한다. 그것은 간격 자체의 탄성, 차이差移다.

동적 분석

데리다 또한, 순수 시간적이라고 상정된 과정을 설명하기 위해서는 자신이 운동, 진동과 대면해야 함을 발견한다. 시간의 흐름에 대해 이야기할 때 데리다는 아주 긴 논의를 거쳐서 움직임과 연속성 은유를 사용하기를 거부한다. 이것들은 시간적 차이를 등장시킬 등질적 통일체를 가정하기 때문이다. 데리다가 보기에, 과거·현재·미래가 잡아 늘여지거나 확장되는 일은 일어나지 않으며 일어날 수 없다. 이들에게는 정의상 이미 시간이 주어졌기 때문이다―이는 주체나, 현존재나, 의식에 주어져 있다. 그래서 데리다는 이전의 이론가들이 은유를 통해 필사적으로 감추고자 했던 시간 구조에 관한 근본적 통찰을 깨닫는다. 그 구조는 시간의 움직임 또는 경과다. 데리다의 위대한 발견은, 시간이 바로 시간의 정의와 구조상 **연속체 또는 흐름일 수가 없다**는 것이다. 시간은 경과하지 않는다. 시간은 오직 시간의 차이差移 또는 간격적 작용을 통해서만 주어진다. 존재 그 자체는 순수하고, 화해 불가능하고, 결정 불가능한 분할 또는 차이다. 이러한 의미에서, 차이는 자기동일성과의 다름이 아니라, 자기 안에서 자기와의 다름이다.

철학사 속 존재의 심부에서 이처럼 차이를 근본적으로 발견한 것은 우리를 운동의 존재에 대한 탐구의 시작점으로 데려간다. 존재가 절대적 차이差移라면, 존재가 언제나 자기 자신으로부터 분할되어 있다면, 모든 존재 사이에 틈새, 간격, 또는 '근원적 분할'이 있다면―그렇다면 운동은 존재론적으로 불가능하다. 존재는 결코 연속적으로 경과할 수 없을 것이다. 사물들 사이에는 단속적 차이 또는 실재적 차이가 있을 수 있지만, 그것은 오직 단일하고 동결되었으며 파편화된 죽은 존재의 차이 나는 면모들 또는 차이들로서만 있을 뿐이다. 어떤 것은 다른 것으로 결코 경과해 갈 수 없다. 데리다는 절대적으로 옳다. 시간은 경과하거나 흐르지 않는다.

그러나 존재에 관한 다른 주요 역사적 기술들―공간, 영원성, 힘―과 마찬가지로, 시간도 운동 없이는 작동하지 않는다. 운동이 없다면, 시간은 시간이 아닐 것이다―크고 작은 접힘 및 순환 속에서 확장되고 수축하는 존재의 탄성이 아닐 것이다. 심지어 데리다도 시간의 존재론에 의해 요구되는 운동의 일차성을 탈출하지 못한다. 이 점은 그가 운동적 언어를 항상적으로 사용하여 시간의 줌을 움직임, 진동, 살려 냄, 심지어 리듬—리듬은 자체로는 주어진 시간으로 환원되지 않으면서 시간을 존재하게 한다—으로 기술하는 데에서 명확히 증명된다. 그의 동적 용어 사용은 간격 자체에 동적 행동을 선사함으로써 시간이 움직이는 것을 가능케 한다.

이러한 사용에는 적어도 두 가지 해석이 가능하다. 첫 번째 해석은, 데리다가 '움직임'이라는 용어를 근본적으로 부동적이고, 비물질적이고, 분할된 어떤 것(줌)에 대한 은유로만 사용하고 있다는 것이다. 그러나 시간의 줌이 근본적으로 정적이라면, 어떻게 시간 또는 존재가 경과하고, 변화할 수, 또는 애초에 줄 수가 있을까? 줌이 부동적이라면, 그것은 아무것도 줄 수가 없다. 줌은 어떤 종류의 움직임 또는 행위를 요구하는 실재적 과정이기 때문이다. 더 나아가, 이러한 해석은 명시적으로 데리다를 그 자신에 대한 비판으로 이끈다. 그는 절대적 유동에 대한 후설의 이론 내에서 운동과 연속체의 은유가 이와 정확히 똑같이 사용되는 것을 거부했기 때문이다.

가능한 두 번째 해석은, 줌이 시간 사이의, 시간 내 진동의 실재적 탄성적 움직임이라고 데리다가 실제로 생각했다는 것이다. 그러나 이것이 옳다면, 몇 가지 모순이 따라 나온다. 첫째, 시간은 더 이상 그가 논하듯이 존재론적으로 일차적이 아닐 것이다. 그것은 진동적 줌이라는 더욱 일차적인 운동에 의존할 것이기 때문이다. 둘째, 실재적 운동은 연속체를 필요로 하므로, 존재는 근본적으로 연속적이 될 것이다. 이는 그의 차이差移 개념과 모순되며, 그의 작업 내내 명시적으로 드러나는 연속성의 거부와도 모순된다. 더 나아가, 데리다는 어떻게 시간 또는 차이가 이러한 동적 연속성으로부터 출현하는지를 충분히 설명하지 못할 것이다.

그러나 두 해석 모두에서 시간은 차이差移를 따라서 말살된다. 한편으로 그의 움직임 사용이 은유적이라면, 시간의 경과가 없으며 그러므로 시간도 없다. 다른 한편, 그의 움직임의 사용이 실재적이라면, 존재는 더 이상 차이差移적이 아니고, 그러므로—데리다가 보기에—존재가 "본질적으로 관계되어 있는" 것인 시간도 더 이상 가능하지 않을 것이다. 이 모든 난점이 생겨나는 것은 데리다가 차이 이론의 모델을 현상학적 전통에 따라 시간에 두고 운동에 두지 않았기 때문이다.[48] "줌이 시간을 주는 한에서만 줌은 준다"면,[49] 줌은 시작에서부터 존재론적으로 차이적일 것이고, 시간이 경과하거나 흐르기 위해 참으로 필요한 운동의 연속성을 애초에 생산하지 못한다. 그렇기에 차이 또는 간격으로서 근본적으로 시간을 존재론화함으로써 데리다는 시간이 경과하는 데 필요한 동적 움직임 또는 동적 흐름을 파괴한다.

맺음말

시간의 동적 이론은 운동의 일차성을 전제하지 않고서는 기능할 수 없다. 특히, 그것은 역사적으로 운동의 탄성적 체제를 가정한다—잡아 늘임, 확장됨, 구부러짐, 소용돌이꼴로 접힘, 진동 등등의 시간동태 전제를 가정한다. 시간에 있는 근본적 탄성을 전제하지 않는다면, 시간은 동적 주체의 형식으로 경과하고 순환할 수가 없을 것이다. 움직임은 그러므로 시간의 생각되지 않은 것이다. 그것은 시간성이 경과의 연속성을 위해 전제해야 할 것, 그러나 존재의 심부에서 거부해야 할 것이다.

우리는 이제 시간적 탄성의 일곱 가지 역사적·개념적으로 구별되는 유형들을 식별했다. 그것은 시간적 접힘의 탄성(아우구스티누스), 접힘의 다중화(오컴), 잡아 늘여진 점으로서의 선 자체(뉴턴), 시간의 순환(칸트), 다중적 순환(후설), 전체로서의 과정(하이데거), 시간들 사이에서 잡아 늘여진 간격(데리다)이다. 이 책에서 추적된 역사적 호弧와 관계하여, 존재의 순수 경과 또는 흐름으로서의 시간이라는 사고는 우리를 존재의 제약되지 않는 움직임이라는 사고에 단번에 가장 가까이 데려간다. 그러나 그것은 또한 우리를 그것으로부터 가장 멀리 데려가기도 한다. 존재가 근원적으로 분할되고, 간격적이고, 파편적이고, 그러므로 정적이라는 점을 시간의 구조가 전제하는 한에서 그렇다.

오늘날 존재에 대한 역사적 기술은 그러므로 존재의 절대적 거부와 존재의 절대적 전제 사이의 문턱에 있다. 본 책의 목표, 그리고 특히 본 장의 목표는 이 문턱을 부각시키고, 역사적 존재론을 운동 면을 향해 넘어뜨리는 것이다. 그리하여 존재에 관한 존재론적 기술에서 언제나 암묵적이었던 것을 명시적으로 만드는 것이다. 그러나 이 노력을 끝맺고 다음 단계들을 평가하기 전에, 시간의 탄성적 운동이 그저 이 시기에 존재가 **기술된** 방식일 뿐만 아니라, 자판이라는 근대의 동기록을 통해 존재가 **기입되는** 방식이기도 하다는 점을 이해하는 것이 결정적이다. 이는 다음 장들에서 볼 것이다.

III

그라포스

35장

자판 1. 타자기

시간의 존재론적 기술의 역사적 부상과 나란히, 새로운 기입 체제—자모기록typography—가 출현했다. 힘의 존재론적 기술적 체제가 책의 장력적 체제에서 기입되었던 것과 마찬가지로, 18세기 후반부터 지금까지 이어지는 시간의 기술적 체제의 부상은 주로 자판의 탄성적 체제에서 기입되었다. 물론 이 시기에 글과 책이 사라진 것은 아니지만, 그것은 자판의 탄성적 진동에 의해 정의된 새로운 동ꣳ기록적 체제 내에 흡수되고 변용되었다.

자모기록

자모기록은 미리 형성된 글자 또는 활자를 자판을 이용해 수용적 매개체에 기입하는 것이다. 18세기 후반에 시작된 자판은, 19세기와 20세기에 급속히 지배권을 획득하여 존재의 기입을 위한 우세한 동ꣳ기록적 테크닉이 되었다. 존재시간학의 칸트적 유산 내에서 대부분의 철학자들은 직접 자판을 사용하여 타자하거나, 타이피스트에게 불러 주거나, 아니면 텍스트를 손으로 썼다가 나중에 타자기를 통해 타자문서로 변환했다. 그러다 마침내 라이노타이프Linotype 자판 인쇄기*를 사용하게 되었다.

자모기록 또는 타자打字의 부상은 두 가지 주요한 동動기록적 작동, 이 진법적 순환과 이진법적 변조를 따랐다. 이 두 작동은 자모기록의 두 주 요 역사적 테크놀로지에 상응한다. 하나는 19세기부터 20세기 중반까 지의 타자기이고, 다른 하나는 20세기 중반부터 현재까지의 컴퓨터다. 이 두 가지 기입 테크닉은 중요한 방식으로 서로 다르지만, 동적으로는 둘 다 같은 탄성적 운동의 동動기록적 체제 유형들로서 기능한다.

자모기록적 기입의 선행자는 근대 초기 인쇄기의 발명(15세기)과 활자 의 발명이다. 그러나 동적으로 볼 때, 초기 인쇄기의 장력적 운동은 자 모기록을 인쇄된 책의 서책기록에 종속시켰다. 앞에서 보여 주었듯이, 구텐베르크 인쇄기의 운동 형태 전체는 손으로 주조된 개별 글자에 의 해 정의된다. 미리 주어진 장력적이고 고정된 관계에 있는 인쇄틀에 글 자들을 가두고, 다음으로 기계의 장력을 이용하여 종이 표면 위로 단 번 에 모든 글자를 찍는다.

그래서 자모기록의 장소는 인쇄기 바깥에는 없었다. 자모기록이 인 쇄기의 장력적 운동에서 자유로워지고 고유의 탄성적 운동 형태를 전개 할 수 있었던 것은 타자기의 출현 덕분이다. 19세기 라이노타이프 인쇄 기가 발명되면서, 자판의 탄성적 운동은 마침내 인쇄기에 등을 돌리고 인쇄기를 종속시켰다. 인쇄기로부터 자유로워지자, 자모기록은 고유의 운동 형태를 획득하기 시작했다. 이 형태는 이진기록적 탄성으로 정의 된다. 타자기와 컴퓨터의 동動기록적 역사로 넘어가기 전에, 저 과정에 대한 짧은 소개와 정의가 필요할 것이다.

---

* 19세기 후반에 발명된, 자판을 이용해 활자들을 즉각 주조하고 조판할 수 있는 인쇄기.

이진기록적 탄성

이진기록binogrpahy은 일련의 단순한 이진법적 차이들을 수록 표면에 기입하는 과정이다. 이진법적 또는 이중적 분할 또는 차이는 기록적 분할의 가장 단순하며 가장 근본적인 형태다. 초기 글쓰기 체제는 매 새로운 대상을 나타낼 기호를 발명하여 무한한 질적 기록적 분할을 생산했다. 음성적 알파벳이 이 차이들을 질적으로 다른 음성적 소리의 유한한 수(26)로 축소시켰다면, 이진법적 기입은 이 분할을 분할의 절대적 **양적** 극한까지 축소했다. 즉, 1 또는 0까지 축소했다.

이진법적 부호화를 통해 이진기록은 이전의 모든 기입 체제를 순수 양적 차이들의 계열로 재기입할 역량을 갖췄다. 그러나 그리하여 이진법적 기입은 이 계열의 동動기록적 구조에, 이전의 기록법보다 훨씬 더 심오한 방식으로 의존했다. 상형문자를 통해, 그리고 표음문자를 통해서도, 아주 짧은 계열을 통해 많은 것이 소통될 수 있었다. 그러나 이진기록에서는 같은 의미를 생산하기 위해 기록적 표시 1과 0의 더 긴 계열이 요구되었다. 그러므로 기입의 가장 단순한 형태를 소통하기 위해 기록의 속도가 증가해야 했다. 이는 타자기와 컴퓨터라는 완전히 새로운 테크닉적 장치의 발달로 가능해졌다. 이 장치는 기계는 열리거나 닫힌 위치—타자기에서는 글쇠의 위치, 컴퓨터에서는 트랜지스터—의 계열의 급속한 진동이라는 동적 필요조건에 따라 기능한다.

이진기록은 순수 관념론적 또는 논리적 분할로 이해되어서는 안 된다. 모든 기입과 마찬가지로 이진기록도 동動기록적이다. 즉, 그것은 물질적으로 작동하기 위해 움직임에 의존한다. 그러므로 우리는 이것을 1과 0 사이의 절대적 양적 차이로서의 이진법적 차이에 대한 소위 순수 수학적–관념론적 개념과 구별해야 한다. 논리적 또는 관념론적 이진법적 분할은 1과 0 이외에 어떤 것도 필요로 하지 않는다. 그러나 만약 그렇다면, 둘 사이의 이행 가능성은 없을 것이다. 연속적 중재자는 없을 것이다. 1과 0 사이에 아무것도 없다면, 이는 1과 0 사이에 아무 차이가 없다는 뜻이 될 것이고, 이는 이들이 동일하다는 것을 뜻할 것이며, 이는 모순이다. 그러므로 이러한 사고는 불완전하다.

시간적 차이의 경우와 마찬가지로, 시간들 사이에는 시간 자체가 경과하는 것을 가능케 하는 흐름, 유동, 움직임이 있어야 한다. 0으로부터 1로의 움직임은 과거로부터 미래로의 움직임과 동적으로 다르지 않다. 움직이기 위해서 양쪽 모두 중개자 또는 중개자들을 필요로 한다. 순수 형태에서 0과 1이라는 수들은 관념론적 추상이며, 실재적 질의 양화이며, 실재적 물질적 흐름들로 합성되어 있다. 0과 1 사이의 절대적 논리적 또는 관념론적 분할을 인정하는 것은 그러므로 초월적 착각에 굴복하는 것이다. 차이 또한 필요하기 때문에 이 착각은 논리적으로 모순되며, 동적으로 보자면 이 착각은 두 차이들 사이의 이행을 가능하게 하는 실재적 물질적 조건으로부터 추상된 것이다.

이러한 의미에서 이진법적 분할은 전혀 둘이 아니고, 적어도 셋이다. 0, 1, 그리고 이들 사이의 차이. 앞 장들에서 보여 주었듯이, 이 차이는 동적 차이, 흐름, 연속체다. 이 속에서 이분화와 접힘이 출현하고 이행이 일어날 수 있다. 그러므로 더욱 동적인 의미에서, 이진기록은 셋이 전혀 아니고, 삼중적이다. 이진법적 분할의 기원은 그러므로 이진법적 수에 대한 **사유**에 있는 것이 아니라, 적어도 두 가지 상이한 동적 상태 사이의 진동oscillation이라는 물질적 운동에 있다. 그러므로 이진법적 분할은 18세기 라이프니츠의 발명도, 17세기 베이컨의 발명도, 9세기 《역경易經》의 발명도, 여타 다른 무엇의 발명도 아니다.

자연은 이미 자기 고유의 이분화와 진동을 창조한다. 인간 문명은 이미 그릇이라는 단순한 형태를 통해 흐름과 접힘 사이의 물질적 변환을 도입했다. 그릇은 흐름을 접거나, 액체의 흐름을 쏟는다. 물길 또는 수로는 흐르도록 허용되거나 둑으로 막을 수 있다. 집에 난 문이나 창은 열려 있어서 공기 흐름이 통과하여 움직일 수 있게 하거나, 닫혀 있어서 흐름을 가로막는다. 심오하고 기초적인 방식으로, 이진기록은 언제나 존재했다. 그러나 존재론적 기술과 관련하여, 그것은 18세기 후반 타자기가 도입되고 나서야 테크닉적 기입의 지배적 양상이 되었다.

운동의 연속체를 끊거나 그것에 분할을 도입하지 않고서 앞뒤로 움직이는 운동을 '동적 탄성'이라고 한다. 그러므로 진동은, 한 방향으로의 움직임이 두 운동 간의 분할을 도입하지 않으면서도 이전 위치로의 귀환을 허락하는 한에서 정의상 탄성적이다. 탄성은 두 위치, 열림과 닫힘 사이에서 왕복하는 이러한 연속적 운동이다.

타자기 기제가 탄성적 진동을 허용하지 않았다면, 그것은 글쇠를 종이에 단 한 번밖에 찍지 못했을 것이다. 컴퓨터가 반도체 물질들 사이에서 왕복하는 양자 운동의 탄성을 허용하지 않았더라면, 논리 게이트도 없고 계산도 없었을 것이다. 회로 및 전기적 유동의 발명은 근본적으로, 두 이진법적 위치 사이의 왕복하는 탄성적이고 진동적인 움직임에 의존한다. 타자기와 컴퓨터의 테크닉적 지배로 정의되는 근대 존재론적 기입은 이러한 이진기록적 탄성에 의해 정의된다.

타자기: 이진법적 순환

자모기록의 부상은 타자기와 함께 시작한다. 타자기가 글쇠를 인쇄기 및 책에 대한 종속에서 처음으로 해방시켰기 때문이다. 그래서 순환적 진동의 첫 번째 탄성적 동鬥기록적 작동은 최초의 계열 또는 기록적 스위치로서의 타자기와 함께 출현했다.

만년필이나 증기 인쇄기와 달리, 타자기는 롤러와 종이의 연속적 순환 위에서 진동하는 스위치의 복잡한 계열로 정의된다. 기록된 최초의 타자기는 1808년에 눈이 먼 백작부인 카롤리나 판토니가 글을 쓰는 데 도움을 주고자 이탈리아 귀족 펠레그리노 투리가 발명했다. 그의 글쓰기 기계에는 꺼짐과 켜짐 상태 사이에서 진동하는 알파벳 글쇠가 있었다. 이 글쇠는 잉크리본을 두드려서 종이로 된 수록 표면에 읽을 수 있는 표시를 생산했다.

순환적 진동

그래서 최초의 순환적 진동은 몇 가지 동적 작동으로 정의된다. 첫째, 타자기는 켜짐과 꺼짐 사이의 단일한 진동 또는 변환으로 정의되지 않고, 이러한 수많은 진동으로 정의된다. 더 나아가, 모든 진동은 수록 표면 위의 연속적 계열로 일어난다. 각 글자는 앞뒤로 진동하는데, 이는 종이 위에 기록적으로 수록되는 독특한 계열 속에서 이루어진다. 그래서 각 글자, 글쇠, 스위치의 이진기록실천이 있고, 또한 이것의 역사적 순차를 기록하는 계열적 이진기록이 있다. 종이가 아래로 수직으로 흐르는 동안, 각 새로운 기록 표시는 기입 과정을 확장한다. 텍스트 각 줄의 마지막에서 롤러는 출발 위치로 귀환한다.

이것이 자모기록적 순환의 첫 번째 형태다. 롤러가 앞뒤로 연속적으로 순환하고, 그 위에서 글쇠가 앞뒤로 진동한다. 종이의 이러한 수평적·수직적 순환이라는 흐름 속에서 기록 자료의 고립된 점들이 기입된다. 텍스트는 움직여 가는 종이의 연속적 흐름 위의 단속적·등질적·기록적 표시 계열에 다름 아닌 것이 된다. 종이 페이지는 책으로 미리 구속되어 있거나 인쇄기 인쇄판의 강체 장력에 고정되어 있지 않고, 이제 시작도 끝도 없이 풀려 있는 더미 속에서 기계 속으로·밖으로 흐를 수 있다.

투리의 타자기 이후, 19세기에 걸쳐 타자기는 급속히 발전했다. 처음에는 느렸다. 그러나 수정되고 더 많은 사람들이 타자기를 채택하면서, 점점 더 빠르고 사용하기 쉬워졌다. 타자기는 타자기 자체를 훨씬 능가하는 것, 즉 시간적 기계가 되었다. 그것은 순환 속의 각 켜짐과 꺼짐 진동 사이에서 시간을 단축했다. 그리하여 쓰는 것보다 더 빠르게 타자할 수 있게 했을 뿐 아니라, 타자하면서 읽는 속도도 증가시켰다. 각 손가락은 손가락기록* 과정 속의 준자동적 스위치가 되었다. 글쇠의 속도가 증가하면서, 집필과 출간 사이의 시간은 줄어들었다. 집필과 인쇄 출간 사이의 차이가 이제는 글쇠가 앞으로 움직여 잉크리본을 두드리는 시간이 되었다. 타자기는 그래서 고유의 인쇄기가 되었고, 이러한 의미에서 인쇄기로부터 해방되었다.[1]

초기의 글쓰기 기계가 자동기계였다는 사실은, 이 기계 자체의 동적 구조에 관해 무언가를 밝혀 준다. 메커니즘을 통해서든, 천공카드를 통해서든, 전신타자기teletype를 통해서든, 타자기는 언제나 다른 기입 테크닉에 비해 더 높은 수준의 자율성 역량이 있었다. 그리고 언제나 다른 기록법보다 더 높은 자동화 또는 자동감응 역량을 가지고 있었다. 타자기는 **시간 속에서 자신을 기입하는** 기계다. 타자기는 자기 자신의 롤러를 일련의 고리들 속에서 롤러 위에서 앞뒤로, 위아래로 말면서 움직인다는 의미에서 자기순환적이다. 그것은 고대 두루마리의 말고 풀어 내는 움직임, 중세 책의 단단한 강체 막대 연계 및 경첩 체계를 결합시키고, 이 모든 것에 단일한 장치 속의 자동적 상호연결과 순환을 주었다. 타자기는 스스로 풀리는 두루마리이고, 작성되는 동안 자기 페이지를 넘기는 책이다.

타자기는 고유의 자율적 순환 체제를 생산하며, 이 체제 속에서 글자들은 흐름 속의 수많은 동질적 시공간 단위로서 나타난다. 첨필은 언제나, 수록 표면에서 분리된 자율적 주체―첨필을 대상으로 사용하는 주체―를 상정하는 것으로 보였다. 그러나 타자기는 단번에 표면이면서, 종

---

* dactylographic. 그리스어 dactylio('손가락')에서 왔다. dactylographie는 타자를 뜻하는 프랑스어이기도 하다.

이이면서, 잉크이면서, 첨필이다. 타자기는 이 모두를 결합하고 자동화시켜 완전히 새로운 순환 속으로 보낸다. 이제 행해야 할 것은 스위치를 젖히는 것뿐이며, 이는 테크닉적으로는 인간을 필요로 하지 않는다.

기계적 탄성

두 번째 작동은 두 위치 사이의 연속적 진동을 가능하게 하는 확장 또는 잡아 늘임의 움직임 속 기계적 탄성의 작동이다. 기계식 타자기는 글쇠 해머가 확장 후에 원래 위치로 돌아가게 하기 위해 이 운동을 사용한다. 이는 기계식 경첩 사이의 탄성적 유체 또는 기름을 통해 이루어지거나, 기계에 다양한 용수철 메커니즘을 도입함으로써 이루어진다. 글쇠 지렛대를 막대 연계 시스템에 연결하고, 일반 막대를 U자 막대에 연결하는 꼬인 금속 용수철은 이 운동이 끊김 없이 탄성적으로 확장되고 수축할 수 있게 해 준다.[2]

그러나 기계식 타자기는 순수 탄성적 기록법은 아니다. 탄성에 더하여, 그것은 또한 강체 연계와 탈출장치의 장력적 체계에도 의존하기 때문이다. 두 동적 운동은 기계식 타자기 내에서 공존한다. 그러나 점점 더 많은 용수철이 더해지면서, 탄성적 운동이 역사적으로 선호되었다. 그래서 역사적으로 장력적 막대 연계 동태로부터 점점 증대되는 탄성 용수철 동태로 이행했다. 이는 점점 더 큰 기계적 탄성을 향한다. 기계식 타자기가 문자 그대로 점점 더 빠르게 움직일 수 있게 해 준 것이 바로 이 증대되는 탄성이다. 메커니즘의 동태가 더 탄성적 또는 '용수철적'이 될수록, 글쇠는 더 쉽게 앞뒤로 밀쳐질 수 있고, 해머가 더 빠르게 후퇴할 수 있고, 다음 해머가 더 빠르게 도달할 수 있다. 탄성의 증가는 속도의 증가를 뜻하고, 이는 글쓰는 데에 더 적은 시간이 듦을 뜻한다. 한 해머와 다음 해머 사이의 시간이 수축하여, 두 글쇠 사이의 시간적 차이가 수분의 일초로 감소한다.

이러한 의미에서, 글쇠 용수철 메커니즘의 동적 탄성이 글쇠 타건 사이의 **시간적 차이**가 된다. 글자들 사이의 공간적 차이를 제공하는 것, 그리고 해머들이 서로 들러붙지 않는 데 필요한 시간적 차이를 제공하는 것은 탄성적 운동이다. 그러므로 탄성적 운동은 자모기록적 글쓰기가 요구하는 시공간적 차이의 현실성을 위한 동動기록적 조건이다. 각 글자 사이의 시간과 공간에 있는 최소한의 차이로 인해, 각 글자가 기입 계열 속에서 구별되는 글자로서 주어질 수 있다. 이러한 차이는 그러므로 타자기 자체의 움직임이나 다름없다. **시공간적 차이를 주는** 것은 근본적으로 **동적인 차이**다. 시공간적 글쇠와 단속적 글자의 조건은 타자기 자체의 탄성적 움직임이다.

그러므로 타자기의 탄생이 글쓰기 자동장치에서 왔을 뿐 아니라 음악적 건반 및 음악–기록 기계에서 왔다는 것은 우연이 아니다.[3] 클라비어와 하프시코드의 건반은 단속적 시간들, 속도들, 박들의 계열을 생산하는 동적 기계로서의 타자기를 미리 보여 준다. 생산, 박자, 리듬, 종지를 생산하는 것은 건반의 움직임과 진동이다. 최초의 '멜로디기록적melographic' 기계는 피아노의 건鍵 레버에 잉크를 붙여서, 또는 각 건이 종이에 구멍을 뚫도록 함으로써 이러한 시공간적 차이를 가시화했다. 그러므로 자모기록과 멜로디기록 둘 다 시간 자체의 동기록을 가시화한다. 자모기록은 시간기록실천tempographism이다.

1808년에 타자기는 라이노타이프 기계의 발표와 함께 인쇄기의 제약으로부터 처음 해방되었고, 이 자유 아래 고유의 탄성적 운동 체제를 전개할 수 있었다. 라이노타이프 기계는 '제2의 구텐베르크'라 불리는 오트마르 메르겐탈러Ottmar Mergenthaler가 발명했다. 본질적으로 활자를 주조하고 찍는 기계에 자판을 부착한 것이었다. 자판에 글자를 타이핑함으로써 이 기계는 단번에 금속활자 한 줄 전체, 또는 '라이노타이프line-o'-type'를 자동으로 주조할 수 있었다. 이 활자 줄들은 이어서 인쇄기에 자동적으로 설치되어 인쇄될 수 있었다.

이제 인쇄기는 자판에 앉은 한 명의 기사가 운용할 수 있었다. 그가 타이핑을 하면, 각 글쇠 타건은 자판 위에 설치된 매거진으로부터 매트릭스를 풀어 냈다. 매트릭스는 용수철로 작동하는 전달 경로를 통해 조합기로 옮겨졌고, 여기에서 매트릭스는 다른 매트릭스와 계열을 이루어 줄지어 서서, 한 번에 뜨거운 금속으로 주조되었다. 각 단어 사이에 기사는 빈 매트릭스 또는 공백 밴드를 도입했다. 이것은 단어 사이에 빈칸을 생산하여, 글자들에게 차이를 주는 저들 사이의 소위 빈 공간조차도 이미 용수철식 라이노타이프 기계의 실정적 동적 활동이라는 점을 명백히 한다.

추가적으로, 초기 글쓰기 자동기계와 마찬가지로, 라이노타이프 기계는 일련의 구멍이 뚫려 있는 종이테이프를 공급하여 자동으로 기능시킬 수 있었다. 이 기계는 테이프의 구멍 계열을 읽어, 상응하는 글쇠 타건을 일으키고 활자의 줄을 생산할 수 있었다. 그 덕분에 텍스트는 '텔레타이프세터'*로 전보 문장에 따라 조판될 수 있었고, 다수의 기사가 다른 활자 줄 작업을 하여 생산 속도를 증대시킬 수 있었다.[4]

존재의 텍스트적 기술은 그러므로 종이 테이프 또는 천공카드 계열 속 이진기록적 구멍의 계열로 기록되었다. 동기록은 질적으로 차이 나는 글자들의 계열로부터 단순한 양—1 또는 0, 구멍 또는 구멍 없음—의 계열로 변용되었다. 천공카드(1801)는 그러므로 근대를 정의하는 동動기록적 발명이다. 이것은 부호화된 표면을 통해 모든 종류의 자동기계에 생명을 주었다. 자모기록에는 순환의 새로운 체제가 주어졌다. 이 체제는 더 이상 타자 롤러의 기계적 순환이나 롤러 표면을 미끄러지는 빈 종이로 정의되지 않게 되었다. 이 체제는 기계를 통과하는 종이테이프와

---

* TeleTypeSetter. 전선을 통해 글자를 전달하기 위해 만들어진 부호화 규약 중 하나.

천공카드의 순환으로 정의되었다. 한때는 완전히 자율적이던 자모기록 기계는 이제, 그것을 통과하는 이어진 천공카드 또는 테이프의 끊임없이 커지는 진동적 순환 내의 또 다른 진동적 순환으로 축소되었다.

천공카드는 연속적 순환이다. 천공카드의 완전한 연쇄는—자카르 직기*에서 처음 사용되었던 것처럼—함께 이어지고 고리 형태로 서로에게 도로 이어질 역량이 있었다. 빈 종이의 연속적 흐름 속에서 이진법적 표시—구멍 또는 구멍 없음, 흐름 또는 흐름 없음—가 만들어진다. 모든 차이는 단일한 이진법적 차이로 환원된다.

기계식 천공카드 직기가 직물 공장의 수만 명의 숙련 직공을 대체할 수 있게 해 준 저 이진법적 자모기록의 동적 체제는, 자본주의가 행한 이전 사회적 차이들의 단일한 차이—프롤레타리아트 또는 자본가, 열림 또는 닫힘—로의 환원을 정의하는 운동 체제이기도 하다.[5] 모든 사회적·자모기록적 대립은 단일한 대립으로 환원된다. 다중의 숙련된 인쇄 기사의 노동이 이제는 단일한 라이노타이프 기사로 대체될 수 있다. 더욱이, 단일한 기사는 심지어 기계 앞에 있지도 않은, 그중 일부는 기계 자체를 보지도 않을 수 있는 고립된 다수의 타이피스트들의 노동으로 대체될 수 있었다.

전기적 탄성

타자기의 세 번째 동적 작동은 전류 형태로 더욱더 근본적인 탄성을 도입했다. 전력을 이용하는 타자기는 20세기 전환기까지는 발명되지 않았으나, 전기 타자기의 기원은 19세기 전환기 빛 전기회로의 발견까지 거슬러 간다. 전기는 단지 타자기 동력의 원천에 그치지 않고, 자모기록적

---

* Jacquard loom. 19세기에 조셉 마리 자카르가 발명한, 천공카드를 이용해서 복잡한 직물 패턴을 자동으로 짤 수 있는 직기.

기입의 동적 구조 자체를 변화시켰다. 그것은 기계적 탄성을 근본적으로 —제임스 클럭 맥스웰이 부르듯이—"전기적인 탄성"으로[6] 변용시켰다.

1800년에 알레산드로 볼타는 처음으로 전기화학적 회로를 개발했다. 그것은 물이나 소금물과 섞은 황산 전해액 용기에 담긴 두 전극, 아연과 구리로 이루어져 있었다.[7] 이 볼타 전퇴電堆 또는 전기 기둥은 안정적인 전류를 생산할 역량이 있는 첫 번째 전기회로였다. 그래서 이는 근본적으로 탄성적인 전기 순환의 새로운 체제를 가능케 했다. 볼타의 발명은 이어서, 전기 자모기록 또는 원격기록〔전신〕telegraphy(이 말은 '멀리서'를 뜻하는 그리스어 tele에서 왔다)의 첫 번째 형태를 가능하게 했다.

1804년과 1809년에 첫 번째 전기화학적 전신은 두 위치 사이에 무려 35줄의 전선—각 라틴 글자와 숫자마다 하나씩—을 연결했다. 송신단에서는 볼타 전지가 가능케 한 전류가 보내지고, 수신단에서는 전선이 분리된 산성 용액 튜브에 전선이 잠겨 있었다. 전류가 보내지면, 산은 수소 거품을 방출했다.[8] 1809년과 1832년 사이에 비슷한 전신 체계가 여럿 발명되었으나, 1833년이 되자 전신 전선의 수는 감소했다. 처음에는 16으로, 다음에는 8, 다음에는 파벨 쉴링이 둘로, 마지막으로 카를 프리드리히 가우스가 하나로 줄였다. 1832년에 쉴링은 소통의 이진법 체제를 이용한 첫 번째 사람 중 하나였으나, 1833년에 가우스와 빌헬름 베버는 순수 전기적 수단만을 이용하여 단일 전선으로 전체 알파벳 언어를 소통하기 시작했다. 유도 코일을 자석 위아래로 움직임으로써 한쪽 끝의 전류에는 양의 전압이나 음의 전압이 주어졌다. 전선은 독일 괴팅엔시 전역에 깔렸다. 1837년에 미국에서 새뮤얼 모스가 비슷한 전기 전신과 이진법으로 부호화된 알파벳 체계를 독립적으로 개발했다. 이런 발달에 근거하여, 몇 가지 전신 인쇄 체계가 1850년대에 개발되었다. 이것은 전기신호를 종이 위에 직접 기입할 역량이 있었다. 이 초기 전신 체계는 주로 주식 시세 표시기로 사용되었으며 같은 이진법적 기입 방법을 이용했다. 이 이진법적 부호들에 근거하여, 가장 초기의 실용적 주가 표시기 중 하나인 토머스 에디슨이 1869년에 개발한 일반 주가 표시기 Universal Stock Ticker는 부호를 자동적으로 복호화하여 대략 초당 한 글자라는 인쇄 속도로 알파벳·숫자를 인쇄할 수 있었다.[9]

전기 자모기록은 수록 표면에 기입을 생산하기 위해 전기 순환을 사용하는 것이다. 19세기 전환기의 가장 초기 전기 전신으로부터 20세기로 전환기의 전기 타자기의 도입까지, 동動기록적 과정은 근본적으로 탄성적이고 이진법적인 것으로 머물렀다. 전류는 전자의 고도로 잡아 늘여질 수 있는 움직임이며, 내부적으로 차이적인 **전압**voltage 또는 전기적 압력을 자기 안에 획득할 역량이 있다. 전압은 볼타의 이름을 딴 것으로, 전하를 가진 두 점 사이의 탄성적 차이를 말한다. 그러므로 전자의 순수 연속적 동적 흐름으로서 전기의 주어진 순환에는 얼마나 많은 양이 한 번에 흐르도록—졸졸 흐르는 물 또는 홍수—허용되는지에 따라서 크고 작은 전압이 주어질 수 있다.

그러나 양극과 음극 사이를 연속적으로 순환하는 전류의 흐름은 또한 짧고 긴 거리 위로, 작고 큰 순환 속에서 동적으로 잡아 늘여지거나 확장될 수 있다. 같은 전압을 가진 순환이 더 커질수록, 전류는 더 약해진다. 전기 순환은 그러므로 많고 적은 전류가 같은 회로를 흐를 수 있다는 의미에서(전압 또는 동전기적 압력), 그리고 같은 흐름이 작업 순환 속에서 확장되거나 수축되어 초당 움직이는 전자의 수를 증가시키거나 감소시킬 수 있다는 의미에서(전류 또는 암페어) 탄성적이다.

전기 자모기록의 경우, 전기의 흐름은 상이한 전압에서 크고 작은 순환을 가로질러 잡아 늘려져서 회로를 열거나 닫는다. 전기회로의 열림과 닫힘은 전기적 이진법적 소통과 기입을 가능케 한다. 특히 전기 타자기의 경우, 전류는 각 글쇠마다 가능한 이진법적 작동의 계열을 통과하여 순환한다. 글쇠가 여전히 기계식으로 작동된다 하더라도, 주어진 글쇠를 움직이는 전기의 흐름은 각 특정 글쇠에 묶여 있다. 저 글쇠를 위한 동력의 전기적 활성화는 각 글쇠마다 다르다. 그래서 자모기록적 기제는 전력의 사용을 각 글쇠에 서로 다르게 분배한다. 예를 들어 두 글쇠를 동시에 누르는 것은 같은 전압을 두 상이한 글쇠 진동으로 잡아 늘인다. 각 글쇠는 전기적으로 켜지고, 동력에 의해 움직이거나 꺼지고, 동력에 의해 움직이지 않는다.

그러므로 각 글쇠 타건 사이의 차분diferential은 더 이상 순수 기계적인 것이 아니고 전기적인 것이다. 글자들 사이의 시공간적 차이는 여전히 동적이지만, 이제는 전기동적electrokinetic이다. 이는 가능한 진동 사이의 시간을 다시 더 감소시킨다. 전기는 연속적이고 잡아 늘여질 수 있는 궁극적 용수철이다. 더 높은 전력은 더 빠른 글쇠를 생산할 수 있다. 각 단어의 각 글자는 회로 위에서 열리거나 닫히는 전기적 흐름의 요동일 따름이다. 전기 자모기록은 그러므로 연속적 전기 순환 내의 가능한 이진법적 진동 계열로 정의된다.

주관적 익명성

자모기록은 **진동적** 순환과 **전기적** 탄성의 새로운 형태를 창조하기만 한 것이 아니다. 그것은 또한 네 번째 동적 작동에 일차성을 주었다. 그것은 기입의 종합적synthetic 또는 익명적 주체다. 1780년, 투리의 타자기가 나오기 28년 전, 볼타 전기회로가 나오기 20년 전에, 이탈리아 물리학자 루이지 갈바니Luigi Galvani는 전기 스파크에 맞은 개구리의 다리가 움직여지는 것을 관찰하여 생체전기를 발견했다. 1791년 그의《전기적 힘에 관하여de viribus electricitatis》의 출간은 '동물 전기'에 대한 완전히 새로운 연구를 소개했다. 이 연구는 동물 근육의 움직임이 일어나게 하는 매개가 전기임을 증명했다. 켜짐과 꺼짐 사이의 전기적 변환은 다리를 올리고 내리는 생리학적 움직임에 상응했다.

전기적 주체성 —— 이 발명은 같은 때 칸트의 《순수이성비판》이 철학에 도입한 것을 생리학에 도입했다. 그것은 종합적·순환적·초월론적 주체성의 새로운 형태였다. 주체는 더 이상 미리 주어진 등질적 합리적 행위자로 간주되지 않았고, 오히려 순환 또는 흐름의 연속적 장 내의 진동 계열의 수동적·능동적 종합으로 사고되어야 했다. 칸트가 보기에, 주체는 시간 자체의 흐름 속에서, 시간 자체의 흐름을 통해 자기감응 형태로 구성되었다. 미리 주어진 초월론적 영혼은 없었고, 시간 속의 연속적 종합 과정만이 있었다.

갈바니가 보기에, 이와 비슷하게 영혼의 형이상학은 전기 순환의 **생체전기적 초월론적 장**을 가르지르는 전류의 경과를 통해 전적으로 설명될 수 있었다. 우리 신체와 뇌의 움직임은 연속적 전기회로 내의 수많은 이진법적 켜짐과 꺼짐으로 정의되었다. 칸트가 보기에, 주체는 시간 흐름의 순환이었다. 갈바니가 보기에, 주체는 전기 흐름의 순환이었다. 시간 속에서 각 순차적인 순간 속에서 사고하는 모든 단수적 자아들에게 "나는 생각한다"가 동반되는데, 이와 같은 방식으로, 전기 흐름이 뇌의 시냅스를 가로지르는 독특한 켜짐들과 꺼짐들의 이진법적 진동 모두에 동반된다. 주관적 관념론과 전기적 물질론이 그리하여 같은 탄성의 동적 체제에서 합치한다. 생체전기적 순환은 그러므로 기록법에 대한 완전히 새로운 이해를 가능하게 한다.

타자기, 글쓰기 자동장치, 신체는 더 이상 분리된 종류의 기록실천이 아니고, 같은 탄성적 체제의 차원들 또는 면모들일 따름이다. 신체는 순환적 계열 속의 진동 계열이며, 타자기도 그렇다. 자모기록적 대상과 주체 양쪽 모두가, 신경생리학적 선과 철학적 선을 따라서 동시에 동적 변화를 겪는다.

니체가 쓰듯이, "인간은 어쩌면 생각하고, 쓰고, 말하는 기계에 불과할지도 모른다."[10] 이것은 데카르트적 기계론이 아니다. 정신과 신체 사이의 존재론적 불연속성은 없다. 신체는 더 이상 기계론적인 것이 아니고 순환적인 것이며, 정신은 더 이상 정신이 아니고 전기다. 이 점은 '활자-작가〔타자기〕type-writer'라는 이름에서 가장 명백하다. 당시 기입을 위한 다른 어떤 테크닉적 대상도 그 대상을 사용하는 사람과 같은 이름을 가지지 않았다. 활자-작가는 자동화된 테크닉적 대상이면서, 이 기계를 사용하는 사람의 이름이기도 하다. 자모기록의 부상과 함께, 누가 글쓰기를 행하는지와 관련하여 주체와 대상은 점점 더 모호해지고 구별 불가능해졌다. 둘은 같은 탄성적 장 내에서 통일되었기 때문이다.

하이데거는 이러한 새로운 주체적 익명성에 한탄했다. "타자 글쓰기는 손 글쓰기를 감추고, 그리하여 성격을 감춘다는 이점을 제공한다. 타자 글쓰기는 모든 사람이 똑같아 보이게 만든다." 타자기가 단어를 활자로 변용시킴으로써 "단어를 파괴"하기만 하는 것이 아니고, 활자 또한 "글에서 손의 본질권역을 빼앗는다"고 하이데거는 논한다. 주체의 손은 그저 또 다른 기계적 힘이 된다. 그래서 손의 본질은 기계로 전송되고, 그 결과는 "존재와 인간 관계에서의 … 변용"이다. 말하자면, 시간적 현전의 순간에 타자기를 통해서 존재는 자기 자신과 합치하는 것으로 보이나, 사실 존재는 이 지점을 넘어서까지 잡아 늘여져 있다.[11]

하이데거가 타자기에서 두려워하는 것은 정확히, 아도르노Theodor Wiesengrund Adorno가 타자기에서 찬양하는 점이다. 그것은 단어와 생각 사이의 시간적 근접성의 증대다. 존재는 시간적이고 차이적이므로, 단어와 생각은 결코 합치할 수 없다. 그러나 아도르노가 그러듯이, 타자기 테크닉이 어떻게 또한 새로운 형태의 물질적-동적 주체성을 촉각적 · 기계적 순환 형태로서 생산하는지를 관찰하는 것도 중요하다. "손은 … 글쇠로부터 단어신체를 새긴다. 너무나 명료하게 새겨져서, 우리는 종종 단어신체를 손가락 안에 잡고 있는 것으로 느끼고, 이 손가락의 압력 하에서 단어신체가 자판으로부터 유연성 있게 조각되는 것 같다. … 수많은 세기 동안 그저 읽히기만 했던 단어가 다시, 만져질 수 있는 것이 되었다. 우리는 너무나 오랫동안 단어의 낯선 지배에 방치되어 있었다. 어쩌면 이제 우리는 마침내, 이처럼 단어를 장악할 수 있게 될 것이다."[12] 아도르노가 보기에, 글쇠의 스위치는 손 자체에 내부적이 된다. 타자기를 통해 우리의 본질이 소외되거나 숨겨지는 것이 아니다. 그 이유는 바로, 신체 자체가 타자기가 되기 때문이다. 글쇠는 손이 미는 레버가 아니고, 손가락이 이미 글쇠 자체처럼 급속히 위아래로 진동할 역량을 지닌 스위치다.

니체가 그의 말링 한젠 타자기*를 묘사한 것은 유명하다. "타자기는 나와 같은 사물이다. 강철로 만들어졌지만, 여행 중에 쉽게 뒤틀린다. 우리를 사용하기 위해서는 풍부한 참을성과 요령이 필요하고, 또한 섬세한 손가락이 필요하다."[13] 표면 위로부터 그리고 너머로부터 썼던 첨필-남근과 달리, 타자기는 주체를 포함한 모든 글쓰기 요소들을 단일한 순환장으로 통합한다. 그것은 손가락의 새로운 여성적 손재주를 요구하는 단일한 기록 장치다. 니체는 "우리의 글쓰기 도구는 또한 우리의 사고에도 작업을 행한다"고 쓴다.[14] 그것은 사고 자체를 변용시키는데, 외부로부터 작용하는 낯선 힘으로서가 아니라, 글자와 줄 사이의 시간적 간격 위로 잡아 늘여진 연속적 움직임으로서 주체가 생산되는 사이버네틱 체계로서 변용시킨다.

독일의 소설가이자 화이트칼라 타이피스트 크리스타 아니타 브뤼크 Christa Anita Brück는 저서 《타자기 뒤의 운명Schicksale hinter Schreibmaschinen》에서 이렇게 쓴다. "속도, 속도, 더 빠르게, 더 빠르게. 우리는 우리 에너지를 기계에 불어넣는다. 기계는 그 자신이고, 그의 가장 중요한 능력이

---

* Malling-Hansen Writing Ball. 말링 한젠이 1865년에 발명한 세계 최초의 타자기 중 하나. 말년에 시력을 상당히 잃은 니체는 이 타자기를 이용하여 글을 썼다.

고, 그의 가장 중요한 집중과 최종적 실행이다. 그러나 그 자신이 기계, 레버, 글쇠, 활자, 이동식 캐리지다. 사고할 것 없다, 반성할 것 없다, 켠다, 켠다, 빠르게, 빠르게, 친다, 친다, 친친친친친 친다."[15] 타자기가 바로 시작에서부터 주체의 눈을 대체할 사이버네틱 장치로서 판촉된 것도 우연이 아니다. 타자기는 언제나, 주체가 기계의 익명적 인공보철물로서 기능할 수 있었다. 글쓰기처럼 타자기는 시각적 기계 이상이고, 동촉각적kinotactile 기계다. 우리는 문자적으로 운동을 느끼고 글쇠 위로 우리의 신체적 모빌리티를 잡아 늘이면서 글을 쓴다. 글쇠의 기억은 공간에 위치하지만, 글자 자체에 대한 **동적 기억**은 신체의 확장이 된다. 그래서 주체는 자기 자신을 쓰면서 운동을 통한 존재로 보낸다.

익명적 글쇠 진동의 동적 순환으로서 주체는 타자기에 적절한 탄성적 순환을 떠맡긴다. T. S. 엘리엇이 쓰듯이, 글쓰기는 "더욱 스타카토"가 된다.[16] 니체가 관찰하듯이, 더욱 "금언적"이 된다.[17] 벤 러너가 진술하듯이, 더욱 "유연적"이 된다. 더욱 "자동적automatique"이 된다. 그러나 자동적은 기계적이라는 뜻이 아니고, 스타카토는 불연속성을 뜻하지 않는다. 기계장치는 외재성을 전제하는 반면, 타자는 연속적으로 간격들을 통해 맥동하는 동적 순환만을 가진다. 그래서 주체는 공간 속의 외부적 대상으로서 글쇠를 움직이는 것이 아니고, 자기 움직임의 조정으로서 움직인다. 메를로 퐁티는 이렇게 쓴다. "주체가 자판 위의 글자가 어디 있는지를 아는 것은, 우리가 우리 사지 중 하나가 어디에 있는지를 아는 것과 같은 방식이다. 그것은 객관적 공간 내의 위치를 우리에게 주지 않는, 친숙함의 앎이다. 타이피스트의 손가락의 움직임이 그에게 주어지는 것은, 우리가 기술할 수 있을 공간적 경로로서가 아니다. 그저 얼굴 같은 방식으로 다른 모든 것과 구별되는, 운동성의 어떤 변조로서만 주어진다. … 타자법을 배우는 주체가 자판의 공간을 자신의 신체적 공간에 통합시킨다는 것은 문자 그대로 참이다."[18]

하이데거가 걱정했던 것처럼 손을 말살하기는커녕, 타자기는 실제로는 손을(그리고 신체 전체의 모빌리티를) 통합한다. 이 통합은 펜보다도 강한데, 다른 손과 손가락 전체를 추가하기 때문이다. 데리다는 이렇게 쓴다. "타자기나 컴퓨터에 의존하는 것은 손을 우회하지 않는다. 그것은 또 다른 손, 또 다른 '명령', 말하자면 신체에서 손으로의, 그리고 손에서 글로의 또 다른 유도, 또 다른 명령에 임한다."[19]

글자, 줄, 손 사이의 겉보기 불연속성은 타자기 잉크리본의 더 일차적인 연속성으로 가능해진다. 손가락-글쇠가 진동하는 동안, 리본은 글쇠의 탄성 내에서 그리고 탄성 사이에서 순환하고 흐른다. 글자는 아래에서 순환하는 동적 난류의 연속성에 각인을 형성한다. 그래서 잉크는 타자기의 물질적-동적 보충물이다. 리본은 자동적으로 말리고 풀리며, 물러나고 출현하여, 글쇠가 글을 쓰고, 회로가 순환할 수 있게 한다. 데리다는 이렇게 쓴다.

이 **링반드**ringband가 자신을 표출한다. 그것은 잉크의 물결을 흐르도록 되어 있던 것으로 만드는 저 환영적 신체처럼 자신을 말고 푼다. 이는 제한된 잉크의 합류 또는 합일인데, 물론 컴퓨터 프린터의 잉크 카트리지처럼 타자기 리본도 색소를 유한하게만 보유하고 있기 때문이다. 이 잉크의 물질적 잠재성은 겸손하고 참되게 머무르지만, 그것은 실상 "이르든 빠르든" 인상적인 초풍요를 이용한다〔자본화한다〕. 글쓰기에 좋은 액체의 거대한 유동만이 아니라—투기가 주식시장의 자본들 속에서 미쳐 버리는 날에—자본의 리듬에 따라 성장하는 난류를 이용한다. 우리가 잉크가 흐르게 할 때, 비유적으로든 아니든, 이러한 방식으로 자신을 쏟음으로써 어떤 천이나 옷감에 침입할 수 있는, 또는 이를 수정시킬 수 있는 모든 것을 우리는 흐르게 만든다. 또는 흐르도록 허용한다. [20]

단어 '리본'의 어원론적 기원인 네덜란드어 '링반드'가 뜻하는 것은, 목걸이처럼 한 계열을 함께 묶는 굽이, 밴드, 연결, 타이다. 리본, 타이, 목걸이는 그러므로 점적이 된 대상들—목걸이의 장식물, 종이 다발, 글쇠의 각인—의 계열을 합치는 물질적 접힌 순환이다.

장력적 운동과 대조적으로, 끈 또는 리본은 글쇠와 항상적으로 접촉하는 것이 아니고, 열리거나 닫힌 진동하는 상태들 사이의 점적인 또는 탄성적인 관계 속에 있다. 손가락과 리본의 주관적 움직임은 함께 주체를 내부적으로 통합된 스위치의 계열로 형성한다. 신체가 기계 속에서 외부화되는 것도 아니고, 기계가 주체 속에서 내부화되는 것도 아니다. 주체와 기계 양쪽 모두가, 활자 표면 위로 앞뒤로 탄성적으로 잡아 늘여지는 손가락과 글쇠의 같은 동적 과정의 일부다.

자모기록적 주체는 동적으로 초월론적인 주체다. 즉, 그것은 어떤 움직임의 연속적 흐름인데 이 움직임은 사이이며 기저다. 그리고 그것은 글쇠의 모든 독특한 진동에 동반된다. 우리가 '나'라고 말할 때 또는 글자를 타건할 때마다, 이것은 독특한 자아이거나, 손가락과 글쇠의 연속적 탄성적 운동으로 모두 만들어진 글자 계열 속의 한 독특한 글자다. 주체는, 타자하는 자아에 동반되는 타자된 '나'들의 다중성으로 파편화되면서, 또한 롤러, 잉크리본, 손가락 움직임의 연속적 동적 과정에 의해 통합되기도 한다. 시간 속에서 타자된 '나'를 통합하는 것은 운동이며, 시간 속의 차이는 타자하는 움직임의 기능이다. 주체는 그러므로 소급적으로만 정립될 수 있다. 우리는 타자한다, 우리는 주체가 된다. 그러나 이러한 주체적 작동은 단번에 그것의 모든 '나'들 전부이기 때문에, 그것은 일종의 익명성을 체험한다. 그것이 모든 '나'들 전부인 동시에 어느 것도 아니라는 의미에서 그렇다. 동動기록적 자아는 그것이 표시하는 모든 계열적 진동 바깥에서는 실존을 가지지 않는다.

초월론적 장이 시간 전부를 반성 속에서 동시적이고 공동현재적으로 만들 듯이, 타자기의 모든 글쇠는 우리의 손앞에 동시에 펼쳐져 있다. 말해진 적 있는 모든 것의 모든 글쇠가 우리 손가락 끝에 문자적으로 단번에 현전한다. 주체는 손가락의 탄성적 잡아 늘임 하에서 글쇠를 통합하는 과정이다. 손가락이 움직임에 따라, 시간과 잉크는 글자들로 흐르고, 주체의 근본적이면서 익명적인 통일성을 개별화한다. 글쇠 레버의 탄성적 운동의 그러므로 기입의 초월론적 조건으로서 작동하며, 종이 위의 잉크로 된 글자는 물질적 초월론적 장의 경험적 현실화다.

이러한 새로운 주체적 익명성은 '무한한 원숭이 정리'라는 유명한 20세기 초기 사고 실험에서 완벽한 역사적 표현을 찾는다. 이것은 에밀 보렐Émile Borel이 1913년 논문 〈통계적 공학과 비가역성〉에서 제시했다.[21] 이 정리는, 100만 마리의 타자하는 원숭이singes dactylographes가 하루 1시간씩 타자한다고 해도, 이들이 최대 규모의 도서관들에 있는 모든 책을 정확히 재생산하는 상황은 있을법하지 않다는 것이다. 1928년에 물리학자 아서 에딩턴Arthur Eddington은 보릴의 예에 의거하여 이렇게 논했다. "내 손가락이 타자기 글쇠 위로 게으르게 떠돌도록 한다면, 나의 잡문이 이해 가능한 문장을 만드는 일이 일어날 수 있을 것이다. 원숭이 무리가 타자기를 친다면, 이들은 대영박물관의 모든 책을 쓸 수 있을 것이다. 이들이 이렇게 할 가능성은, 분자들이 그릇의 절반으로 돌아갈 확률보다 확실히 더 높다."[22] 같은 개념에 의거하여 〈총체적 도서관〉(1939)과 〈바벨의 도서관〉(1941)에서 호르헤 루이스 보르헤스Jorge Luis Borges가 상정하는 것은, 무한한 시간이 주어진다면, 무작위로 생성된 모든 책들은 마침내 인간에 의해 생산된 모든 것과 대등하리라는 것이다.

원숭이 타이피스트에 대한 유명한 담론은 전형적으로, 수학적 요점을 논하는 것으로 이해된다. 무한한 확률은 가능하지만 몹시 있을법하지 않다는 것이다. 그러나 이러한 사고에는 또한 동적 의미가 있다. 타자기의 대중화와 함께 새로운 자모기록적 주체가 출현하게 되었는데, 이들의 기록적 운동은 글쓰는 기계 자체와 융합되었고, 그리하여 점점 더 익명적이 되었다는 것이다.

동動기록적 논리는 다음과 같다. 기입하는 주체가 잉크, 롤러, 종이의 순환 내 글쇠의 이진기록적 진동에 불과하다면, 주체는 자신의 특정한 손의 독특한 혼적을 남기지 않으며, 그러므로 실질적으로 익명적이다. 기입하는 주체가 익명적이 되었다면, 누구나 동일한 문서를 타자하고 생산하는 법을 배울 수 있다. 역사적으로, 타자기의 기능은 시각장애인의 눈멂을 감추는 것, 또한 헨리 제임스·괴테·니체가 불러 주는 것을 받아썼던 그리고 여전히 손으로 쓰고 있던 하이데거 같은 타인을 위해 타자된 수고手稿를 생산했던 여성들의 성별을 감추는 것이다. 논리는 이렇게 계속된다. **여자조차도** 타자법을 배울 역량이 있다면, 원숭이도 우리가 셰익스피어와 구별할 수 없을 만큼 의미 있는 어떤 것을 타자할 수 있을 것이다. 더욱 근본적으로, 보르헤스나 논리학자 앨런 튜링의 경우에서, 무한한 시간이 주어진다면 진정 무작위적 글자 생성기도 이러한 솜씨 역량이 있을 것이다. 이러한 논리에서 정통적 펜의 가부장제는 명확하다. 한 마디로, 의미를 수록 표면에 기입하는 데 드는 것이 순환 내 두 위치 사이의 글쇠 진동의 계열뿐이라면, 움직이는 모든 것은 글을 쓸 수 있거나 쓰도록 만들어질 수 있다.

기입의 주체는 그러므로 무한한 시간적 계열 속에서 파편화되어 있으면서, 이 계열을 구성하는 바로 저 파편의 순환으로 확장되기도 한다. 기입의 주체는 모든 것이 되고 아무것도 아닌 것이 된다. 그것은 모든 기입에 동반되지만, 그것 자체는 계열 내 기입 중 하나가 아니다. 무한한 계열 속에서 기입의 주체는 끝이 열려 있고, 비총체적이고, 언제나 생성하는 것으로 머무른다. 이러한 논리는 20세기 후반의 컴퓨터혁명에서 최상의 결론에 이르게 된다. 이를 다음 장에서 볼 것이다.

36장

자판 2. 컴퓨터

이진법적 변조

컴퓨터 자판의 동태는 일차적으로 이진법적 **변조**modulation로 정의된다. 이는 20세기 중반에 도입되었다. 타자기에 의해 도입된 이진법적 **순환**에 더하여, 트랜지스터 컴퓨터와 컴퓨터 자판은 기계적·전기적 **순환**만이 아니라 이 순환들 자체의 양자 동적 변조로도 움직인다.

특히, 컴퓨터 자판은 용수철이나 고무로 지지되는 탄성적으로 진동하는 글쇠만 있는 것이 아니고, 글쇠 접촉으로 방출되는 에너지 흐름을 변조 또는 변경하는 트랜지스터 작업에도 의존한다. 이어서 트랜지스터는 기계식 스위치, 전기적 스위치에도 의존하지 않고, 반도체 소재의 원자 이하의 구조에 있는 순수 양자 유동의 변조에 의존한다. 이러한 동적 작동은 그러므로 세 가지 하위작동, 즉 변조된 진동, 변조된 탄성, 변조된 주체성으로 정의된다.

변조된 진동

컴퓨터의 첫 번째 하위작동은 변조된 진동이다. 타자기는 진동하는 스위치의 계열 사이에 순환의 움직임을 창조하는 반면, 컴퓨터는 순환적 흐름 자체를 변조하여 진동을 생산한다. 이는 트랜지스터의 발명으로 처음 이루어졌다. 1947년 트랜지스터의 발명까지, 기계식·전기식 스위치는 전적으로 고전 물리학 법칙에 따라 이해될 수 있었다. 전기 순환의 경우, 전지나 진공 튜브의 음극에서 양극으로 흐르는 전자들이 있다. 전기식 타자기의 글쇠 레버는 이러한 에너지 흐름으로 동력을 받을 뿐이다. 각 글쇠는 이 전류를 방출하여 스위치를 움직인다.

그러나 컴퓨터와 함께 이 모든 것이 변화한다. 컴퓨터 자판은 전기기계식 장치가 아니다. 글쇠 누름 각각은 전기 흐름을 완성시키는데, 이 흐름 자체는 각인이나 기입을 하지 않는다. 오히려, 전기회로의 완성은 또 다른 흐름을 개시할 뿐이며, 이 흐름은 또 다른 흐름을 방출하고, 열린 상태와 닫힌 상태 사이의 트랜지스터 진동의 다중체를 통과하며 이렇게 계속된다. 디스크 드라이브 표면에 기입을 하는 것, 화면에 나타나는 것은 저들의 집합적 활성화다. 트랜지스터는 그러므로 동動기록적 장치로서 컴퓨터의 작동에 근본적이다.

트랜지스터는 두 반도체 소재의 합성체다. 이것은 (기계적이 아니라) 전기적으로 에너지를 얻으면 소재 자체 내로부터 전자들의 흐름을 방출한다. 단순한 트랜지스터는 규소 세 조각으로 이루어진다. 끝 쪽의 둘은 인燐과 혼합되고, 중간 조각은 붕소가 투입된 규소로 만들어진다. 규소는 바깥 전자 껍질에 전자 넷, 인은 다섯, 붕소는 셋을 가지고 있기 때문에, 트랜지스터의 인 쪽에서 온 전자는 트랜지스터의 붕소 쪽으로 움직여서 규소 격자에 있는 전자 구멍을 메우려 한다. 인 쪽은 '소스'이고 붕소 쪽은 '드레인'이다. 둘 사이에는 '게이트'라 불리는 전기적 접촉이 있는데, 이것이 양면에 걸쳐 전하電荷를 준다. 그리하여 인(소스)의 음전하를 가진 전자들이 붕소에 있는 양전하를 가진 구멍들로 흐르고, 이어서 다른 쪽의 인(드레인)으로 흐르고, 이어서 연결된 회로를 통해 소스로 돌아온다. 한 마디로, 아주 작은 전압을 적용함으로써 음전하와 양전하 사이의 전기 순환이 생산된다.

비기계적 전기회로는 그래서 결정형 반도체의 아원자적 · 양자적 속성을 이동화함으로써 생산된다. 반도성은 양자적 기계적 현상이다. 고전 물리학에서는 전자가 '밀집된close-packed' 원자를 지나갈 방법이 없기 때문이다. 더 나아가, 고전 물리학에는 전자 구멍이나 상이한 질량을 가진 전자 같은 것이 없다.[1] 트랜지스터는 그러므로 전압을 단순히 변조함으로써 열리거나 닫힐 수 있는 이진법적 양자 스위치다.

열림과 닫힘 사이의 차이는 더 이상 기계적인 것이 아니고 양자–기계적인 것이다. 그래서 컴퓨터 글쇠가 눌리면, 그것은 초기 충격의 단순한 진동 너머까지 전기 흐름의 길고 복잡한 연쇄 속의 변조 또는 요동을 도입한다. 각 글쇠가 1 또는 0을 표시하지 않고, 각 글쇠는 트랜지스터 내 전자의 항상적 흐름에 파문 또는 변조를 도입한다. 이는 트랜지스터에 어마어마한 양의 다른 진동들을 생산한다. 마치, 글쇠의 각 스위치가 수천 개의(1970년대) 또는 수십억 개의(2010년대) 다른 자율적 스위치에 부착되어 있는 것과 같다.

전기적 흐름의 변조에 더하여, 컴퓨터는 컴퓨터 화면에 생산되는 그래픽 이미지에도 변조를 도입한다. 컴퓨터의 워드프로세싱 소프트웨어는 수록된 기록실천에 연속적 변조 또는 변경을 처음으로 도입했다. 오려 내기, 붙여 넣기, 복사하기, 글씨체, 자간, 여타 서식 도구 같은 기능들을 통해 자모기록은 직접 인쇄된 단어에는 불가능했던 변화 방식으로 변용 가능해진다.

컴퓨터 화면은 픽셀의 계열일 따름이므로, 모든 자모기록은 단지 단속적인 빛점의 계열이 된다. 화면 자체는, 음극선cathode ray에 의해 생산되든 발광 다이오드에 의해 생산되든, 켜지거나 꺼진 점의 계열이다. 화면의 색은 일차적 신호의 이진법적 부호에 의존한다. 활자가 화면에서 변용될 때, 동적으로 말하자면 이는 진동의 파가 열림과 닫힘 사이의 트랜지스터를 통과하게끔 하는 전류의 변조와 다름없다. 타자기나 책과 달리, 컴퓨터 문서는 끝이 없다. 그것은 전자 흐름 자체 내 변조의 물결과 과정을 가질 뿐이고, 이것들이 이제 자체로 진동들을 관장한다.

진동은 또한 다른 의미에서도 변조된다. 전자의 흐름은 언제나 양자 수준에서 새어 나간다. 전류가 사라져도 전자는 전면 정지하지 않는다. 양자 수준에서 모든 전자는 항상적 운동 중에 있다. 전자들의 전기적 순환에 더하여, 전자들은 또한 같은 규칙을 따르지 않는 아원자적 순환도 가진다. 양자역학에서 전자는 물질적·에너지적 장애물을 통과하는 터널링을 행할, 그리하여 다른 회로 및 소재로 새어 나갈 역량이 있다. 트랜지스터가 점점 더 작아짐에 따라, 설계자들은 이러한 새어 나감을 더욱 세심하게 관리해야 한다. 동적 역설은, 움직이는 전자 순환의 양자적 변조 가능성의 조건이면서, 또한 같은 운동의 총체적 이진법적 지배 불가능성의 조건이라는 것이다.

변조된 탄성

컴퓨터의 두 번째 하위작동은 변조된 탄성이다. 컴퓨터는 타자기 글쇠-용수철의 탄성적 운동에 두 가지 더 탄성적인 소재—고무와 플라스틱—를 더한다. 20세기 후반 트랜지스터의 대량생산과 나란히, 플라스틱과 고무가 대량생산되었다. 이 새로운 테크닉적 대상들은 같은 동적 구조-탄성을 가진다.

타자기의 같은 생리적 운동(손가락 늘이기 등등) 모두가 여전히 적용될 뿐 아니라, 새로운 테크닉적 소재가 모든 근대 컴퓨터 기입의 조건인 탄성적 표면 형태로 운동의 일부가 되기도 했다. 용수철을 사용하는 데에 더하여, 컴퓨터 자판은 글쇠가 아래의 전기회로를 변조하고 위치로 돌아오는 와중에 글쇠에 탄성적이고 '찰카닥거리는' 느낌을 주기 위해 고무 반구를 사용한다. 오늘날 컴퓨터에서 글을 쓸 때, 우리는 탄성적 소재를 가지고 작업하는 것이다. 우리는 단순히 스위치를 켜고 끄는 것이 아니다. 우리는 자판 아래의 유연한 고무 반구, 판, 평면에 잔물결을 생산한다. 글쇠의 탄성 없이는 기입이 없다.

글쇠와 잉크로 찍힌 글자 사이의 직접적 용수철에만 제한된 탄성을 가진 타자기와 달리, 컴퓨터 자판의 탄성은 수백 만 중개 트랜지스터를 지나가는 전자 흐름의 순수 변조로서 일어난다. 더 이상 단순한 진동은 없고 복잡하고 변조된 진동이 있듯이, 더 이상 열린 글쇠 운동과 닫힌 글쇠 운동 사이의 단순한 탄성은 없고, 글쇠 명령, 소프트웨어 등등에 의존하여 더 많거나 적은 트랜지스터를 지나 이동하면서 확장되고 수축하는 전자의 변조된 탄성이 있다. 흐름 자체가 기계적 진동 없이 탄성적으로 자신을 변조하고 연속적으로 변경한다.

가장 최근의 터치스크린 자판은 순수 전기적 방식으로 손가락의 압력에 반응하는, 더 탄성적인 기입 과정을 도입했다. 고무도, 용수철도, 플라스틱도 없이, 전자 흐름은 손가락이 유리 조각을 얼마나 강하게 누르는지를 결정할 수 있다. 이 경우, 전자의 항상적 흐름은 인간 손가락의 탄성 속의 미시적 변조에 직접 모델을 두고 있으며, 그에 대한 반응에서 자기 자신을 연속적으로 변조한다. 손가락 압력 간의 차이는 더 이상 단순한 켜짐과 꺼짐이 아니고, 오히려 연속적 반응에 밀접하게 가까워지는 수십억 켜짐/꺼짐 진동을 통해 유도되는 연속적 전기 흐름이다. 자모기록적 이미지가 궁극적으로 단속적이며 그 조건이 이진기록적 진동이라고 하더라도, 이것이 가능한 것은 오직 전자들이 터널링하고 새어 나갈 수 있게 하는 연속적 양자장 내에서 잔물결을 일으키는 전자들의 연속적 순환의 양자 동태 덕분이다.

변조된 주체

컴퓨터의 세 번째 하위작동은 변조된 주체성이다. 타자기와 함께, 주체는 익명적 순환, 전체 동[동]기록적 순환의 통일체로서 생산된다. 그러나 컴퓨터의 의해, 자모기록적 스위치를 열고 닫는 주체적 작동이라는 기능은 이제 거의 전적으로 트랜지스터 자체가 인수했다. 달리 말하자면, 자모기록적 주체를 정의하는 활동이었던 것—순환 내에서의 스위치 진동—이 이제는 대체로 컴퓨터 자체의 속성이 되었다. 이러한 의미에서, 컴퓨터 자체가 준자율적 자모기록적 주체성과 구별 불가능해진다. 컴퓨터는 주체의 연장이 아니고, 주체가 컴퓨터 체계의 내부화도 아니다. 대신에, 둘은 같은 자모기록적 과정의 두 상이한 차원이 된다.

주체는 더 이상 수동手動적 진동 계열의 단순한 통일체가 아니고, 이제 수동적 진동에 묶인 자동적 진동 계열의 복합적 변조다. 자모기록적 주체는 글쇠 누름 효과를 주체 자신의 기계적 진동과 관계된 것으로서 체험하지만, 이러한 기록실천은 실제로는 전압의 자기변조로 열고 닫는, 수천에서 수십 억에 이르는 트랜지스터의 결과다. 이러한 방식으로 기입의 주체적 활동은 간격적 변조 자체가 확장되고 수축되는 동안 이 변조 **과정**의 일부가 된다.

예를 들어, 변조된 자모기록적 주체는 주체적 정보(기억, 사진, 숫자, 날짜, 텍스트, 여타 개인 정보)를 컴퓨터 자체에 저장함으로써, 또는 외부 위탁함으로써 정의된다. 자모기록적 주체는 뇌 속에 있는 것으로, 또는 종이 위에 기입된 것으로 환원되지 않으며, 이제는 전자 경로의 변조에 기입된 것으로 확장된다. 컴퓨터를 통해 주체적 정보를 볼 때, 컴퓨터는 주체 내 일종의 '타자'로서 작동한다. 이 타자는 주체와 같은 것을 쓰고 보지만, 그것은 또한 기계 속에 떨어져 서 있으면서 우리를 지켜보는 타자이기도 하다.

그래서 데리다는 컴퓨터를 "비가시적 수신인"으로 기술한다. "〔마치〕 편재하는 목격자가 우리를 미리 듣고 있고, 우리를 포획하고 우리에게 우리 말하기의 이미지를 지체 없이, 면대면으로 돌려〔주는 것 같다〕—여기에서 이미지는 객관적이고 직접적으로 안정적인 것이 되며, 타자他者의 말하기로 번역된다. 이 말하기는 이미 타자에 의해 전유되거나, 타자로 부터 오는 말하기, 또한 무의식의 말하기다. 진리 자체다."² 컴퓨터는 우리에게 우리 자신의 자모기록적 산물, 그러나 우리 손가락의 단순히 기계적인 운동으로부터 변조되고 차이화된 산물을 보여 준다. 타자기에서 우리는 기제를 바라보고 심지어 산물을 직접 만질 수도 있지만, 컴퓨터의 기입은 눈에는 볼 수 없는 것, 손에는 만질 수 없는 것으로 머무른다.

이것이 뜻하는 바는 컴퓨터 자모기록이 어쨌든 비물질적이라거나 심지어 유사-비물질적이라는 것이 아니고, 다만 우리의 손과 눈이 그것을 감각할 수 없다는 것뿐이다. 이런 방식으로 컴퓨터는 인간 글쓰기의 움직임을 자동화하고 앞지름으로써 탈주체화의 가장 근본적인 과정을 수행한다. 그와 동시에, 가장 최소한의 주체적 기록적 행위 자체(이진기록적 진동)를 최상의 형태까지 부상시켜, 이것 없이는 결코 가능하지 않았을 방식으로 주체를 확장한다.

문제는, 주체가 파괴되거나 폭발하는지가 아니라, 어떻게 주체가 변화되느냐. 달리 말하자면, 우리는 기계적 익명성으로부터 양자 기계적 유연성으로 움직였다. 자모기록적 주체는 타자된 글자와의 관계에서 단순히 익명적인 것이 아니고, 이제는 자기 자신의 움직임에 대한 변조되고 변경 가능한 반성으로서 컴퓨터 이미지 자체 속에 통합되었다. 우리는 기입을 하고 나서, 변조의 가시적 흔적을 떠나지 않고서도 기입을 재작업하고 변조할 수 있다. 데리다는 이렇게 쓴다. "형태의 유연적 유체성, 이들의 연속적 유동, 이들의 유사-비물질성으로 인해, 반영적 반사의 이러한 새로운 체험에는 더 많은 외부가 있으면서 더 이상 외부가 없다."³ 달리 말하자면, 컴퓨터가 트랜지스터를 통한 진동적 운동의 대량 외부화처럼 보인다는 의미에서, 더 많은 외부가 있다. 그리고 동시에, 이 외부는 우리의 주체적 활동으로서 즉시 보간interpolated되며, 그렇기에 외부는 전혀 없다. 이는 사고와 기입의 동일성이 컴퓨터에 의해 성취된다는 뜻이 아니다. 이러한 거리에는 결코 다리가 놓일 수 없다. 데리다가 설명하듯이, 언제나 차이의 시간적 간격이 있다.

터치 자판에서 기계장치의 말소는 움직임의 말소가 아니라 움직임의 폭발이다! 약한 터치와 강한 터치 간격 사이에는 수백만 변조된 양자 운동이 있다. 그렇기에, 컴퓨터는 사고와 기입 사이의 간격을 **붕괴**시키지 않는다—그것은 수백만 작은 움직임을 통해 이 간격을 **채운다!** 간격은 이전 어느 때보다 더 능동적, 더 주체적이 된다. 미시주체는 초주체가 된다. 안정적 켜짐/꺼짐 양자 흐름의 형태에서 정태를 탐색함으로써 우리는 정태를 증가시키는 것이 아니라, 안정 상태 사이의 간격적 양자 운동을 점점 더 많이 활용하고 사용한다.

하드드라이브 자료의 겉보기 비가시성 및 소위 고형 상태 드라이브 SSD의 정적 본성에도 불구하고, 여기에는 더 깊고 더욱 근본적인 전자와 양자장의 난류가 있으며, 이것이 모든 곳에서 새어 나간다. 확고히 붙잡을수록, 더 많이 새어 나간다. 자모기록적 주체는 이러한 과정으로부터 제거될 수 없으며, 이 과정은 기입의 주체로부터 제거될 수 없다. 전체 과정은 하드드라이브에 기입된다. 우리가 컴퓨터로 쓰고 한 글자를 지울 때 글자가 사라진 것처럼 보일 뿐, 사실 그것은 기록되었고, 하드드라이브나 램이 한계에 도달할 때에만 덮어 씌어질 것이다. 우리의 자모기록적 움직임은 그러므로 다른 곳에서 이중화되어, 모든 단일한 작은 실수, 변화, 미시운동의 흔적을 남긴다. 현대 워드프로세싱 소프트웨어는 이제 심지어 우리 문서의 역사에 있는 모든 변경된 버전을 검색할 수 있게 해 준다. 그러나 이는 디지털 기입의 빙산의 일각에 불과하다.

연속적 수정 과정은 컴퓨터 주제가 작동하는 방식에 가깝다. 최종 산물로서가 아니라, 각 단계에서 전체 문서의 모든 버전을 단번에 포함하는 끝없는 변조 및 수정 과정으로서 그렇다. 모든 버전을 봄으로써 이러한 새어 나오고 파편화되고 변조된 주체가 가시적이 된다. 타자기에서 우리는 수정액 뒤 글자의 주체적 유령을 볼 수 있었다. 그러나 새로운 워드프로세서에서는 비직선적 방식으로 모든 단일 버전을 단번에 볼 수 있다. 하나의 유령이 아니라, 미세하게 다른 도플갱어 무리를 볼 수 있다. 우리가 우리 손가락을 자판 위로 움직이고, 화면 위의 상응하는 기입을 통해 이를 식별할 때, 이 연결은 고전적 타자기에서처럼 직접적인 것이 아니다. 그것은 이러한 방식으로 보일 뿐이다. 오히려, 손가락의 모든 운동이 전자 파동이나 잔물결 같은 수백만 작은 운동을 일으킨다. 이 모두는 기입 과정의 일부이며, 그러므로 표현의 주체적 과정이다.

맺음말

이로써 탄성적 운동 체제로서 존재와 시간을 분석한 4부를 끝맺는다. 우리는 시간에 관한 현상학적 기술에서 이 탄성적 체제를 발견할 뿐 아니라, 타자기와 컴퓨터의 자모기록적 체제에서도 발견한다. 동적으로 볼 때, 탄성적 순환은 환원 불가능한 동적 간격 형태로 우리를 움직임의 일차성에 가장 가까이 데려간다. 그러나 그것은 또한, 움직임을 열림과 닫힘 사이의 차분적differential 간격 또는 단일 동動기록적 틈새로 환원함으로써, 우리를 이 운동으로부터 가장 멀리 데려가기도 한다.

그러므로 본 마지막 장은 본 책의 시작에서 제기된 연속성과 불연속성 차이의 존재론적 중요성으로 우리를 돌려 놓는다. 우리는 이제 이 여정의 끝에서, 존재론과 동기록은 이것들이 역사적으로 부정했던 것, 운동에 근본적으로 의존한다고 결론 내릴 수 있다. 양자역학의 가장 미소한 구조에서조차 움직임, 연속체, 유동은 현대적 자모기록적 기입의 작동 속에 전제되어야 한다. 그러나 현재의 연구에는 많은 함축과 제한이 있다. 본 책의 맺음말에서 이것들을 고려해 보자.

맺음말

21세기 초는 이미 점점 더 운동으로 정의되는 시대임이 드러났다. 정치적으로, 이 시대는 이주 및 전 지구적 모빌리티로 정의된다. 미학적으로는 디지털 이미지의 모빌리티로 정의된다. 이 모든 것이 존재론적 실천을 조건 짓고, 운동의 일차성으로 시작하는 새로운 개념적 · 존재론적 분석틀의 발명을 재촉한다. 본 책은 바로 이러한 틀, 21세기를 위한 역사적 존재론을 제공한다.

이제 이 짧은 맺음말에서 이 책이 제출한 주요 테제들, 이 테제들로부터 우리가 획득한 것, 이 테제들의 한계, 그리고 이 테제들이 미래의 연구를 위해 열어 준 방향들을 정리해 보자.

존재와 운동의 다섯 가지 주요 테제

이전 장들에 이미 담겨 있는 책의 요약을 단순히 재생산하기보다, 나는 내가 생각하는 본 책의 다섯 가지 주요 테제, 그리고 각 테제가 이 책의 어디에서 방어되는지를 간결하게 정식화하고자 한다.

① **역사적 존재론**: 21세기의 주요 사건들은 점점 더 움직임으로 정의되고 있다. 이는 우리가 운동의 일차성에 근거한 새로운 역사적 존재론적 틀을 식별할 수 있게 해 준다(서론, 1장, 2장을 보라).

② **초월론적 실재론과 운동의 이론**: 오늘날 존재가 운동 중에 있다면, 이를 가능하게 하는 역사적 존재의 적어도 몇 가지 최소한의 특성—흐름, 접힘, 장—이 있어야 한다(1권을 보라).

③ **과정 물질론**: 존재의 움직임이 현 시대를 정의하며 움직이는 것에 역사적으로 주어진 이름이 물질이라면, 존재는 동적 또는 과정 물질론에 의해 정의될 수 있다(1권을 보라).

④ **동기록**: 존재가 운동 중이라면, 존재론적 실천 자체도 운동 중이다. 이 실천은 존재에 대한 동적 기술과 기입의 형태를 취하는데, 이는 공간, 영원성, 힘, 시간이라는 역사적 이름을 가지며, 말하기, 글쓰기, 책, 자판을 통해 기입되었다(2권을 보라).

⑤ **동현상학**: 존재론적 실천만 운동 중에 있는 것이 아니고, 그것의 기술과 기입 또한 서로 동시적 동적 패턴을 형상한다. 이 패턴은 그 운동 유형—구심적, 원심적, 장력적, 탄성적—에 따라서 연구될 수 있다. 이 패턴들은 공간, 영원성, 힘, 시간 각각의 새로운 동적 이론을 구축하는 기반을 형성한다(2권을 보라).

귀결

운동에 관한 이러한 개념적(1권)·역사적(2권) 존재론의 중요한 기여와 귀결은, 그것이 다양한 사건들을 새로운 방식으로—운동의 일차성의 관점에서—분석할 도구를 제공한다는 것이다. 이것이 가능한 것은, 공간, 영원성, 힘, 시간이라는 존재론적 기술이, 또한 말하기, 글쓰기, 책, 자판이라는 존재론적 기입이 역사적 실천이자 동시에 현대적 실행이기도 하기 때문이다. 이것은 역사 내내 다양한 정도로, 독특하게 결합되어 존속했던 비슷한 조건 하에서, 그리고 이제—이 책을 포함하는—현대적 존재론적 실천 자체를 조건짓는 조건 하에서 재생산된다. 현대 존재론적 실천은 이 모든 이전 역사적 패턴의 혼종적 혼합이다.

운동의 존재론은 존재론적 실천을 위한 두 가지 중요한 귀결을 가진다. 첫째, 이로 인해서 우리는 운동이 꼭 존재의 존재론적으로 이차적인 속성이 아니라는 것, 반드시 영원성이나 시간 같은 정적이고 변이 불가능한 형이상학적 원리로부터 도출된, 심지어 정신이나 문화 같은 고정된 인간중심적 구조로부터 도출된 것이 아니라는 점을 볼 수 있게 해 준다. 존재의 운동은 존재론적 기술과 기입 자체의 실천을 위한 조건이다. 운동의 장은 인간적 구조일 뿐 아니라, 그 속에서—인간을 포함한—물질이 역사 속에서 자신을 물질화하는 동적 구조다.

둘째, 본 책의 논의로 우리는 존재론의 역사 속에서 기술과 기입의 동적 장 사이에 비인과적 또는 비환원적 공명이 있음을 볼 수 있다. 인과적 상응 대신에, 본 책이 식별하는 것은 존재론적 기술과 기입 사이의 역사적 **동시성**을 정의하는 특정 운동 패턴 계열이다. 더욱이, 이 체제들을 분석함으로써 공간, 영원성, 힘, 시간에 대한 독특하게 동적인 이론들이 가능해졌다.

오늘날 이러한 혼합 속에서, 시간(과 차이)의 존재론이 가장 지배적인—독점적은 아니라 해도—존재 기술로 남아 있다. 우리는 다른 모든 존재론을 재해석하고 설명할 역량이 있는 새로운 운동존재론의 역사적 첨판 위에 있다. 다른 존재론은 이 존재론(즉, 운동)을 설명하지 못한다. 그래서 운동은 고유의 존재론적 틀을 요구한다. 동적 철학의 기여는, 이러한 존재론적 틀을 계속해서 전개하고, 이 세기가 전진하는 동안 많은 영역에서 자신의 설명적 힘을 증명하는 것이다.

본 책은 이 틀을 이용하여 특정한 존재론적 실천을 설명한다. 본 책과 짝이 되는 저작들의 목표는 이러한 역사적 존재론의 동적 귀결을 예술, 과학, 정치라는 다양한 장에서 전개하는 것이다. 이 역사적 존재론의 귀결을 일단 보여 주었으니, 이제 인간이 또 다른 새로운 역사적 존재론으로 설명되는 것도―필연적은 아닐지라도―가능해졌다. 어쩌면 아닐지도 모른다. 미래는 열려 있다. 그러나 아직은, 운동을 다른 무엇을 통해 설명하지 않으면서 운동의 존재론을 제공할 역량이 있는 다른 체계적 철학은 없다.

제한

이 귀결에는 네 가지 중요한 제한이 있다.

역사적 제한

첫째, 본 책은 역사적으로 긴 인류세에 제한되어 있다. 우리가 아는 한, 이 시기에 처음으로 인간은 존재론적 기술을 위한 어떤 식별 가능한 역량을 가진 기록적 기호를 생산하기 시작했다. 질서 잡힌 운동 일반의 기호와 표면은 인간에 선행하고 인간을 넘어서지만, 여기에서 동기록에 대한 연구는 이론적 이유가 아니라 실천적 이유로 인해, 인간의 역사로 제약되었다. 이것은 본 책이 인간중심적이라는 뜻이 아니다. 반대로, 이는 단지 본 책이 고유의 비인간중심적 물질주의적―동적 틀을 인간이 존재론적 기술이라고 부르는 실천을 발명한 역사상의 시기에 적용했음을 뜻한다. 본 책에서, 그리고 짝이 되는 저작에서, 개별 인간은 이러한 창조적 노동의 유일한 행위자가 아님이 명확해졌기를 희망한다. 그리고 내가 계획한 미래 작업을 참조하기를 바란다. 이 작업들은 인간과 독립적으로 자연이 고유의 기술 및 기입 테크닉을 가진다는 주장을 이행할 것이다.

자연과 동물은 기술 및 기입과 관계된 동적 패턴을 가진다. 여기에서 보여 주어야 할 요점은, 역사적 존재론의 방법이 엄격히 인간중심적인 관점 또는 실천 때문이 아니라, 현재로부터 본 역사적 관점 때문에 가능하다는 것이다. 달리 말하면, 인간이 기술하고 기입할 수 있는 것은, 우리가 인간이기 때문이 아니고, 자연 자체가 우리를 통해서 이러한 특정한 일을 할 수 있게 된 역사상의 한 시점에 와 있기 때문이다. 존재론적 실천은 이상적 과정의 이상적 정점이 아니다. 오히려 열린 혼종적 물질적 과정 속의 한 물질적 사건이다.

비인간적 물질조차도 역사상 자신의 시점에서 온 고유의 기록적 과정 또는 물질적 기억을 가진다. 빛은 우주를 통과하는 자신의 운동을 기록하는 적색편이와 청색편이의 역사를 보유한다. 돌은 지구 표면에 자신의 형태론을 기록하는 날실과 씨실의 역사를 가진다. 생물학적 삶은 화석화와 DNA 패턴을 통해 고유의 진화 역사를 보유한다. 미래의 역사는 그러므로 이러한 다른 존재들의 동動기록적 역사를 전개하는 데 필요하며, 이미 진행되고 있다.

철학적 제한

둘째로, 어쩌면 가장 중요하게도, 현재의 작업은 존재론적 실천의 **동적 구조**에 관한 연구에 엄격하게 제한되어 있다. 본 책은 서구 전통 내의 모든 위대한 사유와 사유자에 관한 완전한 지적 역사가 아니다. 본 책은 서구 철학자들과 그들의 존재론을 생애사적, 비교적, 체계적으로 정당화하지 않는다. 따라서 본 책을 평가할 때, 본 책이 행한 것에 근거하여 본 책 고유의 관점을 통해 평가해 주기를 희망한다. 본 책의 독특한 점은, 존재론 역사 내에서 작동하는 숨겨진 동적 구조에 초점을 맞춘다는 점이고, 이것이 운동의 지하 존재론을 밝힌다는 것이다. 다시, 운동에 초점을 맞추는 것은 (서구 존재론에 관해 말해질 수 있는 것이 이것뿐인양) 이론적 한계가 아니라, 실천적 접근법이다. 모든 책은 초점을 가지며, 그렇기에 실천적으로 제한되어 있다. 서구 존재론의 적절한 지적 역사기록은 이 책에서 제안된 기획과는 다르다.

혼합론적 제한

셋째로, 앞의 두 번째 제한 내에서 본 책은 존재에 주어진 가장 지배적인 이름 및 이 이름들과 연관된 운동의 장만을 다루면서 이 이름들을 **분리시켜 고찰하는** 연구로 제한되어 있다. 이와 달리, 역사상 많은 이름과 장들이 서로 전적으로 흡수되지 않으면서 공존하며 혼합된다. 이것들은 역사를 통해 상이한 비율과 농도로 혼합된다. 이것들은 결코 동등하게 일어나지 않는다. 그러나 체제들이 종종 섞인다고 해서, 체제라는 것이 전혀 없다는 뜻은 아니다. 그것은, 서로 중첩되고 얽히는 몇 가지 식별 가능한 동적 패턴이 있다는 뜻이다. 그러나 어떤 역사적 시기에 이러한 혼합물 내에서 한 패턴이 다른 패턴들보다 우세해지는 경향이 있다. 그래서 본 책은 간소하게 존재의 지배적인 이름만을, 이것들이 역사적으로 지배권을 획득한 시기 내에서만 고찰한다. 각 역사적 시기의 불균등한 혼합물을 모두 보여 주는 일은 너무나 큰 임무가 될 것이며, 미래의 연구로 유보되어야 한다.

지리학적 제한

넷째, 본 작업은 대부분 존재론적 실천의 근동 및 서구 역사로 지리학적으로 제한되어 있다. 본 책이 다룬 역사적 폭으로 인한 희생 중 하나가, 이 책의 협소한 지리학적 폭이다. 몇 가지 주요 동적 체제를 가능한 한 상세하게 이론화하고자, 근동과 서구의 역사에서 저 체제들이 가장 지배적으로 표현된 때로 연구를 축소시켰다. 이 방법의 귀결 중 하나는, 이것들만이 존재론의 현시라거나 중요하다거나, 이것들만이 가능하다는 인상을 줄 위험이다.

어떤 방식으로도, 이러한 실천적 한계는 근동 또는 서구가 유일한 또는 최선의 존재론이라고 제안하는 것이 아니다. 전혀 그렇지 않다. 서구 존재론의 심부에서 운동의 일차성을 밝히는 일은 서구 철학 자체의 어떤 만연한 관념을 취소하는 한 가지 방법이며, 서구 존재론의 존재로서의 존재에 대한 순수 형이상학적이라고 상정된—서구 존재론의 지적 우월성을 정당화하는 데 종종 사용된—기술에 종속되어 있는 물질적 조건들을 보여 주는 한 가지 방법이다. 서구 존재론은 고대 그리스에서 무로부터 출현한 것이 아니다. 2권의 1부와 2부에서 구석기시대, 신석기시대, 수메르, 아카디아, 이집트의 전통에서 온 근동 및 비서구의 존재론을 다룬 대목에서 이 점은 명백하다. 통상 고대 그리스와 함께 시작된 것으로 정의되는 서구 존재론은 그보다 역사적으로 선행했던 근동 및 비서구 존재론들로부터 출현했으며 이 존재론들과 연속적인 무엇이다.

더 나아가, 서구 존재론은 서구 역사처럼 제국주의, 가부장제, 인종주의, 노예제, 집단 학살이라는 역사적·물질적 조건과 분리될 수 없다. 사실, 서구 존재론을 정의하는 것 자체가 자기 기입의 물질적-동적·역사적 조건을 덮어 가리려는 파렴치한 시도다. 이는 신석기시대로부터 근대까지 오는 정치적 추방이라는 실천과 관계되어 있다. 그러나 본 책은 존재론적 실천을 구성하는 정치적 조건에 관한 이러한 대담한 주장을 세부적으로 정당화하거나 증명하려 하지 않는다. 이 주장은 마땅히 한 권의 책으로 다뤄져야 할 주제이고, 이미 이런 책을 두 권이나 썼다. 본 책의 짝이 되는 저작들이 본 책과 같은 역사적-동적 패턴을 따르는 한, 상이한 권역들이 같은 역사적-동적 과정의—때로는 정치적으로, 때로는 존재론적으로, 때로는 미학적으로, 때로는 과학적으로 표현되는—상이한 면모들에 불과함을 살펴봐 주기를 바란다. 이를 단일한 책에서 시도하고 완수하려는 것은 불합리하다. 그래서 이 논증은 서로 맞물리는 또는 공명하는 일련의 책으로 썼다.

미래의 작업

이 제한들을 보았을 때, 운동의 존재론을 위한 미래의 연구에는 적어도 네 가지 영역이 있다.

역사적 영역. 역사적 시야를 인류세를 넘어 운동의 자연적·동물적 존재론으로까지 확장하기.

철학적 영역. 현재의 장들에서 생략된 사유자들을 포함하도록, 또는 여기에서 포함되지 않은 어떤 동⬛기록적 기술 또는 기입의 면모들을 포함하도록 철학적 깊이를 확장하기.

혼합론적 영역. 본 책에서 분석된 지배적 체제와 같은 역사적 시기의 몇 가지 소수 동⬛기록적·동적 패턴의 공존을 포함하도록 분석을 확장하기.

지리학적영역. 상이한 기술적·기입적 지배의 시기, 상이한 동적 체제들의 혼합, 어쩌면 아예 상이한 체제들을 가질 수도 있는 비서구 및 식민지 지역을 포함하도록 지리학적 시야를 확장하기.

여기서 제안된 더 큰 체계적 운동철학과 관련하여, 다음 임무는 미학적 권역과 과학적 권역에 관한 동적 연구를 완성하는 것이다. 이 연구는 1권에서 전개된 존재론적 틀을 사용할 것이나, 이 틀은《이주의 형상》과《경계의 이론》이 정치에서 그랬듯이, 저들 고유의 영역에 적절하게 조정되고 그 안에서 예화될 것이다. 본 맺음말을 쓰면서 이미 이와 짝이 되는《이미지의 이론》과《대상의 이론》의 초고를 완성했다. 이들 주제적 저작에 더하여, 1권에서 암시했던 움직임의 철학의 역사에 대한 관한 몇 권의 저작들도 완성 단계에 있다. 이 중에는 루크레티우스, 마르크스, 베르그송에 관한 책도 있다.

운동의 철학에서 행해져야 할 작업은 훨씬 더 많다. 본 책의 목표는 동적 기록실천 패턴에 근거한 존재론적 실천에 적절한 일반적 개념적·

역사적 틀을 창조함으로써 이후 분석을 위한 길을 준비하는 것이다. 이 틀은 존재론적 실천에 대한 더 나아간 역사적·현대적 분석을 수행하는 데 사용될 것이다. 현 시대는 새로운 역사적 존재론을 요구한다. 바로 움직임의 존재론이다.

서론 1 : 운동의 시대

1 이것은 야심 찬 주장이며, 이를 증명하기 위해서는 내가 제시한 몇 문단 이상이 필요하다. 사실, 분야(정치, 과학, 예술) 각각마다 운동의 역사적 · 현대적 중요성을 보여 주는 책 길이의 논의 가 필요하다. 그것이《이주의 형태》,《국경의 이론》,《이미지의 이론》,《대상의 이론》이다(마 지막 두 책은 집필 중이다). 한 가지 의미에서,《존재와 운동》은 맨 처음에 읽어야 한다. 이 책 이 가장 일반적 개념적 정식화가 된 상태의 동적-이론적 틀을 담고 있기 때문이다. 그러나 다 른 의미에서 이 책은 마지막에 읽어야 한다. 이 책의 탐구는 다른 저작에서 기술된 현대적 사 건들에 의해 동기 부여되어 있기 때문이다. 예술, 과학, 정치, 존재론의 권역은 여기에서 극히 넓은 영역으로서 선택되었다. 이는 각각 질, 양, 관계, 양상이라는 전통적 존재론적 범주와 비 슷하다. 이 넓은 영역은 '문화적', '경제적', '사회적', '인식론적' 등등으로 불리는 다른 많은 영역 들을 포함한다. 이론상, 우리가 거명할 수 있는 모든 역사적 실천은 똑같이 그것의 질적, 양적, 관계적, 양상적 면모와 관련하여 고찰될 수 있다. 이것은 방대한 과업으로, 이후 작업의 주제 가 될 것이다. 그러므로 본 책의 탐구에는 속하지 않는다. 본 책은 존재론에만 초점을 맞춘다.

2 주거 압류와 실업의 증가로 오늘날의 사람들은 (어떤 사회적, 법적, 정치적 권리에 토대를 둔) 시민권의 어떤 관념들보다는 이주자와 훨씬 많은 공통점을 가지기 시작했다. 지그문트 바우 만은 "모든 사람은 이제 방랑인일 수 있다"고 쓴다. Zygmunt Bauman, *Globalization: The Human Consequences* (New York: Columbia University Press, 1998), 87. 니코스 파파스 테르기아디스에 따르면, "이주는 넓은 의미에서 이해되어야 한다." Nikos Papastergiadis, *The Turbulence of Migration: Globalization, Deterritorialization, and Hybridity* (Cambridge: Polity Press, 2000), 2.

3 총수(10억 명, 또는 7명 중 한 명), 그리고 총인구에서 차지하는 비율(약 14퍼센트), International Organization on Migration, *The Future of Migration: Building Capacities for Change* (World Migration Report 2010, https://www.iom.int/world-migration-report-2010), The World Health Organization (http://www.who.int/migrants/en/)에 따르 면 그렇다.

4 2010년 기준, 2억 1,500만 명의 국제 이주자들과 7억 4,000만 명의 국내 이주자들이 있 다. United Nations Human Development Report 2009, *Overcoming Barriers: Human Mobility and Development* (p. 21), http://oppenheimer.mcgill.ca/IMG/pdf/HDR_009_EN_Complete.pdf.

5 United Nations, "Trends in International Migrant Stock: The 2008 Revision" (United

Nations database, POP/DB/MIG/Stok/Rev.2008), http://esa.un.org/migration; US National Intelligence Council, "Global Trends 2030: Alternative Worlds," 24, http:// globaltrends2030.files.wordpress.com/22012/11/global-trends-2030-november2012. pdf. 이 현상이 자유주의에 대해 가지는 이론적 함축에 관해서는 다음을 보라. Phillip Cole, *Philosophies of Exclusion: Liberal Political Theory and Immigration* (Edinburgh: Edinburgh University Press, 2000).

6 2050년 환경적 이주자 수에 대한 미래 예측은 2,500만 명부터 10억 명까지 다양하다. 자기 나라 안에서, 또는 국경을 넘어서 이주하는 사람들도 있고, 영구적으로 또는 일시적으로 이 주하는 사람들도 있다. 가장 널리 인용되는 추산치는 2억 명이다. 이 수치는 현재 전 세계의 국제 이주자 추산치와 같다. International Organization for Migration, "IOM Outlook on Migration, Environment and Climate Change," (IOM, 2014).

7 United Nations, "World Urbanization Prospects," 2014 Revision, https:/esa.un.org/unpd/ wup/Publications/Files/WUP2014-Highlights.pdf.

8 World Bank, World Development Indicators 2005: Section 3 Environment, Table 3.11, http://documents.worldbank.org/curated/en/947951468140975423/pdf/343970PAPER0 WDI0200501OFFICIAL0USE0ONLY1.pdf.

9 2012년 국제 관광객 도착수는 역사상 처음으로 전 지구적으로 연간 10억 명을 넘었다. WORLD Tourism Organization (UNWTO), World Tourism Barometer 11.1 (2013), https://www.e-unwto.org/tow/wtobarometereng/11/1.

10 내가 여기에서 '추방expulsion'이라는 단어를 사용하는 것은, 사회적 지위의 일반적 상 실 또는 박탈을 가리키기 위해 사스키아 사센이 사용한 것과 같은 의미다. Saskia Sassen, *Expulsions: Brutality and Complexity in the Global Economy* (Cambridge, MA: Belknap Press of Harvard University Press, 2014), 1-2. 많은 학자들이 비슷한 경향을 언급했다. 이 주에 관한 '모빌리티' 문헌에 대한 뛰어난 리뷰로는 다음을 보라. Alison Blunt, "Cultural Geographies of Migration: Mobility, Transnationality and Diaspora," *Progress in Human Geography* 31 (2007): 684-694.

11 Tim Cresswell, *On the Move: Mobility in the Modern Western World* (Hobeken, NJ: Taylor and Francis, 2012); Mike Featherstone, N. J. Thrift, and John Urry, eds., *Automobilities* (London: SAGE, 2005); Peter Adey, *Mobility* (London: Routledge, 2010); Peter Merriman, *Mobility, Space, and Culture* (London: Routledge, 2013); Mimi Sheller and John Urry, "The New Mobilities Paradigm," *Environment and Planning A* 38.2 (2006): 207-226.

12 이러한 이론에 대한 자세한 논의로는 다음을 보라. Thomas Nail, *The Figure of the Migrant* (Stanford, CA: Stanford University Press, 2015); Thomas Nail, *Theory of the Border* (Oxford: Oxford University Press, 2016)

13 1929년 이전에 아인슈타인을 포함한 대부분의 물리학자들은 우주가 부동적인 시공간적 구 에 담겨 있다고 믿었다. 그러나 1929년 에드윈 허블이 우주가 모든 방향으로 팽창하고 있음

을 보여 주는 실험적 증거를 생산했다. 1998년에는 우주가 가속하면서 팽창하고 있음을 드러
내는 추가적 증거들이 제시되었다.

14 Lee Smolin, *The Trouble With Physics: The Rise of String Theory, the Fall of a Science, and What Comes Next* (Boston: Houghton Mifflin, 2006), 151: "아리스토텔레스부터 이 시점까지, 우주는 정적인 것으로 생각되었다. 그것은 신이 만들었을 수도 있지만, 그랬다면, 그 이후로는 변화하지 않았다. 아인슈타인은 지난 두 세기에서 가장 창조적이고 성공적인 이론물리학자였으나, 그조차도 우주가 영원하고 불변하는 것으로밖에 상상하지 못했다. 이는 우리로 하여금, 아인슈타인이 진정한 천재였다면 자신의 편견보다 자신의 이론을 더 믿고 우주 팽창을 예측했으리라 말하도록 유혹한다. 그러나 더 생산적인 교훈은, 모험적인 사유자에게 조차 수천 년간 고수되어 온 믿음을 버리는 것이 대부분 엄청나게 어려운 일이라는 것이다."

15 Ilya Prigogine, *From Being to Becoming* (San Francisco: Freeman, 1980)

16 다음을 보라. Smolin, *The Trouble with Physics* (2006)

17 현대 물리학의 수준에 관한 접근성 좋은 리뷰로는 다음을 보라. Sean Carroll, *The Big Picture* (New York: Dutton, 2016) 끈 이론과 고리 양자 중력에 관한 더 상세한 문헌 리뷰는 다음을 보라. Smolin, *The Trouble with Physics* (2006). 다음도 보라. Carlo Rovelli, *Reality Is Not What It Seems: The Journey tu Quantum Gravity*, tr. by Simon Carnell and Erica Segre (New York: Riverhead Books, 2017); Carlo Rovelli, *Seven Brief Lessons on Physics* (London: Penguin, 2016)

18 Karen Barad, *Meeting the Universe Halfway: Quantum Physics and the Entanglement of Matter and Meaning* (Durham, NC: Duke University Press, 2007).

19 이 이론에 관한 자세한 논의는 다음을 보라. Thomas Nail, *Theory of the Object* (집필 중).

20 현재, 선진국 중 77퍼센트와 전 세계의 40퍼센트가 인터넷을 사용한다. 그것은 감각적 자료의 생산, 이동화, 소비를 위한 단일한 최대 기제가 되었다. 국제 원격소통연합의 통계 페이지를 보라. http://www.itu.int/en/ITU-D/Statistics/Pages/stat/default.aspx.

21 Luca Turin, *The Secret of Scent: Adventures in Perfume and the Science of Smell* (New York: Harper Perennial, 2007).

22 이 성장하고 있는 연구 장에 대한 뛰어난 문헌 리뷰로는 다음을 보라. Mark Hansen, *New Philosophy for New Media* (Cambridge, MA: MIT Press, 2004). 다음도 보라. Mark Hansen, *Bodies in Code: Interfaces with Digital Media* (London: Routledge, 2006); Erin Manning, *Relationscapes: Movement, Art, Philosophy* (Cambridge, MA: MIT Press, 2012); Brian Massumi, *Parables for the Virtual: Movement, Affect, Sensation* (Durham, NC: Duke University Press, 2007); Ossi Naukkarinen, "Aesthetics and Mobility: A Short Introduction into a Moving Field," *Contemporary Aesthetics* (2005), http://www.contempaesthetics.org/newvolume/pages/article.php?articleID=350Politics; Simon O'Sullivan, "The Aesthetics of Affect: Thinking Art beyond Representation," *Angelaki* 6.3 (2001): 125-135; Melissa Gregg and Gregory J. Seigworth, eds., *The Affect Theory Reader* (Durham, NC: Duke University Press, 2010).

23 이러한 미학적 틀에 대한 자세한 논의로는 다음을 보라. Thomas Nail, *Theory of the Image* (Exford University Press, 근간)

24 명백하게도, 이들은 대개 '부르주아 이주 노동자Bourgeois Migrant Workers(BMWs)'로서 그렇게 한다. 우리는 그러므로 이들을 다른 덜 특권적인 이주자들과 뒤섞어선 안 된다. 이 요점에 관한 자세한 논의는 다음을 보라. Nail, *Figure of the Migrant*.

25 경제적·정치적·젠더적·인종적·역사적 이유를 포함한 몇 가지 이유로 인해, 이에 대한 분석은 전후 및 현대 유럽 철학을 많은 부분 형태 지었다. 이것은 이 책과 짝이 되는 저작에서 더 자세히 논한다.

26 이 요점에 대한 충분한 설명은 1장과 2장을 보라.

27 캐런 배러드는 《불완전한 우주 만나기Meeting the Universe Halfway》에서 이 과정을 '내적-작용intra-action' 또는 상호적 구성이라고 기술한다.

28 다음을 보라. John Phillips, "The End of Ontology and the Future of Media Theory," *Media Theory* 1.1 (2017): 122-136, http://mediatheoryjournal.org/john-w-p-phillips-the-end-of-ontology-and-the-future-of-media-theory/; Friedrich Kittler, "Towards an Ontology of the Media," *Theory, Culture & Society* 26.2-3 (2009): 23-31; Jussi Parrikka, *What Is Media Archaeology* (Cambridge: Polity Press, 2015); Michel Serres, *Thumbelina: The Culture and Technology of Millennials*, tr. by Daniel W. Smith (London: Rowman & Littlefield, 2016)

29 철학의 물질적 조건에 관심을 가지는 경향은 전후 많은 대륙철학에서 점점 성장하고 있었다. 이 경향의 계보학은 다음을 보라. Friedrich Kittler, "Towards an Ontology of the Media."

30 모빌리티 이론가들은 정적 구조, 정주주의, 영토 경계보다는 움직임과 모빌리티를 근대적·탈근대적 삶의 중심 사실로 보는 관점을 옹호했다. 다음을 보라. Cresswell, *On the Move*, 25-55; Sheller and Urry, "The New Mobilities Paradigm," 208.

31 Cole, *Philosophies of Exclusion*; Bauman, *Globalization*; Papastergiadis, *The Turbulence of Migration*; Giorgio Agamben, *Means without Ends* (Minneapolis: University of Minnesota Press, 2000).

32 Nicholas Carr, *The Shallows: What the Internet Is Doing to Our Brains* (New York: W. W. Norton, 2011).

33 Rovelli, *Reality Is Not What It Seems*를 보라.

34 다수의 분과학문을 가로지르는 모빌리티 패러다임에 관한 뛰어난 문헌 리뷰로는 다음을 보라. Sheller and Urry, "The New Mobilities Paradigm."

35 Marc Augé, *Non-places: Introduction to an Anthropology of Supermodernity* (London: Verso, 1995); Manuel Castells, *The Rise of the Network Society*, 2nd ed. (Oxford: Blackwell, 2000); Anthony Giddens, *The Consequences of Modernity* (Cambridge: Polity Press, 1990); David Harvey, *The Condition of Postmodernity* (Oxford: Blackwell, 1989); Frederic Jameson, *Postmodernism, or, the Cultural Logic of Late Capitalism* (London: Verso, 1991). 다음도 비교해 보라. N. Thrift, "A Hyperactive World,"

Geographies of Global Change: Remapping the World in the Late Twentieth Century,
ed. by R. J. Dohnston, Peter J. Taylor and Michael Watts (Oxford: Blackwell, 1995),
18-35; Peter Merriman, "Driving Places: Marc Augé, Non-Places and the Geographies
of England's M1 Motorway," *Theory, Culture & Society* 21.4-5 (2004): 145-167; Peter
Merriman, "Marc Augé on Space, Place and Non-place," *Irish Journal of French
Studies* 9 (2009): 9-29; Hartmut Rosa and William E. Scheuerman, eds., *High-Speed
Society: Social Acceleration, Power, and Modernity* (Philadelphia: Pennsylvania
University Press, 2009), 1-29.

36 명확히 하자면, 여기에서 기술된 모빌리티의 시대는 근대 자본주의로 정의되지도 않고, 그
것과 동일한 것도 아니다. 자본주의가 순환을 통해 기능하는 것은 참이지만, 그것은 더 구체
적으로 움직이는 신체를 노동시간의 결정화된 양—가치—으로 포획하고 시간화함으로써 기
능한다. 그러므로 시간은 생산의 자본주의적 양상의 특유성에 더욱 일차적인 중요성을 가진
다. 대조적으로 운동은, 자신의 살아 있는 움직임이 애초에 자본에 의해 시간화되고 상품화
되는 더욱 일차적인 과정이 되는 사람들인 이주자들에게 더 일차적이고, 이들을 정의하는 것
이다. 시간이 운동에 기생하듯이, 자본은 이주 노동에 기생한다. 자본주의와의 관계 속에서
시간과 운동의 관계에 대한 상세한 논의는 34장을 보라.

1장 역사적 존재론

1 3장을 보라.

2 훌륭한 문헌 리뷰로, 그리고 사람들이 움직임과 모빌리티를 연구하면서 이용하는 모든 장소
들의 예시로는 다음을 보라. Sheller and Urry, "The New Mobilities Paradigm."

3 이러한 틀을 다른 장으로 확장하는 것, 그리고 운동에 관한 여타 경험적 연구들과 밀접히 관계
맺는 것은 이미 본 시리즈의 다른 책들의 주제이다. 이 시리즈는《이주의 형상들》과《경계의
이론》(정치에 관해)에서 시작했고, 《이미지의 이론》(예술에 관해)과《대상의 이론》(과학에
관해)으로 계속될 것이다. 장들 사이의 연결과 얽힘을 독자들이 보는 데 도움을 주기 위해 이
책들 각각은 거의 동일한 구조를 가지고 있다. 그러나 각 책은 단 하나의 장만을 다룬다.

4 예외로는 적어도 루크레티우스, 마르크스, 베르그송이 있다. 나는 이것이 대담한 주장이라는
것을 인지하고 있다. 그러나 나는 이를 두 가지 방식으로 방어한다고 믿는다. 첫째, 부정적으
로, 어떻게 거의 모든 다른 철학자들이 운동이 아닌 다른 요소에 특권을 주었는지를 본 책의
과정에서 보여 줌으로써 방어한다. 둘째, 실정적으로, 루크레티우스, 마르크스, 베르그송이
어떻게 운동의 철학자인지를 세 권의 분리된 모노그래프에서 보여 줌으로써 방어한다. 이 주
제에 관한 상세한 문헌 리뷰로는 3장을 보라.

5 이 지점에서 독자는 한편으로 존재론의 역사적 본성과 다른 한편으로 운동의 존재론 사이에
있는 긴장을 감지할 수 있을 것이다. 달리 말하자면, 운동의 역사적 일차성이, '시간적'인 것으
로서 생각되는 역사적 과정을 통해서만 밝혀진다면, 이는 운동이 정의상 시간만큼 근본적이

지 않음을 뜻하지 않는가? 이는 이해할 만한 반박이지만, 이 반박은 또한 자신이 보여 주려 하는 바를 전제한다. 그것은 역사가 '근본적으로 시간적'이라는 것이다. 그러나 운동의 관점에서 역사는 운동 중인 물질의 접힘과 펼쳐짐에 다름 아니다. 시간은 단순히, 과정 중에 있는 물질의 운동에 우리가 준 기술적 이름이다. 시간에 관한 형이상학적 관념이 개념적 · 기술적 실천이지 존재론적으로 근본적인 것이 아니라는 점이 본 책의 테제다. 역사가 무엇'인가'하는 것은 상이한 역사적 시대에 상당히 차이 나게 기술되며, 언제나 일차적으로 시간을 통해 정의되지 않는다―그러므로 역사 개념 자체가 역사적이며, 전혀 명백하게 또는 근본적으로 시간적인 것이 아니다―시간 자체가 근본적으로 동적이라면 그렇다. 이 문제와 시간의 동적 이론에 관한 상세한 논의로는 4부를 보라.

6 다음을 보라. Gabriel Rockhill, *Interventions in Contemporary Thought: History, Politics, Aesthetics* (Edinburgh: Edinburgh University Press, 2016), 51-522.

7 다음을 보라. Michel Foucault, *Essential Works of Foucalt 1965-1984*, Volume 1, ed. by Paul Rabinow (New York: New Press, 1997), 316: "지난날과 관련하여 오늘날이 도입하는 차이는 무엇인가?" "나는 우리 자신에 관한 비판적 존재론에 적절한 철학적 에토스를, 우리가 넘어설 수 있는 한계에 관한 역사적-실천적 시험이라고 특징지을 것이다. 그러므로, 자유로운 존재로서 우리 자신에게 우리 자신이 실행하는 작업으로서 특징지을 것이다."

8 다음을 보라. Levi Bryant, *Onto-cartography: An Ontology of Machines and Media* (Edinburgh: Edinburgh University Press, 2014.

9 방법론에 관한 더 상세한 논의는 1권 1부를 보라.

10 Karl Marx, *The Early Writings* (New York: Penguin, 1992), 423.

2장 존재론적 역사

1 시간의 철학에 관해서는 4부를 보라.

2 주관주의와 현상학에 관한 더 진전된 비판은 4부 1편과 2편을 보라.

3 현재의 탐구가 존재론적 실천의 역사에 제한되어 있기는 하지만, 미래의 연구는 자연적 운동의 선인간적 패턴에 바쳐질 것이다. 그래도 1권 2부가 비인간적(식물적) 사건에 관한 짧막한 동적 분석을 제공한다.

4 프랑수아 로렐의 기획은 근본적으로 부정적인 것으로 머무른다. 그것이 그 자체로 철학―'아무 곳도 아닌 곳으로부터의 관점'―이 아닌 메타철학을 제공한다고 주장하기 때문이다. 그는 그 자신의 비철학적 기능이 처해 있는 물질적, 역사적, 사회적 조건을 완전히 무시한다.

5 Marshall McLuhan, *The Gutenberg Galaxy: The Making of Typographic Man* (Toronto: University of Toronto Press, 1962.

6 버나드 스티글러가 '존재론적 테크닉성'이라고 부르는 것이다. 다음을 보라. Bernard Stiegler, *Technics and Time, 1: The Fault of Epimetheus* (Stanford, CA: Stanford University Press, 1998).

7　Henry Liddell, Eric A. Barber, Robert Scott, Henry S. Jones, and Roderick McKenzie, *A Greek-English Lexicon* (Oxford: Clarendon Press, 1940).

8　기록적 표시는 존재론적으로 자의적이지만 역사적으로는 동시발생적이다.

9　기록적 기호는 또한 소리 기호도 포함한다. 소리는 움직이고, 듣는 신체를 표시하기 때문이다.

10　이 네 넓은 영역(신체, 이미지, 대상, 기호)은 철학적 탐구의―전체는 아닐지라도―거의 모든 권역을 설명한다. 그리고 이 영역들은 인간에게만 제한된 것이 아니다.

11　본 책에서 문헌적 리뷰는 주로 3장에서만 제시되고, 책의 나머지 부분에서는 이차 문헌이 거의 모두 각주에만 제한되어 있음을 눈치챌 수 있을 것이다. 본 책에서 포괄되는 모든 주제에 대한 문헌 리뷰를 다루는 장을 제공하지 않지만, 나는 나의 동적 해석을 뒷받침하기 위해 상당한 양의 일차 텍스트 재료를 인용했다. 이것들은 종종 그것들의 일차 언어로, 그리고 나의 번역으로 인용되었다. 나는 또한 2차 출처를 방대하게 인용한다. 독자들이 2차 연구 논의를 뒤쫓고 싶거나 내가 어디에서 영향을 받았는지를 보고 싶다면, 따라갈 만한 주요 1차·2차 출처 목록은 각주를 보라. 1권 2부에서 주어진 모든 사례는 다른 곳에서 길게 다루지만, 이 출처 중 일부는 아직 출간되지 않았다.

12　사회적·미적·과학적 권역에 대한 분석을 전개하기 위해 이러한 사고틀을 사용하는 것은 본 책과 짝을 이루는 일련의 저작에서 전개되었다. 이 모든 권역들의 혼합은 미래의 사례 연구 작업이다. 이 작업은 각 경우에서의 사회적 운동, 감응, 대상에 대한 혼종적 분석을 요구할 것이다. 운동의 존재론은 예측적이거나, 규범적이거나, 환원주의적인 이론이 아니다. 이것은 다중적 권역에 걸쳐 순수하게 기술적이고 분석적이다.

13　Karl Marx, *Capital*, Volume 1, Tr. by Ben Fowkes (Harmondsworth, UK: Penguin, 1976R, 102.

14　지배적 동(動)기록적 체제의 순차가 있기는 하지만, 이것들의 출현에 존재론적 발달 또는 필연적 진화적 패턴은 없다. 상이한 역사적 분배와 결합만 있다. 오늘날, 선사시대와 비교하면 이러한 체제에는 고도의 혼종성이 있을 것이다. 그러나 이는 존재론적으로 필연적으로 미래에 복잡성이 증대되리라는 뜻은 아니다. 이는 다만, '지금까지' 복잡성과 혼종성의 증대가 있어 왔음을 뜻할 뿐이다.

3장 운동의 철학

1　이것은 대담한 테제처럼 들릴 수 있다. 그러나 21세기 전환기에 이는 양자장 이론과 우주론으로 모든 물리학자들에게 거의 보편적으로 받아들여졌다. 다음을 보라. Carroll, *The Big Picture; Rovelli, Reality Is Not What It Seems*.

2　다음을 보라. Ilya Prigogine and Isabelle Stengers, *Order out of Chaos: Man's New Dialogue with Nature* (London: Fontana, 1988); Steven Strogatz, *Sync: The Emerging Science of Spontaneuos Order* (New York: Hyperion, 2014).

3　다음을 보라. Scott Draves, *Electric Sheep* (1999-); Maurizio Bolognini, *Programmed*

Machines (1988), *Collective Intelligence* (2000); Maxime Causeret, *Order from Chaos* (2016).

4 이주, 수송, 관광 작업에 관한 훌륭한 서지목록은 다음을 보라. Sheller and Urry, "The New Mobilities Paradigm," 207-226; Marcel Endres, *Katharina Manderscheid, and Christophe Mincke, The Mobilities Paradigm: Discourses and Ideologies* (London: Routledge, 2016).

5 Sheller and Urry, "The New Mobilities Paradigm," 207-226.

6 최근의 모빌리티 연구 팽창에 관한 뛰어난 문헌 리뷰와 논문집으로는 다음을 보라. Endres at al., *The Mobilities Paradigm*.

7 오히려, 담론 분석에 관한 푸코의 고고학적 접근법의 용어를 적용하자면, 담론 형성의 규칙들은 "양쪽 모두를 규정한다. 즉, 무엇이 '움직임'으로서 나타나는지를, 그리고 우리가 의미 있게 그리고 적법하게 움직이기 위해 따르는, 그리고 우리가 움직임과 관계하여 행위자성과 통찰을 주장하기 위해 따르는 주관적 입장 양쪽을 규정한다." Brigitta Frello, "Towards a Discursive Analytics of Movement: On the Making and Unmaking of Movement as an Object of Knowledge," *Mobilities* 3.1 (28): 25-50, 30.

8 Augé, *Non-Places; Castells, The Rise of the Network Society; Bauman, Globalization*, 87; Virilio, *Speed and Politics*.

9 대부분의 모빌리티 철학 또는 '방법론들'은 운동으로 시작하지만, 그만큼 자주, 운동을 (소자, 르페브르, 데이비드 하비의) 공간 이론이나 (하이데거와 비릴리오의) 시간 이론이나 (들뢰즈와 가타리의) 감응으로 보충한다.

10 Sheller and Urry, "The New Mobilities Paradigm," 210.

11 Sheller and Urry, "The New Mobilities Paradigm," 210에서 인용. Stephen Graham and Simon Marvin, *Telecommunications and the City: Electronic Spaces, Urban Spaces* (London: Routledge, 2001)에서 인용.

12 피터 메리먼과 피터 애디도 이러한 모빌리티와 부동성 사이의 이분법적 대립을 문제 삼았다. 다음을 보라. Peter Adey, "If Mobility Is Everything It Is Nothing: Towards a Relational Politics of (Im)mobilities," *Mobilities* 1 (2006): 75-94 (76, 83, 86). 이에 대한 대답으로 애디는 "모든 것이 이동적"이고 "절대적 부동성이 결코 없[기]" 때문에, "계류장도 사실은 이동적"이라고 제안한다. 그러나 더 근본적인 수준에서, 피터 메리먼은 모빌리티/계류장 이분법이 너무 단순하다고 논한다. 다음을 보라. Peter Merriman, *Mobility, Space, and Culture*. David Bissell, "Nararting Mobile Methodologies: Active and Passive Empiricisms," in *Mobile Methodologies*, ed. by B. Fincham, M. McGuinness and L. Murray (Basingstoke, UK: Palgrave Macmillan, 2010), 53-68.

13 Peter Adey, "If Mobility Is Everything It Is Nothing," 76.

14 이는 또한, 공간과 시간 양쪽 모두가, 자체로 공간과 시간으로 환원될 수 없는 양자장의 접힘을 통해 생산되기 때문에 틀렸다. 이는 운동의 일차성의 또 다른 현대적 발견이다. 다음을 보라. Rovelli, *Reality Is Not What It Seems*.

15 이러한 단순한 운동 이론에 대한 비판으로는 다음을 보라. Cresswell, *On The Move*. 이

에 관해 다음도 보라. Nigel Thrift, "Inhuman Geographies: Landscapes of Speed, Light and Power," in *Writing the Rural: Five Cultural Geographies*, Ed. by P. Cloke, M. Doel, D. Matless, M. Phillips, and N. Thrift (London: Paul Chapman, 1994), 191-248. 로지 브라이도티 같은 몇몇 페미니즘 이론가들이 유목민 이론/유목민 은유를 포용하기는 했지만, 많은 다른 페미니즘 이론가들은 이들의 젠더적 본성을 비판했다. 다음을 보라. Janet Wolff, "On the Road Again: Metaphors of Travel in Cultural Criticism," *Cultural Studies* 7 (1993): 224-239; Caren Kaplan, *Questions of Travel: Postmodern Discourses of Displacement* (Durham, NC: Duke University Press, 209), 65-100.

16 Thomas Nail, *Lucretius I: An Ontology of Motion* (Edinburgh: Edinburgh University Press, 2018). 마르크스와 베르그송에 대한 책은 거의 완성되었지만, 본 책을 쓰고 있는 현재 아직 진행 중이다.

17 Epicurus, *Letter to Herodotus*, line 43. In Diogenes Laertius, *The Lives of Eminent Philosophers*, Volume II, translated by Robert D. Hicks (London: W. Heinemann, 1925), Book X, line 43, p. 573.

18 Lucretius, *De Rerum Natura*, Book 11, lines 292-293.

19 Karl Marx, *The First Writings of Karl Marx*, translated by Paul M. Schafer (Brooklyn, NY: Ig Publishing, 2006), 111. 강조는 필자.

20 "노동은 운동이므로, 시간은 노동의 자연적 척도다." Karl Marx, *Grundrisse: Foundations of the Critique of Political Economy (rough draft)*, translated by Martin Nicolaus (New York: Penguin Classics, 2012), 205.

21 Karl Marx, *Capital: A Critique of Political Economy*, Volume 1 (London: Penguin, 1976), 128.

22 Marx, *Capital*, 128.

23 Henri Bergson, *Creative Evolution*, translated by Arthur Mitchell (New York: Modern Library, 1944), 5.

24 Bergson, *Creative Evolution*, 273.

25 Henri Bergson, *Matter and Memory*, translated by Nancy Margaret Paul and William Scott Palmer (New York: Zone Books, 1988), 187.

26 Bergson, *The Creative Mind: Introduction to Metaphysics* (Mineola, NY: Dover, 2013), 53.

27 Bergson, *The Creative Mind*, 8.

28 Bergson, *Matter and Memory*, 47.

29 Bergson, *The Creative Mind*, 46.

30 Bergson, *The Creative Mind*, 46.

31 Bergson, *The Creative Mind*, 155.

32 양자 중력의 경우, 이는 문자 그대로 옳다. 차원성이 물질로부터 출현한다—그 반대가 아니다. 이 입장은 공간과 관련해서는 2권 1부에서, 시간과 관련해서는 2권 4부에서 더 자세히 전개된다.

33 앨프리드 노스 화이트헤드의 변화 이론에 관해서는 다음을 보라. Alfred North Whitehead, *Concept of Nature* (Cambridge: Cambridge University Press, 1978), 73, 59

34 Alfred N. *Whitehead, Process and Reality* (New York: Free Press, 2014), 73.

35 다음도 보라. Leonard J. Eslick, "Substance, Change, and Causality in Whitehead," *Philosophy and Phenomenological Research* 18.4 (1958), 503-513; 510.

36 Whitehead, *Concept of Nature*, 105.

37 Whitehead, *Process and Reality*, 35.

38 화이트헤드는 급진적 불연속성과 정태의 사유자이지만 또한 생성의 사유자라는 점은 학계에서 확립된 의견이다. 각각의 현실적 기회는 원자론적이고 자족적이므로, 그리고 사건은 이들 사이의 틈새 또는 경로에서만 생겨나므로, "생성에는 연속성이 없다." 다음을 보라. Keith Robinson, *Deleuze, Whitehead, Bergson: Rhizomatic Connections* (Basingstoke, UK: Palgrave Macmillan, 2009).

39 Michael Hardt and Antonio Negri, *Empire* (Cambridge, MA: Harvard University Press, 2007); Manuel De Landa, *Assemblage Theory* (Edinburgh: Edinburgh University Press, 2016); Brian Massumi, *Parables for the Virtual: Movement, Affect, Sensation* (Durham, NC: Duke University Press, 2007); Erin Manning, *Relationscapes: Movement, Art, Philosophy* (Cambridge, MA: MIT Press, 2012); Jane Bennett, *Vibrant Matter: A Political Ecology of Things* (Durham, NC: Duke University Press, 2010); William E. Connolly, *A World of Becoming* (Durham, NC: Duke University Press, 2011); Rosi Braidotti, *Nomadic Subjects: Embodiment and Sexual Difference in Contemporary Feminist Theory* (New York: Columbia University Press, 2011).

40 Levi R. Bryant, *Onto-cartography: An Ontology of Machines and Media* (Edinburgh: Edinburgh University Press, 2014). 41.

41 Steven Shaviro, *The Universe of Things: On Whitehead and Speculative Realism* (Minneapolis: University of Minnesota Press, 2014).

42 Didier Debaise, *Speculative Empiricism: Revisiting Whitehead* (Edinburgh: Edinburgh University Press, 2017).

43 Gilles Deleuze, *Difference and Repetition*, translated by Paul Patton (New York: Columbia University Press, 1994), 138.

44 Gilles Deleuze and Félix Guattari, *A Thousand Plateaus: Capitalism and Schizophrenia*, translated by Brian Massumi (Minneapolis: University of Minnesota Press, 1987), 95.

45 들뢰즈는 니체에 대한 책에서 물질과 운동을 명시적으로 힘에 종속시키고, 루크레티우스와 마르크스의 동적 물질론에 자신과 니체를 대비시킨다. "힘만이 다른 힘과 관계될 수 있다. (마르크스가 원자론을 해석하면서, '원자는 자기 고유의 독특한 대상이며, 자기 자신과만 관계될 수 있다'라고 말했듯이 말이다. 마르크스, 《데모크리투스와 에피쿠로스 자연철학의 차이》). 그러나 문제는, 원자의 기본적 개념이 그것에 시도된 본질적 관계를 수용할 수 있느냐는 것이다. 원자 대신 힘을 생각할 때에만 저 개념은 일관적이 된다. 원자의 관념은 저러한

관계를 긍정하기 위해 필요한 차이, 본질에서의 그리고 본질에 따른 차이를 자기 안에 담지 못하기 때문이다. 그렇기에 원자론은 막 시작된 역동론을 위한 가면이다." Gilles Deleuze, *Nietzsche and Philosophy* (New York: Columbia University Press, 1983), 6-7.

46 들뢰즈가 운동에 명시적으로 일차성을 주는 것으로 보이는 곳은 많다. 예를 들어, 《천 개의 고원》에서 그와 가타리는 "유목민만이 절대적 움직임을, 달리 말하자면, 속도를 가진다. 수직적 운동 또는 소용돌이 운동은 저들의 전쟁 기계의 본질적 특징이다"라고 쓴다. 이들은 절대적 움직임을 이상하게도 소용돌이 운동으로, 또한 속도 자체로 정의한다. 유목민은 운동의 형상으로 보이지만, 금세 이 점을 다음과 같이 해명한다. "그러므로 유목민을 움직임을 통해 정의하는 것은 잘못이다." 운동이 아니라 속도가 여기에서 유목민에게 가장 일차적인 것이다. 운동이 한 구절에서는 일차적인 것으로 들리지만 다른 곳에서는 부인되는 비슷한 수많은 예들이 들뢰즈의 저작 전반에 걸쳐 발견된다. Deleuze and Guattari, *A Thousand Plateaus*, 381.

47 Deleuze, *Difference and Repetition*, 89.

48 Gilles Deleuze, *Logic of Sense*, translated by Mark Lester and Charles Stivale (Columbia University Press, 2009), 62.

49 Gilles Deleuze and Felix Guattari, *Anti-Oedipus: Capitalism and Schizophrenia*, translated by Robert Hurley, Mark Seem, and Helen R. Lane (Minneapolis: University of Minnesota Press, 1983), 141, 142, 146, 194, 198, 338.

50 Deleuze and Guattari, *Anti-Oedipus*, 5, 6.

51 Deleuze and Guattari, *A Thousand Plateaus*, 381.

52 Deleuze and Guattari, *A Thousand Plateaus*, 159, 197, 199.

53 내가 스피노자가 아니라 루크레티우스로 시작하기로 한 이유가 이것이다. 에린 매닝과 과정 철학에 대한 비판을 위해서는 Merriman, *Mobility, Space, and Culture*, 2-3를 보라. 저 철학에서 "신체화된 움직임은 반복적으로 (종종 시공간으로서의) 시간과 공간의 특권적 개념과의 관계 내에 처해진다. 또한, 과정적·탈구조주의적 사고를 위한 출발점을 보강하면서 제공하기도 하는 철학적·과학적 정통설들은 여전히 시야에 머무르고 있다." 움직임을 생기적 힘에 비슷하게 종속시키는 사례로는 다음도 보라. Bennett, *Vibrant Matter*.

54 Deleuze and Guattari, *What Is Philosophy?*, 33: "철학이 개념·존재자를 창조한다면, 철학의 임무는 이제 사물과 존재로부터 사건을 추출하는 것, 사물과 존재론부터 새로운 사건을 설치하는 것, 이들에게 언제나 새로운 사건—시간, 공간, 물질, 사고, 사건으로서의 가능성—을 주는 것이다."

55 Gilles Deleuze and Felix Guattari, *What Is Philosophy?* (London: Verso, 2011), 36.

56 Deleuze and Guattari, *What Is Philosophy?*, 60.

57 Deleuze and Guattari, *What Is Philosophy?*, 59.

58 Spinoza, *Ethics*, ID4, 강조는 필자.

59 마샬 게루는 이 논쟁에 대한 철저한 역사를 제공한다. 다음을 보라. Martial Gueroult, *Spinoza: Dieu (Ethique 1)* (Aubier-Montaigne, Paris, 1968), 428-461.60.

60 Gilles Deleuze, *Expressionism in Philosophy: Spinoza*, translated by Martin J oughin

730 존재와 운동

(New York: Zone Books, 201), 65.

61 들뢰즈의 관념론에 관한 책 분량의 논의로는 다음을 보라. Peter Hallward, *Out of This World: Deleuze and the Philosophy of Creation* (London: Verso, 2006). 나는 그의 주장에 동의하지 않지만, 홀워드는 들뢰즈의 저작 전반에 걸친 '사고의 이미지'의 일차성에 관한 중요한 텍스트적 뒷받침을 제공한다.

62 Deleuze and Guattari, *What Is Philosophy?*, 60.

63 Deleuze and Guattari, *What Is Philosophy?*, 60. 강조는 필자.

64 Karl Marx, *The Poverty of Philosophy* (New York: International Publishers, 1963), 78.

65 들뢰즈를 따르는 사람들은 또한 비슷한 스피노자주의적 관념론을 재생산했다. 다음을 보라. Elizabeth Grosz, *The Incorporeal: Ontology, Ethics, and the Limits of Materialism* (New York: Columbia University Press, 2017).

66 들뢰즈 존재론에서 관념론적 경향을 식별한 것은 내가 처음이 아니다. 마이클 하트는 이렇게 쓴다. "그렇다면 들뢰즈의 사고는 이러한 실천이론적 종합의 양 측면에서 관념론으로서 나타난다. 그것은 한 철학에서 느긋하게 합쳐진 사변적 관념론과 경험주의적 관념론이다." Michael Hardt, *Gilles Deleuze: An Apprenticeship in Philosophy* (Minneapolis: University of Minnesota Press, 2007), 74-79. 다음을 보라. Sean Bowden, "Paul Redding's *Continental Idealism* (and Deleuze's Continuation of the Idealist Tradition)" *Parrhesia* 11 (2011): 75-79; Paul Redding, *Continental Idealism: Leibniz to Nietzsche* (London: Routledge, 2009); Ray Brassier, *Nihil Unbound: Enlightenment and Extinction* (London: Palgrave Macmillan, 2007).

67 Deleuze and Guattari, *What Is Philosophy?*, 39.

68 Deleuze and Guattari, *What Is Philosophy?*, 96.

69 Deleuze and Guattari, *What Is Philosophy?*, 59.

70 본 책에서 전개된 흐름, 접힘, 장 개념은 그러므로, 이들을 자주 정태와 섞어 버리는 들뢰즈에게서 빌려 온 것이 아니고, 운동의 실재적 존재론자들에게서, 즉 루크레티우스, 마르크스, 베르그송에게서 빌려 왔다.

71 생기론적 신新물질론의 비역사적 성격에 대한 뛰어난 비판으로는 다음을 보라. Simon Choat, "Science, Agency and Ontology: A Historical-Materialist Response to New Materialism," *Political Studies* (November 3, 2017).

72 Karl Marx, *Capital*, Afterword to the second edition: "(헤겔, 변증법)에서는 머리로 서 있는 셈이다. 신비주의적 껍질 내의 이성적 중핵을 발견하고자 한다면, 올바른 쪽을 다시 위로 돌려야 한다."

4장 실재론과 물질론

1 나는 미래는 포함하지 않고서 지금까지의 존재만을 지칭하기 위해 '역사적 존재'(또는 '존재')

라는 용어를 사용한다. 이 점은 1부의 앞 장들에서 명시했다.

2 Peter Sloterdijk, *Spheres, Volume 1: Bubbles*, translated by Wieland Hoban (South Pasadena, CA: Semiotext(e), 2011), 333.

3 Alain Badiou, *Being and Event*, translated by Oliver Feltham (London: Continuum, 2006), 317.

4 Deleuze and Guattari, *A Thousand Plateaus*, 155.

5 현대적 존재론의 동태에 대한 완전한 분석은 본 작업의 시야 밖에 있으며, 이후의 작업을 위해 남겨져야 한다.

6 "니체는 자기 시대의 철학자와 철학을 '믿어진 적 있는 모든 것의 초상'이라고 불렀다. 근대 사유의 새로운 저속하게 그려진 캔버스의 찌꺼기인 니체주의, 헤겔주의, 후설주의가 있는 오늘날의 철학도 비슷하다고 그는 말할 것이다." Deleuze, *Nietzsche and Philosophy*, 195. 오늘날의 들뢰즈주의, 바디우주의, 하이데거주의 등등에 대해서 같은 말을 해도 전혀 문제 없을 것이다.

7 《존재와 운동》의 동적 초월론적인 것의 이론이 바로, 이 책이 이전 역사적 구조의 모든 것을 반드시 거부하지 않고서도 저 구조를 이론화할 수 있게 해 주는 것이다. 근대적 또는 탈칸트적 초월론적 철학—이는 구체적으로 현상학, 구조주의, 탈구조주의를 포함한다—은 전적으로 버려진 것이 아니고, 더 크고 더 역사적으로 일차적인 운동존재론의 지역적 경우들로서 재해석된다.

8 Michel Foucault, *Ethics: Subjectivity and Truth*, edited by Paul Rabinov and Robert Hurley (New York: New Press, 1997), 315-319.

9 Immanuel Kant, *Critique of Pure Reason*, translated by. Werner S. Pluhar (Indianapolis, IN: Hackett, 1996), 20.

10 Kant, *Critique of Pure Reason*, 21.

11 Kant, *Critique of Pure Reason*, 21.

12 Kant, *Critique of Pure Reason*, 22.

13 Marx, *The Early Writings*, 423.

14 다시, 이는 현재 운동의 존재론적 일차성을 고려할 때에만 옳다. 운동과 물질이 언제나 일차적일 것이냐, 다른 무엇이 출현할 것이냐는 물음에 관해 우리는 불가지론자로 머물러야 한다.

15 Carlo Rovelli, *Reality is Not What it Seems* (New York: Penguin, 2017), 226.

16 Interview with Karen Barad, "The Transversality of New Materialism," in *New Materialism: Interviews and Cartographies*, edited by Rick Dolphijn and Iris van der Tuin (Ann Arbor, MI: Open Humanities Press, 2012), 94: "주디스 버틀러의 저작에 담긴 실패 물질론에 관한 페미니스트 논쟁을 생각해 보라." 다음도 보라. Vicki Kirby, *Judith Butler* (London: Continuum, 2007); Elizabeth Stephens, "Feminism and New Materialism: The Matter of Fluidity," *Inter/Alia: A Journal of Queer Studies* 9 (2014): 187.

17 다음에서 주디스 버틀러에 대한 바라드의 비판을 보라. Barad, *Meeting the Universe*

Halfway: "물질성에 대한 버틀러의 사고틀은 그것이 인간적 신체와 사회적 요인에 배타적으로 초점을 맞춘다는 점으로 인해 제한되어 있다고 나는 논한다. 이 점은 물질성과 담론성 관계를 둘의 불가분성 속에서 이해하려는 그녀의 노력과 반대된다." (34).

18 다음을 보라. Thomas Lemke, "Materialism without Matter: The Recurrence of Subjectivism in Object-Oriented Ontology," *Distinktion* 18.2 (2017): 133-152. 하먼은 이렇게 쓴다. "우주에서 실재적인 것은 형태들 내에 감싸인 형태들이지, 모든 다른 것을 파생적 지위로 환원하는 물질의 지속적 입자들이 아니다. 이것이 '물질론'이라면, 이것은 물질의 실재를 부인하는 역사상 첫 번째 물질론이다." Graham Harman, *Tool-Being: Heidegger and the Metaphysics of Objects* (Chicago: Open Court, 2002), 293.

19 물질에 관한 이러한 이론은 다음에서 기술된 역사적 선행자들과 더욱 일관적이다. Nail, *Lucretius I*, Chapter 3: Lucretius, Marx, and Bergson.

20 양자 얽힘 및 관계된 존재론적 수행성의 실재론적 이론에 관해서는 다음을 보라. Barad, *Meeting the Universe Halfway*; Vicki Kirby, *Quantum Anthropologies: Life at Large* (Durham, NC: Duke University Press, 2011).

21 Marx, *Grundrisse*, 68.

22 양자장은 어느 정도는 관찰 가능하고 측정 가능하지만, 비환원적으로 그렇다. 확정성, 모빌리티, 비국소성 때문이다.

23 동적 물질론의 개념에 대한 충분한 논의는 다음을 보라. Nail, *Lucretius I*.

24 Marx, *The Early Writings*, 423; Theses on Fuerbach IX.

25 Marx, *The Early Writings*, 421; Theses on Fuerbach I.

26 다음을 보라. Bennett, *Vibrant Matter*; Grosz, *The Incorporeal*. 아즈텍 형이상학의 테오틀Teotl(힘/에너지/생기적 힘)의 생기론적 과정 존재론도 보라. 이는 James Maffie, *Aztec Philosophy: Understanding a World in Motion* (Boulder: University Press of Colorado, 2014)에서 논의되었다. 매피는 아즈텍 생기론을 스피노자의 범신론적 철학과 명시적으로 비교한다.

27 캐런 바라드가 쓰는 '행위자적', '수행적', '회절된' 물질론 같은 용어, 심지어 멜 첸이 쓰는 '생을 가진animate' 물질론 같은 용어가 더욱 낫다. 이 용어들은 삶과 힘의 용어에 의존하지 않기 때문이다. 다음을 보라. Mel Chen, *Animacies: Biopolitics, Racial Mattering, and Queer Affect* (Durham, NC: Duke University Press, 2012).

28 이러한 생기적 생정치적 물신주의에 대한 비판으로는 다음을 보라. Elizabeth Povinelli, *Geontologies: A Requiem to Late Liberalism* (Durham, NC: Duke University Press, 2016). 생기론적 신물질론에 대한 마르크스주의적 비판으로는 다음을 보라. Jennifer Cotter, "New Materialism and the Labour Theory of Value," *Minnesota Review* 87 (2016): 171-181. 생기론적 신물질론의 문제들 및 신물질론에 대한 마르크스의 기여에 관한 공평한 평가로는 다음도 보라. Choat, "Science, Agency and Ontology."

29 Chen, Animacies, 11: "내 목적은 어떤 물질성에 생명을 투자하지 않는 것이다."

30 다양한 신물질론들에 관한 상세한 유형학과 비판으로는 다음을 보라. Chris Gamble, Josh

Hanan, and Thomas Nail, "What Is New Materialism?", unpublished manuscript.

31 "그러면 이것이 자연에 대한 한 설명이다. 말하자면, 그것은 자기 안에 운동 또는 변화의 원리를 가지고 있는 사물의 일차적 기저 질료다." Aristotle, *Physics II*, 193a28-193a29. "이것이 운동이다. 그러나 이 생성은 자체로, 자신의 모순으로 인한 자기 안으로의 붕괴이며, 양쪽의 직접적으로 자기동일적이며 존재하는 통일체이다. 말하자면, 물질이다." Georg W. E Hegel, *Hegel's Philosophy of Nature: Being Part Two of the Encyclopedia of the Philosophical Sciences*, translated and edited by Arnold V. Miller, and Karl L. Michelet (Oxford: Clarendon Press, [1830] 1970), 41.

32 "존재하는 모든 것, 땅 위와 물 아래에 살아 있는 모든 것은 어떤 종류의 움직임에 의해서만 존재하고 살아간다. 그러므로 역사의 움직임은 사회적 관계를 생산한다, 산업적 움직임은 우리에게 산업적 산물을 생산한다, 등등. 추상의 힘으로 우리가 모든 것은 논리적 범주로 변용시켰듯이, 우리는 상이한 움직임들의 구별되는 모든 특성으로부터 추상함으로써 추상적 상태가 된 움직임, 순수 형식적 움직임, 움직임의 순수 논리적 정식에 도달한다. 우리가 논리적 범주 내에서 모든 사물의 실체를 발견한다면, 우리는 움직임의 논리적 정식 속에서, 모든 것을 설명할 뿐 아니라 사물의 움직임까지도 함축하는 절대적 방법을 발견한다고 상상한다." Marx, *The Poverty of Philosophy* (1963), 78.

5장 연속체

1 이 용어들은 또한 운동의 존재론의 역사적 선행자—루크레티우스, 마르크스, 베르그송—에 의해 다양한 방식으로 사용되었다. 이 논의에 대한 충분한 증명으로는 이들 각 사유자에 관해 출간될 책들을 보라.

2 달리 말하자면, 이 세 개념들은 존재의 운동을 위한 최소한의 역사적 조건이자, 존재에 관한 존재론적 기술의 조건이다. 흐름, 접힘, 장은 그러므로—짝이 되는 저작 저작에서 보여 주었듯이—각 권역으로부터 자기 나름의 방식으로 추출된 공통된 특징이다. 《존재와 운동》에 관해서라면, 이 저작은 엄격하게 존재론적인 특징으로서의 이러한 특징들의 역사적 출현과 귀결에 초점을 맞춘다.

3 다음을 보라. Kurt Gödel, *On Formally Undecidable Propositions of Principia Mathematica and Related Systems* (New York: Basic Books, 1962).

4 기치는 이 표현을 이용하여 형식적 변화에 관한 러셀과 맥타가트의 이론을 기술한다. 다음을 보라. Geach, *God and the Soul* (New York: Schocken Books, 1969), 71-72. 앨프리드 노스 화이트헤드의 변화 이론에 관해 다음도 보라. Whitehead, *Concept of Nature*, 73, 59. 화이트헤드에 따르면, 변화는 "어떤 규정된 사건으로 이루어진 현실적 기회들 사이의 차이"에 불과하며, 그래서 "어떤 현실적 존재자에게 '변화'를 부과하는 것은 불가능"하다. 변화와 운동은 그러므로 현실적 존재자의 순차와 관계되어 있으며, 이들 사이의 차이로만 구성된다. 모든 존재자는 단순히 '그것 자신'이며, 그 안에 내존하는 다른 존재자들과의 관계의 전체 집합과 함께

생성하며, 그렇기에 변화하거나 움직일 수 없다. 다음도 보라. Eslick, "Substance, Change, and Causality in Whitehead," 503-513. 화이트헤드에게 이행은 "실재적 이행이 아니고, 흐름이나 유동이 아니다. 그렇게 이해된 변화는 상이한 불변적 현실적 존재자들의 계열의 실존이라는 사실일 따름이다. 변화의 관념 자체가 치유 불가능하도록 정적인 것이 되었다"(510).

5 '양자 도약'의 경우조차도, 단속적 전자의 실존을 전제한다. 그러나 이 전자들을 이루는 양자장은 연속적 운동과 떨림 내에 있다. 도약과 터널링은 다른 단속적 입자와의 관계 하에서만 불연속적인 것으로 나타난다.

6 Lucretius, *On the Nature of Things*, translated by Walter G. Englert (Newburyport, MA: Focus, 2003), lines 1-25.

7 Bergson, *Matter and Memory*, 193.

8 Paul Valéry, *The Graveyard by the Sea*, translated by C. Day Lewis (Philadelphia: Centaur, 1932).

9 Bergson, *Matter and Memory*, 189.

10 Henri Bergson, *An Introduction to Metaphysics*, translated by T. E. Hulme (New York: G. P. Putnam's Sons, 1912), 53.

11 '전체'라는 말로 베르그송이 뜻하는 것은 '총체'가 아니다. 총체는 변화하거나, 자기 자신이 아닌 다른 것이 되지 못하기 때문이다. 베르그송이 뜻하는 것은 열려 있고 떨리는 전체 같은 것이다.

12 다음을 보라. Nail, *Figure of the Migrant*, 11-20.

13 다음도 보라. Carroll, *The Big Picture*, 172-173: "세계에 관한 우리의 최상의 이론—적어도 우리의 일상적 체험을 포함하는 적용 권역을 가지는 이론—은 통합을 한 발짝 더 밀고 나가서, 입자와 힘 모두 장으로부터 생겨난다고 말한다. 장은 입자와 반대되는 종류다. 입자는 공간 내에서 특정 위치를 가지지만, 장은 공간 전반에 걸쳐 잡아 늘여져 있고, 모든 점에서 어떤 특정 가치를 가지는 무엇이다. 근대 물리학은 원자를 이루는 입자와 힘이 장으로부터 생겨난다고 말한다. 이러한 관점은 '양자장 이론'이라고 불린다."

14 다음을 보라. James Cushing, ed., *Philosophical Consequences of Quantum Theory: Reflections on Bell's Theorem* (Notre Dame, IN: University of Notre Dame Press, 2003).

15 Rovelli, *Reality Is Not What It Seems*.

16 The Clay Mathematics Institute (CMI), http://www.claymath.org/millennium-probiems/navier-stokes-equation.

17 James Gleick, *Chaos: Making a New Science* (New York: Viking, 1987), 1-32; Strogatz, *Sync*.

18 이 인용은 출처 불명일지도 모르나, 매력적인 정서를 준다.

19 하이젠베르크는 궁극적으로, 양자 상호작용 이론을 채택하고, 그의 불확정성 원리와 종종 결부되는 인식론적 상대주의라는 발상은 버린다. "보어가 하이젠베르크의 분석에 대한 중요한 비판을 제공하는 열띤 논의에 뒤이어, 하이젠베르크는 보어의 관점을 묵인한다. 거의 논의되지 않기는 했지만, 하이젠베르크의 유명한 불확정성 논문의 후기는 자기 분석의 이러한 중

요한 단점들에 대한 인정을 포함한다. 중요한 의미에서, 이 후기는 그가 본문에서 제시했던 분석의 취소를 구성한다. 그러나 이 오류 있는 분석이 상황적 관계에 대한 표준적 해설이 되었다. 하이젠베르크의 설명이 근본적 오류에 근거했다는 그 자신의 인정에도 불구하고, 불확정성 원리는 학생들에게 계속해서 가르쳐지고, 물리학자와 비물리학자들 모두 하이젠베르크를 따라서 저 원리에 대해 말한다. 아이로니컬하게도, 상호적 관계에 대한 보어의 설명, 즉 비결정성 원리에 대해서는 언급이 없다. 사실, 그나마 이 논의에 대한 보어의 공헌이 언급되기라도 한다면, 그것은 흔히 상보성에 대해 역사적 존중심을 담아 고개를 숙이는 것으로 이루어진다. 그러나 이것조차도 더 이상은 거의 언급되지 않는다." Barad, *Meeting the Universe Halfway*, 301.

20 Lee A. Rozema, Ardavan Darabi, Dylan H. Mahler, Alex Hayat, Yasaman Soudagar, and Aephraim M. Steinberg. "Violation of Heisenberg's Measurement-Disturbance Relationship by Weak Measurements," *Physical Review Letters* 109.10 (2012).

21 '볼츠만 뇌'는 19세기 물리학자 루트비히 볼츠만을 따라 이름 붙여졌다.

22 Lucretius, *De Rerum Natura*, 2.114-128.

23 Gleick, *Chaos*, 1-32.

24 Gleick, Chaos; Strogatz, *Sync*; John P. Briggs and P. David Peat, *Turbulent Mirror: An Illustrated Guide to Chaos Theory and the Science of Wholeness* (New York: Harper 8: Row, 2000).

25 현대 물리학에서 이것은 '위상학적 양자장 이론'이라고 불린다. 이것은 양자장에서의 접힘, 꺾이, 굽이, 매듭에 대한 연구다.

6장 다중체

1 Carroll, *The Big Picture*, 52-53.

2 Sean Carroll and Jennifer Chen, "Spontaneous Inflation and Origin of the Arrow of Time" (Chicago: Enrico Fermi Institute and Kavli Institute for Cosmological Physics, 2004), https://arxiv.org/pdf/hep-th/O410270v1.pdf.

3 Xing Xiu-San, "Spontaneous Entropy Decrease and its Statistical Formula," *ResearchGate*, November 1, 2007, https://arxiv.org/pdf/0710.4624.pdf.

4 또한 현재의 모든 관찰의 제안에 따르면, 우리의 현재 우주는 거의 평평하며, 이 점의 오차 범주는 0.4퍼센트에 불과하다. 달리 말하자면, 우주는 우리의 평면 우주가 궁극적으로는 구형 또는 토러스형 같은 아주 거대한 위상학적 형태의 일부임을 암시하는 곡률을 전혀 보여 주지 않는다. 우주는 평면이며 연속적으로 팽창하고 있다.

5 다음을 보라. Manual De Landa, *Intensive Science and Virtual Philosophy* (New York: Continuum, 2017); Levi Bryant, *The Democracy of Objects* (Ann Arbor, MI: Open Humanities Press, 2011).

6 Adriana Cavarero, *Inclinations: A Critique of Rectitude* (Stanford, CA: Stanford University Press, 2016), 130.

7 그러므로 자연은 근본적으로 자기 자신과의 관계에서 과도하고 무제약적이며*inmocleratum* (1.1013), 수적 총체성의 최종적 척도를 가지지 않는다. 루크레티우스는 자연이 "*simplice natura pateat*"(1.1013)라고 말한다. 그러니까, 열려 있는 단순체, 또는 끝없이 연속적으로 접히고 펼쳐지는 단일-접힘-다중-접힘이라는 것이다. 다음을 보라. Nail, Lucretius I.

8 여기에서 사용되는 무한에 관한 작동적 정의는 미분에서 채택된 물질주의적 정의지, 집합 이론에서 가져온 관념론적 정의가 아니다. '현실적 무한'에 대한 더 자세한 논의는 다음을 보라. Thomas Nail, *Theory of the Object* (in progress).

9 예를 들어 양자장은 연속적 움직임에 있으며, 위상학적으로 분화되어 있다. 이들은 연속적 움직임 내에 있기 때문에, 운동이 더 이상 불가능해지는 점은 없다.

10 Marx, *The First Writings of Karl Marx*, 112.

11 큰 무한과 작은 무한이 있다. 예를 들어, 셀 수 있는 무한은 셀 수 없는 무한(여기에는 무리수와 실수가 포함된다)보다 작다.

12 장의 에너지/운동량을 보는 방도는, 장 내의 에너지와 운동량의 '미시적' 움직임의 계열이 에너지/운동량의 더 큰 규모의 움직임의 연쇄반응을 개시하여 우리가 볼 수 있는 방식으로 '거시적' 사물이 영향 받을 때까지 진행되게 되어 있는 영리한 실험을 마련하는 것이다. MIT이론적 응집물질물리학 연구자 브라이언 스키너와의 개인적 대화에서.

13 Sean Carroll, *The Particle at the End of the Universe. How the Hunt for the Higgs Boson Leads Us to the Edge of a New World* (New York. Dutton, 2012).

14 둘째, 양자장은 이들이 창조하는 가시적 효과를 통해서만 관찰될 수 있지, 자체로는 관찰될 수 없다. 질량과 입자를 낳기 위해, 양자장은 필연적으로 에너지와 운동량을 가져야 한다. 아인슈타인이 보여 주었듯이 질량과 에너지는 변화 가능하기 때문에, 입자는 양자장에서 태어나고 양자장으로 돌아간다. 연속적 운동량 또는 움직임 속에서 양자장 에너지는 입자가 되고, 질량이 장 에너지가 된다. 그러므로 양자장은—장 자체가 경험적으로 가시적은 아닐지라도—입자만큼이나 물질적이다. 입자는 장의 흐름 내의 접힘 또는 흥분에 다름 아니기 때문이다. 그러므로 물질은 언제나, 단순히 입자로 접혀 버린 물질의 흐름이다.

15 33장의 윌리엄 제임스에 관한 각주를 보라. 감각은 흐름 속에서 일어나지만, '사고의 흐름' 자체에 대한 감각은 없다.

16 다음을 보라. Barad, *Meeting the Universe Halfway*, ix: "얽혀 있음은 분리된 존재자들이 합쳐지는 것처럼 다른 것과 단순히 뒤엉켜 있음이 아니고, 독립적 · 자족적 실존을 결여함이다. 실존은 개별적 사태가 아니다. 개별자는 상호작용에 앞서 미리 존재하지 않는다. 오히려 개별자는 이들의 얽혀 있는 내적-관계를 통해, 그것의 부분으로서 출현한다."

17 Karen Barad, "Transmaterialities: Trans*/Matter/Realities and Queer Political Imaginings," *GLQ: A Journal of Lesbian and Gay Studies* 21 (2015): 387-422.

18 Lucretius, *The Nature of Things*, Book II, line 260.

19 다음을 보라. Carlo Rovelli, *The Order of Time* (New York: Penguin, 2018).

20 Bruno Leibundgut and Jesper Sollerman, "A Cosmological Surprise: the Universe Accelerates." *Europhysics News* 32.4 (2008): 121.

21 Lee Smolin, *The Trouble with Physics: The Rise of String Theory, the Fall of a Science and What Comes Next* (New York: Houghton Mifflin, 2006), 56.

22 Carroll, *The Big Picture*, 58: "우리가 아는 것은, 이 처음에 낮았던 엔트로피가 시간의 '열역학적' 화살에 책임이 있다는 것이다."

23 Carroll and Chen, "Spontaneous Inflation and Origin of the Arrow of Time."

24 다음을 보라. Carlo Rovelli, *The Order of Time* (New York: Penguin, 2018).

25 다음을 보라. "First Second of the Big Bang," *How the Universe Works*, Season 3, 2014 (Discovery Science).

26 불행히도, 로벨리는 종종 다음과 같은 형이상학적 말을 한다. "세계는 미묘하게 단속적이지, 연속적이 아니다. 선한 주는 세계를 연속적 선으로 그리지 않았다. 그는 가벼운 손놀림으로, 조르주 쇠라처럼, 점을 찍어서 세계를 스케치했다." *The Order of Time*, 84. 그가 종종 양자 움직임의 '연속적' 본성을 강조하기는 하지만(132, 226), 그는 여전히(그의 최선의 노력에도 불구하고) "자연은 단속적"이라는, 실체에 기반하는 오래된 사고를 고수하면서, 이러한 주장이 수반하는 모순을 보지 못하는 것 같다. 첫째, '존재의 본성'에 관한 모든 주장은 (다른 방식으로 역사적으로 권리가 주어지지 않았다면) 정의상 형이상학적이다. 둘째, 그가 인정하듯 이 존재가 연속적 운동에 있다면, 연속적이거나 단속적이거나 또는 다른 어떤 것일 수 있는, '자연'이라고 불리는 단일한 정적 실체는 있을 수 없다. 존재가 참으로 흐른다면, 실체의 연속적 또는 단속적 본성에 관한 어떤 주장도 말이 되지 않는다. 이 주장에 진술될 수 있는 고정된 실체가 없기 때문이다. 양자장 이론과 양자 중력 이론에 대한 상세한 분석과 비판은 다음을 보라. Nail, *Theory of the Object* (unpublished manuscript).

27 다음을 보라. Carlo Rovelli, "Loop Quantum Gravity," *Physics World* 16.11 (November 2003); Carlo Rovelli and Lee Smolin, "Loop Space Representation of Quantum General Relativity," *Nuclear Physics B* 331 (1990): 80-152; Lee Smolin, *Three Roads to Quantum Gravity* (Oxford University Press, 2000).

28 시간에 관한 더 전개된 동적 이론은 2권 4부에서 전개된다.

29 이분화를 동적으로 상정함은 그러므로 현대 천체물리학과 전적으로 일관적이다. 이러한 운동의 연속체로부터 빅뱅을 통해 우주가 자신을 급속히 이분화하고 자신을 자신으로부터 가르기 때문이다. 이는 순수 동적 연속체로부터, 증대되는 이질성·불연속성·엔트로피로 움직이는 것이다. 우주론적으로 볼 때, 물질은 이분화를 통해 다중화된다.

7장 합류

1 Valéry, *The Graveyard By The Sea*.

2 이것이 울프가 감각의 '줄무늬'라고 부르는 것이다. Virginia Woolf, *The Waves* (New York:

Wordsworth Editions, 2000), 13.

3 말라르메는 "심연의 가에 있는 표지"라고 말한다. Stephane Mallarmé, *Collected Poems and Other Verse* (Oxford: Oxford University Press, 2008), 163-183.

4 Friedrich Nietzsche, *Beyond Good and Evil: Prelude to a Philosophy of the Future*, edited by Rolf-Peter Horstmann, translated by Judith Norman (Cambridge: Cambridge University Press, 2002), 4.

5 더 자세한 분석은 다음을 보라. Thomas Nail, *Returning to Revolution: Deleuze, Guattari, and Zapatismo* (Edinburgh: Edinburgh University Press, 2015); Nail, *Lucretius I*; Nail, *Figure of the Migrant*; Nail, *Theory of the Border*. 아직 출간되지 않은 원고에 다음도 있다. *Theory of the Image*; *Theory of the Object*.

6 David Biello, "How the First Plant Came to Be" *Scientific American*, February 16, 2012, http://www.scientificamerican.com/article/how-first-plant-evolved/.

7 Jakob von Uexküll, A Foray into the Worlds of Animals and Humans: With a Theory of Meaning (Minneapolis: University of Minnesota Press, 2010), 44-51.

8 합류하는 흐름과 세공의 수는 저 높은 곳으로부터 만들어지는 절대적 규정이 아니다. 합류하는 흐름과 세공의 수의 결정은 모두 순환의 장 자체에 상대적이다. 이 점에 대한 더 나아간 상론은 1권 2부 3편을 보라.

9 다음을 보라. Eric Schneider and Dorion Sagan, *Into the Cool: Energy Flow, Thermodynamics, and Life* (Chicago: University of Chicago Press, 2005).

10 30장을 보라.

11 Woolf, *The Waves* (2000), 13.

8장 결연점

1 자신과 상호교차하지 않는 흐름은 구부러질 따름이다. 접힘은 흐름이 자신으로 돌아올 것을 요구한다.

2 미셸 세르는 소용돌이에 관한 비슷한 이론을 전개한다. "소용돌이는 원자들을 공동결연시키는데, 이는 나선이 점들을 연결하는 것과 같은 방식이다. 도는 움직임은 원자와 점을 비슷하게 함께 모은다. " Michel Serres, *The Birth of Physics* (Manchester, UK: Clinarnen Press, 2000), 16. 다음에서 들뢰즈와 가타리는 '소수 과학'이라는 이름 하에 이를 더 전개한다. Deleuze and Guattari, *A Thousand Plateaus*, 361-362.

3 단어 '결연점junction'의 동적 뿌리는 인도유럽조어의 어근 *yeug-, '합치다, 멍에를 씌우다'에서 온다.

4 John Lowe and S. Moryadas, *The Geography of Movement* (Boston: Houghton Mifflin, 1975), 54.

5 로우와 모리야다스에 대한 철저한 비판은 다음을 보라. Tim Cresswell, *On the Move:*

Mobility in the Modern Western World (Hoboken, NJ: Taylor & Francis, 2012), 27-29.

6 피터 하게트는 분석의 출발점이 임의적이라고 주장한다. "정착지 연구로 시작하는 것과 경로 연구로 시작하는 것은 비슷하게 논리적이다. 우리는 움직임을 가지고 이것을 자르기로 선택하는 것이다." Peter Haggett, *Locational Analysis in Human Geography* (New York: St. Martin's Press, 1966), 31.

7 전자껍질의 정기성처럼 강도 자신을 말아 올린다.

8 Daniel Graham, *The Texts of Early Greek Philosophy: The Complete Fragments and Selected Testimonies of the Major Presocratics* (Cambridge: Cambridge University Press, 2010), 159: 62 [F39].

9 Virginia Woolf, *The Waves*, in *Selected Works of Virginia Woolf* (Hertfordshire, UK: Wordsworth Editions, 2005), 691.

10 Paul Valéry, *Cantate Du Narcisse* (Paris: Gallimard, 1944), Scene II :

Admire dans Narcisse un éternel retour

Vers l'onde óu son image offerte à son amour

Propose à sa beauté toute sa connaissance:

Tout mon sort n'est qu'obéissance

A la force de mon amour.

11 André Gide, *Le Traité Du Narcisse*, translated by Herbert Marcuse in *Eros and Civilisation* (Boston: Beacon Press, 1966), 163.

낙원은 언제나 재-창조되어야 한다. 그것은 어떤 외딴 툴레[역주: 유럽의 가장 북쪽 지역을 가리키던 그리스 · 로마의 말]가 아니다. 그것은 나타남 아래 머무른다. 모든 것은 자기 안에 자기 존재의 긴밀한 조화를 잠재성으로서 붙들고 있다―모든 소금이 자기 안에 자기 결정의 원형을 붙들고 있음과 같다. 그리고 조용한 밤의 때가 오고 물이 강하하여, 더욱 짙어진다. 그리고, 동요되지 않는 심연 속에서, 비밀의 수정이 꽃을 피운다.

12 동적 공동결연의 이론은 23장을 보라.

9장 감각

1 Charles Baudelaire, *L'invitation Au Voyage: A Poem from the Flowers of Evil*, edited and translated by Pamela Prince, Jane Handel, Richard Wilbur, and Carol Cosman.(Portland, OR: Ma Nao Books, 2011) :

La, tout n'est qu'ordre et beauté,

Luxe, calme, et volupté.

2 Arthur Rimbaud, letter to Georges Izambard, Charleville, May 13, 1871.

3 다음을 보라. Maurice Merleau-Ponty, *Phenomenology of Perception*, translated by Donald A. Landes (London: Routledge, [1962] 2012), 94.

4 예를 들어 알래스카의 코유콘족[역주: 애서배스카어를 말하는 알래스카 원주민]은 여우를 보는 것이 아니라 "덤불숲을 지나가는 불의 번쩍임 같은 달려감"을 보고, 부엉이가 아니라 "가문비나무의 낮은 가지에 앉아 있음"을 본다. 동물의 이름은 명사가 아니라 동사다. 태양은 하늘을 가로지르는 대상으로 이해되지 않고, 동쪽 지평선으로부터 서쪽 지평선으로 매일 여행하며 하늘을 통과하는 움직임의 경로로 이해된다.] Richard Nelson, *Make Prayers to the Raven: A Koyukon View of the Northern Forest* (Chicago: University of Chicago Press, 1983), 108, 158. 비슷한 예로는 다음을 보라. Tim Ingold, *Being Alive: Essays on Movement, Knowledge and Description* (London: Routledge, 2011), 72.

5 Woolf, *The Waves* (2005), 727.

6 다음을 보라. Plato's "Philebus," in *The Dialogues of Plato*, translated by Benjamin Jowett (New York: Random House, 1937).

7 Strogatz, *Sync*.

8 다음을 보라. Aristotle's "Categories," in *The Basic Works of Aristotle*, translated by Richard McKeon (New York: Random House, 1941), line 254.

9 Gilles Deleuze, *Bergsonism*, translated by Hugh Tomlinson and Barbara Habberjam (New York: Zone Books, 1988), 87-88.

10 질의 파동형 이론에 관한 상세한 설명은 여기에서 우리를 너무 먼 곳으로 데려갈 것이다. 이는 현재 집필 중인 《이미지의 이론》에서 다룬다.

11 이 문제는 또한 집합 이론에서도 형식화된다. Alain Badiou, *Being and Event*, translated by Oliver Feltham (London: Continuum, 2007), 267-268.

12 Friedrich Nietzsche, *The Will to Power*, translated by Walter A. Kaufmann (New York: Random House, 1967), 565.

13 Deleuze, *Bergsonism*, 74.

14 다음을 보라. Richard Liboff, *Kinetic Theory: Classical, Quantum, and Relativistic Descriptions* (New York: Springer, 2003). 다음도 보라. Carroll, *The Big Picture*, 172-173: "근대 물리학은 원자를 이루는 입자와 힘이 모두 장으로부터 생겨난다고 말한다. 이 관점이 양자장 이론이라고 불린다."

15 양의 이론의 상세한 전개는 집필 중인 《대상의 이론》을 보라.

16 수의 이론의 상세한 전개는 《대상의 이론》(미출간)을 보라.

17 코라에 관한 논의로는 20장을 보라.

10장 공동결연부

1 "그리고 각 사물이 자기 안에 더 많은 진공을 가질수록 / 그것은 안 깊은 곳에 있는 이러한 것들에게 공격을 받고 약해진다.et qua quaeque magis cohihet res intus inane, / tam magis his rebus penitus temptata labascit." Lucretius, *On the Nature of Things*, Book 1, lines

536-537.

2 디랙의 바다는 음의 에너지를 가진 입자들의 무한한 바다로서 진공의 이론적 모델이다. 이것
   은 1930년에 영국 물리학자 폴 디랙이 처음 제안했다. Paul Dirac, "A Theory of Electrons
   and Protons," *Proceedings of the Royal Society of London: Mathematical, Physical and
   Engineering Sciences* 126.801 (1930): 360-365.

3 Rovelli, *Reality Is Not What It Seems*, 145.

4 다음을 보라. Anatoliĭ Burshteĭn, *Introduction to Thermodynamics and Kinetic Theory of
   Matter* (New York: Wiley, 1996).

5 인과의 동적 이론에 관해 더 많은 내용은 2권 3부를 보라.

6 다음을 보라. Carroll, *The Big Picture*, Chapter 8, "Memories and Causes."

7 정적 대상의 '잠재적 에너지'는 거시 수준에서 결정된다. 분자, 원자, 아원자 입자, 양자장은 여
   전히 운동 중에 있고, 고정되어 있지 않다. 물질은 여전히 움직이고 있다.

8 물질의 동적 흐름은 열역학에서 열과 에너지의 생산을 이해하는 데에 충분하다. 열에 관
   한 동적 이론의 전개 역사는 다음을 보라. Albert Einstein, *Investigations on the Theory of
   Brownian Movement*, translated by R. Fiirth (New York: Dover, 1956).

9 '일반적 경제' 관념에 대해서는 다음을 보라. Georges Bataille, *Accursed Share*, translated
   by Robert Hurley (New York: Zone Books, 1992); Eric Schneider and Dorion Sagan,
   Into the Cool: Energy Flow, Thermodynamics, and Life (Chicago: University of Chicago
   Press, 2005). 바타유의 에너지의 '일반적 경제' 개념을 운동의 일반적 동적 경제로 재해석하
   는 것은 가능하다.

10 Nail, *Figure of the Migrant*.

11장 순환

1 수학에서 무한한 합은 무한한 순차의, 즉 계열 항들의 합이다.

2 René Descartes, *The Philosophical Writings of Descartes,* Volume 1, translated and
   edited by John Cottingham, Robert Stoothoff, and Dugald Murdoch (Cambridge:
   Cambridge University Press, 1985), 228; Part II, Section 13.

3 Isaac Newton, *A Treatise of the Method of Fluxions and Infinite Series: With Its
   Application to the Geometry of Curve Lines* (London: Printed for T. Woodman at
   Camden's Head in New Round Court in the Strand, 1737).

4 Descartes, *The Philosophical Writings of Descartes*, Volume 1, 236; Part II, Section 31.

5 Woolf, *The Waves* (New York: Harcourt, Brace, 1931), 126-127; 위 문단은 118-140쪽에서
   가져온 것이다. 140.

6 나는 이 단어 kinoumena를 다음에서 가져왔다. Epicurus's "Letters" from Book X of
   Diogenes Laértius, *Lives of Eminent Philosophers* (London: W. Heinemann, 1925).

7 현상에 관한, 그리고 운동의 현상학에 관한 이러한 칸트적 사고에 대한 비판은 다음을 보라. Maxine Sheets-Johnstone, *The Primacy of Movement* (Amsterdam: John Benjamins, 1999).

8 사회적 한계결연점의 확장된 이론으로는 다음을 보라. Nail, *Theory of the Border*.

9 이 세 운동은 모두 《경계의 이론》에서 상세히 전개된다.

10 주기, 동시성, 창발의 합성적 본성에 관한 세부 내용은 다음을 보라. Harold Morowitz, *The Emergence of Everything: How the World Became Complex* (New York: Oxford University Press, 2004).

11 Mae-Wan Ho, "Circular Thermodynamics of Organisms and Sustainable Systems," *Systems* 1.3 (2013): 30-49, http://www.mdpi.com/ 2079~8954/1/3/30/htm.

12장 매듭

1 그러므로 브뤼노 라투르가 주장한 정적 접합점의 네트워크 이론, 팀 인골드의 상호교차하는 선들의 그물망 이론, 접힘에 근거한 매듭망 이론 사이에는 결정적 차이가 있다. 라투르에 대한 캐런 바라드의 비판은 다음을 보라. Barad, *Meeting the Universe Halfway*, 41. 라투르의 네트워크 이론에 대한 팀 인골드의 비판 및 그 자신의 그물망 이론에 관한 기술은 다음을 보라. Tim Ingold, *Lines: A Brief History* (Taylor and Francis, 2016), 91.

2 캐런 바라드의 내적-행위적 존재론에 관해서는 다음을 보라. Barad, *Meeting the Universe Halfway*.

3 정치적 확장과 추방에 관한 더 많은 내용은 다음을 보라. Nail, *Figure of the Migrant*. 인구 성장의 비선형적 역학에 관한 더 많은 내용은 다음을 보라. Gleick, Chaos.

4 Subcomandante Marcos, *Ya Basta!: Ten Years of the Zapatista Uprising*, edited by Ziga Vodovnik (Oakland: AK Press, 2004), 642.

5 Subcomandante Marcos, *Ya Basta!*, 645.

6 Subcomandante Marcos, *Ya Basta!*, 645.

7 Oliver de Marcellus, 'Peoples' Global Action: Dreaming up an Old Ghost', in Midnight Notes Collective (ed), *Auroras of the Zapatistas: Local and Global Struggles of the Fourth World War*, New York: Autonomedia, 2001, 105-17.

8 몇몇 상이한 장에 매듭 이론을 훌륭하게 적용한 예로는 다음을 보라. Colin Adams, *The Knot Book: An Elementary Introduction to the Mathematical Theory of Knots* (New York: W.H. Freeman, 1994).

9 이러한 차이에도 불구하고, 동적-매듭 이론은 현대 물리학의 핵심 전제—존재가 무엇이든 간에, 그것은 운동 중에 있다—와 상충하지 않는다. 예를 들어, 끈 이론은 대담하게도 운동과 힘을 통합했다고 주장한다. 리 스몰린에 따르면, 끈 이론에서는 "운동이 힘의 법칙을 명한다." 끈은 열려 있거나 닫혀 있는 고리로 흐르는데, 이것이 힘을 낳는다. 이러한 떨리는 고리가 교

차하여 힘의 크고 작은 합성체를, 그리고 마침내 입자를 형성한다. 끈은 떨리고, 고리 짓고, 상호교차한다. Smolin, *The Trouble with Physics* (2006).

10 이들 체제는 여기에서 이들이 출현하고 운동하게 된 역사적·물질적 조건에 대한 직접적 고려 없이 이들의 운동 논리에 따라서 고찰된다. 이는 2권에서 기술된 이들의 구조적 출현을 보여 주는 물질적·역사적 노동에 비추어 사후적으로만 가능한, 고도로 인공적인 재구성이다. 일단 이 노동이 완성된 후에야 존재를 구성하는 천 개의 미세한 테크놀로지 및 일상적 운동을 통해서 생산되는 공통적 동적 구조를 식별할 수 있다. 이러한 개념을 이 텍스트의 끝이 아니라 시작에서 도입하는 목적은 순수하게 전략적인 것이다. 탐구의 결과를 독자가 미리 안다면, 이것들이 텍스트의 본론에서 적용되고 전개될 때 이를 더 잘 이해할 것이기 때문이다. 또한 미리 제시함으로써, 운동의 체제를 그 역사적 출현을 기술할 때 사용되는 풍부한 동적 어휘로 설명할 수 있게 된다.

11 이러한 역사적 논의에 대한 상세한 방어는 2권에서야, 그리고 미래의 동적 연구를 통해서야 적절하게 행해질 수 있다. 《이주의 형상》과 《경계의 이론》은 이 미래의 동적 연구의 첫머리에 불과하다.

서론 2: 키노스, 로고스, 그라포스

1 Merriman, *Mobility, Space, and Culture*, 2: "우리는 더 나아가, 시공간이 서구의 허구라고, 우리 자신에게 말하기 좋아하는 이야기 시리즈라고, 이어서 이 이야기 시리즈가 우리가 세계를 사고하는 방법을 구조화하는 것이라고까지 제안할 수 있을 것이다." 다음도 보라. Martin Heidegger, *The History of Being*, translated by William McNeill and Jeffrey Powell (Bloomington: Indiana University Press, 2015).

2 Joseph Campbell, *Occidental Mythology* (Harmondsworth, UK: Penguin, 1991), 95: "산물, 그런데 고대 모든 문헌에서처럼 신의 문학적 재능의 산물이 아니라 인간의 산물 … 영원의 산물이 아니라 시간의 산물, 특히 극히 험한 시대의 산물."

3 Marx, *The Poverty of Philosophy* (1963), 78.

4 Lacan, Jacques. *Ecrits: A Selection*, translated by Alan Sheridan (London: Tavistock, 1977), 164; 167, 175.

5 그러나 이러한 동태의 역사적 연구는, 존재론적 기술의 권역으로만 제한된다고 해도 야심 찬 연구다. 그러므로 《존재와 운동》은 존재론의 연구에 다섯 가지 제한을 둔다. 이는 〈맺음말〉에서 기술된다. 다음을 보라. Viki McCabe, *Coming to Our Senses: Perceiving Complexity to Avoid Catastrophes* (New York: Oxford University Press, 2014). 맥케이브는 언어적 표상의 표면 아래에 있는 동적 구조적 정보의 기능을 기술한다.

6 다음 책들 모두 테크놀로지에 관한 '외부화된' 이론을 제시한다. Alva Noé, *Out of Our Heads: Why You Are Not Your Brain, and Other Lessons from the Biology of Consciousness* (NewYork: Hill and Wang, 2009) ; Friedrich Kittler, *Gramophone,*

Film, Typewriter (Stanford, CA: Stanford University Press, 1999); Marshall McLuhan, *Understanding Media: The Extensions of Man* [1964], critical edition, edited by W. Terrence Gordon (Berkeley, CA: Gingko Press, 2003); Bernard Steigler, *Technics and Time 1: The Fault of Epimetheus* (1994), translated by Richard Beardsworth and George Collins (Stanford, CA: Stanford University Press, 1998), 17; Jack Goody, *The Domestication of the Savage Mind* (Cambridge: Cambridge University Press, 1977), 10.

7 그리고 《존재와 운동》에서 우리는 뇌를 포함한 신체적 감각 체제에는 초점을 맞추지 않는다. 우리는 존재론적 실천의 기술과 기입을 정의하는 기록실천에 초점을 맞춘다.

8 이것은 (인과적) 설명이라기보다는, 집합적 변화에 대한 기술이다.

9 미셸 푸코가 《지식의 고고학》에서 보여 주었듯이 그렇다. Michel Foucault, *Archaeology of Knowledge* (London: Routledge, 1972).

10 '인식'에 관한 동적 연구는 '대상의 이론'이라는 제목의 미출간 저작을 위해 예비되어 있다.

13장 구심적 운동

1 영원성, 힘, 시간 같은 존재의 다른 규정들 또한 어느 정도 현전했다.

2 '초기 인류세 가설'에 대해서는 William Ruddiman, *Plows, Plagues, and Petroleum: How Humans Took Control of Climate* (Princeton, NJ: Princeton University Press, 2005, 6; William Ruddiman, "How Did Humans First Alter Global Climate?," *Scientific American*, March 2005; William Ruddiman, *Earth Transformed* (New York: W. H. Freeman, 2014) 를 보라.

3 달리 말하자면, 공간의 동현상학은 초월론적 인류학이나 현상학이 아니고, 초월론적 동현상학이다. 그것은 무엇이 실제로 분배되었으며, 어떻게 이 분배가 지구상에서의 물질적 흐름의 점점 더 지배적인 조직화 방식이 되었는지에 대한 실재적 기술이다.

4 양자 중력 이론에 관해서는 다음을 보라. Carlo Rovelli, "Loop Quanttum Gravity," *Physics World*, November 2003. 슬로터다이크는 공간에 대한 책을 쓰면서 이 결정적인 요점을 놓친다. 그리하여 여전히 그는 일종의 구체球體의 형식주의를 재생산한다.

5 Gaston Bachelard, *The Poetics of Space*, tr. and ed. by M. Jolas and John R. Sttilgoe NBoston: Beacon Press, 1994), 212.

6 페터 슬로터다이크도 《구체》 1권에서 비슷한 주장을 한다. *Bubbles*, tr. by Wieland Hoban (Los Angeles: Semiotext(e), 2011), 333.

7 "그렇기에 심오한 형이상학은 사고에 공간성을—우리가 원하든 원하지 않든 간에—부여하는 암묵적 기하학에 뿌리내리고 있다. 형이상학자가 도형을 그릴 수 없다면, 무엇을 생각하겠는가?" Gaston Bachelard, *The Poetics of Space*, 212에서 인용.

8 팀 인골드는 이것을 '역전inversion의 논리'라고 불렀다. Tim Ingold, "The Art of Translation in a Continuous World," in *Beyond Boundaries: Understanding, Translation and*

Anthropological Discourse, ed. by Gísli Pálsson (Oxford: Berg, 1993), 210-230.

Rovelli, "Loop Quanttum Gravity"; Rovelli and Smolin, "Loop Space Representation of Quantum General Relativity"; Smolin, *Three Roads to Quantum Gravity*를 보라.

10 Henri Bergson, *Creative Evolution*, tr. by Arthur Mitchell (Nex York: Random House, 1944), 135.

11 Nail, *Lucretius I*.

12 그래서 레닌은《수고》에 다음과 같이 쓴 것이다. "인간의 지식은 직선이 아니다(또는, 직선을 따르지 않는다). 그것은 오히려 곡선, 일련의 원환에 끝없이 접근하는 곡선, 나선이다." 이는 은유가 아니다. 인간의 사고는 문자 그대로 나선형 운동을 따른다. 인간의 사고가 나선운동이기 때문에, 인간의 사고가 구심적이기 때문이다. Vladimir Lenin, *Lenin's Collected Works*, 4th ed., Volume 38, (New York: International Publishers, 1976), 357-361. 이 글은 1915년에 쓰였고, 1925년에 저널 *Bolshevik*, No. 5-6에서 처음 출판되었다.

13 내가 사용하는 용어 '유체 공간'은, 존 로와 앤마리 몰이 기술했던 것 같은 '네트워트' 공간과 '지역적' 공간 사이의 '제3공간'이 아니다. 접힘과 순환을 통해, 유체 공간 또는 동적 공간은 네트워크와 지역을 생산할 수 있다. 네트워크 공간과 지역적 공간은 동적 공간에서 파생된 것이다. Annemarie Mol and John Low, "Regions, Networks and Fluids: Anaemia and Social Topology," *Social Studies of Science* 24.4 (1994): 641-671을 보라.

14 Deleuze and Guattari, *A Thousand Plateaus*, 474-500을 보라.

15 Merleau-Ponty, *Phenomenology of Perception*, 293.

16 Merleau-Ponty, *Phenomenology of Perception*, 253-254.

17 Merleau-Ponty, *Phenomenology of Perception*, 149. 강조는 필자.

18 Merleau-Ponty, *Phenomenology of Perception*, 100.

19 장소는 "모든 존재하는 것의 한계이며 동시에 조건이다. … 존재한다는 것은 장소에 있다는 것이다." Edward Casey, *Getting Back into Place: Toward a Renewed Understanding of the Place-World* (Bloomington: Indiana University Press, 1993), 15-16.

20 Tim Ingold, "Bindings against Boundaries: Entanglements of Life in an Open World," *Environment and Planning A: Economy and Space* 40 (2009): 1808.

21 Martin Heidegger, *Basic Writings: Martin Heidegger*, tr. by David F. Krell (London: Routledge, 2010), 355.

22 Martin Heidegger, *Basic Writings*, 356.

23 Martin Heidegger, *Basic Writings*, 359.

24 Martin Heidegger, *Basic Writings*, 361.

25 Maxine Sheets-Johnstone, *The Primacy of Movement* (Amsterdam: John Benjamins, 1999), xvii: "이는 어떻게 움직임이 우리의 행위자성 감각의 뿌리에 있는지, 그리고 어떻게 움직임이 공간과 시간에 대한 우리 관념의 생성적 원천인지에 관한 것이다." 네안데르탈인에 관한 1-32쪽의 논의도 보라.

 존재와 운동

14장 선사시대 신화: 비너스, 알, 나선

1 Marija Gimbutas, *The Language of the Goddess: Unearthing the Hidden Symbol of Western Civilization* (San Francisce: Harper & Row, 1989), xv-xxiii.

2 "사실상 상부 구석기시대 이후로, 그러나 특히 농업의 도래 이후로, (종교적 · 미적 · 사회적) 상징의 세계는 테크닉의 세계보다 언제나 위계상 더 우세했다." André Leroi-Gourhan, *Gesture and Speech* (Cambridge, MA: MIT Press, 1993), 183-184. "고인류의 지배 말기에 기록적 기호가 등장한 것은 두 작동극 사이의 새로운 관계의 수립을 전제한다. 이 관계는 좁은 의미에서의 인류에게만 있는 특성이다. 즉, 그것은 심적 기호화의 요건을 오늘날과 같은 정도로 충족하는 관계다"(187). "이 시대에 새로웠던 것은 이들의 수에 있고, 또한 그녀가 '생식력의 상징'일 뿐 아니라 진정한 신화적 인격이었다는 징표에 있다. 그녀는 지고의 존재이자 보편적 어머니로 생각되었다. 달리 말하자면, 우리가—다른 모든 것은 계속해서 그녀보다 하위에 위치했다는 의미에서—'여성 일신론'이라 부를 수 있는 종교적 체계를 완성시킨 여신이었다." Jacques Cauvin, *The Birth of the Gods and the Origins of Agriculture*, tr. by Trevor Watkins (Cambridge: Cambridge University Press, 2000), 32.

3 "이 점은 뒤늦게 일어난 현상이 아니고, 형상이 상징이지 복사물이 아니라는 사실과 직접 연결되어 있다." Leroi-Gourhan, *Gesture and Speech*, 384.

4 Mircea Eliade, *Cosmos and History: The Myth of the Eternal Return* (Nex Jork: Harper, 1959), 3 및 책 전체도 보라.

5 Leroi-Gourhan, *Gesture and Speech*, 196.

6 "이러한 재현 양상은 우주적 상징주의와 거의 자연적으로 연결되어 있다." Leroi-Gourhan, *Gesture and Speech*, 196.

7 "예술이 종교와 그렇게도 밀접하게 연결되어 있는 이유는, 기록적 표현이 표현 불가능한 것의 차원을 언어에 회복시켜 주기 때문이다. 그것은 즉각 접근 가능한 시각적 기호 속에서 사실의 차원을 배가시킬 가능성이다. 예술과 종교 사이의 근본적 연결은 정서적인데, 모호한 의미에서 그런 것이 아니다. 그것은, 이 우주에서 인간의 참된 위치—우주에서 인간은 우리 자신을 중심으로 기입한다—를 인간에게 회복시켜 주는 표현 양상, 또한 인간이 추론의 도출을 통해서 관통하려고 시도하지 않는 저 표현 양상의 쟁취와 밀접한 관계에 있다." Leroi-Gourhan, *Gesture and Speech*, 200.

8 "우리는 구석기인들이 이미지를 신화도상으로 사용했음을 보았다. 그러므로 우리는 의미와 이어진 합성이 도상적 표현이 시작한 바로 그때에도 현존했다고 가정할 수 있다. 도상적 구문론은 단어의 구문론과 불가분하다." Leroi-Gourhan, *Gesture and Speech*, 386.

9 Gimbutas, *The Language of the Goddess*, xv.

10 그러므로 헤겔이 페르시아인—소위 "첫 번째 역사적 민족"—으로 세계사에 대한 철학을 시작한 것은 그릇되었다. 존재에 대한 개념화와 규정은 훨씬 일찍이 시작되었다. Georg W. F. Hegel, *Lectures on the Philosophy of World History*, Volume 1, tr. and ed. by Robert F. Brown and Peter C. Hodgson (Oxford: Oxford University Press, 2011)), 191-192.

11 "신석기시대의 구 유럽에서 형상화된 여성상 중 가장 많이―재현된 것 중 하나는 … 임신한 초목의 여신이었다." Marija Gimbutas, *The Living Goddesses* (Berkeley: University of California Press), 15.

12 Thomas H. Maugh II, "Venus Figurine Sheds Light on Origins of Art by Early Humans," *Los Angeles Times*, May 14, 2009, http://articles.latimes.com/2009/may/14/science/sci-Venus14.

13 Gimbutas, *The Living Goddesses*, 8.

14 고대 여신 신화에 관한 더 강건한 페미니즘적 물질주의적 해석/비판은 다음을 보라. Nail, *Lucretius I*. 이 글에 영향을 준 저작은 다음과 같다. Luce Irigaray, *This Sex Which Is Not One* (Ithaca, NY: Cornell University Press, 1996); Barad, *Meeting the Universe Halfway*; Anne Baring and Jules Cashford, *The Myth of the Goddess: Evolution of an Image* (London: Arkana, 2000); Judith Butler, *Bodies That Matter: On the Discursive Limits of "Sex"* (New Jork: Routledge, 2015)); Cavarero, *Inclinations*.

15 Gimbutas, *The Living Goddesses*, 43.

16 신석기시대 여신 문화에 대한 더 완전한 기술은 다음을 보라. Gimbutas, *The Language of the Goddess*, xv-xviii.

17 "라코타 부족은 한 해를 세계의 경계 주위의 원으로 정의한다. 원은 (둘러싼 지평선을 가진) 지상의 상징이기도 하고 시간의 상징이기도 하다. 한 해 동안 지평선 주위에서 일출과 일몰이 변화하는 것은 시간의 윤곽을, 공간의 일부로서의 시간을 그려 준다." David Abram, *The Spell of the Sensuous: Perception and Language in a More-Than-Human World* (New York: Pantheon, 1996)), 189. "호피 부족의 이러한 관점에서, 시간이라고 우리가 부르는 것은 사라지고 공간이라고 우리가 부르는 것은 변화하여, 그것은 더 이상 우리가 직관한다고 상정되는, 또는 고전적 뉴턴 역학이 제시하는 등질적이고 순간적인 무시간적 공간이 아니게 된다." Abram, *The Spell of the Sensuous*, 191에서 재인용.

18 Lewis Mumford, *The City in History: Its Origins. Its Transformations, and Its Prospects* (New York: Harcourt, Brace & World, 1961), 7.

19 Mumford, *The City in History*, 10.

20 Mumford, *The City in History*, 10. 강조는 필자.

21 Mumford, *The City in History*, 11.

22 Bachelard, *The Poetics of Space*, 32.

23 Mumford, *The City in History*, 13.

24 Mumford, *The City in History*, 15-16.

25 다음을 보라. Gimbutas, *The Language of the Goddess; David Leeming, Encyclopedia of Creation Myths* (Santa Barbara, CA: ABC-CLIO, 1994).

26 Gimbutas, *The Language of the Goddess*, 213.

27 이중적 알 형태의 엉덩이에 관해서는 다음을 보라. Gimbutas, *The Language of the Goddess*, 163.

28 다음을 보라. Gimbutas, *The Language of the Goddess*, 3.

29 Albert Dalcq, *L'oeuf et son dynamisme organisateur* (Paris: Albin Michel, 1941), 95.

30 Deleuze and Guattari, *A Thousand Plateaus*, 153.

31 Gimbutas, *The Living Goddesses*, 58.

32 Peter Sloterdijk, *Bubbles*, translated by Wieland Hoban (Los Angeles: Semiotext(e), 2011), 323.

33 Leeming, *Encyclopedia of Creation Myths*, Volume 2, 342.

34 Patricia Lynch, *African Mythology A to Z* (New York: Facts on File, 2004), 18.

35 Lynch, *African Mythology A to Z*, 28.

36 알 신화의 완전한 목록은 다음을 보라. Leeming, *Encyclopedia of Creation Myths*, Volume 1, 12.

37 Leeming, *Encyclopedia of Creation Myths*, Volume 2, 342.

38 이후의 인류학자들은 그리올이 발견한 신화를 재생산할 수 없었다. 그러나 적어도 도곤인 중 누군가가 그리올에게 이야기한 신화는 다른 수많은 역사적 우주적 알 신화와 놀랍도록 합치하며, 이들을 정교화한다. 다음을 보라. Laird Scranton, "Revisiting Griaule's Dogon Cosmology: Comparative Cosmology Offers New Evidence to a Scientific Controversy." *Anthropology News* 48.4 (2007): 24-25.

39 Marcel Griaule, *The Pale Fox, translated by Germaine Dieterlen and Stephen C. Infantino* (Chino Valley, AZ: Continuum Foundation, 1986), 81.

40 Griaule, *The Pale Fox*, 82.

41 Griaule, *The Pale Fox*, 83-84.

42 Griaule, *The Pale Fox*, 130.

43 Leeming, *Encyclopedia of Creation Myths*, Volume 1, 10.

44 Gimbutas, *The Language of the Goddess*, 279.

45 Leroi-Gourhan, *Gesture and Speech*, 367-368.

46 Gimbutas, *The Language of the Goddess*, , 277.

47 Gimbutas, *The Language of the Goddess*, xix.

48 "반정립적 나선형이 이 뚜껑 있는 꽃병 주위를 돈다. 이것은 그물 디자인으로 표시된 중심 알의 생명력을 모의수행한다. 기원전 4200~4100년." 다음을 보라. Gimbutas, *The Language of the Goddess*, Plate 22.

49 Encyclopedia Britannica, "Australian Aboriginal peoples," https://www.britannica.com/topic/Australian-Aboriginal.

50 Roy Wagner, *Symbols TIhat Stand for Themselves* (Chicago: University of Chicago Press, 1986), 21.

15장 말하기: 신체

1 위 문단에 관해서는 다음을 보라. Leroi-Gourhan, *Gesture and Speech*.

2 Leroi-Gourhan, *Gesture and Speech*, 113-114.

3 Leroi-Gourhan, *Gesture and Speech*, 363.

4 명확히 하자면, 신화적 기술은 구술적이지만, 또한 인간 신체에도, 신체가 만든 신화 기호에도 기입되어 있다.

5 Giambattista Vico, *The New Science of Giambattista Vico*, translated by Thomas G. Bergin and Max H. Pisch, 3rd ed. (Garden City, NY: Doubleday, 1961).

6 Johann Gottfried Herder, *On the Origin of Language* (Chicago: University of Chicago Press, 1966).

7 Charles Darwin, *The Descent of Man, and Selection in Relation to Sex* (Princeton, NJ: Princeton University Press, [1871] 1981).

8 Abram, *The Spell of the Sensuous*, 82.

9 음고音高는 언어적 장에 모델을 두고 있지 않지만, 이미지 고유의 비의미적 소리 장을 만든다. 이것은 언어 자체에 의해 요구되는 기능적 작동—초기 인간에서의 단속적 조합론적 · 계층적 인지—을 창조하기도 하지만, 그만큼 그에 의해 창조되기도 한다. '음고 연속체'와 '벡터 문법'의 이론에 관해서는 다음을 보라. Martin Rohrmeier, Willem Zuidema, Geraint A. Wiggins, and Constance Scharff, "Principles of Structure Building in Music, Language and Animal Song." *Philosophical Transactions of the Royal Society of London B: Biological Sciences* 370.1664 (2015). 다음도 보라. Gary Tomlinson, *A Million Years of Music* (New York: Zone Books, 2015), 258: "원형元型적 담화의 외침이 가진 등급 있는 억양적 윤곽으로부터 단속적 음고를 골라 냄으로써, 추상도 생겨난다. 추상은 음고 자체가 의미로부터 멀어짐이다."

10 Maurice Merleau-Ponty, *The Visible and the Invisible* (Evanston, IL: Northwestern University Press, 1968), 194.

11 Merleau-Ponty, *The Visible and the Invisible*, 155.

12 Deleuze and Guattari, *A Thousand Plateaus*, 94.

13 다음을 보라. Deleuze and Guattari, *A Thousand Plateaus*, 75-110.

14 William Labov, *Sociolinguistic Patterns* (Philadelphia: University of Pennsylvania Press, 1973), 3.

15 Ferdinand Saussure, *Course in General Linguistics*, edited by Charles Bally and Albert Reidlinger, translated from the French by Wade Baskin (New York: Philosophical Library, 1959), 87.

16 Noam Chomsky, *Rules and Representations* (New York: Columbia University Press, 1980), 92.

17 Deleuze and Guattari, *A Thousand Plateaus*, 82.

18 다음을 보라. Thomas Rickert, *Ambient Rhetoric: The Attunements of Rhetorical Being* (Pittsburgh, PA: University of Pittsburgh Press, 2013).

19 Friedrich Nietzsche, *Twilight of the Idols, or, How to Philosophize with a Hammer*, translated by Duncan Large (New York: Oxford University Press, 1998), 20.

20 Deleuze and Guattari, *A Thousand Plateaus*, 101.

21 Eliade Mircea, *The Myth of the Eternal Return* (New York: Harper 8: Row, 1959), vii.

22 Griaule, *The Pale Fox*, 84, footnote 9.

23 "포po'의 '봄모bummo'는 포의 나선형 움직임을 미리 보여 준다. 이 이미지는 씨를 함의하는 것이 아니라, 이 씨의 내부적 삶을 함의한다." Marcel Griaule, *The Pale Fox*, 97. "이 작용은 나선으로부터 얄라yala[표시/현적]가 출현하도록 유발한다. 이 나선은 다른 방향으로 돌면서, 알 내에서, 우주의 미래의 확장을 미리 보여 준다. … 그래서, 알 속에 있던 암마Amma 자신이 나선형 운동과 같았으며, '가속된 공'이라고 불렸다." Marcel Griaule, *The Pale Fox*, 118-130.

24 Marcel Griaule, *The Pale Fox*, 91-92.

25 Marcel Griaule, *The Pale Fox*, 135.

26 Eliade, *The Myth of the Eternal Return*, 104.

27 David Leeming, *Encyclopedia of Creation Myths*, Volume 1 (Santa Barbara, CA: ABC-CLIO, 1994), 131; Pomo people, 230; Acoma song of creation, 33.

28 "이전에 셀 수 없이 많은 천 년 동안 그랬던 것처럼, [신석기 여신] 전통을 살아 있게 유지한 것은 노래와 이야기하기라는 구술적 전통이었다." Baring and Cashford, *The Myth of the Goddess*, 301.

29 아카디아어 단어 티암투tiamtu또는 탐투tâmtu, '바다'가 티아마트가 되었다. Walter Burkert, *The Orientalizing Revolution: Near Eastern Influence on Greek Culture in the EarlyArchaic Age* (Cambridge, MA: Harvard University Press, 1992), 91-93. 다음도 보라. Catherine Keller, *Face of the Deep: A Theology of Becoming* (London: Routledge, 2003).

30 "내 여행이 향하는 곳은 모든 것을 먹이는 땅의 한계, 그리고 신들을 낳은 오케아노스, 그리고 어머니 테티스, 그리고 심지어 자신의 홀에서 나를 사랑스럽게 키우고 아껴 준 그들이다. 그것은 그들이 나를 레아로부터 데려갔던 때, 멀리 전해지는 목소리를 가진 제우스가 크로노스를 땅과 거친 바다 아래에 살도록 찔렀던 때다." Homer, *Iliad*, translated by A.T. Murray, Book XIV, lines 200-205.

31 "참으로 맨 처음에는 혼돈이 존재하게 되었다. 그러나 다음에는 넓은 가슴의 땅, 눈 덮인 올림포스의 꼭대기를 차지한 죽지 않는 존재들의 언제나 확고한 토대가 존재하게 되었다." Hesiod, *Theogony*, translated by Richard S. Caldwell (Newburyport, MA: Focus Classical Library, 1987), lines 116-138.

32 "그리고 그[에피쿠로스]의 말에 따르면, 세계는 알과 닮은 데에서 시작되었고, 바람[크로노스(시간)와 아난케(불가피성)]이 [얽혀?] 알 뱀을 감싸고 있었다—화환이나 허리띠 같은 옷차림

이 이제 자연을 건설하기 시작했다. 그것은 모든 물질을 큰 힘으로 쥐어짜려 함에 따라, 세계는 두 개의 반구[우라노스와 가이아, 하늘과 땅]로 분할되었다." Carl Holladay, *Orphica* (Chico, CA: Scholars Press, 1996), Epicurus Fragment (from Epiphanius).

33 "처음에는 혼돈과 밤, 검은 에레부스와 광대한 타르타로스가 있었다.
그리고 땅도, 공기도, 하늘도 없었다. 에레부스의 경계 없는 가슴속에 있었다.
밤은 어두운 날개를 가지고, 처음으로 공기 같은 알을 생산했다.
이로부터, 완성된 시간에, 사랑스러운 에로스가 태어났다.
자기 등의 금빛 날개를 빛내면서, 재빠른 회오리 바람처럼.
그러나 광대한 타르타로스 안의 어두운 날개의 카오스를 감싸안으며,
그는 우리 종족(새)을 낳았고, 처음으로 우리를 빛으로 보냈다.
불사의 종족은, 에로스가 모든 사물을 뒤섞을 때까지는 없었다.
그러나 원소들이 서로와 섞였을 때, 하늘이 생산되었다. 그리고 바다가,
그리고 땅이, 그리고 모든 축복 받은 신들의 불멸의 종족이 생산되었다."
Aristophanes, *The Birds* (Newburyport, MA: Focus Classical Library, 1999), line 698.

34 "처음에 (나는 노래했다) 고대 혼돈의 광대한 필연성을,
그리고 크로노스, 한계 없는 넓이 속에서
에테르를, 화려하고 영광스러운 이중적 본성의 에로스를 낳았던,
영원으로부터 존재하는 밤의 걸출한 아버지.
사람들은 그를 파네스라고 부른다, 그가 처음 나타났으니까.
나는 노래한다, 강력한 브리모(헤카테)의 출생을, 땅에서 태어난 자들(거인)의
더럽혀진 행위를. 그들은 하늘로부터 자신의 피를
쏟아 내렸다. 그것은 세대의 통탄스러운 씨. 여기에서부터 필멸자 종족이
솟아났다. 그는 한계 없는 땅에 영원히 거주한다."

35 오늘날 우리는 많은 발화 행위를 기술하기 위해 그러한 소위 동적 은유들을 계속해서 사용한다. 여기에는 '주장을 앞세운다', '논증을 유도한다', '말하기에서 '운동량'을 얻는다/잃는다[언변에 탄력이 붙는다/잃는다gain/lose 'momentum' in speech]', '논증의 견인력을 얻는다/잃는다[논증의 흡입력을 얻는다/잃는다gain/lose traction with an argument]', '무언가를 위해 서다[무언가를 지지한다to stand for something]', '청중을 겨냥한다', '누군가가 말한 것에 움직여지다, 또는 건드려지다[감동받는다to be moved or touched]', '힘 있는 진술을 한다', '무언가를 통과하여 걷게 하다[무언가를 해결하게 도와준다to walk someone through something]', '논증 중에 위치를 변동시키다[입장을 바꾸다to shift a position]', '요점을 집으로 보내다[납득시키다drive home a point]', '주장을 박다[주장을 하다to stake a claim]', '논쟁을 정착시키다[논쟁을 정리하다settle a dispute]' 등이 있다.

36 Rainer Maria Rilke, *Sonnets to Orpheus: Duino Elegies* (New York: Fine Editions Press, 1945), 3.[역주: 릴케의 시 독어 원문에는 '마법' 같은 단어가 등장하지 않지만, 필자가 참조한 영역본에서는 등장하며 필자가 이를 이용하고 있기에, 본문에는 영역본으로부터 중역한 번역을 제시했다. 참고를 위해 릴케의 원문 번역을 주에 제시한다.

··· 그리고 모든 것이 그녀의 잠이었다.

내가 경탄한 바 있는 나무들, 이

느껴지는 먼 거리, 이 느껴진 초원,

그리고 나 자신에게 닥친 모든 놀람.

그녀는 세계를 잤다. ···

16장 구심적 운동

1 Euclid, *Elements*, Book I, definition 15 and 16 (italics added), translation by Richard Fitzpatrick, http://farside.ph.utexas.edu/Books/Euclid/Elements.pdf.

2 Euclid, *Elements*, Book I, Postulate 3.

3 Georg W. F. Hegel, *Philosophy of Nature: Being Part Two of the Encyclopaedia of the Philosophical Sciences*, translated by Arnold V. Miller and Karl L. Michelet (Oxford: Clarendon Press, [1830] 1970), 36.

4 Hegel, *Philosophy of Nature*, 36, 39.

5 Hegel, *Philosophy of Nature*, 43-44. 번역은 변경했다.

17장 고대 우주론 1: 성스러운 산

1 공간과 대조적으로, 영원한 존재는 죽지 않는다. 그것은 어떤 기술 속에서 태어날 수 있지만, 결코 죽지 않는다. 그것은 재생의 공간적 · 자연적 주기에 면역되어 있다. 영원한 존재가 존재하게 된다면, 그것은 자신을 낳은 것을 거의 언제나 파괴하여, 자신이 더 이상은 창조자를 가지고 있지 않으며, 그런 방식으로 '창조되지 않은' 것이 될 것이다. 가장 극단적인 기술에서, 영원성은 존재하게 되지도 않고, 존재에서 빠져나가지도 않는다. 이에 따라, 우리는 역사 속에서 영원을 위한 이름의 연속적 어원적 변조와 혼합을 발견한다. 이것은 단순히 '죽지 않는 삶'을 뜻하는 데에서 '태어나지도 죽지도 않는 삶'으로 점점 더 옮겨 간다. 그래서 우리는 영원성의 역사적 스펙트럼 또는 정도를 발견하며, 불멸성과 영원성 사이에서 어떤 절대적인 종적인 차이를 발견하지 못한다.

2 Samuel Kramer, *Sumerian Mythology: A Study of Spiritual and Literary Achievement in the Third Millennium B.C.* (New York: Harper, 1961), 40. 그녀의 별칭 ama-tu-an-ki, '하늘과 땅을 낳은 어머니'는 그녀의 본래적 성격을 밝혀 준다. 여신 남무는 ama-palil-ù-tu-dingir-šár-šár-ra-ke-ne, "모든 여신을 낳은 어머니, 선조"라고 기술된다. 다음도 보라. Henri de Genouillac, Textes religieux sumériens du Louvre, Tomes I-II (Musée du Louvre, Department des antiquités orientales, Textes cunéiformes, Tomes XV-XVT; Paris, 1930), 10.36-37.

3   Kramer, *Sumerian Mythology*, 53.

4   Kramer, *Sumerian Mythology*, 51.

5   Kramer, *Sumerian Mythology*, 38.

6   R T. R. Clark, *Myth and Symbol in Ancient Egypt* (London: Thames and Hudson, 1978), 44.

7   Clark, *Myth and Symbol in Ancient Egypt*, 65.

8   엔릴은 소급적으로 신들과 인간 양쪽의 아버지, 하늘과 땅의 왕이 된다.

9   Georges Bataille, *Visions of Excess: Selected Writings, 1927-1939*, translated by Allan Stoekl (Minneapolis: University of Minnesota Press, 1985), 8.

10 Baring and Cashford, *The Myth of the Goddess*, 177.

11 Baring and Cashford, *The Myth of the Goddess*, 178.

12 Diane Wolkstein and Samuel N. Kramer, *Inanna, Queen of Heaven and Earth: Her Stories and Hymns from Sumer* (New York: Harper 81 Row, 1983), 71.

13 Baring and Cashford, *The Myth of the Goddess*, 209.

14 Baring and Cashford, *The Myth of the Goddess*, 211.

15 그러나 캠벨은 프레이저에 근거하여 다음 테제를 지지하는 증거를 가져온다. 이 테제는, 기원전 2500년 이전에 왕들이 8년마다 오는 위대한 해에, 식물의 신으로서 자신의 역할에 따라 의식을 통해 희생되었다는 것이다. 여신의 화신이 된 고위 여사제 또는 여왕도 함께 희생되었다. Baring and Cashford, *The Myth of the Goddess*, 221. 다음도 보라. Joseph Campbell, *Oriental Mythology* (London: Souvenir, 2000), 44.

16 "나의 어머니, 한 에니툼enitum[신전 여사제]이 나를 잉태했다.
　　비밀스럽게 나를 낳았다.
　　그녀는 나를 골풀 바구니에 넣고
　　역청으로 내 뚜껑을 봉했다.
　　그녀는 나를 강으로 띄워 보냈고, 강은
　　나를 덮지 않았다.
　　강은 나를 업어
　　악키Akki, 물을 끄는 자에게로 데려갔다.
　　악키, 물을 끄는 자가 자기 양동이를 적실 때
　　나를 들어올렸다.
　　악키, 물을 끄는 자는 나를
　　자기 아들로 데려가 나를 키웠다.
　　악키, 물을 끄는 자는
　　나를 그의 정원사로 임명했다.
　　내가 정원사일 때, 이시타르가
　　나에게 사랑을 주었다.
　　그리고 4년 그리고 …년 동안 나는
　　왕권을 행사했다.

검은 머리의 사람들을 나는 지배했다. 나는 다스렸다."

John Gray, *Near Eastern Mythology* (Feltham, UK: Hamlyn, 1969), 56.

17 "이들 중 처음이 남무, 원초적 대양 또는 바다의 여신이다. 그녀에 대한 신앙은 수천 년 유지되었다. 후기 수메르의 왕 중 가장 위대하고 현명했던 우르-남무Ur-Nammu(기원전 2100년 경)는 그녀의 이름을 취하고 자신을 '여신 남무의 하인'이라고 불렀다. (바빌론의 어머니 여신 티아마트는 남무를 가리키는 나중의 또는 대안적 이름이었던 것 같다. 그녀도 원초적 물, 첫 번째 또는 위대한 어머니, 위대한 깊이였기 때문이다.)" Baring and Cashford, *The Myth of the Goddess*, 185. 다음도 보라. Samuel Kramer, *From the Poetry of Sumer: Creation, Glorification, Adoration* (Berkeley: University of California Press, 1979), 43.

18장 고대 우주론 2: 신들의 전투

1 Joseph Campbell, *Occidental Mythology*, 78-79에서 인용.

2 *The Enuma Elish*, Tablet 1, lines 105-109. Translated by W.G. Lambert, "Mesopotamian Creation Stories," in *Imagining Creation*, edited by Markham Geller and Mineke Schipper (Leiden, the Netherlands: Brill, 2008), http://www.ancient.eu/article/225/

3 *The Enuma Elish*, Tablet IV, lines, 29-30. Translated in L. W. King, *The Seven Tablets of Creation: Or, the Babylonian and Assyrian Legends Concerning the Creation of the World and of Mankind* (New York: AMS Press, 1976).

4 *The Enuma Elish*, Tablet IV, lines 39-40. King Translation.

5 *The Enuma Elish*, Tablet IV, lines 95-104. King Translation.

6 *The Enuma Elish*, Tablet IV, lines 129-138. King Translation.

7 *The Enuma Elish*, Tablet V, lines 57-61. Translated in Thorkild Jacobsen, *The Treasures of Darkness: A History of Mesopotamian Religion* (New Haven, CT: Yale University Press, 1976), 179.

8 *The Enuma Elish*, Tablet VI, lines 31-33. Jacobsen Translation.

9 Hesiod, *Theogony*, in *The Homeric Hymns and Homerica*, translated by Hugh G. Evelyn-White (London: Heinemann, 1964), lines 116-138.

10 Hesiod, *Theogony*, 116-138.

11 Hesiod, *Theogony*, 116-138.

12 Hesiod, *Theogony*, 154-159.

13 Hesiod, *Theogony*, 479-484.

14 Homer, *Iliad*, translated by Walter Burkert, Book 1, lines 503, 533.

15 Hesiod, *Theogony*, 865.

16 Hesiod, *Theogony*, 300.

17 *The Enuma Elish*, Tablet I, lines 61-63. Lambert translation.

18   *The Enuma Elish*, Tablet I, line 69. Lambert translation.

19   *The Enuma Elish*, Tablet I, line 81-84. Lambert translation.

20   Homer, *Iliad*, translated by Walter Burkert, Book XIV, line 199.

19장 고대 우주론 3: 무로부터

1   "엘로힘Elohim, 또는 'E'라고 불리는 글, 본래 북왕국 이스라엘 신화에 속했던 텍스트. 여기
에서 신성한 산은 호렙이라고 불린다. 이 텍스트는 기원전 8세기까지 거슬러 간다. 엘로힘
은 단어 엘El(이것은 또한 가나안의 아버지 신의 이름이기도 했다)의 복수형이며, '신'으로 번
역되지만, 더 정확한 번역은 '신들'일 것이다. 이름 '야훼Yahweh'('주'로 번역된다)는 야위스
트Yahwist 또는 'J'로 알려진 글들에서 온다. 이 텍스트는 남왕국 유다 신화에 속했으며, 기
원전 9세기까지 거슬러 간다. 이들 텍스트에서 신성한 산은 시나이라고 불린다." Baring and
Cashford, *The Myth of the Goddess*, 418.

2   Genesis 1:1-4. New Revised Standard Version of the Bible (NRSV).

3   Job 26:10. NRSV.

4   Proverbs 8:27. NRSV.

5   Isaiah 40:22. NRSV.

6   Genesis 1:2. NRSV.

7   Robert Graves and Raphael Patai, *Hebrew Myths: The Book of Genesis* (Garden City,
NY: Doubleday, 1964), 31; 27과 33도 보라.

8   Isaiah 27:1. NRSV.

9   Baring and Cashford, *The Myth of the Goddess*, 420.

10   "15 이제 내가 너와 함께 만든 베헤모스를 보라. 그는 황소로서 풀을 먹는다. 16 이제 바로,
그의 강함은 그의 둔부에 있고, 그의 힘은 그의 배꼽에 있다. 17 그는 향나무처럼 자기 꼬리
를 움직인다. 그의 돌의 힘줄들은 함께 감싸인다. 18 그의 뼈는 강한 놋쇠 조각 같다. 그의 뼈
는 철괴 같다. 19 그는 신의 길들의 우두머리다. 그를 만든 신은 그의 칼이 그를 향하게 할 수
있다. 20 산들이 확실히 그에게 음식을 준다. 이곳에서 들의 모든 야수들이 논다. 21 그는 그
림자 있는 나무 아래에, 갈대와 습지 은신처에 숨는다. 22 그림자 있는 나무가 그를 그림자로
덮는다. 강의 버드나무가 그를 에워싼다. 23 보라, 그가 강을 마셔 버린다. 그리고 서두르지
않는다. 그는 자기가 요단강을 자기 입으로 끌어올 수 있다고 믿는다. 24 그는 눈으로 그것을
가져간다. 그의 코는 덫을 뚫는다." Job 40:15-24. King James Version.

11   "여기에서 그는 또한 '탐무즈를 위해 우는 여인'에게, 태양 숭배자에게, 그리고 이스라엘의 70
장로들이 숭배하는 모든 종류의 '기는 것과 야수와 모든 종류의 우상들'에게 보였다." Ezekiel
8. "보라, 내가, 심지어 내가, 너에게 칼을 가져올 것이다. 나는 너의 높은 곳을 파괴할 것이
다. 너의 제단은 황량해질 것이고 너의 형상은 부서질 것이다. 나는 살해당한 너의 사람들을
너의 우상 앞에 던질 것이다. 나는 이스라엘 아이들의 죽은 시체를 그들의 우상 앞에 놓을 것

이다. 나는 너의 뼈를 너의 제단 주변에 흩뿌릴 것이다." Ezekiel 6:3-5. NRSV.

12 Diogenes Laertius, *Lives of Eminent Philosophers*, Loeb Classical Library, with an English Translation by R. D. Hicks (London: W. Heinemann, and Cambridge, MA: Harvard University Press), Volume 1, Book II, 1, p. 131.

13 "그의 말에 따르면, 갈라진 뜨거움과 차가움을 낳은 영원한 것의 일부가 세계 질서가 생겨 날 때 분리되었다. 이로부터 일종의 불의 구가 땅 주변의 공기 주변에, 마치 나무 주변의 나 무껍질처럼 자라났다. 이것은 이어서 파괴되었고, 개별 원 속으로 폐쇄되어, 태양·달· 별을 이루었다." Plutarch, Miscellanies 2 (A10). Daniel W. Graham, *The Texts of Early Greek Philosophy: The Complete Fragments and Selected Testimonies of the Major Presocratics* (Cambridge: Cambridge University Press, 2010), 57에서 인용.

14 '아낙시만드로스의 말에 따르면, 별들을 싣고 있는 것은 원과 구이며, 이들 위에서 각 별들이 움직인다." Graham, *The Texts of Early Greek Philosophy*, 61. Aetius P 2.16.5, S 1.24.2C (A18)에서 인용.

15 "더 나아가, 운동은 끝이 없고, 그 결과로 하늘이 생겨난다." Graham, *The Texts of Early Greek Philosophy*, 53. Hippolytus *Refutation* 1.6.r-2 (A11, B2)에서 인용.

16 "… 운동과 생겨남의 원인은 단일한 것." Graham, *The Texts of Early Greek Philosophy*, 55. Simplicius *Physics* 154.14-23, Theophrasrus fr.228B Fortenbaugh (A9a)에서 인용.

17 아낙시만드로스의 아페이론 개념을 '구'로 해석하는 데에 대한 상세한 방어는 다음을 보 라. Kurt Pritzl, "Anaximander's Apeiron and the Arrangement of Time," in *Early Greek philosophy: the Presocratics and the emergence of reason*, edited by Joe McCoy (Washington DC: The Catholic University of America Press, 2013), 18-34.

18 Diogenes, *Lives*, Book VII, lines 25-26.

19 Diogenes, *Lives*, 35-36, Book VIII, Chapter 1, line 35.

20 Xenophanes, Fragment 11. John Burnet, *Early Greek Philosophy* (London: A. & C. Black, 1930), 72에서 인용.

21 Xenophanes, Fragment 19. Graham, *The Texts of Early Greek Philosophy*, 109. Clement of Alexandria, *Miscellanies*, 5.109 (B14)에서 인용.

22 "그렇다, 황소와 말이나 사자가 손을 가졌더라면, 손으로 그림을 그릴 수 있었더라면, 사람처 럼 예술 작품을 만들 수 있었더라면, 말은 신의 형상을 말처럼 그렸을 것이고, 황소는 황소처럼 그렸을 것이며, 신들의 몸을 자기 종種의 모습으로 만들었을 것이다." Xenophanes, Fragment 15. Burnet, *Early Greek Philosophy* (London: A. 8: C. Black, 1930), 71에서 인용.

23 "하나의 신이 신들과 인간들 중에서 가장 위대하다. 그는 신체에서든 사유에서든 필멸자와 전혀 비슷하지 않다." Xenophanes, Fragment 3. Burnet, *Early Greek Philosophy*, 65에서 인용.

24 "… 그는 전체를 보고, 전체를 생각하고, 전체를 듣는다." Xenophanes, Fragment 5. Burnet, *Early Greek Philosophy*, 65에서 인용. 번역은 수정함.

25 "… 그러나 전혀 노고 없이 그는 자기 정신의 생각만으로 모든 것을 뒤흔들었다."

Xenophanes, Fragment 25. Burnet, *Early Greek Philosophy*, 72에서 인용.

26 "… 언제나 그는 같은 곳에 머무르고, 전혀 움직이지 않는다. 그가 다른 때에 다른 곳으로 움직이는 것도 있을 법하지 않은 일이다." Xenophanes, Fragment 26. James H. Lesher, *Xenophanes of Colophon: Fragments, a Text and Translation with a Commentary* (Toronto: University of Toronto Press, 1992), 110-111에서 인용.

27 Diogenes Laertius, *Lives of Eminent Philosophers*, R.D. Hicks, Ed. Book IX, Chapter 2.

28 "구형, 어디에서나 같고, 제한된 것도 무제한인 것도 아니다." Xenophanes, Fragment 28. Graham, *The Texts of Early Greek Philosophy*, 113에서 인용. Aristotle, On Melissus Xenophanes, and Gorgias, 977a14-b20 (A28).

29 Parmenides, Fragment 8. Graham, *The Texts of Early Greek Philosophy*, 215에서 인용.

30 Parmenides, Fragment 8. Cited in Graham, *The Texts of Early Greek Philosophy*, 215에서 인용.

31 Parmenides, Fragment 8, lines 39-49. A H. Coxon and Richard D. McKirahan, *The Fragments of Parmenides: A Critical Text with Introduction and Translation, the Ancient Testimonia and a Commentary* (Las Vegas, NV: Parmenides, 2009), 78에서 인용.

32 "그대는 에테르의 기원을 이해할 것이며, 마찬가지로 에테르 내의 모든 기호 및 번쩍이는 태양의 순수한 횃불의 비가시적인 행위를 이해할 것이며, 이들이 어디에서 기원했는지를 이해할 것이다." Parmenides, Fragment 9. Coxon and McKirahan, *The Fragments of Parmenides*, 84에서 인용.

33 "더 좁은 고리들은 섞이지 않은 불로 채워지고, 이들 위에 있는 것들은 밤으로 채워지는데, 이 밤 속에서는 불꽃의 부분이 움직인다. 이들 사이에는 모든 것을 관장하는 신성이 있다." Parmenides, Fragment 12. Coxon and McKirahan, *The Fragments of Parmenides*, 90에서 인용.

34 Anaxagoras, Fragment 15. Graham, *The Texts of Early Greek Philosophy*, 291. Simplicius, On Aristotle: Physics, 164.24-25, 156.13-157 (B12)에서 인용.

35 Anaxagoras. Graham, *The Texts of Early Greek Philosophy*, 297. Hippolytus, Refutation, 1.8.1-13 (A42)에서 인용.

36 William Ellery Leonard, *The Fragments of Empedocles* (Chicago: Open Court, 1908), 29.

37 Leonard, *The Fragments of Empedocles*, 30.

20장 고대 우주론 4: 플라톤과 아리스토텔레스

1 레우키포스와 데모크리토스는 영원으로서의 존재 이론가들에 포함되지 않았다. 이들의 철학에 원자 운동의 일차성이 있기 때문이다. 원자가 영원한 것으로 말해진다 해도, 심지어 구형 우주를 생산한다고 해도, 레우키포스의 경우, 이들의 운동이 근본적으로 중심적이거나 구형이 아니라는 사실로 인해 이들은 운동 철학의 전통에 놓인다.

2 Plato, *Timaeus*, 29a-b. Translated in Peter Kalkavage, *Plato's Timaeus: Translation, Glossary, Appendices and Introductory Essay* (Newburyport, MA: Focus, 2001).

3 Plato, *Timaeus*, 30a. Translated by Peter Kalkavage.

4 "… 부분들의 총체로 이루어진 총체." "… 둘째, 그는 그것이 하나이기를 원했다. 그래서 그는, 무언가가 남아서 그것으로부터 비슷한 우주가 창조될 수 있지 않게 확실히 했다. … 나이 들지도 않고 병도 걸리지 않고서." Plato, *Timaeus*, 32d, 33a. Translated by Peter Kalkavage.

5 Plato, *Timaeus*, 34c. Translated by Peter Kalkavage.

6 Plato, *Timaeus*, 34b.

7 Plato, *Timaeus*, 34a.

8 Plato, *Timaeus*, 37c-e. 강조는 필자.

9 Plato, *Timaeus*, 37c-e.

10 Plato, *Republic*, 436 d-e. Translated by Joe Sachs, *Republic* (Newburyport,MA: Focus, 2007).

11 다음을 보라. John Sallis, *Chorology: On Beginning in Plato's Timaeus* (Bloomington: Indiana University Press, 1999).

12 "이제, 우리가 '하늘'과 '우주'라는 이름을 준 그것은 확실히, 많은 축복 받은 것의 일부를 그것을 낳은 자로부터 받았다. 그러나 다른 한편으로, 그것은 또한 신체의 몫도 가지고 있다. 그 귀결로, 그것이 역량에 따라서 가능한 한 같은 장소에서, 같은 방식으로, 단일한 운동으로 움직임에도 불구하고, 그것이 변화로부터 완전히 면제되는 것이 불가능하다. 그리고 그렇기 때문에 그것이 자기 몫으로 역회전을 가지는 것이다. 이것이 그 움직임에 가능한 가장 작은 변이다. 자신에 의해 자신을 영원히 회전시키는 것은 모든 사물을 인도하는 자—이와 달리 저 모든 사물은 움직이고 있다—를 제외한 무엇에게도 불가능하다고 나는 감히 말한다. 그리고 그가 때로는 이런 방식으로 움직임을 야기하고 때로는 반대 방식으로 움직임을 야기하는 것은 허용되지 않는다. 이 모든 고찰로부터 따라 나오는 것은, 우주가 언제나 자신의 회전에 책임이 있다고 말해도 안 되고, 그것이 신에 의해 반대되는 회전 쌍으로 회전된다고 말해도 안 되며, 또한 그것이 서로 반대되는 사고를 가진 신들의 어떤 쌍에 의해 회전된다고 말해도 안 된다는 것이다. 오히려 지금 말해진 것, 남아 있는 유일한 가능성은, 때로는 또 그것이 다른 신성한 원인의 인도를 받아서 한 번 더 생명을 획득하고, 그것을 만든 제작자로부터 회복된 불멸성을 받는다는 것, 반면에 다른 때 그것이 풀려날 때에는, 수만 번의 회전 운동 되돌아 움직이게 되는 때에 풀려나, 자기 자신의 힘 아래에서 자기 자신의 길을 간다는 것이다. 그것의 움직임이 그것의 거대한 크기, 완벽한 균형, 그리고 그것이 가장 작은 기반 위에 놓여 있다는 점을 결합한다는 바로 그 사실 때문이다." Plato, *Statesman*, 269E-270A, in Plato, *Complete Works*, translated by John M. Cooper and D. S. Hutchinson (Indianapolis, IN: Hackett, 1997).

13 "우주의 중심과 하늘 천장은 구형이다. 이 구의 절반이 하늘의 신들에게 주어졌고, 나머지 절반이 땅 아래의 신들에게 주어졌다. 그래서 영혼이 신체로부터 풀려난 후, 그것은 비가시적 장소로, 땅 아래의 거주지로 간다. 여기에서 플루토의 성은 제우스의 궁정보다 열등하지 않

다. 그 이유는 지구는 우주의 중심을 차지하고 있으며, 하늘의 천장은 구형이고, 이 구의 절반은 하늘의 신들에게 주어졌고, 나머지 절반이 땅 아래의 신들—이들 중 일부는 형제이고, 일부는 형제들의 아이들이다—에게 주어졌기 때문이다." Plato, *Axiochus* 371b, Translated by Cooper and Hutchinson.

14 "모든 영혼은 불멸이다. 언제나 운동 중에 있는 모든 것은 불멸하는 반면, 움직이는 것 그리고 다른 것에 의해 움직여지는 것은 움직임을 멈추면 삶을 멈추기 때문이다. 그러므로 운동을 결코 그만두지 않는 것은 자신을 움직이는 존재자뿐이다. 그것은 존재 자체를 중단하지 않기 때문이다. 행위 중에 이 자기를—움직이는—자는 또한 움직이는 다른 모든 것의 운동의 원천이며 근원이다. 그리고 원천은 시작을 가지지 않는다." Plato, *Phaedrus*, 245C-D. Translated by Cooper and Hutchinson. 강조는 필자.

15 "우리는 자기를—움직이는—자가 불멸한다는 것을 발견했으므로, 이것이 영혼의 본질이며 원리 자체라는 것을 공언하는 데에 거리껴서는 안 된다. 외부에 의해 움직여지는 모든 신체적 대상은 영혼이 없는 반면, 내부로부터, 자신으로부터 운동이 오는 영혼을 가지고 있기 때문이다. 그것이 영혼의 본성이다. 그리고 만약 그렇다면, 자신을 움직이는 무엇은 본질적으로 영혼이라면, 영혼이 출생도 죽음도 가지지 않는다는 것이 필연적으로 따라 나온다." Plato, *Phaedrus*, 245E. Translated by Cooper and Hutchinson.

16 Aristotle, *Physics*, Book III, line 201a. In *Aristotle's Physics: A Guided Study*, translated by Joe Sachs (New Brunswick, NJ: Rutgers University Press, 1995).

17 Aristotle, *Physics*, Book III, line 201a. Translated by Joe Sachs.

18 "그러나 열을 야기하는 것은 뜨겁듯이, 운동을 야기하는 사물은 이미 활동 중에 있다. 그리고 일반적으로, 무언가를 존재하게 하는 것은 형상을 가진 것이다. 그래서 동시에, 같은 것이, 같은 관점에서, 뜨거우면서 뜨겁지 않을 것이다." "그러므로, 자신을 움직이는 사물의 경우, 한 부분은 운동을 야기하고 다른 부분은 움직여진다." Aristotle, *Physics*, translated by Joe Sachs, Book VIII, Chapter 5, line 257b.

19 Aristotle, *Physics*, Book VII, 265a28-265b16. In *The Complete Works of Aristotle: The Revised Oxford Translation*, translated by Jonathan Barnes, (Princeton, NJ: Princeton University Press, 1984).

20 Aristotle, *On the Heavens*, Book II, 286b10-286b11. Translated by Jonathan Barnes.

21 Aristotle, *Physics*, Book VIII, 256b-1-20. Translated by Joe Sachs.

22 Aristotle, *Physics*, Book VIII, 267b. Translated by Joe Sachs.

23 그러나 작은 차이가 있다. 아리스토텔레스에게, 움직여지지 않는 움직이는 자는 세계를 창조하지는 않고, 세계의 운동만을 무로부터 창조하고 야기한다.

24 Aristotle, *Physics*, Book, VII, 257b 10. Translated by Joe Sachs.

25 "원은 영원함을 받아들일 수 있다." Aristotle, *Physics*, Book VIII, 265a 10-20. Translated by Joe Sachs. "원에서의 장소의 변화를 제외하고는, 무한하거나 연속적인 변화는 없다. 여기까지 이야기하자." Aristotle, *Physics*, Book VIII, 265a 11.

21장 글쓰기 1. 토큰

1 McLuhan, *The Gutenberg Galaxy*; Walter J. Ong, *Orality and Literacy: The Technologizing of the Word* (London: Methuen, 1982); Eric A. Havelock, *Preface to Plato* (Cambridge, MA: Belknap Press, 1963); Harold A Innis and Mary Q. Innis, *Empire and Communications* (Toronto: University of Toronto Press, 1972).

2 Marshall Poe, *A History of Communications: Media and Society from the Evolution of Speech to the Internet* (Cambridge: Cambridge University Press, 2011); Terence P. Moran, *Introduction to the History of Communication: Evolutions and Revolutions* (New York: Peter Lang, 2010).

3 Jack Goody, *The Logic of Writing* (Cambridge: Cambridge University Press, 2001), 50.

4 탤리에 대한 동적 이론에 관해서는 집필 중인《대상의 이론》을 보라.

5 Denise Schmandt-Besserat, *Before Writing* (Austin: University of Texas Press, 1992), Volume 1, 6.

6 기원전 8000년경에 시작하여 5천 년간 이어진 토큰은 진흙을 가지고 손으로 빚은 것이었다. 이후에는 때로 오븐이나 가마에서 구워졌다. 뒤의 시기에는 돌을 잘라서 만든 것도 있었으나, 그 수는 비교적 적었다. Schmandt-Besserat, *Before Writing*, Volume 1, 198, 20-31.

7 Denise Schmandt-Vesserat, "The Earliest Precursor of Writing," in *Communication in History: Technology, Culture, Society*, 5th ed., edited by David Crowley and Paul Heyer (Boston: Pearson, 2007), 14-23, 19.

8 토큰은 단독적이고, 독특하고, 사용 후에 파괴되었다. "그렇기 때문에, 무한한 수의 해석 가능성을 가지고 있던 탤리에 새긴 표시와 달리, 각 진흙 토큰은 그 자체로 단일하고, 단속적이고, 일의적인 의미를 가진 구별되는 기호였다. 탤리는 맥락에서 벗어나면 무의미했던 반면, 토큰은 체계의 기초를 배운 누구나 이해할 수 있었다. 그러므로 토큰은 상형기록의 전조가 된다. 각 토큰은 단일한 개념을 상징했다." Denise Schmandt-Besserat, *How Writing Came About* (Austin: University of Texas Press, 2006), 93.

9 "무레이베트 3세 시기에 토큰과 식물 재배가 동시에 일어난 것은 우연이 아니다. 오히려 그것은, 농업으로 인해 회계가 필요해졌음을 보여 준다." Schmandt-Besserat, *How Writing Came About,* 102. "요컨대, 농업과 산업의 발달은 토큰 체계의 발달에 중요한 역할을 했다. 곡물의 경작은 평이토큰의 발명과 직접 이어져 있었고, 복잡 카운터는 산업의 시작과 이어져 있다. 그러나 계산 테크놀로지의 창조에 무역은 가시적인 역할을 하지 않았던 것으로 보인다." Schmandt-Besserat, *How Writing Came About*, 103.

10 Schmandt-Besserat, *How Writing Came About*, 103. 슈만트 베세라트는 그래서 두 가지 종류의 계산, 셈과 회계를 구별한다.

11 "정착지 내에서 토큰의 분배는 두 가지 중요한 사실을 시사한다. 첫째, 도시에서 토큰은 세속적 구역보다 공무 구역에서 더욱 흔하다. 둘째, 공지의 쓰레기들 가운데에서 토큰이 발견된다는 점은, 카운터들이 기능을 충족시킨 직후 폐기되었음을 시사한다. 달리 말하자면, 이 토

큰들은 계산을 위해서라기보다는, 일차적으로 수록 보존을 위해서 사용되었다." Schmandt-Besserat, *How Writing Came About*, 30.

12 빛에 관한 더 세부적인 동적 이론에 관해서는 집필 중인《대상의 이론》을 보라.

13 Schmandt-Besserat, *Before Writing*, Volume 1, 24-25, 198.

14 Schmandt-Besserat, *Before Writing*, Volume 1, 14, 82.

15 Schmandt-Besserat, *Before Writing*, Volume 1, 176-177.

16 Schmandt-Besserat, *How Writing Came About*, 105.

17 Schmandt-Besserat, *How Writing Came About*, 108.

18 이러한 원심적 운동의 동정치적 세부에 관한 상세한 전개에 관해서는 다음을 보라. Nail, *Figure of the Migrant*; Nail, *Theory of the Border*.

19 Leroi-Gourhan, *Gesture and Speech*, 332.

20 Leroi-Gourhan, *Gesture and Speech*, 327.

21 그러나 평이토큰, 복잡토큰, 구체적 수라는 발전 단계들이 명확히 나뉘는 것은 아니다. 이것들의 사용에는 상당한 시간적 · 지리적 중첩이 있다. 상이한 토큰들은 어떤 종류의 대립의 변증법적 관계로도 들어가지 않고서, 공존하는 상이한 운동들을 표현한다.

22 Schmandt-Besserat, *How Writing Came About*, 44.

23 Schmandt-Besserat, *Before Writing*, Volume 1, 198.

24 Schmandt-Besserat, *Before Writing*, Volume 1, 109.

25 Schmandt-Besserat, *Before Writing*, Volume 1, 154.

26 Schmandt-Besserat, *How Writing Came About*, 51.

27 Schmandt-Besserat, *Before Writing*, Volume 1, 68-69.

28 Schmandt-Besserat, *How Writing Came About*, 54. 표식의 상이한 테크닉들은 49-54쪽에서 논의되었다.

29 Schmandt-Besserat, *Before Writing*, Volume 1, 154.

30 Schmandt-Besserat, *Before Writing*, Volume 1, 198-199.

31 Schmandt-Besserat, *Before Writing*, Volume 1, 112.

32 "단일한 원통형 봉인을 제작물 위 곳곳에 찍었다. 여기에는 전체 표면을 덮으려는 의도가 명백하다." Schmandt-Besserat, *Before Writing*, Volume 1, 123.

33 Schmandt-Besserat, *Before Writing*, Volume 1, 125.

34 Schmandt-Besserat, *How Writing Came About*, 7.

35 Schmandt-Besserat, *Before Writing*, Volume 1, 133.

36 Schmandt-Besserat, *How Writing Came About*, 55.

37 Schmandt-Besserat, *Before Writing*, Volume 1, 134-137.

38 Schmandt-Besserat, *How Writing Came About*, 63.

39 Schmandt-Vesserat, "The Earliest Precursor of Writing," 14-23, 21.

40 Schmandt-Besserat, *How Writing Came About*, 21.

41 Schmandt-Besserat, *How Writing Came About*, 120.

22장 글쓰기 2. 알파벳

1 다음도 보라. Christopher Woods, *Visible Language: Inventions of Writing in the Ancient Middle East and Beyond* (Chicago: Oriental Institute of the University of Chicago, 2010), 33-34.

2 설형문자 기원에 관한 논의는 슈만트 베세라트의 것이 가장 유명하다. 이집트 글쓰기의 기원은 훨씬 덜 이해된 상태지만, 어떤 방식으로 암면미술에, 그리고/또는 그것에 선행하는 "항아리 표시 … 장식 도자기, 원통형 인장, 의식적 물품"에서 온다. Woods, *Visible Language*, 47-48, 116.

3 알파벳 글쓰기는 '음소의 기록적 재현'이라고 정의된다(Woods, *Visible Language*, 189). 알려진 최초의 알파벳(자음만 있음)—'선형 알파벳'은 원시 시나이 글쓰기(기원전 1850년경)까지 추적된다. 이것은 이집트 히에로글리프와 서부 셈족 단어 소리의 혼종으로서 개발되었다. 이집트에 있던 외국인, 아시아인 노동자(예를 들어, 광부나 건설자)에 의해 개발되었을 가능성이 높다(189-190). 이 노동자들이 이집트 글쓰기 체계에 대한 구문론적 이해를 가지고 있었는지는 논쟁이 있다. (골드와서는 이를 부정하나, 이를 긍정하거나 부분적으로 긍정하는 다른 연구자도 있다—193쪽 각주 8을 보라). '글자 이름(kaph)'를 그 첫 음소((/k/)와 연결하는 것은, 두음서법적acrophonic 원리(acro, '꼭대기, 대부분' + phone '목소리, 소리')라고 불린다. 셈적 어휘를 통해 이러한 원리가 작동한다는 사실은, 선형 알파벳이 셈족 언어를 쓰려는 목적으로 생겨났음을 시사한다"(190). 또 다른 (지금은 멸종한) 알파벳 체계는 우가리트[역주: 고대 시리아 북쪽의 도시] 알파벳으로서 출현했고(기원전 1250년경), 설형 알파벳이었다. 그것은 선형 알파벳을 수정한 것, 또는 적어도 부분적으로 수정한 것으로 같다(191-192). 모든 페이지 번호는 Woods, *Visible Language*에서.

4 우가리트 알파벳—알파벳 형태 설형문자—은 기원전 1250년경 출현했고, 선형 알파벳을 수정한 것 같으며(확정된 것은 아니다), 이후 사라졌다(191-192). 가능한 예외를 제외하고, 모든 다른 알려진 알파벳은(내가 아는 한) 다양한 정도로 원시 시나이 알파벳에서 파생된 것이다. 그러나 그것의 충분히 발달한, 또는 '안정화된' 형태는 페니키아 알파벳에서 도달했다(기원전 1100년 경, 192쪽을 보라). 모든 페이지 번호는 Woods, *Visible Language*에서.

5 앞 문단에 관해, 지난 세 각주에 관해, 슈만트 베세라트의 저작을 읽으라는 추천에 관해, 나는 크리스 갬블에게, 그리고 글쓰기의 역사적 출현에 대한 그의 세심한 연구에 감사한다. 다음을 보라. Woods, *Visible Language*, 192.

6 Leroi-Gourhan, *Gesture and Speech*, 210.

7 "기록적 기호체계에서 손의 언어에 대한 복종은 결국 글쓰기에 도달한다." Leroi-Gourhan, *Gesture and Speech*, 403.

8 다음을 보라. McLuhan, *The Gutenberg Galaxy; Albert Lord, The Singer of Tales* (Cambridge, MA: Harvard University Press, 1960).

9 "글쓰기 이전에, 손은 특히 만들기에 개입했고 얼굴은 언어에 개입했다. 글쓰기 이후에, 균형이 회복되었다." Leroi-Gourhan, *Gesture and Speech*, 113.

10 Deleuze and Guattari, *Anti-Oedipus*, 202.

11 Innis, *Empire and Communication*, 8.

12 Plato, *Phaedrus*, 275d-e. 강조는 필자.

13 이 주제에 관한 가장 최근 연구를 생산한 왕의 제안에 따르면, 니푸르를 가리키는 지명地名
을 쓰기 위해 사용된 기호 결합이, 후기 우루크에서 초기 왕조 시대로의 이행 시기(기원전
3200~2800년경)에 신 엔릴을 가리키는 글쓰기가 된다. 왕의 추정에 따르면, 이때에 니푸
르에서 신 엔릴이 숭배 받게 되었고, 이어서 저 지명의 글쓰기를 엔릴의 신성한 이름을 가리
키는 글쓰기로 사용하게 되었을 것이다. Xianhua Wang, *The Metamorphosis of Enlil in
Early Mesopotamia* (Munster, Germay: Ugarit-Verlag, 2011), 245.

14 Baring and Cashford, *The Myth of the Goddess*, 153.

15 Kramer, *From the Poetry of Sumer*, 45.

16 Samuel Kramer, *History Begins at Sumer* (Garden City, NY: Doubleday, 1959), 88.

17 1 Kings 19:11-12.

18 Deuteronomy 4:11-12.

19 Baring, *The Myth of the Goddess*, 438.

20 Deuteronomy 4:11-12, 15-19.

21 Exodus 203-4.

22 Exodus 3:13-14.

23 Baring, *The Myth of the Goddess*, 437.

24 Psalms 10423-4.

23장 장력적 운동

1 Henri Bergson, *An Introduction to Metaphysics*, translated by T. E. Hulme (New York:
G. P. Putnam's Sons, 1912), 53.

2 Friedrich Nietzsche, *The Will to Power,* translated by Walter A. Kaufmann, edited by R.
J. Hollingdale (New York: Random House, 1967), 333.

3 공학에서 이것은 '공간적 움직임' 또는 '베넷 연결Bennett's linkage'이라고 불린다. 베넷 연
결은 경첩 결연부를 가진 네 막대로 된 공간적 연결인데, 이 막대들의 각도가 특정한 방식으
로 각도를 이루어 이 체계가 움직일 수 있게 만든다. K. H. Hunt, *Kinematic Geometry of
Mechanisms* (Oxford Engineering Science Series, 1979).

4 인간의 관절에 대한 깊이 있는 동적 분석으로는 다음을 보라. Vincenzo Parenti-Castelli
and Nicola Sancisi, "Synthesis of Spatial Mechanisms to Model Human Joints," in *21st
Century Kinematics*, edited by. J. Michael McCarthy (London: Springer, 2013).

5 "우리가 이미 보여 주었듯이, 제후는 무기의 힘과 법의 힘을 이용해 그의 신민의 인격, 소유,
가족을 보호할 의무가 있다. 반면에 그의 신민은 제후에게 충성을 바치고 복종적으로 섬길

상호적 의무가 있다." Jean Bodin, *Six Books of the Commonwealth* (Oxford: Blackwell, 1955), 22. "Binding force of a law," Aquinas, *Summa Theologica*, Question 90 "The Essence of Law," Article 4, Objection 3, http://www.newadvent.org/summa/2090.htm.

6 David Hume, *An Enquiry Concerning Human Understanding*, edited by Peter J. R. Millican (Oxford: Oxford University Press, 2007), 45.

7 Hume, *An Enquiry Concerning Human Understanding*, 137.

8 Hume, *An Enquiry Concerning Human Understanding*, 46.

9 Hume, *An Enquiry Concerning Human Understanding*, 46.

10 Hume, *An Enquiry Concerning Human Understanding*, 137.

11 Hume, *An Enquiry Concerning Human Understanding*, 137.

12 Hume, *An Enquiry Concerning Human Understanding*, 137.

13 Hume, *An Enquiry Concerning Human Understanding*, 53.

24장 중세 신학 1. 에테르

1 과학적 기술이 종종 경험주의적이기는 하지만, 과학적 기술은 또한 '에테르'나 '임페투스' 같은 존재신학적 실체에 대한 기술에도 마찬가지로 깊게 의존함을 보는 것도 중요하다. 이는 과학적 기술을 더욱 명시적인 신학적 담론과 연결해 준다. 본 책의 초점은 존재론이므로, 이어지는 주장은 존재론적 · 신학적으로 다루어질 것이며, 엄격하게 경험주의적으로 다루어지지는 않을 것이다. 과학적으로 다루려면 《대상의 이론》에서 길게 전개된 더욱 탄탄한 동적 이론과 과학사를 필요로 한다. 그래서 이 책에는 포함되지 않았다.

2 이 임무는 두 가지 문제로 인해 복잡해진다. 첫 번째 문제는, 위의 폭넓은 의미에서 다양한 종류의 힘을 기술하는 개념적 어휘가 어마어마하게 번성했다는 것이다. 내가 세어 본 바로는, 이 개념을 가리키는 상이한 이름만도 20개 이상이다. 여기에는 코나투스, 임페투스, 관성, 니수스nisus, 노고effort, 노력endeavor, 충동impulse, 인과, 성향inclination, 경향tendency, 과업undertaking, 추구striving, 오르메hormé, 쉼파티아sympathia, 욕구appetition, 능력 vertué, 힘forza, 잠재력potenze, 생의 힘vis viva, 에테르 등이 있다. 두 번째 문제는, 힘의 개념에만 초점을 맞출 것이기 때문에, 각 사상가들이 자신들의 개념적 상호관계 및 생애사에 따라서 전개한 탄탄한 이론을 정당히 다루는 것이 거의 불가능하기라는 것이다. 이 두 과제는 다른 곳에서 더 체계적으로 시도되었기 때문에, 나는 이를 여기에서 다루지는 않을 것이다. 오히려 나는 오직 운동에만 초점을 맞출 것이다. 다음을 보라. Max Jammer, *Concepts of Force: A Study in the Foundations of Dynamics* (Cambridge, MA: Harvard University Press, 1957).

3 나는 메소포타미아에서 스토아 학파에 이르는 힘의 고대적 이론과 이것들의 동적 패턴에 관한, 이것들과 중세 장력적 이론과의 유사성과 차이를 논하는 상세한 역사도 썼다. 이 글의 모습을 다른 곳에서 다른 형태로 보여 줄 수 있기를 바란다.

4 아리스토텔레스가 테르몬thermon, 프뉴마, 에테르를 지상적 직선 운동과 천상적 원 운동으로 나누었던 반면, 스토아 학파는 이것들을 단일한 장력적·물질적 숨결로 통합했다. "숨결이 에 테르의 특징적 속성들 일부를 차지함에 따라, 이 두 용어를 혼동하기 시작했고, 하나가 다른 하나로 대체되었다. 키케로는 이렇게 말한다. '공기는 에테르를 닮았으며 에테르와 밀접히 연 결되어 있다.' 아리오스 디뒤모스는 이를 직접적으로 표현한다. '프뉴마는 … 에테르와 유사한 것이 되어서, 둘은 동음이의적으로 사용된다.' 비슷하게 알렉산드리아의 클레멘스는 아라토 스의 시 한 구절을 언급하는데, 이를 통해서 암시되는 것은, 클레멘스가 우주를 구속하는 힘을 프뉴마의 스토아적 장력보다는 에테르에 부과하고자 했다는 것이다." 중세와 근대 초기 시기 에, 힘의 에테르적·상호관계적 매체는 점점 더 아리스토텔레스적 에테르보다는 스토아의 장 력적 프뉴마 같은 것이 되었다. 그러나 중요한 차이는 있었다. Samuel Sambursky, *Physics of the Stoics* (Princeton, NJ: Princeton University Press,1987), 10에서 인용.

5 이 점에 관한 더 세부적인 역사적 논의는 다음을 보라. Charles Wolfe, "Varieties of Vital Materialism; Two Materialisms; Passive and Active Matter; Vital Materialism," in *The New Politics of Materialism: History, Philosophy, Science*, edited by Sarah Ellenzweig and John H. Zammito (London: Taylor and Francis, 2017), 44-65.

6 William Stahl, trans, *Martianus Capella and the Seven Liberal Arts*, Volume 2, *The Marriage of Philology and Mercury*, (New York: Columbia University Press, 1977), 332-333.

7 Marshall Berman, *All That Is Solid Melts into Air: The Experience of Modernity* (New York: Simon & Schuster, 1982); Thomas Kuhn, *The Copernican Revolution: Planetary Astronomy in the Development of Western Thought* (Cambridge, MA: Harvard University Press, 1957).

8 Immanuel Kant, *Critique of Pure Reason*, translated by Werner S. Pluhar and Patricia Kitcher (Indianapolis, IN: Hackett, 1996), 21.

9 Michael Jones, "Tycho Brahe, Cartography and Landscape in 16th Century Scandinavia," in *European Rural Landscapes: Persistence and Change in a Globalising Environment*, edited by Hannes Palang (Dordrecht, the Netherlands: Kluwer Academic, 2004), 210.

10 Max Caspar, *Kepler* (London: Abelard-Schuman, 1959), 133.

11 수학에서 두 양의 합과 둘 중 큰 양 사이의 비가 두 양 사이의 비와 같을 때 황금비를 이룬다 고 한다. 케플러 삼각형은 변의 길이가 황금비율을 따르며 등비수열을 이루는 직각삼각형이 다. 케플러는 이것을 "신적 비례"라고 부르며 이렇게 썼다. "기하학은 두 가지 위대한 보물을 가지고 있다. 하나는 피타고라스의 정리다. 다른 하나는 선을 극단적 비와 중용적 비로 분할 하는 것이다. 첫 번째 보물을 우리는 황금 척도와 비교할 수 있을 것이다. 두 번째 보물은 귀 중한 보석이라고 명명할 수 있다." Mario Livio, *The Golden Ratio: The Story of Phi, the World's Most Astonishing Number* (New York: Broadway Books, 2002), 62에서 인용.

12 John Philoponus, *Criticism of Aristotle's Theory of Aether*, translated by Christian Wildberg (Berlin: W. de Gruyter, 1988).

13 스토아 학파도 비슷한 사고를 받아들였다. 그러나 기원의 원심적 방사와 종말의 구심적 수축을 재빨리 다시 긍정했다. 여기에서 필로포누스는 모든 것에 침투한 물질적 불에 의해 합쳐지면서 떼어 놓이는 신체들의 장력적 재결합만을 긍정했다.

14 "… 별들이 떠 나니는 에테르 가의 모든 별들…" Francis Bacon, *Specimen of Animated Astronomy*, in *The Philosophical Works of Francis Bacon*, Volume 3 (London: M. Jones, 1815), 224.

15 "그래서 비슷하게 아래의 불꽃은 순간적 물체이나, 에테르 속에서는 영구적이고 지속적이다." Bacon, *Specimen of Animated Astronomy*, 242.

16 Bacon, *Specimen of Animated Astronomy*, 202.

17 René Descartes, *Principles of Philosophy*, in *The Philosophical Writings of Descartes*, Volume 1, translated and edited by John Cottingham, Robert Stoothoff, and Dugald Murdoch (Cambridge: Cambridge University Press, 1984), 263. Descartes, *Principles*, Part 111, Articles 99-100. "99. 태양의 흑점들이 분해되어 들어가는 입자들의 종류. 100. 어떻게 태양과 별 주위의 에테르가 이 입자들로부터 생산되는지. 이 에테르와 저 흑점은 세 번째 원소에 속한다." 제1질료가 에테르라는 점은 명확하다.

18 Descartes, *Principles*, Part III, Articles 48-54.

19 Descartes, *Principles*, Part III, Article 24.

20 Descartes, *Principles*, Part III, Article 60.

21 Descartes, *Principles*, Part III, Article 100.

22 "그리고 이 에테르를 이루는 입자들은 아주 불규칙하게 가지를 뻗는 형상을 하고 있어서 서로 들러붙으며, 그러면 이들은 천상의 물질의 소구체처럼 독자적으로 움직일 수 없게 된다." René Descartes, *Principles of Philosophy*, translated and edited by Valentine R. Miller and Reese P. Miller (Dordrecht, the Netherlands: Reidel, 1983), 172. Explanatory note in *Principles*, Part III, Article 148.

23 "… 별 주위로 생산되는 저 에테르의 가지를 뻗는 입자들은 이러한 홈이 있는 입자를 방지할 것이며, 첫 번째 원소 물질의 가장 작은 입자를 제외한 모든 것이 위치 DEFG 위로 퍼져서, 하늘로 들어간다." René Descartes, *Principles of Philosophy*, translated and edited by Miller and Miller, 146. Explanatory note in *Principles*, Part III, Article 112.

24 Descartes, *Principles of Philosophy*, Part III, Article 133, translated and edited by Miller and Miller, 243.

25 Descartes, *Principles*, Part 111, Article 30, in *The Philosophical Writings of Descartes*, Volume 1, 254.

26 Thomas Hobbes, *The English Works of Thomas Hobbes of Malmesbury*, Volume 1, De Corpore, edited by William Molesworth (London: J. Bohn, 1839), 448.

27 Hobbes, *The English Works*, Volume 1, De Corpore, 466.

28 Hobbes, *The English Works*, Volume 1, De Corpore, 474.

29 Jammer, *Concepts of Force*, 135에서 인용.

30 Newton, *Opticks*, Query 21. 다음도 참조하라. Newton's letter to Boyle of Feb. 28, 1679, *The Works of R. Boyle*, 1772, Volume I, cxvii.

31 "팽창한 공에 관해 우리가 말한 모든 것은 또한, 충돌 속에서 작용을 받는 한에서의 모든 물체에 적용되는 것으로 이해되어야 한다. 충돌 속에서 작용을 받는다는 것은, 말하자면 그것이 포함하고 있는 탄성으로부터 영향과 폭열이 생겨나다는 것이고, 그것은 즉 그것에 스며들어 있는 액체적 에테르적 물질의 운동으로부터 생겨난다는 것이다. 그러므로 그것은 내부적 힘 또는 자기 안에 존재하는 힘으로부터 생겨난다." Gottfried W. Leibniz, *Specimen Dynamicum*, in *Philosophical Essays*, translated and edited by Roger Ariew and Daniel Garber (Indianapolis, IN: Hackett, 1989), 135.

32 Gottfried W. Leibniz, *On Copernicanism and the Relativity of Motion*, in *Philosophical Essays*, translated and edited by Roger Ariew and Daniel Garber (Indianapolis, IN: Hackett, 1989), 93-94.

33 이 이론들에 관한 조사로는 다음을 보라. Kenneth Schaffner, *Nineteenth-Century Aether Theories* (Oxford: Pergamon Press, 1972); Jeffrey Edwards, *Substance, Force, and the Possibility of Knowledge: On Kant's Philosophy of Material Nature* (Berkeley: University of California Press, 2000). 에테르 개념은 18세기가 끝나도 죽지 않았고, 모든 운동 체제가 그렇듯이 계속되어, 현재에 이르는 다양한 운동 체제와—오늘날 에테르 개념에 대한 신용은 과학적으로 사라졌음에도 불구하고—섞이게 되었다. 아인슈타인까지, 침투하는 에테르적 힘이라는 형이상학적 개념은 여전히 인력의 구동적 원인 또는 힘(즉 중력, 빛, 자기력)을 설명하는 데 여전히 상당히 사용되었다.

25장 중세 신학 2. 임페투스

1 국지적 운동과 관련하여 라틴어 용어 임페투스impetus는 장 드 뷔리당(파리대학, 1320~1358)이 *Questions on the Eight Books of the Physics*, Book VIII에서 도입했다. '임페투스 이론'이라는 표현은 과학사학자 피에르 뒤앙이 지난 세기말에 다음에서 사용한 것이 처음이다. Pierre Duhem, "De l'accélération produite par une force constante," *Congrés d'histoire cles sciences* (Genéve, 1904), 859-915. 그러나 볼프에 따르면, 뒤앙은 이 이론에 대한 일반적 정의를 제공하지 않는다. M. Wolff, "Philoponus and the Rise of Preclassical Mechanics," in *Philoponus and the Rejection of Aristotelian Science*, edited by R. Sorabji (Ithaca, NY: Cornell University Press, 1987), 84.

2 Richard Sorabji, *Matter, Space and Motion: Theories in Antiquity and Their Sequel* (Ithaca, NY: Cornell University Press, 1988), 247.

3 Thomas Kuhn, *The Structure of Scientific Revolutions* (Chicago: University of Chicago Press, 1970), 120.

4 Philoponus, *Physics* 641, 13-642, 20. Sorabji, *Matter, Space and Motion*, 229에서 인용.

5 Philoponus, *de Opificio Mandi* 28, 20-29, 9. Sorabji, *Matter, Space and Motion*, 233에서 인용.

6 Philoponus, Physics 197, 30-198, 8. Sorabji, Matter, Space and Motion, 243에서 인용.

7 "목적인에 관한 큰 차이가 나타나는 것은, 《세계의 창조에 관하여de Opificio Mundi》에서 필로포누스가 신을 목적인으로 보지 않고 작용인으로 바꿀 때다. 목적인으로서 신은 하늘들의 사랑을 일깨움으로써 이들이 운동하게 고양시켰지만, 작용인으로서 신은 하늘에 운동을 각인한다." Sorabji, *Matter, Space and Motion*, 246.

8 우리는 어디에서 뷔리당이 임페투스 관념을 얻었는지 정확히 알지 못한다. 그러나 아비세나의 성향mayl 이론에서, 각인된 힘의 덜 복잡한 관념을 발견할 수 있다. 여기에서 그는 스토아 학파의 충격horné 개념을 전개하던 필로포누스에게서 영향을 받았을 수 있다. 논의를 위해서는 다음을 보라. Jack Zupko, "What Is the Science of the Soul?: A Case Study in the Evolution of Late Medieval Natural Philosophy," *Synthese* 110.2 (1997): 297-334.

9 Jean Buridan, *Commentary on Aristotle's Physics*, Book VIII, Question 12. *Medieval Philosophy: Essential Readings with Commentary*, edited by Gyula Klima, Fritz Allhoff, and Anand Vaidya (Malden, MA: Blackwell, 2007), 192-193에서 인용.

10 Jammer, *Concepts of Force*, 70-72.

11 Buridan, *Commentary on Aristotle's Physics*, Book VIII, Question 12.

12 Buridan, *Commentary on Aristotle's Physics*, Book VIII, Question 12.

13 Nicole Oresme, *Book of the Heavens and Earth* [1370]. Richard Olson, *Science Deified and Science Defied: The Historical Significance of Science in Western Culture* (Berkeley: University of California Press, 1982), 27에서 인용.

14 "니콜 오렘(약 1325~1382)은 세계 기계machina mundi라는 용어로부터 한 발짝 더 나아가, 우주-시계장치 비유로 간다. 신과 시계 제작자의 비교는 캔터베리의 대주교 토머스 브래드워딘(약 1290~1349), 그리고 랑엔슈타인의 하인리히(1397 사망)가 행했다. 시계장치 비유는 또한 프랑스 시인 장 프르와사르(1333?~1400/1)와 크리스틴 드 피산(1364~약 1430), 그리고 위대한 피렌체의 시인 단테 알리기에리(1265~1321)에 의해 중세 문학 맥락에서 사용되었다. 이러한 초기 신학적 맥락에서 시계장치 비유는 두 가지 본질적 특징이 있었다. 그것은 시계장치의 창조자로서의 신과 시계장치의 관리자로서의 신이다. 그래서 이는 첫 번째 요소에만 헌신했던 18세기의 비섭리주의적 이신론과는 다르다." Stephen Snobelen, "The Myth of the Clockwork Universe: Newton, Newtonianism, and the Enlightenment," in *The Persistence of the Sacred in Modern Thought*, edited by Chris L. Firestone and Nathan Jacobs (Notre Dame, IN: University of Notre Dame Press, 2012) 149-184, 152.

15 Lynn White, *Medieval Technology and Social Change* (Oxford, 1962), 124- 125.

16 Lewis Mumford, *Technics and Civilization* (New York. Harcourt, Brace and Co., 1934), 14.

17 다음을 보라. John Scattergood, "Writing the Clock: the Reconstruction of Time in the Late Middle Ages." *European Review* 11.4 (2003): 453-474.

18 Nicolai de Cusa, *Dialogorum de ludo globi, Book I, translated by Gerdavon Bredowi*

Yom Globusspiel (Schriften des Nikolaus von Cues Meiner Hamburg, 1952), Pilosophsche Bibliothek, Volume 233. Jammer, *Concepts of Force*, 71에서 인용.

19 Leonardo Da Vinci, *The Notebooks of Leonardo Da Vinci*, Volume 1, edited by Edward McCurdy (Old Saybrook, CT: Konecky & Konecky, 2003), 113.

20 Francis Bacon, *A Confession of Faith* [1602], in *The Works of Francis Bacon*, edited by James Spedding (London: Green, Longman and Roberts 1857-1874), Volume 14, 49-50.

21 "(예를 들어) 시계의 제작은 확실히 섬세하고 정밀한 것이다. 이것은 자신의 고리에 있는 천체, 항상적이고 질서 있는 운동 중에 있는 동물의 심장 박동을 모방하는 것으로 보인다. 그럼에도 그것은 자연의 단 한두 개의 공리에만 의존한다." Bacon, *New Organon*, LXXXV.

22 Francis Bacon, *On Principles and Origins According to the Fables of Cupid and Coelum, in The Works of Francis Bacon*, 648.

23 Olson, *Science Deified*, 28.

24 Olson, *Science Deified*, 28.

25 Olson, *Science Deified*, 28.

26 Olson, *Science Deified*, 28에서 인용.

27 Rhonda Martens, *Kepler's Philosophy and the New Astronomy* (Princeton, NJ: Princeton University Press, 2000), 173.

28 "… 움직이는 무엇의 운동은, 그리고 정지해 있는 사물에 있는 운동의 부재는, 이 사물의 양태일 따름이며 자체로 존속하는 사물이 아니라는 것을 나는 명확히 하고 싶다. 이는 형태가 형태를 가진 사물의 양태일 따름이라는 것과 비슷하다." Descartes, *Principles*, Part II, Article 25.

29 Descartes, *The World, in Oeuvres de Descartes, edited by Charles Adam and Paul Tannery* (Paris: J. Vrin, 1976), Volume XI, page 15.

30 Descartes, *Principles*, Part II, Article 39. 강조는 필자.

31 Descartes, *Principles*, Part III, Article 63.

32 Descartes, *Treatise on Man, in The Philosophical Writings of Descartes*, Volume 1, 99. 강조는 필자.

33 Descartes, *Discourse on Method, in Oeuvres de Descartes*, Volume VI, 50. 강조는 필자.

34 Descartes, *Principles*, Part IV, Article 327.

35 아일랜드 철학자 로버트 보일(1627~1691)도 비슷한 입장을 취했다. 그는 신이 인형조종사 같지 않다고 논했다. Robert Boyle, *The Works of the Honourable Robert Boyle*, edited by by Thomas Birch (London, 1772), Volume 5, 163.

36 Isaac Newton, Preface to the First Edition, in *Sir Isaac Newton's Mathematical Principles of Natural Philosophy and His System of the World*, Volume 2, translated by Andrew Motte and Florian Cajori (Berkeley: University of California Press, 1962), xvii.

37 Isaac Newton, Definition III, in *Sir Isaac Newton's Mathematical Principles of Natural Philosophy and His System of the World*, Volume 2, 2.

38 Isaac Newton, Definition VIII, in *Sir Isaac Newton's Mathematical Principles of Natural Philosophy and His System of the World*, Volume 2, 5.

39 Newton to the Editor of the *Memoirs of Literature*, unpublished, written c. May 1712, in Isaac Newton, *Philosophical Writings*, translated by Andrew Janiak (Cambridge: Cambridge University Press, 2004), 116-117.

26장 중세 신학 3. 코나투스

1 "Inest enim omnibus appetitus boni: cum bonum sit quod omnia appetunt, ut philosophi tradunt. Huiusmodi autem appetitus in his quidem quae cognitione carent, dicitur naturalis appetitus: sicut dicitur quod lapis appetit esse deorsum. In his autem quae cognitionem sensitivam habent, dicitur appetitus animalis, qui dividitur in concupiscibilem et irascibilem. In his vero quae intelligunt, dicitur appetitus intellectualis seu rationalis, qui est voluntas." Thomas Aquinas, Summa contra gentiles, Book 2, Chapter 47. Translated by Rodolfo Garau, "Late-scholastic and Cartesian Conatus," *Intellectual History Review* 24.4 (2014): 479-494, 481.

2 "Ergo appetitus definitio talis afferri poterit, inclinatio necessaria ex natura cuiusq. rei ad bonum sibi coveniens secundum naturam." Buonamici, *De Mata*, 392. Translated by Rodolfo Garau.

3 "[Q]uando uidem 1a is externa Vi sursum ro ellitur reluctatur ascensui eius forma naturali conatu, & impulsu, quod deorsum nititur; sed etiam aqua ab igne calefit, eius forma calefactioni active repugnat, per ingenitam ad frigus inclinationem, et quantum potest frigum suum active conservando, et in igne." Conimbricenses, *Commentari in Octo Libros*, Volume 6, Explanatio 202. Translated by Rodolfo Garau.

4 "Decimò, cum manus sustinet aliquod pondus immobiliter, non producit in eo impetum." Fabri, *Tractatus Physicus*, 417. Translated by Rodolfo Garau.

5 Rodolfo Garau, "Late-Scholastic and Cartesian Conatus," *Intellectual History Review* 24.4 (2014): 479-494, 484.

6 다음을 보라. Stephen Gaukroger, *Descartes' System of Natural Philosophy* (Cambridge: Cambridge University Press, 2002), 108.

7 Aristotle, *Nicomachean Ethics*, 1248a23. Translated by Joe Sachs (Newbury, MA: Focus, 2002).

8 Descartes, *Principles*, Part II, Article 36. In René Descartes, *Principles of Philosophy*, in *The Philosophical Writings of Descartes*, Volume 1, translated and edited by John Cottingham, Robert Stoothoff, and Dugald Murdoch (Cambridge: Cambridge University Press, 1984).

9 Descartes, *Le Monde*. Translated by Michael Sean Mahoney (Norwalk: Abaris Books, 1978), 59. 강조는 필자.

10 Descartes, *Le Monde* (1978), 75.

11 Descartes, *Le Monde* (1978), 75. 강조는 필자.

12 데카르트에서 직선 운동과 곡선 운동 사이의 이러한 직선적이고 접힌 장력은 플라톤의 우주론적 도덕의 동태와 눈에 띄게 다르다. 플라톤에서 구형 영혼은 우주구적 질서 내의 다른 구들과 회전적·동심적 조화를 목표해야 한다.

13 Descartes, *Principles*, Part III, Article 57.

14 Descartes, *Principles*, Part II, Article 39.

15 Descartes, *Principles*, Part III, Article 63.

16 Descartes, *Principles*, Part II, Article 37.

17 Galen, *De musculorum motu*, Book 1, 7-8. (Arnim, II, 450).

18 "데카르트는 또한 움직이려는 경향을 기술하기 위해 행위 또는 기질 개념을 사용한다. 이 개념들도 능력적 조건, 기질 또는 배치 속에서 함께 붙잡음을 뜻하는 스토아 학파의 핵시스hexis 관념에서 온다." Rodolfo Garau, "Late-Scholastic and Cartesian Conatus," *Intellectual History Review* 24.4 (2014): 479-494, 485.

19 René Descartes, *Le Monde*, translated by Michael Sean Mahoney (Norwalk, CT: Abaris Books, 1978), 146-147.

20 Descartes, *The World*, in René Descartes, *Principles of Philosophy*, in *The Philosophical Writings of Descartes*, Volume 1, translated and edited by John Cottingham, Robert Stoothoff, and Dugald Murdoch (Cambridge: Cambridge University Press, 1984), 96.

21 Descartes, *Optics*, in René Descartes, *Principles of Philosophy* in *The Philosophical Writings of Descartes*, Volume 1, translated and edited by John Cottingham, Robert Stoothoff, and Dugald Murdoch (Cambridge: Cambridge University Press, 1984), 155.

22 Hobbes, *Elements of Law* 1.7.2.

23 "인간 신체 내에 있는 운동의 이러한 작은 시작들은, 이것들이 걷기, 말하기, 때리기 등 가시적 행위 속에서 나타나기 전에는 노력이라고 불린다." Hobbes, *Leviathan*, Chapter 6, in Thomas Hobbes, *The English Works of Thomas Hobbes of Malmesbury*, Volume 3 (London: J. Bohn, 1839), 39.

24 Hobbes, *Leviathan*, Chapter 6, page 39.

25 Hobbes, *De Corpore*, in *English Works*, Volume 1, 205.

26 Hobbes, *De Corpore*, in *English Works*, Volume 1, 132.

27 Hobbes, *De Corpore*, in *English Works*, Volume 1, 109.

28 Hobbes, *De Corpore*, in *English Works*, Volume 1, 206.

29 Hobbes, *De Corpore*, in *English Works*, Volume 1, 206.

30 Douglas Jesseph, "Hobbes and the Method of Natural Science," in *The Cambridge Companion to Hobbes*, edited by Tom Sorell (Cambridge: Cambridge University Press,

996), 91.

31 Hobbes, *De Corpore*, in *English Works*, Volume 1, 207.

32 Hobbes, *De Corpore*, in *English Works*, Volume 1, 215.

33 Hobbes, *De Corpore*, in *English Works*, Volume 1, 515.

34 Hobbes, *De Corpore*, in *English Works*, Volume 1, 515.

35 Hobbes, *De Corpore*, in *English Works*, Volume 1, 407.

36 Garau, "Late-Scholastic and Cartesian Conatus," 480.

37 Spinoza, *Ethics*, Book II, Postulate 6.

38 Spinoza, *Ethics*, Book I, Postulate 18.

39 Nicholas of Cusa, *On Learned Ignorance*, Book II, Chapter 3, Section 107. In *Selected Spiritual Writings*, translated by H. L. Bond (New York: Paulist Press, 1997), 135.

40 다음을 보라. Gilles Deleuze, *Expressionism in Philosophy: Spinoza* (New York: Zone Books, 1990).

41 Erin Manning, *Relationscapes: Movement, Art, Philosophy* (Cambridge, MA: MIT Press, 2012).

42 Jane Bennett, *Vibrant Matter*.

43 Brian Massumi, *Parables for the Virtual: Movement, Affect, Sensation* (Durham, NC: Duke University Press, 2007).

44 Melissa Gregg and Gregory J. Seigworth, eds. *The Affect Theory Reader* (Durham, NC: Duke University Press, 2011).

45 다음을 보라. Jammer, *Concepts of Force*, 159.

46 라이프니츠는 경향에 대한 자신의 이해에 바이겔이 기여했다고 직접 말한다. 다음을 보라. Richard Arthur, "Space and Relativity in Newton and Leibniz," *British Journal for the Philosophy of Science* 45.1 (1994): 219-240.

47 Gottfried Leibniz, *Specium Dynamicum, in Philosophical Papers and Letters*, edited by Leroy E. Loemker (Dordrecht, the Netherlands: D. Reidel, 1970), 435.

48 Leibniz, *Specium Dynamicum*, 435.

49 Leibniz, *Philosophical Papers and Letters*, 677.

50 Leibniz, *Specium Dynamicum*, 445.

51 Leibniz, *Specium Dynamicum*, 436.

52 Leibniz, *Specium Dynamicum*, 446.

53 Leibniz, *Hypothesis Physica Nova*, in *Philosophical Papers and Letters*, 140.

54 "Conatus est ad motum, ut punctum ad spatium, seu ut unum ad infinitum, est enim initium finisque motus." Gottfried Leibniz, *The Labyrinth of the Continuum: Writings on the Continuum Problem, 1672-1686* (New Haven, CT: Yale University Press, 2001), 340-341.

55 "몸체의 모든 정념은 자발적이다. 또는 내부적 힘으로부터 일어난다. 외적 기회에 기해서 그

렇다." Leibniz, *Specium Dynamicum*, 448.

56 Leibniz, *Specium Dynamicum*, 448.

57 Leibniz, *Hypothesis Physica Nova*, in *Philosophical Papers and Letters*, 140.

58 Immanuel Kant, *Kant's Inaugural Dissertation of 1770*, translated by William J. Eckoff (New York: AMS Press, 1970), 10.

59 George Berkeley, *De motu*, Section 17, in *Works of George Berkeley*, edited by A. C. Fraser (Oxford: Clarendon, 1901), Volume I, 506.

60 George Berkeley, *De motu*, Section 31; *Works*, Volume I, 511.

61 George Berkeley, *De motu*, Section 7; *Works*, Volume I, 527.

62 J. L. d'Alembert, *Traite de dynamique* (Paris, 1743), xvi.

27장 중세 신학 4. 삼위일체

1 Kilian McDonnell and George T. Montague, *Christian Initiation and Baptism in the Holy Spirit: Evidence from the First Eight Centuries* (Collegeville, MN: Liturgical Press, 1991), 4. Mathew 3:11 and Luke 3:16.

2 다음을 보라. Acts 2:17-18, Acts 2:33, Acts 8:16, Acts 10:44, Acts 1:8, Acts 19:6.

3 Luke 1:35.

4 Genesis 1:2.

5 성령, 동정녀 마리아, 소피아로서의 셰키나Shekhinah〔역주: 신의 임재를 뜻하는 히브리어 단어〕에 관해서는 다음을 보라. Baring and Cashford, *The Myth of the Goddess*, 596: "그러나 비둘기는 원형적 여성적 함의를 여전히 지니고 있다. 성령으로서 비둘기는 신의 나라와 인간 나라 사이의 관계를 의미하며, 초월적 신을 내재적 현전으로서의 창조로 데려오는 것이 바로 이 관계이기 때문이다. 구약의 지혜 문헌에서 야훼의 신적 현전은 여성적인 것으로서, 셰키나로서 또는 소피아로서, 신의 현전 또는 신의 지혜로서 체험되었다. 여성적 원리가 성스러운 존재자로서 상실되지 않았더라면, 불가피하게도 '신'과 셰키나/소피아 사이, '신'과 마리아 사이에는 어떤 관계가 있어야 했을 것이고, 이 관계는 이들의 천상적 면모와 지상적 면모 내에서 남성적 원리와 여성적 원리의 평행적 통일이었을 것이다. 수태고지의 언어―'성령이 너에게 올 것이다. 가장 높으신 분의 능력이 너를 덮을 것이다. 그러므로 또한 너에게서 태어날 성스러운 자는 신의 아들이라고 불린 것이다.'―는 '덮음'이라는 이미지 속에서 틀림없이 셰키나를 상기시킨다."

6 성경의 라틴어 · 영어 번역에 대명사 'the'가 도입된 많은 경우, 히브리어나 그리스어에는 그에 상응하는 대명사가 없다. 다음을 보라. http://www.ecclesia.org/truth/pneuma.html.

7 Clement 42:1-2. 강조는 필자.

8 Ignatius to the Magnesians 13:2.

9 Justin, *First Apology*, Chapter 13. http://www.newadvent.org/fathers/ 0126.htm.

10 Justin, *First Apology*, Chapter 23. http://www.newadvent.org/fathers/0126htm.

11 *The Didache: The Lord's Teaching through the Twelve Apostles to the Nations*, Chapter 9, Number 1, translated by Philip Schaff (New York: Funk 8: Wagnalls, 1885), http://www.newadvent.org/fathers/O714.htm.

12 Alexander Roberts, James Donaldson, A. C. Coxe, Allan Menzies, Ernest C. Richardson, and Bernhard Pick, trans. and eds., *The Ante-Nicene Fathers: Translations of the Writings of the Fathers Down to A.D. 325*, Volume 3 (Buffalo, NY: Christian Literature Publishing Company, 1885), 604. 강조는 필자.

13 Migne, *Patrologiae Cursus Completas*, translated by J.-P, and A.-G Hamman (Paris: Garnier Fréres, 1958), Volume 14, 108-110.

14 Origen, *Contra Celsus*, Book 8, Chapter 12; Tertullian, *On Prayer*, Book 15, Chapter 1. http://www.newadvent.org/fathers/indexhtml.

15 Gregory of Nazianzus, *Select Orations*, Third Theological Oration (Oration 29), II, translated by Martha P. Vinson (Washington, DC: Catholic University of America Press, 2003), 301, httpz//www.newadvent.org/fathers/310229htm. 강조는 원전.

16 Gregory of Nazianzus, *Select Orations*, 307.

17 Hippolytus, *Contra Noetum*, Number 64. http://www.newadvent.org/fathers/0521.htm.

18 Gregory of Nazianzus, *Fourth Theological Oration*, XX.

19 Gregory of Nazianzus, *Fifth Theological Oration*, XXXI.

20 Gregory of Nazianzus, *Fifth Theological Oration*, XXXII.

21 Gregory of Nyssa, On "*Not Three Gods*," § 9. 강조는 필자.

22 Gregory of Nyssa, On "*Not Three Gods*," § 9.

23 Basil the Great, *De Spirita Sancto*, Chapter 26, § 61. 강조는 필자.

24 Augustine, *On the Holy Trinity*, Book 1, Chapter 1, § 3.

25 Augustine, *On the Holy Trinity*, Book 1, Chapter 4, § 7.

26 Augustine, *On the Holy Trinity*, Book 1, Chapter 6, § 13.

27 Augustine, *On the Holy Trinity*, Book 1, Chapter 4, § 7.

28 Augustine, *On the Holy Trinity*, Book 5, Chapter 5, § 6.

29 Augustine, *On the Holy Trinity*, Book 5, Chapter 5, § 6.

30 Augustine, *On the Holy Trinity*, Book 6, Chapter 4, § 6.

31 1 Corinthians 1:24.

32 Augustine, *On the Holy Trinity*, Book 7, Chapter, 3, § 4.

33 그러나 어떤 신학자들은 페리코레시스의 관념—용어가 아니라—은 더 일찍 알렉산드리아의 오리게네스에 의해 시작되었다고 논했다. 후에 '페리코레시스적'이라고 불린 교리 또는 '속성의 교류'〔역주: 그리스도 내에서 인성과 신성이 교류하여, 가령 그리스도의 고통을 신의 고통이라고 표현할 수 있다고 논하는 교리〕를 처음 정식화한 것이 오리게네스라고 로스키는 확언한다. Vladimir Lossky, *The Vision of God* (Leighton Buzzard, UK: Faith Press, 1973),

59. 콩가르는 "페리코레오시스와 상호내재circumincession라는 단어들이 그 자체로 가장 초기 교부들에서 나타나는 것은 아니지만, 그 관념은 확실히 나타난다"고 첨언한다. Yves Congar, *I Believe in the Holy Spirit*, Volume 3 (New York: Seabury Press, 1983), 37.

34 모두 다음에서 가져온 것이다. Henry G. Liddell, Eric A. Barber, Robert Scott, Henry S. Jones, and Roderick McKenzie, *A Greek-English Lexicon* (Oxford: Clarendon Press, 1940). Chor-eia: 춤, 원운동, 춤추는 장소. Choreo: 자리를 내어주다, 주다, 물러서다. Choreg-eion: 제공하기 위한 수단, 풍부함, 광활함, 비축 광맥. Chorion: 감싸는 막. Choros: 춤, 춤추기 위한 장소. Chort: 폐쇄된 장소, 시골, 추수하다, 씨 뿌리다, 먹다, 접다, 폐쇄하다, 펜, 땅.

35 Plato, *Timaeus*, 48s.

36 울프슨에 따르면, 이것은 스토아 학파의 어휘에서 가져온 것이다. Harry Wolfson, *The Philosophy of the Church Fathers* (Cambridge, MA: Harvard University Press, 1956), 418-421.

37 Gregory Nazianzus, *Orations*, Oration 18, § 42.

38 Gregory Nazianzus, *Orations*, Oration 22, §4.

39 Gregory Nazianzus, *Letters*, Epistle 101, To Cledonius the Priest against Apollinarius. http://www.newadvent.org/fathers/3103a.htm.

40 Maximus Confessor, *Opuscula theologica et polemica*, 102B.

41 Maximus Confessor, *Ambigua*, 112b D. 다음을 보라. M. G. Lawler, "Perichoresis: New Theological Wine in an Old Theological Wineskin," *Horizons* 22 (Spring 1995): 50.

42 Pseudo-Cyril Alexandria, *De Trinitate*, 24. Danut Manastireanu, "Perichoresis and the Early Christian Doctrine of God," *Archaevs* XI-XII (2007-2008), 61-93, 70에서 인용.

43 Pseudo-Cyril Alexandria, *De Trinitate*, 27. Manastireanu, 70에서 인용.

44 G. L. Prestige, *God in Patristic Thought* (London: S.P.C.K., 1952), 298.

45 Bonaventura, *Liber Sententiarum*, Book I, Distinction 19. P. S. Fiddes, *Participating in God: A Pastoral Doctrine of the Trinity* (London: DLT, 2000), 72에서 인용.

46 John of Damascus, *An Exact Exposition of the Orthodox Faith*, Book I, Chapter 14. 강조는 필자. http://www.orthodox.net/fathers/exacti.html#BOOK_I_CHAPTER_XIV.

47 John of Damascus, *An Exact Exposition of the Orthodox Faith*, Book I, Chapter 14.

48 Nicholas of Cusa, *On Learned Ignorance*, Book I, Chapter 24, Paragraph 79-91. In *Selected Spiritual Writings*, translated by H. L. Bond (New York: Paulist Press, 1997).

49 Cusa, *On Learned Ignorance*, Book I, Chapter 9, Paragraph 26.

50 Cusa, *On Learned Ignorance*, Book I, Chapter 10, Paragraph 28.

51 Cusa, *On Learned Ignorance*, Book I, Chapter 20, Paragraph 62.

52 Cusa, *On Learned Ignorance*, Book I, Chapter 20, Paragraph 61.

53 Nicholas of Cusa, *On the Summit of Contemplation*, Paragraph 28. In *Selected Spiritual Writings*, translated by H. L. Bond (New York: Paulist Press, 1997), 303.

⁵⁴ Cusa, *On Learned Ignorance*, Book I, Chapter 24, Paragraph 76.

⁵⁵ Nicholas of Cusa, *On the Vision of God*, Chapter 5, Paragraph 15. In *Selected Spiritual Writings*, 242.

⁵⁶ Cusa, *On the Vision of God*, Chapter 9 Paragraph 35. In *Selected Spiritual Writings*, 251.

⁵⁷ Cusa, *On Learned Ignorance*, Book II Chapter 8, Paragraph 136. In *Selected Spiritual Writings*, translated by H L. Bond (New York. Paulist Press, 1997), 48.

⁵⁸ Cusa, *On Learned Ignorance*, Book II, Chapter 10, Paragraph 155 In *Selected Spiritual Writings*, 157.

⁵⁹ Cusa, *On Learned Ignorance*, Book II, Chapter 10, Paragraph 155. In *Selected Spiritual Writings*, 157.

⁶⁰ Cusa, *On the Summit of Contemplation*, Paragraph 28. In *Selected Spiritual Writings*, 303.

⁶¹ "결론 내리자면, 성서로부터 최대한 직접 모을 수 있는 한에서 삼위일체 교리란 실질적으로 다음과 같다. 언제나 하나이며 동일한 신은 모세에 의해 재현된 위격이며, 그의 육화한 아들에 의해 재현된 인격이며, 사도들에 의해 재현된 위격이다. 사도들에 의해 재현된 위격으로서, 이들이 말한 성령은 신이다. (신이며 인간이었던) 아들에 의해 재현된 위격으로서, 아들은 그 신이다. 모세에 의해, 그리고 제사장에 의해 재현된 위격으로서 아버지, 즉 우리의 주 예수 그리스도의 아버지는 저 신이다. 이로부터 우리는 신격을 의미하는 저 성부·성자·성령이라는 이름들이 구약에서는 전혀 사용되지 않은 이유를 이해할 수 있다. 이들이 위격이기 때문, 즉, 이들이 자기 이름을 재현으로부터 받기 때문이다. 이러한 일은, 다양한 사람들이 신의 이름 아래에서 다스리면서 또는 지시하면서 신의 위격을 재현할 때까지는 있을 수 없는 일이었다." Hobbes, *Leviathan*, Part 3, Chapter 42, line 25.

⁶² "삼위일체의 신비와 관련하여, 나는 그것이 신앙의 항목이며 자연의 빛에 의해 알려질 수 없다는 성 토마스의 의견을 공유한다. 그러나 나는, 우리가 이해하지 못하는 것이 신 안에 있다는 것을 부정하지는 않는다. 심지어 삼각형 내에조차, 수학자도 결코 알 수 없을 많은 속성들이 있음과 마찬가지다—이 점은 삼각형이 무엇인지를 모두가 아는 것을 방해하지 않는다." Descartes, *The Philosophical Writings of Descartes*, Volume III, 166.

⁶³ "그러므로, 이로부터 세 번째 것과 같은 두 사물은 서로에 대해서도 같다고—즉, A가 B와 같고 C도 B와 같다면, A와 C는 서로 같아야 한다고—말하는 저 위대한 원리와 성삼위가 대립한다는 것을 어떤 저자들이 너무 기꺼이 받아들이려 했음이 따라 나온다. 이 원리는 모순 원리의 직접적 귀결이며, 모든 논리의 기반을 형성한다. 만약 이 원리가 멈춘다면, 우리는 더 이상 확실성을 가지고 추론할 수 없을 것이다. 그러므로 성부가 신이고, 성자가 신이고, 성령이 신이라고 말하면서, 그럼에도 불구하고 이 세 위격이 서로 다르면서도 하나의 신만이 있다고 말한다면, 이 문장의 시작과 끝에서 신이라는 단어가 같은 의미를 가지고 있지 않다고 생각해야 할 것이다. 실제로 신이라는 단어는 때로는 신성한 실체를, 때로는 신격 중 한 위격을 의미한다." Gottfried W. Leibniz, *Theodicy: Essays on the Goodness of God, the Freedom of Man, and the Origin of Evil*, translated by Austin Farrer (La Salle, IL: Open Court, 1985), 89-90.

64 여기에서 뉴턴은 예외다.

65 다음을 보라. Deleuze, *Expressionism and Philosophy*.

66 Tertullian, *Against Praxeas*, Chapter 9.

67 다음을 보라. Deleuze, *Expressionism in Philosophy*.

28장 책 1. 수고

1 인쇄기에 관한 기존 문헌들은 종종 수고 서책과 인쇄 서책 사이의 '혁명적' 차이를 표한다.

2 Bernhard Bischoff, *Latin Palaeography: Antiquity and the Middle Ages* (Cambridge: Cambridge University Press, 1990), 11.

3 T. C. Skeat, *The Collected Biblical Writings of T. C. Skeat* (Leiden, the Netherlands: E.J. Brill, 2004), 45.

4 "알려진 가장 이른 시기의 기독교 텍스트는 서책 형태로, 책의 선구자 형태로 나타난다. 오래전부터 밀랍판은 가죽끈으로 결합되어 '책자'를 이루었다. 그러나 로마인 이전의 어느 누구도, 양피지나 파피루스를 이런 방식으로 배열할 생각을 하지 못했다. 이때도 저 '책자'들은 학교와 사업에서만 사용되었다. 이것들은 '제대로 된 책'이 아니었다. 문학 텍스트의 경우, 두루마리에서 서책으로의 이행은 4세기까지는 일어나지 않았다." Frances Young, Lewis Ayres, Andrew Louth, and Ron White, eds., *The Cambridge History of Early Christian Literature* (Cambridge: CambridgeUniversity Press 2004) 8-9.

5 "Codex," in *The Oxford Dictionary of Byzantium* (Oxford University Press, New York & Oxford, 1991), 473.

6 Colin H. Roberts and T. C. Skeat, *The Birth of the Codex* (Oxford: Oxford University Press, 1983), 75.

7 다음을 보라. John Szirmai, *The Archaeology of Medieval Bookbinding* (Aldershot, UK: Ashgate, 1999).

8 "초기 수고에서 저 나무판들이 사용된 것은 의심할 여지없이, 글이 쓰였던 양피지가 잘 말리는 성질이 있었고 압력을 가하지 않고는 판판하게 만들 수 없다는 사실 때문일 것이다. 두꺼운 나무판의 무게도 증강되어야 했다. 이 텍스트들이 입을 벌리지 않게 하기 위해서는 책 가장자리에 금속 걸쇠를 둠으로써 추가된 압력에 의지해야 했다. 나는 또한, 이 초기 책의 옆면에 금속 돋을새김을 묶은 것은 아마도 이중적 목적이 있었을 것이라고 첨언하고 싶다. 이 목적은 장식하는 것, 그리고 책을 옆으로 두었을 때 가죽이 긁히거나 손상되지 않게 하는 것이었다." Szirmai, *Archaeology of Medieval Bookbinding*, 17.

9 Malcolm B. Parkes, "The Contribution of Insular Scribes of the Seventh and Eighth Centuries to the 'Grammar of Legibility,'" in *Scribes, Scripts and Readers: Studies in the Communication, Presentation and Dissemination of Medieval Texts* (London: Hambledon, 1991), 1-18.

10 "Et secundum hoc duplex est liber, unus scilicet scriptus intus, qui est aeterna Dei ars et sapientia; et alius scriptus foris, mundus scilicet sensibilis." Bonaventura, "Breviloquium," in *Opera omnia V: Opuscula varia theologica*, Book 11, Chapter 11, Section 2. Bonaventura, *Opuscula Varia Theologica* (Ad Claras Aquas [Quaracchi], prope Florentiam: Ex Typographia Collegii S. Bonaventurae, 1891), 229.

11 피터 해리슨에 따르면, 플라톤의 《티아미오스》가 우리에게 주는 것은 자연의 구조를 통해 신적 진리를 밝히는 것으로서의 해석 이론이다. "《티마이오스》에서 플라톤은 세계가 '지성의 이미지인 양식 있는 신'이라고 확언한다." (Timaeus, 27c). Peter Harrison, *The Bible, Protestantism, and the Rise of Natural Science* (Cambridge: Cambridge University Press, 2006), 40.

12 Origen, *The Song of Songs: Commentary and Homilies*, translated by R. P. Lawson (Westminster, MD: Newman Press, 1957), 220.

13 Origen, *Philocalia. Joseph Butler, The Analogy of Religion to the Constitution and Course of Nature* (London: Religious Tract Society, n.d.), 7에서 인용.

14 Origen, *The Song of Songs*, 220.

15 Tertullian, *Adversus Marcionem*, Book I, Chapter 18.

16 Basil, *Hexameron*, Book 1, Chapter 6 (FC 46, 11). In *Fathers of the Church* (Washington, DC: Catholic University of America Press, 1947), 46, 11.

17 Ambrose, *Hexameron*, Book 1, Chapter 4, Section 6. In *Fathers of the Church*, 42.

18 Origen, *The Song of Songs*, 218. 바울에 대한 언급은 Romans 1.20.

19 Origen, *Homilies in Genesis*, Book I, Chapter 11 and 12. In *Fathers of the Church*, 71.

20 Ambrose, *Hexameron*, Book VI, Chapter 9, Sections 54 and 75. In *Fathers of the Church*, 268, 282.

21 Ambrose, *Hexameron*, Book VI, Chapter 9, Sections 54 and 63. In *Fathers of the Church*, 268-274.

22 Ambrose, *Hexameron*, Book VI, Chapter 2, Section 3. In *Fathers of the Church*, 229. 아스클레피오스도 비슷하게 이렇게 쓴다. "인류의 신성한 구성을 설명하려면, 인간을 잘-질서 지어진 세계라고 부르는 것이 옳아 보인다. … 인류는 자신을 통해 세계를 인식한다." Asclepius, 10. In Brian Copenhaver and Trimegisto Hermes, eds., *Hermetica: The Greek Corpus Hermeticum and the Latin Asclepius in a New English Translation with Notes and Introduction* (New York: Cambridge University Press, 1994), 72.

23 Chrysostom, *Homilies on Genesis*, Book VIII, Chapter 14. In *Fathers of the Church*, 74. 인간 정념을 상징하기 위해 동물을 사용하는 것으로는 다음도 보라. Philo, *De plantation*, Book XI, Chapter 43.

24 Thomas Aquinas, *Somme Théologique: Volume 3:Ia.12-13, Knowing and Naming God: Latin Text and English Translation*, translated by Herbert McCabe (Cambridge: Cambridge University Press, 2010), 45.

25 Origen, *Homilies on Numbers*, 2, 9, 16. In *Homilies on Numbers*, translated by Thomas P. Scheck, and Christopher A. Hall (Downers Grove, IL: IVP Academic, 2009), 100-101.

26 Origen, *Letter 4 to Gregory Thaumaturgus*. http://www.newadvent.org/fathers/0415. htm. Duncan Robertson, *Lectio Divina: The Medieval Experience of Reading* (Trappist, KY: Cistercian Publications, 2011), 81에서 인용.

27 Cyprian of Carthage, *Epistles*, Epistle 1, Section 15. http://www.newadvent.org/fathers/050601.htm.

28 Ambrose, *De officiis ministrorum*, Book, Chapter 20, Section 88.

29 Jerome, *Commentaries on Titus*, Book III, Chapter 9. In *St. Jerome's Commentaries on Galatians, Titus, and Philemon*, translated by Thomas P. Scheck (Notre, Dame, IN: Notre Dame Press, 2010), 277-350.

30 Ambrose, *Patrologia cursus completus, series Latina*, Volume 15, edited by J.-P. Migne (Paris: Paris Apud Garnier, 1844-1905), 1681b.

31 Augustine, *Patrologia*, Volume 38, 778.

32 Benedict, *The Rule of Benedict*, Chapter 48, Paragraph 1. http://www.osb.org/rb/text/rbemj03.html#48.

33 Guigo II, *On Contemplation*, The Ladder of Four Rings. http://www.umiltanet/ladder.html.

34 다음도 보라. Guigo II, "Ladder of the Monks," in *The Oblate Life*, translated by Gervase Holdaway (Collegeville, MN: Liturgical Press, 2008), 109.

35 John 1:1.

36 Augustine, *Confessions*, Book IV, Chapter 15, Section, 25.

37 Augustine, *Confessions*, Book XII, Chapter 25, Section 35.

38 Augustine, *Eighty-Three Different Questions*, translated by D. L. Mosher (Washington, DC: Catholic University of America Press, 1982), 9.

29장 책 2. 인쇄

1 Eltjo Buringh and Jan Luiten van Zanden, "Charting the "Rise of the West": Manuscripts and Printed Books in Europe, A Long-Term Perspective from the Sixth through Eighteenth Centuries," *Journal of Economic History* 69.2 (2009): 409-445; 416, Table 1.

2 Alphonse Lamartine, *Memoirs of Celebrated Characters*, Volume 2 (Rarebooksclubcom, [1856] 2012), 287. 강조는 필자.

3 Herbert Brekle, *Die Prüfeninger Weihinschrift von 1119. Eine paläographisch-typographische Untersuchung (brief summary)* (Regensburg: Scriptorium Verlag für Kultur und Wissenschaft, 2005), 23-26.

4 Hildegard of Bingen, *De operatione Dei*, Book V, Chapter 2; Hildegard of Bingen, *Liber divinorum operum*, Book 1, Chapter 4, Section 97. In *Patrologia cursus completus, series Latina*, Volume 197. Harrison, *The Bible, Protestantism, and the Rise of Natural Science*, 37에서 인용.

5 Bernard of Clairvaux, *Sermon V, in Cantica canticorum: Eighty Six Sermans on the Song of Solomon*, translated by S. J. Bales, (London: Elliot Stock, 1895). Sarah Beckwith, *Christ's Body: Identity, Culture, and Society in Late Medieval Writings* (London: Routledge, 1993), 49에서 인용.

6 Aquinas, *Summa Theologica*, 1a, Question 15, Article 1.

7 John Scotus Eriugena, *De divisione naturae*, Chapter 111, Section 35. In *Patrologia cursus completus, series Latina*, Volume 122, 723.

8 Harrison, *The Bible, Protestantism, and the Rise of Natural Science*, 36.

9 Hugh of St. *Victor, De arca Noe morali*, Book IV, Chapter 7, in *Patrologia cursus completus, series Latina*, Volume 176, 672D.

10 Arnold of Bonneval, *De operibus sex dierum*, prologue, in *Patrologia cursus completus, series Latina*, Volume 189, 1515D, 16A.

11 Alan of Lille, *De planctu naturae*, in *Patrologia cursus completus, series Latina*, Volume 210, 447,

12 이 구별은 다음에서 명시적으로 진술되었다. Bonaventure, *Quaestiones disputatae de scientia Christi*, Question 2.

13 그는 이렇게 쓴다. "그러나 창조된 사물들 내에서 어떤 것은, 다른 것과의 유사함 similitudinem에 따라 만들어졌으며, 이 다른 것들의 사례라고 불릴 수 있다." Aquinas, *Summa Theologica*, 1a, Question44, Article 3.

14 Hugh of St. Victor, *De tribus diebus*, 4, in *Patrologia cursus completus, series Latina*, Volume 176, 814B. 다음도 보라. Wanda Cizewski, "Reading the World as Scripture: Hugh of St. Victor's De tribus diebus," *Florilegium* 9 (1987) 6588.

15 Vincent of Beauvais, *Libellus totius opens apolageticus*, Version 1, Chapter 5.

16 William of Conches, *Philosophia mundi*, Book 1, Chapter 13. Stock, *The Implications of Literacy* (Princeton, NJ: Princeton University Press, 1983), 319에서 인용.

17 이 두 인식 형태를 변용된 그리스도의 이중적 의복과 연결시키는 데에서, 호노리우스는 에리우게나를 따른다. Honorius Augustodunensis, *De animae exsilio et patria*, Book XII, in *Patrologia cursus completus, series Latina*, Volume 172, 1246A.

18 Harrison, *The Bible, Protestantism, and the Rise of Natural Science*, 45.

19 S. Gieben, "Traces of God in Nature according to Robert Grosseteste, with the Text of the 'Dictium, Omnis creatura speculum est," *Franciscan Studies* 24 (1964) 144-158에서 인용.

20 Hugh of St. Victor, *Didascalicon*, Book VI, Chapter V, in *Didascalicon of Hugh of St.*

Victor: A Medieval Guide to the Arts, translated by Jerome Taylor (New York: Columbia University Press, 1961), 145. "위그는 자연의 텍스트를 해석할 상당히 구체적인 테크닉을 제시한다. 이 테크닉은 살아 있는 것들이 다양하게 신의 능력, 지혜, 선함의 기호로 읽힐 수 있다는 일반적 가정에 근거한다. 신의 능력은 피조물들의 방대함에서, 선함은 피조물들의 유용함에서, 지혜는 피조물들의 우아함에서 드러난다." Harrison, *The Bible, Protestantism, and the Rise of Natural Science*, 57.

21 Hugh of St. Victor, *On the Sacraments*, Book I, prologue.

22 William of Conches, *Philosophia mundi*, Book I, Chapter 23, in *Patrologia cursus completus, series Latina*, Volume 72, 56.

23 Harrison, *The Bible, Protestantism, and the Rise of Natural Science*, 63.

24 Cecil Clough, "The Cult of Antiquity: Letters and Letter Collections," in *Cultural Aspects of the Italian Renaissance: Essays in Honour of Paul Oskar Kristeller*, edited by Cecil H. Clough (Manchester, UK: Manchester University Press, 1976); Pierre Francastel, "Poussain et l'homme historique," *Annalles* 19 (1964) 6; Walter J. Ong, "Systems, Space, and Intellect in Renaissance Symbolism," *Bibliotheque d'humanisme et Renaissance* 18 (1956) 229; Walter J. Ong, *Remus, Method, and the Decay of Dialogue* (Cambridge, MA: Harvard University Press, 1958) x, 79, 128; Walter J. Ong, *The Presence of the Word: Some Prolegomena for Cultural and Religious History* (New Haven, CT: Yale University Press, 1967), 58-61; Elizabeth Eisenstein, "Some Conjectures about the Impact of Printing on Western Society," *Journal of Modern History* 40 (1968) 30-31; Elizabeth Eisenstein, *The Printing Press as an Agent of Change: Communication and Cultural Transformations in Early Modern Europe* (Cambridge: Cambridge University Press, 1979), 10-11, 698.

25 다음을 보라. Paul Saenger, "Silent Reading: Its Impact on Late Medieval Script and Society," *Viator: Medieval and Renaissance Studies* 13 (1982): 367-414.

26 Alberto Manguel, *A History of Reading* (New York; Viking, 1996), 44에서 인용.

27 Manguel, *A History of Reading*, 45에서 인용.

28 Manguel, *A History of Reading*, 49에서 인용.

29 Saenger, "Silent Reading," 367-414, 378.

30 Saenger, "Silent Reading," 367-414, 396.

31 Saenger, "Silent Reading," 367-414, 408.

32 Saenger, "Silent Reading," 367-414, 405.

33 수전 레이놀즈는 많은 유럽 중세 왕국들이 근대적인 의미에서 국민국가였으나, 단 국민주의에 정치적으로 참여하는 것이 번영하고 문해력 있는 제한된 계급에게만 가능했다는 점이 달랐다고 논한다. Susan Reynolds, *Kingdoms and Communities in Western Europe, 900-1300* (Oxford: Clarendon Press, 1984). 다음도 보라. Benedict Anderson, *Imagined Communities: Reflections on the Origin and Spread of Nationalism* (London: Verso, 1991).

34 나는 《경계의 이론》에서 장력적 '세포'의 동적 이론을 전개한다. 그리고 감응에 관한 다음 책 《이미지의 이론》에서 더 전개할 것이다. *Theory of the Image* (Oxford: Oxford University Press, forthcoming).

35 Aquinas, *Summa Theologiae*, Question 84, Article 6, Ad 1.

36 Aquinas, *Summa Theologiae*, 1a 2ae, Question 109, Article 1c.

37 Aquinas, *Summa Theologiae*, 1a, Question 84, Article 5c.

38 스티븐 매런이 세부적으로 보여 주듯이, 13세기 말에는 조명을 거부할 준비가 되어 있던 다양한 저자들이 있었다. 사실, 겐트 자신도 말년에는 조명에 관심을 덜 주었다. 다음을 보라. Steven Marrone, *The Light of Thy Countenance: Science and Knowledge of God in the Thirteenth Century* (Leiden, the Netherlands: Brill, 2001).

39 Duns Scotus, *Ordinatio*, Book I, Distinction 3, Question 1, Article 4, number 267.

40 Duns Scotus, *Ordinatio*, Book I, Distinction 3, Question 1, Article 4, number 258.

41 Francis Bacon, *Of Truth, in The Works of Francis Bacon*, Volume 6, 378.

42 Descartes, *Principles*, Part I, Article 30.

43 Descartes, *Meditations*, Part III, in *Oeuvres de Descartes*, Volume IX, 33, 35, 38; *Meditations*, Part VI, in Adam and Tannery, Volume IX, 65. 이러한 표현은 《성찰》 이전에 데카르트의 어느 글에서도 나타나지 않는다.

30장 탄성적 운동

1 Carlo Rovelli, *The Order of Time* (New York: Penguin, 2018), 83-84.

2 Uexküll, *A Foray into the Worlds of Animals and Humans*, 49.

31장 근대 현상학 1. 계열

1 계열성은 '순서 계열'과 혼동되어서는 안 된다. 순서 계열은 시간 일반의 정의지만, 계열성은 시간적 접힘 과정과 관계된 동적 작동이다.

2 나는 시간에 관한 신석기시대 및 고대의 기술에 관한 상세한 동적 역사를 썼다. 이를 다른 곳에서 보일 수 있기를 희망한다.

3 Edmund Husserl, *On the Phenomenology of the Consciousness of Internal Time (1893-1917)*, edited and translated by J. B. Brough (Dordrecht, the Netherlands: Kluwer, 1991), 3.

4 Augustine, *Confessions*, Book XI, Chapter 30.

5 Augustine, *Confessions*, Book XI, Chapter 14, Section 17: "그러므로 당신은 어떤 때에도 무언가를 만든 것이 아닙니다. 당신은 시간 자체를 만들었기 때문입니다. 그리고 어떤 시간도 당신과 공동영원하지 않습니다. 당신은 영원히 머무르기 때문입니다…."

6   Augustine, *Confessions*, Book XI, Chapter 13, Section 16.

7   Augustine, *Confessions*, Book XI, Chapter 14, Section 17.

8   Augustine, *Confessions*, Book XI, Chapter 20, Section 26.

9   단어 '시제tense'는 이중적 어원(tempus로부터, tendre로부터)을 가진다. 단어 '시제tense'는 양쪽 모두를 떠올리게 한다.

10 Augustine, *Confessions*, Book XI, Chapter 21, Section 27.

11 다음을 보라. Nail, *Theory of the Border*, 104-107.

12 Joannis Duns Scoti, *Scriptum Oxoniensis*, Book II, Distinction 2, Question 11: Dico ergo ad quaestionem . . ., in *Opera Omnia*, Volume VI, Part 1, page 324. Pierre Duhem and Roger Ariew, *Medieval Cosmology: Theories of Infinity, Place, Time, Void, and the Plurality of Worlds* (Chicago: University of Chicago Press, 1985), 296에서 인용.

13 Petri Aureoli, Verberii Ordinis minorum Archiepiscopi Aquensis S. R. E. Cardinalis. *Commentariorum in secundum Lihrum Sententiarum Pars Secundus*, Distinction ll, Question 1, Article I: Utrum tempus sit duratio vel successio, sive quantitas continua, vel discreta, p. 38, col. b. Duhem and Ariew, *Medieval Cosmology*, 300에서 인용.

14 "다중적 시간은 공동실존적 통일체들로서, 그러므로 하나의 시간으로서 고찰될 수 있다. 똑같이 첫 번째인 하늘이 몇 개 있었고 똑같이 첫 번째인 움직임이 몇 개 있었더라면, 실재에는 몇 개의 시간들이 있을 것이다. 그러나 이 모든 시간들은 등가성에 의해per equivalentiam 단일한 시간일 것이다. 이는, 이 다중적 시간들이 측정을 위한 단일한 시간을 이루리라는 것을 뜻한다." Gulieimi de Villa Hoccham, *Summulae in libros Physicorum*, pars IV, cap. XI, fol 26, col. (1 [po 95, col. b]. Duhem and Ariew, *Medieval Cosmology*, 320에서 인용.

15 비슷한 이론에는 마르키아의 프란치스(약 1290~1344)의 이론, 장 뷔리당(약 1295~1363)의 이론, 니콜라스 보네트(약 1280~1343)의 이론이 있다.

16 나는 이 시기의 기계론적 시간을 담은 몇몇 중요한 철학을 생략했다. 주요한 대표적 철학에 집중하기 위해서다. 내가 논의한 사유자들이 모든 점에서 의견 일치하는 것은 아니다. 본 편의 목적은 완전한 지적 비교사를 펼치는 것이 아니고, 절대적 시간 동태의 출현을 보여 주는 것이다. 더 완전한 설명으로는 다음을 보라. Duhem and Ariew, *Medieval Cosmology; Alexander Koyre, Metaphysics and Measurement: Essays in Scientific Revolution* (Cambridge, MA: Harvard University Press, 1968); Max Jammer, *Concepts of Simultaneity: From Antiquity to Einstein and Beyond* (Baltimore, MD: Johns Hopkins University Press, 2006); Edwin Burtt, *The Metaphysical Foundations of Modern Physical Science* (Garden City, NY: Doubleday, 1954); Milič Capek, *The Concepts of Space and Time: Their Structure and Their Development* (Dordrecht, the Netherlands: Reidel, 1976).

17 같은 탄성적 기술을 가진, 비슷한 절대적 시간 이론으로는 피에르 가상디(1592~1655), 토머스 홉스(1588~1679), 헨리 모어(1614~1687), 월터 찰턴Walter Charleton(1619~1707년), 아이작 배로(1630~1677)의 이론이 있다. 다음을 보라. Koyre, *Metaphysics and*

Measurement; Jammer, *Concepts of Simultaneity*; Capek, *The Concepts of Space and Time*.

18 Descartes, *Principles*, Part I, Article 57. René Descartes, *The Philosophical Writings of Descartes*, Volume 1, translated and edited by John Cottingham, Robert Stoothoff, and Dugald Murdoch (Cambridge: Cambridge University Press, 1984), 212에서 인용.

19 Descartes, *Principles*, Part II, Article 36: "신은 운동의 일차적 원인이다. 그는 언제나 우주 속에서 같은 양의 운동을 보존한다. 태초에 그는 물질을 물질의 운동 및 정지와 함께 창조했다. 그리고 이제, 사물들이 규칙적으로 자신의 경로를 가도록 하기만 함으로써, 그는 태초에 그가 물질적 우주에 주었던 것과 같은 양의 운동과 정지를 물질적 우주 내에서 보존한다. (신의 완벽함은 그가 자신에게서도, 자신의 작동 방식에서도 결코 변화하지 않음을 수반한다.)" *The Philosophical Writings of Descartes*, Volume 1, 240에서 인용.

20 Descartes, *Principles*, Part II, Article 29: "그리고 정지해 있는 것으로 간주되는 저 인접한 물체들만 참조하면 된다. 내가 더 나아가 명시한 것은, 이 이행이 아무 인접한 물체들의 인근에서 일어나는 것이 아니라, 정지해 있는 것으로 간주되는 인접한 물체들의 인근에서 일어난다는 것이다." *The Philosophical Writings of Descartes*, Volume 1, 235에서 인용.

21 Descartes, *Principles*, Part II, Article 28. 운동은 장소의 변화가 아니다. "엄밀한 의미에서 운동은 운동 중의 물체와 인접한 물체들에만 참조되어야 한다. 나의 정의에서 나는 이행이 인접한 물체들의 인근에서부터 다른 물체들의 인근으로 일어난다고 명시했다. 나는 한 장소로부터 다른 장소로의 이행이 있다고 말하지 않았다." *The Philosophical Writings of Descartes*, Volume 1, 234에서 인용.

22 Isaac Newton, *Mathematical Principles of Natural Philosophy and His System of the World*, translated by Andrew Motte (1729), revised by Florian Cajori (Berkeley, University of California Press, 1966), 6.

23 Newton, *Manuscript Add. 3965*, Portsmouth Collection. Translated under the title "Tempus and Locus" by J. E. McGuire. Original Latin with translation provided in McGuire's "Newton on Place Time and God: An Unpublished Source," *British Journal for the History of Science*, Vol. 11, 1978. 이 구절은 paragraph 2, McGuire, p. 117에서 온다.

24 Isaac Newton, *De Gravitatione et aequipondio fluidorum, Add. Ms. 4003* (CambridgeUniversity Library). Translated by Emmaline Margaret Bexley, "Absolute Time before Newton" (Dissertation for History and Philosophy of Science Programme School of Philosophy Faculty of Arts, University of Melbourne, 2007).

25 Newton, General Scholium to the *Principia Mathematica*.

26 Isaac Newton, *Newton: Philosophical Writings*, translated and edited by Andrew Janiak (Cambridge: Cambridge University Press, 2014), 117.

1 Immanuel Kant, *Critique of Pure Reason*, translated by Werner S. Pluhar, edited by Patricia Kitcher (Indianapolis, IN: Hackett, 1996), 85.

2 Kant, *Critique of Pure Reason*, 86.

3 Kant, *Critique of Pure Reason*, 86.

4 양자역학에서 이 정의는 더 이상 움직임의 적합한 정의 역할을 할 수 없다.

5 Kant, *Critique of Pure Reason*, 87.

6 Kant, *Critique of Pure Reason*, 87.

7 Kant, *Critique of Pure Reason*, 88.

8 Kant, *Critique of Pure Reason*, 88.

9 Kant,*Critique of Pure Reason*, 88.

10 하이데거가 칸트의 시간 이론이 형이상학적 토대를 가진다고 기술하는 것은 이런 의미에서다. "미래·과거·현재 일반의 근원적, 삼중적-통일적 형성으로서, 순수 종합의 '능력'을 처음으로 가능케 하는 것이 이것이다. 즉, 그것이 말하자면 존재론적 인식의 세 요소의 통일을 생산할 수 있다는 것이다. 이 통일체 속에서 초월이 형성된다." Martin Heidegger, *Kant and the Problem of Metaphysics* (Bloomington: Indiana University Press, 1962), 137. "토내 놓기의 시작에서 칸트가 시간에 부과하는 보편적 존재론적 기능이 충분히 정당화될 수 있는 것은 오직, 우리로 하여금 주체성의 본질을 더욱 근원적인 방식으로 규정하도록 강제하는 것이 바로 시간 자체이기 때문에, 실로, 존재론적 기능 내에서의(즉, 순수 존재론적 인식의 한 조각으로서의) 시간이기 때문이다." Heidegger, *Kant and the Problem of Metaphysics*, 36.

11 Kant, *Critique of Pure Reason*, 91.

12 Kant, *Critique of Pure Reason*, 91.

13 Georg W. F. Hegel, *Outlines of the Philosophy of Right*, translated by Stephen Houlgate (Oxford: Oxford University Press, 2008), 232-233.

14 Georg W. F. Hegel, *Hegel's Philosophy of Nature: Being Part Two of the Encyclopaedia of the Philosophical Sciences* (1830), translated and edited by Arnold V. Miller, and Karl L. Michelet (Oxford: Clarendon Press, 1970), 25.

15 Georg W. F. Hegel, *Werke*, edited by Eva Moldenhauer, Karl M. Michel, and Helmut Reinicke (Frankfurt am Main: Suhrkamp, 1986), Volume 12, 96.

16 See H. S. Harris, *Hegel's Development, Night Thoughts (Jena 1801-1806)* (Oxford: Clarendon Press, 1983), 245-246.

17 Hegel, *Philosophy of Nature*, 29.

18 Hegel, *Philosophy of Nature*, 28.

19 Hegel, *Philosophy of Nature*, 31.

20 Hegel, *Philosophy of Nature*, 31.

21 Hegel, *Philosophy of Nature*, 31.

22 모든 기하학적 형태는 원으로 둘러싸일 수 있다. "원에 대한 정의로서 반경들의 동일성에 기반한 정의보다 더욱 높은 것은, 원 안의 차이를 설명하여, 원의 완전한 규정됨에 도달하는 정의다. … 이들 셋의 관계가 원의 규정됨인데, 이는 첫 번째 정의에서처럼 단순하지 않고, 차이 있는 요소들의 관계다. … 한 빗면 위로 무한한 수의 직각삼각형이 가능하듯이, 정사각형에는 그에 상응하는 다수의 직사각형이 있다. 이들 둘 다 원 안에 자기 장소를 가진다." Hegel, *Philosophy of Nature*, 33.

23 Hegel, *Philosophy of Nature*, 34.

24 Hegel, *Philosophy of Nature*, 34.

25 "시간도 공간처럼 연속적이다. 그것은 자신을 자신에게 추상적으로 관계시키는 부정성이기 때문이다. 이 추상 속에는 아직 실재적 차이는 없다." Hegel, *Philosophy of Nature*, 35.

26 "… 그것은 직접 직관된 생성이다. 이것이 뜻하는 바는, 물론 순수하게 순간적인, 즉 직접적으로 자신을 지양하는 차이들이 외부적인 것으로서, 즉 자기 자신에게 외부적인 것으로서 규정된다는 것이다." Hegel, *Philosophy of Nature*, 34.

27 "사물들이 시간 속에 있는 것은, 사물들이 유한하기 때문이다. 사물들이 사라지는 것은 사물들이 시간 속에 있기 때문이 아니다. 반대로, 사물들 자체가 시간적이며, 시간적이라는 것은 사물들의 객관적 규정이다." Hegel, *Philosophy of Nature*, 36.

28 Hegel, *Philosophy of Nature*, 35.

29 Hegel, *Philosophy of Nature*, 40.

30 "공간을 통해 실재적 실존을 가지는 시간, 또는 시간에 의해 처음으로 참되게 차이화된 공간. 그래서 우리는 공간과 시간이 운동에 귀속된다는 것을 안다. 가속도, 운동의 양은 경과한 특정 시간과의 관계 속 공간이다. … 공간과 시간이 처음으로 현실성을 획득하는 것은 운동 속에서다." Hegel, *Philosophy of Nature*, 43.

31 Hegel, *Philosophy of Nature*, 43.

32 Hegel, *Philosophy of Nature*, 43.

33 Hegel, *Philosophy of Nature*, 43-44.

34 "… 순수 형식적 움직임, 움직임의 순수 논리적 정식. 우리가 논리적 범주 내에서 모든 사물의 실체를 발견한다면, 우리는 움직임의 논리적 정식 속에서, 모든 것을 설명할 뿐 아니라 사물의 움직임까지도 함축하는 절대적 방법을 발견한다고 상상한다." Marx, *The Poverty of Philosophy* (1963), 78-79.

"그래서 이 절대적 방법이란 무엇인가? 움직임의 추상이다. 움직임의 추상이란 무엇인가? 추상적 조건 내의 움직임이다. 추상적 조건 내의 움직임이란 무엇인가? 움직임의 순수하게 논리적인 정식 또는 순수 이성의 움직임이다. 순수 이성의 움직임이 무엇으로 이루어지는가? 자신을 정립하고, 자신에 대립하고, 자신을 종합하는 것으로 이루어진다. 정립, 반정립, 종합으로서의 자신의 정식화로 이루어진다. 또는, 다시, 자신을 긍정하기, 자신을 부정하기, 자신의 부정을 부정하기로 이루어진다." Marx, *The Poverty of Philosophy* (1963), 78-79.

35 "일반적으로, 노동생산성이 더 클수록, 물품을 생산하는 데에 필요한 노동시간은 더 짧고, 이 물품으로 결정화된 노동의 양은 더 적고, 이 물품의 가치는 더 작다." Karl Marx, *Capital:*

A Critique of Political Economy, translated by Ben Fowkes, edited by David Fernbach (Harmondsworth, UK: Penguin, 1976), 181.

36 자본주의의 탄성적 이론에 관한 더 자세한 내용은 다음을 보라. Nail, *The Figure of the Migrant*; Nail, *Theory of the Border*.

37 Marx, *Grundrisse*, 539.

38 "그러므로 자본주의의 역사는 움직임의 비용 또는 시간의 극적인 감축, 이와 함께 흐름의 연속성의 증진으로 표시된다. 공간 관계는 그러므로 연속적으로 변용에 처하게 된다." David Harvey, *Spaces of Global Capitalism* (London: Verso, 2006), 328.

39 액체적 제작에서 고체적 제작으로의 이러한 움직임에 대한 연구는 다음에서 심도 있게 전개되었다. Alfred Chandler, *The Visible Hand: The Managerial Revolution in American Business* (Cambridge, MA: Belknap Press, 1977). 대량생산은 처음에는 액체로, 다음에는 준액체로, 다음으로 고체로 일어났다. "그러한 대량생산 테크닉은 처음에는 액체나 준액체, 가령 원유를 처리하는 산업에서 나타났다. 저 테크닉은 조금 더 후에 몇 가지 기계산업에서 나타났다. 여기에는 담배와 곡물 처리가 있었다. 금속 생산과 금속가공 산업에서 대량생산 테크닉은 더 서서히 나타났다. 이들의 다량 생산은 테크놀로지적 약진을 더 필요로 했기 때문이다." Chandler, *The Visible Hand*, 240. "연속적 처리 기계와 공장이 대량생산을 허용했던 기계공업에서, 그리고 재료가 액체거나 액체에 가까웠고 기계적이라기보다는 화학적인 처리를 했던 재련 및 증류산업에서, 향상된 공장 설계와 기계는 대부분의 경우, 생산 과정의 동시화 및 설비 및 인력의 집약적 사용을 확실히 하기에 충분했다." Chandler, *The Visible Hand*, 281.

40 Marx, *The Poverty of Philosophy*, in *Collected Works of Marx and Engels*, Volume 6 (New York: International Co., 1969), 126-127. 강조는 필자.

41 Karl Marx, *Value, Price and Profit* (New York: International Co., 1969), Section VIII, Article 3, https://www.marxists.org/archive/marx/works/1865/value-price-profit/ch03.htm.

42 "이 두 형태를 통해 나타나는 것으로 우리가 보는 것은, 권력의 자본주의적 체계에 시간을 도입하는 것, 그리고 처벌 체계에 시간을 도입하는 것이다. 처벌의 체계에: 처벌 체계 역사상 처음으로, 우리는 더 이상 신체를 통해, 또는 재화를 통해 벌을 주지 않고, 살아갈 시간을 통해 벌을 주게 되었다. ⋯ 그래서, 우리가 범죄의 처벌적 체제와 노동의 훈육적 체제를 하나의 조각처럼 분석하는 것을 허용하는 것은, 삶의 시간과 정치적 권력의 관계다. 시간의 억압과 시간을 통한 억압이다. 일터의 시계, 생산라인 스톱워치, 감옥 달력 사이의 일종의 연속성이다." Michel Foucault, *The Punitive Society: Lectures at the College De France 1972-1973*, translated by Bernard E. Harcourt and Graham Burchell (New York: Palgrave Macmillan, 2015), 72.

43 Marx, *Capital*, 784.

44 Sismondi, *De economie politique*, Volume 1 (Paris, 1819), 119. Cited in Marx, *Capital*, 727.

45 탄성적 나선은 그러므로 해방의 현장이다. 그것은 언제나 다른 무엇이 되는 것에 열려 있기 때문이다. 자본은 이러한 참신함을 유리하게 이용하지만, 필연적으로 그런 것은 아니다. 공산주의 또한 이 움직임을 제어할 수 있다.

33장 근대 현상학 3. 다중화

1 마르크스와 후설 사이에서 우리는 여러 중요한 인물들을 누락한다. 이들이 시간에 대해 아무것도 말하지 않았기 때문이 아니라, 이들이 시간에 대해 동적으로 새로운 것을 말하지 않았기 때문에, 또는 이들이 본 장의 초점인 존재론적 일차성을 시간에 부여하지 않았기 때문이다. 시간에 관한 더 완전한 지적 역사로는 다음을 보라. Philip Turetzky, *Time* (London: Routledge, 2002). 니체(1844~1900)는 힘, 의지, 또는 권력에 존재론적 일차성을 주었지, 시간에 주지 않았다. 그의 영원회귀 이론은 흥미롭지만, 궁극적으로는 존재가 가지는 귀환 능력을 표현한 것이지, 존재의 지배적 시간적 구조를 표현한 것이 아니다. 나는 여기에서 윌리엄 제임스(1842~1910)도 누락한다. 그는 초월론적 자아라는 칸트적 사고를 명시적으로 거부하고, 그리하여 경험적 시간의 시간적 접힘들을 통일하는 시간 흐름의 탄생을 거부하기 때문이다. 더 나아가, '외견적 현재'로서의 경험적 시간에 관한 제임스의 설명은 아우구스티누스, 흄, 버클리, 로크 같은 사유자들에게 있던 실감되는 현재에 관한 중세 및 근대 이론들의 긴 역사에 동적으로 더해 주는 것이 없다. 제임스가 강, 기차, 흐름 등으로 기술하는 연속적 '의식 흐름stream of consciousness'을 여전히 전제해야 한다는 사실은 흐름 자체의 연속적 통일성을 전제하며, 그러므로 '외견적 현재'로 접힐 수 있는 흐름의 탄생을 전제한다. 제임스는 이 점을 《복수적 우주The Pluralistic Universe: Hibhert Lectures to Manchester College on the Present Situation in Philosophy》(Norwood, Pa: Norwood Editions, 1979)에서야 최종적으로 깨닫는다. 여기에서 그는 명시적으로 베르그송적인 입장을 채택한다. 칸트에 대한 그의 거부는 명확하다. "그러나 이러한 봉사는 잘못 수행되었다. 자아주의자 자체에 관해서라면, 그들이 자기가 원하는 것을 말하고, 다발[역주: 흄이 자아를 의식 체험들의 다발로 본 것을 이용하는 말이다.]을 믿고, 자기 체계 내에서 다발을 그들의 특별한—이 용도를 위해서만 발명된—초월론적 끈으로 묶도록 하라. 더욱이, 그들은 이 기적적인 묶음 또는 '관계시킴'을 통해 자아의 의무들이 행해진 것처럼 말한다. 그것이 묶는 사물들 중 어떤 것을 선택하고 다른 것들은 배제한 채로, 이들을 전유한다는 훨씬 더 중요한 의무에 관해서 그들은 한 마디도 하지 않는다. 요약하자면, 초월론 학파에 관한 나 자신의 의견에 따르면, 저 학파는 (이 학파가 어떤 이면의 형이상학적 진리를 감지하고 있든 간에) 적어도 심리학이 배울 것은 하나도 없는 학파이고, 특히 저 학파가 자아를 구제하는 방식 때문에 사고의 흐름에 관한 우리의 정식화를 재편해야 할 의무가 생기는 것은 전혀 아니다." William James, *The Principles of Psychology* (New York: Dover, 1950), 371. 제임스 이후 브렌타노(1838~1917)는 아우구스티누스에 의해 처음 제시된 '실감되는 현재'라는 지향적 시간의 중세적 동적 구조를 정교화했을 따름이다. 아우구스티누스와 제임스처럼 브렌타노의 시간 이론은 흐름의 일차성을 전제하지만, 시간의 탄생 자체를 지향적 시간적 접힘들의 순환 및 지역적 통합의 조건으로 보는 데에는 실패한다. 나는 맥타가트(1866~1925)도 누락한다. 그는 자신의 시간 이론을 헤겔에게로 돌리는데, 헤겔은 우리가 본 장에서 이미 다루었기 때문이다. 더욱이, 시간이 비실재적이라는 맥타가트의 테제는 아주 비변증법적인 입장이다. 우리가 보았듯이, 시간과 공간은 운동으로서의 이들의 생성을 통해 자기 실재성과 현실성을 획득하기 때문이다. 헤겔이 보기에, 시간의 실재적이

며, 심지어 존재론적으로 일차적이지만 운동 중의 생성으로 인해서만 그러하다. 헤겔이 보기에, 아무것도 순수 추상으로 존재하지 않는다는 것은 자명한 말에 불과하다. 우리는 또한, 매개의 변증법적 과정 없이는 아무것도 즉자적·대자적으로 실존하지 않기 때문에 아무것도 실재적이지 않다고도 주장할 수 있다. 맥타가트의 반실재론적 입장은 동시성으로서의 영원성의 실재성(시간은 착각이다)으로 끝나는데, 이것은 앞 장에서 이미 다루었던 아주 오래된 역사적 테제다. 버트런드 러셀Bertrand Russell(1872~1970)과 찰리 던바 브로드(1887~1971)는 윌리엄 제임스 및 브렌타노와의 모든 차이에도 불구하고, 또한 저 둘 사이의 차이에도 불구하고, 시간적 접힘 또는 파지적 현재에 관한 같은 이론을 반복한다. 둘 다, 시간의 흐름이 이 인상들을 합치기 위해 필요한 초월론적 구조 없이, 경험적 체험에 직접적으로 현전한다고 논한다. 베르그송(1859~1941)은 이 역사에 포함되지 않는다. 그는 자신의 지속 이론을 순수 움직임과 동일시하기 때문이다. "실재는 모빌리티 자체다. … 움직임이 모든 것이 아니라면, 그것은 아무것도 아니다." Henri Bergson, *The Creative Mind*, translated by Mabelle Louise Cunningham Andison (New York: Philosophical Library, 1946), 177, 171. 그래서 베르그송은 존재론적 일차성을 움직임에 준 소수의 철학자들 중 하나다. 그는 다른 곳에서 훨씬 더 상세하게 다룰 것이다.

2 David Hume, *A Treatise of Human Nature*, edited by L. A. Selby-Bigge and P. H. Nidditch (Oxford: Clarendon Press, 1978), 635-636.

3 그러므로 후설의 시간의식 이론을 근원 인상, 파지, 예지의 단순한 삼부 구조로 환원하여 그의 시간 이론을 제임스, 브렌타노, 로크, 그리고 '외견적 현재'의 이론들 같은 그 경험주의적 선행자들의 이론으로 환원하지 않는 것이 중요하다. 이 점이 후설이 슈테른(1897)이나 제임스(1890) 같은 저자들과 달라지는 핵심 지점으로 보인다. 후자에게, ('외견적 현재'라는 관념에 압축되어 있듯이) 체험이 걸쳐질 수 있는 제한된 시간적 간격이 있다는 사고는 시간적 체험의 가능성 자체를 설명하는 데에 어떤 설명적 무게를 가진다. "시간적 체험에 관한 최근의 주요 연구에서, 예를 들어 배리 데인턴은 저 삼부 구조를 통해서 시간적 체험을 설명하려는 후설의 초기 시도를 세부적으로 논하나, 절대적 흐름 관념도 담고 있는 후기의 발전에 관해서는, 그가 보기에 '관계된 후설의 글은 모호하다'면서 짧게 언급할 뿐이다." Christoph Hoerl, "Husserl, the Absolute Flow, and Temporal Experience," *Philosophy and Phenomenological Research* 86.2 (2013): 376. 다음도 보라. Barry Dainton, *Stream of Consciousness: Unity and Continuity in Conscious Experience* (London: Routledge, 2006), 160.

4 Husserl, *Logical Investigations*, Volume 2, 549.

5 Husserl, *Logical Investigations*, Volume 2, 549, note 1.

6 Edmund Husserl, *On the Phenomenology of the Consciousness of Internal Time (1893-1917)*, translated by John B. Brough (Boston: Kluwer Academic 1991), 77.

7 Husserl, *On the Phenomenology of the Consciousness of Internal Time*, 78.

8 Husserl, *On the Phenomenology of the Consciousness of Internal Time*, 78.

9 Husserl, *On the Phenomenology of the Consciousness of Internal Time*, 78.

10 Husserl, *On the Phenomenology of the Consciousness of Internal Time*, 79.

11 Husserl, *On the Phenomenology of the Consciousness of Internal Time*, 80.

12 Husserl, *On the Phenomenology of the Consciousness of Internal Time*, 81.

13 Husserl, *On the Phenomenology of the Consciousness of Internal Time*, 82.

14 Husserl, *On the Phenomenology of the Consciousness of Internal Time*, 119.

15 Husserl, *On the Phenomenology of the Consciousness of Internal Time*, 294.

16 Husserl, *On the Phenomenology of the Consciousness of Internal Time*, 287-288. [1909 여름에 추가된 각주]

17 Husserl, *On the Phenomenology of the Consciousness of Internal Time*, 88.

18 Husserl, *On the Phenomenology of the Consciousness of Internal Time*, 84.

19 Husserl, *On the Phenomenology of the Consciousness of Internal Time*, 308.

20 Husserl, *On the Phenomenology of the Consciousness of Internal Time*, 87.

21 Husserl, *On the Phenomenology of the Consciousness of Internal Time*, 86-87.

22 Husserl, *On the Phenomenology of the Consciousness of Internal Time*, 79.

23 Husserl, *On the Phenomenology of the Consciousness of Internal Time*, 79.

24 시간이 운동 중의 물질의 산물이라는 사고에 관한 더 자세한 정교화는 다음을 보라. Carlo Rovelli, *Quantum Gravity* (Cambridge: Cambridge University Press, 2004), 29-31. "우리는 결코 시간을 실제로 보지 않는다. 우리는 시계만을 본다. 이 대상이 움직인다고 우리가 말한다면, 우리가 실제로 뜻하는 것은, 우리 시계의 팔이 여기 있을 때 이 대상이 여기 있다, 등등이다. 우리는 우리가 시계로 시간을 잰다고 말하지만, 우리는 시계의 팔을 볼 뿐이며, 시간 자체를 보는 것은 아니다. 시계의 팔은 다른 것과 같은 물리적 변수이다. 그래서 어떤 의미에서 우리는 속임수를 쓰는 것이다. 우리가 실제로 관찰하는 것은 다른 물리적 변수의 기능으로서의 물리적 변수뿐인데도, 우리는 마치 모든 것이 시간 속에서 진화하는 것처럼 표상하기 때문이다. … 휠러-디윗 방정식[역주: 브라이스 디윗이 상대성이론과 양자역학을 통합하여 양자 중력 이론을 만들려고 시도하던 과정에서 얻은 방정식. 이 방정식은 시간을 무시한다.]과 함께 일어나는 일은, 우리가 이 게임을 그만둬야 한다는 것이다. 이 허구적인 변수—자체로는 관찰 불가능한 시간—를 도입하기를 그만두고, 우리는 그저 변수들이 서로 어떻게 관계되는지를 기술해야 한다. 물음은, 시간이 실재의 근본적 속성이냐, 아니면 사물들의 거시적 나타남일 뿐이냐는 것이다. 나는 시간이 거시적 효과일 뿐이라고 말하겠다. 그것은 큰 사물에만 출현하는 것이다." Rovelli, Tim Folger, "Newsflash: Time May Not Exist," *Discover Magazine*, June 12, 2007, http://discovermagazine.com/2007/jun/in-no-time에서 인용.

25 나는 알베르트 아인슈타인(1879~1955)과 많은 20세기 물리학자들을 여기에서 누락한다. 운동의 과학에 관한 미래의 작업 《대상의 이론》에서 이들을 더 자세하게 다루기 위해서다. 그러나 아인슈타인의 시간 이론이 신의 힘으로 생산된 절대적 시간에 관한 뉴턴의 사고와의 동적 단절을 표시한다는 점은 언급해야겠다. 아인슈타인은 특수·일반상대성이론에서 시간의 탄성적 이론을 제안한다. 《상대성》(1916)의 17장에서 아인슈타인은 시공간을 민코프스키 공간에서 구부러지고, 꺾이고, 접힐 역량이 있는 4차원적 다중체로 기술한다. 최근에 발견된 중력파(2016)는 시공간 접힘과 파의 탄성에 대한 명확한 증명이다. 그러나 아인슈타인

은 시간이 존재론적으로 일차적이라고 생각하지 않는다. (a) 시간은 전적으로 공간과 연속적이기 때문에, (b) 시간의 탄성은 에너지와 운동량으로 합성된 더욱 일차적인 장들의 움직임으로부터 생산되는 것으로 보이기 때문이다. 그래서 나는 아인슈타인을 시간의 존재론적 일차성에 관한 본 장에서 다루지 않는다. 아인슈타인 및 당대 대부분의 물리학자들은 20세기 거의 내내 정적 우주에 대한 헌신을 유지했기 때문이다. 일반적 상대성은 여전히 시간의 근본성에 의존하고 있다. 그러나 카를로 로벨리 등의 양자 중력 모델은 전제된 시공간 배경을 사용하지 않고서도 휠러-디윗 등식으로 개념적 · 수학적으로 잘 정의될 수 있다. 아인슈타인의 일반상대성이론은 그러므로 양자장 이론에 의해, 운동으로 돌아온 물질에 의해 갱신되어야 한다. 이는 "물질은 항상적으로 정지해 있는 것으로 간주될 수 있다"는 아인슈타인의 주장에 반대된다. Albert Einstein, *Cosmological Considerations on the General Theory of Relativity* (Methuen, 1916), https://www.marxists.org/reference/archive/einstein/works/1910s/relative/relativitypdf. 다음도 보라. Daryl Janzen, "Einstein's Cosmological Considerations" (2014), https://arxiv.org/pdf/14023212.pdf.

34장 근대 현상학 4. 과정과 간격

1 "후설이 여전히 시간의식이라고, 즉 시간의 의식이라고 부르는 것은 바로, 근원적인 의미에서의 시간 자체다." Martin Heidegger, *The Metaphysical Foundations of Logic* (Bloomington: Indiana University Press, 1992), 204.

2 Martin Heidegger, *Being and Time*, translated by John Macquarrie (New York: Harper, 1962), 377.

3 Heidegger, *Being and Time*, 401.

4 Martin Heidegger, *History of the Concept of Time: Prolegomena* (Bloomington: Indiana University Press, 2010), 319.

5 Heidegger, *Being and Time*, 378

6 Heidegger, *Being and Time*, 378.

7 Heidegger, *Being and Time*, 423.

8 Heidegger, *Being and Time*, 426.

9 Heidegger, *Being and Time*, 427.

10 Heidegger, *Being and Time*, 476.

11 Heidegger, *Being and Time*, 487.

12 Martin Heidegger, *On Time and Being*, 3, translated by Joan Stambaugh (NewYork: Harper & Row, 1972), 2.

13 Heidegger, *On Time and Being*, 3.

14 Heidegger, *On Time and Being*, 3.

15 Heidegger, *On Time and Being*, 13.

16 Heidegger, *On Time and Being*, 15.

17 Heidegger, *On Time and Being*, 16.

18 Heidegger, *On Time and Being*, 16.

19 Heidegger, *On Time and Being*, 18.

20 Heidegger, *On Time and Being*, 19.

21 Heidegger, *On Time and Being*, 20.

22 Heidegger, *On Time and Being*, 24.

23 "필요함과 속함의 이러한 진동이 존재함을 고유화로서 구성한다. 우리의 사유가 지니는 책무는, 이러한 진동의 흔들림을 앎의 단순성으로 고양시키고 그것의 진로 속에서 근거 놓는 것이다." Martin Heidegger, *Contributions to Philosophy (of the Event)*, translated by Richard Rojcewicz and Daniela Vallega-Neu (Bloomington: Indiana University Press, 2012), 198. "은폐를 위한 빈터는 이미, 사건의 전환이 행하는 진동의 흔들림이다." 277.

24 Peter Sloterdijk, "Nearness and Da-Sein: the Spatiality of Being and Time," *Theory, Culture and Society* 29 (2012): 36-42, 27.

25 Heidegger, *On Time and Being*, 14.

26 에마뉘엘 레비나스(1906~1995)는 본 장에 포함되지 않았다. 그의 1947년 강의 《시간과 타자》에 이르는 그의 초기 저작이 확실히 존재시간론의 전통에 있기는 하지만, 그는 금방 1950년대에 이 입장을 버리기 때문이다. 이는 프란츠 로젠츠바이크의 유대교적 종말론적 철학의 영향이라고 그는 말한다. 이후로 타자는 모든 시간성을 초월한다. 타자의—존재론적이 아니라—윤리적인 부름이 존재와 시간에 전적으로 선행한다. 《존재와 다르게》(1974)에서 시간성은 타자의 비시간적 초월에 의해, 초월을 통해 극복되어야 할 착각적인 것이 된다. 달리 말하자면, 타자의 시간성은 타자의 무시간적 윤리적 요구와, 윤리적 요구에 의해 극복되어야 할 실감되는 시간성 또는 순간 사이의 '통시적' 또는 분열된 시간이 된다. 이러한 의미에서, 비시간적 초월은 어떤 시간적 또는 존재론적 구조보다 일차적인 것이 된다. 그래서 레비나스는 존재와 시간을 특권화하는 초기 작업에서 시작하지만, 금방 초월적 비시간적 · 부동적 영원성의 신학적 일차성으로 돌아간다—동현상학적으로 볼 때 이는 무시각적 영원성과 시간적 유한성의 통시적 시간에 관한 고대적 이론과 비슷하다. 그는 비시간적 타자와 시간적 타자, 통시성을 말한다. 레비나스의 시간 이론에 대한 이러한 해석에 관한 자세한 방어로는 다음을 보라. Eric Severson, *Levinas's Philosophy of Time: Gift, Responsibility, Diachrony, Hope* (Pittsburgh, PA: Duquesne University Press, 2013). 레비나스의 초기 선윤리학적 글과 후기 윤리학적 글 사이의 관계를 제쳐 두자면, 레비나스 초기의 《존재에서 존재자로》가 데리다의 간격 관념에 끼친 영향은 고찰할 가치가 있다. 이 초기 저작에서 레비나스는 구성적 멈춤 또는 휴지에 대해 상세하게 말한다. 실제로, 이 저작에 관한 초기 논평에서 데리다는 레비나스를 이런 점에서 원자론자로 기술한다.

27 질 들뢰즈(1925~1995) 또한 본 장에 포함되지 않았다. 그가 시간에 관한 흥미로운 이론을 가지고 있기만 하지만, 그의 저작은 3장에서 이미 논의되었다. 장 폴 사르트르와 모리스 메를로 퐁티도 본 장에서 논의되지 않는다. 이는 분량의 문제 때문이기도 하고, 이들의 시간 이

론이 하이데거의 것과 동일하지는 않더라도 상당히 비슷하기 때문이다.

28 이 설명에서 빠진 것은 또한, 정신분석과 현상학의 교차점에서 작업하는 자크 라캉 등의 구조주의다. 빠진 이유는, 구조주의는 실재계·상상계·상징계 사이의 '논리적' 분할 속에서 수수께끼 같은, 또는 암묵적인 방식으로만 시간적 차이의 존재론적 일차성에 의존하기 때문이다. 그러나 이 분할은 본 장에서 이미 다룬 현상학자들이 전개한 시간적 분할에 모델을 두고 있다. 이러한 존재-시간론적 구조는 라캉의 다음 논고에서 가장 명확하다. "Logical Time and the Assertion of Anticipated Certainty: A New Sophism" (1945). 여기에서 라캉은 정신분석적 실천 또는 논리의 시간성이 "모든 '인간적' 동화의" 또는 주체성의 "논리적 형식을 제공한다"고 논한다. 이 구조는 실재계[봄의 순간]로부터 상상계로[이해를 위한 시간], 상징계로[끝맺는 순간] 움직인다. 구조들의 구조는 그러므로, 시간성의 세 분리된 종류 사이에서 분열되어 있다고ohi 해도, 근본적으로 시간적이다. 이 글에서 특히 흥미로운 점은, 라캉이 시간적 분할을 생산하기 위해 필요한 것으로서 움직임과 작용을 사용하는 것이다. Jacques Lacan, *Ecrits: The First Complete Edition in English*, translated and edited by Héloise Pink and Bruce Fink (New York: W. W. Norton, 2006).

29 See Maurice Merleau-Ponty, *The Visible and the Invisible: Followed by Working Notes*, translated by Claude Lefort (Evanston, IL: Northwestern University Press, 1968), 184, 194, 200, 208, 231, 244, 267.

30 Jacques Derrida, *Speech and Phenomena: And Other Essays on Husserl's Theory of Signs*, translated by David B. Allison (Evanston, IL: Northwestern University Press, 1973), 68.

31 Derrida, *Speech and Phenomena*, 84.

32 Derrida, *Speech and Phenomena*, 85.

33 Derrida, *Speech and Phenomena*, 86.

34 Derrida, *Speech and Phenomena*, 88.

35 Derrida, *Speech and Phenomena*, 143.

36 Derrida, *Speech and Phenomena*, 86.

37 Jacques Derrida, *Margins of Philosophy*, translated by Alan Bass (Chicago: University of Chicago Press, 1982), 13. 번역은 변경함.

38 "시간은 이미 받음과 줌 사이의 이러한 구별을 취소하는 것으로서 나타난다. 그렇기에 또한 받음과 줌 사이의, 어쩌면 수용성과 능동성 사이의, 또한 심지어 감응된-존재와 모든 감응의 감응함 사이의 구별을 취소하는 것으로서 나타난다." Jacques Derrida, *Given Time: I* (Chicago: University of Chicago Press, 1992), 3.

39 Derrida, *Given Time: I*, 9.

40 Derrida, *Given Time: I*, 14.

41 Derrida, *Given Time: I*, 19.

42 Jacques Derrida, *Limited Inc.*, (Evanston, IL: Northwestern University Press, 1988), 145.

43 Derrida, *Given Time: I*, 28.

44 Derrida, *Given Time: I*, 34.

45 Derrida, *Given Time: I*, 38. 강조는 필자.

46 Derrida, *Given Time: I*, 40.

47 Derrida, *Given Time: I*, 41.

48 《차이와 반복》에서 들뢰즈는 같은 문제틀과 마주쳐서, 시간의 세 번째 종합을 "필연적으로 정적"이라고 기술한다. "시간은 더 이상은 움직임에 종속되지 않기 때문이다. 시간은 변화의 가장 근본적인 형식이나, 변화의 형식은 변화하지 않는다."(89) 그래서 차이에 대한 그의 개념은 시간 개념에 모델을 두고 있다. 그래서 동시에, "참된" 또는 "실재적인 움직임"(10) 개념에도 의존한다. 이 움직임에서 시간에게는 "실재적 움직임의 무한, 그리고 영원회귀의 반복 속에서 주어진 절대적 차이의 형식"(9)이 주어진다.

49 Derrida, *Given Time: I*, 41.

35장 자판 1. 타자기

1 1714년 런던 뉴리버워터사社의 엔지니어 헨리 밀이 대수롭지 않은 영국 특허(395번)을 받았다. 이 특허는 "'아주 깔끔하고 정확해서 글자를 인쇄한 것과 구별하기 어려운 방식으로, 글을 쓰면서 글자들을 서로 뒤이어 연속적으로 인쇄하기 위한 기계 또는 인공적 방법' 때문에" 받았다. Friedrich Kittler, *Gramophone, Film, Typewriter* (Stanford, CA: Stanford University Press, 1999), 187에서 인용.

2 이미지는 다음에서 보라. http://maritime.org/doc/typewriter/part2.htm.

3 Adler, *The Writing Machine*, Chapter 2.

4 위 모든 것과 관련하여, 다음을 보라. Mergenthaler Linotype Co., *Linotype Machine Principles* (Brooklyn, NY: Mergenthaler Linotype Co., 1940).

5 다음을 보라. Karl Marx and Friedrich Engels, *Manifesto of the Communist Party*, in *The Marx-Engels Reader*, edited by Robert Tucker (New York: Norton, 1978), 474.

6 James C. Maxwell, *A Dynamical Theory of the Electromagnetic Field* (Edinburgh: Scottish Academic Press, 1982).

7 Giuliano Pancaldi, *Volta: Science and Culture in the Age of Enlightenment* (Princeton, NJ: Princeton University Press, 2003).

8 Samuel Thomas von Stimmering's "Space Multiplexed" Electrochemical Telegraph (1808-1810). 다음에서 이미지를 보라. http://people.seas.harvard.edu/~jones/cscie129/images/history/Von_Soern.html.

9 이진기록적 과정의 수학적 형식화는 조지 불이 《논리학의 수학적 분석The Mathematical Analysis of Logic》(1847)과 《사고 법칙의 탐구An Investigation of the Laws of Thought》(1854)에서 제시했다. 불 대수는 소통만이 아니라 모든 논리적·기록적 과정이 1과 0 사이의 단일하고 근본적인 양적 차이로 환원될 수 있다는 것을 처음으로 증명했다.

10 Kittler, *Gramophone, Film, Typewriter*, 188.

11 Martin Heidegger, *Parmenides (1942-43)*, translated by Andre Schuwer and Richard Rojcewicz (Bloomington: Indiana University Press, 1992), 80-81, 85-86.

12 Theodor W. Adorno, "Words without Songs," translated from the German by Marc Hiatt from *Collected in Gesammelte Schriften*, Volume 20.2 (Frankfurt, 2003), http://takingnotenowblogspot.com/2008/01/adorno-and-nietzsche-on-thinking-withhtml.

13 Friedrich Nietzsche, on February 16, 1882. Nietzsche Typescript, written on his writing ball: A Poem. Copyright: The Goethe and Schiller Archive, Weimar, Germany, http://www.malling-hansen.org/friedrich-nietzsche-and-his-typewriter-a-malling-hansen-writing-ball.html.

14 Kittler, *Gramophone, Film, Typewriter*, xxix에서 인용.

15 Kittler, *Gramophone, Film, Typewriter*, 222에서 인용.

16 《황무지》를 '타자기'에서 '집필'하고 있을 T. S. 엘리엇은 (니체와 다르지 않게) '나는 내가 홀딱 빠졌던 나의 모든 긴 문장들을 없애 버리고' 있음을 발견한다. '짧게, 스타카토로, 현대 프랑스 산문처럼.' '미묘함' 대신에 '타자기는 명료함에 기여'하는데, 이는 저 테크놀로지가 문체에 가지는 효과에 다름 아니다." Kittler, *Gramophone, Film, Typewriter*, 229에서 인용.

17 벤은 《시의 문제Probleme der Lyrik》에 관해 이렇게 말한다. "개인적으로 나는 근대의 시가 낭독회에 적합하다고 생각하지 않는다. 시의 이익을 위해서도, 청자의 이익을 위해서도 그렇다. 읽힐 때에 시는 더욱 잘 각인된다. … 내가 판단하기에, 시의 시각적 모습이 시에 대한 수용을 강화한다. 근대의 시는 종이에 인쇄되기를 요구하고, 읽히기를 요구하고, 검은 글씨를 요구한다. 그것은 외적 구조를 보여 줌으로써 더욱 유연해진다." Kittler, *Gramophone, Film, Typewriter*, 228에서 인용. 강조는 필자.

18 Maurice Merleau-Ponty, *Phenomenology of Perception*, translated by Colin Smith (London: Routledge, 1962), 145.

19 "하이데거는 사고의 작업이 실천과 이론 사이의 모든 대립에 앞서 손 작업이라고, Handlung이라고, '행위'라고 말한다. 이러한 의미에서 사고는 Handlung, '조종maneuver', '태도manner'-'조작manipulation'은 아닐지라도- 일 것이다.〔역주: 독일어 Handlung은 독일어 Hand, '손'을 어원으로 한다. maneuver, manner, manipulation은 모두 '손'을 뜻하는 라틴어 manus를 어원으로 한다.〕그러나 이것이 기계에 저항할 이유인가? 타자기나 컴퓨터에 의지한다고 해서 손을 우회하게 되지는 않는다. 그것은 또 다른 손, 또 다른 '명령', 말하자면 신체에서 손으로 그리고 손에서 글쓰기로의 또 다른 유도induction, 또 다른 명령injunction을 행한다. 그것은 어떤 때에도, 적어도 지금으로서는, 손 없는 글쓰기의 문제, 손을 주머니에 넣은 채로 쓰는 문제가 아니다. 전혀 그렇지 않다. 손 없는 글쓰기란 아마도 지금 우리가 목소리를 녹음하면서 하는 일일 것이다." Jacques Derrida, *Paper Machine*, translated by Rachel Bowlby (Stanford, CA: Stanford University Press, 2005), 21.

20 Jacques Derrida, *Without Alibi*, translated by Peggy Kamuf (Stanford, CA: Stanford University Press, 2002), 122.

21 Émile Borel, "Mécanique Statistique et Irréversibilité." *Journal de Physique*, 5e série, 3 (1913): 189-196. Emile Borel, La Hasard (Paris: F. Alcan, 1914).

22 Arthur Eddington, *The Nature of the Physical World: The Gifford Lectures* (New York: Macmillan 1928), 72.

36장 자판 2 . 컴퓨터

1 트랜지스터에 대한 세부적 설명 및 고전 역학과의 대조는 다음을 보라. Richard P. Feynman, *The Feynman Lectures on Physics* (Reading, MA: Addison-Wesley, 1963), Volume III, Chapters 13-14.

2 Derrida, *Paper Machine*, 23.

3 Derrida, *Paper Machine*, 27.

존재와 운동

2021년 1월 29일 초판 1쇄 발행

지은이 ㅣ 토머스 네일Thomas Nail
옮긴이 ㅣ 최일만
펴낸이 ㅣ 노경인 · 김주영

펴낸곳 ㅣ 도서출판 앨피
출판등록 ㅣ 2004년 11월 23일 제2011-000087호
주소 ㅣ 우)07275 서울시 영등포구 영등포로 5길 19(양평동 2가, 동아프라임밸리) 1202-1호
전화 ㅣ 02-336-2776 팩스 ㅣ 0505-115-0525
블로그 ㅣ bolg.naver.com/lpbook12
전자우편 ㅣ lpbook12@naver.com

ISBN 979-11-90901-22-2